全国第二届教育科学优秀成果二等奖

新编21世纪教育学系列教材

西方教育思想史

History of Western Educational Thought

单中惠 主编

中国人民大学出版社
·北京·

图书在版编目（CIP）数据

西方教育思想史/单中惠主编. —北京：中国人民大学出版社，2017.7
新编21世纪教育学系列教材
ISBN 978-7-300-23033-7

Ⅰ.①西… Ⅱ.①单… Ⅲ.①教育思想-思想史-西方国家-高等学校-教材 Ⅳ.①G40-091

中国版本图书馆CIP数据核字（2016）第144454号

新编21世纪教育学系列教材
西方教育思想史
单中惠 主编
Xifang Jiaoyu Sixiangshi

出版发行	中国人民大学出版社		
社　　址	北京中关村大街31号	**邮政编码**	100080
电　　话	010－62511242（总编室）		010－62511770（质管部）
	010－82501766（邮购部）		010－62514148（门市部）
	010－62515195（发行公司）		010－62515275（盗版举报）
网　　址	http://www.crup.com.cn		
	http://www.ttrnet.com（人大教研网）		
经　　销	新华书店		
印　　刷	北京市鑫霸印务有限公司		
规　　格	185 mm×260 mm　16开本	**版　　次**	2017年7月第1版
印　　张	39	**印　　次**	2022年6月第2次印刷
字　　数	790 000	**定　　价**	78.00元

作 者 简 介

单中惠　华东师范大学基础教育改革与发展研究所教授、博士生导师，曾任中国教育学会教育史分会副理事长、华东师范大学教育系主任。主要研究领域为西方教育思想、外国教育问题史、外国幼儿教育史等。主要学术成果有《现代教育的探索——杜威与实用主义教育思想》《西方教育思想史》等。

内 容 简 介

本书是一部关于西方教育思想发展的著作。本书设计了统一而清晰的框架（分为上卷和下卷，共七个时期），循着历史的轨迹对各种西方教育思想进行考察，共介绍了四十八种西方教育思想。通过对古代、近代和现代的西方教育思想的研究，系统阐述了这些教育思想的产生背景、内容、特点、主要代表人物以及对教育实践和后世教育制度的影响，并做了适当的分析和评价。本书适合考研学生、教师及教育研究人员参考学习。

序

教育为人类生活所必需。人类为了经济、政治、文化等的持续发展，任何时代都把教育事业放在首要地位。“教育似乎是一切实际艺术中方法上最累人和耗费力量最大而收效最小的。因此，教育是吸引革新家和理论家的课题之一。”（弥尔顿）自古至今，西方教育史上著名的思想家和教育家在教育实践过程中凝成的教育思想与方法，源远流长，头绪万千，错综复杂，涉及范围极为广泛。单中惠教授主编的《西方教育思想史》是对西方教育思想进行全面而深入研究的重大成果。对于我国教育界来说，该书的出版是一件十分可喜的事。

《西方教育思想史》在编纂过程中设计了一个统一的框架，循着历史的轨迹对各种西方教育思想进行考察，论述西方教育思想的产生背景、内容、特点、主要代表人物及影响，并进行了适当的分析和评价。该书思路清晰，结构严谨，内容丰富，可供不同层次的读者学习参考。

该书对过去没有提到或已提到而没有具体论述的西方教育思想和教育家做了一定的论述，填补了我国当前在西方教育思想研究领域的空白。

随着世界经济的迅速增长，政治形势的快速变革，科学技术的飞跃发展，教育改革运动不断兴起，各种教育思潮风起云涌，相互激荡，异彩纷呈。该书分上下两卷，每卷各 24 章。上卷的论述从古希腊罗马时期开始直至 19 世纪末期，下卷分两个时间段，即 19 世纪末至 20 世纪 50 年代和 20 世纪 50 年代以后，分别论述西方教育思想，内容颇为丰富。在人类进入了信息化时代、科学和教育越来越起主要作用的时代，该书着重于研究 20 世纪西方教育思想，是富有现实意义的。

教育是以人为对象的，因而教育过程具有极大的复杂性。与其他思想一样，教育思想也是历史的产物，受一定的政治和经济因素制约；同时，它还要适应受教育者的身心发展规律和特点。在漫长的教育史上，对诸如教育的目的、教育的内容、教育的方法，以及政治与教育、经济与教育、文化与教育、发展与教育、生存与教育等问题的看法，因时因地而异，多种多样。但是这些问题本身是永恒的，在历史上会反复出现。有些教育思想如昙花一现，转瞬即逝；有些教育思想却拥有持久的生命力。例如，柏拉图的《理想国》和卢梭的《爱弥儿》中所蕴含的教育原理，一直吸引着人们去探索和诠释，从中寻求新的启示。可以说，人类共同的文化财富为教育问题的探讨提供了宝贵的材料和依据。这就是教育思想研究本身的意义和价值所在。

《西方教育思想史》所提供的研究成果，无疑有助于人们开阔视野，从中批判地吸收可供借鉴的有益的东西，更好地开展具有中国特色的社会主义教育理论研究。

赵祥麟

华东师范大学教育系

前言

在西方教育发展进程中，不同历史时期，不同国家的教育家，或在自己教育实践的基础上，或在总结前人教育经验的前提下，提出了各具特色的教育主张、教育理论和教育方法，并成为在某个历史时期或历史阶段流传较广和影响较大的教育思潮。本书旨在以历史唯物主义的理论和方法为指导，通过对古代、近代和现代的西方教育思想的研究，阐述西方各种教育思想的形成和发展、不同历史时期西方教育思想的体系和特点，以及对当时教育实践和后世教育制度的影响。

纵观西方教育思想的发展，大致分为古代、近代和现代三个阶段。具体地讲，又可以分成七个时期。

（1）古希腊罗马时期，包括古代希腊教育思想、古代罗马教育思想。

（2）中世纪和文艺复兴时期，包括经院主义教育思想、人文主义教育思想、早期空想社会主义教育思想、宗教改革与教育思想和早期科学教育思想。

（3）17 世纪，包括泛智教育思想和绅士教育思想。

（4）18 世纪，包括自然教育思想、法国唯物主义教育思想、理性主义教育思想、要素教育思想、国家主义教育思想和唯实主义教育思想。

（5）19 世纪，包括新人文主义教育思想、主知主义教育思想、幼儿园教育思想、“全人类教育”思想、俄国民族性教育思想、美国公共教育思想、19 世纪空想社会主义教育思想、19 世纪科学教育思想和功能主义教育思想。

（6）20 世纪前半期，包括“新教育”思想、实验教育思想、“自由教育”思想、劳作教育思想、“进步教育”思想、实用主义教育思想、文化教育学思想、综合技术教育思想、集体主义教育思想和改造主义教育思想。

（7）20 世纪后半期，包括要素主义教育思想、新托马斯主义教育思想、永恒主义教育思想、存在主义教育思想、新行为主义教育思想、结构主义教育思想、“个性全面和谐发展”教育思想、“一般发展”教育思想、“教学教育过程最优化”教育思想、分析教育哲学、终身教育思想、“掌握学习”教育思想、“有意义言语学习”教育思想和人本主义教育思想。

从对西方教育思想发展轨迹的分析和考察中，我们可以清楚地看到以下一些特征：

一是时代性。时代和社会的发展无疑是教育思想形成和发展的历史背景。因此，任何一种教育思想都是与某一时代的社会经济、科学技术及文化教育发展相适应的。教育思想的形成和发展与时代和社会形势有密切的关系。例如，人文主义教育思想、早期空想社会主义教育思想和早期科学教育思想，不仅是文艺复兴时期的产物，也是文艺复兴运动的一个组成部分。“新教育”思想、“进步教育”思想是与19世纪末20世纪初欧美国家的社会和经济变革联系在一起的，既反映了时代的要求，又是当时欧美国家广泛的社会改良运动的一个组成部分。

二是独特性。不同时代、不同历史时期的教育思想提出了不同的教育主张，鲜明地表现出各自的特点。例如，古代希腊教育思想侧重于从哲学与社会的角度论述教育问题，而人文主义教育思想则侧重于从人的角度论述教育问题。主知主义教育思想强调在教学过程中把“知”放在首位，而实用主义教育思想则强调教育与生活、学校与社会之间的联系。

三是主导性。在同一个时代、同一个历史时期，往往会形成许多教育思想。然而，在这些不同的教育思想中，总会有一种教育思想最能体现出这个时代、这个历史时期的基本特征，占主导地位。例如，在文艺复兴时期，占主导地位的是人文主义教育思想。在17世纪，占主导地位的是泛智教育思想。在18世纪，占主导地位的是自然教育思想和要素教育思想。在19世纪，占主导地位的是主知主义教育思想。在20世纪初至50年代，占主导地位的是“新教育”思想、“进步教育”思想和实用主义教育思想。在20世纪50年代以后，占主导地位的是要素主义教育思想、结构主义教育思想和人本主义教育思想。这些在某一时代、某一历史时期占主导地位的教育思想，对当时的教育实践产生的影响无疑比其他教育思想更大。

四是继承性。尽管任何一种教育思想都是一种历史的存在，但是，不同时代、不同历史时期的教育思想都是在探究既是一种历史现象又是一种永恒现象的教育，因此，在不同时代、不同历史时期的教育思想之间存在着一定的继承性。可以说，正是在前人教育思想的基础上，后人的教育思想才得以进一步发展，并促进了人类对教育现象及其规律性的认识。例如，古代希腊教育思想一般被看成是现代西方教育思想最古老的渊源。在18世纪形成的自然教育思想，可以追溯到古代希腊时期、文艺复兴时期及17世纪的教育适应自然的教育观点。在19世纪形成的美国公共教育思想显然受到了18世纪的国家主义教育思想的影响。但应该指出的是，这种继承性绝不表明后一个历史时期的教育思想是以前的教育思想的简单重复，而应该被看成是在新的时代、新的历史时期中更高层次的阐述和发展。

五是整体性。西方教育思想发展的轨迹清楚地表明，西方教育思想的发展历史是一个完整的有机过程。一代一代教育家在不同的历史背景下探索并提出的各具特色的教育思想，使得人类对教育现象及其规律性的认识不断深入。对于整个人类来说，对教育现象及其规律性探索的过程无疑会继续下去。尽管有些教育思想的观点和主张是不同的，甚至是对立的，例如，主知主义教育思想和实用主义教育思想分别是“传统教育”和“现代教育”的标志，但它们都对西方教育思想整体的发展做出了各自的努力和贡献。就西方教育思想这个整体而言，任何一种教育思想都是它的一个组成部分，是构成这个整体所不可缺少的。

六是实践性。在西方教育思想发展中，许多教育家是在教育实践的基础上形成具有自己特点的教育思想的。应该看到，教育实践为这些教育思想的形成提供了条件；没有教育实践作为基础，也就不可能形成这些教育思想。例如，古代希腊教育思想实际上是古代斯巴达和雅典教育实践，以及古代希腊哲学家自己教育实践的总结与概括。泛智教育思想的代表人物夸美纽斯曾亲自开办泛智学校并撰写了《泛智学校》一书。主知主义教育思想的代表人物赫尔巴特在德国哥尼斯堡大学①讲授哲学和教育学时开办了附属实验学校。实用主义教育思想的代表人物杜威在美国芝加哥大学任教时也开办了实验学校。“新教育”思想和“进步教育”思想的代表人物也大多开办了自己的实验学校，并在教学组织形式、课程内容和教学方法上进行了革新。美国教育家杜威曾这样指出：实验学校就是教育哲学和心理学的实验室。

七是多样性。西方教育思想的发展也呈现出多样性的特点。无论是在文艺复兴时期，还是从 17 世纪至 19 世纪，都形成了许多主张各异的教育思想。尤其是 20 世纪初以来，教育思想的多样性和活跃性在西方教育历史上是空前的。在古代时期，形成了 7 种教育思想；在近代时期，形成了 17 种教育思想；然而，在现代时期，形成了 24 种教育思想。西方教育思想发展的态势，实际上反映了不同时代、不同历史时期社会、经济、科学和文化发展的多元化。

八是预见性。不同时代、不同历史时期的教育思想在反映其时代特征的同时，也在不同程度上预示了教育未来的发展趋向。西方教育思想发展的进程表明，许多教育思想不仅对当时的教育实践起了作用，而且对后世的教育实践和教育制度也产生了影响。例如，早期空想社会主义教育思想和 19 世纪空想社会主义教育思想提供了一幅理想社会制度下的教育蓝图。被当代瑞士心理学家和教育家皮亚杰称颂的思想和方法新颖的泛智教育思想，无论是在学制体系和课堂模式，还是在教学原则、方法及教科书上，都预示了后世教育制度发展的态势。终身教育思想则为世界上许多国家提供了制定 21 世纪教育发展战略的指导思想。

根据西方教育思想发展的轨迹，《西方教育思想史》分上卷（古希腊罗马时期至 19 世纪）和下卷（20 世纪）两卷，共 7 编（第一编古希腊罗马时期，第二编中世纪和文艺复兴

---

① 现为加里宁格勒国立大学。

时期，第三编 17 世纪，第四编 18 世纪，第五编 19 世纪，第六编 20 世纪前半期，第七编 20 世纪后半期），48 章，涵盖对自古至今的西方教育思想的研究。上卷主要研究古代和近代西方教育思想，下卷主要研究现代西方教育思想。全书特别注重对现代西方教育思想的研究。

被誉为“近代科学之父”的英国哲学家培根强调：“历史使人明智。”当代西方一位学者也这样说过：历史能使一个年轻人变成既没有皱纹又没有白发的老人；使他具有老年人所特有的经验，但没有因年老带来的疾病和不便之处；使他既能对过去和现代的事情做出合理的解释，又能对将来的事情做出合理的推测。无疑，通过对西方教育思想的研究，以及纵向和横向的联系分析，必将有助于我们全面认识和具体分析西方教育思想的形成、发展和特点，并在联系我国教育实践的基础上建立中国特色社会主义教育理论体系。

《西方教育思想史》一书可以作为全国高等师范院校教育专业的教材，也可以供教育行政部门领导、教育理论研究者和教育实际工作者学习参考。

目 录

上卷 古希腊罗马时期至 19 世纪

下卷 20世纪

上　卷

古希腊罗马时期至19世纪

第一编 古希腊罗马时期

在人类社会文明史上，在西方教育思想发展历史中，古希腊罗马时期的教育思想和教育实践占有十分重要的地位，尤其是古代希腊的教育，是西方奴隶国家教育的完整而典型的范例。尽管古代希腊哲学家和教育家苏格拉底、柏拉图、亚里士多德及智者派所论述的教育思想还不是一个完整的教育思想体系，但是，他们的教育思想以古代希腊教育实践及个人教育实践活动为基础，提出了许多有价值的和可资借鉴的见解，在教育思想史上留下了珍贵的遗产。正因为如此，在古代希腊教育实践基础上形成和发展起来的古代希腊教育思想，成为现代教育思想最古老的渊源。

在历史上，人们往往把古代希腊称为“黄金时代”，把古代罗马称为“白银时代”。因此，与古代希腊教育思想相比，古代罗马教育思想显然要稍微逊色一些。但是，应该看到，古代罗马教育思想既继承了古代希腊教育思想，又结合古代罗马教育的实践进行了“修改”和“补充”，从而反映了古代罗马民族文化教育的特点。西塞罗、昆体良及普鲁塔克这些古代罗马教育家在自己的教育实践活动基础上，既吸取了前人的教育成果，又总结了同代人的教育经验。可以说，与古代希腊教育思想一样，古代罗马教育思想在教育思想史上也为后世留下了许多珍贵的遗产。

然而，应该看到，无论是古代希腊教育思想，还是古代罗马教育思想，都是奴隶制的产物。恩格斯在《反杜林论》一书中论述奴隶制对古希腊罗马时期文化和教育发展的作用时曾这样指出：“只有奴隶制才使农业和工业之间的更大规模的分工成为可能，从而使古代世界的繁荣，使希腊文化成为可能。没有奴隶制，就没有希腊国家，就没有希腊的艺术和科学；没有奴隶制，就没有罗马帝国。没有希腊文化和罗马帝国所奠定的基础，也就没有现代的欧洲。我们永远不应该忘记，我们的全部经济、政治和智力的发展，是以奴隶制既成为必要、又得到公认这种状况为前提的。”从这个意义上来讲，古希腊罗马时期的教育思想的形成和发展也正是以奴隶制为前提的，是对与奴隶制政治和经济相适应的教育实践的总结与概括。

就古希腊罗马时期教育家的政治立场来看，都是维护奴隶制度的。因此，他们的教育思想无疑只是对奴隶主阶级或自由民教育的论述。在古希腊罗马社会里，奴隶被看作是会说话的工具，完全被剥夺了受教育的权利。因此，古代希腊教育思想和古代罗马教育思想无疑都被打上了阶级的烙印，存在着一些消极的、错误的东西。这实际上是阶级局限性和历史局限性的反映。

但是，应该指出，古希腊罗马教育思想体现了古希腊罗马时期的文明，不仅对当时文化教育的发展，而且对后代西方文化教育的发展都做出了不小的贡献。文艺复兴时期，欧洲新兴资产阶级重新发现了古希腊罗马时期的文明，并把它作为批判封建制度及经院主义教育的思想武器。反映新兴资产阶级的思想意识和政治要求的人文主义教育思想，正是以发掘、研究和复兴古希腊罗马教育思想为前提的，从而为近代西方教育思想的发展创造了条件。

第一章

古代希腊教育思想

古代希腊教育思想是西方教育思想发展史的序幕。在古代教育实践基础上形成和发展起来的古代希腊教育思想，对人类社会教育的发展产生了十分深远的影响，在西方教育思想历史中占有极其重要的地位。古希腊的智者派以及哲学家和教育家苏格拉底、柏拉图、亚里士多德是它的主要代表人物。西方教育家大多把古代希腊教育思想与实践作为现代教育的渊源之一，且是一个最古老的渊源。

第一节　古代希腊教育思想产生的背景

古代希腊是由原有的氏族制度解体而建立的许多小规模的奴隶制国家的统称。其中，最强大而具有代表性的是斯巴达和雅典。由于这两个奴隶制国家的政体、经济、文化和地理条件不同，所以形成两种不同的教育类型。古代希腊教育思想正是扎根于这两种不同类型的教育实践中并由其孕育而成的。

雅典原来是一个农业国家，由农业奴隶主执政。但雅典的海上交通便利，商业和手工业发达，于是形成一个工商业奴隶主集团。这些工商业奴隶主为争夺国家领导权与农业奴隶主展开了斗争。公元前594年的梭伦改革，剥夺了农业奴隶主许多特权，使工商业奴隶主分享到城邦的政治权利。公元前508年，克里斯提尼又领导广大自由民进行改革，彻底摧毁了农业奴隶主的政治势力并建立了奴隶主民主制度，使得雅典由过去的农业奴隶主专制政治走向奴隶主阶级的民主政治。在伯里克利统治时期（公元前495—前429），雅典的民主政治制度为文化教育的发展提供了有利的条件，而经济的繁荣又为哲学、科学和文化学术的发展提供了物质条件。当时，雅典的文化学术与教育达到顶峰，雅典成为古代希腊文明的中心。同时，自由民在国家政治生活中有了地位，他们认识到自身的价值，有越来越多的人在政治生活中崭露头角。富裕家庭希望自己的儿子不仅能成为商人，而且能成为社会活动家。因此，人们不满足于雅典学校那种着重进行体育与音乐的教育，要求学习各种知识。政治生活使辩论术、修辞学和演说本领的重要性凸显出来。在这种情况下，以教授辩论术、修辞学和文法为主的智者派应运而生。

正当雅典进入黄金时代的时候，雅典人自满起来，开始聚敛钱财，追名逐利，甚至道德沦丧。因此，在雅典繁荣的背后潜伏着深刻的社会危机。伯罗奔尼撒战争（公元前431—前404）不仅使这些危机暴露出来，而且导致农业奴隶主与工商业奴隶主争斗不休。雅典自此国力衰微。因此，如何改善雅典的政治局面，如何才能使人们关心公众利益，以及如何使雅典重新强盛起来成为雅典人急需解决的问题。面对这些问题，雅典哲学家苏格拉底提出了自己的看法。他认为，要解决上述问题必须从教育入手，训练有才能的治国人才，并且培养人们的美德。为此，他决心从事教育工作，在劝人为善的同时，研究培养有才能的人能够当权执政的问题。

从雅典的教育来看，社会政治生活和经济活动要求培养身体健康、道德高尚、学识渊博的社会活动家和商人，即“身心既善且美的人”。因此，雅典在教育实践中逐渐形成一种体、德、智、美全面和谐发展的思想。这种思想具体反映在雅典的教育制度之中。雅典的男孩在7岁后进入私立的文法学校和音乐学校，学习读、写、算的初步知识，还学习唱歌、弹琴，同时学习《荷马史诗》的选段。12～13岁时进入体操学校，练习跳、跑、角力、掷铁饼、投标枪等“五项竞技”，也学习舞蹈。15～16岁后，少数富裕家庭的子弟再入国家体育馆接受身心和谐发展的教育。到18岁时，可进入“埃弗比”接受两年的军事训练，最后取得公民资格，参与国家政事。雅典的教育强调人的全面和谐发展并且注重音乐教育，这显然对古希腊哲学家亚里士多德的教育思想产生了影响，并且通过他的《政治学》等著作影响到后世欧洲的教育。

斯巴达是一个实行贵族奴隶主专制政体的国家。为了镇压奴隶起义，抵御其他城邦国家的入侵及争夺在希腊的霸主地位，斯巴达必须建立一支强大的军队。这就决定了斯巴达教育的实质，是以体育和军事训练为主。斯巴达的教育目的就是要把年青一代培养成为忠于国家的强悍的军人。斯巴达人十分重视教育，强调对青少年的教育是国家的职责。斯巴达的男孩 7 岁后进入兵营式的国家教育场所接受体育训练，为进行军事训练做准备，同时国家还对他们进行尚武精神的教育。斯巴达虽然不重视文化教育，却用唱战歌、跳军舞来激励儿童的勇敢精神。到 18 岁时，凡经拷打而能忍受的人可进入“埃弗比”，接受两年正规的军事训练，学习使用武器和战术，参加屠杀奴隶的所谓“秘密服务”。到 30 岁时，他才成为正式公民，成为现役军人。斯巴达也很重视女子教育，女子与男子受同样的教育与军事训练。斯巴达的教育实践曾影响过柏拉图的教育思想。

第二节　古代希腊教育思想的主要特点

古代希腊教育思想具有以下五个主要特点。

第一，古代希腊教育思想强调国家控制教育，注重培养当权执政的人才。古代希腊哲学家和教育家苏格拉底、柏拉图等人，都很重视教育对维护与巩固奴隶主政治统治的作用，因而把教育工作看作是国家政权建设的一个重要方面。英国著名哲学家罗素曾这样指出：苏格拉底探讨的最重要的问题是如何使有才能的人能当权执政。而对于柏拉图来说，在《理想国》中构想的教育体系的根本目的就在于培养“哲学王”，即集聪明才智和政治权力于一身的国家最高统治者。为此，柏拉图总结了斯巴达由国家开办教育的经验，主张国家应该控制教育。在这一点上，亚里士多德同柏拉图的看法是一样的，他提出雅典城邦的法律应该规定儿童接受统一的社会教育。应该说，这是一种“教育立法”思想的萌芽。从历史上来看，在梭伦制定的法律中，已经规定父亲负有送儿子上学学习的责任，还规定学习日的长短并指定官员监督学校的工作。古代希腊教育思想已清楚地显示出“教育立法”的特点。

第二，古代希腊教育思想是扎根于雅典与斯巴达的教育实践之中的。应该指出的是，苏格拉底、柏拉图、亚里士多德，以及智者派本身都是参与教育工作实践的人，这也为他们教育思想的形成提供了有利的条件。如果说由国家控制教育的思想是对斯巴达教育经验的概括，那么，亚里士多德系统论述的对儿童实行体、德、智、美全面和谐发展的教育思想则是对雅典教育经验的概括。其实，从古代希腊教育思想的发展来看，苏格拉底在他的教育见解中已经提及要对公民进行德、智、体的教育，可以说，人的多方面和谐发展的思想已初露端倪。亚里士多德正是在吸取前人的教育思想及雅典教育经验的基础上，发展了人的全面和谐发展的思想。由于人的全面和谐发展是作为教育目的来探讨的，所以，它吸引了后世许多教育家研究与探讨这个极其重要的问题。

第三，古代希腊教育思想注意探讨道德教育问题。一方面，古代希腊哲学家无论是苏格拉底还是柏拉图，都十分重视儿童的道德教育。苏格拉底到处劝人为善，并认为应该培养人们具有“智慧”“正义”“勇敢”“节制”等四种道德。柏拉图则主张从幼儿开始就要培养他们的美德。然而，另一方面，古代希腊哲学家在知识与道德的关系问题上的见解是有分歧的，存在着“理智主义”与反对“理智主义”的矛盾。在苏格拉底看来，人们关注的四种道德都是以理性为指导的，因此，“知识”是道德的本质，据此，他认为“美德即知识”。而柏拉图强调人们必须掌握理性的知识，于是，他的“理论的理性”思想进一步发展了苏格拉底的理智主义思想。但是，亚里士多德对此提出不同的看法。他指出，苏格拉底所说的“美德即知识”实际上是把知识与道德等同起来；他认为，有德必有识，但知识本身并非道德，它只是人的道德行为的指导；他还指出，人的道德是“存乎于心”，“成于习惯”，“见于行动”。在知识与道德的关系问题上，亚里士多德的见解是比苏格拉底和柏拉图高出一筹的。

第四，古代希腊教育思想重视音乐教育。在教学内容上，古代希腊教育思想的突出特点是重视音乐教育。柏拉图主张从幼儿开始就要进行简单的音乐教育。在他看来，除了用体操来训练儿童的身体之外，还要用音乐来陶冶儿童的心灵。亚里士多德在论述儿童的“文雅教育”时，特别强调音乐教育的重要性。在他看来，音乐教育不仅可以“净化”儿童的心灵，也可以使儿童愉快地度过“闲暇”。

第五，古代希腊教育思想与哲学观点是紧密联系的。古希腊哲学家都是以他们的哲学观点为依据来阐述教育问题的。无论是智者派，还是苏格拉底、柏拉图和亚里士多德都是如此，他们在用自己的哲学观点说明与论证教育目的、教育制度，以及如何掌握知识和获得真理等问题的过程中，逐步形成了西方最早的教育哲学。例如，西方教育哲学的奠基人柏拉图以他的“理念论”为依据，来说明人们在学习过程中的灵魂转向，从而认识“理念世界”的过程与目的。

第三节　古代希腊教育思想的主要代表人物

一、智者派

1. 教育活动

智者的原意是指“智慧的人”。智者派大多是智慧超群之士。他们是公元前 5 世纪中期以后在古代希腊的雅典以传授“三艺”（文法、修辞学和辩证法）为职业的教师。他们做出了开创性的工作，以古代希腊的哲学和科学成就为基础，并在游历东方各国时汲取东方文化科学的营养，奠定了“三艺”的初步基础。他们的教育活动的着力点是提高受教育者的政治智慧与辩论术，适应雅典民主政治生活的需要。所以，智者派虽然收取学费，却受到雅典青年的热烈欢迎。

智者派的代表人物是普罗塔哥拉（Protagoras，公元前481—约前411）。他是色雷斯的阿布德拉人。他学识渊博，曾为图里翁城邦制定法律。公元前455年，普罗塔哥拉应伯里克利的邀请来到雅典进行教学活动。他是一个无神论者，在《论神》中曾这样说："至于神，我既不知道他们是否存在，也不知道他们像什么东西……"① 由于怀疑神的存在与希腊传统的宗教相抵触，普罗塔哥拉受到了迫害，雅典法庭判处他死刑。最后，他的著作被焚毁，他只身逃出雅典。据说，他在逃往西西里岛的途中，遇到狂风巨浪，覆船殒命。

在普罗塔哥拉之后，智者派的主要代表人物是高尔吉亚（Gorgias，约公元前483—约前375）。他是西西里岛莱昂蒂尼人，公元前427年来到雅典开展教学工作。他善于辞令，因具有高超的演说才能与辩论技巧而受到雅典人的欢迎，并且获得很高的声誉。据说，雅典人曾为他在德尔菲神庙里铸了一个金像。

智者们的政治立场是不同的，有的智者倾向于民主政治，有的智者拥护奴隶主贵族专制。因此，从智者不同的政治立场来看，严格地说，智者派不能称为一个统一的"学派"，只能说他们是活跃于雅典城邦收费授徒的教师。但是，这些凭借自己的广博知识而到处讲学的教师有一些共同点：传授文法、演说术和辩证法，以及道德学说和认识论；向受教育者收取学费维持生计。

2. 教育思想

（1）教育目的

智者派的教育思想体现在他们的教育活动及其言行之中。据柏拉图记述，普罗塔哥拉的教育目的是使受教育者学到处理"私人事务及公共事务中的智慧。他们学到把自己的家庭处理得井井有条，能够在国家事务方面做最好的发言与活动"②。这种教育目的的核心是提高受教育者的政治智慧，使受教育者有能力正确地处理政治活动中的各种事务，并且在民主政治活动中能通过演说等活动去争取公众。在智者派看来，培养演说能力是十分重要的。正因为如此，德国哲学家黑格尔指出：智者们的教育，"既是哲学教育，也是演说教育，教人治理一个民族，或者通过观念，以便使一件事情能够办得通……此外，他们还有着最普遍的实践目的，就是给予政治家一种预备教育，以便在希腊从事一般职业性政治活动"③。在这里，黑格尔指明，智者派教育的基本点是，使渴望参与政务的人具有从事政治活动的本领。正是在这点上，智者派的教育活动对古代希腊的政治生活与教育有重大的影响。

根据雅典奴隶主民主政治的需要，善于从事政治活动的人不仅要具有政治智慧与才能，

---

① 北京大学哲学系编：《古希腊罗马哲学》，139页，北京，生活·读书·新知三联书店，1957。

② 同上书，132页。

③ 黑格尔：《哲学史讲演录》，第2卷，贺麟、王太庆译，9～10页，北京，生活·读书·新知三联书店，1981。

而且要具有"美德"，以及政治、法律等各种知识。智者派的教育活动也担负着这种任务。因此，智者派也论述了教育作用的问题。智者安提西尼（Antisthenes，公元前 445—前 365）从教育对人的美德形成的影响方面提出了自己的见解。他说："埋入泥土中的是什么种子，生长出来的也就是什么果实。如果在青年人的灵魂中灌输高尚的教育，那么开出来的花朵也就能耐久，不为雨水和干旱所摧折。"① 在学习与掌握知识的问题上，普罗塔哥拉指出："对于学习，天赋和练习是同样重要的，我们应从少年学起。没有实践的理论和没有理论的实践都没有意义。学习如果没有达到相当的程度，便不能在灵魂中生根。"②

（2）教育内容

从教育内容来看，智者派向学生传授的主要是文法、修辞学和辩证法。在雅典的政治生活中，人们需要在公民大会及公共场合阐述自己的主张，因此演讲就成为一件十分重要的事情。为此，人们就要学习辩证法。于是，智者派教人辩论，培养人们的"辩才"和分析问题的能力，以便驳倒自己的对手。普罗塔哥拉的《论正确地演讲》就是他为儿童写的一本教科书，也是一本最早把文法作为科学的书。智者派研讨并制定了各种文法规则，对词类及其性质、词的辨析特别重视。这样做的目的，就是保证人们能正确地运用语言这个工具来表达自己的思想。同时，智者派也向学生传授自然科学知识，其中包括天文学、几何学等知识。此外，智者派还要对学生进行道德教育。普罗塔哥拉强调指出，应培养学生的政治品德，使他们具有公正和懂得廉耻的品质。

早期的智者派所传授的知识，实际上属于高等教育性质。他们的教育活动促进了雅典教育的发展。

但是，我们应该指出，晚期的智者派与早期的智者派有所不同。由于希腊民主政治的衰落，人们为了个人的利益不择手段，为自己的恶行进行辩护。晚期智者派中的一部分人也颠倒是非，混淆黑白。修辞学、辩论术由于玩弄词句而充斥诡辩的内容。这样，一些智者就变成了"饶舌小人"，而被人们称为"诡辩派"。

二、苏格拉底

1. 生平和教育活动

苏格拉底（Socratēs，公元前 469—前 399）是古希腊著名的哲学家和教育家。其父亲据说是个石匠或雕刻师，母亲在接生方面很有专长。青少年时代，苏格拉底虽然在诗歌、几何学、音乐等方面表现出过人的才智，但他却迷上了哲学。成年后，他的哲学活动与智者派在雅典的活动是相联系的。在与智者的辩论和探讨中，苏格拉底表现出他对知识的强调，以及对理性的信任思想。大约从 30 岁起，他开始聚徒讲学，向青年传授伦理、政治

①② 米定斯基：《世界教育史》，叶文雄译，27 页，北京，生活·读书·新知三联书店，1950。

等方面的知识，直到他被判处死刑为止。

苏格拉底作为雅典公民，曾三次从军参战。在战争中，他顽强勇敢，同时没有放弃他的哲学使命，特别是他体验到身体健康对于一个人来说是很重要的，因此，他很关注道德、知识、体育三个方面的问题。

公元前 399 年，苏格拉底受到控告而被判处死刑。黑格尔曾指出：一代哲人的死，确是“雅典的悲剧，希腊的悲剧”①。

2. 教育思想

苏格拉底的教育活动主要是在广场、街上、作坊等场所劝人为善。对于乐于听他教诲的人，他不收酬金。正如古希腊历史学家色诺芬所说的：尽管苏格拉底“接待了许多希望听他讲学的人，其中有本国公民也有外国人，但他从来没有因为讲学而向任何人索取过报酬，而是以其丰富的知识毫不吝惜地向所有人施教”②。苏格拉底之所以如此重视道德教育，是因为他希望通过向雅典人讲清善恶标准及治国之道，从而有助于改善雅典城邦的政治，使雅典城邦兴盛起来。他强调说：“财产不能带来善，而善能带来财富和其他一切幸福。不论对人还是对国家都是如此。”③

(1) 教育的作用与目的

苏格拉底从发展人的自然禀赋及培养治国人才两个方面说明了教育的作用与目的。在他看来，“无论是天资比较聪明的人还是天资比较愚钝的人”④，都应该接受教育。因为通过培养与训练，人们才能取得“值得称道的成就”。他强调指出：“越是禀赋好的人越需要受教育。”⑤“禀赋最优良的、精力最旺盛的、最可能有所成就的人，如果经过教育而学会了应当怎样做人的话，就能成为最优良、最有用的人，因为他们能够做出极多、极大的业绩来；但如果没有受过教育而不学无术的话，那他们就会成为最不好、最有害的人。”⑥在苏格拉底看来，人们接受教育格外重要。

苏格拉底认为，只有学识渊博而具有“善德”的人，才能把城邦治理好。因为真正的统治者是“那些懂得怎样统治的人”。因此，教育的目的在于培养治国人才。苏格拉底指出，在处理政务时，应该听取“有专门知识的人的意见”。他这种专家治国的观点后来被柏拉图发展为培养“哲学王”的教育思想体系。

(2) 教育的任务与内容

苏格拉底认为，教育的任务就是培养美德、探求知识及增进健康。他把实现培养治国

---

① 黑格尔：《哲学史讲演录》，第 2 卷，44 页。

② 色诺芬：《回忆苏格拉底》，吴永泉译，162 页，北京，商务印书馆，1986。

③ 柏拉图：《苏格拉底的最后日子——柏拉图对话集》，余灵灵、罗林平译，162 页，上海，上海三联书店，1988。

④ 色诺芬：《回忆苏格拉底》，116 页。

⑤⑥ 同上书，139 页。

人才的目标与培养人们具有美德联系起来，劝人为善，并引导人们“努力成为有德行的人”①。具体来说，就是培养人们具有智慧、正义、勇敢、节制等四种美德。应该指出，苏格拉底是以“美德即知识”的观点来阐释人应具有这些道德品质的，由于知识是后天人们通过学习获得的，所以人的德行是教育的结果。

为了培养治国人才，苏格拉底认为，人们应该学习与掌握广博而实用的知识。他劝勉那些渴望担任公职的人学习专业知识；要求军事将领学习军事知识，掌握“将兵术”，并且认为军事将领应该是一个“足智多谋”的人；要求人们学习测量学和天文学。在他看来，青年人要担任城邦国家的职务，必须学习和探求知识。苏格拉底曾这样说：“在所有的事情上，凡受到尊敬和赞扬的人都是那些知识最广博的人，而那些受人谴责和轻视的人都是那些最无知的人。”②

从人的日常生活、参加城邦的战事，以及人的思维和记忆活动出发，苏格拉底论述了人们锻炼身体的必要性。在谈论体育锻炼问题时，他指出：“人们所做的一切事情都是需要用身体的。”③ 所以，一定要注意锻炼身体，使自己的身体“保持最良好的状态”④。他还强调指出，在战时，身体健康就更重要了。总之，只有体魄健康的人，才能完成应该做的一切事情。此外，从人的思维与记忆活动来看，身体健康也是非常重要的。苏格拉底指出，有许多人由于身体不好，所以健忘、忧郁和易怒，“以致他们把已获得的知识全部丧失殆尽”。在他看来，只有健康的身体，才有健全的理智。他曾对安提丰说：“你难道不知道，那些天生体质脆弱的人，只要锻炼身体，就会在他们所锻炼的地方强壮起来，比那些忽视锻炼的人更能够轻而易举地经受住疲劳吗？”苏格拉底自己就非常重视身体健康，并通过体育锻炼养成了忍饥耐寒的能力。

苏格拉底对培养美德、探求知识及增进健康的论述，实际上体现了他关于德育、智育和体育的思想。可以说，这是古希腊人主张对人进行全面和谐发展教育的萌芽。亚里士多德继承与发展了这种思想，后世的教育家都继续探讨与阐释这个问题。

（3）苏格拉底方法

苏格拉底开展教育活动时，既无教材，也无课堂。他是在街上、广场等场所因人因事而异对人施教的。他用讨论问题的问答方式与人谈话，但不直接把结论教给人，而是指出问题并引导人最后得出正确的结论。这种方法被后人称为“苏格拉底方法”。由于苏格拉底把教师比喻为“知识的产婆”，因此，“苏格拉底方法”亦称“产婆术”。它包括讥讽（不断提问题使对方自陷矛盾最终承认自己的无知）、助产（帮助对方得到问题的正确答

---

① 色诺芬：《回忆苏格拉底》，25 页。
② 同上书，109 页。
③ 同上书，132 页。
④ 同上书，35 页。

案)、归纳（从各种具体事物中找到事物的共性和本质）、定义（把个别事物归入一般概念）等四个步骤。

例如，苏格拉底与一个士兵在讨论“什么是勇敢”时就采用了这种方法：

“什么是勇敢?”苏格拉底随便地问一个士兵。

“勇敢是在情况变得艰难时能坚守阵地。”士兵回答。

“但是，假如战略要求撤退呢?”苏格拉底问。

“假如这样的话，就不要使事情变得愚蠢。”

“那么，你同意勇敢既不是坚守阵地也不是撤退?”苏格拉底问。

“我猜想是这样。但是，我不知道。”士兵回答。

“我也不知道。或许它正好可以开动你的脑筋。对此你还有什么要说的?”苏格拉底又问。

“是的，可以开动我的脑筋。这就是我要说的。”

“那么，我们也许可以尝试说：勇敢是在艰难困苦的时候的镇定——正确地判断。”苏格拉底说。

“对。”士兵最后回答。

苏格拉底方法的特点是，受教育者要依据苏格拉底提出的问题并依靠自己已经掌握的知识进行独立思考，积极寻求正确的结论，以便获得知识、发现真理。

亚里士多德对苏格拉底方法给予了高度的评价。他说：“有两样东西完全可以归功于苏格拉底，这就是归纳论证和一般定义。这两样东西都是科学的出发点。”① 但是，应该看到，苏格拉底采用的问答方法并不是万能的，它只能在一定的条件下和范围内采用。

三、柏拉图

1. 生平和教育活动

柏拉图（Platon，公元前427—前347）是古代希腊著名的哲学家和教育家。父母亲都出身于雅典显要的贵族世家，因而他在青少年时代受到了良好的教育。

公元前407年，年满20岁的柏拉图确认自己是苏格拉底的信徒。这件事对他的事业有重大的影响，他的兴趣从诗歌、文学和戏剧转向了哲学。他非常敬仰苏格拉底，他的某些基本论点就源于苏格拉底。然而，苏格拉底被判处死刑，这让他终生难忘。于是，公元前399年，柏拉图离开了雅典，到麦加拉、埃及、南意大利、叙拉古（意大利西西里岛的锡拉库萨）等地游学，达12年之久。侨居外乡的日子，“大希腊”之行使他

① 北京大学哲学系编译：《西方哲学原著选读》，上卷，58页，北京，商务印书馆，1985。

开阔了眼界，积累了丰富的经验。尤其是毕达哥拉斯学派的主要代表人物阿尔库塔斯（Archytas）集哲学家、思想家和政治家于一身的形象让他铭记于心，成为他追求集哲学家和政治家多种名号于一身的最初的榜样。

公元前387年，柏拉图返回雅典后，在雅典城郊创办了学园（Academy），一般译作“柏拉图学园”。柏拉图学园的创立，不仅是他一生中最重要的事情，也是欧洲学术思想史上最重要的事情，因为在学园里，既开展教育活动，培养人才，又进行学术研究，极大地促进了古代希腊科学文化的发展。学园讲授哲学、算术、几何学、天文学、音乐等科目。学园的教学形式与方法是多种多样的，不过“苏格拉底式”的问答法占有重要的地位。

学园的环境为柏拉图的教育与学术生涯创造了良好的条件。他在学园里撰写了两部巨著——《理想国》和《法律篇》。他的教育思想集中体现在这两部著作之中。

公元前347年，柏拉图在一位友人的婚礼宴会上溘然辞世。

2. 教育思想

柏拉图在《理想国》一书中构筑了一个培养护国者（统治者）和保国者（军人）的教育思想体系。他主张在统治阶级内部实行公有制，取消家庭，国家控制教育。在谈到教育的作用时，他强调说：“因为良好的培养和教育造成良好的身体素质，良好的身体素质再接受良好的教育，产生出比前代更好的体质。”①

（1）学前教育

柏拉图十分重视学前教育。他认为，学前教育应该尽早开始。因为“一个人从小所受的教育把他往哪里引导，却能决定他后来往哪里走”②。特别是“在幼小柔嫩的阶段，最容易接受陶冶，你要把他塑成什么模式，就能成什么模式”③。

学前教育的主要内容是讲故事、做游戏和简易的音乐唱歌活动。柏拉图主张对故事的内容要真正选择，以便通过让幼儿听故事而逐渐形成自我克制和勇敢等美德。为此，他提出，儿童最初听到的应该是最优美高尚的故事。他还要求把组织幼儿的游戏与道德教育结合起来，养成他们服从的美德及守纪律的习惯。他说：“幼儿所参加的游戏更应讲求道德与规则；如果游戏中缺乏纪律，儿童被同化，要求他们长大后成为严肃而守法的人是不可能了。”④

柏拉图也很注意对幼儿进行简易的音乐教育。他说：在音乐方面，“一个儿童从小受到好的教育，节奏与和谐浸入了他的心灵深处，在那里牢牢地生了根，他就会变得温文有礼；如果受了坏的教育，结果就会相反”⑤。

---

① 柏拉图：《理想国》，郭斌和、张竹明译，138页，北京，商务印书馆，1986。
② 同上书，140页。
③ 同上书，71页。
④ 同上书，73页。
⑤ 同上书，108页。

在学前教育中，柏拉图主张采用模仿的方法。他指出，幼儿“从小也就只应模仿他们适宜模仿的人物”，并且认为幼年时开始模仿，久而久之，“最后就成为习惯，进而习惯就成为第二天性”①。

（2）普通教育

柏拉图认为，7～18岁的少年儿童应接受普通教育。他主张7～12岁的儿童应进入文法学校学习，主要学习阅读，掌握从字母到简易的诗文；学习计算，能区别奇数和偶数，能测量简易的长、宽、深度等。12～18岁的少年应同时进入音乐学校和体操学校学习，主要学习音乐和体育。他强调说：“用体操来训练身体，用音乐来陶冶心灵。”② 柏拉图所说的体育内容是很广泛的，包括骑马、射箭、掷弹、标枪、角力、体操、军事训练，以及舞蹈等。不过，从柏拉图的课程思想来看，他特别重视音乐，认为“音乐教育是至高无上的”。他所说的音乐内容是十分丰富而繁杂的，包括文学、诗歌、歌曲、故事和神话等。他主张学习音乐的目的在于培养理性、勇敢和公正等美德。他要求严格审查文学、诗歌、歌曲的内容，以便使“我们未来的护国者不至于在不道德的环境中成长，这就好像把羊放在毒草地区，每天吃毒草，久而久之，在它们的心灵中就积累了一大堆的毒素”③。如果文学、诗歌、歌曲的内容能展现“优美品质”的话，那么，“我们的年轻人……眼睛所看到的，耳朵所听到的好艺术作品，随处都是，使他们如坐春风，潜移默化，不知不觉之中受到熏陶，从童年时，就和优美、理智融合为一体”④。

柏拉图主张男女教育平等。他强调说：“在治理邦国时，女子之为女子，或男子之为男子，没有特殊的职能，本性里的天资是一样分散于两性间的，所有男子的事业也是女子的。”⑤ “护国者和他们的妻子应有同样的事业。”⑥ 基于这样的认识，柏拉图主张无论男女，都应教以音乐和体育。因为只有男女受一样的教育，男女才能担负一样的责任。

（3）高等教育

按照柏拉图的教育构想，少年儿童接受过普通教育之后，要经过一定的筛选。在筛选中，柏拉图把人分为三个等级，声称三个等级的人是神分别用金、银、铜铁做成的。那些身含铜铁质的自由民子女都会被淘汰掉，只有身含金、银质的奴隶主阶级子女才会被挑选上并继续接受高一级教育。这种教育就是在“埃弗比”学习。18～20岁的青年主要是接受军事训练和体育锻炼，培养勇敢的美德，使自己成为一个英勇善战的军人。此外，还要学习自然科学知识，尤其是算术、几何、天文、音乐等四门课程（“四艺”）。这一阶段学

---

① 柏拉图：《理想国》，98页。

② 同上书，70页。

③④ 柏拉图：《理想国》，载华东师范大学、浙江大学教育系编译：《西方古代教育论著选》，107页，北京，人民教育出版社，2001。

⑤ 同上书，47页。

⑥ 同上书，46页。

习到20岁就结束了。

20岁以后，他们中的绝大多数人已经接受过严格的军事训练并且具有勇敢的精神，于是，就被编入军队，并以此为终生职业。只有极少数经过又一次筛选的才智优异的青年能接受以后10年的教育，继续学习算术、几何、天文和音乐理论。这些学科知识不仅具有实用价值，而且更有助于培养青年的思维能力，发展他们的智慧，使他们的心灵接近真理。

到30岁时，这些人中的大多数被分配到政府成为官吏，其中极少数出类拔萃、“身上加了黄金”的人能再继续深造5年，精研辩证法。柏拉图认为，前一个阶段所学习的算术、几何、天文和音乐理论只是为学好辩证法做准备的。辩证法作为一个哲学体系，它是最高深的学问。只有学好辩证法，才能正确理解理念世界。同时，在这个阶段中，还要继续学习“四艺”，不过学习的目的不同了。前一个阶段学习“四艺”，是为了培养哲学家——未来的最高统治者。

到35岁时，最后阶段的学习结束了。但按柏拉图的意见，还要用15年的时间，让那些才华出众的人进行实际锻炼。例如，让他们“负责指挥战争”，以及做“适合青年人干的公务”，并在执行各种公务中接受考验，看他们能否在各种诱惑面前坚定不移，“是否会畏缩、出轨”。只有接受高深辩证法教育并通过最后考验的人，才能成为“哲学王”。柏拉图全部教育思想体系的归宿就是要培养这种“哲学王”，即国家的最高统治者，这样他所追求的“政治权力与聪明才智合而为一”① 的目的也就达到了。

四、亚里士多德

1. 生平和教育活动

亚里士多德（Aristotel，公元前384—前322）是古希腊著名的哲学家和教育家。他对哲学、政治学、伦理学、物理学、逻辑学、修辞学和美学都有开拓性的研究并取得了丰硕的成果。因此，马克思称他为“古代最伟大的思想家”②；恩格斯则认为他是古代希腊哲学家中“最博学的人物”③。

公元前384年，亚里士多德出生于色雷斯的斯塔吉拉城。其父亲曾是马其顿王国的宫廷医师。公元前367年，17岁的亚里士多德赴雅典，进入柏拉图的学园学习。他思想敏锐，是柏拉图的得意门生。柏拉图称他为“学园的精英”。直到公元前347年柏拉图去世，他才离开学园，东渡小亚细亚。

---

① 柏拉图：《理想国》，载华东师范大学教育系、浙江大学教育系编译：《西方古代教育论著选》，215页。

② 马克思：《资本论》，载马克思、恩格斯：《马克思恩格斯全集》，第23卷，447页，北京，人民出版社，1972。

③ 恩格斯：《反杜林论》，载马克思、恩格斯：《马克思恩格斯全集》，第20卷，22页，北京，人民出版社，1971。

公元前 343 年，亚里士多德应马其顿国王菲利普二世的邀请，担任 13 岁的王子亚历山大的老师，直到公元前 335 年亚历山大登基为止。

此后，亚里士多德离开马其顿回到雅典，创办吕克昂学园。他亲自主持该学园 13 年。由于亚里士多德与他的学生在林荫道上一边散步，一边讨论哲学、伦理学等问题，所以，后人称亚里士多德和他的学生为“逍遥学派”。这是他在学术上和教学上取得巨大成就的时期，他的主要著作《政治学》和《工具论》等都是在这一个时期写成的。

公元前 323 年，亚历山大大帝突然病死于巴比伦。消息传来，雅典人反对马其顿的力量高涨起来。由于亚里士多德与马其顿国王的关系密切，又是一个外邦人，也就成为雅典人攻击的目标。亚里士多德不得不逃离雅典到优卑亚岛，并于公元前 322 年秋季病逝。

2. 教育思想

亚里士多德的教育思想散见于他的《政治学》和《尼各马科伦理学》之中。

(1) 教育与政治的关系

亚里士多德探讨与阐释奴隶制各种政体及其统治形式时，明确地指出教育对于巩固奴隶主旧政治统治的巨大作用。他强调指出：立法者（国家的统治者）必须“首先注意青少年人的教育”。在他看来，教育是国家政权建设的一个重要方面，如果立法者“忽视教育就会危害政体”。据此，他要求国家抓好教育工作，并指出这样做就能“维护这个政体的实力”①。由此出发，亚里士多德明确指出：“教育应该订有规程（法制）及教育应由城邦办理这两点已经明白论定。”② 在他看来，教育应由国家来开办与管理，国家的重要职能之一是建立统一的学制。在这一点上，亚里士多德与柏拉图的观点是一样的。

从“法治”的思想出发，亚里士多德又提出了教育应成为宣传“法治”、对人们进行法制教育的工具的主张。他认为，国家的法律是根据理性来制定的，而各种法律的内容必须使公民了解，这样，人们才能遵守法律，社会秩序才能安定。亚里士多德把城邦实施公共的社会教育与实行“法治”联系了起来。他说：“法律所以能见成效，全靠公民的服从，而遵守法律的习惯须经长期的培养。”③ “一个城邦应常常教导公民们能适合本邦的政治体系（及其生活方式）。”④ 为此目的，亚里士多德主张“教育应由法律规定”，以便使教育纳入国家法律的轨道。为了把城邦治理好，他要求通过法律规定，让全体公民受教育。但是，他所说的“全体公民”是不包括奴隶的。因为在他的心目中，“奴隶是活的（会说话的）工具”，他们是没有受教育权利的。

---

① 亚里士多德：《政治学》，吴寿彭译，395 页，北京，商务印书馆，1965。

② 同上书，407 页。

③ 同上书，81 页。

④ 同上书，406 页。

（2）体、德、智、美和谐发展的教育

亚里士多德把人的灵魂区分为植物的、动物的和理性的三个部分，并提出与此相适应的对儿童实施体、德、智、美全面和谐发展的教育。

第一，体育。亚里士多德认为，在儿童教育中，“我们必须首先训练其身体”①。在他看来，对儿童进行体育锻炼的目的是培养儿童具有强健的体魄和勇敢的精神。因此，“立法者应从考虑如何使他教养的儿童的体格能够充分强健开始”②。他指出：“让青少年就学于体育教师和竞技教师；体育教师将培养他们身体应有的正常习惯，竞技教师将授以各项角赛的技能。”③ 但是，他又认为，儿童的体育锻炼要与他们的身体相适应，因为过度的和不足的锻炼都会毁坏体力，损害儿童的身体健康。

第二，德育。亚里士多德认为，为了把城邦治理好，必须“引导公民纳入行善的良轨”。他指出，习惯和理性是人们具有“善德”的根基。人们是由于具有自然的天赋而能接纳社会美德；同时，又由于人的生活及行为举止的习惯而使美德日趋完善。

亚里士多德还认为人有三种性格，即“过度、不足和中间”。他说：“事物有过度、不足和中间。德行的本性就是恰得其中间。”④ “中间”是有理性的人追求的目标。例如，“在鲁莽和怯懦之间是勇敢，在放纵和冷漠之间是节制”⑤。

在道德教育中，亚里士多德强调必须重视培养学生的习惯。因为人的德行是“生于人的习惯”的。他强调说：“在教育儿童时，我们当然应该先把功夫用在他们的习惯方面。”⑥“从小就养成这样还是那样的习惯不是件小事情；恰恰相反，它非常重要，比一切都重要。”⑦ 为了培养儿童具有良好的习惯，他主张运用道德练习的方法。因为“我们做公正的事情，才能成为公正的人；进行节制，才能成为节制的人；有勇敢的表现，才能成为勇敢的人”⑧。

第三，智育。亚里士多德强调指出：“求知是人类的本性。”⑨ 在他看来，人生来就是爱智慧的，就是要无尽地追求知识的。他认为，智育的任务是让儿童掌握真理，发展思维能力并培养他们的“善行”。应该让儿童学习的“基础科目常常是四门，即读、写、体操和音乐，有些人便加上了绘画”⑩。亚里士多德还认为，在掌握感性知识的基础上，学生必须通过“深思”才能了解事物的本质，掌握理性的知识。他说：“人们如果还没有把握一件

---

① 亚里士多德：《政治学》，413页。
② 亚里士多德：《政治学》，载华东师范大学教育系、浙江大学教育系编译：《西方古代教育论著选》，102页。
③ 亚里士多德：《政治学》，413～414页。
④ 亚里士多德：《尼各马科伦理学》，苗力田译，26页，北京，中国社会科学出版社，1990。
⑤ 同上书，34页。
⑥ 亚里士多德：《政治学》，413页。
⑦ 亚里士多德：《尼各马科伦理学》，26页。
⑧ 同上书，26页。
⑨ 亚里士多德：《形而上学》，1页，北京，商务印书馆，1983。
⑩ 亚里士多德：《政治学》，409页。

事物的'为什么'（就是把握它的基本原因），是不会以为自己已经认识这一事物的。"①

第四，美育。亚里士多德认为，美育的任务是：培养儿童具有审美能力，并使人们能悠然自得地度过"闲暇"。他特别重视音乐。他认为，让儿童学习音乐，可以"净化"他们的心灵，可以使他们的理智得到享受；同时，可以影响他们的情感和性格。但是，对音乐教材必须加以审查与选择。他说："如果目的在于教育，便当选取培养品德的最优良诸乐调。"②

（3）年龄分期与教育

在西方教育思想史上，亚里士多德第一次提出并论证了教育必须适应人的自然发展的原则。他强调指出："一个人生来就是人，而不是其他动物，并且其身心必定具有某种特性。"③ 因此，他把新生一代从出生到 21 岁的教育划分为以下三个时期。

第一个时期：出生到 7 岁。亚里士多德认为，这一时期的任务是使幼儿的身体能正常地发育成长。"立法者必须按照他自己的意志形成初生孩子们的体格。"④ 因此，他要求母亲亲自抚养婴儿，亲自哺乳。为了满足幼儿营养的需要，他主张必须让幼儿吃一些"含乳分多的食物"。他重视母亲对幼儿的影响，指出："孩子的天性多得之于其母，有如植物得之于土壤。"⑤ 他提出，通过组织幼儿参加游戏来锻炼身体。他还要求尽早培养幼儿的习惯，指出："凡在儿童身上可能培养的习惯，都应及早开始，然后渐渐加强这些训练。"⑥

第二个时期：7～14 岁。亚里士多德认为，这一时期应对儿童进行"正规的集体教育"。其任务是让儿童掌握读、写、算的实用知识与技能，并对儿童进行体操训练和音乐教育。在他看来，7～14 岁的儿童的心灵最易于接受音乐教育。对儿童进行音乐教育，不仅有利于儿童开展柔软体操等活动，而且有助于激励和鼓舞儿童的情感。他把文学和诗歌的阅读、咏唱、欣赏等，都划归于音乐教育之内。

第三个时期：14～21 岁。亚里士多德认为，这一时期的任务是发展青少年的理智灵魂。但由于有关这一时期教育活动的资料均已失传，我们不可能确切地加以说明。不过，根据吕克昂学园的教育要求，我们推断亚里士多德可能把哲学、数学、物理学、音乐作为培养与发展理智灵魂的主要内容。

第四节　古代希腊教育思想的影响与评析

以苏格拉底、柏拉图、亚里士多德及智者派为主要代表人物的古代希腊教育思想，正

---

① 北京大学哲学系编：《古希腊罗马哲学》，249 页。

② 亚里士多德：《政治学》，430 页。

③ 亚里士多德：《政治学》，载华东师范大学教育系、浙江师范大学教育系编译：《西方古代教育论著选》，99 页。

④ 同上书，102～103 页。

⑤ 同上书，103 页。

⑥ 亚里士多德：《政治学》，402 页。

是在古代希腊的教育实践基础上形成和发展起来的。可以说，没有古代希腊的教育实践，也就没有古代希腊教育思想。在人类社会教育发展的历史进程中，古代希腊教育思想对后世的教育产生了重要而深远的影响。恩格斯曾对古代希腊哲学做过这样的评价："在希腊哲学的多种多样的形式中，差不多可以找到以后各种观点的胚胎、萌芽。"① 同样，对古代希腊教育思想也可以做出这样的评价。

柏拉图在论述教育时，充分注意到当时斯巴达和雅典的教育经验。尽管他的教育构想具有空想的性质，但由于他吸吮着时代的乳汁，他的教育思想凝结了古代希腊教育的历史经验。柏拉图在《理想国》一书中阐述的一些教育思想，如重视教育的社会功能、主张国家控制教育、实施和谐发展的教育、注重学前教育、倡导男女教育平等、设立"四艺"课程等，都是有价值的思想，对后世的教育产生了积极的影响。正因为如此，法国教育家卢梭说：《理想国》是一篇最好的教育论文。

至于亚里士多德的教育思想，它的历史价值不仅在于其灼见，而且在于对前代人研究成果的包容和总结。可以说，他是古希腊教育思想集大成者。他创办的吕克昂学园重视自然科学的教学与研究，并且以其丰硕的成果促进古代希腊自然科学的发展。在古代罗马教育思想中，我们能看到古代希腊教育思想尤其是亚里士多德教育思想的影响。然而，在教会统治的中世纪，亚里士多德被人们遗忘了。一直到公元 19 世纪，通过拜占庭和阿拉伯人的介绍，欧洲人才重新知道了亚里士多德。但是，从 13 世纪起，教会抛弃了亚里士多德思想中富有生命力的东西，并歪曲地利用他的形式逻辑作为与异端做斗争的武器。在文艺复兴时期，亚里士多德关于人的和谐发展的思想给人文主义教育家以很大的启迪。他关于教育要适应人的自然发展的思想，开了西方教育思想史上"教育遵循自然"理论的先河。

从教学内容来看，古代希腊教育家也做出了他们的贡献。智者派创立了"三艺"，柏拉图提出了"四艺"，到中世纪初期形成了"七艺"，奠定了学校课程内容的基础。

从教学方法来看，由于苏格拉底方法有助于启发学生的思维，所以被后世教育家继承与发展，逐渐形成"启发式教学"，当代有的西方教育家也称它为"发现法"。总之，无论是"启发式教学"还是"发现法"，都可以追溯到苏格拉底方法。

奴隶制为古代文化的繁荣，即为古代希腊文化创造了条件，如果没有奴隶制，就没有古代希腊国家，就没有古代希腊的艺术和科学，就没有古代希腊的教育，因此，古代希腊教育家都是维护奴隶制的，他们的教育思想所论述的都是奴隶主阶级的教育。在他们看来，奴隶只是"会说话的工具"，是没有受教育权利的。因此，古代希腊思想被深深地打上了奴隶主阶级的烙印，而表现出历史和阶级的局限性。

---

① 恩格斯：《自然辩证法》，载马克思、恩格斯：《马克思恩格斯全集》，第 20 卷，386 页。

拓展阅读书目

1. 柏拉图. 智者. 詹文杰，译. 北京：商务印书馆，2011.
2. 色诺芬. 回忆苏格拉底. 吴永泉，译. 北京：商务印书馆，1986.
3. 柏拉图. 柏拉图论教育. 郑晓沧，译. 北京：人民教育出版社，1958.
4. 亚里士多德. 政治学. 吴寿彭，译. 北京：商务印书馆，1983.

第二章

古代罗马教育思想

古代罗马教育思想从古代希腊教育思想中直接汲取了许多东西，并在古代罗马教育实践的基础上加以“修改”和“补充”，从而在雄辩家教育，以及教学理论研究和探讨方面反映了古代罗马教育的特点。古罗马雄辩家和教育家西塞罗、昆体良，以及历史学家、伦理学家和教育家普鲁塔克是它的主要代表人物。与古代希腊教育思想一样，古代罗马教育思想在西方教育思想历史中占有重要的地位，对人类社会教育的发展产生了深远的影响。

第一节　古代罗马教育思想产生的背景

从西方教育思想历史的发展来看，古代罗马教育思想是在汲取古希腊教育思想精华的基础上，结合自己民族的文化传统，以及政治和社会生活的实际需要而形成和发展的。古代罗马教育家并非只充当传播古代希腊文化教育的角色，在传播古代希腊文化教育的同时，他们又总结了自己的教育经验，在雄辩教育等方面取得了卓越的成就。可以说，古代罗马教育家是罗马民族文化教育的创造者。古代罗马教育思想具有鲜明的罗马民族的特征。

古代罗马这个奴隶制城邦国家是公元前8世纪时在意大利半岛上形成的。从公元前6世纪起，古代罗马就通过战争不断扩大其领土。到公元前3世纪中期，它已经征服了意大利中部并逐步蚕食意大利南部的古代希腊殖民城邦。后来，罗马人终于在公元前168年以强大的军事力量征服了马其顿王国，使其沦为罗马的“行省”。这样，罗马征服并控制了希腊全境，建立了横跨欧、亚、非三大洲的庞大帝国。

由于古代雅典的文化教育成就照耀了地中海区域，古代希腊人的文化科学成就早就吸引着罗马人，罗马人通过商业贸易也接触过希腊的文化。但是，古代希腊的文化教育对罗马产生深刻的影响是在公元前272年意大利南部希腊城市塔伦同陷落之后。当时，罗马人把大批希腊人作为俘虏带回罗马。他们中间有一些人是具有真才实学的。

随着罗马人于公元前146年征服希腊本土后，希腊人开始大量涌入罗马，把希腊的语言、文学、哲学、教育、戏剧等带到罗马。从教育方面来看，古代希腊的教育思想和经验，推动了早已进行了100多年的罗马教育的“希腊化”过程。在以后几个世纪里，罗马统治者又利用他们手中所掌握的政权力量，通过罗马帝国的行政系统与教育制度，并采用派出教师等手段在被其征服的地区推广希腊的文化教育。

古代罗马的历史一般可分为三个时期：公元前8世纪至公元前6世纪末是王政时期；公元前509年至公元前1世纪初是共和时期；公元前30年至公元476年西罗马帝国灭亡是帝国时期。

由于王政时期保留下来的史料很少，人们无法具体描述那时罗马的教育情况。在共和时期初期，古代罗马虽然已经有了文字，但是对儿童的教育主要是由家庭来承担的。到共和时期后期，由于罗马人向外扩张，大量吸收了古代希腊的教育经验，并且按希腊学校的模式建立了带有罗马民族特点的“卢达斯”（初等学校）、文法学校（中学）和高等学校。当然，从罗马教育思想的形成和发展来看，值得注意的是关于培养雄辩家的问题。在共和时期初期，演说在罗马公民的政治和社会生活中已占有重要的地位；到共和时期后期，雄辩术更加受到人们的关注。因为当时那些渴望从事政治活动并进入国家领导层的罗马人要以演说的手段来争取公众、击败政敌，于是，雄辩术成为“谋权”的工具。那些在政治上力图往上爬的罗马青年也尽力学习和掌握雄辩术，以便在公共场合、法庭等地方发表自己的主张，从而达到自己所追求的目的。显然，这就是雄辩术教育在古代罗马发展的社会基础。古代罗马文学家、哲学家和教育家西塞罗关于雄辩教育的思想就是适应这种社会需要而提出来的。他以高超的演说才能、优美的拉丁文学作品及雄辩家教育思想促进了古代罗马教育的发展。

但是，到了帝国时期，在罗马皇帝独揽大权的情况下，雄辩术的作用发生了很大的变化。雄辩术失去了过去作为争取公众和击败政敌的作用，同时，人们也不能对国家的重大政治问题发表自己的主张。人们只是在法庭辩论上还需要雄辩术，这样，雄辩家变成了辩护家或律师，律师成了一种职业。古代罗马的雄辩家和教育家昆体良所论述的就是关于培养优秀的雄辩家（律师）的理论和方法。这里，人们也许会提出这样的问题：在罗马帝国时期，雄辩术衰落了，为什么雄辩术学校还受到罗马青年的欢迎呢？究其原因有四个方面：一是罗马上层社会的青年力图通过律师这种职业进入政界；二是在当时罗马的社会生活中，律师这种职业比较稳定且有较为丰厚的收入；三是律师作为一种执法者，是罗马帝国政府机器顺利运行所需要的；四是在帝国时期，特别是皇帝维斯帕西安执政后，哲学学校衰落了，代之而起的是雄辩术学校。维斯帕西安创办了国立希腊语雄辩术学校和拉丁语雄辩术学校，并且委任昆体良主持拉丁语雄辩术学校。昆体良就是在这种情况下开展他的雄辩术教育活动并取得重大成就的。

西塞罗和昆体良着重论述的是雄辩家教育问题。然而，与昆体良生活在同一个时期的普鲁塔克所关注的是普通教育的目的问题，强调对儿童进行德育、智育和体育全面和谐发展的教育，表达了古代罗马人对新的一代人的要求，对于古代罗马的教育实践具有现实的指导作用。

第二节　古代罗马教育思想的主要特点

古代罗马教育思想具有以下四个主要特点。

第一，由于古代罗马人注意吸取古代希腊教育思想的财富，所以，罗马文化在“希腊化”的过程中，使古代希腊教育思想与古代罗马教育思想相互融合起来，并且在这种融合过程中形成了具有特色的古代罗马教育思想体系，以便解决古代罗马教育实践中的问题。当古代希腊的文化教育“像潮水般涌入罗马”时，西塞罗、昆体良等古代罗马教育家认为，应该学习希腊的文化、科学及教育中有价值的东西，但又应该保持罗马优秀的文化教育传统。例如，昆体良在汲取古代希腊教育经验和概括自己的教育实践经验的基础上，更加重视幼儿的早期教育，强调雄辩家的培养要有坚实的文理学科基础知识并进行严格训练。西塞罗在注重雄辩家培养的同时，以其优美的拉丁文体促进了罗马文学的发展。所有这些都是对古代希腊教育思想的“修改”“补充”和创造，从而有力地推动了古代罗马民族文化教育的发展。

第二，古代罗马教育思想既注意对雄辩家教育的论述，又注意对普通教育的论述。一方面，西塞罗、昆体良等教育家十分重视培养雄辩家的教育；另一方面，普鲁塔克等教育家提倡通过普通的国民教育把罗马青年培养成为德、智、体和谐发展的人。应该看到，这两个方面都是在当时罗马教育实践中所面临而又必须解决的问题。

第三，古代罗马教育思想十分重视对道德教育的论述。昆体良在讨论雄辩家教育问题时特别强调道德教育的重要性，提出雄辩家必须是一个品德高尚的人，是一个善良的人。

与昆体良一样，普鲁塔克也明确指出，要培养罗马青年具有完美的“德行”，具有诚实、节制、勇敢等品质。应该说，重视道德教育是古代罗马教育传统的体现。不过，应该看到，在罗马帝国时期，古代罗马教育家强调道德教育有着新的意义。因为它不仅有助于培养罗马人具有“忠君爱国”的思想，而且有助于对罗马帝国各“行省”的人民进行精神奴役，实际上这是维护罗马帝国政治所需要的。

第四，古代罗马教育思想注意了对教学问题的研究和探讨。最明显地体现这个特点的是昆体良的《雄辩术原理》一书。在这本书中，昆体良总结了一般的教学原理，其中包括了十分重要而有历史价值的一些观点。例如，最早提出集体教学的设想；论证了学生的个性差异并倡导因材施教；重视培养学生的独立工作能力与创造力；详细说明希腊文和拉丁文的文法教学的方法等。因此，古代罗马教育思想在一定程度上也是对古代罗马教育实践经验的总结与概括，鲜明地体现了它的独特性及教学上的卓越成就。

第三节 古代罗马教育思想的主要代表人物

一、西塞罗

1. 生平和教育活动

马库斯·图留斯·西塞罗（Marcus Tullius Cicero，公元前106—前43）是古代罗马共和时期的雄辩家、文学家和教育家。他生于骑士家庭，从小受到良好的教育，青年时代曾受过军事训练并服兵役。按照当时罗马的教育传统，西塞罗曾赴雅典的哲学学校学习3年。后来，他从事律师工作并步入政界。凭借自己杰出的辩才和渊博的知识，西塞罗终于在公元前64年当选为执政官。他维护奴隶制并站在当时的元老贵族派一边，因此，在罗马共和国的权势人物清洗元老院的争权斗争中，西塞罗于公元前43年12月7日被杀。

2. 教育思想

西塞罗的雄辩家教育思想主要体现在他的《论雄辩家》一书中。

（1）雄辩家教育的目的和任务

西塞罗认为，只有优秀的雄辩家才能成为好的政治家。那么，什么样的人可以称为雄辩家呢？他强调指出：“有资格享受这种神圣称号的雄辩家是这样的人，不论在讲话中突出什么论题，他都能就这个论题以渊博的知识、巧妙的方法、诱人的魅力和很强的记忆力，以及落落大方的文雅举止发表演说。”① “能够以更庄严、更华丽的风格对他所选择的

---

① 西塞罗：《论雄辩家》，载昆体良：《昆体良教育论著选》，任钟印选译，“附录二”，207页，北京，人民教育出版社，1989。

主题作详尽的、绚丽的论述，能熟记有关雄辩术的一切事项的一切资料的人。”①

由此，西塞罗十分强调罗马青年要尽力去学习和掌握雄辩术。因为“这门学问的报偿是极高的，它是通向知名、财富和声誉的大道”②。在号召罗马青年学习雄辩术时，西塞罗明确指出：“年轻的朋友们，沿着你们现在的道路前进吧！集中精力于吸引着你的那门学问，以便掌握它，使其给你带来荣誉，提供为你的朋友服务的资源，使自己成为共和国的有益成员。”③

（2）雄辩家的素质

西塞罗在《论雄辩家》一书中，详细论述了雄辩家应具备的素质。

首先，要成为一个真正的雄辩家，他必须具有天赋并接受良好的教育和训练。西塞罗认为，雄辩家应具有智力上的快速反应能力、敏捷的口才、清脆的声调、匀称的体态等，这些“无疑是内在于人性之中的品质”④。但是，人类与生俱来的天赋如果通过教育和训练，就会变得更好。在他看来，缺乏天赋，是难以成为真正的雄辩家的。

其次，雄辩家应具有广博的知识。西塞罗认为，雄辩家为了在法庭上正确处理诉讼案件，以及在公共场合、元老院里阐明自己的主张，他必须具有广博而深厚的知识。他强调说：“在我看来，谁如果没有获得一切重要学科和艺术的知识，谁就不能成为完备的具有一切优点的雄辩家。”⑤ 在他看来，雄辩术是依靠各门学科知识而达到优美和丰满的，否则，雄辩术只不过是空洞的、愚蠢可笑的、夸夸其谈的胡言乱语。西塞罗举例说，如果一个人不能从实践和理论上精通政治学，他就不能在公众大会上发表演说支持或反对某项立法提案。如果一个人对于哲学家所揭示的关于人类的天性与行为习惯的理论没有精心的研究，他的演说就不能激发或抑制公众的情绪。

再次，雄辩家应有语言修养。西塞罗认为，雄辩家一定要有语言修养，“必须说纯净、准确的拉丁语”，以便清晰地表达自己的思想，并且做到通俗易懂、优美生动，特别是在选词与论证问题时能紧扣主题。在语言修养方面，雄辩家是诗人的近亲和同盟者。

最后，雄辩家的行为举止应有绅士的风度。西塞罗认为，雄辩家应该认真向演员学习，在声调、手势、呼吸和语调等方面像演员一样，“他所有的一切都应尽善尽美，令人陶醉，令人着迷，以便能打动人心”⑥。

总之，雄辩家必须“具有逻辑学家的精密，哲学家的思维，近乎诗人的辞藻，法学家

① 西塞罗：《论雄辩家》，载昆体良：《昆体良教育论著选》，“附录二”，215页。
② 同上书，192页。
③ 同上书，197页。
④ 同上书，221页。
⑤ 同上书，193页。
⑥ 同上书，225页。

的记忆力，悲剧演员的嗓子，以及近乎十全十美的演员的姿态”①。由此可见，西塞罗对雄辩家的要求是很严格的。不过，在论述雄辩家应具备的条件时，尽管西塞罗也提到他应具有良好的道德品质，但并没有强调这一点，也没有论证雄辩家的职业道德对他履行自己职责的重大意义。后来，昆体良特别注重并深刻论述了雄辩家的道德品质问题，从而发展了西塞罗关于雄辩家教育的思想。

(3) 培养雄辩家的方法

西塞罗认为，在培养雄辩家时应该注意两点。

一是通过练习特别是长期练习写作来提高雄辩家的“雄辩能力”。西塞罗指出，在培养雄辩家的练习中，虽然大量未经准备的演讲也有点价值，但是，有时间做准备并发表事先准备好的演讲，却是更有用的。因此，对于一个雄辩家来说，需要在练习写演讲稿上下功夫。他强调说：“如果说一篇未经准备的即席演讲很容易被一篇有准备的、深思熟虑的演讲超过，后者肯定反过来又容易被精心而勤奋地写出了演说词的演讲超过。”② 而要做到这一点，要成为雄辩家的人就要竭尽全力去观察事物，体验生活，并在实践中学习，使得各种各样最为先进深刻的思想和表达方式源源不断地聚于笔端。

二是掌握和运用雄辩艺术，必须进行“实际训练”。西塞罗认为，应该让学生在实践中学习雄辩艺术。例如，关于如何办理诉讼案件，就要以尽可能接近真实的方式进行辩论，使参加“实际训练”的人对在法庭上要做的事情事前进行练习。西塞罗强调说：“在每个人通过自己的努力所获得的学识之上，又加上了大量的实践经验，这些经验比一切大师们的箴言都更有用。”③ 基于这样的认识，他还明确地提出：“雄辩术必须从家庭中的温室般的练习场地走出去，走向实际行动，走向喧嚣的尘世，走向军营和公共争辩的战场……”④

二、昆体良

1. 生平和教育活动

马库斯·法比尤斯·昆体良（Marcus Fabius Quintilianus，约公元 35—95）是古代罗马帝国初期的雄辩家和教育家。他出生于西班牙（当时为罗马帝国的一个行省）的加拉古里斯。因为其父亲是雄辩术教师，所以，他从小受到良好的家庭教育。后来，他进入罗马的文法学校学习。离开文法学校后，他曾为雄辩术教师、著名律师阿弗尔（D. Afer）当助

---

① 西塞罗：《论雄辩家》，载昆体良：《昆体良教育论著选》，“附录二”，224 页。
② 同上书，230 页。
③ 同上书，192 页。
④ 同上书，232 页。

手。公元58年（亦说公元59年）昆体良离开罗马，回到故乡西班牙。在西班牙的10年间，他从事律师工作并讲授雄辩术。由于在政治上拥护罗马帝国制度，以及学识渊博，特别是在雄辩术方面有很高的造诣，他得到皇室的信任和赏识。公元68年年底，昆体良随罗马帝国驻西班牙的统帅伽尔巴（Galba）重返罗马。公元70年，罗马皇帝维斯帕西安为了培养皇室及贵族家庭的子弟，在罗马历史上首次开办由国库支付薪金的国立拉丁语雄辩术学校和希腊语雄辩术学校。昆体良主持拉丁语雄辩术学校，一直到公元90年他退休，长达20年之久。退休后，昆体良精心撰写了《雄辩术原理》，总结了自己长期从事教育工作的经验，同时也总结了古代希腊和罗马雄辩家教育的经验。公元95年，昆体良去世。19世纪英国哲学家穆勒在谈到昆体良的杰出成就时说："他的著作是整个文化教育领域中古代思想的百科全书。"①

2. 教育思想

(1) 教育的目的和作用

在《雄辩术原理》一书中，昆体良反复论述教育的目的是培养具有崇高品德而又精于雄辩的人。他认为，一个优秀的雄辩家为了在法庭上为"正义"辩护并指导人们趋善避恶，他首先应具有崇高的品德。昆体良强调说："一个没有良好德行的人就不可能是一个真正的雄辩家。"② 当然，雄辩家还必须具有广博的知识和卓越的雄辩才能。但是，在他看来，作为一个雄辩家，具有崇高的德行比具有最出色的雄辩才能更为重要。当然，昆体良在强调雄辩家的德行的同时也指出，雄辩家应该接受基础知识的教育，并在雄辩术、伦理学、哲学等方面具有广博精深的修养，正如他所说的："我所要培养的人是具有天赋才能、在全部高等文理学科都受过良好教育的人，是天神派遣下凡来为世界争光的人，是前无古人的人，是各方面超群出众、完美无缺的人，是思想和言论都崇高圣洁的人。"③

昆体良还十分重视教育的作用。在论述雄辩家的培养时他指出，只有人的天赋与教育的结合，才能培养出理想的雄辩家。人的天赋是教育的"原材料"，如果没有"原材料"，教育是无所作为的。大多数人生来都是可以接受教育的，能敏捷地思考，又能灵敏地学习，因为这种灵敏是与生俱来的。这就像"鸟生而能飞，马生而能跑"一样。当然，教育的作用是以人的天赋为基础的，关键在于教师要了解学生的天赋及其特点，做到在"教学中适合各人的特殊情况和需要，使每个学生能发挥各自的长处"④。

(2) 雄辩家教育

按照昆体良的意见，对雄辩家的培养要"从咿呀学语开始，经过初露头角的雄辩家所

---

① 昆体良：《昆体良教育论著选》，"译序"，16页。
② 昆体良：《雄辩术原理》，载昆体良：《昆体良教育论著选》，19页。
③ 同上书，160页。
④ 同上书，190页。

必需的各个阶段的教育，一直到雄辩术的顶峰”[①]。具体来说，分成四个阶段。

第一阶段：家庭教育。

昆体良与柏拉图一样，十分重视幼儿教育。他认为，幼儿教育可以为培养雄辩家在德行和知识方面打下初步基础。幼儿教育是在家庭里进行的，父母、保姆、家庭教师都是幼儿的教育者。为了培养幼儿良好的习惯和发展他们的语言能力，昆体良特别强调保姆必须是一个具有良好的品德和说话准确的人，因为其一言一行都会影响幼儿。“如同新器皿一经染上气味，其味经久不变；纯白的羊毛一经染上颜色，其色久不能改。”[②]

昆体良主张让幼儿先学习希腊语。因为拉丁语是通用语言，即使你不让幼儿学，他也会掌握的。幼儿学习希腊语后，紧接着就可以让他们学习拉丁语，然后与希腊语同时并进。他要求父母和家庭教师要考虑幼儿的兴趣，使学习变成一种娱乐，而不要使幼儿的负担过重。他强调说：“最要紧的是要特别当心，不要让儿童在还不能热爱学习的时候就厌恶学习，以致在儿童时代过去以后，还对初次尝过的苦艾心有余悸。”[③]

第二阶段：初级学校。

昆体良反对罗马贵族阶层聘请家庭教师教育自己子女的传统，主张把学龄儿童送到公立初级学校学习。他明确指出学校教育有很多优越性，例如，师生之间可以建立亲密的友谊，但不会出现溺爱和娇惯的情况；集体的生活和学习可以使同学之间相互激励，避免高傲和离群索居的习性；在学校中，共同学习有利于激励学生的学习和思考等。

在初级学校，儿童主要学习阅读和书写。在学习中，教师要注意使儿童以更旺盛的精力和更清晰的头脑进行学习。但是，当儿童掌握一点知识后，不要让他们自负而炫耀自己。因为这个年龄阶段的儿童还幼小，没有根基深厚而牢固的内在力量，就像撒在土地表面刚萌芽的种子一样。在道德教育方面，教师要培养儿童无私和自制等品质。

第三阶段：文法学校。

昆体良认为，学生在初级学校学会阅读和写字之后，就应该进入文法学校。文法学校要设置广泛的学科：文法、修辞、音乐、几何、天文、希腊语、拉丁语和哲学（物理学、伦理学和辩证法）。昆体良特别重视“文法”这门课程。他强调指出，学习文法，“有助于使孩子的智力变得敏锐，而且也为运用最渊博的知识和学问开辟了前景”[④]。昆体良还论述了学习其他学科的意义。例如，学习几何可以锻炼思维和促进智力的发展；阅读文学作品可以陶冶性格和培养德行；学习音乐可以有助于雄辩家的声音抑扬顿挫和手势的运用；学习哲学可以有助于雄辩家深入思考问题。因为在他看来，只有掌握广博的基础知识的

---

① 昆体良：《雄辩术原理》，载昆体良：《昆体良教育论著选》，6 页。

② 同上书，11 页。

③ 同上书，15 页。

④ 同上书，30 页。

人，才会成为优秀的雄辩家。他强调说："无言的蜜蜂也是从各种花卉和汁液中制成人类的智慧所不可企及的蜂蜜的奇异芬芳，上天赐予人类的卓越无比的雄辩才能也需要许多学科的帮助。"①

第四阶段：雄辩术学校。

昆体良认为，在雄辩术学校中，学生要学习一些与雄辩术有关的、更深的课程。例如，辩证法（逻辑）、伦理学、物理学（自然哲学）等。当然，学生主要学习的课程还是雄辩术。昆体良指出，雄辩家的基本能力训练包括说话的能力，以及演讲和辩论能力的训练。

为了使雄辩术的练习取得良好的效果，昆体良强调要着重注意以下两个环节：一是要下功夫写好演讲稿。他认为，演讲稿应该真实而有力地反映案情，能打动听众，据理达到胜诉的目的。二是在写好演讲稿的基础上，应该进行演讲练习。不过，这种练习不能只局限在学校里，而应该走向社会，走向法庭。因此，德国宗教改革家马丁·路德说：昆体良是"以理论和实践的最巧妙的结合进行教育的"②。

（3）教学理论

昆体良在总结自己长期的教学工作经验的基础上，对教学组织形式、原则与方法等问题提出了精辟的见解。

一是在教育史上最早提出集体教学的设想。昆体良说："更多的学科必须由一个教师同时对许多学生进行教学。"③ 在他看来，实行集体教学有利于学生相互学习，并接受良好的榜样的影响。

二是倡导因材施教。昆体良主张，教师要"善于精细地观察学生能力的差异，弄清每个学生的天性的特殊倾向"④。在他看来，有的学生适合于学习历史，有的学生适合于学习诗歌，有的学生更适合于学习法律。教师的任务就是要根据他们的天赋才能组织和指导他们的学习，以便培养优秀的雄辩家。因此，"教学要能培植各人的天赋特长，要沿着学生的自然倾向最有效地发挥他的能力"⑤。

三是教学要"适度"。昆体良认为，教师所传授的知识的分量与深度要适应儿童的天性，符合他们的接受能力，而不要使他们的学习负担过重。为此，他举例说："正如紧口瓶子不能容受一下子大量涌入的液体，却能为慢慢地一滴滴地灌进的液体所填满，所以我们也必须仔细考察学生的接受能力。"⑥

四是注意培养学生的能力。昆体良认为，教师在教学中应该结合教材、作业和演讲练习培养学生的判断力、想象力和创造力。因为在实际的社会生活中，辩论的论题和情况是

---

① 昆体良：《雄辩术原理》，载昆体良：《昆体良教育论著选》，181页。

② 昆体良：《昆体良教育论著选》，"译序"，16页。

③ 昆体良：《雄辩术原理》，载昆体良：《昆体良教育论著选》，22页。

④⑤ 同上书，89页。

⑥ 同上书，24页。

复杂的、变化的，所以，使学生具有独立工作的能力格外重要。

五是改进教学方法。昆体良主张采用赞许、表扬及激励学生进步的方法。因此，他要求教师具有崇高的品德和渊博的知识，热爱和关怀学生。昆体良强调说："我们要特别注意让孩子在学习时远离麻木不仁的教师，正如嫩弱的幼苗要避开干涸的土壤一样。"①

三、普鲁塔克

1. 生平和教育活动

普鲁塔克（Plutarchus，约公元 46—约 120）是古代罗马帝国初期的历史学家、伦理学家和教育家。他出生于希腊中部波奥蒂亚地区的喀罗尼亚。其父亲是一位对哲学很有研究的历史学者。普鲁塔克在他父亲的指导下，从小受到了很好的教育。公元 66—67 年，普鲁塔克游学雅典，拜逍遥学派的哲学家为师。他博采众长，汲取柏拉图、亚里士多德和毕达哥拉斯等人的学说精华，在哲学、伦理学及教育理论方面打下了坚实的基础。

普鲁塔克一生担任过许多公职，曾担任过喀罗尼亚的首席行政长官。他还在家乡开办了一所以讲授哲学和伦理学为主的学校。从公元 95 年起，普鲁塔克担任德尔菲神庙的终身祭司。他喜欢旅行，足迹遍及爱琴海诸岛、小亚细亚、埃及、意大利等地。普鲁塔克的著作甚丰，据说有 227 种，其中多半已散佚。在《希腊罗马名人传》一书的《吕库古传》里，他详细记述了斯巴达的教育概况，这是后人研究斯巴达教育的主要资料来源。普鲁塔克的主要教育论著是《论儿童教育》。

2. 教育思想

普鲁塔克认为，对自由民的子女必须实施德育、智育和体育教育，以使他们成为品德高尚、学识渊博、身体健康的人，成为罗马的优秀公民。

（1）德育

普鲁塔克十分重视儿童的道德教育。他明确指出，在儿童的教育中，要完成"德性"培养的任务，就必须使天性、理智和应用这三件事协调一致。他所说的"天性"是指人的天赋；"理智"是指学习；"应用"是指练习。他强调说："天性如果不通过教导加以完善，就是不实之华；教导如果无天性之助，就是残缺不全；练习如果没有这两者的帮助，就不能完全达到目的。"② 在他看来，只要天性、理智和应用三者能够协调一致，就能取得良好的教育效果，使儿童的"心灵"完善。

普鲁塔克还论述了儿童道德教育的方法。首先，儿童的道德教育应该从小抓起。普鲁塔克认为，因为幼儿容易接受进入他心灵的各种印象，这就像在软蜡上容易打上印记一

① 昆体良：《雄辩术原理》，载昆体良：《昆体良教育论著选》，74 页。
② 普鲁塔克：《论儿童教育》，载昆体良：《昆体良教育论著选》，"附录四"，243 页。

样。其次，强调教育者言传身教的作用。普鲁塔克认为，仆人、教仆、教师、父母等人对儿童有着重要的教育作用。据此，他提出，当孩子长大后，父亲为其选择一位好的教师是非常重要的。这位教师"必须是在生活上无可指责的，行为上不应受到非难的，并且应具有最好的教学经验。因为诚实与美德的泉源与根蒂在于受到好的教育"①。普鲁塔克还特别强调父亲要在言行方面为其孩子做出榜样。他说："父亲们所应关注的最主要的事情是，他们本身应成为孩子们的有效榜样，只做一切应当做的事，避免邪恶的习惯。"② 最后，应当防止儿童与坏人为伍，特别是不要与谄媚者为伍。普鲁塔克认为，在日常生活中，谄媚者是一些"伪君子"，他们说话只想取悦于人。例如，"父亲规劝儿子要节欲，谄媚者却教他们纵情色欲；父亲规劝儿子要勤奋，谄媚者却教他们懒惰"③。因此，家长和教师要引导学生正确择友，这是十分重要的。

（2）智育

普鲁塔克认为，儿童必须学习和掌握知识。他强调说，"在我们所拥有的一切事物中，唯有学问才是不朽的、神圣的"④。在他看来，其他事物都会随着时间的流逝而衰退，只有知识，即使是人到了垂暮之年也还在增加。谁要取得成就或者获得幸福，就一定要有知识。正因为如此，普鲁塔克向"父亲们提出忠告，希望他们把培养孩子的学问看作最为重要的事情"⑤。但是，"要在一切知识中将哲学置于最优先的地位"⑥。因为从学习哲学中，人们会得到忠告与帮助，理解什么是诚实，什么是虚伪，什么是正义，什么是不义；知道尊敬父母、敬重长者、遵守法律、服从长官、友爱朋友、善待妻子和慈爱儿童等。

在谈到如何使儿童掌握各种普通知识问题时，他提出，家长和教师应该注意三点。一是让儿童学习知识，要考虑他们的接受能力。普鲁塔克认为，有的父母对儿童要求太高，效果反而不好。因为"当他们过于急切地想在各种学问上把他们的孩子提高到远远超出同龄孩子的水平之上的时候，他们给孩子提出太难太重反而无法完成的功课，孩子由此灰心丧气；再加上其他不恰当的做法，结果就造成孩子对学习本身产生厌恶"⑦。二是儿童的学习要循序渐进，"从一点一滴的学习中来丰富我们自己的智慧"⑧。三是注意锻炼儿童的记忆力。普鲁塔克强调说："学校中的记忆力锻炼不仅对学问的成就有极大的帮助，而且对人生的一切行动都有极大的帮助。"⑨ 因为人的记忆力就如学问的仓库，它对于学问的

---

① 普鲁塔克：《论儿童教育》，载昆体良：《昆体良教育论著选》，"附录四"，245 页。
② 同上书，260 页。
③ 同上书，258 页。
④ 同上书，247 页。
⑤ 同上书，248 页。
⑥ 同上书，250 页。
⑦ 同上书，253 页。
⑧ 同上书，256 页。
⑨ 同上书，254 页。

作用甚于一切。所以，教师要运用各种方法培养学生的记忆力。

（3）体育

普鲁塔克认为，儿童必须重视身体的锻炼。因为进行体育锻炼，有助于增强儿童的体力。“老年时期的活力是基于童年时代的健全体魄。”① 此外，普鲁塔克还提出，对儿童的体育训练，要求一定要严格，因为人习惯了优越的生活是不能适应作战要求的。同时，在日常生活中儿童要珍惜自己的体力，做到劳逸结合。

第四节　古代罗马教育思想的影响与评价

在西方教育思想史上，古代罗马教育思想也占有重要的地位。公元1—2世纪是古代罗马教育发展的鼎盛时期，也是古代罗马教育思想的鼎盛时期。古代罗马教育家西塞罗、昆体良和普鲁塔克，在雄辩家教育及普通教育方面提出了许多精辟的见解，既总结了古代罗马教育实践的经验，又指导了古代罗马教育实践，还对后代欧洲的教育思想和教育实践产生重大的影响。西方教育思想发展的历史表明，古代希腊的文化成就和教育思想主要是通过罗马人的“修改”与补充而对后世教育产生影响的，特别是东罗马帝国（拜占庭）在这方面起着极其重要的作用。

西塞罗在西方教育史上的贡献在于：一方面，他在《论雄辩家》一书中总结了培养雄辩家的理论和方法；另一方面，他以优美的拉丁文体和拉丁语的纯洁性推动了拉丁文化的发展，从而影响到当时罗马及后代欧洲的学校教育。从14世纪起，西塞罗的拉丁文著作被认为是最纯洁的散文典范，成为高等学校拉丁文学的必读教材。文艺复兴时期人文主义教育家伊拉斯谟等人竭力推崇和传播他的教育思想，此后一些学者追求纯粹的西塞罗文体并把它神圣化，因此，西塞罗主义对当时及后代欧洲的教育也有一定的消极影响。

昆体良继承了西塞罗培养雄辩家的事业，但是，他在阐明培养雄辩家的理论和方法时表现出自己的特点。西塞罗对培养雄辩家具有崇高品德这个问题重视不够，而昆体良则特别强调这一点。同时，昆体良还注意让雄辩家学习和掌握文理学科的基础知识，把普通教育与专业教育结合起来。他为文法学校制订的课程计划及对文法教学的深刻见解，对后代欧洲中等教育产生了比较深远的影响。他关于教学理论的真知灼见，也是他长期的教学工作实践经验的结晶。由于战争及社会变动等原因，记述昆体良教育工作经验的《雄辩术原理》一书一度失传。直到1416年，失传的《雄辩术原理》的手抄本在瑞士圣·高卢女修道院的藏书楼里被意大利学者布拉乔利尼（P. Bracciolini）重新发现，使该书又流传于世。文艺复兴时期人文主义教育家伊拉斯谟及17世纪捷克教育家夸美纽斯等人都从该书中得

① 普鲁塔克：《论儿童教育》，载昆体良：《昆体良教育论著选》，“附录四”，252页。

到了不少启发。彼特拉克（F. Petrarca）在谈到昆体良的历史功绩时指出：你是一位伟大的人物，但你最卓越之处是你给了伟大人物以基础训练和塑造伟大人物的能力。

普鲁塔克作为一位古代罗马教育家，提出并论证了对儿童进行德育、智育和体育教育的必要性。还应该指出的是，普鲁塔克的《希腊罗马名人传》以其典雅的文体和隽语名言而成为西方世界流传最广的著作之一。文艺复兴运动以后，该书被译成英文和法文等，影响更大。

与古代希腊教育思想一样，古代罗马教育思想的形成和发展也是以奴隶制为条件的。没有奴隶制，就没有古代罗马，就没有古代罗马的教育。古代罗马教育家所论述的都是奴隶主阶级或自由民的教育，从这一点来讲，古代罗马教育思想是维护奴隶制的，从而被打上了奴隶主阶级的烙印。

随着基督教在罗马帝国的广泛传播，特别是公元325年明令定基督教为罗马帝国国教以后，宗教精神便日益渗透到学校教育中去，世俗的古代罗马教育开始逐步衰落，以至于最后由教会学校取而代之并成为唯一的学校教育形式。在这种情况下，世俗的教育组织形式和内容被教会作为“异端”加以禁止，古代罗马教育思想也因不符合教会的口味而不能得以发展。这就为教会垄断教育奠定了基础。从历史的角度来看，在西欧中世纪占统治地位的经院主义教育思想实际上可以追溯到罗马帝国末期。

拓展阅读书目

1. 西塞罗．论雄辩家//昆体良．昆体良教育论著选．任钟印，选译．北京：人民教育出版社，1989：188-233.

2. 昆体良．雄辩术原理//昆体良．昆体良教育论著选．任钟印，选译．北京：人民教育出版社，1989：4-184.

3. 普鲁塔克．论儿童教育//昆体良．昆体良教育论著选．任钟印，选译．北京：人民教育出版社，1989：243-260.

第二编　中世纪和文艺复兴时期

从公元 476 年西罗马帝国灭亡至 1453 年东罗马帝国灭亡，历时近 1 000 年，是西欧封建社会的形成和发展时期，史称“中世纪”。实际上，这一时期也是从奥古斯丁的教父哲学到托马斯·阿奎那的经院哲学的演变过程。正是在这个演变过程中，具有浓厚宗教神学色彩的经院主义教育思想产生了，并在学校教育领域中占有统治地位。其目的是，论证基督教神学及经院哲学的“神圣性”和“合理性”，培养为教会服务的人才。尽管经院学者在保存古代文化方面起了一定的作用，但是，经院哲学及经院主义教育思想的产生，使教会垄断了文化和学校教育，使其渗透了神学的性质，导致中世纪文化教育的停滞和衰落。尤其要指出的是，烦琐形式主义和严重脱离生活实际的经院主义方法，不仅在当时束缚了学生创造力的发展，而且对以后西方的学校教育也产生了消极的影响。

从 1453 年东罗马帝国灭亡至 17 世纪英国资产阶级革命，是西欧封建社会向资本主义社会过渡的时期，史称“文艺复兴”。新兴资产阶级为了迅速发展资本主义，在经济、政治、思想和文化等各个领域进行了反封建的斗争。他们求助于古希腊罗马的文化成果，寻找批判封建专制统治和宗教神学的思想武器。他们提倡人文主义文化，强调新的人文学科。正是在这种社会背景下，反封建和反神学的人文主义教育思想产生了，并成为在文艺复兴时期占主导地位的教育思想。人文主义教育思想参照和继承了古希腊罗马的教育思想，提出了培养身心和谐发展的“新人”的教育目标，并在课程内容和教学方法上进行了改革。应该指出，人文主义教育思想的产生，不仅打破了教会垄断文化教育的局面，而且开了近代西方教育理论的先河。

与人文主义教育思想一样，早期空想社会主义教育思想和早期科学教育思想也是在文艺复兴时期产生的。提出早期空想社会主义教育思想的莫尔和康帕内拉，实际上也是人文主义思想家。但是，与其他人文主义思想家不同的是，他们勇敢地批判了资本主义私有制，精心描绘了一个理想社会的蓝图；他们尖锐地抨击经院主义教育，详细阐述了理想教育的方案。尽管这些观点带有纯粹空想的性质，但它们闪烁着时代的光辉，对以后 19 世纪空想社会主义教育思想的产生无疑起到了启蒙作用。至于以倡导“知识就是力量”的培根为代表人物的早期科学教育思想，实际上也是对经院哲学和经院主义教育的一次沉重的打击。这一教育思想的产生充分体现了时代的要求，不仅使在经院主义教育统治下的学校教育开始起了变化，而且给近代西方教育发展提供了新的基础、目的和方法。与早期空想社会主义教育思想一样，早期科学教育思想所描绘的科学教育理想也带有空想的性质。它所提出的目标，后来通过 19 世纪中期的科学教育运动才得以实现。从思想渊源来看，19 世纪科学教育思想和早期科学教育思想之间显然是存在着一定联系的。

在文艺复兴运动处于高潮的时期，波及欧洲许多国家的宗教改革运动爆发了。德国的马丁·路德和法国的加尔文，以及他们领导的新教教派为了与旧教争夺青少年和扩大自己的势力范围，都十分重视教育事业尤其是初等教育，强调由国家开办和管理学校，主张实施普及义务教育。新教教育思想的产生无疑反映了时代和社会发展的要求，标志着由教会垄断教育向国家掌握教育领导权的转变。

在新教教育思想产生和发展的情况下，反映旧教利益的以罗耀拉为代表人物的耶稣会教育思想产生了。尽管它在学校教育方面也采取了一些革新措施，并取得了较好的效果，但是，旨在与新教教育相抗衡的耶稣会教育思想的恶劣意图是十分清楚的。

第三章

经院主义教育思想

经院主义教育思想产生于西欧中世纪。罗马帝国晚期基督教思想家和教育家奥古斯丁，以及神学家和经院哲学家托马斯·阿奎那是它的主要代表人物。具有浓厚宗教神学色彩的经院主义教育思想把培养虔诚信仰和服从上帝确立为教育的基本日的，主张传授基督教教义，强调道德教育及人的道德完善，推崇经院主义的教学方法，对中世纪教育产生了全面的决定性的影响，导致了中世纪文化教育的普遍衰落。

第一节　经院主义教育思想产生的背景

在西欧中世纪，居支配地位并且具有广泛社会影响的思想意识形态是基督教神学。恩格斯曾经指出："新的世界宗教，即基督教，已经从普遍化了的东方神学，特别是犹太神学同庸俗化了的希腊哲学，特别是斯多亚派哲学的混合中悄悄地产生了。……在中世纪，随着封建制度的发展，基督教成为一种同它相适应的、具有相应的封建等级制的宗教。”[①] 由于中世纪全部文化均处在教会的控制和影响下，哲学只能依附于神学。

中世纪哲学的主要形态是经院哲学。它是一种以辩论的方法运用理性支持基督教信仰，以基督教信仰指导理性，论证基督教信仰的哲学尝试。实际上，它是基督教教义许可范围内的思辨哲学。

经院哲学的前身是基督教教父哲学。公元1世纪末2世纪初，正当基督教运动发展的初期，基督教神学尚未形成。那时只是由少数信徒四处宣扬耶稣基督的神迹和基督教信仰。这批早期传道者自称“上帝的使徒”，传布“上帝救世”的福音。他们并没有系统教义和统一的神学理论，而是形成了各种派别，史称“基督教使徒传道时期”。

在罗马帝国皇帝的支持下，公元4世纪初，基督教不但取得了合法地位，而且随着教徒人数的增加和财富的积累，教会上层已经开始参与世俗政治生活。于是，基督教成了一股不可忽视的社会力量。

在基督教发展史上，东罗马帝国君士坦丁时期是一个教义斗争的时期，帝国因之发生了许多骚乱。为解决这类问题，平息基督教内部的派系斗争，皇帝运用了他的权力直接干预宗教生活。同时，基督教内部也出现了一批宗教职业者，打着护教的旗号，以“正统”自居，并以维护罗马皇帝的权威为己任，要求将基督教教义系统化。这样一批教义制定者被称为“教父”。这些教父一般都熟悉古代希腊罗马哲学，尤其是柏拉图派的神秘主义哲学。由他们制定的教义也就称为“教父哲学”。

公元325年召开的尼西亚会议及稍后的希波会议（公元393年）和迦太基会议（公元397年），确定了基督教正统教义的准则，将《旧约》和《新约》定为正典。这就是《圣经》的由来。《圣经》确定后，教父们的主要任务就是注释《圣经》。这是正统教义系统、基督教神学、教会组织法规形成的时期，是基督教史上的一个重要时期。《尼西亚信经》中就已经记载了今天基督教的一些基本教理：“我们信仰上帝，全能的父，创造有形无形万物的主。我们信仰主耶稣基督……他为拯救我们世人而降临，成了肉身的人，受难，第三日复活，升天。将来必再降临，审判活人和死人。我们也信圣灵。”[②]

早期教父们所做的工作并不仅仅限于一般地阐述教义，他们还力图去影响世俗王权。例如，在他们的影响下，统治了查理曼帝国达47年之久的查理大帝宣布皈依基督教，并以对教会的虔诚和扶持著称。他在位期间还曾专门发布教育敕令，命令所辖各主教管区和修道院，“除了维持修道院生活的秩序，进行神圣的宗教活动外，还应当对靠上帝恩赐能够学习的人，按照他们的才能，热忱地教他们识字”，“以便能更容易地、更正确地探讨圣

① 恩格斯：《路德维希·费尔巴哈和德国古典哲学的终结》，载马克思、恩格斯：《马克思恩格斯选集》，第4卷，261～262页，北京，人民出版社，2012。

② 彼德森：《基督教父文献》，36页，1974年英文版。

经的奥秘”①。为此，查理大帝从欧洲各地请一些当地知名的学者到宫廷讲学办学，指示他们“将天主教长者的嘉言善语细加研读，从他们的广如草地的著作中选出一些花朵，将其最有用的组成一个花圈”②。在诸多教父作家中，查理大帝最为看重杰罗姆和奥古斯丁，他曾这样说：“但愿我有十二个像杰罗姆和奥古斯丁那样在各门学问上如此精通，又受过如此全面训练的教士。”杰罗姆将《圣经》从希伯来文和希腊文译成拉丁文的通用译本，并最早证明希腊罗马文献能为基督教信仰服务。奥古斯丁则是杰罗姆的一位出色的后继者，他的理论在12世纪前代表了基督教神学的主流。查理大帝完成了基督教的封建主义改造工作，为基督教和封建制度的进一步结合开辟了道路。公元843年，查理曼帝国分解为三部分，后成为法、德、意三个国家。有一个多世纪，西欧文化陷入了停滞和衰落。

自10世纪起，西欧经济和社会因城市力量的兴起又呈上升态势，世俗文化抬头，历史上出现了新的转机。随着王权的再起，教俗双方争权夺利。在这场冲突中，教会法学家不得不使用辩证的方法说理。所谓“辩证的方法”，即对某一有争议的命题列举正反两方面理由，运用逻辑辨析的方法以求得解决。有时赞成和反对的意见双方都援引同一权威（如《圣经》、历代基督教教父言论），因此，逻辑推理日益重要。过去神权统治以基督教信仰为依据，现在这些本属于宗教信仰领域的命题都必须以理性加以论证。基督教信仰受到来自教会内部异端思想的严重挑战。

12—13世纪，阿拉伯穆斯林将古希腊哲学连同伊斯兰哲学和犹太哲学一起传到西欧，并得到广泛传播。西欧形成了一些神学-哲学研究中心，导致了中世纪大学的兴起。在这些新兴的大学中，来自希腊、罗马、阿拉伯、犹太的思想和文化汇集激荡，亚里士多德哲学逐渐脱颖而出，取得了优势地位。基督教神学从亚里士多德那里发现了新的生机，经院哲学应运而生。托马斯·阿奎那堪称这一时期的思想泰斗、经院哲学的集大成者。他将亚里士多德学说与基督教神学联系起来，改变了奥古斯丁以来的神学传统。故“经院主义”又称“托马斯主义”。

托马斯·阿奎那从变化的世界出发，修改了奥古斯丁以来那种认为理性来自启示的信仰，以及理性与信仰不可分的主张，明确区分了信仰与理性的不同领域，并以感官为人类知识的来源。尤其要指出的是，托马斯·阿奎那将亚里士多德的形式逻辑作为其思想方法的基本原则，客观上推动了逻辑学的发展。而逻辑学的发展反过来又推动了对哲学问题的探索向更广阔更深入的领域发展，使经院哲学的内容逐渐发生变化。经院哲学家的本意当然是想借助于理性思辨支持信仰，使之合理化。但是，理性思辨本质上却是与基督教信仰

---

① 克伯雷选编：《外国教育史料》，华中师范大学教育系等译，103～104页，武汉，华中师范大学出版社，1991。

② 郭守田主编：《世界通史资料选辑》（中古部分），42页，北京，商务印书馆，1974。

精神相悖的。最后，当这种对立变得日益尖锐时，必然会导致经院主义哲学基础的瓦解。

从教父哲学到经院主义哲学的演变，反映了西欧封建制度从产生到发展的客观历史过程。这一演变过程充满着矛盾与斗争。其结果是中世纪教权由盛向衰。

为了从理论上论证基督教神学及经院主义哲学的神圣性和合理性，并培养为教会服务的人才，经院主义教育思想产生了。

第二节　经院主义教育思想的主要特点

经院主义教育思想具有以下三个主要特点。

第一，经院主义教育思想具有浓厚的宗教神学色彩。应该看到，经院主义教育思想通常是基督教思想家的宗教神学理论的一个组成部分。从基督教神学出发，经院主义教育思想实际上提倡一种以神为目的的教育。它强调全知全能的上帝创造了世界，上帝的启示就是真理，这些真理都收入了《圣经》之中。教会是上帝派驻人间的代表，对《圣经》拥有解释权，并对所有教民信徒负有教育的责任。按照经院主义者的意见，教育的最终目的就是教人意识到自身的罪恶，通过信仰去拯救灵魂，最后皈依上帝和服从教会。因此，在经院主义教育思想中，虔诚信仰和服从上帝成了教育的目的，神学的原则成了教育的准则，基督教教义成了教育的内容，从而表现出信仰主义、禁欲主义和蒙昧主义。在经院主义者看来，上帝重要，人不重要；来世重要，现世不重要；灵魂重要，肉体不重要；启示的知识重要，世俗的学问不重要。于是，神学成了一切学科的王冠，而“哲学是神学的婢女”，“科学是宗教的仆人”。

第二，经院主义教育思想很强调道德教育及其作用。尽管经院主义者在神性、人性与教育的关系问题上的见解并不完全相同，但是，他们都注重道德教育，把道德教育看作是实现神性的重要途径。他们认为，通过道德教育，可以使人养成一种为善的倾向，使人趋善避恶。由此出发，经院主义教育思想反对有悖于基督教教义和道德，以及不利于培养虔诚信仰的知识内容，强调人的道德完善。在经院主义者看来，人只有通过系统的道德教育，才能真正成为具有良好品行的人和善良的人，即虔诚信仰基督教的教徒。

第三，经院主义教育思想所推崇的教学方法表现出形式主义、脱离生活实际、烦琐荒谬的特点。具体来说，在教育时引经据典，大量摘引《圣经》、神学及教会改造过的亚里士多德的经典中的字句作为真理的标准，对某一命题清楚地列出反对意见，然后进行千篇一律的概念分析，通过逻辑辨析和精密的驳议求得证明。经院主义者运用这种方法意在论证，而不在求结论的效度，显然具有形而上学的性质。自托马斯·阿奎那之后，经院主义教育更是流于烦琐荒谬的无聊论证和争议。例如，“天堂里的玫瑰花有没有刺”“一个针尖上能站多少个天使”等。这种论证和争议不仅与实际的尘世生活没有关系，而且禁锢了学生的头脑和束缚了他们的创造力。

第三节　经院主义教育思想的主要代表人物

一、奥古斯丁

1. 生平和教育活动

奥勒利乌斯·奥古斯丁（Aurelius Augustinus，公元354—430）是罗马帝国晚期的基督教思想家和教育家，教父哲学的主要代表。公元354年11月13日出生于古代努比亚（今阿尔及利亚）境内的塔加斯特城。他在当地接受完了中小学教育。奥古斯丁早年信奉过宣扬善恶二元论的摩尼教，曾在迦太基教授过雄辩术。公元383年，他赴罗马任教，后又转赴米兰任教。在米兰期间，奥古斯丁为米兰大主教安布罗斯（Ambrose）的讲道所吸引，皈依了基督教，决定辞去教职，抛弃情人和未婚妻，回到北非任希波主教，此后一直过着严肃的独身生活。在传教的同时，奥古斯丁也致力于神学理论的研究。他的代表性著作有《忏悔录》（约公元347—400）、《上帝之城》（约公元413—426）等。

公元430年8月28日，奥古斯丁在北非的希波病故。他死后被教会称为“伟大的教父”“上帝的圣者”。

2. 教育思想

奥古斯丁是一位站在古代世界和中世纪交界点上的思想家。由于奥古斯丁所在的时代基督教教育还处在发展的幼年期，所以尽管他是基督教神学家，但他的教育思想却比他的神学思想更多地带有某种异教的色彩。

（1）教育的基本目的

奥古斯丁从维护耶稣基督及基督教信仰的权威出发，主张教育应该为教会和神学服务，培养虔信的基督教教徒和教会的教士。他说：“主，你是我的君王，我童年所学到的一切有用的知识都将为你服务，是啊，不管我说、写、读或数的是什么，都让它们为你服务。”[①] 在奥古斯丁看来，造物主上帝是人们认识的对象和唯一来源，人们只有依靠上帝和《圣经》的启迪才能获得知识，因此，建立教会学校和实施教会教育就具体体现了教育为教会和神学服务的主张。

在教会教育上，奥古斯丁强调以伦理道德教育为主。他以基督教教义为依据，指出改恶从善、改邪归正的道路将能使人们进入天国这个尽善尽美的世界。按照奥古斯丁的意见，人性本恶，只有信仰上帝，才能消除邪恶的欲望，并从恶性中解脱出来，最后上升到

---

① 奥古斯丁：《忏悔录》，载华东师范大学教育系、浙江大学教育系编译：《西方古代教育论著选》，167页。

神的理想境界。在《忏悔录》一书中，奥古斯丁通过自我反省的形式告诫人们，正是由于读了《圣经》和皈依了基督教，得到上帝对自己心灵的启迪，才使他在生活上远离了罪恶。

由此出发，奥古斯丁提出应该把《圣经》作为教育的主要教材。尽管他认为世俗知识将有助于培养信仰而没有排斥其他古典学科，如文法、修辞、雄辩术、算术、几何、天文和音乐等，但他认为这些学科应成为学生理解《圣经》的工具。所以，奥古斯丁说："不管什么书籍，如果没有提到那个圣名（即上帝），不论内容如何翔实，文辞如何典雅，根本就不会得到我的赞赏。"① 在他看来，上帝是超越一切人而存在的，人要获得知识和真理，就要依靠信仰而不能依靠理性。一切理性的知识，如哲学、逻辑学、伦理学等，只能是关于上帝的知识。也就是说："了解是为了信仰，信仰是为了可以了解。有些事情，除非我们了解，否则就不能相信；另外一些事情，除非我们相信，否则就不能了解。"②

（2）儿童和青年的教育

在儿童和青年的教育问题上，奥古斯丁根据自己童年和青年时的经历提出了一些见解。

从"性恶论"出发，奥古斯丁提出体罚是儿童教育中不可缺少的手段。他认为，儿童生来是邪恶的，因此，没有任何学习是没有惩罚的。要使儿童喜爱读书和努力学习，戒尺和皮鞭等惩罚工具是必需的。在学习上，奥古斯丁坚决反对儿童阅读无助于信仰的书籍，要求儿童通过阅读和写作更好地培养对耶稣基督和基督教神学的信仰。在他看来，如果一个儿童酷爱那些荒诞不经的故事，那么他是有罪的。奥古斯丁很重视家庭在儿童教育中的作用。因为通过父母的言行，儿童不仅学会判断和表达，而且也学到了品行。他认为，如果家庭是一种虚浮的、奢纵的环境，儿童就不可能得到良好的教育和发展。

对于青年的教育，奥古斯丁强调以精神至上为目标。在《忏悔录》一书中，他明确地提出：青年应该爱戴耶稣基督，不可荒诞醉酒、好色邪荡和竞争嫉妒，并要防止贪玩、说谎、偷窃、言辞粗野等恶习。在奥古斯丁看来，有些青年为什么会在道德上堕落，其原因除了缺乏正义感外，还在于他们与品行不端的人混迹在一起而受到诱惑。此外，奥古斯丁还认为，对已有一定语言文字基础的青年应加强雄辩术教育，使他们能更好地赞美歌颂上帝和教会，批判异端和世俗文化。具体来说，雄辩术教育的内容包括雄辩口才的训练、语法规则的掌握、文学和哲学，以及伦理道德的评论等。

（3）教学

奥古斯丁根据他自己担任雄辩术教师的实际经验阐述了对教学的见解。他认为，教学

---

① 奥古斯丁：《忏悔录》，载华东师范大学教育系、浙江大学教育系编译：《西方古代教育论著选》，174 页。

② 梯利：《西方哲学史》，上册，葛力译，171 页，北京，商务印书馆，1975。

是师生双方协同的工作，“寓于彼此之中”①。然而，应该指出，奥古斯丁的某些言论与他相对成熟的基督教神学观点有时显得不协调。例如，他一面肯定童年富有想象力和“自由的好奇心”对于促进学习的重要性，一面又主张对儿童所读的书采取某种类似教义检查的措施。可以说，奥古斯丁毕生的业绩是将基督教坚实地建立在古典文化的基础之上，实现古典文化和基督教的融合。他似乎更愿意看到一个人既能作为基督教徒又能作为西塞罗式的人物。

奥古斯丁还产生了将当时学校流行的各科学艺知识系统化的设想。他提倡编写对学习者有用的各种知识纲要。他还写过关于逻辑学、修辞学、音乐、几何、算术和哲学的入门书籍。但是，奥古斯丁的上述努力最终并没有什么结果。这可能是因为后来他对基督教神学的兴趣压倒了对世俗学问的关心。诚如他指出的，一个不能面向上帝的人，学问对他是无用的。

奥古斯丁强调指出，一切知识的教学依靠的乃是“光照”。这是因为“在人的心灵中有着共性、一般、普遍的知识，有着概念学术方面的知识，其中包括文学、雄辩术、数学和法则，等等。这些知识都不是从感觉进入人的心灵中的”②。它们是上帝赐予的“智慧之光”。奥古斯丁又说：“我们要去请教的不是那些滔滔不绝的演说家，而是守护在心中的真理。当我们讨论透过心灵所知觉到的事物时，据说这些事物是我们凭借内在的真理之光才即刻可见的，依靠这一真理之光，所谓内在的人便被照亮了……他不是由我的言语教会的，而是通过上帝展示在他心灵中的那些事物本身得到教益。”③

奥古斯丁认为，所谓的教师，不是寻常意义上的教师。教师的工作也不只是提供知识。学生要自己学习，教师的任务是启发和激励他们去自我思考，提醒他们内心已经知道的真理。这种“内在的真理之光”就像一名“内在的教师”，引导学生去培养对上帝和教会的信仰，去认识“敬畏上帝是人的真智慧”，“真理本身就是上帝”。正如奥古斯丁所说的：“我们基督徒，不必追求别的，只要信无论是天上的或地上的、所见的或不能见到的一切事物，都是因创造主（它是唯一的神）的仁慈而受造，那就够了。”④

二、托马斯·阿奎那

1. 生平和教育活动

托马斯·阿奎那（Thomas Aquinas，约 1225—1274）是中世纪神学家、经院哲学家。他出生于意大利那不勒斯附近的洛卡塞卡城堡的一个贵族家庭。5 岁时，他被父母送入卡

---

① 劳伦斯：《现代教育的起源和发展》，纪晓林译，31 页，北京，北京语言学院出版社，1992。
② 奥古斯丁：《忏悔录》，周士良译，196 页，北京，商务印书馆，1981。
③ 劳伦斯：《现代教育的起源和发展》，29～30 页。
④ 车铭洲：《西欧中世纪哲学概论》，28 页，天津，天津人民出版社，1982。

西诺山修道院。14 岁进入那不勒斯大学。20 岁加入多米尼克修会。1245 年，托马斯·阿奎那进入巴黎大学，受业于多米尼克修会著名学者阿尔伯特（Albertus Magnus）。1256 年，他获得博士学位后任巴黎大学教授。1259 年，托马斯·阿奎那重返意大利，在教廷学院讲授神学。1268—1272 年又回到巴黎大学任教。1272 年，托马斯·阿奎那在那不勒斯创建多米尼克大修道院。

1274 年，托马斯·阿奎那应教皇格里高利十世之召赴罗马参加一次旨在调和希腊教会和拉丁教会的宗教会议，途中病逝。1323 年，他被教皇谥为“圣徒”；1879 年，他又被教皇利奥十三世（Leo XIII）确定为天主教哲学的最高权威。经院哲学被视为罗马教廷的官方哲学。

托马斯·阿奎那的主要著作有《反异教大全》《神学大全》《亚里士多德著作注释》《神学问题讨论》等。

2. 教育思想

托马斯·阿奎那经院哲学的中心命题是提供“上帝存在的宇宙论证明”。他认为，以往那种关于上帝的观念中直接引申的上帝存在的神学信仰是难以令人信服的。上帝的存在应该借助于上帝的创造物——宇宙的存在间接地加以证明。在他看来，这种证明是借助于亚里士多德形而上学的实在论和逻辑思辨来实现的。

托马斯·阿奎那认为，人类理智具有动物所没有的特殊的抽象能力，可以理解普遍的意义；他也承认个别理智的差异性。但是，他又认为，人的认识是潜在的，对象只能给人以刺激，引起人的认识由潜能转变为现实；认识为人的本身所固有，并不反映客观实在。这实际上又倒退到神学先验论的道路上去。因此，在论及哲学与神学的关系时，托马斯·阿奎那说：“神学可能凭借哲学来发挥，但不是非要它不可，而是借它把自己的义理讲得更清楚些。因为神学的原理不是从其他学科来，而是凭启示直接从上帝来。”①

应该指出，托马斯·阿奎那的教育思想是从属于他的神学先验论的。归根到底，人对上帝进行理性的观察是为了获得他对自己本性和命运的看法。他真正关心的是尽可能深刻地理解基督教关于上帝、宇宙起源、人性和命运、基督的使命等问题。

（1）基督教道德哲学

托马斯·阿奎那认为，智慧形成固然重要，但并非教育的主要目的。教育主要应该关心人类精神存在。

应该看到，托马斯·阿奎那的经院主义教育哲学在很大程度上是一种基督教道德哲学。在这个问题上，他调和了亚里士多德和奥古斯丁的伦理学。托马斯·阿奎那同意亚里士多德的意见，将德性分为“道德德性”和“理智德性”，其理由是人的灵魂同时具有意

---

① 北京师范大学等编：《欧洲哲学史》，88 页，南宁，广西人民出版社，1980。

欲能力（意志）和思维能力（理性）。理智德性表现为一种思维的习惯；道德德性是使人从善的一种自然意向，在行动中能产生实际效果。所以，道德德性又称“实践德性”。它的基本内容包括亚里士多德所说的审慎、公正、节制和刚毅。具体来说，审慎使人为善；公正使人的行动符合理性的秩序；节制使人在情欲和理性冲突中有能力对情欲保持压制；刚毅使人摆脱了情欲的控制重新回到理性规定的地位。

托马斯·阿奎那将上述两种德性划归于“尘世的德性”，在此范围内人具有自由意志。但作为基督徒，仅有尘世的德性还不能接近上帝。由于只有“神圣的德性”才能使人分享神性，因此，他又提出了“神学德性”。“一方面因为这德性以上帝为对象，只有它才能无误地指示人们接近上帝；另一方面，也因为这德性之垂训于《圣经》中，都是由于圣灵的启示。”①

托马斯·阿奎那所说的“神学德性”，即奥古斯丁提出的“信”“望”“爱”神学三德。“信”是信仰上帝，“望”和“爱”是对上帝的祈祷。但是，“望”和“爱”没有“信”就不能存在，所以可以说，“信”也是祈祷。没有对上帝的“爱”，“信”就失去了意义，也就不会产生对天国的希望。总之，托马斯·阿奎那坚持认为，人们爱上帝比知上帝更为重要。人对上帝的爱胜过人的知识。因为对上帝的爱引导着人们的道德活动，使人接近上帝。在托马斯·阿奎那看来，人的美德和幸福与爱上帝是联系在一起的。

（2）教学

在教学观上，托马斯·阿奎那与持神秘主义“光照说”的奥古斯丁不同。奥古斯丁认为，教学就是教人去信仰，协助心灵“回忆”或洞见上帝在其自身中所展示的真理，教师并不传授知识，产生知识的是信仰上帝的学习者自己。对于奥古斯丁的观点，托马斯·阿奎那批评其“缺乏理性的基础”，排除了认识活动中的某些“直接原因”，实际上低估了教学的作用。因此，他问道：“是人在教并可称为教师，抑或只有上帝在教并可称为教师呢?”在这个争论问题上，托马斯·阿奎那在一定程度上改变了以往那种“神为人师”的先验见解。他从亚里士多德的“形式与质料”“个别与一般”“潜能与现实”等认识范畴推论出普遍性不能脱离个别而存在，个别理智对于获得信仰知识不是没有意义的，肯定理智生活与感性活动有着某种联系。尽管他在表述上处处维护神学与信仰，但他毕竟对理性乃至经验世界做出了某种确认和让步。

托马斯·阿奎那按自己的理解将学习分为“发现学习”和“教导学习”。他认为，前者是学习者的自然理性通过自身努力所获得的理解；后者是在别人帮助下学习者的理性所获得的理解。一个人既可通过自己发展独立学习，又可通过别人的指导和依靠别人学习。但是，他又认为，即使在后一种情况下，教师也不能把全部知识传递给学生。学习的过程

① 鲍恩：《西方教育史》，第2卷，153页，1981年英文版。

是学习者必须开始自我活动的过程。在他看来，没有学生潜在能力的合作，教学是难以进行下去的。所以，教导学习就是"要从学生的潜在能力中引出知识，其更为迅速而具体的方法是，对演绎推理进行合乎逻辑的展示"①。这种演绎推理法的使用极大地依赖于通过语言及其书面形式"词"或"符号"进行的教学。托马斯·阿奎那指出，语言能克服具体感知物的偶然特征的限制，更加接近于代表一般观念。因此，语言对学生传递的知识较之实物所能传递的知识范围无疑要大得多。应该看到，它揭示了经院主义教育在教学方面的方法论实质，在中世纪学校的教学中有广泛的应用。

第四节　经院主义教育思想的影响与评析

经院主义哲学的发展虽可追溯到罗马帝国末期，但 11—13 世纪的经院主义哲学才具有典型意义。因为只有到这个时期，古典文化和基督教的融合才最后完成。奥古斯丁和托马斯·阿奎那对这种融合都起了很大的作用。他们通力合作，完成了将新柏拉图主义哲学和亚里士多德哲学作为一个新的、全面的基督教哲学框架的奠基工作。尤其是托马斯·阿奎那的《神学大全》，被天主教会视为经院主义哲学的"百科全书"，长期被作为神学教材使用。也可以说，经院主义哲学反映了中世纪思想家对古代文化的理解和再造。没有经院哲学家在古代文化的保存方面付出的辛劳，就不会出现中世纪独特的基督教文化，也就谈不上有近代的思想启蒙运动。

历史表明，作为论证基督教神学及经院主义哲学的神圣性、合理性的经院主义教育思想，对中世纪教育的影响是全面的和决定性的。在西欧中世纪，经院主义哲学和经院主义教育思想在文化教育领域占有统治地位，"僧侣们获得了知识教育的垄断地位，因而教育本身也渗透了神学的性质"②。毫无疑问，经院主义教育思想的产生，为基督教会垄断教育事业，以及教育成为基督教会和基督信仰的手段提供了理论上的依据。基督教所包含的价值取向及经院主义哲学也决定了中世纪教育的基本精神，其结果必然是导致中世纪文化教育的普遍衰落。

同时，也应该看到，经院主义教育思想在道德教育上强调道德的自律和内省还是有一定启示的。此外，经院主义哲学的包含性也吸引过许多有求知欲的人们，其中不乏近代思想家、哲学家和科学家。它力图调和信仰和理性的矛盾，结果是为理性的发展创造了一定的条件。经院主义教育思想所推崇的教学方法尽管是以演绎思辨为特征，甚至带有形而上学和烦琐荒谬的性质，但它无意中也在从事将个别事实转化为一般原则的努力，从而刺激

---

① 布鲁巴克：《教育问题史》，单中惠、王强译，193 页，济南，山东教育出版社，2012。

② 恩格斯：《德国农民战争》，载马克思、恩格斯：《马克思恩格斯全集》，第 7 卷，400 页，北京，人民出版社，1959。

了归纳的思想方法和自然科学方面的兴趣。就这一点而言，它代表着向科学思想方面发展的一个阶段。

德国哲学家费尔巴哈对经院主义哲学的历史作用曾有过一段结论性的论述：“经院哲学是为教会服务的，因为它承认、论证和捍卫教会的原则；尽管如此，它却从科学的兴趣出发，鼓励和赞许自由的研究精神。它把信仰的对象变为思维的对象，把人从绝对信仰的领域引到怀疑、研究和认识的领域……给世界引入了一种与旧教会的原则不同的原则——**独立思考的精神**的原则，**理性的自我意识**的原则，或者至少是为这一原则做了准备。甚至经院哲学的丑陋形态和阴暗面，甚至一部分经院哲学家所提出的那些为数众多的荒谬问题……他们令人发笑的精雕细琢，都应当从理性的原则中推引出来，从对光明的渴望和研究精神中推引出来。在当时旧教会精神的令人窒息的统治下，研究精神只能以这样的方式表现出来。”① 应该说，这段论述也同样适用于对经院主义教育思想的分析。

拓展阅读书目

1. 奥古斯丁. 忏悔录. 周士良，译. 北京：商务印书馆，1981.
2. 吴元训. 中世纪教育文选. 北京：人民教育出版社，1989.

---

① 费尔巴哈：《费尔巴哈哲学史著作选》，第1卷，涂纪亮译，12页，北京，商务印书馆，1978。

第四章

人文主义教育思想

人文主义教育思想产生于欧洲文艺复兴时期。意大利人文主义教育家维多里诺、法国人文主义作家和教育思想家拉伯雷、法国人文主义思想家和散文家蒙田以及尼德兰的人文主义者和教育思想家伊拉斯谟是它的主要代表人物。从批判经院主义教育出发，人文主义教育思想强调人的身心全面发展，主张拓宽学校课程内容和学科范围，提倡使用新的教育和教学方法。尽管人文主义教育思想没有形成一个完整的体系，但是它为近代西方教育理论的建立奠定了基础。

第一节　人文主义教育思想产生的背景

“在中世纪无数渐变的推动下历史开始发展，到 15 世纪下半叶发展进程加快，以至于史学家们在确定这一时期应该属于中世纪还是归入近代这一问题上往往犹豫不决。及至

15世纪末，变化更加急剧，结果是，尽管形形色色的中世纪的思想方法和观念，以及大量中世纪的制度法规依然残存，但是，一个新世界确实已经实现，人类历史的一个新纪元开始了。"[①] 这个人类历史的新纪元也就是文艺复兴时期。

文艺复兴时期是欧洲社会由中古到近代的过渡。它是继古希腊罗马文化繁荣之后在欧洲出现的第二个文化高峰时期。"文艺复兴"（renaissance）一词，原意是古典学术的"再生"，指14—16世纪出现的古代文学、艺术和知识的复兴。文艺复兴作为一次资产阶级新文化运动，从表面上看，是在回溯古希腊罗马的文化，但其真实意义不在于复古而在于创造，不在于形式而在于内容。马克思指出，新兴资产阶级在创造本阶级文化时，曾经"借用它们的名字、战斗口号和衣服，以便穿着这种久受崇敬的服装，用这种借来的语言，演出世界历史的新的一幕"[②]。显然，文艺复兴的实质是要利用古代文化中反映人性和人的世俗成就的思想去对抗以神学为核心的封建文化，从而创造一种新的文化和世界观。

意大利是文艺复兴的策源地。资本主义关系最早在那里出现。它的贸易集中了当时西欧大部分财富，城市生活也有充分的发展。在文化方面，意大利也有着得天独厚的条件，它不仅是古罗马文化的直接继承者，而且在历史上又是大希腊[③]的一部分。1453年穆罕默德二世攻陷君士坦丁堡后，许多东罗马学者纷纷逃往意大利避难。这些学者大多精通希腊文，受到了宫廷和城市当局的保护和重用。人们竞相收集古代经典著作，谈论希腊学术在上层人物中间蔚然成风。以但丁和彼特拉克为代表的诗歌文学创作，以达·芬奇和拉斐尔为代表的绘画与造型艺术，给意大利带来了前所未有的文化艺术繁荣。

与此同时，整个欧洲也经历着一系列重大的事件。历时3个世纪的"十字军东征"开阔了欧洲人的眼界，更新了他们的观念；随着通往美洲新航路的发现，人们开始进行环球航行；哥白尼学说否定了以往流行的以地球为中心的宇宙观念；造纸术从阿拉伯人那里传入欧洲，造纸工场和印刷所开始遍布欧洲各地。于是，16世纪初，文艺复兴的中心由意大利越过阿尔卑斯山，转移到德意志、法国、英国和西欧一些国家。

文艺复兴时期资产阶级提倡的那种新的文化和世界观称为"人文主义"（humanism）。"人文主义"的提法源于拉丁文，最初的意义是"人文学科"，即赋予人以人性的学科。15世纪时，人们用它来指以希腊文和拉丁文为基础的那些学科，尤指修辞学、逻辑学、伦理学、哲学、历史和宗教这样一些科目。这些科目都是与阅读和翻译拉丁文、希腊文著作联

---

① 德尔马：《欧洲文化》，郑鹿年译，61页，上海，上海人民出版社，1980。

② 马克思：《路易·波拿巴的雾月十八日》，载马克思、恩格斯：《马克思恩格斯选集》，第1卷，669页，北京，人民出版社，2012。

③ "大希腊"指南部意大利和西西里岛，系公元前8—前7世纪希腊人殖民化时代的产物。该地区各希腊城邦在政治和文化发展方面与希腊本土相平行。公元前3世纪为罗马所征服。

系在一起的，是非基督教的，带有世俗的性质。“人文主义者”（humanist）这个词最早出现在15世纪的文学作品之中，指的是人文学科的教师。他们利用古代文化和知识批判经院哲学和经院主义教育，要求人们在文化知识方面做出巨大的努力，即不断地丰富对自身和外部世界的知识。人文主义思想的流行开启了一种新的风尚。当时流行的一句古老的箴言是这样概括的：“我是人，人的一切特性我无不具有。”

正因为如此，所以在对文艺复兴的评价上，恩格斯说：“这是人类以往从来没有经历过的一次最伟大的、进步的变革，是一个需要巨人并且产生了巨人的时代，那是一些在思维能力、激情和性格方面，在多才多艺和学识渊博方面的巨人。”① 在这次变革中，许多人文主义者都在自己的著作中论述了教育问题，有的还亲自从事教育实践活动，从而形成了人文主义教育思想。

第二节 人文主义教育思想的主要特点

人文主义教育思想具有以下四个主要特点。

第一，人文主义教育思想重现教育在人的培养中的作用，强调培养身心两方面和谐发展的“新人”。人文主义者从提倡“人性”出发，批判经院主义教育，提出了对健康的、积极的、乐观的人的崇拜，将人的身心或个性的全面发展作为教育的培养目标。这既是对古希腊教育理想的再现，又反映了文艺复兴时代的社会要求。实际上，许多卓越的人文主义者身上也体现了“新人”的理想。所以恩格斯曾这样说过：“那时，几乎没有一个著名人物不曾作过长途的旅行，不会说四五种语言，不在好几个专业上放射出光芒。……他们几乎全都置身于时代运动中，在实际斗争中意气风发……有人用舌和笔，有人用剑，有些人则两者并用。因此他们具有成为全面的人的那种性格上的丰富和力量。”② 与中世纪的经院主义教育目的相比，人文主义教育思想提倡的教育目的显然充满了时代气息，反映了文艺复兴时期的特性，体现了新兴资产阶级的需要和利益。

第二，人文主义教育思想强调学校课程内容的拓宽和学科范围的扩大。出于对“人”的赞美，人文主义教育家首先恢复了体育在学校教育中的地位，崇拜古希腊人的体格和健康生活，注意身体与精神发展之间的联系。其次，在智育上，强调“人文学科”，使对古希腊罗马的文学作品的学习取代了神学的支配地位，传统的“七艺”虽然被保留，但已失去了以往的重要性。再次，在道德教育上，提倡个性发展和思想自由，致使中世纪以“原罪说”和“禁欲主义”为中心的道德教育观濒临瓦解。最后，在美育上，被中世纪学校所

①② 恩格斯：《自然辩证法》，载马克思、恩格斯：《马克思恩格斯选集》，第3卷，847页，北京，人民出版社，2012。

忽视的绘画、诗歌和音乐等重新受到重视。尽管这种课程体现了古典主义精神，致使古典课程成为学校课程的基础乃至全部，但它充分表现出非宗教的世俗性质，这是确定无疑的。

第三，人文主义教育思想提倡使用新的教育和教学方法。这显然是与新的教育目的和教育内容相联系的。针对中世纪经院主义教育的种种弊病，人文主义教育家强调尊重和热爱儿童，注意儿童个性和能力的充分发展，提出激发儿童的学习兴趣和主动性，主张采用游戏、实物教学、直观教具等进行教学，反对用体罚和严酷的纪律去约束儿童。还应该指出，由于形成了新的民族与新的民族文化，因此，学校开始使用民族语言进行教学，打破了拉丁语作为唯一的教学用语的局面。

第四，人文主义教育思想闪烁着新时代教育的曙光。人文主义教育思想虽然还没有形成完整的体系，但是它扫荡了中世纪经院主义教育的阴霾，开了近代西方资产阶级教育理论的先河。在开创了人类历史新纪元的文艺复兴运动中，人文主义教育思想无疑在教育理论上为世人留下了许多宝贵的遗产。

第三节 人文主义教育思想的主要代表人物

一、维多里诺

1. 生平和教育活动

维多里诺（Vittorino da Feltre，1378—1446）是意大利人文主义教育家。1378 年，他出生于意大利的费尔特镇，离帕多瓦不远。帕多瓦当时是一个人文荟萃、令求知者十分向往的城市。维多里诺 18 岁时入帕多瓦大学学习。这所大学当时已是意大利著名的人文主义学术中心。大学毕业后，维多里诺当了一名文法教师。后来，他又跟私人教师学习数学。将近 40 岁时又赴威尼斯学习希腊文，并在当地开办私人学馆，成为一位以博学著称的教师。

1423 年，维多里诺应孟都亚公爵冈查加（Gonzago）之邀去那里创办了一所新式寄宿学校。按当时的习惯，贵族邀请有名望的人文主义者办学既是一种时尚又是一种荣誉。学校共有学生六七十名，以皇族和贵族的子弟居多。欧洲各地的学生都慕名前来求学，但必须经维多里诺本人严格挑选。维多里诺在这所学校里执教长达 22 年，直到 1446 年 2 月 2 日去世。

2. 教育思想

维多里诺所创办的孟都亚学校在郊外一个围绕着宫殿的公园里，四周都是草地，环境优美，校舍宽敞，布置雅洁，学生有足够的活动空间。维多里诺为学校取名“快乐之家”，寓意学校应当是接近自然和充满欢乐的地方。

（1）办学宗旨

维多里诺以学生人格的发展为办学宗旨。他认为，人格教育应按照人文主义的要求，既注重学生的身体、精神和道德的协调发展，又注重学生个人实际能力的培养。

按照维多里诺的意见，孟都亚学校非常重视体育，经常让学生练习骑马、角力、击剑、射箭、游泳、舞蹈，从事各种游戏活动。维多里诺本人在这方面也常常做出表率。不论在任何气候条件下，学生都要做规定的体操。夏天学生常被安排到湖边或山上度假，冬天屋内不生火炉，以锻炼学生体格。除了体育活动外，还有各种军事训练。维多里诺经常以集体游戏来培养学生的团体精神，认为这样有助于学生消除孤僻和闲散的习气，有利于学生养成优美的行为举止。

维多里诺也注重德育，并强调实际示范。维多里诺为人宽厚仁爱，生活节俭，经常以其乐善好施的行为去影响学生。为了不使学生沾染懒散、奢侈、傲慢的贵族习气，他把一切豪华的室内摆设移走。维多里诺与学生生活在一起，关心和了解他们中的每一个人，从不因学习上的过失辱骂和体罚学生。孟都亚学校实行学生自治，为的是有利于他们的自我教育。维多里诺认为音乐和道德教育的关系很密切，所以，他十分慎重地选择音乐教材和音乐教师。

维多里诺还认为，学校的课程设置应富有吸引力。因此，孟都亚学校课程范围从初步的读写算、拉丁文、希腊文到传统的“七艺”、古代教父的著作乃至骑士技艺，包括了当时可以想象到的所有文化教养，实现了古典文学、基督教和骑士教育三者的调和。这种由多方面文化构成的课程内容后来成为欧洲古典中学智力训练的基础。

（2）教学方法

维多里诺还发展了一种新的教学方法体系。他反对机械背诵，注重理解和练习。他尊重每个学生的兴趣和特长，经常根据学生的实际需要调整学习科目和教学方法。他创造了一种用活动字母教读写、用游戏来教算术的方法，并主张通过会话而不是枯燥的文法规则进行语文教学。为了调剂学生的精神，他提出上课与游戏应交替进行。

孟都亚学校是文艺复兴时期为数不多的人文主义学校的典范。应该特别指出的是，维多里诺将一种通才教育的精神灌输到这所学校的日常活动中去。他提倡并具体实施的显然是一种注重个人修养并“使受教者获致德性与智慧的教育；是一种能唤起、训练与发展那些使人趋于高贵的身心的最高才能的教育”①。

二、拉伯雷

1. 生平和教育活动

弗朗索瓦·拉伯雷（Francois Rabelais，1494—1553）是法国人文主义作家、教育思

① 曹孚、滕大春等主编：《外国古代教育史》，165页，北京，人民教育出版社，1981。

想家。1494年2月4日出生于法国中部都兰省的希农市。9岁时，他被父亲送入修道院，成为一名修士。他做过神甫，后因研究希腊文接触了人文主义思想，于是，他还俗离开了修道院，到各地游学。1530年，拉伯雷进入蒙伯利大学学医。他曾不顾教会禁令，用希腊文讲解古希腊医圣希波克拉底的医理格言和古希腊解剖学家盖仑的解剖术。后来，拉伯雷去里昂行医，结识不少人文主义者并开始了他的文学活动。

拉伯雷的成名作是《巨人传》(5卷)，被誉为是一部人文主义艺术化的百科全书。从1532年起，该书各卷陆续出版，并引起极大的轰动。

1553年4月9日，拉伯雷在巴黎去世。

2. 教育思想

拉伯雷在《巨人传》一书中通过一个巨人世家祖孙三代的虚构故事，揭露了经院主义教育的腐朽黑暗，歌颂了人文主义教育理想。

(1) 教育目标与教学内容

拉伯雷的人文主义教育思想集中反映在高康大给他儿子庞大固埃的信中。高康大希望儿子成为“一个十全十美、毫无缺陷的人，不管在品行、道德、才智方面，还是在丰富的实际知识方面”①。他在信中说：“我劝你把青春好好地用在学业和品德上。你现在在巴黎，同时还有你的教师爱比斯德蒙，后者用生动的口述的教育，前者用值得称道的事例，可以把你教育好。”②

高康大还为他儿子拟订了一份百科全书式的课程计划。

“语言方面：首先学好希腊文，像昆体良所要求的那样；其次学好拉丁文；然后学习希伯来文，这是为了读《圣经》；最后学习迦勒底文和阿拉伯文。

“文字语法：学习希腊文，要模仿柏拉图文体；学习拉丁文，要模仿西塞罗。

“希望没有一种历史不在你的记忆里——为了实现这个计划，像《宇宙志》一类的书籍是很有益处的，会对你有很大帮助。

“文艺方面：‘七艺’中的几何、算术和音乐，五六岁的时候要产生兴趣，你要继续学习下去。

“天文学：要学习所有的规则。但是，不必学习卜卦、占星术和勒列厄斯的炼丹术，因为它们只是一些曲解和没有价值的东西。

“法律方面：熟读全部法律条文，然后再理智地加以比较。

“自然科学：我要你仔细学习，要做到去认识河海、湖川里所有的鱼类，天空中的飞禽，森林里或是果园里的一切灌木和乔木，生长在地面的各种草和花卉，隐藏在地下的各种矿产，以及世界东方和南方的各种各样的宝石，所有这一切你都应该认识。

---

①② 拉伯雷：《巨人传》，成钰亭译，270～271页，上海，上海译文出版社，1981。

“此外，必须非常仔细地阅读希腊、阿拉伯和罗马各地医学家的著作，也不要轻视犹太法典的学者和谶纬学家的学说；你应该学习解剖学，获得关于微观世界即人的充分的知识。每天应该有几小时的时间学习《圣经》，先学习希腊文的《新约》和使徒们的书信，然后再学习希伯来文的《旧约》。

“总之，要让我在你身上看到一个知识的渊薮；因为等你长大成人之后，就要离开求学的安静生活，去学习骑马和武术，保卫我们的家乡。”①

在这里，拉伯雷要求人们学习和掌握的学问还包括自然学科和生产技术方面的知识，明显地表现出关于教育的实在论倾向。

（2）个性解放

个性解放是拉伯雷人文主义教育思想的核心。在《巨人传》中，他描述了一个叫特来美修道院的社会乌托邦。院址在风景优美的罗亚尔河边。修道院不砌围墙，院内建筑宏伟壮丽，各种设施齐备。

修道院的修士修女都是一些面貌端正、身体健康、知书达理、能文能武的全面发展的人。“他们全部受到扎实的教育，无论男女没有一个不能读、写、唱，熟练地弹奏乐器，说五六种语言，并运用这些语言写文章。从来没有见过比特来美修女更纯洁、更可爱、更不使人气恼、对一切手工针线和全部正式女红更能干的妇女了。”修道院为他们定下的唯一院规是：“随心所欲，各行其是。”所以，在那里没有任何束缚个性发展的清规戒律，也没有繁文缛节的宗教仪式，每个人都有充分发展自我的权利，谁也不把自己的意志强加于他人。

三、伊拉斯谟

1. 生平和教育活动

伊拉斯谟（Desiderius Erasmus，约 1466—1536）是尼德兰（今荷兰）人文主义者、教育思想家。1466 年 10 月 27 日出生于尼德兰鹿特丹的一个教士家庭。他幼年曾在兄弟会办的学校读书。1492 年投身宗教界，当了一名教士。1494 年他去巴黎大学学习神学，但他真正感兴趣的是对希腊文和古典文学的研究。

除了法国，伊拉斯谟还到过意大利、比利时、瑞士、英国访学并从事写作。1499 年是他一生的转折点。是年秋天，伊拉斯谟应邀到英国做短暂访问，在那里结识了英国人文主义者、早期空想社会主义思想家莫尔和其他英国人文主义者。此后，他又在鲁汶大学担任了一个时期的修辞学教授。1509 年，伊拉斯谟接受英王亨利八世（Henry Ⅷ）的邀请二度访问英国，并逗留了 5 年。他在剑桥大学教授神学和希腊文，成为剑桥大学第一位传

① 拉伯雷：《巨人传》，208 页。

播新学的教师，对于激发英国人文主义思想起了不小的作用。

伊拉斯谟的成名作是《愚人颂》(1511)。1516年，伊拉斯谟重新校正的希腊文《新约全书》出版。伊拉斯谟论及教育问题的著作还有《论正确的教育方法》(1511)、《一个基督教王子的教育》(1516)、《论儿童的文雅教育》(1526)、《论少年早期的文雅教育》(1529) 等。

1536年7月12日，伊拉斯谟去世。

2. 教育思想

(1) 教育任务

伊拉斯谟认为，教育的第一任务是在青年的头脑中播下虔诚的种子；第二，是使青年人能够热爱并透彻地学习自由学科；第三，它使青年人能为生活的义务做好准备；第四，它使青年人很早就习惯于基本礼仪。[①] 应该看到，他所主张的教育目的一部分是追求不朽灵魂的宗教教育目的的翻版，另一部分是希腊罗马自由教育目的的复活，还有一部分是继承了世俗骑士教育的目的。

按照伊拉斯谟的意见，一个人的进步决定于三个条件：一是自然，即“部分是先天接受教育的能力，部分是对美德的天生爱好”；二是训练，即“教育和指导的熟练应用”；三是练习，即“放手运用我们自己方面的能动性，亦即自然赋予的能动性，并借训练促进这种能动性”[②]。在这三个条件中，训练是个关键。伊拉斯谟强调说：“自然本性没有巧妙的训练必然是不完善的，而实践缺乏训练所提供的方法必然会导致毫无希望的失败。”[③]

(2) 儿童观

在儿童观上，伊拉斯谟反对教会的“原罪说”。他主张对儿童“首先要爱”，绝不能使他们感到畏惧，要以一个自由人可以接受的指导性或批评性的话作为我们的棍棒。我们要温和的教育而不是惩罚的教育，使用惩罚要以尊重学生的方式进行。伊拉斯谟奉劝教师去研究儿童，不要想象他们的兴趣与成人一样，不要指望他们有像大人一样的行为举止。他指出，有些人根本不考虑孩子的年龄，总想让他们一下子变成大人。他们总爱以自己的能力去衡量和要求孩子们幼小的智能。他告诫教师要记住，你的学生眼下还只是一个孩子，而你自己从前也曾经是个孩子。

在文艺复兴时期的人文主义教育家中，伊拉斯谟可能最先认识到以自然及自发的能动性作为基础和最有效的教学方法的价值。他强调说：“我们不能低估年轻人有能力以自己的才智找到合适的答案……和其他任何生物一样，孩子都擅长真正属于他本性的活动……因此，要按大自然的规律办事，在学校中清除过重的劳累现象，要尽量使学习能够自由和

---

① 博伊德、埃德蒙·金：《西方教育史》，任宝祥、吴元训主译，175页，北京，人民教育出版社，1985。

② 同上书，176页。

③ 鲍尔：《教育史上的主要潮流》，293页，1962年英文版。

愉快。”①

伊拉斯谟的智慧集中表现在他最为重视的古典语言教学上。他不同意形式主义和教条主义的语言教学，强调语言实际能力的培养，主张语言和文学的学习要和其他学科的学习结合起来。他提出以直观教学法取代文法规则的学习。在他看来，除了运用游戏、故事、图画和实物教具，一切非正式谈话、广泛的阅读和写作练习都不失为有效的学习方法。伊拉斯谟甚至提出了“事实先于文字”的观点，却又认为一年的哲学学习胜过 30 年的亲身体验。这并不奇怪，因为伊拉斯谟生活的时代，人们都相信古典文学的修养是唯一高尚的教育。

四、蒙田

1. 生平和教育活动

米歇尔·埃凯姆·蒙田（Michel Eyquem de Montaigne，1533—1592）是法国人文主义思想家、散文家。1533 年 2 月 28 日出生于法国波尔多的一个富商家庭。他自幼学习拉丁文，后在居耶纳学校接受人文主义教育。1546 年，蒙田进入本地的文科学校学习哲学，后又进入土鲁斯大学攻读法律。1557 年起，蒙田在波尔多市议会任职 16 年之久。其后，他曾到德国、瑞士、意大利游览。1581 年起，蒙田担任 2 届波尔多市长，后因政治原因引退，闭门著书。

蒙田的主要著作是《散文集》（1595），包括 107 篇随笔。其中有一些文章是论及教育问题的，如《论学究气》《论儿童教育》《我谴责教育上的一切体罚》等。

1592 年 9 月 13 日，蒙田去世。

2. 教育思想

（1）教育目标

蒙田对学究式的学问和崇古的学风进行了尖锐的批评。他称经院学者是一群“驮着书的驴”，只是训练儿童的记忆而没有发展儿童的智力和良心，不让儿童接触自然，不给儿童独立活动的自由，把儿童变成一个奴性和胆怯的人。他说：在经院主义教育下，儿童“辛苦劳动，勤奋工作，只是在充塞自己的记忆，而理解力和良心却任其空虚……同样，我们的学究从书本中拾取知识，永远停留在嘴唇上，只是为了吐出来”②。因此，蒙田要求一个年轻的绅士不要“过度沉溺于书本”。因为正如植物因水分太多而闷死，灯因油太多而熄灭一样，“心智的活动也会因知识太多，用功太勤而压倒”③。

---

① 劳伦斯：《现代教育的起源和发展》，45 页。

② 蒙田：《论学究气》，载华东师范大学教育系、浙江大学教育系编译：《西方古代教育论著选》，356 页。

③ 同上书，353 页。

由此出发，蒙田强调把儿童培养成身心两方面和谐发展的新人。他说："只使他们的心智健全是不够的，还必须增强他们的体力，如果心智得不到体力的支持，就要受到过分的压力。"① 在蒙田看来，这种新人是一个有才能的有本事的人，而不是一个空虚的学者。正因为如此，蒙田明确地说："我们所训练的，不是心智，也不是身体，而是一个人，我们绝不能把两者分开。"②

（2）观察和经验的意义

蒙田十分重视观察和经验的意义。他认为，从自己的经历、遭遇和错误中来认识自己并取得知识是"生活中一个很有用的规则"。如果有人认为要向书本学习的话，那么课堂以外，我们眼睛看来的一切都足以代替书本。教师所做的事就是观察儿童，回答他，运用他所表现出来的能力，但绝不能剥夺他自由行事的权利。应该指出，蒙田这样说并不是要排斥书本，而是要谨慎地选择和使用书本，使书本学习有利于判断力的培养。当然，经验的学习也不意味着满足于一种从肤浅的随意观察得来的知识，因为只有"实验导航，事例开道，经验方能成为技艺"③。

（3）教学与教师

在教学问题上，蒙田强调发展学生的思考力、主动性和积极性。他要求以一种自然的、活的和自由的教学代替中世纪人为的、抽象的、机械的和奴隶性的教学。他说："自然是一位好心的领路人。"他告诫人们："绝不要揽起你的孩子天性的责任，让他们凭运气按自然和人类的规律发展吧。"④

教师不必在儿童的耳边喋喋不休，从一开始就应该按照他的能力施教。教师有时候给儿童开条路，有时候要让他自己去开路。如果儿童有能力，他可以自己选择决定；倘若不能，他还可以存疑。教师在判断儿童的收获时，不是用他的记忆，而应该是用他的生活来证明。教师应该要求儿童把他新近所学的东西用很多不同的形式表达出来，并且在很多不同的学科中去应用它，从而了解他是否懂得所学的东西，并使其为自己所有。总之，教师不应该只是他一个人讲话，而应该允许儿童有讲话的机会。

同样，儿童也不必好像向漏斗里灌东西似的听教师讲课。蒙田强调说："灵魂不是一只被注满的瓶子，而是一个要生火的灶。"⑤ 在蒙田看来，"教者的权威常常阻碍着要学的人"，而"一个仅仅跟着别人走的人，不会去探索什么东西，也寻找不到什么东西"⑥。

蒙田认为，事物的学习应先于语言文字的学习。他强调说："文字是为事物服务的，

---

① 蒙田：《论儿童的教育》，载华东师范大学教育系、浙江大学教育系编译：《西方古代教育论著选》，380页。
② 同上书，395页。
③ 蒙田：《我知道什么呢——蒙田随笔集》，辛见、沈晖译，142页，上海，上海三联书店，1988。
④ 同上书，198页。
⑤ 毛礼锐、张鸣岐：《古代中世纪世界教育史》，106页，武汉，湖北人民出版社，1957。
⑥ 蒙田：《论儿童的教育》，载华东师范大学教育系、浙江大学教育系编译：《西方古代教育论著选》，377页。

不是事物为文字服务的。"① "事物本身迫使言语表达它们。"② 在蒙田看来，这种学习应该像蜜蜂采蜜一样，自己把花液加工成蜜糖。记忆固然也有价值，但必须从属于理解和判断，而且不需要像实践那么多。

蒙田还强调指出，儿童的教育和成长，完全在于导师的选择。因此，他说："我宁愿推荐一位心神镇静、稳健的导师，而不愿推荐一位头脑塞得满满的人。"③

第四节 人文主义教育思想的影响与评析

文艺复兴时期是一个新旧时代交替、交织着"向前看"和"向后看"的矛盾的历史时期。新思想是伴随着阵痛从旧思想脱胎而来的，既有其进步性也有其局限性。人文主义教育思想就带有这种时代的印记。

人文主义运动是上层的运动而不是整个社会的运动。从某种意义上说，人文主义教育是贵族的，它并不反映下层民众的教育要求。人文主义影响波及最大的是中等教育。因此，这一时期的古典中学基本上是人文主义思想的产物。初等教育则与中世纪没有多少区别。大学教育也依然是传统的。文艺复兴时期的学者彼得·拉谟斯（P. Ramus）在回忆他的学术生涯时不无失望地说："我们花了 3 年 6 个月的时间研读经院哲学。之后，根据大学规定，研读了《工具论》里的各篇论文（在亚里士多德的所有著作中，那些论述论辩的著作在 3 年课程里，尤其要一读再读）。按部就班地做完那一切以后，我合计了一下埋头于经院学问的日子。很自然地，我开始寻找运用那些废寝忘食而习得的知识的目的。我很快就意识到，所有那些篇章既没有给我以更多的历史和古代知识，没有使我的辩才有所长进，也不能使我成为一位杰出的诗人，不能使我更灵敏一些。呵，多么的无知，多么的让人忧伤！在经历过千辛万苦之后，我却采集不到、哪怕是看一眼那些被认为在亚里士多德的论辩里能找到的异常丰富的智慧之果！我该怎样悲叹我不幸的命运、贫乏的思想！"④ 应该指出，这并不是拉谟斯一个人在独自忧伤。这也表明，人文主义教育思想在理论上所取得的成就与在实践中的成效是多么的不相称。

人文主义者大多数是诗人、文学家。这使人文主义教育一般地倾向于古典语文的研究，这固然也是反对经院哲学的一种斗争形式，但同时却忽略了近代自然科学。这种风气最终导致了教育上的形式主义的泛滥，记忆重新取代了创造性的想象，学校则变成了"语言工厂"。只是在近代科学教育运动和唯实主义教育思想兴起后，古典语文的教育才受到

---

① 蒙田：《论儿童的教育》，载华东师范大学教育系、浙江大学教育系编译：《西方古代教育论著选》，404 页。
② 同上书，401 页。
③ 同上书，375 页。
④ 格莱夫斯：《彼得·拉谟斯和 16 世纪教育改革》，23～24 页，1912 年英文版。

批评。

人文主义者的反教会思想是反对神学对人性的压抑，并不是反对信仰本身。他们一般都倾向于保留宗教在学校教育中的影响。因此，人文主义教育思想还远远没有摆脱中世纪思想的束缚。英国哲学家罗素强调说：人文主义者中不少人“仍旧像中世纪哲学家一样崇敬权威，不过他们用古代人的威信替代教会的威信，这自然是向解放前进了一步。因为古代人彼此见解分歧，要决定信奉哪一家要有个人判断”。但即使是 15 世纪的意大利人，“恐怕也没有几个敢持有从古代，从教会教义都找不出根据的意见”①。对宗教神学的彻底清算，要到 18 世纪欧洲启蒙运动兴起后才得以实现。

毋庸置疑，在西方教育思想发展中，提倡反封建、反神权及培养资产阶级新人的人文主义教育思想，占有极其重要的地位。应该看到，近代西方教育理论正是在人文主义教育思想的基础上形成和发展起来的。

拓展阅读书目

1. 拉伯雷. 巨人传. 成钰亭，译. 上海：上海译文出版社，1981.

2. 伊拉斯谟. 论基督教君主的教育. 李康，译. 上海：上海人民出版社，2003.

3. 蒙田. 我知道什么呢——蒙田随笔集. 辛见，沈晖，译. 上海：上海三联书店，1988.

4. 沃德沃德. 文艺复兴时期教育研究. 赵卫平，赵花兰，译. 济南：山东教育出版社，2012.

① 罗素：《西方哲学史》，下卷，何兆武等译，7～8 页，北京，商务印书馆，1976。

第五章

早期空想社会主义教育思想

早期空想社会主义教育思想产生于文艺复兴时期。英国人文主义思想家、第一位空想社会主义者莫尔，以及意大利人文主义思想家、早期空想社会主义者康帕内拉是它的代表人物。他们在各自的代表作《乌托邦》和《太阳城》中描绘了一个消灭了私有制的理想社会的蓝图。早期空想社会主义教育思想强调公共的普及教育，提倡科学和科学教育，重视劳动和劳动教育。这种教育思想与当时的人文主义教育思想不同，虽带有纯粹空想的性质，但就其思想性和进步性来说已远远走在了时代的前面，对后来科学社会主义教育思想的萌芽起到了促进作用。

第一节　早期空想社会主义教育思想产生的背景

早期空想社会主义教育思想最初出现于文艺复兴时期西欧一些资本主义经济相对发展的国家。马克思曾经指出："为资本主义生产方式奠定基础的变革的序幕，是在15世纪最后30多年和16世纪最初几十年演出的。"① 这场变革的舞台首先是在英国，随后波及意大利和德意志。

① 马克思：《资本论》，载马克思、恩格斯：《马克思恩格斯文集》，第5卷，825页，北京，人民出版社，2009。

在西欧各国中，英国是资本主义工商业发展最快的国家。发生在1455—1485年的红白玫瑰战争，表面上是为争夺王权的约克家族和兰喀斯特家族之间的战争，结果却是以封建家族势力消灭殆尽和具有资本主义倾向的新贵族取而代之而告终结的。亨利七世（Henry Ⅶ）开始了英国历史上最为专制的都铎王朝的统治。至此，封建时代两大最有势力的贵族等级与教会，已经完全为王权所制服。资本主义性质的商业贸易活动在英国的政治经济生活中已上升到主导地位。

此外，就资本主义经济发展而言，英国在西欧各国中所处的地位也是独一无二的。英国资本主义原始积累已具有了相当成熟的形态。随着毛纺工场手工业的迅猛发展，以及羊毛价格上涨，僧侣贵族将耕地大片圈占用作牧场，农民被成批驱离土地而得不到法律的任何保护。农民被强行剥夺了生活资料，一无所有地被抛入了劳动力市场。为环境所迫，他们中的不少人沦为了乞丐、盗贼和流浪者。宗教改革和随之而来的对教会地产的抢掠，使暴力剥夺农民变本加厉。这种对农民土地剥夺的历史“在不同的国家带有不同的色彩，按不同的顺序、在不同的历史时代通过不同的阶段。只有在英国，它才具有典型的形式”①。所有这一切，加剧了劳动人民的贫困化和社会的阶级矛盾。

资本原始积累的另一种主要方式是这一时期资产阶级的海外扩张活动。地理大发现及与东方的联系极大地扩展了欧洲人眼中已知世界的范围，为资产阶级的商业冒险开辟了新的活动场所。在此期间，英国已在着手开辟独立的海外领地。对殖民地的交换（这种交换同样伴随着对当地土著的劫掠和杀戮），货币和商品数量的增加，极大地刺激了商业、航运和工业，促进了资本主义因素的发展。正如马克思指出的，资本的原始积累绝不是田园诗式的东西，而是用血与火的文字载入人类的编年史的。

资本主义经济基础的形式也意味着思想和文化发展方面的变革。一般地说，文艺复兴时期的人文主义者都是资本主义原始积累时期的资产阶级思想家。在他们身上发展了一种与商品生产影响相适应的个人主义和现实主义。这种关于人类本身的新观念是基于对人的尊严性、进取心和创造力的新的信任。它不仅反映出人有自我完善的能力，而且也表现为人对自然的支配力。人文主义者宣布，个人应当积极地生活，发财致富、追求幸福和世俗生活的成功被看作是人生的正当目的。在这方面，从15世纪发展起来的近代自然科学对启发和传播新思想起了重要的作用。

资本主义经济发展在社会中所造成的矛盾与对立，以及人类生活日益显露的新趋向，不能不使得人文主义者中少数有特殊天才和处境优越的人物致力于思索和钻研，以求理解当时社会的发展，并排除随这种发展而来的种种苦难，进而提出人类史上最早反映无产阶级解放要求的空想社会主义思想体系，其中包括了在教育上的要求。在资本主义生产方式初露端倪

① 马克思：《〈资本论〉第一卷（节选）》，载马克思、恩格斯：《马克思恩格斯选集》，第2卷，291～292页，北京，人民出版社，2012。

的时代，他们已经洞察其本质，以致他们“在头脑中所描绘出的和为了消灭资本主义生产关系的损害而与之比较的那种对立的生产方式，已经包含着不少近代社会主义的最重要的特征”①。

第二节　早期空想社会主义教育思想的主要特点

早期空想社会主义教育思想具有以下三个主要特点。

第一，早期空想社会主义教育思想既是资本主义矛盾发展的产物，也是人文主义思想发展成为无产阶级解放要求的激进思想的产物。它不仅包含了人文主义价值观中的许多积极因素，而且在一些方面甚至超越了人文主义的思想高度。人文主义者致力于思想解放运动，在教育上所能做的只能是为资产阶级上层人物谋利益。但是，作为他们中最进步的人物的早期空想社会主义者，则是从当时社会、政治和经济的现实状况出发，对资本主义私有制勇敢地提出了批判。一般地，他们对劳动群众在资本主义制度下遭受的苦难都寄予了深切的同情。就其世界观而言，已经超出了当时资产阶级的思想范围，并在一定程度上摆脱自身的阶级局限性。这使早期空想社会主义者有可能就未来社会的教育发展趋势做出某种天才的预言和猜测。

第二，早期空想社会主义教育思想提倡一种公共的普及的教育，强调男女享有平等的教育权利，主张国家有责任为全体公民的身体、道德及智力的发展提供最好的机会和手段。早期空想社会主义者正是想通过普及教育，力图把人民从愚昧无知的精神桎梏中解放出来。

第三，早期空想社会主义教育思想抨击私有制和贵族不劳而获的寄生生活，重视劳动和劳动教育。早期空想社会主义者认为，国家在合理分工的前提下，规定有劳动能力的人，不论男女，必须参加一定的体力劳动。这种劳动一般由社会组织调配，它对于公民来说既是一种义务，更是自然本性发展的需要。公民在劳动之余平等地享有从事学术钻研和科学活动的机会。在未来社会中，体力劳动和脑力劳动只有社会分工的不同而无贵贱之分，公民可视需要调换劳动岗位，从而消除了体力劳动与脑力劳动的对立。

第三节　早期空想社会主义教育思想的主要代表人物

一、莫尔

1. 生平和教育活动

托马斯·莫尔（Thomas More，1478—1535）是英国人文主义思想家、第一位空想社

① 考茨基：《莫尔及其乌托邦》，关其侗译，175 页，北京，生活·读书·新知三联书店，1963。

会主义者。1478 年 2 月 7 日出生于伦敦一个富裕的市民家庭。他自幼学习拉丁文，熟读古典文学作品。13 岁时，被送至坎特伯雷大主教莫顿（John Morton）家中，受其启发教导，开始关注社会现实问题。

1492 年，莫尔进入牛津大学学习希腊文学和哲学，后又退学去攻读法律。后由于律师职业的缘故，他又熟悉了经济事务，成为“伦敦商界的宠儿”。

1504 年，年仅 26 岁的莫尔当选为议员。后历任亨利八世（Henry Ⅷ）的枢密顾问官、副财务大臣、下议院议长等职。1529 年，被擢升为大法官。1535 年 7 月 6 日，莫尔因在宗教改革问题上与亨利八世激烈冲突，被控叛国罪在伦敦塔处以死刑。

莫尔的主要著作有《乌托邦》(1516)，集中地反映了他的全部思想，其中包括教育思想。

2. 教育思想

从批判封建制度和资本原始积累的弊病，以及私有制的罪恶出发，莫尔描述了一个公正美好的理想社会，即“乌托邦”。在这个理想社会中，教育是一个很重要的方面。在莫尔看来，社会本身就是教育的场所和大学校。

（1）普及教育

莫尔十分同情劳动人民的疾苦。在《乌托邦》一书中，他指出，除了剥削者的压迫外，缺乏教育而导致的愚昧也是劳动人民身陷苦难境地的原因。在这种情况下，不能期望他们凭借自身的力量解放自己。所以，普及教育始终是莫尔关注的一个问题。

莫尔描述的乌托邦的法令甚少，因为居民都受过很好的教育，很少的法令已经够用了。应该指出，莫尔在这里所讨论的教育并不限于学校教育。乌托邦的教育是与这个国家的政治、经济、军事、社会和家庭等方面的问题联系在一起的。这就使得教育具有了最广泛的社会性。这无疑是莫尔在教育方面的独到见解。

乌托邦没有私有制存在，居民在政治和经济上一律平等，因此，他们所受的教育也必然是公共的、普及的。这种教育从儿童期延伸到成人期，从家庭扩展到学校、社会组织和生产岗位。公民除书本学习外，还通过聆听“公共讲演”、自学有益的图书、参加各种学术讨论会、从事诸如农业和手工业等各种实际工作，学习知识和技能。鉴于宗教在乌托邦社会生活中的地位，莫尔还强调了教士对教育所负有的责任。乌托邦岛上建有 54 座城市，每座城市设 13 座教堂，每座教堂有一位教士。教士除神职工作外，还“负有教育儿童及青年的任务”；除了关心他们的品德和读书求知外，还要“大力灌输有利于维护他们国家的健全意识”。所有这一切，目的都是“尽量满足社会的需求，使全体公民摆脱肉体上的奴役，并给他们尽量多的时间去争取精神解放和接受教育。因为，生活的幸福……就在于此”①。

---

① 奥西诺夫斯基：《托马斯·莫尔传》，杨家荣、李兴汉译，134 页，北京，商务印书馆，1984。

莫尔坚决主张男女享有平等的教育权利。他尤为关心女子教育问题，批评一些人在妇女问题上的无知，指出男女性别差异与学问毫无关系。按照莫尔的意见，妇女和男子具有同样的理性，因此，“男女两性都能从事学术研究，使其理性日益完善”①。

（2）科学教育

莫尔很尊重科学和知识。他建议，国家挑选那些从小被发现性格特殊、聪明不凡并爱好学问的人专门从事学术工作。在他看来，乌托邦的“大部分公民，无论男女，总是把体力劳动后的剩余时间花在学习上”②。此外，他们用本国语言来学习各种知识，以便准确地表达思想。

乌托邦实行 6 小时工作制，这就为人们从事学术探讨提供了保证。在这里，人人都有从事学术研究的机会。岛上清晨常举行公共讲演，规定被特别挑选去做学问的人才必须出席。然而，岛上大部分人不分男女都成群结队来听讲，按各人性之所近，各取所好。

由于普及了科学教育，乌托邦的居民学识渊博，具有很高的科学文化素质。他们对星辰的运行和天体的运动极有研究。他们发明各式仪器，用于十分精确地观测日月的运行及部位，观测地平线上出现的一切星辰的运行及部位。他们从长期实践中发现的确切征兆能预测风雨及其他一切气候变化，解释关于上述各种现象的起因，以及潮汐何以形成，海水何以含盐。

莫尔的时代，自然科学尚不发达。一般来说，科学尚未引起人文主义者的注意，一定程度上还遭到曲解和排斥。当时人们理解的科学是跟文字有关的。莫尔则提出从观察入手去研究自然规律，反对科学研究中的宗教迷信，建议用本国语言研究自然科学的主张是难能可贵的。更需指出的是，莫尔从理论上肯定了未来社会中人人都享有从事脑力劳动（学术活动）的可能性，并得以充分享受其中的快乐。

（3）劳动教育

莫尔高度评价体力劳动在乌托邦社会生活中的作用，但强调体力劳动不能以扼杀精神为代价。乌托邦的宪法规定：“在公共需要不受损害的范围内，所有公民除了从事体力劳动，还应该将尽可能充裕的时间用于精神上的自由及开拓，他们认为这才是人生的快乐。”③ 在乌托邦里，看不到终日游手好闲的人。

乌托邦的儿童“无不从小学农，部分是在学校接受理论，部分是到城市附近农庄工作、实习、旅行”。此外，“还得自己各学一门手艺。这一般是毛织、麻纺、泥工、冶炼或木作”④。

---

① 考茨基：《莫尔及其乌托邦》，110 页。

② 莫尔：《乌托邦》，戴镏令译，71 页，北京，商务印书馆，1982。

③ 同上书，60 页。

④ 同上书，55～56 页。

在乌托邦的居民中，凡年龄体力适合于劳动的，每人都要在农村住满两年参加农业劳动，这种轮换以户为单位进行。脑力劳动和体力劳动的岗位也可视需要进行调换。任何做学问的人可免除体力劳动，但如果不胜任，就被调回去做工。相反，一个工人业余钻研学问，孜孜不倦，成绩显著，他也可以脱离自己的工作，被指定做学问。

莫尔关于劳动教育的论述，以及关于消除体力劳动和脑力劳动对立的设想虽然是朴素的、粗糙的，在一定程度上还只是形式上的，但可贵的是他已经猜测到未来社会中社会分工基础上的职业调换，以及对促进人的精神发展的意义，这在当时历史条件下不能不说是天才的预见。

二、康帕内拉

1. 生平和教育活动

托马斯·康帕内拉（Tommas Campanella，1568—1639）是意大利人文主义思想家、早期空想社会主义者。1568 年 9 月 5 日出生于意大利南部的一个乡村鞋匠家庭，15 岁时，他进入了多米尼克派僧院学习神学和哲学。他充分利用僧院的丰富藏书，刻苦攻读古代及当时的一些著名学者的著作。

康帕内拉的第一本学术著作是《感官哲学》（1591），反对经院哲学。1616 年在关于哥白尼体系的公开讨论中，他发表文章和著作，从自然、哲学和神学的观点论证伽利略学说的正确性。1632 年教会方面开始了对伽利略的宗教审判，康帕内拉又一次勇敢地站出来为伽利略辩护，因而受到宗教裁判所的追究。

1599 年，康帕内拉因密谋反对占领者西班牙君主国政权而被捕，度过了长达 27 年的牢狱生涯。在狱中，他偷偷地写成了《太阳城》这部重要的早期空想社会主义著作。出狱后，康帕内拉继续从事政治著述和活动，1634 年再次因密谋起义受控。

1639 年 5 月 21 日，康帕内拉在法国巴黎去世。

2. 教育思想

康帕内拉也从批判封建制度和私有制的罪恶出发，描述了一个理想社会，即“太阳城”。应该指出，康帕内拉创作《太阳城》显然是受到莫尔《乌托邦》一书的启迪。他曾这样写道：“托马斯·莫尔……他之所以描述一个臆造的乌托邦国家，目的是要我们按照它的方式建立自己的国家，或者至少建立这种国家的个别基础。”①

康帕内拉指出，私有制的罪恶是以无知为养料的。要铲除私有制，就必须对人民进行启蒙和教育。贤明的统治者必须具备教育的才能。在这个问题上，康帕内拉和莫尔的观点是一致的。

---

① 康帕内拉：《太阳城》，陈大维等译，63 页，北京，商务印书馆，1980。

(1) 劳动和劳动教育

在康帕内拉描述的太阳城里，劳动被认为是光荣的事业。太阳城的居民并不是单纯地把劳动看作应尽的义务，而是觉得劳动是一种需要，一种发自内心的爱好。各种劳动都受到人们的重视和尊敬，没有人会逃避劳动。太阳城的劳动分配还考虑到每个人的禀赋，确保男女所能从事的劳动都不会伤害身体，反而会增强他们的体力。康帕内拉指出，虽然太阳城的每个人都从事自己最能发挥特长的劳动，但是其中精通更多艺术和手工业的人格外受人尊重。

康帕内拉认为，劳动教育必须从儿童做起。这样，人人都必须从事社会劳动，并且努力用提高技术来减轻劳动强度，因此，太阳城的居民每人每天只需有 4 小时的体力劳动就足以创造足够的物质财富，其余的时间都用来“愉快地研究各种科学、开座谈会、阅读、讲故事、写信、散步，以及从事发展脑力和体力的活动”①。

(2) 科学教育

在康帕内拉的时代，发生了近代科学革命，一种新的世界体系诞生了。在意大利，新的自然科学的代表是意大利哲学家、自然科学家特列佐（B. Telesio）。康帕内拉的《太阳城》中有关科学和科学教育的大量细节描述据说是受特列佐思想的影响。西方有人将“太阳城”和培根笔下的“所罗门之宫”相提并论，视为“科学乌托邦”的典型。在康帕内拉看来，科学的重要性是无可争辩的。

康帕内拉将太阳城的最高统治者说成是一位最聪明的哲学家，人称“太阳”。要取得这个职位的人就必须精通所有的科学，特别是形而上学、神学、数学和占星术。在他下面有三名副手协助他处理国家事务：“威力”掌管战争与和平事务；“爱”监督两性关系和生男育女，组织教育；“智慧”负责自由艺术部门、手工业部门和各个科学部门。归“智慧”所管的科学部门的人员有占星家、几何学家、历史学家、诗人、逻辑学家、修辞学家、文法学家、医生、物理学家、政治家和道德学家。他们有一部名为“智慧”的书，非常扼要而通俗地叙述了各种科学常识，并向人民进行宣讲。

康帕内拉还将太阳城设计成拥有 7 个呈同心圆状带护墙的城区及一个中心神殿。这些城墙的布置好像是一个陈列着各种直观教具的博物馆或学校，展示了世界上的全部智慧。按照智慧的“命令”，每一道墙都专门用了一个不同的主题，“反映了各种科学的非常严整的逻辑联系”。

城市中心的神殿有一个巨大的拱形圆屋顶，上面画着附有题诗的天体、南北极和地理圈。拱顶最高点敞口垂直对着下面的祭坛。祭坛上安置有一个巨大的地球仪和象征着七大行星的七盏神灯。神殿上面的小圆屋顶上矗立着一个风向标，它能够预知陆地海洋的变

---

① 康帕内拉：《太阳城》，24 页。

化。整个太阳城的布置使它犹如一座科学城。

康帕内拉十分重视科学教育。他说：随着科学教育的昌明，“作为愚蠢无知的后果的恶习也同样会消灭。这从我们国家的一切科学都如此繁荣的这一事实就可以看出。的确，这个城市的制度本身和墙壁上的图画就用直观的方法向聚精会神地观看壁画的人们灌输一切科学”①。康帕内拉还指出，科学教育必须去研究事物的本身，而不是只读死书和研究事物死的标准。在他看来，那些“只能从书本上研究某种科学的人，是一些外行和学究。能随机应变的有才智的人却不是这样做的，他们能接受各种知识，能根据大自然去了解事物”②。

（3）儿童教育

康帕内拉认为，生育和教育后代不是个人的事，而是事关国家利益的问题，必须服从政权的调配。国家负责人员的神圣职责就是把它当作国家福利的重要基础来进行监督。

根据国家规定，太阳城男女法定育龄分别为 21 岁和 19 岁。妇女怀孕后的 2 周内不必从事体力劳动，以后做些轻松的活计，使胎儿易于吸取母体的营养而生长健壮，同时也可以保护母体本身。哺乳期为两年，母亲承担两岁前婴儿的哺育。断乳后的婴儿按性别分别交由男女首长抚育。

在《太阳城》一书中，康帕内拉还描述了儿童教育的设想：儿童 2～3 岁起就在房屋周围玩，还要学习念字母，根据图画认识历史和各种语言。稍大后，他们学习体操、跑步、掷铁饼和其他可以均衡发展四肢的运动。儿童 7～8 岁时一面学习初等数学、自然科学和其他科学，一面到一些作坊去学当鞋匠、面包师、铁匠、木匠和画师。教育者通过考察，了解每个儿童将来的志向。这样，儿童在 10 岁前就能够毫不费力地轻松地通过直观教学法掌握各种科学和基本知识。再大一些，他们不分性别都从事抽象科学的研究工作，并根据首长的鉴定学习某种职业。12 岁以上的儿童还必须接受如何使用武器、搏斗、击剑、射击、骑术、攻防和队形训练，为的是应付一切意外的攻击，使自己不至于变得软弱。

第四节　早期空想社会主义教育思想的影响与评析

早期空想社会主义产生于 16—17 世纪资本主义刚刚开始发展的历史年代。它是一种未经很好加工、颇为粗陋的社会思想体系。作为一种不成熟的理论，它是和不成熟的资本主义生产状况、不成熟的阶级状况相适应的。

资本主义发展的过程首先是显露其固有的弊端，然后才产生克服这些弊端的方法。在

① 康帕内拉：《太阳城》，66 页。
② 同上书，14 页。

早期空想社会主义者活动的年代，消除这些影响的方法还隐藏在不发达的经济关系之中，所以，只能从少数杰出人物的头脑中产生出来。

马克思指出：空想社会主义者“对未来社会的幻想的描绘，是在无产阶级还很不发展，因而对本身的地位的认识还基于幻想的时候，是同无产阶级对社会普遍改造的最初的本能的渴望相适应的”。早期空想社会主义者的著作“抨击现存社会的全部基础。因此，它们提供了启发工人觉悟的极为宝贵的材料。……所有这些主张都只是表明要消灭阶级对立，而这种阶级对立在当时刚刚开始发展，它们所知道的只是这种对立的早期的、不明显的、不确定的形式。因此，这些主张本身还带有纯粹空想的性质”①。

早期空想社会主义者一致推崇科学与教育对社会改造的巨大作用。因此，早期空想社会主义教育思想充满着人文主义、平等主义和现实主义精神。它为后人勾画了理想的教育蓝图，肯定了人民大众受教育的权利，提出了普及文化科学知识，注重劳动教育及脑力劳动与体力劳动相结合的重要原则；初步接触到未来生产资料公有制社会中人的个性全面发展的问题。因此，早期空想社会主义教育思想既受到当时人文主义教育思想的影响，但与它又是不同的。历史表明，这些闪烁着光辉的教育思想对后来资产阶级民主主义教育学说乃至科学社会主义教育思想的启蒙产生了很大的影响。

拓展阅读书目

1. 莫尔. 乌托邦. 戴镏令，译. 北京：商务印书馆，1982.
2. 康帕内拉. 太阳城. 陈大维，等译. 北京：商务印书馆，1980.

---

① 马克思、恩格斯：《共产党宣言》，载马克思、恩格斯：《马克思恩格斯选集》，第1卷，432页。

宗教改革与教育思想

在宗教改革运动中，欧洲的宗教改革家马丁·路德和加尔文为了与旧教进行斗争，十分重视教育的改革，强调由国家开办和管理学校，实施普及义务教育，反映了时代和社会的要求。与此同时，耶稣会创始人罗耀拉提出了反宗教改革的教育目的，然而为了办好耶稣会学校，不得不在教育上提出一些改革的措施。

第一节　宗教改革时期教育思想产生的背景

宗教改革是 16 世纪西欧资产阶级为其政治和经济利益而发动与组织的社会政治运动。这次运动的主力军是城市贫民和广大农民，矛头指向天主教会。它的基本目的并非废除宗教，而在于创建被称为“新教”的教会，以便与天主教相对抗。经过一个多世纪的斗争，结果是西欧基督教会的分裂，并出现了基督教的新教及其各个派别。显然，在“神权”与信仰的斗争背后隐藏的是资产阶级与封建地主所进行的夺权斗争。因此，宗教改革是西欧资产阶级反对封建制度的第一次大决战。就宗教这种精神统治的形式而言，宗教改革实际上是西欧资产阶级根据自身的利益和要求去改造中世纪的教会，把基督教改造成为符合其需要的宗教。

宗教改革首先在德国开始。其主要原因是罗马教皇不仅在政治上干预德国的内部事务，阻挠德国的统一，而且在经济上通过各种税赋剥削德国的城市贫民，特别是农民。由于罗马教皇敲诈勒索，搜刮巨款，因而德国被称为“教皇的奶牛”。人民不堪忍受罗马教皇的盘剥，反对天主教会的斗争日益激化，一触即发。1517 年，教皇列奥十世（Leo Ⅹ）在德国强迫人民购买“赎罪券”，马丁·路德坚决反对并于 1517 年 10 月 31 日用拉丁文写成《九十五条论纲》贴在威登堡大教堂门口，得到广大人民的支持。1521 年 1 月，教皇下令开除马丁·路德的教籍，但这并没有吓倒马丁·路德，他当众烧毁教皇的敕令，宣布同教皇彻底决裂，成立了新教。马丁·路德为了宣传新教教义并壮大队伍，十分重视教育工作。

马丁·路德新教的教义符合各地诸侯的利益，因此，德国北部和中部许多诸侯接受了马丁·路德新教。这样，马丁·路德新教在德国取得了合法地位。德国新教地区实施的教育改革主要有：长期由天主教会控制的教育开始由国家来控制；根据新教的办学方针重新确定教育目标；市政当局用过去天主教会的财产与收入对教育事业提供资助；小学用德语进行教学；学生要学习马丁·路德翻译的德语《圣经》及他所编写的《教义问答》；学生学习读、写、算基本知识及音乐课程等。

与马丁·路德在德国开展宗教改革相呼应，瑞士也开始了宗教改革运动。1534 年，加尔文到日内瓦城宣传新教教义。与马丁·路德新教相比，加尔文教派的教义更加激进。日内瓦城于 1541 年建立了政权与教会合一的共和国。这个共和国实施的教育改革主要如下：对贫苦儿童实行免费教育；小学除学习读、写、算外，还要学习加尔文教派的教义及由加尔文编写的《教义问答》；强调在小学要以国语为教学用语等。

加尔文新教传入尼德兰（包括现荷兰、比利时、卢森堡、法国东北部的一部分）后，受到那里的资产阶级和广大人民的欢迎。他们在建立政教合一的资产阶级共和政体之后，在教育上也进行了改革。例如，对贫苦儿童实行免费教育；小学的教学内容是读、写、算和宗教，但重视算术教学；用荷兰语进行教学；重视发展文科中学等。

正当路德教派和加尔文教派在德国、瑞士和尼德兰等地不断地扩大其势力范围的时候，罗马天主教会组织了反宗教改革运动。在组成反宗教改革同盟的同时，罗马天主教会利用“耶稣会”开展教育工作来反对新教。耶稣会创始人罗耀拉为巩固天主教原有的阵地，尽力争取信徒，向青年学生灌输耶稣会的教义与教规，通过耶稣会的“教学大会”指导各地耶稣会学校的工作；尽力培养耶稣会的神职人员和耶稣会学校的教师，采用拉丁语进行教学，禁止使用本族语。但是，耶稣会在教育上也不得不进行一些改革，以便更好地与新教教育抗衡。

第二节　宗教改革时期教育思想的主要特点

宗教改革时期教育思想具有以下五个主要特点。

第一，主张由国家实施普及义务教育。马丁·路德和加尔文等宗教改革家都强调这一点。在中世纪，教育是由教会垄断的。经过宗教改革，部分新教地区教育的领导权已开始由教会转入国家手中。可以说，近代欧洲国家教育制度是在宗教改革时期奠定根基的。但从教会垄断教育转变为国家开办和管理教育，这是一个历史的发展过程。其中经过了教会与国家合作办学的过程。然而，宗教改革使得世俗办学的大门已经打开，以后随着近代国家的发展，逐渐形成了国家办学的制度。

第二，特别重视初等教育。由于路德教派和加尔文教派为了与旧教争夺青少年，扩大自己的势力范围，他们在德国、瑞士、尼德兰等地区都特别重视初等教育。因此，宗教改革时期新教地区的初等教育得到了较大的发展。例如，16—17 世纪，尼德兰已具有欧洲最完备的初等教育制度，成为近代欧美国家初等教育的范例。

第三，在教学内容上，新教与旧教一方面都接受古典文化知识；另一方面都为了培养本教派的信徒与巩固自己的势力而对年青一代灌输本教派的教义和教规。这样，由于企图把古典文化知识与宗教结合起来，形成了理性与信仰、科学与宗教的矛盾。这一矛盾既反映在宗教改革时期的教育思想之中，又制约着这一时期学校的课程内容与教学方法。因此，宗教改革时期教育家强调顺从而不关注学生智力发展问题。在这一方面，他们都没有什么建树，与人文主义教育家相比，可以说是倒退了一步。

第四，倡导用本族语进行教学。在宗教改革时期，马丁·路德完成了把希伯来语和希腊语《圣经》翻译成德语《圣经》的工作，并要求学生阅读德语《圣经》；加尔文也强调要用本族语进行教学。这个特点与近代国家发展的历史进程是相适应的。因为本族语言是近代国家发展的条件之一。然而，以罗耀拉为代表的耶稣会学校却禁止用本族语进行教学，这种做法显然是有悖于历史发展潮流的。

第五，新教各派都根据自己的办学方针对原有的学校进行改造和重建。由于学校教育的建设与发展不能完全割断历史，所以，马丁·路德在德国、加尔文在尼德兰都是在接管原有学校的基础上对其加以改造并建立新的学校教育体系的，以便使学校教育更符合本教派的要求。

第三节　宗教改革时期教育思想的主要代表人物

一、马丁·路德

1. 生平和教育活动

马丁·路德（Martin Luther，1483—1546）是16世纪德国宗教改革运动的领导人、基督教新教路德教派的创始人。1483年11月10日出生于德国萨克森的埃斯勒本一个农民家庭。他从小受到严格的宗教教育。青少年时代曾先后进入曼斯菲尔德的拉丁语学校和马格德堡的一所兄弟会学校学习。

1501年，马丁·路德进入爱尔福特大学攻读法律。在1505年获得硕士学位后，他突然遁入爱尔福特的圣奥古斯丁修道院成为修士，开始了他的宗教生涯。1512年10月，马丁·路德获得神学博士学位，被任命为威登堡修道院副院长和威登堡大学神学教授。

1517年，放弃天主教正统神学的马丁·路德发表了《九十五条论纲》；后又与罗马教廷和教皇决裂，发起了德国宗教改革运动。1521年，他为躲避迫害而匿居瓦特堡，致力于把《圣经》从希腊文译成德文。1524年，马丁·路德发表了《给市长和市政官们的信》；1530年，他又发表了《论送子女入学的责任》，阐述了他的教育思想。

1546年2月18日，马丁·路德在埃斯勒本去世。

2. 教育思想

（1）国家开办和管理学校教育

马丁·路德首先对当时德国的旧教育进行了批判。他强调指出，旧学校对于德国儿童来说，是一个让他们受折磨、鞭打、痛苦而一无所获的地狱。整个德国的学校正在日益腐败下去。在大学和修道院里，那些教师、教士、神父和僧侣们是一些“用红、棕色帽子装饰起来的肥大粗鲁的笨驴”，是“用金链和珍珠串引着的猪豕”。在学校里，“到处都充斥着这样的教师先生们，他们一无所知，教不出什么有用的东西来。甚至连正确的学习和教学方法都不懂”①。这样的教师根本不能胜任学校教学工作。过去曾经受过寺院和大学教育的人，大多成为蠢人和笨蛋。因此，马丁·路德强调说：“我宁愿我的青年无知和愚笨，也不愿这样的大学和修道院成为他们唯一受教育的场所。”② 他认为，必须把败坏青年的旧学校加以“改造”或者“毁灭”掉，更重要的是，要在“基督教基础上创办一些新

① 马丁·路德：《给市长和市政官们的信》，载吴元训编：《中世纪教育文选》，690页，北京，人民教育出版社，1989。

② 同上书，672页。

的学校"[①]。

在马丁·路德生活的时代，随着近代民族国家的兴起，世俗政权与教会的权力斗争也反映在教育领域里。为了突破西欧各国从中世纪以来由教会掌握教育的领导与管理权的旧传统，马丁·路德明确地提出，国家应当把兴办教育作为自己的责任。他认为，要使国家兴旺，学校是不可缺少的。因此，他要求国家重视对儿童的教育工作。马丁·路德说："对青年施以极大的爱护就成了市长们和市政官员们不可推卸的责任。"[②] 在他看来，因为市民把自己的幸福和尊荣交托在他们手中，他们应该竭尽全力为市民谋幸福。为了年青一代的成长，市政官员们应该把创办学校这件事紧紧地抓起来。他特别强调由那些自由城市来创办学校和管理教育，因为几个世纪以来，这些自由城市一直是脱离罗马教廷而独立行使开办学校的权力的；同时在德国，这些城市也比各诸侯国更多地脱离了教会的影响。

（2）教育的目的与作用

马丁·路德从与罗马教廷的斗争、国家的昌盛及人的发展三个方面论述了教育的目的与作用。

其一，马丁·路德认为，基督教徒应该受教育，因为通过教育可以培养青少年的虔诚信仰，从而达到使灵魂得救的目的。为了与罗马教廷斗争，尽力争取德意志的青年，马丁·路德强调指出，应该通过创办新学校来加强新教的实力。他说："敢于传播真理并教诲别人的青年人，才能给魔鬼以致命的打击。"[③]

其二，马丁·路德认为，教育应为世俗政权国家繁荣昌盛服务。他明确指出，"一个城市必须有受过良好教育的人"[④]。因此，通过良好的教育与训练来培养有才干、有学问的人，就是教育的目的。马丁·路德号召家长、市政官们都要尽力去办好新学校。他说："如果我们为了保护自己免受土耳其人的袭击，情愿出一个金币，那么为了使一个男孩接受真正的基督教教育，免受无知之苦，我们就应该情愿出一百个金币，因为这样的人所能成就的好事，是无法计算的。"[⑤]

其三，马丁·路德还从人的发展方面说明教育的作用。他指出，古代罗马由于有良好的教育，所以年青一代被培养成为"聪明、智慧、技艺精湛、经验丰富的卓越人才"[⑥]。而我们需要有才能、博学的人，唯一的办法是通过教育来培养他们，使他们的才能获得充分的发展。马丁·路德认为："儿童是喜爱获得知识的，无论是语言知识、数学知识还是历史知识。"[⑦] 他要求把那些聪明的学生挑选出来进行专门的培养和训练。为了造就各种

---

① 马丁·路德：《给市长和市政官们的信》，载吴元训编：《中世纪教育文选》，687页。
② 同上书，676页。
③ 同上书，671页。
④ 同上书，676页。
⑤ 同上书，671页。
⑥⑦ 同上书，676页。

人才，马丁·路德特别强调三点：一是学校要有优秀的教师；二是学生要勤奋努力，潜心学习；三是要有良好的图书馆和教学设备。

(3) 国家实施普及义务教育

马丁·路德明确提出国家应实施普及义务教育的主张。他认为，全国儿童，不分贫富、男女都应入校学习。为了搞好学校教育，父母作为教育者应首先注意家庭教育，因为良好的家庭教育是学校教育的基础。所以，他要求父母注意对幼儿进行宗教教育和道德教育，但当儿童到一定年龄时，就应该让他们进入国家开办的初等学校接受教育。在《论送子女入学的责任》一文中，马丁·路德阐述了国家应该实施普及义务教育的三个原因：其一，每个信徒在上帝面前都享有平等的权利和义务，所以他们都有接受教育的权利；其二，每个信徒都应具有阅读《圣经》与参与教会事务的知识与能力；其三，在社会生活中，每一个人都要从事自己的职业，因此，应进入学校学习知识，为接受职业训练做准备。

马丁·路德认为，初等学校的主要教学内容是宗教。他说："任何时候基督教徒都应该把《圣经》当作唯一书本来认真学习，彻底熟悉《圣经》。"① 此外，儿童在初等学校里，还应该学习语言、音乐、历史、艺术和体育等。马丁·路德特别重视语言的教学。他说："要想学习《圣经》就应致力于语言。"② "上帝的话犹如宝剑，语言就是藏剑的鞘。"③

在学习制度上，马丁·路德主张男孩子每天在学校学习1～2小时，其余时间在家里学习手艺或做其他喜爱做的工作，使学习与工作结合起来。至于女孩子，他主张她们每天在学校只学习1小时，其余时间可以在家里工作。

按照马丁·路德的意见，应该从初等学校的学生中挑选优秀的学生进入拉丁语学校学习，其目的是培养学校教师和教士，因为这两种人是新教开办学校与开展教会事务所需要的。马丁·路德特别强调对教师的培养。他说："我们现在有优秀的博学青年，他们深通各种科学和艺术，如被聘为教师，将会发挥极大的作用。"④ 拉丁语学校的优秀毕业生可以进入大学。大学的任务是培养教会和国家未来的领导者。

二、加尔文

1. 生平和教育活动

约翰·加尔文（John Calvin，1509—1564）是16世纪欧洲宗教改革家、基督教加尔文教派创始人。1507年7月10日出生于法国北部瓦兹省的一个律师家庭，他幼年曾在一贵族家庭里接受启蒙教育。1523年8月赴巴黎求学，就读于巴黎大学。1528年毕业并获

①② 马丁·路德：《给市长和市政官们的信》，载吴元训编：《中世纪教育文选》，682页。

③ 同上书，679页。

④ 同上书，672页。

得文学硕士学位。同年3月，他遵照父亲的意愿进入奥尔良大学攻读法律。

1531年5月，其父病故后，加尔文重返巴黎，研究神学和古典文学。正是在这个时期，他开始受到马丁·路德思想的影响，立志改革宗教。由于法国政府和天主教会的迫害，1534年10月，加尔文被迫逃亡到瑞士，化名“卢卡纽斯”住在巴塞尔城，继续研究《圣经》及路德教派的教义。1536年3月，他完成并在巴塞尔出版了《基督教原理》，阐述了其宗教改革理论。

应日内瓦城市民的邀请，1536年加尔文赴日内瓦城开展宗教改革活动。1537年，他为儿童编写了《教义问答》。1538年，他又与他人共同拟定了《日内瓦初级学校计划书》。

1541年9月，被反对派驱逐在外3年的加尔文重返日内瓦城，并成为该城的政治和宗教领袖。1558年，他创办日内瓦学院，旨在培养教师、教士和神学家。

1564年5月27日，加尔文在日内瓦去世。

2. 教育思想

加尔文教育思想主要表现在《基督教原理》《日内瓦初级学校计划》及《基督教教规》(1541) 之中。

(1) 实施普及义务教育

加尔文强调指出，应该不分贫富对所有儿童实施普及义务教育。作为一个神学家，他是从宗教立场出发来说明对儿童实施普及义务教育的必要性的。他认为，人生来带有“原罪”，具有为恶的本能。因此，只有接受教育，才能避恶趋善。同时他认为，人对上帝的信仰并不是“天赋”的，而是后天培养与教育所形成的，所以，为了使人能敬仰上帝，人就必须接受教育。他说：“真正的智慧、坚强的力量、彻底的仁慈，以及无瑕的正义只有在上帝那里才能发现。”[①] 显而易见，加尔文是利用教育这个阵地来宣传他的教派的教义的。从这个角度来看，他主张不分贫富对儿童实施普及义务教育，是新教与旧教争夺青少年并加强新教的力量所需要的。

按照加尔文的意见，普及义务教育是通过开办初等学校来实现的。初等学校的学习内容是阅读、书写、计算和宗教，其中核心的课程是《圣经》。他强调说：“《圣经》的教学和指导，要引导人们获得对上帝造物者的知识。”[②] 其目的在于使人们能虔诚地敬仰上帝。他还主张在初级学校使用本族语进行教学。

(2) 中等教育和高等教育

加尔文认为，中等教育应该由市政当局开办与管理。他所说的中等教育是指文科中学的教育。他以德国新教教育家斯图谟 (J. Sturm) 的文科中学的教育实践经验为基础，提出了文科中学的设想：文科中学招收初等学校的毕业生，其任务主要是为接受高等教育做

---

① 加尔文：《基督教原理》，载吴元训编：《中世纪教育文选》，700页。

② 同上书，707页。

准备。他主张文科中学应该按学生的知识水平与能力分成逐步提高的7个年级。合格的学生，每年升入高一年级。每个年级的课程除了学习宗教、拉丁文、希腊文，以及西塞罗和罗马诗人维吉尔等人的作品外，还要让学生学习自然科学知识和外语（法语）。

加尔文主张，通过高等教育机构来培养神学家、教士、教师，以及教会和国家领导人；为此目的，他创办了日内瓦学院。按照他的意见，高等学校的教学内容除宗教课程外，人文学科应包括广泛的内容，其中有古典文学、诗歌、古典语言、物理学等。他还提出，大学的领导人和教师都要遵守教规并受其约束。

（3）宗教和道德教育

在《基督教原理》一书中，加尔文反复强调宗教和道德教育的重要性。他特别关注法制教育问题。他强调说："上帝将律法赐给我们，为的是要以完善的正义教训我们。"[①] 所以，人们应该以法律的规定为根据，分辨善恶，憎恶不义，并在"教师指导之下，进行内省"[②]。其目的在于检查自己的行为。加尔文强调指出，要培养人们具有"敬拜上帝"的心灵，因为"唯有上帝应受虔诚的敬拜"。如果"没有敬畏上帝的心，人与人当中就没有公道和仁爱了"。他还指出，对人们进行"道德法"的说教主要在于使人们明白两个要点："一，以全心、全意和全力爱我们的上帝；二，爱邻舍如同爱自己。"[③] 在他看来，只要人们在日常生活中遵从上帝的"训诫"，那么，人心就会向善，心灵就会纯洁，道德就会高尚。

三、罗耀拉

1. 生平和教育活动

罗耀拉（Ignatius Loyola，1491—1556）是耶稣会的创始人。1491年出生于西班牙北部巴斯克省的一个贵族家庭。他童年时代曾在费迪南国王的宫廷里做过侍童，后来成了贵族军官。1521年5月，在攻打纳瓦尔省首府潘丕伦纳的战斗中他腿部受伤，随后在曼里沙城治疗。养伤期间，他阅读了《圣徒传》和《耶稣传》等，深受感动，决心献身于天主教会。这是他一生的转折点。

为了开展天主教会活动，1522年，年已31岁的罗耀拉进入巴塞罗那的一所拉丁语学校学习。1523年，去耶路撒冷拜谒圣墓。1524—1528年，他先后在阿尔卡拉大学和萨拉曼加大学学习文法和哲学，并于1528年2月入巴黎大学学习神学和哲学，后获得硕士学位。

---

① 加尔文：《基督教原理》，载吴元训编：《中世纪教育文选》，743页。
② 同上书，741页。
③ 同上书，748页。

1534年8月15日圣母升天这一天，罗耀拉与6名同伴一起创立了“耶稣会”。1534年9月，耶稣会得到罗马教廷保罗三世（Paul Ⅲ）的正式批准，从此成为反对新教和维护天主教会的最坚强有力的“十字军”。1541年，罗耀拉被选为耶稣会的首任总会长，并动手起草《耶稣会章程》，直到1550年才告完成。同时，他又撰写了《精神训练》一书。

1556年7月31日，罗耀拉因病在罗马去世。

2. 教育思想

（1）教育目的

罗耀拉的教育思想主要体现在他的《精神训练》和《耶稣会章程》之中。实际上，他的教育思想是通过耶稣会的教育活动来实现的。因此，耶稣会教育的目的，也就反映了罗耀拉对教育目的的看法，即使学生绝对服从天主教，成为虔诚的基督教徒和教士，效忠于教皇。为此目的，罗耀拉主张对学生进行“精神训练”，以便把宗教道德深深地注入每一个人的心中。所谓的“精神训练”是：个人先进行自我训练，认识自己的罪恶，并在心灵中同这些罪恶做斗争；通过精神训练领悟上帝的伟大，认识人生的使命就是崇尚与服从上帝；进行严格的意志训练，以便通过意志的力量来实现人与上帝的交流，并为教皇效忠。

（2）培养教师

罗耀拉强调指出，为了办好耶稣会学校，应该重视培养教师的工作。为了达到与新教争夺对人的心灵的控制，以抵制新教，排斥异端，并巩固和扩大自己的势力范围的目的，他认为教师既要具有虔诚的信仰，绝对服从教规和教会章程的精神，又要有渊博的知识，特别是在神学和哲学方面要有较高的造诣。耶稣会学校所创办的学院分为低级学院和高级学院，在高级学院之上又设神学部。按规定，必须在高级学院学习三年哲学课程并经过考核合格者，才能充当初级学院的教师。那些在神学部学习六年课程并经严格考核合格者，才能有资格到高级学院任教。此外，罗耀拉还要求担任教师的人要掌握教育学和心理学的知识。

（3）学校管理

在学校管理上，罗耀拉要求按军队的管理制度来组织耶稣会学校的教育工作。因此，在西方教育史上，耶稣会学校以其教育工作组织的严密性著称。1599年，在罗耀拉去世近半个世纪后发表的《教学大全》对耶稣会学校管理体制及其系统、学级编制、学校设备、教师职责、成绩考核等都做了明确的规定。它可以被视为是罗耀拉一生开展宗教活动与教育工作实际经验的总结，也可以说是他的教育思想的具体体现。

从耶稣会学校的管理组织系统来看，耶稣会的总会长（将军）就是耶稣会学校的最高首领。在罗耀拉这位将军之下，依次设有省长、校长、教务监督、教授、舍监、教纪监督、班长、会士等。省长、校长由将军任命，并在将军所授予的职权范围内行使各自的职权。例如，校长的职责是：处理学校的日常工作；定期到各班听课，检查教学情况；主持教师会议，组织与指导教师的工作；组织并实施对学生的宗教道德教育活动；组织学生的体育及适当的文娱活动，等等。教务监督协助校长处理学校中有关教学问题，特别是神学班与哲学班的问题，以保证这两种教学班能按计划进行教学。由此可见，罗耀拉十分重视学校管理的规范化。

（4）课程内容和教学方法

在课程内容上，罗耀拉主张建立一个以拉丁文为基础，以古典文化知识为主架，以宗教神学为王冠的课程体系。因此，耶稣会学校的课程设置分为人文学科、哲学和神学三大块。

罗耀拉也很注意教学方法的问题。他认为，教师在教学中可以采用的教学方法有讲解、阅读、写作、练习、背诵、考试和竞赛等。各种教学方法应该根据学生的不同兴趣与能力加以选择和运用。不过，耶稣会学校特别重视背诵和记忆的方法，因为其座右铭是“重复为学问之母”。

罗耀拉与耶稣会学校在拉丁文、希腊文及拉丁文写作方面的教学工作是有成效的。教师采用讲解的方法来传授知识也是认真的、经过详细准备的。例如，他们在讲解时注意到以下的教学步骤：首先，在教师逐句逐节讲清课文大意的同时，详细说明课文的结构与语法；其次，运用其他作家、哲学家类似的材料，比较其思想与文辞，并且借用历史典故、民俗风情来帮助学生理解课文，还要分析课文的修辞、比喻、字句搭配和押韵的技巧；最后，结合课文的内容对学生进行宗教道德教育。

最后应该指出的是，罗耀拉与耶稣会学校把最早由古代罗马教育家昆体良提出的班级集体教学制度加以运用。这样做既发挥了教师的作用，又可以多招收学生。耶稣会学校在教学活动中实施的班级授课制后来由 17 世纪捷克教育家夸美纽斯从理论上加以总结，并逐步成为一种被世界各国学校普遍采用的教学组织模式。

第四节　宗教改革时期教育思想的影响与评析

在宗教改革中，新教对旧教的批判，民族力量对罗马教廷的挑战，世俗力量对神权的挑战，广大人民对封建统治者的挑战，汇成一股反对天主教会、反对封建社会制度的革命力量，并在许多地区取得了胜利。对于马丁·路德来说，是德国人民的民族觉醒力量把他推向历史舞台的。马丁·路德的政治观点与教育观点对德国宗教改革及新教地区的教育产生了深刻的影响。马丁·路德提出由国家掌握教育领导权的主张，不仅标志着从中世纪教会垄断教育向由新兴资产阶级掌握教育领导权的转变已经开始了，而且反映了近代民族国家开办和管理学校的需要，为欧洲国家教育的国家化奠定了思想基础。同时，马丁·路德要求国家实行不分贫富和男女的普及义务教育，促使德国的一些邦与独立城市从1559年起先后颁布了普及义务教育的法令，尽管这些法令实际上执行得很差，却反映了民众对普及教育的强烈要求。在教学内容方面，马丁·路德重视本族语教学，并亲自将《圣经》从希腊文译成德文，有利于儿童的学习。特别应该指出的是，马丁·路德在《为基督教学校致德国市长和市政官员书》中提出了涉及当时教育改革的许多基本问题，阐述了三个崭新的教育观点：一是从世俗政权利益的角度去考虑和决定教育改革问题；二是强调为了国家的繁荣昌盛而培养人才；三是把人文主义学科引进学校并使课程内容得到更新。应该说，马丁·路德的这些观点为近代德国及欧洲的教育改革和发展注入了新的活力。

马丁·路德在组织对天主教遗留下来的中学、大学进行改革与重建，以及创办新的大学方面的得力助手是德国人文主义学者和基督教新教教育家梅兰希顿（Philipp Melanchthon）。可以说，梅兰希顿毕生的事业就是按照路德新教的要求来建立学校教育体系。1528年，他在进行教育调查的基础上制定了《萨克森学校法》。通过这个法令，路德教派对中小学的要求能以法令形式加以贯彻执行。

加尔文一生的重大贡献在于，进一步推进宗教改革并创建了基督教新教加尔文教派。在1541年到1559年，他竭尽全力在日内瓦城建立一个模范的学校教育体系。他不仅提出国家要实施普及义务教育的主张，而且亲自领导日内瓦城的教育改革活动。从西方教育史来看，加尔文在日内瓦城所实施的普及义务教育的实践，对荷兰、英国、美国等国家近代普及教育运动产生了较大的影响，为其提供了历史经验。从加尔文提出的七年制文科中学的教学内容来看，虽然也表现出宗教教义与人文学科相结合的特点，但值得注意的是，他注意到了自然科学知识的传授。这不仅有利于当时正在形成的近代自然科学知识的传播，而且适应了当时社会生产发展的需要。在加尔文的领导下，日内瓦城的文科中学成为较高水准的学校，并对欧洲其他国家的文科中学产生了影响。加尔文创办的日内瓦学院在欧美国家的近代高等教育发展中也有比较重要的地位，英国的爱丁堡大学、剑桥大学的爱玛尔学院，以及美国的哈佛学院都是以它为范例而创建起来的。

与马丁·路德、加尔文反映新教利益的教育思想相对立的是耶稣会创始人罗耀拉的教育思想。罗耀拉提出的反对宗教改革的教育目的，显然与历史发展的潮流是相违背的。但是，罗耀拉深知为了与新教争夺信徒，巩固旧教的阵地，维护天主教会的利益，必须办好耶稣会学校。为此，他在办学方面提出许多有效的措施，其中值得注意的是，他主张对教师要进行严格的选拔与训练，并建立了师范学校；他重视学校管理的集中化、规范化和制度化，有效地提高了学校工作的效率与教学质量；他注意到了自然学科的课程。应该说，所有这些都是耶稣会办学成功的经验，也是耶稣会学校得以发展的重要原因。据统计，到18世纪，耶稣会创办的中学有612所、师范学校有157所、大学有24所。在耶稣会鼎盛时期，耶稣会学校在校学生达20万人。耶稣会学校培养出一批像笛卡儿、伏尔泰这样著名的学者和科学家。正因为如此，有的西方学者认为，耶稣会学校的教育在不夹杂着神学的时候，总是无可他求的良好教育。俄国教育家乌申斯基也指出："耶稣会教育的意图大部分是恶劣的，但是效力很显著。"① 应该看到，罗耀拉的教育思想不仅对法国、西班牙等旧教地区学校教育的影响是深刻的，而且对世界上不少国家的学校教育都有影响。

拓展阅读书目

1. 马丁·路德. 给市长和市政官们的信//吴元训. 中世纪教育文选. 北京：人民教育出版社，1989：669-692.

2. 马丁·路德//赵祥麟. 外国教育家评传：第1卷. 上海：上海教育出版社，2003：285-320.

3. 加尔文. 基督教原理//吴元训. 中世纪教育文选. 北京：人民教育出版社，1989：700-751.

4. 罗耀拉. //赵祥麟. 外国教育家评传：第1卷. 上海：上海教育出版社，2003：321-352.

① 乌申斯基：《教育人类学》，载张焕庭主编：《西方资产阶级教育论著选》，500～501页，北京，人民教育出版社，1979。

第七章

早期科学教育思想

早期科学教育思想产生于16世纪末17世纪初的英国。其主要代表人物是被人们誉为“近代科学之父”的英国哲学家培根。他尖锐地批判经院哲学和经院主义教育，崇尚人的理性，强调人的力量和科学知识的作用，倡导实验的归纳法。尽管早期科学教育思想带有空想的成分，但是，它不仅为近代科学教育的兴起和发展开辟了道路，而且也对近代西方教育理论的形成和发展产生了直接和重要的影响。

第一节　早期科学教育思想产生的背景

从16世纪后半期到17世纪初，正是资本主义在英国迅速发展和成长的时期，也是英国资产阶级革命的序幕时期。随着资本主义生产方式的产生和发展，14世纪从意大利开始的人文主义思潮已扩展到荷兰、法国和英国。这种范围广泛和影响深远的社会思潮，是新兴资产阶级世界观的早期表现。它推崇理性，提倡思想解放，强调人的力量和作用，体现了新兴资产阶级要求摆脱教会束缚和宗教神学桎梏，以及探索自然、开拓知识领域和开创新世界的强烈欲望。人文主义思潮的传播不仅沉重地打击了封建教会的统治和宗教迷信，而且为近代自然科学的发展，以及 17 世纪唯物主义和早期科学教育思想的产生创造了条件。

此外，在德国宗教改革运动的影响下，英国进行了由国王到平民自上而下的宗教改革。尽管英国的宗教改革实际上只是以效忠国王的英国教会取代效忠教皇的罗马教会，但是它对资本主义在英国的发展产生了有利的影响。教会虽然对经院哲学、占星术和其他伪科学总是采取宽容的态度，而对真科学却视为异端并表现出敌视的态度，但它已没有至高无上的权威，整个教会的精神垄断已被摧毁了，使得学术界相对地有了较多的思想自由。可以说，正是在人文主义思潮和宗教改革的影响下，有一批学者发扬自由探索的精神，开始从事医学解剖学等近代自然科学的研究，敢于做出与教会信条相悖的科学结论。

随着资本主义生产的发展和新兴资产阶级的出现，原来只是教会的恭顺侍女的自然科学开始从教会束缚下解放出来，冲破宗教神学的羁绊而得到了较快的发展。资本主义生产的发展，许多工业生产部门中出现的新的技术发明和改进，以及新大陆的发现和新航路的开辟，促进了近代自然科学的发展。例如，波兰天文学家哥白尼提出了“太阳中心说”，意大利物理学家伽利略提出了落体、抛物体、振摆三大定律，比利时生物学家维萨留斯奠定了科学的解剖学的基础，英国医生哈维最后完成了关于人体血液循环学说的发现等。总之，天文学、力学、数学、机械学、物理学、生物学、解剖学、动物学、植物学及其他自然科学的知识，打破经院哲学的束缚，超越宗教信仰的界限，在生产实践的强大推动下，以大量的实际材料和科学的实验为基础，获得了广泛和系统的发展，并成为生产力的一个重要组成部分。这是一种时代的潮流。

然而，应该看到，近代自然科学当时要获得自身的发展，还必须进一步从教会的精神统治和神学的枷锁下解放出来。因为经院哲学作为教会的思想武器还禁锢着人们的思想，阻碍着近代自然科学的发展。在学校教育领域中，经院哲学仍然占有统治地位，崇古和空谈之风盛行。“哲学和知识科学被装饰和颂扬得像雕像一样，却是不会从它们所站着的地方移动的雕像。”① 柏拉图和亚里士多德被当作偶像崇拜，新的知识和思想，以及新的发明创造被扼杀。学生读书的范围很狭窄，被禁锢于《圣经》和某些作家的著作之中。担任教师的那些经院主义者令人望而生畏地固守几个作家的思想，不注重现实，不研究有实际价值的东西，实际上是一些伟大葬仪的经纪人。总之，“在学校、学院、大学，以及目的在于作为学者居留之所和培养学术的类似团体中，一切习惯和制度都是和科学的进步相反的……管理学术的方法则是给科学的进步加上了一种严重的束缚”②。

为了使近代自然科学更快地从宗教神学和经院哲学的束缚下解放出来，需要大力提倡科学和科学教育，需要有一种新的知识论和方法论。这是时代的要求。无疑地，人文主义

① 孟禄：《教育史读本》，468 页，1919 年英文版。
② 培根：《新工具》，许宝骙译，37～38 页，北京，商务印书馆，1984。

思潮和宗教改革为早期科学教育思想的产生创造了有利的条件，近代自然科学发展的成果也为早期科学教育思想的产生提供了科学的基础。因此，近代自然科学的发展及早期科学教育思想的产生，不仅体现了文艺复兴和宗教改革的精神，而且也体现了时代的要求。

第二节　早期科学教育思想的主要特点

早期科学教育思想具有以下四个主要特点。

第一，早期科学教育思想崇尚人的理性，十分强调人的力量和科学知识的作用。它高度评价人是自然的主人，并对人的价值给予论证和阐述，肯定人能够获得自然科学知识，支配和利用自然。同时，它总结概括了科学知识在社会生活中的巨大效用和对人类社会发展的深刻影响，提倡百科全书式的知识，激励人们在新的科学知识领域不断探求和开拓。

第二，早期科学教育思想以唯物主义经验论为基础，倡导实验的归纳法。它提出了科学的认识方法，开辟了一条研究自然和事实本身，以及发展人们理解力的真正途径。

第三，早期科学教育思想富有批判的精神。它不仅批判了极端蔑视自然、脱离实际和经验、崇尚书本、迷信权威的经院哲学，而且批判了只能用于经院式争论而不能在实践中征服自然的旧的逻辑方法，同时还批判了束缚人们思想和禁锢人们头脑的经院主义教育和经院主义者。

第四，早期科学教育思想带有空想的成分。在当时的时代和社会条件下，早期科学教育思想实际上不能在学校教育领域中真正付诸实践。然而，应该看到，它所提出的理想的教育制度，为刚刚兴起的近代科学教育提供了一张蓝图，开辟了近代科学教育发展的道路。

第三节　早期科学教育思想的主要代表人物

培根

1. 生平和教育活动

弗兰西斯·培根（Francis Bacon，1561—1626）是“英国唯物主义和整个现代实验科学的真正始祖”①。在西方教育史上，他被誉为“近代科学教育之倡导者”。

1561 年 1 月 22 日，培根出生于英国都铎王朝的一个新贵族家庭。父亲是英国女王的

① 马克思、恩格斯：《神圣家族》，载马克思、恩格斯：《马克思恩格斯全集》，第 2 卷，163 页，北京，人民出版社，1957。

掌玺大臣。培根自幼养成了读书的习惯，并表现出非凡的智力。他 12 岁进入剑桥大学三一学院读书，广泛阅读了古代学者的著作。但是，培根厌恶充斥课程内容的经院哲学，不满当时英国的教育制度；同时开始注意对自然现象的观察。

离开大学后，培根曾在英国驻法使馆任职。在巴黎期间，他结识了许多具有新思想的学者，在思想上受到了较大的影响。后来，他通过考试成为一名律师。在担任格莱法学院讲师期间，他致力于研究一切知识和著述，写下了许多语言精辟、文笔优美、含意深刻的短篇论文，后来都收入了《培根论说文集》(1597) 中。

25 岁时，培根被选为英国国会议员。此后，他担任过掌玺大臣和全国大法官。但是，他并没有放弃著述活动，在观察和收集实际例证的基础上撰写了《学术的进展》(1605)、《论古人的智慧》(1609 或 1610) 和《新工具》(1620) 等著作，提出了闪烁着智慧光芒的名言："知识就是力量。"

1621 年，因被控贪污受贿，培根被迫放弃政界生活隐居于格莱法学院。后来，他曾想谋求伊顿公学校长的职位，但未能如愿。之后，他更加致力于自然科学和哲学的研究，并撰写了《新大西岛》(1627)，描绘了科学主宰一切的理想社会和富有浪漫主义色彩的理想的科学教育方案。

1626 年 4 月 9 日，培根因病与世长辞。

2. 知识论："知识就是力量"

在培根的著作中，洋溢着对科学知识的推崇和对科学发展的赞美，深刻地阐述了科学知识在人类生活中的巨大作用。在系统考察人类知识形成发展的历史和总结概括人类智慧力量的基础上，培根做出了"知识就是力量"的精辟论断。

培根热情地歌颂中国古代历史上的印刷术、火药和指南针三大发明。他认为，获取科学知识比获取世界上任何的东西都要珍贵，一切发明创造将会给人类带来巨大的和永久的好处。人类的知识和力量是结合在一起的，只有获得了科学知识，认识了自然，人才有力量，才能支配自然。这是人类支配自然的力量源泉和扩展人类权力的有效手段，也是人类社会之所以前进的动力所在。要用新的发现和力量来丰富人类的生活，这就是各种科学的真正和合法的目标。培根曾在一篇遗稿中这样写道："人类统治万物的权力肯定最深藏在知识之中。在知识里边蕴藏着许多东西，这些东西是帝王的财宝所不能购买，他们的势力所不能指挥的；他们的情报员得不到这些东西的消息，他们的海员和探险家也不能驶向这些东西的生长之地。"①

培根认为，科学知识的效用不仅表现为它是人类改造自然和支配自然的强大力量，是为人类实际生活谋福利的工具；而且表现为它是改造社会的重要力量，是批判宗教神学和

① 法灵顿：《弗兰西斯・培根》，张景明译，27 页，北京，生活・读书・新知三联书店，1958。

经院哲学的锐利武器。在他看来，自然科学的发展将更加巩固和扩大人对自然界的统治，促进社会的进步和改变社会的精神生活状况。

在充分肯定科学知识效用的前提下，培根以唯物主义观点论述了什么是知识及知识的客观基础。他认为，知识就是存在的印象，感觉是一切知识的源泉。他在一篇题为“论学问”的论文中写道：“学问以上的一种智能，是由观察体会才能得到的。”① 在对客观事实的研究中，那种根据原因而得到的知识，不仅是对事物简单的、直接的原因的认识，而且是对事物的一般原因和规律的认识。由于科学知识是在各种事物和现象中找出它们共有的内在联系，找出它们的规律性，所以，人们一旦掌握了科学知识，就能发现从来没有发现过或想过的东西。在培根看来，这就是知识之所以有力量的奥秘。这种讲求实际效果的知识价值论，为近代科学教育的兴起提出了新的追求目标。

培根把一切知识当作他研究的范围。在把整个人类知识全部加以改造的理想计划下，他把以往的知识重新进行研究，并在总结科学发明和技术创造的基础上提出了一个科学分类。这个科学分类把科学知识分成三个部分，共 130 个题目。第一部分 40 个题目，是关于人以外的自然界的，包括天文学、气象学、地理学，水、空气、火和土，以及矿物、植物、动物等。第二部分 18 个题目，是关于人本身的，包括解剖学、生理学等。第三部分 72 个题目，是关于人对自然界的行动、人的学术、技艺和科学等，包括医药、化学、绘画与雕刻、音乐、印刷、建筑、运输、农业、航海、军事、机械等。应该指出，这个科学分类实际上就是一个百科全书式的知识体系。虽然它并不完善，但它力图使知识摆脱宗教神学和经院哲学的羁绊，使之走进自然界的自由天地。后来，18 世纪法国启蒙学者狄德罗在编撰《百科全书》时，曾参考了培根的科学分类。

3. 方法论：实验的归纳法

为了打破人类认识道路上的一些“假象”，使人们学会正确地思维，自由地进入科学的宫殿，获取真正的科学知识，培根提出了实验的归纳法。他强调指出：“用真正的归纳来形成观念和公理，无疑是逐步消除假象的适当补救办法。”②

在《伟大的复兴》的序言中，培根一开头就写道：“知识的状况不景气，也没有很大的进展。必须给人类的理智开辟一条与原来完全不同的道路，并且提供别的一些帮助，以便使人的心灵能够在事物的本性上行使它所固有的权威。”③ 在他看来，人类知识之所以过去没有多大进步，主要在于人们缺乏正确方法的指导。随着近代自然科学知识的发展，人们就更加需要有正确的方法做稳当、可靠的指导，犹如航行于大洋中要发现新大陆不能单凭观察星宿而必须有指南针做向导一样。实验的归纳法将为人类知识的发展开辟新的道

① 培根：《培根论说文集》，水天同译，180 页，北京，商务印书馆，1983。

② 北京大学哲学系编译：《十六—十八世纪西欧各国哲学》，13 页，北京，生活·读书·新知三联书店，1958。

③ 同上书，1 页。

路，有助于解放人的理解力，以便在行动中支配自然。

培根认为，近代科学是以实验为基础的，只有通过实验，才能获得可靠的经验材料，真正地认识事物；也只有通过实验，才能发现自然界的奥秘。在他看来，科学知识正是建立在实验基础上的感性认识和理性认识相结合的产物。

培根把科学的方法看成心灵的工具。在《新工具》一书中，他列举了大量的自然科学的例证，清楚地解释了实验的归纳法。他说："归纳法就是为获得真实证明的方法。归纳逻辑不是知识问题上的研究，而是对自然的权力之艺术的科学。"① 其最主要的特点，就是在归纳、分析、比较、观察和实验的条件下用理性的方法去整理感性的材料。

具体来说，实验的归纳法分成四个步骤：一是观察自然和搜集事实，为分析、比较和整理准备大量丰富的经验材料；二是整理经验材料，进行例证的比较；三是进行分析概括，排除非本质的东西；四是做出肯定的结论。为了形象地说明感性认识与理性认识的关系，培根还提出了一个常常为后人所引用的绝妙比喻："经验主义者好像蚂蚁，他们只是收集起来使用。理性主义者好像蜘蛛，他们凭他们自己把网子造出来。"而真正的科学家的工作则像蜜蜂一样，"从花园里和田野里采集材料，但是用他自己的一种力量来改变和消化这种材料"②。应该指出，实验的归纳法为近代科学教育的兴起提供了方法论的基础。

培根强调指出，人们的一切认识都必须从感觉开始。人们的认识离开了客观世界，也就失去了认识的对象。人们要亲自到事实中去，在宇宙中认识事物和获得科学知识。因此，学生绝不能满足于接受书本的现成知识，而要在教师的指导下，像一个初生的孩子充满活力地走到自然中去，利用第一手的观察来进行学习。在这个认识过程中，培根特别强调了实验的作用。他说："一切比较真实的对于自然的解释，乃是由适当的例证和实验得到的。感觉所决定的只接触到实验，而实验所决定的则接触自然和事物本身。"③ 这无疑有助于科学的实验方法在学校教育工作中的实际应用。

4. 批判僵死的经院主义教育

面对经院哲学充斥整个思想界和垄断学校教育领域的状况，培根明确指出，经院哲学是近代科学教育兴起的主要障碍。他认为，经院哲学像是献给上帝的不能生育的修女。它那令人厌烦的争论，只是抽象地玩弄词句，空洞地发表议论。由于经院哲学脱离实际和脱离自然，因此，它是没有力量的，对人类生活毫无益处。培根把经院哲学比喻成学问的蛛网，从它的工作和丝线的精细来说，"虽然精美绝伦，终是空斗机巧，毫无实质，毫无裨益"④。也就是说，从经院哲学和价值的功用来说，它长于空谈，但不能够生产；它长于

---

① 中国科学院哲学研究所编：《培根哲学思想——培根诞生四百周年纪念文集》，65页，北京，商务印书馆，1961。

② 北京大学哲学系编译：《十六—十八世纪西欧各国哲学》，40～41页。

③ 同上书，17页。

④ 培根：《崇学论》，关其侗译，24页，北京，商务印书馆，1938。

争辩，但没有实际效果。

培根还认为，经院主义者对自然和事物没有充分的认识，所谓的学问只不过是凭着一些材料和极端片面的智慧活动而织就的学问蛛网。在培根看来，经院主义者只是注意崇拜偶像的空名，把他们的智力用于咬文嚼字上或空洞烦琐的争论上，把他们的方法用于最荒诞的问题上。因此，他们“与其说是用无数的文章增加了科学的力量，不如说是摧毁了科学”①。

培根曾在“混乱”的标题下把经院主义教育下的学习分成三类：一是“空想的学习”，如炼金术和魔术等；二是“争辩的学习”，如学习不是建立在观察基础上的经院哲学等；三是“精致的学习”，如学习不真实的和对人类社会不重要的知识。他还指出，在经院哲学统治下的大学教育存在着不少问题，如忽视作为基础知识的人文学科和自然学科、缺乏实验经费和实验设备、不注意发展学生的创造能力等。

因此，培根坚决要求改革经院主义教育。他把改革经院主义教育看成是传授百科全书式知识的重要前提，是培养科学人才和促进近代自然科学进步的根本需要。他认为，人们应该考虑研究自古相传的课程内容和教学方法，以及关于学问的其他习惯规划得是否完美，是否符合时代的需要，是否需要改革。他说：“练习应适合于生活，也就是说，以这种形式来训练才能，人的心智在行动的过程中才最有效用。”②

5．提出理想的科学教育方案

培根认为科学知识的进展和发明创造的诞生，不是一个人在一个时代里所能走完的路程，而需要人们富有牺牲精神，一代一代努力钻研才有希望完成，因此，他对培养科学人才和推动科学进步的科学教育是极为重视的。

在批判僵死的经院主义教育的基础上，培根从全面改造人类知识的计划和他的百科全书式的知识体系出发，提出了一个理想的科学教育方案。这个方案集中体现在他的那本《新大西岛》中。

在培根所设想的乌托邦国家里，国家的立法者所罗门宽仁大度，广行善政，一心一意为他的国家和人民谋幸福。在那里，政府的成员都是地质学家、生物学家、物理学家、化学家、建筑学家、心理学家、社会学家、经济学家、医学家和哲学家等。简单地说，政治家就是科学家。在这个乌托邦国家里，人们学习一切知识，最大限度地尊重和利用科学知识。

科学家所兴建的“所罗门之宫”（培根说它有时也被称为“六日大学”）就是一个“教团”，一所规模极大的科学教育机构。这个专为研究自然和人类而建立的机构，以实践的方法研究科学，主要的工作是实验，基本的方法是归纳法。其目的是“探讨事物的本质和

① 北京大学哲学系编译：《十六—十八世纪西欧各国哲学》，28页。
② 博伊德、埃德蒙·金：《西方教育史》，235页，1975年英文版。

它们运行的秘密，并扩大人类的知识领域，以使一切理想的实现成为可能”①。

为了达到这个目的，培根认为，“所罗门之宫”具有进行科学研究所需要的各种措施和设备。例如，用于凝结、冷冻和保存各种物体的洞穴，用于观察气象变化的高塔，用于养鱼和水禽的人工湖，用于治疗各种疾病的人造井、温泉和疗养院，用于进行土壤实验、各种嫁接试验的果园和花园，用于做实验和解剖的动物园，用于配制各种药剂和药品的药房，以及各种实验馆等。

总之，在科学主宰一切的“所罗门之宫”里，科学和学术研究有极大的自由，人们热心从事科学实验。那里实行一种奖励制度，一个发明者创造了一项有价值的发明，就要为他建立雕像，并给他优厚的奖赏。还有，派人定期到国外去访问，了解所到之国的情况，特别是科学和学术、创造和发明的情况。与此同时，还派人巡视和访问自己国家的重要城市，并在那里创造有用的新发明。

培根还强调指出，新的学生（培根称之为“学徒和实习生”）要不断地受教育和训练，使之成为科学研究的新生力量，源源不断地补充和接替科研人员的职务。

为了推进科学教育，培根主张应该抓好三件事情：一是建筑学术的场所；二是印制学术书籍；三是提高学者的待遇。此外，培根还认为，要培养人才和改变人才缺乏的状况，国家就要重视选择受国家和社会委派而管理青年教育的教师，学校教育机构要让各人根据自己个性之所长来发展，各个国家的学校之间或一个国家不同地区的学校之间要注意学术上的交流等。

第四节　早期科学教育思想的影响与评析

早期科学教育思想的产生是符合近代社会发展需要的。它顺应了文艺复兴时期以来反对知识界旧权威的趋势，批判了经院哲学和经院主义者，动摇了经院哲学在学术界及学校教育中的统治地位。

17世纪以后，早期科学教育思想提倡的自然科学知识及实验的归纳法，开始跨进学校的大门，使得学校教育逐步与形式主义、崇尚书本、呆读死记分离，而表现出生机。早期科学教育思想的产生，使学校教育中的课程内容、教育原则和方法，及至学生的课本都开始起了变化，尽管这种变化的过程是缓慢的。

作为早期科学教育思想主要代表人物的培根，是一个“有高度的阅历、丰富的想象、有力的机智、透彻的智慧”的人。② 他具有强烈的时代意识，以惊人的勇气和无

① 培根：《新大西岛》，何新译，28页，北京，商务印书馆，1959。
② 黑格尔：《哲学史讲演录》，第4卷，贺麟、王太庄译，30页，北京，商务印书馆，1978。

畏的精神，深刻地领会时代的需要，自觉地站在时代的前面。培根点亮了近代科学和科学教育道路上的明灯，极大地激励了人们对科学知识的追求，推动了近代科学教育的兴起，而成为提倡近代科学和科学教育的先驱者。“培根在新的时代取代了亚里士多德的地位，成为那些试图认识事物和从事教学的人的大师。‘知识的进展’成为许多渴望改革生活和思想的人的口号，并通过那些人逐渐成为近代教育思想的一个组成部分。”①

然而，应该看到，早期教育思想的产物并不是培根个人的天才的产物，而是他所处时代的产物，是当时许多致力于自然科学研究及批判经院哲学的学者共同努力，将各种丰富的思想融为一体，组成的一个新的系统。用培根自己的话来说，他“不过是摇铃召集学士才人开会的人”②。

由于培根精力过于分散，没能更好地从事科学研究。否则，他可能做出的成就会比他实际的成就多得多。尽管如此，培根那伟大的学说和杰出的功绩仍与世长存。有的学者指出：“他像哥伦布一样，在科学上发现了新世界，人们自古以来就是生活在这个世界里，但是由于他们沉湎于经院哲学而把它遗忘了。”③ 有的学者评论说：“在指出如何从自然中学习的同时，他使文艺复兴的精神有了一个新的方向，他进行了一场结束亚里士多德派经院主义的怀疑的和演绎的逻辑学说长期以来对大学教育统治的革命。”④

后来在早期科学教育思想的影响下，把培根的知识论和方法论直接应用到学校教育领域中的是德国教育家拉特克（W. Ratke）、捷克教育家夸美纽斯（J. A. Comenius）和英国教育家洛克（J. Locke）。他们接受了培根关于传授百科全书式的知识及感觉是一切知识的源泉的思想。他们沿着培根开辟的道路，依据培根的思想，应用培根的方法，进一步推动了近代科学教育的发展。

毋庸置疑，早期科学教育思想的产生反映了近代社会和近代科学发展的要求，给近代教育一个新的基础、一个新的目的、一个新的方法、一个新的趋势。它对近代西方教育理论的形成和发展产生了直接的和重要的影响。但是，综观西方教育发展的历史，由于英国及欧洲其他国家的古典主义教育势力和传统的顽固，早期科学教育思想及其主要代表人物培根所描绘的科学教育理想，一直到19世纪后半期以英国生物学家、教育家赫胥黎（T. H. Huxley）和英国哲学家、教育家斯宾塞（H. Spencer）为主要代表人物的科学教育运动之后才得以实现。

---

① 博伊德、埃德蒙·金：《西方教育史》，237页，1975年英文版。

② 培根：《培根论说文集》，“绪论”，20页。

③ 敦尼克等：《哲学史》，齐力译，212页，北京，生活·读书·新知三联书店，1972。

④ 卡伯莱：《教育史》，391页，1920年英文版。

拓展阅读书目

1. 培根. 培根论说文集. 水天同，译. 北京：商务印书馆，1983.

2. 培根. 新大西岛. 何新，译. 北京：商务印书馆，1959.

3. 法灵顿. 弗兰西斯·培根. 张景明，译. 北京：生活·读书·新知三联书店，1958.

第三编　17 世纪

在从封建制度向资本主义制度过渡的 17 世纪的欧洲，随着资本主义工场手工业生产的发展，资本主义生产关系正在封建社会内部孕育成长。在这一时期，衰朽的封建社会在经济上、政治上、思想上和文化教育上都产生了深刻的危机。最初在尼德兰（16 世纪 60—70 年代）、后来在英国（17 世纪 40—80 年代）所完成的早期资产阶级革命，实际上反映了时代进步和社会发展的要求，反映了当时整个世界的要求。马克思曾这样强调指出：这是“十七世纪对十六世纪的革命”。它宣告了欧洲新社会的政治制度的诞生。当时资产阶级的胜利意味着新社会制度的胜利，资本主义所有制对封建所有制的胜利，资产阶级法权对中世纪特权的胜利。

与此同时，关心生产力提高的新兴资产阶级也需要科学的帮助，从而促使自然科学在这一时期得到了发展。资本主义生产的进步及与它有联系的自然科学的发展，极大地开阔了新兴资产阶级的精神视野，并促使各种新思想不断涌现，对认识方法的研究极为重视。

17 世纪欧洲社会状况的变化必然会对教育思想和教育实践产生影响。因此，面对当时学校教育不能适应时代和社会发展需要的情况，新兴资产阶级的教育家和思想家试图探究教育和教学的规律，在教育目的、教育组织与管理、教育内容、教育方法等方面提出了许多新颖的观点。其中最有代表性的是泛智教育思想和绅士教育思想。

捷克教育家夸美纽斯在总结前人的教育研究成果及当时教育改革实践经验的基础上，提出了泛智教育思想，试图构建一个新颖的教育理论体系。泛智教育思想在教育对象上，提倡普及教育，强调人人均应受教育；在教育目的上，提倡世俗化，强调培养人的德行、智慧和虔信；在教育内容上，提倡百科全书式的知识，强调人人均须学习一切；在教学方法上，提倡适合儿童的心理，强调把一切事物教给一切人的艺术；在教育组织上，提倡班级授课制，强调泛智教育的效率。毋庸置疑，作为欧洲封建社会末期资本主义社会初期的一位教育家，夸美纽斯在西方教育思想发展中不仅是文艺复兴时期以来西方教育理论的集大成者，而且也是近代西方教育理论发展的奠基人。就泛智教育思想的历史意义来说，人们从泛智教育思想中不难发现几乎所有 18 世纪和 19 世纪西方教育思想的萌芽，以及现代教育改革运动的轮廓。

英国教育家弥尔顿和洛克在批判封建社会的传统的古典教育的基础上提出了绅士教育思想，表现出强烈的现实主义精神。尤其要指出的是，洛克的《教育漫话》是绅士教育思想的代表作。无论是在教育目的上，还是在教育内容和方法上，绅士教育思想都提出了一些新的观点，表达了时代对教育的新要求。尽管绅士教育思想所论述的是关于绅士子弟教育的一般看法，但是，这些看法对儿童的良好教育来说却是具有普遍意义的。正因为如此，绅士教育思想对 18 世纪和 19 世纪西方教育思想也产生了一定的影响。

第八章

泛智教育思想

泛智教育思想是由捷克教育家夸美纽斯在 17 世纪提出的。在总结前人教育成果及当时教育改革实践经验的基础上，泛智教育思想强调把一切知识教给一切人，以及教育要适应自然，提出统一的学制系统，以及新颖的教学原则和教学方法。它作为一种新的教育理论适应了时代和社会的需要，对创立独立的、系统的教育学做出了重要的贡献，为近现代西方教育理论体系的形成奠定了基础。

第一节　泛智教育思想产生的背景

17 世纪的欧洲正是从封建制度向资本主义制度过渡的时代。在文艺复兴和宗教改革运动之后，在欧洲大多数国家仍占统治地位的封建制度开始解体，资本主义生产关系正在封建社会内部孕育成长。随着资本主义工场手工业生产的发展及生产技术的革新，天文学、地理学、航海学、物理学、生物学和医药学等近代自然科学得到了更为迅速的发展，近代的自然科学体系开始形成。各种新思想不断涌现，新的思想方法日益为人们所接受并运用于对自然和社会现象的探究。尤其应该指出的是，英国哲学家培根提出唯物主义经验论的基本原则，批判经院哲学，倡导实验的归纳法，强调传授百科全书式的知识，而被誉为“近代唯物主义的始祖”“近代科学之父”。欧洲资本主义经济的发展也引起了社会阶级关系的深刻变化，新兴的资产阶级以及农民和手工业者同封建阶级之间的矛盾与斗争日益尖锐。17世纪40年代，英国爆发了资产阶级革命，揭开了欧洲资产阶级革命的序幕。

与此同时，捷克正处于民族矛盾和阶级矛盾的双重困扰之中。捷克的经济和政治危机，引起了反抗哈布斯堡王朝①的起义，农民和城市平民在许多地方积极参加了同哈布斯堡军队的斗争。但是，反抗哈布斯堡王朝起义的失败，却使得捷克人民饱尝了失败所带来的经济、社会、民族和文化的苦果。哈布斯堡王朝竭尽全力加强对捷克民族的思想奴役，企图使捷克民族天主教化，并重新置于罗马教廷的管理之下。因此，自从胡斯运动②以来，天主教会的权势第一次又恢复了，天主教被宣布为捷克唯一的国教。在1627年7月迫害新教徒的命令下，新教传道者遭到驱逐，在规定限期内不加入天主教会的贵族和市民都必须离开这个国家。这致使很大一部分新教徒及市民避居国外，许多兄弟会成员也成群地逃到邻国去了。

在整个“三十年战争”（1618—1648）③ 期间，农民和平民几乎是捷克民族反抗哈布斯堡王朝的唯一真正代表。这场战争使捷克被洗劫一空，经济遭到破坏，国家财政崩溃。在经济和政治上完全居于统治地位的贵族，变本加厉地对农民进行压榨。饥荒和瘟疫使得农民和平民陷入极其严重的困境，全国人口减少了一半左右，耕地荒芜了大约1/3，赋税和徭役的负担也越来越重。随着经济和政治的压迫，文化的压迫也愈加严重，捷克民族的文化生活变得极其贫乏。

在这种情况下，捷克及欧洲其他国家的农民和平民的孩子连起码的受教育权利也没有。学校教育无论在管理制度上还是在教学内容和方法上都不能满足时代和社会的需要。学校不是为整个社会设立的，而只是为富人设立的。学校变成了令儿童恐惧的场所，变成了儿童才智的屠宰场。进过学校的人都没有受到一种认真的和广博的教育，没有获得真正的知识，反而把生机勃勃的青春浪费在学校无益的事情上面。学校不能使人留恋和感到喜悦，相反，只能使人厌恶和反感。总之，严格地讲，当时还没有一所普及的和完善的学校，使受教育者的才智在那里得到智慧光辉的照耀，能学到知识。实际上，在那些被排斥在学校大门之外的人中，“也许就有极优秀的才智之士，他们这样被糟蹋、被扼杀，真是教会与国家的大损失”④。因此，全面系统地总结前人在教育上的研究成果以及文艺复兴运动和宗教改革运动以来的教育改革实践经验，创建一个比较完整的新的教育学体系，改

① 哈布斯堡王朝，欧洲历史上统治时间最长的封建王朝。

② 胡斯运动，1419—1434年捷克人民反对德国封建主和天主教会的民族解放战争，因捷克爱国者胡斯（Jan Hus）而得名。

③ “三十年战争”，1618—1648年在欧洲发生的以德意志为主要战场的国际性战争。

④ 夸美纽斯：《大教学论》，傅任敢译，61页，北京，人民教育出版社，1984。

革旧的学校教育，提倡教育的普及，扩大教育的机会，设立实施“周全的教育”的学校，就成为时代的要求和当时人们在教育上所面临的重要课题。

然而，应该指出，继承胡斯运动的文化传统且成员多为农民、手工业者和小商人的捷克兄弟会十分重视儿童的生活和教育，特别是初等教育，并注重捷克文化的发展和捷克语言的纯洁性。捷克兄弟会的学校招生不论富贵贫贱，不分男孩和女孩，实施泛智的和民主的教育，在学校管理上开始采用班级授课制。

因此，正是在英国哲学家培根等思想家、教育家的影响，以及捷克兄弟会生活环境的熏陶下，捷克兄弟会成员、教育家夸美纽斯开始研究“泛智论”，并系统地提出了泛智教育思想。通过研究泛智教育思想，他试图寻找一条在周密的教育体系中恢复祖国文化生活及改善人类社会的道路。夸美纽斯教导人们说，学校应该不问社会地位和性别，对所有人开放而不加任何歧视。一切城镇乡村的男女儿童都应该进学校。在学校里，他们应该受到共同的教育，即一种“周全的教育”，学习对于人类来说必需的一切知识，学到一切可以使人变成有智慧、有德行、有虔信的科目。按照夸美纽斯的意图，“教育应该是普及的，并且应该是以科学知识的最新成就为基础的相当广泛的一种教育。人们受了教育就可以认识真理，学到智慧，并且学会把知识正确地运用于一定的目标上，从而消灭社会关系中的一切不正常的现象”①。

第二节　泛智教育思想的主要特点

泛智教育思想具有以下四个主要特点。

第一，泛智教育思想体现了新颖性。作为近代教育制度和思潮先驱者的夸美纽斯，以泛智教育思想为依据，第一个企图发现教育的规律性并根据人的本性来组织教学过程，在人类史上首次制定6岁以下儿童的详细的教育大纲和专门的指导书；第一个设想出一种全面完整的教育科学；第一个从理论上论证并制定班级授课制，以及有史以来第一次系统地论述了教学的基本原则；第一个主张在学校中用本国语言对学生进行教学。因此，当代瑞士心理学家皮亚杰强调指出：“夸美纽斯的教育思想多么新颖，特别是他的方法论多么新颖。”②

第二，泛智教育思想体现了民主性。泛智教育思想体系就其性质来说，是普遍的，是“泛智的”，是为所有人的，而不管他的经济或社会地位、宗教、种族或国籍如何。它强调在平等基础上所有的人都有受教育的权利，肯定一切人受教育的必要性和可能性，提出具

① 凯洛夫：《伟大的教育家扬·阿·夸美纽斯》，载赵荣昌、单中惠主编：《外国教育史教学参考资料》，190页，上海，华东师范大学出版社，1991。

② 皮亚杰：《扬·阿·夸美纽斯在目前时代的重要性》，载赵荣昌、单中惠主编：《外国教育史教学参考资料》，213页。

有强烈民主性的普及教育计划及单轨的学校体系。它废除强迫的、严酷的、鞭笞式的教育，实施自然的、和谐的、快乐的教育。作为一个捷克民族独立的捍卫者，夸美纽斯提出的泛智教育思想，实际上也明确地表达了本族人民的民主理想和对民主的渴望。如果我们把这种民主的泛智教育思想放在17世纪的历史背景中来考虑，无疑会看出这种思想乃是一个非常大胆的推论。泛智教育思想体系反映了当时哲学和科学思想的进步倾向。

第三，泛智教育思想体现了实践性。泛智教育思想不仅是前人及当时教育研究成果的总结，而且是捷克兄弟会学校教育工作实践的总结。正是在总结教育实践经验的基础上，泛智教育思想提出了在一切城镇和乡村设立泛智学校，详细地论述了统一的学制系统和班级授课制，探究了把一切知识教给一切人的全部艺术。研究泛智教育思想倡导者夸美纽斯的著作，我们不难发现他的教育思想在理论与实践方面具有大量的一致性。

第四，泛智教育思想体现了时代性。泛智教育思想比较全面地论述改革经院主义旧教育和建立资本主义新教育的主张，反映了17世纪欧洲的时代精神。时代精神推动了教育理论的突破，促使了泛智教育思想的产生。因此，泛智教育思想实际上是一种具有新的时代特色的教育理论。它的提出适应了当时社会生产力发展的需要，符合新兴资产阶级和平民的利益。夸美纽斯自己曾这样说过："新时代的曙光出现了。"人们"早已厌倦于学校所采用的那种混乱的教育方法，开始设计出一套教授语言和艺术的较为简易的方法"①。

第三节　泛智教育思想的主要代表人物

一、夸美纽斯

1. 生平和教育活动

扬·阿姆司·夸美纽斯（Johann Amos Comenius，1592—1670）是捷克教育家。1592年3月28日出生于捷克尼夫尼兹的一个磨坊主家庭。父亲是摩拉维亚兄弟会成员。12岁时，他的父母相继去世，他在兄弟会的资助下接受了中等教育和高等教育。但是，他对当时的学校教育颇为反感，指责学校变成了令儿童恐惧的场所以及才智的屠宰场，而立志改革教育。

在赫波恩学院学习期间，夸美纽斯阅读了许多古代思想家及人文主义者的著作，特别是德国教育家拉特克的教育改革思想引起了他的极大兴趣。在海得堡大学学习期间，他又阅读了许多同时代思想家的著作。例如，英国哲学家培根的《新工具》等，从中汲取了丰富的思想养料。

① 博伊德、埃德蒙·金：《西方教育史》，任宝祥、吴元训主译，239页。

1614年，夸美纽斯回到捷克，在担任兄弟会牧师的同时，主持一所兄弟会学校的工作。此后，他把自己的毕生精力奉献于学校教育事业。

在“三十年战争”中，捷克新教势力战败，德国天主教会及封建贵族对捷克进行了残酷的屠杀和抢劫。在战争中，夸美纽斯的教育实践工作被迫中断，他的藏书和手稿被付之一炬，他的妻儿又死于战争造成的瘟疫。1628年2月，夸美纽斯被迫随同其他捷克兄弟会成员离开祖国，避难于波兰的黎撒。从此，夸美纽斯一直过着流亡的生活。

在黎撒，夸美纽斯继续主持兄弟会学校的工作，同时进行教育理论著述活动和教科书编写工作。他先后写成教育史上第一部论述学前教育的专著《母育学校》(1628)、教科书《语言入门》(1631) 及教育思想代表作《大教学论》(1632) 等。其中，《大教学论》一书奠定了夸美纽斯教育思想体系的基础。

17世纪30年代后，夸美纽斯致力于已在上述著作中论述过的泛智教育思想的研究。1639年，他出版了《泛智的先声》。1641年，夸美纽斯应邀赴英国建立一所泛智学院，但因英国内战爆发而未能实现。1650年，他又应邀去匈牙利担任常年教育顾问，办起了一所泛智学校。其间，他写成了《泛智学校》和《世界图解》(1658) 等。

1654年，夸美纽斯从匈牙利回到黎撒。1656年，在黎撒毁于波兰与瑞典的战争后，他定居荷兰的阿姆斯特丹，并在那里出版了《夸美纽斯教育论著全集》(4卷本)。

1670年11月15日，夸美纽斯在阿姆斯特丹去世。当代瑞士心理学家和教育家皮亚杰指出：夸美纽斯“对创立一种作为独立学科的教育科学和教学理论做出了贡献”①。

2. 泛智教育思想的基础

夸美纽斯的泛智教育思想基于以下两个基础：一是“泛智论”；二是“教育适应自然”。

(1) 泛智论

在比较系统和全面的研究基础上，夸美纽斯提出了“泛智论”。他说：“从所有个别的科学中能形成一种统一的、包罗万象的科学的科学和艺术的艺术，即泛智论。”② 在夸美纽斯看来，这种“泛智论”是完整的和简明的普通教育课程，是启迪人类智慧的明灯，是真理的正确无误的标准，是日常生活与工作的可靠写照，是接近上帝的安乐的阶梯。

把一切知识教给一切人，是“泛智论”的集中体现。因此，夸美纽斯强调说：“我们希望有睿智的学校，而且是博学的学校，即泛智学校，即工场。在这样的学校里所有的人都能受教育，都能学习现在和将来生活所必需的学科，并且达到完美的程度。”③ 也就是说，研究并总结出一个包罗万象的知识体系，把一切知识领域的精粹的总和灌输给每一个

---

① 皮亚杰：《扬·阿·夸美纽斯在目前时代的重要性》，载赵荣昌、单中惠主编：《外国教育史教学参考资料》，218页。

② 夸美纽斯：《泛智学导论》，载任钟印选编：《夸美纽斯教育论著选》，197页，北京，人民教育出版社，1990。

③ 夸美纽斯：《泛智学校》，载任钟印主编：《西方近代教育论著选》，71页，北京，人民教育出版社，2001。

人，使每一个人掌握对生活有用的知识。由此出发，他提出了“所有的人都应受教育”，“所有的人都应学习一切”①。在夸美纽斯看来，每一个生而为人的人都应该有接受教育的机会，都应该学习一切最重要的知识。因此，一切男女儿童，不论富贵贫贱，都应该进学校。

夸美纽斯认为，虽然人生来就爱学习，就具有接受教育的基础，但是，“要形成一个人，就必须由教育去形成”。“实际上，只有受过恰当教育之后，人才能成为一个人。”②在他看来，如果允许一部分人的智慧受到培植，而去排斥另外一部分人，那就有可能使那些优秀的才智之士被糟蹋和扼杀。

然而，这种教育应该是一种“周全的教育”。它包括“博学”“德行”和“虔信”三个方面。夸美纽斯认为，“博学”指包括关于一切事物、艺术与语言的知识；“德行”不仅指外表的礼仪，而且指内在的与外表的动作的整个倾向；“虔信”指一种内心的崇拜，人借此可以皈依最高的上帝。也就是说，通过这种“周全的教育”，人可以熟悉万物，具有管束万物和自己的能力，以及使自己与万物归于上帝。这种人是一个心性聪明、行为谨慎、精神虔敬的人。在他看来，博学、德行和虔信三方面是密切相关的。它们是现世的与未来的人生的基础。总之，通过周全的教育，使每一个人能够有效地利用现世的人生，并适当地预备未来的人生。夸美纽斯强调说：“这三者无疑是我们的生活的要点。”③ 同样，它们也是泛智教育的要点。

关于泛智教育，夸美纽斯提出了三个要求。一是“认识事物”。也就是说，学习一切知识领域中的精粹的总和，知道一切必须熟悉的东西，理解一切事物的原因，懂得一切事物的真正有益的用处。夸美纽斯说：“我们应该寻找智慧，因为智慧创造了万物，智慧教授一切。那么显而易见，我们应该借助科学研究接近对各种事物的普遍认识，接近‘泛智’，接近包罗万象的而且各部分协调的完全的智慧。”④ 二是“行动熟练”。也就是说，使对行动的准备和认识活动结合起来，充满活力，对一切事情都能胜任，精干而勤奋。夸美纽斯说：“认识事物必须加上实践活动。没有这一活动，甚至通晓事物的人，在事物面前也会茫然不知所措，甚至精通某一技艺的人，也会显得无能而不适于日常操作。”⑤ 三是“语言优美。”也就是说，能够正确地运用语言，使语言完善到这样的程度——达到令人满意的能言善辩的地步。

（2）教育适应自然

夸美纽斯认为，教育要适应自然，在各方面与自然相适应。他所说的“自然”实际上

---

① 夸美纽斯：《泛智学校》，载任钟印主编：《西方近代教育论著选》，71页。

② 夸美纽斯：《大教学论》，39页。

③ 同上书，27页。

④ 夸美纽斯：《泛智学导论》，载任钟印选编：《夸美纽斯教育论著选》，168页。

⑤ 夸美纽斯：《母育学校》，载任钟印主编：《西方近代教育论著选》，72页。

有两方面的含义：一是指自然界及其普遍法则；二是指人的与生俱来的天性。

首先，教育应该以自然界及其普遍法则为依据，步自然的后尘，找出教育的普遍规律。夸美纽斯强调指出："改良学校的基础应当是万物的秩序。"① 在他看来，教育的严谨秩序应该以自然为借鉴，去模仿自然。这样，教育艺术的进行就会同自然的运行一样容易、一样自然。在《大教学论》中，他还引用古代罗马学者西塞罗的话："假如我们把自然看作我们的向导，她是绝不会把我们领入歧途的。""在自然的指导之下，迷途是不可能的"，并认为"西塞罗说得很恰切"②。

夸美纽斯把整个自然界看成是一架机器，认为世界上的一切都是按照机械原则安排的，是有秩序的。秩序也就是事物的灵魂。一切秩序良好的东西，只要它能保持它的秩序，也就可以保持它的地位和力量。在他看来，教育也不例外。教育就像一座组合得很巧妙的钟一样，有它自己的秩序。因此，学校应该组织得"像一座用最巨大的技巧做成的、用最精细的工具巧妙地雕镂成的钟一样"③。

夸美纽斯举例说，人模仿鱼在水里游的方式而学会游泳和造船，人模仿动物的发声器官而学会制造笛子、哨子及其他管乐器，人模仿天空里的雷和闪电而学会制造火药，等等。因此，教育也可以模仿和借鉴自然的秩序。夸美纽斯得出结论说："秩序是把一切事物教给一切人们的教学艺术的主导原则，这是应当并且只能以自然的作用为借鉴的。"④

其次，教育要根据人的天性，适合人的年龄。夸美纽斯认为，人是造物中最崇高、最完善、最美好的，每一个人都是有一定天赋的，都能够领悟万物。他说："把来到世界的人的心理比作一颗种子或者一粒谷米是很对的，植物或树木实际已经存在种子里面，虽然它的形象实际上看不出来……所以，我们不必从外面去拿什么东西给一个人，我们只需要他的原有的、藏在身内的东西显露出来，并去注意每个个别的因素就够了。"⑤ 在夸美纽斯看来，人是奇妙的"小宇宙"。智力极低的人是很少的，正如几乎找不出一块模糊的镜子模糊到了完全反映不出任何影像的地步，也如几乎找不出一块粗糙的板子粗糙到了完全不能刻上什么东西的地步。

在实际观察的基础上，夸美纽斯强调指出："有些人是伶俐的，有些人是迟钝的；有些人是温柔和顺从的，有些人是强硬不屈的；有些人渴于求取知识，有些人较爱获得机械技巧。"⑥ 根据这三对相反的性格，他把儿童区分为 6 类：第一类是伶俐的、渴于求知的、容易受影响和更适于受教育的人；第二类是伶俐的但倾向迟钝懒惰的人；第三类是伶俐而

---

① 夸美纽斯：《大教学论》，57 页。
② 同上书，81 页。
③ 同上书，42～43 页。
④ 同上书，80 页。
⑤ 同上书，30 页。
⑥ 同上书，70 页。

且渴于求知，但同时又很倔强不易驾驭的人；第四类是温柔，渴于求知，但又迂缓迟钝的人；第五类是心智低弱，同时性情又很怠惰的人；第六类是心智低弱，同时性情又很倔强恶劣的人。

由此出发，夸美纽斯反复强调，教育要适合儿童的年龄特征，使每一个人的智力都能得到充分的发展。他明确地说："知识如果不合于这个或那个学生的心灵，它就是不合适的。因为人心的不同和植物、树木或动物的相同一样大；这个必须这样去对付，那个又必须那样去对付，同样的方法是不能够用在所有的人身上的……教师是自然的仆人，不是自然的主人；他的使命是培植，不是改变，所以，假如他发现了某门学科与某个学生的天性不合，他绝不应该强迫他去学习；因为在某一方面缺少的东西多半会由另一方面去补足……假如没有一个学生违背本人的意志，被迫去学习任何学科，我们就不会有发生厌恶和智力受到抑制的情形了。每个人都会顺着他的自然的倾向去发展。"①

3. 学制系统和泛智的课程内容

以"泛智论"和"教育适应自然"为依据，夸美纽斯论述了学习的程序，提出了统一的学制系统。他强调说："学习应从婴儿期开始，一直继续到成年：这 24 年的光阴应当分成界限分明的几个时期。"② 在夸美纽斯看来，它应该分为婴儿期、儿童期、少年期和青年期四个明显的发展阶段，与之相应的是母育学校、国语学校、拉丁语学校和大学四级学制系统。这四个发展阶段及四种学校可以比作一年的四季，是相互联系的。

第一个时期：婴儿期（出生至 6 岁），与之相应的是母育学校。夸美纽斯认为，每一个家庭就是一所母育学校，母亲就是儿童的第一位教师。母育学校的任务是奠定儿童体力、道德和智力发展的基础。他说："树木刚一生成便长出日后成为主干的嫩枝，在这最初的学校里面，我们也必须把一个人在人生的旅途中所当具备的全部知识的种子播种在他身上。"③ 在母育学校里，通过体育、自然与思维的研究、活动与表现、语言及道德训练五个方面，使每一个儿童在生机勃勃和愉快的生活中为进入国语学校学习打下基础。在夸美纽斯看来，不付出勤勉的劳动而能把儿童教养成人，那是不可想象的。当儿童达到 6 岁时，父母就应该毫不迟疑地把他送到国语学校里去，并把国语学校看作是家庭教育的扩展。这就如当幼苗从种子长大之后，必须把它移植到果园里以利于生长和结果一样。

第二个时期：儿童期（6～12 岁），与之相应的是国语学校。夸美纽斯认为，每个城镇和乡村都应该设立一所国语学校，招收一切儿童，而不管他们的性别、阶级和家庭背景如何。他明确指出：国语学校的目的与目标是应当把对人终生有用的事物教给一切 6～12 岁的儿童。夸美纽斯之所以把这种初等学校称为"国语学校"，意味着他特别注重祖国语

① 夸美纽斯：《大教学论》，153 页。
② 同上书，220 页。
③ 同上书，224 页。

言的学习。他强调说："国语没有学会就去教一种外国语和孩子不会走路就教他骑马一样不合理。"①

国语学校里所设置的课程有国语、计算、测量、经济和政治常识、道德教育、历史、地理、唱歌和宗教教育等。夸美纽斯认为，他所建议的国语学校教育包括了适合于一切儿童的一切事物；而且在可能的范围以内，一切儿童应在一起受到教育，以便他们互相激励和敦促。

但是，国语学校的一切儿童在校期间应该分成 6 个班，每个班应该有一个教室及特备的书籍（包括该班所学的全部学问、道德和宗教教育的教材）。教育应该经常与娱乐结合，使一切儿童乐于学习日后对他们真正有用的一切事物，使他们的天性按预期的方式去发展。

第三个时期：少年期（12～18 岁），与之相应的是拉丁语学校。夸美纽斯认为，每一个较大的城市都设立拉丁语学校，招收较有理想的学生，提供更彻底的教育。在这种学校里，学生应当学习 4 种语言，获得百科全书式的知识。通过拉丁语学校的教育和训练，他们将能成为文法家、辩论家、修辞学家或演说家、算术家、几何学家、音乐家、天文学家、物理学家、地理学家、年代学家、历史学家、道德家、神学家等。

拉丁语学校所设置的课程有"七艺"（文法、修辞、逻辑、算术、几何、天文、音乐）、物理、地理、年代学、历史、伦理学和神学等。夸美纽斯认为，拉丁语学校的学生即使对上述课程没有具备一种完全的知识，但至少也为以后接受高深教育做好准备。

拉丁语学校的一切学生在校期间应该分成 6 个班，即文法班、自然哲学班、数学班、伦理学班、辩论术班和修辞学班。夸美纽斯认为，拉丁语学校"必须在学科方面给学生以一种彻底的初步的训练"②。

第四个时期：青年期（18～24 岁），与之相应的是大学。夸美纽斯认为，每一个王国或省都应该设立大学，招收少数最有才华的人，提供任何科学或学科的完全训练，培养未来的教师和学者。为了选拔学生，应当为拉丁语学校的毕业生举行一种公开考试，然后根据考试的结果决定谁应当进大学。但应当注意，只允许勤劳努力、德行优良的学生进入。

大学一般分四科，即哲学科、医学科、法学科、神学科。夸美纽斯强调说：大学的"课程应该真正是普遍的，应有学习人类知识的每一部门的准备"③。为了使大学的课程具有普遍性，他认为，大学必须具有精通一切科学、艺术和语言并有能力的教授，能在一切科目上把知识传授给所有的学生；同时，大学必须有一所藏书丰富的图书馆，供教授和所

---

① 夸美纽斯：《大教学论》，231 页。
② 同上书，239 页。
③ 同上书，243 页。

有的学生利用。在夸美纽斯看来，这些学者共同工作的目标应该是给科学彻底打下基础，把智慧的光辉散播到全人类，取得比以往更大的成就，并以新鲜有用的发明去为人类谋福利。

总之，通过相互联系的四种学校及泛智的课程内容，可以使人涉猎全部人类知识，具有真实的学问、真实的道德和真实的虔信。正如夸美纽斯所说的："最后，到了二十四五岁的时候，青年人已在大学里面受到了彻底的教育，他们就像一株结了果实的树木，我们需要果实的时候就可以去摘取了。"①

4. 班级授课制

在17世纪时，欧洲各国大多数学校仍普遍沿用个别施教的教学形式，缺乏统一的教学组织形式和教学计划。上课不分班级，许多不同年龄和知识水平的学生在一起上学，同时，也没有学年和学期的划分，因此，学校教育的效率很低。但是，当时有少数学校，如法国的居耶纳中学、德国的斯特拉斯堡文科中学及耶稣会学校，已开始采用班级教学的形式。

为了更好地提高泛智教育的效率，夸美纽斯在总结前人经验的基础上，明确地提出了班级授课制，并从理论上加以论证。他强调说："通过把学生按年龄和成绩分成班组，在学校中建立起关于人员的制度。这样划分的班组学校现在通称'班'。班不外是把成绩相同的学生结合为一个整体，以便更容易地带领学习内容相同、对学习同样勤勉的学生奔向同一目标。"② 由于实行班级授课制，所以不同班级的教室必须彼此分开，每个班级都有自己固定的教室。在教室内部布置中，每个班级的教室都应有讲台和足够数量的凳子，教师的讲台应比学生的凳子高些，而且面对着教室中的窗户，学生则背对窗户、面向教师而坐。

在夸美纽斯看来，每个班应有一定的目标，详细规定每年、每月及每日所要达到的目标；每个班应有固定的教科书，使所有的学生都学习同样的课本；每个班的学生在同一时间应学习同样的功课，以便减少教师的麻烦和提高学习的效率；每个班的教学应按事先拟订好的计划进行。

为了保证班级授课制的实施，由一位老师对一个班级的学生同时授课。夸美纽斯还主张把一个班级的学生分成若干小组，每组10人，挑选年龄最大、才能出众或特别勤勉的学生做"十人长"，其职责是协助教师管理学生，并在勤勉和德行上做出好的榜样。同时，夸美纽斯还提出实行学年制，并把每个学年分成四个学季。要求在一个学年里同时开学，同时放假；每年招生一次，秋季开学；学年终了时举行考试，合格的学生才能升级。

夸美纽斯认为，班级授课制的实行既是必要的又是可能的。他运用自然界中的太阳和

① 夸美纽斯：《大教学论》，223页。
② 夸美纽斯：《泛智学校》，载任钟印选编：《夸美纽斯教育论著选》，246页。

泉眼作为例子来论证班级授课制。他把教师比作全世界的太阳，能同时对所有的学生普照教学的光芒，而且能发出同样的光，均匀地照亮每一个学生。他又把教师的嘴比作一个泉眼，能淌出知识的溪流，从所有学生的身上流过。因此，分班进行教学的方式，使得一位教师可以注视班上的所有学生并且同时教他们，提高教学工作的效率。

在实行班级授课制的学校里，夸美纽斯指出需要有必要的纪律。他强调说："有一句谚语说，'学校没有纪律犹如磨盘没有水'，这是很对的。因为如果你从磨坊取走了水，磨盘就会停止，同样，如果你从学校取消了纪律，你就是剥夺了它的发动力。"但是，他又指出，具有必要的纪律并不是要使学校里充满呼号与鞭挞的声音。纪律"只是一种不会失败的方法，我们可以用来使我们的学者变成真正的学者而已"①。

由于班级授课制在当时还是一种崭新的教学组织形式，缺乏经验，夸美纽斯甚至提出，在班级授课制下，一个教师可以同时教几百个学生，这显然是夸大了教师的作用。

5. 教学原则和泛智的教学方法

夸美纽斯重视教学理论的研究，对教学的原则及方法做了系统的阐述。他指出："教学论是指教学的艺术。"其目的是"为建立普及学校的普及艺术打下基础"②。

在《大教学论》的扉页上，夸美纽斯开宗明义地写道："使男女青年，毫无例外地，全都迅速地、愉快地、彻底地懂得科学，纯于德行，习于虔敬……学会现世与来生所需的一切事项。"③ 为了使教师成功、容易、迅速和彻底地教，使学生成功、容易、迅速和彻底地学，他提出了三条教学原则。

一是教学的便易性原则。夸美纽斯认为，教学应该适合学生的心灵。他说："步自然的后尘，我们发现教育的过程会来得容易。"④ 为此，夸美纽斯从以下十个方面进行了深入的论述：(1) 教育应当从早开始，最好在心灵还很清新时就开始。正如一只鸟儿要孵卵，要选择新鲜的、内容纯粹的卵一样。(2) 心灵应当有接受教育的适当准备。通过各种方式激发学生的求知和求学的欲望。(3) 教学应当从一般到特殊。每一种艺术都应当包含在最简短和最实用的规则里面；每一条规则都应当用最简短和最清晰的字句表达出来，并伴随许多例证。(4) 教学应当由易到难。使学生先运用他们的感官，然后运用记忆，再运用理解，最后运用判断。(5) 学生的负担不应当过重。学生在同一年学的东西太多，就会浪费其精力。(6) 教学应当根据学生情况量力而行。"假如一切事情都按学生的能量去安排，这种能量自然就会同学习与年龄一同增长。"⑤ (7) 教学应当根据学生的年龄与心理

---

① 夸美纽斯：《大教学论》，215 页。
② 同上书，3 页。
③ 同上书，1 页。
④ 同上书，105 页。
⑤ 同上书，114 页。

的力量采用适当的方法。无论什么事情，都要把它的性质和进行的规则向学生彻底讲清。(8) 教学应当尽可能通过感官去进行。对学生所应学习的学科应对他们彻底讲清楚并使他们了解，如同了解他们自己的指头一样。(9) 教学应当教那些有用的知识。学生知道知识的用途，就会认真地学并感到快乐。(10) 一切科学、艺术和语言应当采用同样的教学方法。每门学科的课本应当采用同一个版本。

二是教学的彻底性原则。夸美纽斯认为，教学应该教有意义的重要的功课，并使学生能够记住曾读到、听到和他们的心灵曾欣赏过的一切事物，随时可以应用。他强调说："可以找出一种方法，使每个人的心里不仅能够明白他所学过的东西，而且更多都可以；因为他容易回忆一切从教师或从书本所学过的，同时，他又能对于他的知识所涉及的客观事实作出健全的判断。"① 为此，夸美纽斯从以下十个方面做了论述：(1) 教学应当只教真正有用的学科。人生很短促，不能在无价值的学科上面浪费时间。(2) 教学应当考虑到整体性，不省略任何必需的知识，并使它的各个部分彼此密切地联系起来。如果省略了任何一部分，那便是留下了一个大的间隙，结果不但教学有缺憾，而且整体的稳定都会受到危害。(3) 教学应当打好一个坚固的基础。它应能引起学生的真正爱好，并使学生一开始就能明白它的目标、限度和内部结构。(4) 教学的基础应当扎实。应当彻底激发学生的求知欲望，应当把学科的一般观念彻底印入学生的脑海。(5) 教学应当从基础开始。教学应该使学生学会了解并考察事物的本身，使他们的悟性看到外面的世界，以便从他的心灵本身涌出一股活流，而不是使他们的脑袋塞满从各个作家生拉硬扯找来的字句和观念。(6) 既要把学科分成几个部分，又要使各部分尽可能联系起来。这样，不仅教师，而且学生也同样知道教学的进度。(7) 一切后教的都应当以先教的为依据，一切先学的都应当成为后学的基础。(8) 教学应当注意相似学科的相似之点，把学生所要学的知识组成一个百科全书式的整体。教学时，不仅要指出事物的性质，而且要指出事物的原因。(9) 一切学科的排列应当考虑到学生的智力、记忆及语言的性质。每门学科都要考虑它的实用问题。(10) 教学应当有适当的反复和练习，否则教学就不能彻底。

三是教学的简明性与迅速性原则。夸美纽斯认为，教学应该消除阻碍和延误，直接奔向预定的目标。为此，他从以下八个方面进行了论述：(1) 实行班级授课制。无论对教师，还是对学生，这都是一种最有利的制度。(2) 注意教科书的编写。它应该构成一种全部学科的完全的、彻底的、准确的缩影；同时它应该写得简单、明晰，能充分帮助学生。(3) 制订每门学科的教学计划。它要使每年、每月、每周、每日，甚至每小时都有一定的工作，能使计划好的一切工作易于完成。(4) 一切科学、艺术和语言都应当采用自然的教法。教师要根据学生的能力及实际情况去进行指导。(5) 注意教学的语言。教科书要用最

---

① 夸美纽斯：《大教学论》，119 页。

简单、最明晰的文字写成。如果教师把学生的心灵塞满书本与字句的废物，那是白费精力的。（6）每种学科都应当与同它有关的科目一起教。（7）教学应当循序渐进。每门科目要分成一定的阶段来教。其中编写合适的教科书是重要的。（8）教学应当省略一切不必要的和不合适的东西，以及细枝末节。聪明的学生不是知道得多的人，而是知道什么是有用处的人。

在论述教学原则时，夸美纽斯分成三个步骤：第一个步骤是提出自然的基本原理，并举例说明；第二个步骤是找出偏差，指出当时的学校教育所存在的与自然不相符合的地方；第三个步骤是纠正，提出改进教学工作的建议。

在教学方法上，夸美纽斯提倡泛智的方法，即以儿童发展和学习规律为基础的方法。他认为，教师应该借助儿童的感官进行教学，使用自然界的事物、图片和图表、模型，以及其他合适的实物教材和直观教具。同时，教师应该使教学适应儿童的发展和能力，按一定的步骤进行，并能使儿童把类似的知识联系起来，更好地理解知识和牢固地把它们记住。

在夸美纽斯看来，泛智的方法就是有关把一切事物的一切知识教给一切人的方法，就是顺利地发展智慧的正确方法。它能使儿童学会用自己的眼睛去观察世界，而不是用别人的眼睛去观察世界；它能使儿童学会用自己的智慧去理解事物，而不是用别人的智慧去理解事物。通过泛智的方法，教师能把必要的东西传授给儿童，并使儿童学会他周围环境的所有事物，正确地认识一切，正确地完成一切好的事情。随着儿童的成熟，他们的学习将会越来越广泛和深刻，并尽自己的最大能力、愉快地学习一切事物。总之，泛智的教学方法，是使教师可以少教但学生可以多学的方法。由此出发，夸美纽斯还专门论述了科学教学法、艺术教学法和语言教学法。

第四节　泛智教育思想的影响与评析

由于社会动荡、教派对立，泛智教育思想在夸美纽斯于17世纪提出后的近两个世纪中，只是对某些国家、地区及新教的学校教育工作产生了影响。虽然他编辑的两本教科书——《语言入门》和《世界图解》当时在欧洲国家已被广为流传和采用，但是他的泛智教育思想并未被人们充分理解和大力推广。直到19世纪以后，随着社会的进步和资本主义的发展，泛智教育思想重新引起了欧美国家教育家和社会人士的重视，并得到高度的评价和广泛的传播。

17世纪产生的泛智教育思想，在教育对象、教育目的、教育内容、教育组织等方面提出了颇为新颖的观点。作为一种比较全面完整的教育体系，泛智教育思想被夸美纽斯赋予了全新的含义。正如皮亚杰所强调指出的："夸美纽斯不仅是第一个设想出一种全面完整的教育科学的人，而且让我们重复一句，他还以这一科学作为他的'泛智论'的核心，在他的思想中，还以此作为他的总的哲学体系的一个组成部分。"[①]

泛智教育思想既是文艺复兴运动和宗教改革运动以后那个时代教育理论的结晶，又可以从中发现所有 18 世纪和 19 世纪西方教育理论的萌芽。泛智教育思想的产生，为近代西方教育理论建立了基本的框架；也正是在这个基本框架的基础上，近现代西方教育理论得到了进一步发展和丰富。因此，美国教育家巴特勒（N. M. Butler）强调说："夸美纽斯与现代教育的关系，可等同于哥白尼和牛顿与现代科学的关系，培根和笛卡儿与现代哲学的关系。"[②] 一位西方学者斯皮尔曼（C. C. Spielmann）甚至这样指出："倘若各时代的关于教育学的著作全给丢了，只要留得《大教学论》在，后代的人便仍可以把它作为基础，重新建立教育的科学。"[③]

夸美纽斯是欧洲从封建制度向资本主义制度过渡时期的一位教育家。由于他提出了泛智教育思想，世界各国的教育家对他及他的历史功绩给予了高度的评价。德国教育家劳默尔（K. V. Raumer）称他是"教育科学的真正奠基人"[④]。英国教育家伍德沃德（H. Woodward）称他为"世界上前所未有的一位最伟大的教育家"[⑤]。美国教育家克伯雷（E. P. Cubberley）称他"在教育史上居于首屈一指的地位"[⑥]。苏联教育家凯洛夫（H. A. Каиров）称他是"一位精邃而有独到见解的哲学家，他在新生一代的教学和教育的理论和实际方面完成了一场革命，他是一位博学而天才的教育家"[⑦]。中国当代教育家曹孚称他是"现代教育之父"，"在人类教育史上占有十分光辉的一页"[⑧]。捷克查理大学教授卡夫卡（P. Kavka）强调指出："他的著作奠定了现代教育学的基础。"[⑨]

在 17 世纪产生的泛智教育思想虽然距今已有几百年时间，但是它对当代世界教育的发展仍在产生影响，在许多方面对我们的时代仍然具有重要性。泛智教育思想提出并阐述的一系列新的问题，如教育普及、学校与社会的关系、智力发展、学制系统、泛智的课程和方法、教学原则和教育行政组织等问题，是现代教育仍然面临和有待解决的问题。认识和注意这些问题，对于人类的未来是十分必要和极端重要的。在《扬·阿·夸美纽斯在目前时代的重要性》一文中，皮亚杰曾强调指出："真正的问题不是从夸美纽斯的著作里发现什么是可以与近代思想潮流相比拟的东西，以致忽视其余，而是要发现使这位伟大捷克

---

① 皮亚杰：《扬·阿·夸美纽斯在目前时代的重要性》，载赵荣昌、单中惠主编：《外国教育史教学参考资料》，199 页。

② 劳伦斯：《现代教育的起源和发展》，71 页。

③ 夸美纽斯：《大教学论》，扉页。

④ 拉斯克：《伟大教育家的学说》，78 页，1982 年英文版。

⑤ 劳伦斯：《现代教育的起源和发展》，95 页。

⑥ 克伯雷：《教育史》，416 页，1920 年英文版。

⑦ 凯洛夫：《伟大的教育家扬·阿·夸美纽斯》，载赵荣昌、单中惠主编：《外国教育史教学参考资料》，187 页。

⑧ 瞿葆奎等编：《曹孚教育论稿》，239 页，上海，华东师范大学出版社，1989。

⑨ 卡夫卡：《捷克斯洛伐克史纲》，叶林译，77 页，北京，生活·读书·新知三联书店，1973。

专家的思想在理论与实践方面具有大量一致性的是什么，并将其与我们今天所认识和需要的作一比较。”① 毋庸置疑，从对泛智教育思想的研究中，我们可以获得很多的启迪和智慧。

由于时代和世界观的限制，泛智教育思想在当时是很难真正实施的，而且还带有一定的宗教神学色彩。但是，应该看到，泛智教育思想启迪了现代世界各国的教育革新运动，为一种作为独立学科的教育学奠定了始基。只要人类能共同努力奋斗，泛智教育思想所撒播的种子就会在后代人手里开花结果。世界各国教育的发展表明，泛智教育思想所撒播的种子已经收获了果实。

拓展阅读书目

1. 夸美纽斯．大教学论．傅任敢，译．北京：人民教育出版社，1984.
2. 任钟印．夸美纽斯教育论著选．北京：人民教育出版社，1990.

① 皮亚杰：《扬·阿·夸美纽斯在目前时代的重要性》，载赵荣昌、单中惠主编：《外国教育史教学参考资料》，198页。

第九章

绅士教育思想

绅士教育思想是 16 世纪末在英国产生的一种教育思潮，并在整个 17 世纪得到了发展。它的代表人物是英国诗人和政论家弥尔顿（J. Milton）、哲学家和教育家洛克。洛克的《教育漫话》一书则是绅士教育思想的代表作。它主张教育应培养绅士，即身体健康、具有良好的德行、具备广博的实用知识和技能、精明能干的资产阶级事业家。绅士教育思想的产生标志着从封建教会教育向资产阶级世俗教育的转变，在近代西方教育理论的形成与发展中占有重要的地位。

第一节　绅士教育思想产生的背景

16 世纪，英国宗教改革的不彻底性及由此产生的宗教信仰自由思想，使得“宗教改革对学校几乎没产生影响。新教会仍履行着旧教会的职责”①，负责学校的管理工作。学

① 博伊德、埃德蒙·金：《西方教育史》，229 页。

校仍以宗教训诲和古典学科作为教学的中心内容，把崇奉教义信条的教士和沉浸于古代世界的学者作为教育培养的最高目标。至16世纪末期，随着英国社会生活的急剧变化，这种停滞不前的教育越来越脱离时代发展的要求，致使广大社会阶层由对现状的不满而转向对新教育的渴望和探索。

16世纪末17世纪初，在宗教斗争有所缓和的情况下，英国的自然科学获得了较大的发展并由此而导致了经验唯物主义哲学的产生。经验唯物主义对人类认识能力与实践能力的充分肯定，对科学知识和实验的归纳法的高度重视，强烈地动摇了教会教育和古典人文主义教育赖以生存的神学和思辨哲学的根基，促使人们重新认识与思考教育作用、教育目标、教育内容和教育方法等一系列问题。

与此同时，随着自然科学成果在生产领域内的广泛运用，英国的经济生活发生了巨大的变化。1540—1640年的第一次产业革命，以及日益发展的国内外贸易活动和殖民扩张活动不仅造就了一个迅速崛起的新兴资产阶级和新贵族阶级，而且促进了资产阶级功利主义伦理道德观的诞生。新兴资产阶级和新贵族用自身奋斗的历史向社会展示了新一代理想道德形象的标准，并使之成为广大社会阶层所追求的共同目标：有德行的人应该是敢于大胆追求物质财富，善于用知识与智慧开拓海内外市场，善于用理智与法律保护自身的财产与安全，并具有勤俭节制美德的人。这一时期，对这种理想形象的向往和追求无疑引起了教育观念的更新。

17世纪中期，新兴资产阶级和新贵族随着经济力量的不断增长，与封建王室贵族的矛盾日益激化。1640—1688年，新兴资产阶级和新贵族利用人民群众的力量与封建王室贵族展开了长期的政治决战，最终以妥协的方式赢得了政治地位，实现了与封建王室贵族分享政权的政治愿望。新的君主立宪制的确立和社会契约论政治主张的产生，不仅对资产阶级提出明确的教育要求，而且为新的教育制度的诞生提供了政治上的保障与舆论上的支持。

总之，自16世纪末以来，英国一系列的社会变革与思想变革不断地对教育提出新的要求，同时也为这种要求的实现奠定了相应的各种物质或精神的基础。

16世纪末至17世纪末，英国的教育革新力量分为激进与保守两个不同的派别。激进派受德国宗教改革的启示，主张由国家开办管理教育，普及初等国民教育。尽管激进派曾制订了一系列的教育改革方案，并在一定范围内付诸实践，但是，由于缺乏产业革命的刺激和稳定的政治局势，该派的改革计划皆以流产的方式而告终。

保守派受英国宗教自由主义思想的影响，主张教育独立，认为教育是私人的事务。由于保守派的观点不仅反映了新兴资产阶级和新贵族的现实利益，而且保留了英国国家不过问教育的历史传统，因而得到社会公众的普遍赞赏。

在此期间，恰值欧洲后期人文主义思想传入英国。后期人文主义的“一个非常显著的特点，是对于普通生活权利的坚决要求，以及由此而来的对世俗青年进行教育的需要。这种教育要培养的青年人既不是以后的教会执事，又不是将来的学者，而是经验丰富的实干家和优秀公民”[1]。显然，后期人文主义者理想的教育已“逐渐从学术成就转到绅士风度的培养上来”[2]。这无疑与此时期新兴资产阶级和新贵族对教育的需求不谋而合。因此，无论是英国王室贵族家庭制教育传统的复兴，还是现代学校与公立文法学校的产生，都围绕着绅士的培养而开展教育活动。

在教育实践活动的基础上，许多教育家分别探讨了绅士的具体培养问题。例如，埃利奥特爵士（Sir T. Elyot）的《统治者》、克莱兰德（J. Cleland）的《年轻贵族的学校》、汉弗莱（L. Humphrey）的《论贵族》、皮吉姆（H. Peacham）的《完美绅士》等。“这些重实际的人们一直急于表明，年轻的绅士怎样地受到教育，以取得社会地位。”[3] 因此，16世纪末17世纪初，绅士教育思想开始在英国产生，后来，经过17世纪中期弥尔顿的发展，至17世纪末洛克出版《教育漫话》一书，绅士教育思想达到了顶峰。[4]

第二节　绅士教育思想的主要特点

绅士教育思想具有以下四个主要特点。

第一，绅士教育思想表现出强烈的现实主义精神。它是在批判封建传统教育思想基础上确立起来的一种资产阶级的现实主义教育思想。与封建教会教育思想和前期人文主义教育思想不同，绅士教育思想的基本观点是：教育应该一切从现实社会生活的需求出发。绅士教育的目标既不是培养教会未来的僧侣教士，也不是前期人文主义者所追求的那种理智发展、学识渊博的文弱书生，而是身体健康、精神健全的各种社会活动家和事业家——绅士。绅士教育的内容既非神学，也非古典文学，而是古代与现代文化中一切对现实生活有用的知识体系与道德准则。绅士教育的方法既不是教会的棍棒教育，也不是古典文法学校的死记硬背，而是强调从学生兴趣出发，运用直观教学，通过发展学生的智力来促进学习活动的开展。绅士教育的形式既非教会学校教育，也非古典文法学校教育，而是以新型学园和传统的家庭教育来消除旧学校存在的种种弊端。

第二，绅士教育思想具有多方面的理论根源。与以往一切传统的教育思想相比，绅士教育思想最大的特征是现实主义精神。这种精神一方面来源于经验唯物主义认识论和资产阶级功利主义伦理观，另一方面也取材于自由主义的宗教观和社会契约论的政治主张。应该看到，这些思想观点既是近代英国社会一系列社会变革在思想领域内所引发的结果，同时又是绅士教育思想得以产生的理论依据。

---

① 博伊德、埃德蒙·金：《西方教育史》，207页。
② 同上书，208页。
③ 同上书，232页。
④ 同上书，238页。

第三，绅士教育思想在不同的发展阶段表现出不同的思想特点。16 世纪末，绅士教育思想初步形成。绅士教育思想在整个 17 世纪的发展分为两个阶段：前期为弥尔顿思想时期，后期为洛克思想时期。弥尔顿生活在资产阶级革命爆发时期，其教育思想表现出强烈的反封建意识并具有浓厚的民主色彩，但是，对教育问题的探讨不够深入。洛克目睹了资产阶级革命从发生到最终确立君主立宪制的整个过程，其教育思想反封建性更为彻底，对教育问题的认识与理解也远比前者深入；然而，由于时代和阶级局限性，也使他比前者具有更多的保守性和反人民性。

第四，绅士教育思想是近代欧洲三大教育思潮之一。作为一种注重感觉经验的现实主义教育思想，绅士教育思想与 18 世纪重视情感因素的浪漫主义教育思想和 19 世纪强调意志价值的理性主义教育思想，从不同角度分别对封建教会的来世主义、禁欲主义与蒙昧主义旧教育发起猛烈的冲击，形成了近代西方教育理论确立过程中三个既各具特色又彼此相连的发展阶段。应该指出，绅士教育思想的产生，为西方教育实践由封建教会教育转变为资产阶级世俗教育迈出了重要的一步。

第三节 绅士教育思想的主要代表人物

一、弥尔顿

1. 生平和教育活动

约翰·弥尔顿（John Milton，1608—1674）是英国诗人、政论家。1608 年 12 月 9 日出生于伦敦一个绅士家庭。1628 年，他进入剑桥大学基督学院学习。就学期间，他对经院主义课程极为不满，转而潜心研究弗兰西斯·培根的新哲学。

1639 年，弥尔顿结束国外旅行回到英国即投身于刚刚爆发的资产阶级革命运动。这期间，他发表了大量的政治论文。此外，弥尔顿还承担了新兴资产阶级和新贵族子弟的教育工作。在教育实践活动中，他一反古典文法学校重语言轻内容的做法，将教学的重点放在与现实社会生活相连的科学知识的传授上面；同时，比较注重学生体质的锻炼和军事技能的获得，以便适应资产阶级政治革命的需要。1644 年，弥尔顿发表了《论出版自由》和《论教育》两篇论文。

1674 年 11 月 8 日，弥尔顿病逝。

2. 教育思想

（1）培养实用型人才

弥尔顿认为，旧的教会学校与文法学校之所以培养出于国家和个人无益的平庸之辈，其原因在于教育目标与现实生活的需求相距太远。在他看来，教会本末倒置、脱离现实生活的教育目标，自然只能培养出无知、无德、无能的庸人。古典人文主义者虽主张教育应为世俗生活服务，但往往以古代社会的教育标准来替代现代社会对教育的需要，以培养饱读古典诗书、理智发达的文人学者作为教育的最高目标，必然只会培养出沉溺于书本、不识时务的无用之辈。

在资产阶级与封建贵族决战的关键时刻，弥尔顿指出，资产阶级急需的既不是死守宗教信条的教会执事，也不是碌碌无为的文弱书生，而是具有真才实干、能参与资产阶级革命并发挥各种作用的实用人才。因此，教育的目标应该是将资产阶级的"高贵和文雅的青年"培养成为绅士，即无论战时还是平时都能有益于国家和个人的公民与领导人。他说："我认为完善的、高贵的教育，就是培养人在平时和战时能公正地、熟练地、高尚地履行其公私职责的那种教育。"①

（2）建立新型学园

为了培养资产阶级革命所需要的实用型人才，弥尔顿吸取了前人的办学思想，提出建立一种新型学园。新型学园具有三个特点：一是它兼具中学与大学双重性质；二是文武皆备，除设人文学科外，还要传授实用知识，并实施军事训练；三是实行寄宿制，学生每天的活动为学习、操练、生活三个部分。

弥尔顿建议，在国内各大城市设立这种半文化半军事性质的新型学园，以满足资产阶级革命对教育的需求。

（3）设立文实并重的课程体系

弥尔顿认为，在新型学园中为绅士开设的课程应该完全根据学科的实用价值来组织。它包括人文学科、社会学科、自然科学和军事训练等四个部分。

一是人文学科。弥尔顿认为，绅士应掌握古典语言和现代语言。此外，还应学习与语言相关的文法、修辞、逻辑，以及文学作品与文学理论著作。他说："学生阅读拉丁文和希腊文不是为了语言本身，而是为了获取古典作家提供的有关战争、农业、科学及其他的一切知识。……语言本身是无足轻重的。"② 二是社会学科。弥尔顿认为，掌握政治学、法律学、伦理学、神学和经济学的知识对于一个绅士来说，是十分重要的。三是自然学科。弥尔顿认为，自然学科分为基础原理与应用科学。基础原理包括几何、天文、算术、地理、数学、物理、自然哲学及方法论等。应用科学包括农业、建筑、工程、航海、生理、解剖、医学等。四是军事训练。弥尔顿认为，军事训练包括理论学习与实际操练两个方面。军事训练可以使绅士在战时成为完美的指挥官或久经沙场的合格士兵。

（4）改进教学方法

弥尔顿认为，旧学校在教学方法上存在两种严重的错误。第一，教学不从儿童心智的

---

① 弥尔顿：《论教育》，221页，1982年英文版。

② 博伊德、埃德蒙·金：《西方教育史》，269页。

水平出发。第二，教学不是从感官易于接受的事物和学科开始。正是诸如此类的“许多错误的做法使得学习普遍地令人讨厌，没有效果”①。

因此，弥尔顿强调指出，新型学园在教学方法上应当克服旧学校的错误做法。一是教学要考虑儿童心智发展的水平和特点，循序渐进。弥尔顿把学习过程划分为四个阶段：第一阶段为12～13岁，以简单的文法学习为开端，阅读浅显但有教育意义的古典著作。第二阶段为13～16岁，根据学生感知能力有所发展的特点，让他们学习文学作品和自然科学知识。第三阶段为16～19岁，由于学生的情感开始成熟和判断力有所增强，让他们学习社会科学、古典语言和经典文学名著。第四阶段为19～21岁，根据学生理智发展的特点，让他们学习逻辑、修辞和写作理论方面的知识。二是教学要贯彻理论联系实际的原则，以感知为起点。弥尔顿认为，理论联系实际有两层含义：首先，指用经验说明理论，使深奥的原理变得浅显和明了，易使学生接受；其次，指向学生讲明理论本身的实际用途，使学生乐意学和学以致用。三是从各种实际活动中获取直接经验。弥尔顿认为，绅士的培养不应该仅仅只在校园内进行。要成为实用型人才，未来的绅士必须走出校门到国内和国外进行各种参观考察，以便获得对生活和事业有用的实际经验。

二、洛克

1. 生平和教育活动

约翰·洛克（John Locke，1632—1704）是英国哲学家、教育家。1632年8月29日出生于英格兰西南部萨默塞特郡一个乡村律师家庭。1646年，洛克进入伦敦威斯敏斯特公学学习。1656年，洛克毕业于牛津大学基督教公学院并留校任教。从中学、大学乃至工作，洛克所学的与所教的都是与现实社会生活相去甚远的神学和古典人文学科，这使他由厌倦而转向对培根新哲学及新科学的追求。

1665年，洛克离开牛津大学出使德国。1666年，在归国途中，洛克结识了沙夫茨伯里（A. C. Shaftesbury）伯爵。以后，在追随伯爵参与资产阶级革命活动期间，他担任了伯爵的家庭医生与家庭教师。1683年，洛克受政治牵连被迫逃亡荷兰。流亡期间，他又担任了友人克拉克（E. Clarke）的家庭教师。两次任教活动，不仅使洛克积累了一定的教育实践经验，而且由于他注意将自己的哲学、政治、医学、宗教等观点应用于教育领域，从而形成了具有自己独特风格的教育思想体系。

1693年，洛克出版了《教育漫话》，专门探讨新兴资产阶级和新贵族子弟的教育问题。

1704年10月28日，洛克因病去世。

① 弥尔顿：《论教育》，219页。

2. 教育思想

(1) 绅士的品质

洛克在《教育漫话》中明确地提出：教育的最高目的在于培养绅士。"因为一旦绅士受到教育，上了正轨，其他的人自然很快就能走上正轨了。"① 在洛克看来，绅士应该是"有德行、有用、能干的人才"②。具体来说，绅士应具备"德行、智慧、礼仪和学问"③四种精神品质以及良好体质。

按照洛克的意见，"德行"，即自制能力，指用理性克制各种欲望，使自己的言行符合社会的道德规范。"智慧"，即为人处世的能力，指"使得一个人有才干和远见，能去处理他的事务"④ 的一种能力。"礼仪"，指礼貌、礼节和风度。"学问"，指各种实用知识及相应的技能技巧。良好体质，指拥有健康的身体。

从洛克对绅士品质的阐述中，可以看到，洛克所说理想的绅士是富有理智、善于应酬、举止得体、头脑灵活、身体健康、能文能武、精明强干的新兴资产阶级和新贵族子弟。他们与以往死守经文的封建教士和饱读诗书的古典文人有着根本的区别。

(2) 家庭教育

洛克坚决主张，绅士的培养要通过家庭教育的途径来进行。在《教育漫话》一书中，洛克明确指出，教育对个人和社会的发展都有着重要的作用。他说："我们日常所见的人中，他们之所以或好与坏，或有用与无用，十分之九都是由他们的教育所决定的。"⑤ 又说："国家的幸福与繁荣也靠儿童具有良好的教育。"⑥

在指出教育的重要作用的同时，洛克对现存的学校教育提出了批评，并认为家庭有许多优势：一是家庭环境有利于"个别教导"；二是家庭中父母、导师及上流社会人士都是儿童良好的伴侣；三是家庭教师更有利于儿童的教育和培养。在他看来，尽管家庭教育也有一定的缺点，"但比学校教育还是好得多"。总之，采用家庭教育"是实现教育上的主要大目标的最好最安全的办法"⑦。

(3) 体育

洛克认为，体育是绅士教育的基础。他所说的体育，实质上是指健康教育。体育的最高目标是培养"强健的身体"。而强健身体的主要标准是"能忍耐劳苦"，即指身体要能适应各种生活条件、生活方式、气候和水土变化。

---

① 洛克：《教育漫话》，傅任敢译，1页，北京，人民教育出版社，1985。
② 洛克：《教育漫话》，傅任敢译，138页，北京，教育科学出版社，1999。
③ 同上书，47页。
④ 同上书，141页。
⑤ 同上书，24页。
⑥ 同上书，23页。
⑦ 同上书，72页。

在洛克看来，要拥有健康的体质，必须从三方面入手。一是身体锻炼要从小进行，以形成习惯。良好的身体素质主要来自从小的外部锻炼。二是身体锻炼要从建立良好的生活制度与生活习惯开始。良好的体质要从衣、食、住、行、睡和保健等方面加以注意。三是身体锻炼要顺应自然。在身体锻炼与保健方面，"'自然'自己所作为的比我们指导它去作为的不但好得多，而且精确得多"①。

（4）德育

洛克认为，德育是绅士教育的灵魂。他说："一个没有德行，不懂人情世故，没有礼仪，却有成就、有价值的人，哪儿都是找不到的。"② 所以，一定要把儿童的"幸福奠定在德行与良好的教养上面，那才是唯一可靠和保险的办法"③。

在洛克看来，德育的目标在于使"精神保持正常，使它的一切举止措施，都合乎一个理性动物的高贵完美的身份"④。也就是说，绅士必须具备德行、智慧、礼仪、勇敢、公正、节制等美德。

与此同时，洛克详细地讨论了有关美德的培养问题。他强调指出，只要方法恰当，就能实现德育的最高目标。"如果采用一种正当的途径，使得儿童想要获得别人的信任、尊重与名誉，则大多数的儿童都能达到这个境界，这是我一点都不怀疑的。"⑤

在德育的一般原则上，洛克提出：一是及早实践，及早训练；二是养成习惯，形成于自然；三是教育要符合儿童"心性"；四是教育要根据儿童的个别差异因材施教。

在德育方法上，洛克提出：一是说理与规则；二是榜样与模仿；三是练习与游戏；四是奖励与惩罚；五是严厉与宽容。

（5）智育

洛克认为，智育是绅士教育的辅助部分。在他看来，智育的目标一是传授基本知识和技能，二是发展学生的智力。两者相比，后者更为重要。他说：教学的目的是"增进心的活动与能力，而不是扩大心的所有物"⑥。

为了实现智育的目标，洛克进一步讨论了课程内容和教学方法问题。

在课程内容上，洛克从功利主义的角度出发，强调指出，绅士所需要的只是一切知识中"最有用处、最有结果"和最基本的那一部分。他说："我们不能希望学生有时间和精力去学习一切事物，所以，最大的精力便当用在最需要的事情上面。"⑦ 具体来说，绅士

① 洛克：《教育漫话》，72页，傅任敢译，北京，教育科学出版社，1999。
② 同上书，96页。
③ 同上书，71页。
④ 同上书，42页。
⑤ 同上书，110页。
⑥ 洛克：《关于理解的指导》，载张焕庭主编：《西方资产阶级教育论著选》，90页，北京，人民教育出版社，1979。
⑦ 洛克：《教育漫话》，傅任敢译，98页，北京，教育科学出版社，1999。

要掌握的学问分为三个部分：一是实用型的知识，包括读、写、算，以及速记、地理、历史、伦理、法律、天文、物理、数学、化学、解剖学等；二是修养型的知识，包括希腊文、拉丁文、修辞、逻辑、音乐、绘画等；三是娱乐型的技能技巧，包括跳舞、骑马、击剑、园艺、细木工、金工等。

在教学方法上，洛克主张，绅士应当采用"最容易最简捷的方法去学习"。为此，他提出：一是适时而教，以基础知识传授为主。他强调说："没有什么东西比良好的方法更能为学者清除道路，帮助他前进，使他做任何学问的时候做得这样容易，走得这样深远。"① 二是寓教于乐，培养学生良好的学习心理。三是循序渐进，教给学生学习方法。

第四节　绅士教育思想的影响与评析

欧洲各国由封建主义教会教育向资本主义世俗教育转化的历程，无一例外地受到了文艺复兴、宗教改革、资本主义产业革命和资产阶级政治革命等社会变革及由此引发的思想变革的影响。在这些社会变革和思想变革中，除文艺复兴及由此而产生的人文主义思潮首先发端于意大利之外，其他各项变革皆发端于英国。因此，在反对封建教会教育和确立资产阶级世俗教育理论方面，英国起了引领的作用。

绅士教育思想作为一种世俗的现实主义教育思想，在近代西方教育理论的形成与发展过程中占有重要的地位。与文艺复兴时期早期人文主义教育家和宗教改革家相比，17 世纪英国教育思想家敢于站在新的历史起点上，立足于现实社会生活，将后期人文主义教育思想与英国社会生活需求结合起来讨论教育问题，提出了最具近代资产阶级特色的教育思想——绅士教育思想。它既摆脱了早期人文主义教育的复古倾向，又冲破了教会教育改革的神学束缚性。

在近代英国教育史上，绅士教育思想对形成 17—19 世纪英国具有特色的传统教育模式，如新兴私立中学（阿加德米）、公学等，产生了重要的影响。公学在"形成英国绅士性格方面承担了最主要的责任"②。也许正因为这一点，当英国进入 20 世纪以后开始着手普及中等教育之时，公学并没有成为普及的综合中学的一个组成部分，而是继续独立存在。这表明，即便在现代社会，绅士教育思想仍在有限的实践范围内产生影响。

从西方教育思想发展历史来看，以弥尔顿和洛克为主要代表的绅士教育思想是 18 世纪法国唯物主义教育思想、自然教育思想及德国理性主义教育思想的重要源泉之一。美国教育史学者佛罗斯特（S. E. Frost）评论说：尽管洛克"生活在 17 世纪，却对 18 世纪的

---

① 洛克：《教育漫话》，195 页，傅任敢译，北京，教育科学出版社，1999。
② 奥尔德里奇：《简明英国教育史》，诸惠芳等译，113 页，北京，人民教育出版社，1987。

欧洲和美国造成了几乎无可匹敌的影响。他的著作讨论了社会政治与教育问题，其中所表达的思想被18世纪的许多伟大人物奉若神明”①。自然思想倡导者卢梭虽不同意洛克的某些观点，但他在教育观上明显地接受了洛克的许多东西。德国哲学家、教育家康德的理性主义教育思想也间接地继承了洛克的教育思想。正如一位史学家在评价英国资产阶级在历史上的作用时指出的：“我们不必把17世纪的资产阶级理想化，因为他们具有各时期资产阶级所共有的大多数缺点；但是我们可以说，正因为他们是当时历史上进步的阶级，所以他们在为自己的权利和自由而斗争时，就不能不为一切英国人和整个人类的权利和自由而斗争。”② 绅士教育思想之所以能对后世产生广泛而深远的影响，其原因也正在于此。

然而，应该看到，绅士教育思想自身也存在着不可忽视的局限性。无论是弥尔顿的新型学园，还是洛克的家庭教育，都是为新兴资产阶级和新贵族子弟服务的，具有强烈的阶级性和保守性。绅士教育思想的局限性无疑在一定程度上阻碍了它在更大范围内的传播，从而影响了其在西方教育史上的地位。

拓展阅读书目

1. 弥尔顿．论教育//任钟印．西方近代教育论著选．北京：人民教育出版社，2001：1-13.

2. 洛克．教育漫话．傅任敢，译．北京：教育科学出版社，1999.

3. 洛克．理解能力指导散论．吴棠，译．北京：人民教育出版社，1993.

---

① 佛罗斯特：《西方教育的历史和哲学基础》，吴元训等译，405页，北京，华夏出版社，1987。

② 莫尔顿：《人民的英国史》，上册，谢琏造等译，307页，北京，生活·读书·新知三联书店，1976。

第四编　18 世纪

在人类社会发展史上，18 世纪被称为“理性时代”“启蒙时代”和“革命时代”。在英国产业革命的影响下，资本主义工商业在欧洲国家中也得到了不同程度的发展。在欧洲封建专制制度典型的法国，已具有较强经济实力的资产阶级为了在思想上为即将到来的政治大革命做准备，首先发动了一场思想启蒙运动，高举反封建和反教会的旗帜。法国启蒙思想对欧洲其他国家及美国产生了影响，并得到了迅速而广泛的传播。在反封建和反教会的斗争中，不仅在社会政治上，而且在教育思想上出现了新的思想、新的观念和新的思维模式。一些思想家和教育家从不同的角度猛烈地批判和抨击传统的古典主义教育，形成了具有不同特点的教育思想。对于 1789 年法国资产阶级革命及欧洲其他国家的资产阶级革命来说，这些教育思想无疑是起了一定的促进作用的。当然，这些教育思想的产生和传播，也必然推动了 18 世纪欧美国家学校教育的改革和发展。

在 18 世纪西方教育思想中，首推法国教育家卢梭倡导的自然教育思想。在批判传统的封建教育弊病的基础上，自然教育强调“顺其自然”的原则，热爱和尊重儿童，提倡在活动中学习，培养反封建的“自然人”。应该指出，卢梭的《爱弥儿》是自然教育思想的代表作。自然教育思想的产生在西方教育思想史上引起了一场意义深远、影响巨大的革命，并成为西方“现代教育”派理论的渊源。

也是在法国产生的法国唯物主义教育思想，更是充满了批判和战斗的精神。就批判封建社会制度和封建教育来说，它显然是与自然教育思想一致的。法国唯物主义教育思想的主要代表人物爱尔维修、狄德罗与卢梭一样，都是 18 世纪法国启蒙思想家。法国唯物主义教育思想论述了教育、环境和遗传三者的关系，强调培养资产阶级“新人”，提出在教育内容和方法上进行改革，而成为反封建和反教会的一个重要的思想武器。这一教育思想后来直接影响了 19 世纪空想社会主义教育思想。

德国哲学家和教育理论家康德提出的理性主义教育思想在尊重人类文化、重视道德教育及强调思辨能力的训练方面提出了不少新的见解。它为 18 世纪和 19 世纪西方教育思想的发展提出了新的哲学方法论。

在长期的教育实践基础上，瑞士教育家裴斯泰洛齐形成了要素教育思想，初步探索了教育和心理的关系，强调教育要符合儿童心理的发展，同时又论述了儿童的体力、道德和智力的和谐发展，主张简化教学方法。要素教育思想和实践，充分体现了裴斯泰洛齐的"一切为了孩子"的精神。正如有的西方教育家所指出的，在19世纪欧美国家教育中可以清楚地看到要素教育思想的影响。当然，也应该看到，要素教育思想并没有真正解决"教育心理学化"问题，而是留给了19世纪西方教育家去解决，其中主要是德国教育家赫尔巴特。

在美国产生又在欧美国家中逐渐成熟的国家主义教育思想，强调国民教育制度的建立和教育普及，提倡国家开办和管理教育，建立有权威的国家教育行政机构。到19世纪时，这一教育思想已成为在欧美国家及日本产生重要影响的教育思潮，推动了教育国家化的进程，有助于近代国民教育制度的建立。就其理论实质来说，19世纪美国公共教育思想显然与这一教育思想有着一定的联系。

美国教育家富兰克林提出的唯实主义教育思想，论述了改革学校教育的必要性，拟订实用的课程计划，提倡观察和实验的方法。从思想渊源来看，这一教育思想无疑受到了17世纪泛智教育思想和绅士教育思想的影响。

第十章

自然教育思想

自然教育思想是被誉为“教育史上的哥白尼”的法国启蒙思想家和教育思想家卢梭（J. J. Rousseau）在 18 世纪中期倡导的。自然教育思想强调教育要顺其自然，根据儿童的发展阶段实施教育，培养反封建的新人。它有力地抨击了自古以来传统的教育观点，引起了教育领域中一次影响深远的革命，在西方教育史上乃至世界教育史上具有划时代的意义，被誉为新教育和旧教育的分水岭。

第一节　自然教育思想产生的背景

大革命前，法国是一个以农业生产为主的国家。农业人口占全国人口的 91.3%，但只占耕地面积的 30%～40%。绝大部分地区都是分散的小农经济。在这个典型的封建专制国家里，等级制度森严，广大农民负担着数不清的捐税和封建义务，既要向教会缴什一税，还要向国王缴土地税和人头税等。因此，在封建土地所有制下，法国农村的生产力发展受到严重的束缚，农民的生活极端贫困。在这个社会里，“它给富人所有巨额财富以强有力的保障，而几乎弄得穷人不能安保他们亲手搭起的草屋……穷人的遭遇同贵族相比是多么的不同!”①

与此同时，资本主义工商业在法国也得到了一定的发展。虽然它不能与英国相比，但在欧洲大陆上却是工商业最发达的国家。一些工厂不仅已有数百名工人的规模，而且也有了新式的技术设备。在国际市场上，法国也开始具有比较重要的影响。显然，资本主义正在封建制度的法国社会中孕育着。然而，在城市里，小手工业生产仍占据主导地位。即使在首都巴黎，也是小手工业和家庭手工业占优势，而使它成为典型的小资产阶级城市。可以说，在18世纪的法国，无论是在农村还是在城市，大多数居民都是小资产者。

从18世纪起，富有的和强大的资产阶级已在法国形成。资产阶级的上层在工商业发展中积累了大量资金，并购置地产，走上了资产阶级贵族化的道路。但是，在18世纪的法国，被归入第三等级的资产阶级感到自己的经济实力同社会和政治地位越来越不相称。他们没有政治权利，只有纳税的义务；他们的财产不能得到法律的保护；他们在社会上还要受到第一等级僧侣和第二等级封建贵族的歧视。因此，法国资产阶级很自然地要求推翻封建专制统治，取消森严的等级制度，建立资产阶级政权，彻底改变自己原来的社会政治地位。

至于18世纪的瑞士，也是小手工业生产占据主导地位。在自然教育思想倡导者卢梭的故乡日内瓦，大多数人的主要职业是手工钟表制造。位于瑞士西南角的日内瓦，四面被法国包围，似乎就像是瑞士在法国领土上的一块飞地。从某种意义上说，日内瓦与法国的关系确实比与瑞士的联系密切得多。在18世纪，它不仅是一个革命思想的策源地，而且在很大程度上受到巴黎的影响。

在当时的欧洲国家里，传统的古典主义教育正占有统治地位，其恶果就是使学校教育变成与世隔绝的空中楼阁，严重地摧残了人的心智发展。尤其是法国，天主教会统治着学校教育，儿童个性的发展受到压抑，古典主义和神学占有统治地位，教学内容脱离生活实际。在传统的古典主义学校里，教师教给儿童“一切的知识，却就是不教给他认识他自己，不教他利用自己的长处，不教他如何生活和谋求自己的幸福。最后，当这个既是奴隶又是暴君的儿童，这个充满学问但缺乏理性，身心都脆弱的儿童投入社会，暴露其愚昧、骄傲和种种恶习的时候，大家就对人类的苦痛和邪恶感到悲哀”②。当时法国的社会状态和古典主义教育残害人的心智发展的状况，引起了许多启蒙思想家的痛恶。他们尖锐地抨击封建专制制度和教会的黑暗，提倡“理性”和宣扬唯物主义，启发民智。同时，他们重视教育，要求通过教育来培养资产阶级“新人”，改革不合理的社会制度。因此，封建专制制度发生了深刻危机，整个法国社会处于由封建制度转向资本主义制度的社会大革命时代。

① 卢梭：《论政治经济学》，王运成译，34页，北京，商务印书馆，1962。
② 卢梭：《爱弥儿》，上卷，李平沤译，25页，北京，商务印书馆，1978。

法国资产阶级为了对即将到来的政治大革命进行思想准备，他们首先发动了一场反封建和反教会的思想启蒙运动。在这场思想启蒙运动中，作为18世纪小资产者民主思想代言人的卢梭，与其他启蒙思想家一样，思索了人类不平等和社会不公正的原因，提出“人类不平等学说”和“社会契约说”，明确指出私有制是人类社会不平等的起源，要求建立真正的以社会契约为基础的民主国家。应该看到，卢梭的社会政治观反映了18世纪法国和瑞士的实际情况，代表了小资产者的立场和利益。在18世纪法国启蒙思想家中，最深刻论述教育问题的应当首推卢梭。他在批判传统的古典主义教育的基础上，提出了自然教育思想，描绘了培养“新人”的理想教育。在《爱弥儿》的序中，卢梭就明确指出：“我绝不喜欢拿那些尽人皆知的事情填塞我这本书。我只想说明：很早以来就有人在大声反对这种旧有的教育方法了，可是从来没有人准备提出一套更好的来……尽管有许多的著书立说，其目的，据说，完全是为了有益人类，然而在所有一切有益人类的事业中，首要的一件，即教育人的事业，却被人忽视了。我阐述的这个问题，在洛克的著作问世之后，一直没有人谈论过……”① 爱好自然，归于自然，以及自然教育正是这个时代的特征。在这方面，卢梭是卓越的提倡者。因此，《爱弥儿》实际上是一部自然教育思想的代表作。它的问世标志着自然教育思想的产生。

第二节　自然教育思想的主要特点

自然教育思想具有以下四个主要特点。

第一，自然教育思想体现了强烈的批判精神。自然教育思想集中而大胆地揭露了传统的封建教育的弊病，对旧教育的批判一针见血。可以说，自然教育思想是以反封建专制制度及其教育为基本宗旨的。在18世纪法国反对封建专制制度及教会统治的斗争中，自然教育思想无疑起到了推波助澜的作用。英国教育史学家柯蒂斯（S. J. Curtis）曾这样指出：“卢梭的教育思想跟他的政治哲学是结为一体的。不理解他的教育理论，就不能正确了解他的政治哲学。”②

第二，自然教育思想深刻阐述了热爱儿童和尊重儿童天性的原则。针对旧教育忽视儿童天性的弊病，自然教育思想以自然哲学为理论基础，明确地提出教育要服从自然的永恒法则，尊重儿童天性的发展，把儿童当作儿童来看待。作为自然教育思想倡导者，卢梭曾这样指出：“大自然之所以造儿童，是为了使他们受到爱护和帮助。”③ 他还尖锐地提出质问：“你们为什么不让天真烂漫的儿童享受那稍纵即逝的时光，为什么要剥夺他们绝不会

---

① 卢梭：《爱弥儿》，上卷，序，1～2页。

② 柯蒂斯：《教育思想简史》，263页，1963年英文版。

③ 卢梭：《爱弥儿》，上卷，87页。

糟蹋的极其珍贵的财富……你们为什么要使那转眼即逝的岁月充满悲伤和痛苦呢?”① 晚年，他在《漫步遐想录》一书中写道：“要说《新爱洛伊丝》和《爱弥儿》出于一个不爱孩子的人之手，那未免是世上最荒唐的事情了。”②

第三，自然教育思想强调在活动中学习。自然教育思想主张，人的存在寓于活动之中；人要生活得有意义，就必须进行活动。“生活，并不就是呼吸，而是活动，那就是要使用我们的器官，使用我们的感觉、我们的才能，以及一切使我们感到我们的存在的本身的各个部分。生活得最有意义的人……是对生活最有感受的人。”③ 因此，应该让儿童完全自由地进行活动，通过各种活动，促使儿童感官的发展，丰富他们的感性经验并作为理性活动的基础。儿童莫要从书本上去学习，而使他们能从经验中学到。必须让儿童使用大自然赋予他们的一切力量，多给儿童以真正的自由，让他们自己多动手。儿童在学习时应当实地去观察而不应当仅仅是念书本。

第四，自然教育思想提出了教育的新理想。在批判旧教育的同时，自然教育思想论述了培养“自然人”（资产阶级“新人”）的目标，并在教育方法上提出了许多新颖的观念。其目的就是试图在教育上提出更好的和更可行的方法。现代西方教育思想无疑从自然教育思想中汲取了养分，或者说，自然教育思想曾滋养过现代西方教育思想。因此，卢梭曾这样说：“即使说我的见解不好，但如果能抛砖引玉，使其他人产生良好的看法，我的时间也就没有完全白费。”④

第三节 自然教育思想的主要代表人物

卢梭

1. 生平和教育活动

让·雅克·卢梭（Jean Jacques Rousseau，1712—1778）是法国启蒙思想家、教育思想家。1712 年 6 月 28 日出生于瑞士日内瓦的一个钟表匠家庭。由于母亲早逝，他从小受父亲的影响很深。10 岁时，父亲因受一个贵族的诬告而被迫远走他乡，他被舅父送到日内瓦郊外随一位牧师学习。但他喜欢与村童一起在大自然中游玩活动，并养成了他爱好自然的天性，孕育了他的自然教育思想。

1724 年，卢梭开始学习律师书记业务，后又转学雕刻手艺。由于匠师的虐待，16 岁

① 卢梭：《爱弥儿》，上卷，73 页。
② 卢梭：《漫步遐想录》，徐继曾译，120 页，北京，人民文学出版社，1986。
③ 卢梭：《爱弥儿》，上卷，15 页。
④ 同上书，序，1 页。

的卢梭弃业出走，离开自己的故乡，在法国开始了长期颠沛流离的生活。在这期间，卢梭对贫苦人民有了深入的了解，并表示深切的同情，同时又阅读了欧洲各国思想家的著作，从中汲取了思想养分。

1740年，卢梭在法国里昂修道院马布里（M. de Mably）大主教家里担任两个孩子的家庭教师。尽管担任家庭教师只有一年时间，但却使卢梭对教育问题产生了很大的兴趣。

此后，卢梭来到巴黎。他不仅与狄德罗等许多启蒙思想家相识，而且成为“百科全书派”的一个成员。这使他形成了新颖的社会政治观。

1749年夏，卢梭步行去巴黎郊外看望被囚禁在监狱里的友人狄德罗。他边走边读一本杂志，看到第戎科学院刊载的有奖征文《论科学和艺术的复兴是否有助于敦风化俗》，读后若有所悟。在狄德罗的鼓励下，卢梭很快就完成了应征论文。在论文中，他论证科学和艺术的进步并未提高人类的品德，反而使社会道德堕落。卢梭的应征论文由于立意新颖而获得头奖，一举成名。1753年，卢梭又以一篇题为“论人类不平等的起源和基础”的论文参加征文，但落选。在这篇论文中，他明确指出，人类在原始社会是平等和自由的，但私有制导致了人类社会的不平等，最后形成暴君独裁统治，私有制是封建社会一切罪恶现象的根源。

1756年，卢梭居住在巴黎附近的乡村，专心于著述活动。三部互相联系并构成一个完整思想体系的重要著作先后问世。在《新爱洛伊丝》（1761）中，卢梭阐述了理想的家庭；在《社会契约论》（1762）中，他阐述了理想的社会；在《爱弥儿》（1762）中，他阐述了理想的教育，这本书“构思20年，撰写3年”，可见他对教育问题的重视和认真的思索。

但是，《爱弥儿》一书出版后，在当时的法国社会引起了轩然大波，被教会指摘为邪说谬论。卢梭因而遭受了迫害和通缉，被迫逃往他国。直到1770年，卢梭才得到赦免而重返巴黎。

卢梭的晚年贫病交迫，但他仍然用他那锐利的文笔，向封建专制制度和教会进行毫不妥协的斗争。1770年，他完成了自传体著作《忏悔录》。

1778年7月2日，卢梭在巴黎近郊去世。

2. 自然教育原则

针对传统的古典主义教育残害人性和违反自然的弊病，卢梭提出了自然教育原则：教育要“顺应自然”。他强调说：“如果你想永远按照正确的道路前进，你就要始终遵循大自然的指引。”① 因此，对儿童的教育必须遵循儿童的自然发展顺序，符合儿童的天性，否则就不是一种良好的教育。

---

① 卢梭：《爱弥儿》，下卷，536页，北京，商务印书馆，1978。

卢梭所提出的自然教育原则，是与他的自然哲学观点紧密相连的。《爱弥儿》开宗明义的第一句话就是："出自造物主之手的东西，都是好的，而一到了人的手里，就全变坏了。"① 在他看来，人的自然本性就是自由。人在他的行动中是自由的。性善是人人相同的，并不因人的贵贱而异。卢梭在他晚年时曾这样说："当我跟天地万物融为一体，当我跟整个大自然打成一片时，我感到心醉神迷，欣喜若狂，非语言所能形容。"② 但是，他又认为，在人类社会进入文明状态之后，文明人违背了自然法则，滥用自己的自由，从而产生了人与人之间的不平等现象。因此，人必须遵循自然法则，正确地运用自己的自由，否则，就会出现这样的情况："人是生而自由的，但却无往不在枷锁之中。自以为是其他一切人的主人，反比其他一切人更是奴隶。"③

人的另一个重要特点是理性。由于人类具有上帝赋予的理性，所以能够在感觉的基础上，通过理性活动，形成复杂的观念和知识，并用来指导自己的行动。卢梭认为，在"顺应自然"的教育下，人的理性也得到了发展。我们在出生的时候所没有的东西，我们在长大的时候所需要的东西，全都要由教育赐予我们。

卢梭明确指出，教育归于三个来源，即"自然""人"和"事物"。他说："这种教育，我们或是受之于自然，或是受之于人，或是受之于事物。我们的才能和器官的内在发展，是自然的教育；别人教我们如何利用这种发展，是人的教育；我们对影响我们的事物获得良好的经验，是事物的教育。"④ 在他看来，这三方面的教育是相互联系的，因为我们每一个人都是由上述三方面教育培养起来的。如果在一个人身上这三种不同的教育互相冲突的话，他所受的教育就不好；如果这三种不同的教育是一致的，都趋于同一目的，他就能受到良好的教育，实现他自己的目标，而且生活得很有意义。但是，在这三方面教育中，自然的教育完全是不能由我们决定的，事物的教育只是在某些方面才能够由我们决定，只有人的教育才是我们能够真正地加以控制的。因此，必须以自然的教育为中心，事物的教育和人的教育服从于自然的教育，使这三方面教育圆满地相配合并趋于自然的目标，才能使儿童享受到良好的教育。

"自然"，卢梭又把它称为"原始的倾向"。他强调说："我们生来是有感觉的，而且我们一出生就通过各种方式受到我们周围事物的影响。可以说，当我们一意识到我们的感觉，我们便希望去追求或者逃避产生这些感觉的事物，我们首先要看这些事物使我们感到愉快还是不愉快，其次要看它们对我们是不是方便适宜，最后则看它们是不是符合理性赋予我们的幸福和美满的观念。随着我们的感觉愈来愈敏锐，眼界愈来愈开阔，这些倾向就

---

① 卢梭：《爱弥儿》，上卷，5页。
② 卢梭：《漫步遐想录》，92页。
③ 卢梭：《社会契约论》，何兆武译，19页，北京，商务印书馆，1962。
④ 卢梭：《爱弥儿》，上卷，7页。

愈来愈明显；但是，由于受到了我们习惯的遏制，所以它们也就或多或少地因为我们的见解不同而有所变化。在产生这种变化以前，它们就是我所说的我们内在的自然。”① 可以说，卢梭所说的“内在的自然”实际上是人的才能和器官，也就是人的天性。

卢梭提出的自然教育原则，归根结底，就是教育要服从自然的永恒法则，适应儿童天性的发展，促进儿童身心的自然发展。人的天性发展是有秩序的，教育必须适应不同时期儿童的天性发展。卢梭强调说：“大自然希望儿童在成人以前就要像儿童的样子……儿童是有他特有的看法、想法和感情的；如果想用我们的看法、想法和感情去代替他们的看法、想法和感情，那简直是最愚蠢的事情。”②

因此，教育必须“顺应自然”，跟着它给你指引的道路前进。如果我们打乱了自然的次序，破坏了自然的法则，结果就是毁了儿童。

教育在遵循儿童自然发展的同时，还要注意适应儿童的个性差异。卢梭指出：“每个人的心灵有它自己的形式，必须按它的形式去指导他；必须通过它这种形式而不能通过其他的形式去教育，才能使你对他花费的苦心取得成效……你必须好好地了解你的学生之后，才能对他说第一句话，先让他的性格的种子自由自在地表现出来，不要对它有任何束缚，以便全面地详详细细地观察它。”③ 在他看来，只有很好地了解每个儿童之后，才能对他的天性发展给予正确的指导，使他合乎自然地成长和发展。当然，适应儿童的个性差异，也包括了适应男女两性的差异。

总之，自然教育就是要顺应天性的发展，考虑人的发展的自然进程，并据此作为确定教育目的、内容、方法及分期理论的基础。卢梭强调说：“这是我的第一个基本原理。只要把这个原理应用于儿童，就可源源得出各种教育的法则。”④

3. 自然教育的目的

从自然教育原则出发，卢梭明确提出，自然教育以培养“自然人”为目的。卢梭最早是在《论人类不平等的起源和基础》中论述“人的自然状态”（自然人）的。这种“自然人”是身心发达、体脑两健、不受传统束缚、天性发展的新人。他完全是为他自己而生活的。他不依从于任何固定的社会地位和社会职业，能适应各种客观发展变化的需要。卢梭笔下的爱弥儿就是这种“自然人”的典型：“他现在已经年过二十，长得体态匀称，身心两健，肌肉结实，手脚灵巧；他富有感情，富有理智，心地是十分的仁慈和善良；他有很好的品德，有很好的审美能力，既爱美又乐于为善；他摆脱了种种酷烈的欲念的支配和偏见的束缚，他一切都服从于理智的法则，他一切都倾听友谊的声音；他具有许多有用的本

---

① 卢梭：《爱弥儿》，上卷，8～9 页。
② 同上书，91 页。
③ 同上书，97 页。
④ 同上书，80～81 页。

领，而且还通晓几种艺术；他把金钱不看在眼里，他谋生的手段就是他的一双胳膊，不管他到什么地方去，都不愁没有面包。"[①] 可见，这种"自然人"无论在外形、心灵和心理方面，还是在理智、本领和谋生手段方面都是出类拔萃的。

人的天性发展实际上是卢梭的最高目的。人在从事社会职业之前，必须先学习做人，这种人也就是"自然人"。正如卢梭所说的："生活，这就是我所要教他的技能。从我的门下出去，我承认，他既不是文官，也不是武人，也不是僧侣；他首先是人：一个人应该怎样做人，他就知道怎样做人，他在紧急关头，而且不论对谁，都能尽到做人的本分；命运无法使他改变地位，他始终将处在他的地位上。"[②] 正因为如此，卢梭强调指出，只有一门学科是必须要给儿童的，那就是做人的天职。

这种"自然人"，可以说是自然的学生。他从最初起就被训练尽可能地自食其力，既没有永远求助于人的习惯，也没有向人夸耀学问的习惯。他对所有一切与他自己直接有关的事物都要进行判断，能进行详细的考虑和分析。他不夸夸其谈，而注重实际行动。他经常不断地在活动，对事物进行仔细的观察和思考。他从小就以自然为师获得了许多经验，而不以人为师。他的身体和头脑同时都得到了锻炼。他始终按他自己的思想去进行活动，而不盲从别人的意见。他不仅使身体更加健壮，而且使头脑更加聪明和更有见识。他不仅获得大多数伟大的人物都具有的智力和体力，而且获得哲人的理解和力士的精力。

卢梭认为，这种"自然人"是生活在社会中的自然人，既不是一个回到原始社会的无文化的人，也不是一个脱离现实的野蛮人。因此，他强调说："虽然是我想把他培养成一个自然人，但不能因此就一定要使他成为一个野蛮人，一定要把他赶到森林中去。"[③] 在他看来，"自然人"并不是一个孤独的人，而是社会的一个成员，并能够尽到社会成员的职责。在理性的社会制度中，每个人都能很好地发展自己的天性，又能把自己看作是社会的一分子，这样的人既是自然人又是社会公民，两者也就统一起来了。

这种"自然人"与传统的古典主义教育下培养出来的那种身心受压抑的人是截然不同的。卢梭认为，传统的古典主义教育不顾儿童心智发展，采用错误的教育方法，其结果只能培养出身体衰弱、天性失去、精神充满偏见和奴性的王孙公子和达官显贵。在卢梭的笔下，他们被描述成"傲慢的傻子""恶棍""暴君"等。

尽管卢梭在思想上受到英国哲学家、教育家洛克的很大影响，但是，他尖锐地批判了当时在欧洲国家流行的绅士教育，在《爱弥儿》中他几次表明是不赞同洛克的观点和方法的。他曾直截了当地说："至于我，我可没有培养什么绅士的荣幸，所以，我在这方面绝不学洛克的样子。"

---

① 卢梭：《爱弥儿》，下卷，634 页。
② 卢梭：《爱弥儿》，上卷，13 页。
③ 同上书，360 页。

卢梭提出培养“自然人”的教育目的，反映了资本主义发展的需要，在当时是具有反封建的进步意义的。但是，由于时代和社会背景对他的影响，他提出的“自然人”实际上是小资产者的化身。这种“自然人”无疑具有两重性，一是反封建性，二是资产阶级性。正如马克思在《〈政治经济学批判〉导言》中所指出的：“这种18世纪的个人，一方面是封建社会形式解体的产物，另一方面是16世纪以来新兴生产力的产物，而在18世纪的预言家看来……这种个人是曾在过去存在过的理想”①。

4. 自然教育分期理论

卢梭指出：“每一个年龄，人生的每一个阶段，都有它适当的完善的程度，都有它特有的成熟时期。”② 根据人的自然发展的进程，根据不同年龄时期身心的特点，自然教育可以划分为四个时期。

（1）婴儿期（出生至2岁）

在这一时期，主要是进行体育教育。其任务在于，通过身体的养护和锻炼，促进儿童身体的健康发展，增强儿童的体质。卢梭认为，强健的身体是一切事业的基础，是个人幸福的源泉，也是个人智慧的工具。因此，在一个人出生后，就应该顺应自然，通过合理的饮食、衣着、睡眠和游戏，实施正确的体育。他强调说：“大自然是有增强孩子的身体和使之成长的办法的，我们绝不能违反它的办法。”③

在儿童身体的养护方面，卢梭主张，首先应该为儿童提供适宜于他们发育的健康的环境。这种环境就是自然的乡村环境。他说：“必须使人类得到更新，而能够更新人类的，往往是乡村。因此，把你们的孩子送到乡村去，可以说，他们在那里自然地就能够使自己得到更生的，并且可以恢复他们在人口过多的地方的污浊空气中失去的精力。”④ 其次，注意儿童对于食物的自然选择能力，保持儿童的自然口味，养成儿童吃任何食物的适应能力。卢梭说；“在自然状态下……我毫不怀疑的是，只要他按照他原始的食欲觉得最可口的食物，就一定是最有益于健康的食物。”“越是自然的口味，就越为简单。”⑤ 最后，使儿童穿宽松的服装，让他们的身体和四肢绝对自由。儿童穿着也不要太多，以养成适应天气变化的能力和抵抗能力。卢梭说：“一般地说，我们给小孩穿的衣服都太多，尤其是在幼童时候穿的衣服更多。”⑥

在儿童身体锻炼方面，卢梭主张，应该使儿童在锻炼中养成抵抗疾病的能力，反对娇

① 马克思：《〈政治经济学批判〉导言》，载马克思、恩格斯：《马克思恩格斯选集》，第2卷，683～684页，北京，人民出版社，2012。

② 卢梭：《爱弥儿》，上卷，202页。

③ 同上书，83页。

④ 同上书，43页。

⑤ 同上书，190～191页。

⑥ 同上书，154页。

生惯养。他强调说："经验告诉我们，娇生惯养的孩子比其他的孩子死得还多一些。只要我们不使他们做超过其能力的事情，则使用他们的体力同爱惜他们的体力相比，其危害还是要小一些。因此……锻炼他们的体格，使他们能够忍受酷烈的季节、气候和风雨，能够忍受饥渴和疲劳。"①

除了儿童身体发育外，卢梭认为，还应该注意儿童心灵的自然发展，发展他们的感官，帮助他们去使用大自然赋予他们的一切力量。卢梭还特别讨论了婴儿啼哭的问题。他说："由于人最初是处在艰难和柔弱的境地，所以他最初的声音是悲泣和啼哭。"② 但是，绝不能使儿童借啼哭养成依赖、驾驭和使役别人的习惯。

（2）儿童期（2～12 岁）

这一时期是"理性睡眠时期"，主要是进行感觉教育。卢梭认为，儿童的身体活动能力和语言能力都发展了，他们的感觉能力也发展了，因此，可以开始对他们进行感觉教育，通过感觉器官的运用获得丰富的感性经验。儿童总是先有感觉而后有观念。卢梭强调说："由于所有一切都是通过人的感官而进入人的头脑的，所以人的最初的理解是一种感性的理解，正是有了这种感性的理解做基础，理智的理解才得以形成，所以说，我们最初的哲学老师是我们的脚、我们的手和我们的眼睛。"③ 在他看来，真正的老师是经验和感觉；感官是我们取得知识的第一个工具。

在感觉教育上，卢梭主张，首先是发展触觉。因为触觉不仅能提供事物的形象和表面，而且比其他的感觉更为可靠。其次是发展视觉。在所有的感觉中，视觉是很难同心灵的判断分开的一种感觉。最后是发展听觉。但听觉的发展应该注意与语言的发展联系起来。其中，以触觉和视觉的发展最为重要。儿童只有经过学习后，才懂得应该怎样摸、怎样看和怎样听。

由于儿童的理智还处在睡眠状态，所以对这一时期的儿童不要直接进行智育教育，不要强迫他们去读书。卢梭说："……使孩子们摆脱了种种的功课，从而就替他们消除了使他们最感痛苦的原因：读书。读书是孩子们在儿童时期遇到的灾难，而你却单单要他们在读书中消磨他们的时间。"④ 在他看来，当儿童根本不喜欢读书的时候，读书对他是没有用处的。因此，宁可让儿童一个字也不识，也不要使他为了学到这一些学问而把其他有用的东西都牺牲了。如果儿童自己学会了读书，唯一可以读的书就是《鲁滨孙漂流记》。卢梭认为这本书对自然教育论述得很精彩。在感觉教育和知识学习的关系上，卢梭把它们两者完全分割开来，显然是片面和错误的。

卢梭认为，在这一时期要采取摧毁儿童各种错误和恶习的手段，如果让这些错误和恶

---

① 卢梭：《爱弥儿》，上卷，23～24 页。
② 同上书，53 页。
③ 同上书，149 页。
④ 同上书，135 页。

习发芽滋长以至扎下根，那就永远也拔不掉它们了。由于儿童在 12 岁以前对一些道德观念还不能理解，因此不能对他们进行道德说教。教育手段中最好的方法是使儿童服从于自然法则，结合具体事例使他们从自己的直接经验中受到教育。当儿童犯了错误和过失后，不必直接去制止他们或处罚他们，而让他在同自然的接触中，体会到自己所犯的错误和过失带来的自然后果。这就是“自然后果法”。卢梭强调说：“我们不能为了惩罚而惩罚孩子，应当使他们觉得这些惩罚正是他们不良行为的自然后果。”① 例如，儿童打碎了窗上的玻璃，不必立刻惩罚他，也不必马上配上新的玻璃，而宁可让他受寒着凉，这样，他就会认识到自己的过失及其后果，并加以改正。

（3）少年期（12～15 岁）

这一时期是人的一生中能力最强的时期，也是生命中最珍贵的时期，主要是进行智育和劳动教育。卢梭认为，已经受到良好的体育和感觉教育的儿童具备了接受智育和劳动教育的条件，因为他们的身体和感觉器官得到了发展，他们的感觉经验得到了积累，并激发了寻求知识的好奇心。根据自然发展的顺序，“现在是到了工作、教育和学习的时期了”②。

智育的任务并不在于教给儿童一大堆知识，而在于使儿童有精确的和清楚的观念，培养他们的学习兴趣和掌握学习研究的方法。因此，卢梭强调说：“我的目的不是教给他各种各样的知识，而是教他怎样在需要的时候取得知识，是教他准确地估计知识的价值，是教他爱真理胜于一切。”③ 他又说：“问题不在于教他各种学问，而在于培养他有爱好学问的兴趣，而且在这种兴趣充分增长起来的时候，教他以研究学问的方法。毫无疑问，这是所有一切良好教育的一个基本原则。”④

在智育的内容上，儿童不能学习一切东西，只需学习应该学习的东西；而且应该以儿童的兴趣为标准，使他容易学习，有兴趣去学习。卢梭说：“真正有益于我们幸福的知识，为数是很少的，但是只有这样的知识才值得一个聪明的人去寻求，从而也才值得一个孩子去寻求，因为我们的目的就是要把他培养成那样的聪明人。总之，问题不在于他学到的是什么样的知识，而在于他所学的知识要有用处。”⑤ 在他看来，读书读得太多，反而会造成一些自以为是的、无知的人。

在智育教育的方法上，卢梭主张，以儿童的经验为基础，独立观察和研究大自然中的各种事物。他说：“使你的学生去观察自然的种种现象，不久以后就可使他变得非常好奇；不过，为了培养他的好奇心，就不能那么急急忙忙地去满足他的好奇心。你提出的一些他能理解的问题，让他自己去解答。要做到：他所知道的东西，不是由于你的告诉而是由于

① 卢梭：《爱弥儿》，上卷，109 页。
② 同上书，214 页。
③ 同上书，283 页。
④ 同上书，223 页。
⑤ 同上书，214 页。

他自己的理解。不要教他这样那样的学问，而要由他自己去发现那些学问。”总之，“以世界为唯一的书本，以事实为唯一的教材”①。

劳动教育的任务是使儿童通过劳动学会使用各种工具以及相关技术，锻炼身体，发展人的心灵。给儿童找的工作必须以它的新奇而引起他们的兴趣，使他们高高兴兴、专心专意地去做，并且把全副精力都投入这种工作。卢梭十分推崇手工劳动。他说：“在人类所有一切可以谋生的职业中，最能使人接近自然状态的职业是手工劳动，在所有一切有身份的人当中，最不受命运和他人的影响的，是手工业者。”② 卢梭甚至提出了这样的教育理想：使儿童“像农民那样劳动，像哲学家那样思想”③。

（4）青年期（15～20 岁）

在这一时期，主要是进行道德教育、信仰教育和性教育。卢梭认为，当青年有了社会生活的准备，能抵制社会上的不良影响，并开始意识到社会关系时，就可以对他们进行道德教育了。

道德教育的任务主要是：激发善良的感情，养成正确的判断力，培养坚强的意志。在道德教育中，应该使青年的心中产生善良、博爱、怜悯、仁慈以及所有一切自然而然使人感到喜悦的温柔动人的情感，并防止产生妒忌、贪婪、仇恨以及所有一切有毒害的欲念。为此，卢梭提出了三个原理：一是人在心中设身处地地想到的，不是那些比我们更幸福的人，而只是那些比我们更可同情的人。二是在他人的痛苦中，我们所同情的只是我们认为我们也难免要遭遇的那些痛苦。三是我们对他人痛苦的同情程度，不决定于痛苦的数量，而决定于我们为那个遭受痛苦的人所设想的感觉。

卢梭认为，人的道德和道德教育离不开社会。一个步入社会的青年，必须了解社会和认识世界，作为社会的成员要为社会履行自己的义务，并正确判断人类社会中的善恶。他说：“必须通过人去研究社会，通过社会去研究人；企图把政治和道德分开来研究的人，结果是这两种东西一样也弄不明白。”④

卢梭还认为，尽管一个青年的天性很好，但仍须在做好许多周密的准备工作之后，才能让他去接触我们这个时代的污秽的风气。如果在这方面稍有疏忽的话，就会葬送一个青年。正因为如此，卢梭主张，到这一时期，青年可以由农村回到城市生活。

卢梭特别重视道德行为的实践。他强调说：“社会道德的实践给人们的心中带来了人类的爱。正是因为做了好事，人才变成了好人，我认为这一点是最确实无疑的。你要使你的学生做他所能理解的一切良好行为。”⑤

---

① 卢梭：《爱弥儿》，上卷，217 页。
② 同上书，262 页。
③ 同上书，274 页。
④ 同上书，327 页。
⑤ 同上书，352 页。

“没有信仰，就没有真正的道德。”① 在信仰教育上，卢梭提倡自然神论，反对传统的宗教教育。他说：“世界是由一个有力量和有智慧的意志统治着的。”“这个有思想和能力的存在，这个能自行活动的存在，这个推动宇宙和安排万物的存在，不管它是谁，我都称它为‘上帝’。”② 这里，卢梭所说的“上帝”安排了万物极其和谐的秩序但不干预人世，并不是基督教教义所指的具有人格的上帝。因此，他又说：“我的心是决不会去亲近那样一个可怕的上帝的，我自己是决不抛弃自然宗教而去皈依那种宗教的。”③

由于这一时期是人的一生中的暴风雨时期，也可以说是一个危险时期，因此，卢梭主张还要对青年进行性教育。在性教育中，关键是顺从自然的发展，远离一切不正当的诱惑，养成克制情欲的习惯。他强调说：“自爱始终是很好的，始终是符合自然的秩序的。”④

第四节　自然教育思想的影响与评析

自然教育思想提倡教育要“顺应自然”，要求培养反封建的“自然人”，主张根据儿童的发展阶段实施教育，在西方教育思想史上产生了巨大而深远的影响，被看作是新教育和旧教育的分水岭。自然教育思想的主要代表人物卢梭的《爱弥儿》一书被后人称为“教育的自然福音”。

作为18世纪时代产物的自然教育思想，代表了法国新兴资产阶级的利益和要求。自然教育思想的目的不是要使人返回到野蛮状态中去，而是要察觉和批判封建专制制度及其教育的弊端。它作为卢梭的启蒙思想的一个组成部分，在反对封建专制制度和教会以及传统的封建教育的斗争中，是一种有力的思想武器。要造就新社会就要造就新人，就这一点来说，自然教育思想深刻地体现了时代精神，使处在云雾之中的人们看到了教育的曙光。

在教育史上，早在古代希腊，亚里士多德首次提出了教育要适应人的自然发展的原则。文艺复兴时期，一些人文主义教育家也强调教育要顺应人的天性。17世纪，捷克教育家夸美纽斯进一步提倡并论证了“教育适应自然”的原则。因此，从历史的继承性来看，卢梭倡导的自然教育思想实际上是继承了前人的思想。但是，应该看到，卢梭的自然教育思想具有比较完备的体系，并且更强调尊重儿童的天性。如果把卢梭所说的“自然”与夸美纽斯所说的“自然”做一比较的话，不难看出，夸美纽斯所说的“自然”包括了自然界的秩序和人的天性两个方面，而卢梭所说的“自然”仅仅指人的天性。此外，无论在

① 卢梭：《爱弥儿》，下卷，454页。
② 同上书，394～395页。
③ 同上书，433页。
④ 卢梭：《爱弥儿》，上卷，289页。

政治观上还是在哲学观上，卢梭深受洛克思想的影响，这说明自然教育思想与绅士教育思想也有着一定的联系。

自然教育思想产生后，在欧洲国家产生了很大的影响。自然教育思想在德国的影响甚至比在法国更大。巴泽多（J. B. Basedow）就是实践自然教育思想的一位教育家，并于1774年在德国开办了一所泛爱学校——他被称为“德意志的卢梭”。此外，康德也直接受到了自然教育思想的影响，尤其是关于人的研究，在他的《论教育》一书中吸取了卢梭的许多教育观点，但他又对卢梭的自然教育思想做了不少修正，并形成了具有德国特色的理性主义教育思想。

在瑞士，裴斯泰洛齐也受到了卢梭的自然教育思想的影响，并把它作为教育实践和理论的重要根据。裴斯泰洛齐在《葛笃德如何教育她的子女》一书中系统阐述了他的教学法思想，其要点与卢梭在《爱弥儿》中所论述的思想是一致的。正如德国教育家鲍尔生（F. Paulsen）在《德国教育史》一书中所指出的：他们都认为“教育人的唯一途径，只有激发受教育者的主观能动作用。要充分发展人的天赋或充分提高人的才能，除实践和实际练习之外，别无其他办法”①。

在英国，诗人沃兹华斯（W. Wordsworth）也十分赞同自然教育思想，主张尊重儿童的天性。他强调指出，必须珍视生活和天性所具有的纯朴，教育应该与儿童的天性相协调；但是，他也批评了自然教育思想的不足，认为读书应在学校中占有适当的地位。

自然教育思想对19世纪末形成的欧洲“新教育”思想和美国“进步教育”思想也有很大的影响。一些“新教育”家和“进步教育”家都读过卢梭的《爱弥儿》一书，并受到了很大的启发。美国教育家杜威在《明日之学校》中指出：“我们现在努力追求教育进步，其要旨已被卢梭一语道破。……卢梭以后的教育改革家无不注重从这个要旨出发去进行各种研究。”② 确实，在西方教育思想史上，现代教育派理论可以追溯到18世纪的自然教育思想。然而，应该指出，它们在发扬自然教育思想的积极因素的同时，也接受并扩大了其中的弱点和缺点。

确实，卢梭倡导的自然教育思想本身也存在着不足之处。由于缺乏教育实践基础和科学理论依据，因此，自然教育思想中不免出现主观臆断或过于极端的观点，而受到后人的批评。但是，自然教育思想提出的尊重儿童天性的原则，成为后人教育革新的指导思想，为以后教育的发展提供了可以作为依据的真理。正如杜威所评论的：“卢梭一生所说的话、所做的事有许多是愚蠢的。但是，他认为教育应当建立在儿童的天赋能力以及研究儿童需要的基础之上就可以发现儿童的天性是什么，这是正确的。”③ 应该看到，自然教育思想

---

① 鲍尔生：《德国教育史》，滕大春等译，109页，北京，人民教育出版社，1986。

② 杜威：《明日之学校》，1～2页，1915年英文版。

③ 同上书，1页。

的精髓——尊重儿童的天性，至今仍然是教育实践中的一个难题。

在肯定自然教育思想的历史价值和现实意义的同时，必须注意决不能在教育实践中全盘照搬自然教育的理论和方法。在英国，曾经有人在读了《爱弥儿》一书后，完全按照培养“自然人”爱弥儿的步骤和方法去教育他的孩子，结果都告失败，而成为西方教育史上被人笑话的逸事。

拓展阅读书目

1. 卢梭. 爱弥儿：上、下卷. 李平沤，译. 北京：商务印书馆，1978.
2. 卢梭. 社会契约论. 何兆武，译. 北京：商务印书馆，1962.
3. 卢梭. 漫步遐想录. 徐继曾，译. 北京：人民文学出版社，1986.

第十一章

法国唯物主义教育思想

法国唯物主义教育思想于 18 世纪中期在法国形成。法国启蒙思想家、教育理论家爱尔维修和狄德罗是它的代表人物。它作为批判封建专制制度及其思想体系的一个锐利武器，不仅对法国大革命期间教育改革方案和以后教育发展产生了较大的影响，而且还直接影响了 19 世纪空想社会主义教育思想。

第一节　法国唯物主义教育思想产生的背景

18 世纪的法国，是欧洲封建专制制度的典型。当时法国社会等级森严，社会分成三个等级：第一等级是僧侣，第二等级是封建贵族，第三等级是农民、手工业者、城市平民和资产阶级。国王位于封建等级制度的顶端。当时的法律明文规定：僧侣以祷告为国王服务，贵族以剑为国王服务，第三等级以财产为国王服务。前两个等级虽然只占全国人口的 2%，但却占有全国土地的 2/3，并把持着教会和国家机构，在政治上享有一切特权，还控制和管辖着各级学校教育。第三等级在政治生活中没有任何权利。因此，前两个等级与第三等级之间的对立日益尖锐，并成为当时法国社会的主要矛盾。法国唯物主义者狄德罗曾尖锐地指出：国王“你躺在火山上打盹，你的臣民只是不得已而沉默，任何森严的警卫，任何豪华的接待，任何高位的诱惑，都不能拯救你，你用什么都不能扑灭革命的爆发”。

随着资本主义工商业的进一步发展，处在第三等级中的资产阶级经济力量迅速增长，因此，他们很自然地要求彻底改变自己原来的社会政治地位。他们与同一等级中的劳动群众结成同盟，展开反对封建专制制度的斗争。为了反对封建专制制度，资产阶级期待产生反映他们革命要求的新思想、新观念和新的思维模式。

与此同时，法国的科学，特别是物理学和天文学在 18 世纪有了较大的发展，并取得了卓越的成果。通过文化交流，国外的科学理论和思想也传入法国，在知识文化界广泛传播。自然科学为法国启蒙思想提供了萌芽和生长的土壤。“18 世纪科学的最高峰是唯物主义，它是第一个自然哲学体系，是上述各门自然科学形成过程的产物。”① 因此，18 世纪在法国不仅是政治和经济急剧变动的时代，而且也是思想和文化发生重大变革的时代。随着经济力量的增长和科学技术的发展，资产阶级的意识形态逐渐建立起来，构成资产阶级文化的主要内容。

在这样的社会历史条件下，18 世纪上半期在法国掀起了一场波澜壮阔的启蒙运动。在这场由法国资产阶级发动和领导的思想解放运动中，涌现出一大批启蒙思想家。他们高举“理性”的大旗，向封建专制制度及教会和宗教神学发起了猛烈的进攻。他们进一步揭露和批判了神权对人和自然的统治，恢复了人和自然的本来面貌。他们强调“理性”的权威，用“理性”来判断一切，要求建立资产阶级的“理性王国”。启蒙思想家主要反映了资产阶级的要求和愿望，但他们本身都是一些思想敏锐、学识渊博和富于牺牲精神的杰出人物。“在法国为行将到来的革命启发过人们头脑的那些伟大人物，本身都是非常革命的。他们不承认任何外界的权威，不管这种权威是什么样的。宗教、自然观、社会、国家制度，一切都受到了最无情的批判；一切都必须在理性的法庭面前为自己的存在作辩护或者放弃存在的权利。思维着的知性成了衡量一切的唯一尺度。”②

18 世纪中期以后，法国启蒙运动进入高潮。其重要标志就是狄德罗主编的《百科全书》的编辑和出版。它既是启蒙运动的伟大成果，又是启蒙运动进一步发展的强大动力。以狄德罗为首的法国唯物主义者，被人们尊称为“百科全书派”。爱尔维修也是“百科全书派”的代表人物。他们是信奉唯物主义的最彻底和最坚决的资产阶级思想家，在启蒙运动中占有特别重要的地位。

---

① 恩格斯：《英国状况：十八世纪》，载马克思、恩格斯：《马克思恩格斯全集》，第 1 卷，657 页，北京，人民出版社，1956。

② 恩格斯：《社会主义从空想到科学的发展》，载马克思、恩格斯：《马克思恩格斯选集》，第 3 卷，775 页，北京，人民出版社，2012。

在启蒙运动中，法国唯物主义者论述了教育问题，强调教育的重要作用，深信教育的巨大力量。他们以哲学理论为武器，尖锐地抨击了由天主教会所掌握的封建教育。在反对封建专制制度及教会的宗教神学的斗争中，法国唯物主义者把教育作为启迪民智、发展理性以及培养资产阶级“新人”的重要武器。可以说，在他们的整个思想体系中，教育思想是一个重要的组成部分。

综上所述，18 世纪中后期不仅是法国政治和哲学思想发展的重要时期，而且也是法国教育思想发展的重要时期。在这一时期中，法国唯物主义教育思想占有非常重要的地位。

第二节　法国唯物主义教育思想的主要特点

法国唯物主义教育思想具有以下四个主要特点。

第一，法国唯物主义教育思想充满了战斗的精神。法国唯物主义者是法国大革命前最伟大和最进步的思想家，他们对教会控制下的封建教育进行了无情的抨击，以理性为尺度衡量 18 世纪法国的教育制度，试图把当时教育上一切不合理的东西扔到垃圾堆里去。“本身都是非常革命的”法国唯物主义者正是从反对封建专制制度及教会和宗教神学的目标出发来论述教育问题的，教育思想成为他们的一个重要的战斗武器。法国唯物主义者曾尖锐地指出：“专制制度的特点是扼杀人们精神中的思想、灵魂中的美德。”①

第二，法国唯物主义教育思想注意对教育、环境和遗传三者关系的论述。法国唯物主义者坚持唯物主义原则，并把唯物主义运用到社会生活方面，详细论述和充分肯定了教育和环境对人的个性发展的决定作用。但是，法国唯物主义者之间对这个问题的看法并不完全一致。例如，爱尔维修提出了“教育万能论”；狄德罗则反驳了爱尔维修的观点。“爱尔维修说，教育意味着一切，那么狄德罗则建议说，教育意味着许多。……爱尔维修宣称，生物机体不起任何作用，那么狄德罗则建议他只限于断言生物机体所起的作用比通常想象的要小一些。……爱尔维修的出发点是：教育是产生人们之间差别的唯一根源，那么狄德罗则认为应当只限于承认‘这是它的主要根源之一’。”②

第三，法国唯物主义教育思想强调培养资产阶级“新人”。它主张由国家来管理教育，提倡“理性”，反对宗教愚昧，要求普及教育，注重科学知识，强调教育内容和方法的改革。总之，通过“新”的教育培养“新人”，以实现资产阶级的“理性王国”。

第四，法国唯物主义教育思想是法国唯物主义者的哲学学说的重要组成部分。在启蒙

① 北京大学哲学系编译：《十八世纪法国哲学》，476 页，北京，商务印书馆，1963。
② 蒙让：《爱尔维修的哲学》，涂纪亮译，284～285 页，北京，商务印书馆，1962。

运动中，学识渊博和智勇兼备的法国唯物主义者形成了自己的哲学学说，并以此为基础对教育问题进行了比较深入的论述。可以说，法国唯物主义者的教育思想和哲学学说是紧密联系在一起的。了解法国唯物主义者的哲学学说，将有助于了解他们的教育思想。

第三节　法国唯物主义教育思想的主要代表人物

一、爱尔维修

1. 生平和教育活动

克洛德·阿德里安·爱尔维修（Claude Adrien Helvétius，1715—1771）是法国启蒙思想家、教育理论家。1715 年 1 月 26 日出生于法国巴黎的一个御医家庭。在家庭教师的影响下，他从小就养成了阅读的习惯。后进入路易十四专科学校读书。但是，他对这所耶稣会学校重视神学和经院哲学以及与社会生活隔绝的做法十分厌恶，而喜欢阅读传播民主和进步思想的著作，尤其是洛克的《人类理解论》对他的思想影响颇深。

1738 年，爱尔维修担任了他父亲为他谋得的总包税官的职务。利用到各地巡视的机会，他更深刻地了解了封建统治下的法国社会。同时，他广泛结识了当时法国的一些著名启蒙思想家，并受到了启迪和教育。1751 年，他辞去了总包税官的职务，专心从事著述活动。

1758 年，爱尔维修出版了《精神论》一书，大胆揭露宗教和封建专制制度的黑暗，在法国和欧洲其他国家的思想界引起了巨大反响，但也受到了宗教界的攻击和迫害。

之后，爱尔维修应邀赴国外考察和访问，如 1764 年 4 月对英国的访问、1765 年冬对德国的访问。国外的考察和访问更丰富了他的思想，1769 年（一说 1767 年）他完成了另一本巨著《论人的理智能力和教育》，但此书在他去世后（1773 年）才经友人帮助在荷兰的海牙出版。《论人的理智能力和教育》是《精神论》的续篇，内容更侧重于论述教育问题。

1771 年 12 月 26 日，爱尔维修去世。

马克思曾这样指出："爱尔维修也是以洛克的学说为出发点的，他的唯物主义具有真正法国的性质。爱尔维修也随即把他的唯物主义运用到社会生活方面……人类智力的天然平等、理性的进步和工业的进步的一致、人的天性的善良和教育的万能，这就是他的体系中的几个主要因素。"①

2. 教育思想

（1）人的智力平等学说

从唯物主义感觉论出发，爱尔维修坚决反对"天赋观念说"，认为人的一切观念都是

① 马克思、恩格斯：《神圣家族》，载马克思、恩格斯：《马克思恩格斯全集》，第 2 卷，165～166 页。

从感觉得来的。他强调说："人生而无知，并非生而愚蠢。"[①] 人刚诞生时毫无观念，他的一切知识和观念都是后天获得的。人的智力是天然平等的，每个人都有潜在的可完善性。在伦理学上，爱尔维修也否定先天道德观念，认为人的聪明与愚笨、善与恶并不是先天具有的，也不是上帝决定的，而完全是后天所受教育的结果。

爱尔维修承认人的认识来源于客观世界，同时承认人主要是靠感觉能力来认识客观世界的。人的智力，实际上就是自然界的赐予。一切正常的人都具有感觉器官，因此，他们都具有同样的智力。无论知识是怎样的高深和广博，都同样能为具有感觉器官的人所了解。他们都能通过感觉器官，从自然界获取知识和形成观念。因此，爱尔维修指出："精神的优越程度与感官的完善程度无关，凡是构造得同样好的人，都由自然赋予了必要的感官细致程度，足以在数学、化学、政治学、物理学方面达到最大的发现。"[②]

爱尔维修还认为，人能借助各种感觉器官就能受到教育。他说：一个人"得到多少感觉，他就受到多少教育"[③]。在他看来，精神的一切活动都归结到感觉。儿童获得运动和生命的时刻就是获得受到最初的教育的时刻。儿童的真正教师是他们周围的对象，他们的全部观念都是从这些教导者得来的。至于人们在知识水平和能力上的不同，爱尔维修认为，其原因在于各人所处的环境与教育的不同。

由此出发，爱尔维修强调指出，对于任何一个民族的轻视，都是不对的。虽然中国人和瑞典人在他们的面貌上存在着外表差别，但是，这对于他们的智慧不可能有任何影响。人的智力平等的证明是：在人们的需要相同的地方，会出现同样的技术发明，只要这些地方的政府同样地支持和保护这些技术发明。爱尔维修说："如果真是一个民族的才能和美德既保证它强大又保证它幸福，那就没有一个问题比这种问题更重要：这就是——每个人身上的才能和美德，究竟是他的机体结构的结果，还是他所受的教育的结果？我持后一种意见。"[④]

（2）教育万能论

由"人的智力平等"学说出发，爱尔维修提出了"教育万能"[⑤] 的观点。他认为，教育是万能的，它甚至还能创造天才。面对不同的人有不同的智力的情况，爱尔维修指出，这种智力上的差别是由于他们接受了不同的教育。

在他看来，人受了什么样的教育，就成为什么样的人。人之所以有千差万别的情况，主要是由于环境和教育的结果。人的习惯、性格的形成都依赖于教育。人的智慧不涉及气质和器官，纯粹是教育的产物。对于人来说，教育是万能的，没有什么东西通过教育不可

---

① 北京大学哲学系编译：《十八世纪法国哲学》，480 页。

② 同上书，500 页。

③ 同上书，482 页。

④ 爱尔维修：《论人的理智能力和教育》，载任钟印主编：《西方近代教育论著选》，189 页。

⑤ 北京大学哲学系编译：《十八世纪法国哲学》，539 页。

以办到，或者说，教育可以创造一切。因此，爱尔维修断言说，所有的人都能成为一个有名的人物，只要他们具有足够的观察力。正是在教育的作用下，牛顿变成了科学家，荷马变成了诗人，拉斐尔变成了画家。

爱尔维修所说的“教育”的含义，并不是指普通的学校教育，而是指包括社会环境、家庭环境和文化环境在内的广义的教育。可以说，凡是一切能教育人的东西都包括在内，包括人的生存条件和对于人的影响的全部总和。对此，马克思和恩格斯在《神圣家族》一书中曾这样指出：爱尔维修所理解的教育“不仅是通常所谓的教育，而且是个人的一切生活条件的总和”①。

既然由于所处的环境的所受的教育的不同，人的智力水平因而也不相同，那么，在同样的环境中，人是否会受到同样的教育，爱尔维修认为是不会的。他指出：“机遇绝不可能向所有的人提供同样的教育。”② 同样地，进入学校的所有儿童也不会受到同样的教育，因为儿童在入学前已获得许多不同的观念而造成了差别。爱尔维修认为，即使同样的教师，按同样的要求和方法进行教育，结果仍然会是不同的。因此，他说：“不能人人受同样的教育。”③

对于教育、环境、遗传三者关系及其对人的发展的作用，爱尔维修并没有得出正确的结果。“教育万能论”使他陷入了机械唯物主义和形而上学之中。

在教育与社会的关系上，爱尔维修认为教育是改造社会的唯一手段。他指出，要使人类得到幸福，要使社会得到进步，关键在于人们所受到的教育。爱尔维修强调教育的社会功能，通过教育可以消除社会中的愚昧现象，提高人们的道德水平和才能。因此，他曾这样说：“要是我证明了人果然是他的教育的产物，那就毫无疑问是向各国昭示了一项伟大的真理。它们将会知道，自己手里掌握着强大和幸福的工具，要使自己幸福和强大，问题只在于改善教育的科学。”④

(3) 批判经院主义教育

爱尔维修对经院主义教育进行了揭露和批判，认为教会控制下的经院主义教育以谬误代替真理，造成了愚昧现象和摧毁了人的精神。因为它所要求的只是“一种盲目服从，一种无边的轻信，以及一种幼稚的、无端的恐惧”⑤。在爱尔维修看来，教会是国家和公民幸福的最大障碍，宗教是科学的敌人。经院主义教育实际上扼杀了儿童的心灵，摧残了人的性格，毁灭了人的一生。他强调说：“在文明民族中间，如果愚蠢是人们的共同状态的话，那是一种传染性的教育的结果；那是因为人们在那里受到伪学者们的教导，在那里读了愚蠢的书。”⑥

---

① 马克思、恩格斯：《神圣家族》，载马克思、恩格斯：《马克思恩格斯全集》，第2卷，169页。

② 北京大学哲学系编译：《十八世纪法国哲学》，483页。

③ 同上书，481页。

④ 同上书，479页。

⑤ 同上书，485页。

⑥ 同上书，481页。

为了消除愚昧现象，改变社会的黑暗统治，爱尔维修强调必须把教育权从教会那里夺过来。他认为，一个民族如果把她的公民教育委托于教皇和教会，那必将是这个民族的灾难。要使人成为完善的人，就需要完善的教育；要想得到完善的教育，就必须把教士从学校中清除出去。

（4）提倡世俗的和国家的教育

与此同时，爱尔维修提倡世俗的和国家的教育。他认为，教育的目的主要应该是培养能将个人福利和民族福利结合起来的公民。为此，应该制订一种教育计划，“这种教育的简单明白的原则是全部以共同幸福为归依的”①。在他看来，教育的艺术在于使人在适宜的各种环境中发展他的心智和美德的胚芽。新的学校将在新的基础上培育新人，以增进全社会的公共福利。

在德育上，爱尔维修提倡追求真理以及大多数人的“共同幸福”。因此，他强调说：“在道德学中，唯一应当教人的是真理。”② 道德教育应该从小就抓起，即使最幼小的儿童也要教给他们一些清楚明白的和良好的道德观念，并注意使他们养成良好的行为习惯。爱尔维修还建议把“宗教教义问答”改成“道德教理问答”，对儿童进行道德教育。在《论人的理智能力和教育》一书中，他曾列举了41条道德教理问答，以利于儿童接受道德观念。他坚决反对体罚，认为体罚将会毁灭人的自尊心，并养成卑怯和欺骗的恶习。正因为如此，“爱尔维修之于道德界，正如培根之于自然界”③。

在智育上，爱尔维修强调科学知识的传授以及独立思考。他认为，任何没有知识的民族就是一个衰弱的民族，迟早会被征服。如果人民有了知识，就会变得聪明起来，就能获得幸福；而愚昧无知就会带来怠惰、怯弱、堕落等现象。学校教育要改变死记硬背的方式，发展儿童的主动性和正确判断的能力。“为了培养伟大人物，必须鼓励自由思想，而不让迷信和神学的剪子剪断智慧的羽翼。”④

在体育上，爱尔维修主张健康和强壮的身体。他认为，应该注意使儿童每日进行体育锻炼。学校应该仿照古希腊建立体育馆，给儿童提供体育活动的场所。因为有了健康和强壮的身体，人们才能获得幸福，民族也才会有幸福。

二、狄德罗

1. 生平和教育活动

德尼·狄德罗（Denis Diderot，1713—1784）是法国启蒙思想家、教育理论家。1713

① 北京大学哲学系编译：《十八世纪法国哲学》，488页。

② 同上书，537页。

③ 罗素：《西方哲学史》下卷，何兆武、李约瑟译，267页，北京，商务印书馆，1976。

④ 西林：《爱尔维修》，152页。

年 10 月 5 日出生于法国上马恩省朗格勒市的一个手工业者家庭。10 岁时，他进入朗格勒耶稣会中学读书。因父母笃信宗教，他未满 13 岁就剃度入教，后由他的弟弟代替他接受圣职。1728 年秋，15 岁的狄德罗得以赴巴黎就学。中学毕业后，他进入索邦学院读书并获得文学硕士学位。

之后，因在职业选择上与父亲意见不合，狄德罗只好自己谋生。但他仍坚持刻苦自学，广泛阅读哲学和自然科学著作。同时，他深入了解社会生活，并结识了一些启蒙思想家，与卢梭和爱尔维修的关系十分密切。

1745 年，狄德罗开始编纂一套新的《百科全书》，并为之艰苦奋斗 25 年。这套《百科全书》共 28 卷，汇集了当时自然科学和社会科学的最新成果。通过它的撰稿和编辑工作，形成了 18 世纪法国的百科全书派。

与此同时，狄德罗还写了许多著作，如《哲学思想录》（1746）、《论盲人书简》（1749）、《对自然的解释》（1754）等。他还发表了《对爱尔维修〈论人的理智能力和教育〉一书的系统反驳》，论述了对教育问题的见解。

1773 年年底至 1774 年 3 月，狄德罗应俄国女皇叶卡捷琳娜二世（A. Екатерина Ⅱ）的邀请访问了彼得堡。访问结束回国后，他曾为女皇拟订了一个国民教育制度方案，即《俄罗斯大学计划》（1775），但未被采纳。

1784 年 7 月 30 日，狄德罗因病在法国巴黎去世。恩格斯曾这样指出："如果说有谁为了'对真理和正义的热诚'……而献出了整个生命，那么，例如狄德罗就是这样的人。"①

2. 教育思想

（1）教育的作用

狄德罗高度评价了教育的作用。他认为，教育对人的自然素质的发展有很大的作用。通过教育，人可以发展优良的自然素质，抑制不良的自然素质。由于人的生理结构和天生倾向存在着差异，因此，教育必须考虑到这一点，对于正确地组织教育来说，这是一个非常重要的条件。因为人在自然素质方面的某些缺陷，如眼瞎、耳聋等，教育是绝对不可能给予他的。他还认为，为了消除愚昧无知和宗教迷信的状况，应该通过教育的手段启发人们的"理性"。他强调说：教育可以"减少罪恶，缓和和消灭这些罪恶，唤起对秩序、正义和善行的爱"②。识字、写字和计算的学习，能使人们的思想得到初步的塑造，对社会秩序和政府稳定产生不可估量的影响。

但是，狄德罗不同意爱尔维修提出的"教育万能论"。他认为，爱尔维修关于教育作用的观点过分夸大了教育的作用而陷入了极端。他强调指出，与其说"教育决定一切"，

---

① 恩格斯：《路德维希·费尔巴哈和德国古典哲学的终结》，载马克思、恩格斯：《马克思恩格斯选集》，第 4 卷，239 页，北京，人民出版社，2012。

② 麦丁斯基：《世界教育史》，上册，叶文雄译，158 页，北京，五十年代出版社，1953。

不如说“教育能起很大的作用”。在他看来，由于先天的自然素质和天生的倾向的不同，因此，人与人之间就存在着一定的差异。例如，有聪明与愚笨之分，有勇敢与胆怯之分等。就教育而言，它并不是人与人之间差异的唯一根源，而只是主要的根源之一。应该说，教育可以达到许多东西，但它不能创造一切。尽管教育具有比一般人所想象的更大的影响，然而它不能改变天赋给人的在某一方面缺少的东西。因此，在肯定教育作用的同时，必须估计到人的自然素质和天生倾向的作用。人的自然素质及其完善程度是正确地进行和发展人的精神的一个重要因素。

狄德罗还强调指出，自然素质上的某些差异，是由于大脑和感官结构上的差异而形成的；智力发展水平上的某些差异，是由于天生倾向上的差异而决定的。他批评爱尔维修过分强调感官的作用，因而忽视了大脑生理机能的差异及其在人的发展中的重要意义。他强调说：如果没有大脑这个器官，“其他器官不论如何完善，都没有任何意义，它是造成人们在从事智力活动的能力方面表现出显著差异的原因”①。他又说：“我难道能禁止自己作出这样的推断，即智力活动的完善，主要是取决于大脑吗?”② 因为大脑是感官的共同感觉中枢，所以，如果大脑发生错乱，人的智力功能也就被破坏了。

（2）建立国民教育制度

狄德罗尖锐地批判了当时法国等级森严和教会控制下的教育制度。他认为，广大人民群众被剥夺了受教育的权利，使得无数蕴藏着的天才被埋没掉了。因此，他强调说：“多少人在没有表现他们是什么之前，就死掉了！我愿意把他们比作一幅藏在黑暗的画廊里的壮丽的画图，里面透不进一线的阳光，没有谁看到它，也没有引起谁的赞赏，它在那样的地方埋葬了。”③ 在狄德罗看来，优良的自然素质是人人都有的，绝不是只有少数特殊人物才具有的，因此，人人都需要通过教育来发展这种自然素质。但是，专制君主和教会在教育上的一切做法，就是想剥夺人民群众的受教育权利，使他们一直陷于愚昧无知的境地。对此，狄德罗尖锐地指出：“使臣民陷于愚昧糊涂的专制君主是在弯折大树，这些大树归根到底会挺直起来，打破他的脑袋。”④

与此同时，狄德罗认为，教育可以使一个民族文明化和推动一个国家前进，主张应该建立普及的、免费的初等教育制度，对人民群众的儿童实施强迫的义务教育。他说：“从首相直至最低下的农民，每一个人都应该学会阅读、书写和计算。”⑤ 强迫的义务教育的实施应该置于国家的控制和管理之下。学校应该对一切儿童开放，没有贫富贵贱之分。因为“愚昧无知是奴隶和野蛮人的命运。教育能给人以自尊心，使奴隶很快就能感到：他并

---

① 蒙让：《爱尔维修的哲学》，283 页。

② 勒费弗尔：《狄德罗的思想和著作》，张本译，121 页，北京，商务印书馆，1985。

③ 麦丁斯基：《世界教育史》，上册，158 页。

④ 沃尔金：《十八世纪法国社会思想的发展》，杨穆、金颖译，127 页，北京，商务印书馆，1983。

⑤ 克伯雷：《教育史》，512 页，1920 年英文版。

非生来就是奴隶”①。狄德罗还强调，人人都应该有受中等教育和高等教育的权利。他说：“茅舍和其他私人住宅的数目跟宫廷的数目的对比，就如同1万跟1的对比一样，而依照这一点，我们就有充分的理由相信天才、才能和美德出自茅舍里的要比出自宫廷里的多得难以计算。”② 因此，他坚决反对当时法国中等学校和高等学校在招生时的各种人为的限制，要求他们接纳所有的青少年。

为了建立一个民主的完整的国民教育制度，狄德罗认为，必须把学校从教会手中夺过来，全部交由国家管理。在教育行政管理上应该实行大学区制，加强国家对教育的统一领导和管理。在《俄罗斯大学计划》中，狄德罗提出，整个国民教育制度应该包括初等教育、中等教育和高等教育，并置于一个名为“俄罗斯大学”的中央教育行政机构的监督管理之下。它实施对所有公共教育事务的管理，负责各级学校的课程安排和考试，任命校长和教师等。狄德罗坚决反对由教会僧侣充任学校教师。他认为，担任教师的人必须具有广博的知识、对学生循循善诱的能力和高尚的道德品质以及献身的精神；在选拔教师时，应该采用竞试的原则。

（3）教育内容和方法

狄德罗对传统的古典主义教育进行了严厉的批判。他认为，当时法国的中等教育完全是一种死气沉沉的古典主义教育，它使学生把学习时间过多地耗费在玩弄空洞的文字上。在它所设置的课程里，“没有一个字是关于博物学和实用化学的，也很少有关物体的运动以及各种实验的内容，更不用说动物学和地理学了”③。他还认为，在经院主义统治下的大学也没有与真正的科学相联系，而对科学知识抱着厌弃的态度。

因此，在教育内容和方法上，狄德罗主张进行根本的改革。学校应该重视科学知识的教育，减少古典语言学习的时间，增加有益的知识。科学在教学中应该占有重要的地位，实用应该是学校科目的评价标准。他认为，只有这样，才能培养学生的思维能力和发展他们的创造精神，才能促进科学技术的发展和更好地利用自然界。

为了使学生更有知识，更有道德，也更幸福，狄德罗认为，学校应该给学生传授所必需的一切知识。在初等教育方面，应该设有阅读、写字、算术和公民道德等课程。在中等教育方面，应该扩充课程内容，提供数学、物理、化学、自然和天文学等科目；应该建立各门学科的教研室、解剖室和实验室，并提供学习所必需的器材。

从唯物主义认识论出发，狄德罗论述了方法论的问题。他强调说：“我们有三种主要方法：对自然的观察、思考和实验。观察搜集事实，思考把它们组合起来，实验则证实组

---

① 康斯坦丁诺夫：《世界教育史纲》（一），邵鹤亭等译，115页，北京，人民教育出版社，1955。
② 康斯坦丁诺夫等：《教育史》，李子卓译，82～83页，北京，人民教育出版社，1957。
③ 孟禄：《教育百科全书》，第2卷，328页，1913年英文版。

合结果。对自然的观察应该专注，思考应该深刻，实验则应该精确。”① 在他看来，学生利用上述的方法就能更好地学习和研究科学知识，最后去发现真理。在教学中，狄德罗主张应该重视学生的道德修养。通过道德教育，可以使学生养成良好的行为习惯，认识到美德是自己享受幸福的必要品质。他试图建立一种新型的道德学，使人在明智的理性指导下行事，培养利他精神和仁爱之情。

狄德罗还十分重视教科书的编写工作。他认为，参加编写教科书的人必须是终身从事一门学问的人，并且善于学习和思考，具有刻苦钻研的精神，在教学方法上也具有一定的修养，懂得怎样才能阐明科学知识及其原理。因此，应该吸收一些著名学者来编写教科书。

第四节 法国唯物主义教育思想的影响与评析

在气势磅礴和影响深远的 18 世纪法国启蒙运动中，法国唯物主义者高举科学和民主的大旗，以无畏的精神猛烈冲击与无情批判封建专制制度、教会和宗教神学，充分表现了对真理和正义的追求。“在进行了反对一切中世纪废物、反对农奴制和农奴制思想的决战的法国，唯物主义成为唯一彻底的哲学。它忠于一切自然科学学说，仇恨迷信、伪善行为及其他等等。”②

在反对法国封建专制制度及教会的斗争中，法国唯物主义者把教育思想作为一种有力的武器。爱尔维修和狄德罗是他们的主要代表。他们在唯物主义哲学基础上对教育问题的论述，反映了已经得到发展的资产阶级的需要，深深地打上了新兴资产阶级的阶级烙印。哲学和思想的变革成为政治变革的前导，毫无疑问，法国唯物主义者的教育思想及他们的哲学学说对法国大革命做出了卓越的贡献。

应该看到，法国唯物主义教育思想体现了时代的要求，有些观点和主张显然超越了他们所代表的资产阶级利益，在一定程度上是符合教育规律的。法国唯物主义者不仅崇尚知识，而且尽力传播知识。他们倡导国家的义务教育和世俗教育，培育对国家有用的公民，正因为如此，他们的教育思想和哲学学说一样在 18 世纪的法国受到普遍欢迎，并得到广泛的流传。

法国唯物主义教育思想是特定历史条件下的产物，反映了新兴资产阶级的经济力量和自然科学具有一定程度发展的结果。同时，它又受到了前人思想的影响，并特别称颂培根和洛克。综观狄德罗的教育思想，可以清楚地看到培根的知识论和方法论，以及洛克的经验论和教育观对他的深刻影响。

---

① 北京大学哲学系编译：《十八世纪法国哲学》，327 页。

② 列宁：《马克思主义的三个来源和三个组成部分》，载列宁：《列宁全集》，第 19 卷，2 页，北京，人民出版社，1959。

法国唯物主义教育思想不仅为资产阶级“理性王国”的教育提出了设想，而且对教育实践产生了影响，在法国大革命时期成为资产阶级拟订教育改革方案的基础。狄德罗提出的一个组织和管理国民教育制度的完整计划，尽管没有被俄国政府采纳和实施，但在法国却引起了人们极大的兴趣和热烈的讨论，最后在拿破仑一世时期导致了中央集权教育行政管理体制的确立。美国教育史学家克伯雷曾这样指出：“1808 年的法兰西大学在很大程度上是狄德罗提出的设想的一种具体体现。”①

此外，法国唯物主义教育思想对 19 世纪空想社会主义教育思想的产生有着直接的影响，成为它的思想源泉之一。因此，对法国唯物主义教育思想的了解，可以加深对 19 世纪英国空想社会主义教育思想的理解。

由于哲学观、社会政治观及历史的局限性，法国唯物主义教育思想中存在着一些不足之处。例如，爱尔维修完全否定遗传素质对人的发展的作用，片面地夸大了教育的作用；狄德罗幻想通过教育来改革现存的不合理的社会制度等。

但是，法国唯物主义教育思想不仅具有重要的历史价值，而且也具有很大的现实意义。马克思和恩格斯在《神圣家族》一书中曾明确指出：“并不需要多大的聪明就可以看出，关于人性本善和人们智力平等，关于经验、习惯、教育的万能，关于外部环境对人的影响，关于工业的重大意义，关于享乐的合理性等等的唯物主义学说，同共产主义和社会主义之间有着必然的联系。”②

拓展阅读书目

1. 爱尔维修. 论人的理智能力和教育. //任钟印. 西方近代教育论著选. 北京：人民教育出版社，2001：188-202.

2. 西林. 爱尔维修. 郭力军，译. 上海：上海人民出版社，1960.

3. 勒费弗尔. 狄德罗的思想和著作. 张本，译. 北京：商务印书馆，1985.

---

① 克伯雷：《教育史》，512 页，1920 年英文版。

② 马克思、恩格斯：《神圣家族》，载马克思、恩格斯：《马克思恩格斯全集》，第 2 卷，166 页。

第十二章

理性主义教育思想

理性主义教育思想于18世纪中期在德国产生，具有明显的德国特征。德国哲学家和教育理论家康德是它的主要代表人物。它强调对人类文化的尊重，重视道德和道德教育，注重形式的训练尤其是思辨能力的训练。理性主义教育思想不仅对19世纪德国及其他欧洲国家的教育思想产生了较大的影响，而且提供了新的哲学方法论，使得那个时代的教育实践趋于理性。

第一节　理性主义教育思想产生的背景

德国的启蒙运动是在法国启蒙思潮的影响下产生的。一般认为，这个新时期是从腓特烈大帝于1703年登上普鲁士王位开始的。[①] 在法国，启蒙运动为1789年革命在政治上铺平了道路，而在德国，启蒙运动依然主要是理智复兴的问题。同英法两国相比，德国在当时是一个落后的封建国家。经济落后及政治上的四分五裂是这一时期德意志民族历史发展

① 鲍尔生：《德国教育史》，88页。

的特点。然而，在德国封建制度内部，新的生产关系也在缓慢地生长。德国的经济生活业已感受到市场的影响。但一般来说，资产阶级仍不足以形成一支有影响的社会力量。资产阶级的进步情绪不是反映在社会和政治斗争上，而是反映在文学和思想上。他们对法国革命的欢迎是“德国式的，它带有纯粹形而上学的性质，而且只是对法国革命者的理论表示的”①。

从历史上看，自欧洲“三十年战争”（1618—1648）以来，德国在文化方面受法国的支配。直至18世纪后半期文学复兴以前，德国还没有摆脱对法国文化的从属地位，唯独科学是一个例外。

18世纪，德国的自然科学正处在一个兴盛时期。科学的各个分支都已积累起大量的经验材料，特别是在纯粹科学研究方面所取得的进展令其他欧洲国家刮目相看。因此，在这方面，德意志文化显示了它的独特性。一个突出的表现是德国大学在文化生产和社会生活中所扮演的角色。在法国大革命中，大学已完全被废止；英国的大学则仍为中世纪教育所笼罩，丧失了开拓前进的能力；与此相反，德国的大学不仅是作为学术和教学的中心，而且还是国家精神的象征。创建于1604年的哈勒大学引领风气之先，成为普鲁士振兴的“新基石”。这所大学不仅是德国，而且是欧洲第一所近代大学。它全面改革了教学内容，引入了近代哲学和科学，而且未经教义检查和官方思想的裁决。其办学思想是以哲学上的理性主义和教学自由等原则为依据的，这就为后来德国哲学的繁荣打下了基础。稍后成立的哥廷根大学仿效哈勒大学的办学模式并有所创新，除了充实的科学研究外，在哈勒大学不受重视的古典文学获得了新的生机，使这所大学成为18世纪末19世纪初德国新人文主义的摇篮。

在大学生活的刺激下，某种形式的自由主义开始在普鲁士知识界成长，启蒙运动日益成为对自主的智力活动的一种重新估价。18世纪70年代后，德国人的精神生活开始产生一种深刻的变化，带有强烈思辨色彩的古典哲学运动和文学上的狂飙突进表明德意志文化朝着独立和自由方向发展的步伐加快了。这一时期，德国的教育理论受卢梭的自然教育思想影响。卢梭从儿童天性中发现了他所说的自然规律，主张教育必须不违背儿童天性。卢梭推崇直觉和情感生活，由此产生了具有反理性主义倾向的浪漫主义运动。需要指出的是，卢梭的“自然主义”并未对“理性”本身抱有敌意，他反对的是因过分推崇理性而导致的对情感和生命的压抑，允许情感去决断理性存疑不决的问题，强调理性必须透过情感才能有所作为。卢梭的《爱弥儿》一书中并没有回避理性教育的问题。从这个意义上说，具有反理性主义倾向的浪漫主义派和强调理性至上的启蒙学派所代表的学说恰恰构成了相互补偿的两个端极。至少，那种把浪漫主义和理性主义截然对立的观点在德国思想家那里

① 恩格斯：《德国状况》，载马克思、恩格斯：《马克思恩格斯全集》，第2卷，635页。

并不多见。一般地说，“德国的唯心论全部和浪漫主义运动有亲缘关系”①。例如，康德的哲学思想就并不因为强调理性而排斥情感的因素。这种调和的特征，同样反映在他对教育问题的见解之中。

从 18 世纪起，德国迎来的是一个哲学的时代，神学把它的王冠让给了科学和哲学，理性成为科学和哲学的权威。康德、费希特、黑格尔成为这个时代的象征。“理性主义哲学”在德国又被称为“唯心主义哲学”。英国哲学家罗素曾对这一时期德国理性主义者的共同特征做过如下概括：“对认识的批判，作为达成哲学结论的手段，是康德所强调的，他的继承者所接受的。强调和物质相对立的精神，于是最后得出唯独精神存在的主张。猛烈排斥功利主义的伦理，赞成那些据认为由抽象的哲学所证明的体系。存在着一种从以前的法国和英国的哲学家身上见不到的学究气味；康德、费希特和黑格尔……虽然他们起的作用一部分是革命的，他们自己却不是故意要带颠覆性……所有这些人的生活是典范的学院生活；他们关于道德问题的见解是严格正统的见解。”②

第二节　理性主义教育思想的主要特点

理性主义教育思想具有以下三个主要特点。

第一，理性主义教育思想强调对人类文化的尊重，并赋予它以教育的意义。一般地，理性主义者强调人类精神的自我能动性。人就其本性说，乃是一种精神的存在。人必须表现他的本性，否则就不成其为人。人的本性不同于人的自然天性。天性只受本能的驱使，它是某种动物性的东西。德国哲学家黑格尔就认为，儿童的生活开始总是受天性的束缚，此时他仅仅表现为一个有感觉的动物，而不是一个有思想的生灵。需要用教育去突破人的天性的屏障，使其从“天性的自我”上升为“精神的自我”。因此，在理性主义者看来，教育意味着对人的道德、智力和美学方面的全面培养。

第二，理性主义教育思想注重道德教育。理性主义者是“道德自我至上论”者，强调人的价值取决于他的道德生活。道德生活就是改善人的内在自我。他们认为，教育学就是使人变得有道德的艺术。这种道德教育完全受制于理性。它是自律的而不是他律的。如同康德和黑格尔所指出的，道德教育的核心问题是如何调节“服从”与“自由意志”，将外部法则变为内部法则。因此，理性主义者非常注重意志的训练，在道德教育上强调“独立性”“自发性”“自我能动性”“责任”“义务”“判断”“动机”这样一些主观的概念，倾向于诉诸内部，不主张诉诸外部。

第三，理性主义教育思想强调形式的训练，尤其是思辨能力的训练。理性主义者

---

①② 罗素：《西方哲学史》，下卷，246 页。

一般把知识的构成看成是由一定的先验形式所决定的，并认为这些先验形式对知识起着规范的作用，从而使知识带有普遍性和必然性。他们将求知的过程视为理智活动的过程，主张感性知识依附于理性知识，强调智育要磨炼人的理智，使之具有主动性和创造性。德文中“教育学”（Pädagogisch）一词就含有“教师”（Padagog）在教育过程中减少干预和介入①，在知识教学中反对灌输，重视启发并鼓励自我认识和自我活动的意思。

第三节　理性主义教育思想的主要代表人物

一　康德

1. 生平和教育活动

伊曼努尔·康德（Immanuel Kant，1724—1804）是德国哲学家、教育理论家。1724年4月22日出生于东普鲁士的哥尼斯堡。早年受虔信派精神的教育。1732年他进入腓特烈公学学习。1746年，从哥尼斯堡大学毕业后，他担任了9年的家庭教师，积累了比较丰富的教学经验，也为以后的终身教学生涯打下了基础。1755年，康德获哥尼斯堡大学硕士学位。1770年，康德担任哥尼斯堡大学逻辑学和形而上学教授。1774年，哥尼斯堡大学首次开设教育学讲座，按照当时哲学教授轮流担任教育学讲座的惯例，康德主持了4个学期的教育学讲座。因此，康德是西方教育史上最早在大学开设教育学讲座的学者之一。有关讲课笔记经他的学生林克（T. Rink）整理成《论教育》一书，于1803年出版。康德在此书中追随卢梭在《爱弥儿》中阐明的教育原理，并尝试用自己的哲学去说明它。这是康德留存至今的唯一的教育论著。

作为一位哲学家，康德曾从事过许多自然科学方面的探索。尤其应该指出的是，在哥尼斯堡大学任教的学术生涯中，康德形成了他的唯心论和先验论的庞大体系。康德所处的时代，理性主义正受到来自各方的挑战。因此，康德力求公平地对待那一时代的各种思潮，不偏不倚地考察“理性”的一般能力。怀着这样的目的，他写下了《纯粹理性批判》（1781）、《实践理性批判》（1788）和《判断力批判》（1792）。康德的批判哲学三部曲集真善美于一身，奠定了德国唯心主义哲学大厦的基础。

1804年2月12日，康德在哥尼斯堡去世。

2. 知识论

在康德哲学体系中，认识论或知识论是一大特色。在《纯粹理性批判》一书中，康德

---

① 鲍温：《西方教育史》，第3卷，212页，1981年英文版。

将认识的历程分为“感性”“知性”和“理性”三个阶段。他承认在人的意识之外存在着客观世界，人的一切知识都来源于经验。但他又认为，感觉只能作为诱因，人只能通过“空间”和“时间”这两种“感性直观的先验形式”去感知事物；它们被赋予事物，事物才具有空间性和时间性，反之就不会有感觉。换句话说，在康德看来，即使是感性知识，也已经打上了“认识能力”的主观烙印。

“知性”又称“理智”，指意识从其自身产生观念的能力。知性也可以理解为意识的主动性。康德认为，感性是消极的，知性是能动的。感性与知性两者的关系是：如果没有感性，对象就不会被给予人；而如果没有知性，人就不能思维对象。只有感性和知性两者结合才能产生知识，知性通过因果关系、必然性、可能性、实在性、否定性等先天的逻辑范畴将感性材料纳入其中，并依据这些范畴去整理这些材料，即运用概念去下判断，从而使感性知识具有普遍性和必然性。

在康德看来，理性是一种更高级的认识能力。他强调指出，感性和知性所能认识的只是现象世界，理性则要达到“物自体”，即对现象彼岸本体世界的认识。但理性一旦如此，就会陷入自相矛盾，康德称之为“二律背反”①。这就是说，人的理性不能建立关于事物本质的知识，而只能是关于现象的知识。正如康德在《纯粹理性批判》第2版前言中所写道的：“我们不得不限制知识，以便为信仰腾出地盘。”这使康德又回到不可知论的老路上去。值得肯定的是，康德关于理性“二律背反”的原理将矛盾变成了认识活动的必然环节。这一辩证思想给了黑格尔以极大的启示。

康德的认识论深化了人们对诸如知识来源、知识分类与构成、知识价值等一系列教育基本问题的研究。他给予人们的一个重要启示是：认识论是一门以思维为研究对象的科学，即康德所说的讨论关于“能知之心”的构造的一门科学。正是这门科学引导教育走向科学化。教育科学必须研究人的学习过程与思维过程之间的关系。在这方面，康德所做的批判工作为探讨人的认知活动的内部机制提出了辩护的理由。

康德的认识论强调意识的能动作用：意识不仅反映世界，而且创造世界。康德以前的大多数哲学家均未能摆脱机械论和经验论的束缚，相信人脑的作用只是机械地反映客观世界，或是把人脑看成是储存观念的消极的容器。康德推翻了这个结论。但康德肯定精神是知识的本源，但又认为知识来源于感觉经验。只是经验本身必须依赖于人脑根据一定的先验形式将其加工整理方能成为知识。换句话说，在学习过程中，现实世界被同化于人脑，而不是使人脑与客观世界保持一致。人脑的构造使它只能在所谓的“范畴”中认识世界，从而赋予意识以巨大的能动性和创造性。但是，必须指出，这种“赋予”所依据的是先验唯心的原则，这就好比一个人想在使用认识工具之前就先探究认识工具一样。黑格尔把康

① “二律背反”，指两个互相排斥但同样是可论证的命题之间的矛盾，是康德创造的一个重要哲学用语。

德的这一观点比喻为“想学游泳又不下水”。

3. 道德论

早在18世纪中期，康德就已接受了卢梭的思想。他将卢梭比作“牛顿第二”，正如牛顿发现了“杂多”世界的规律性一样，卢梭在复杂万端的人类中发现了人所共有的“天性”。卢梭的著作给康德带来的最大作用是使他得以摆脱书斋学者的许多成见，认识到理智上的贵族式态度不可取，并使其思想趋向大众化。他曾这样写道：“有两种东西，我们愈时常、愈反复加以思维，它们就给人心灌注了时时在翻新、有加无已的赞叹和敬畏：头上的星空和内心的道德法则。”①

在《实践理性批判》一书中，康德试图说明由于思辨理性不能认识“物自体”，因而只能由实践理性去回答。所谓“实践理性”即“道德意志”，其重要性在“思辨理性”之上。这是因为思辨理性受制于实践理性，而且只有在实践理性中才能最终实现它自己。人首先要成为自己的主人，才能成为自然的主人。所以，对康德来说，伦理学乃是至高无上的哲学。

康德认为，他那个时代科学的进步并没有使理性更趋完善，反而使理性受到歪曲。其根本原因就在于，科学缺少一种“人道主义基础”。科学罹患了两种疾病：一是视野狭隘，思想片面；二是缺乏崇高的目的，即为人类谋幸福的意念。因此，科学需要来自哲学的监督；科学家应当具有哲学的眼光，否则就会变成一只独眼怪物。缺少人类的“自我意识”这只眼睛，我们就不会有衡量我们知识水平的尺度。

康德给自己提出的任务是：“如果说确有那种符合人的需要的科学，那么这就是我所研究的科学，即能够恰当地给人指出他在世界上所占位置的科学。它能够教给我们：要想成为一个人，我们应该做些什么。”② 这段表白说明，康德清醒地认识到启蒙学者中存在着一种炫耀博学、崇尚科学万能的思想偏见。他明确指出：知识的价值取决于道德的价值。因此，康德想献身的那门科学乃是人的科学。这也正是他从事理性批判的动机之一。

康德的道德论有两个主要命题：“道德自律”和“道德义务”。“道德自律”是与“道德他律”相对立的。就是说，伦理学的基础依赖于人的理性，宗教并不是道德的原因。“道德义务”则与“追求个人幸福”的功利主义伦理学相对立，后者必须服从前者。

康德以前的不少哲学家从来都认为，道德是他律的，伦理的基础是宗教。道德律是造物主灌输到人类理智中去的，就像《圣经》中上帝通过先知摩西赋予道德戒律那样。康德批评了这种观点，认为道德的本质是自律的，不依赖于宗教。“全部道德概念都先天地坐落在理性之中，并且来源于理性。”③ 所以，对道德本身来说，绝对无须宗教的证明，它自己证明自己。在康德看来，不能设想从理性之外引申出道德法则。

---

① 康德：《实践理性批判》，关文运译，164页，北京，商务印书馆，1960。

② 古留加：《康德传》，贾泽林等译，69页，北京，商务印书馆，1981。

③ 康德：《道德形而上学原理》，苗力田译，62页，上海，上海人民出版社，1986。

康德还指出，理性在道德世界中有道德自律的能力。康德强调指出："人……是目的本身，即在任何时候任何人（甚至上帝）都不能把他只当作工具来加以利用。"① 在他看来，人始终是道德的主体。人应当对自己负责，人应当保全自己的生命，发展自己的才能；人也应当对同类负责，人应当尊重他人的自由财产，增进他人的幸福。于是，"自身的完善和他人的幸福"就成为康德所说的"绝对命令"。它根本上区别于为追求某种目的或为某种利益驱使的"假言命令"。在康德看来，"道德自律"和"道德义务"体现着理性的崇高，它使人自由、伟大和有尊严。

康德的道德论中还有一个有价值的思想，那就是他将理性的"二律背反"自觉地引入道德领域的尝试，如关于德行与幸福的"二律背反"等。按照康德的意见，幸福不应是人追求的目标。追求幸福是自私的，它把个人满足置于义务与权利的客观道德之上，损坏了道德的根本。幸福应当是道德行为的基础，而不是目的。我们应努力做个值得幸福的人，而不应为了幸福而生活。

然而，问题在于人同属于两个世界：人作为自然界的一部分，他受外在因果性支配，要追求物质利益、追求幸福，那是他正当的权利；人作为理性的存在，作为道德世界的本体，与经验世界无涉，和物质利益无关，他追求道德，被赋予了自由。如果分别从不同的世界看人，德行与幸福可以说是没有矛盾的。但是，现实中的人是双重存在的统一，人既要追求幸福又要有德行。面对这样一个两难情形，必定会陷入实践理性的"二律背反"。康德哲学本身的弱点使他没有可能给出满意的答案，只好将希望寄托于彼岸世界，声称教育的任务就在于使人完全遵循自己的本体性质，遇事行事能够用"意志"和"良心"去自我监督。康德的观点曲折地反映了当时德国资产阶级所特有的心态。

综上所述，不难发现，康德的"实践理性"是一种典型的先验论的道德哲学。他的一些观点引起的争议启发了人们对于道德和道德教育问题持续的理论兴趣。应该说，康德在道德论问题上所作的形而上学的考察，客观上有利于建立一种真正的教育科学。

4. 教育论

康德的教育观点是在卢梭的影响下形成的。在德国教育家中，第一个尝试将卢梭的教育原理付诸实施的是巴泽多。康德当年开设教育学讲座时所用的教材讲义就是以巴泽多的《教育方法手册》为基础的。巴泽多的实验坚定了康德的如下信念：教育改革应当立足于"实验"，只凭理性尚不足以判断是非。实验学校的创立应当先于师范学校。因为前者孕育着新的教育精神和教育方法。在这点上，康德表现了应有的现实主义态度。

值得注意的是，康德在许多具体问题上接受了卢梭的思想，但他最终并未成为一个自

① 古留加：《康德传》，166页。

然主义者。他在一份手稿中曾这样写道："我的出发点是文明化了的人……自然之路对于我们来说不是什么神圣不可侵犯的东西。"① 在康德看来，人唯有凭借教育才能成为人，人绝非人所创造的教育以外的产物。确切地说，人唯有凭借人，亦即唯有凭借同样受过教育的人才可能受教育。

儿童的本性曾是全部基督教教育的出发点，卢梭猛烈地批判了在这个问题上的宗教神学观点，坚持儿童"性善"一说。对此，康德却持有异议。他拒绝了先天的善，认为上帝并未将善预置在人心中，人至多只有潜在"向善"的倾向，而这并不就是"善"。做一个有道德的人，天性的倾向、本能或欲望是无能为力的。这是因为一方面欲望的满足靠的是快乐，另一方面由这种欲望引起的情感却不能不因人而异，从而无法导出一个普遍的法则。康德坚持认为，世上唯一无条件的"善"是意志。道德教育的最高目的是遵从他所说的"绝对命令"，即服从良心的指导。例如，我撒了谎，即使无人知道我也会羞愧。在康德看来，对儿童本能的冲动必须加以监控。为了培养德行，要用确定的道德规范去施教。

在"自由"与"抑制"之间是否存在对抗性的问题上，康德强调指出："儿童有行使自由意志的能力。教育上最大的一个问题是把如何运用这种能力同如何给予这种能力以必要的限制结合起来。"② 在他看来，儿童的自由必须以不侵害他人的自由为限。在这方面，一切公共教育和社会教育具有不容争辩的优越性。正是通过这种教育，儿童才学会如何将自身权利同他人权利加以比较。"爱弥儿"式的教育培养不出能够承担道德责任的人来。

这里有必要澄清一下"自由意志"的含义。康德所谓的"自由意志"，是指自我决定的自由，而不是自我行动的自由。因此，康德认为，教育的目的是使儿童能够从自身找到支配自己行动的法则，而只有将外部限制变成内部法则，他才称得上有真正的自由。例如，学校是一种强制的文化，要培养儿童具备运用自由意志的能力，要求他服从一定的强制是不可避免的。这同学校必须把儿童培养成具有自由意志和独立人格的目标应该是不矛盾的。

总之，康德对于教育问题发表的见解，加强了教育中的道德二元论倾向。一方面，他强调教育应当训练人服从抽象的义务，而将需要引起的动机排除在外。这样，他就把道德价值完全归之于个人的努力深造。另一方面，他注重对动机与效果、品德与行为的区分，把动机和品德说成是纯粹内部的、与意识有关的东西，而效果和行为则不属于意识的范畴。因此，内部动机良好就成了唯一的道德评价标准。此外，康德还倾向于把有关道德的知识从整个知识体系中独立出来，并且认为这种知识更具有抽象性。③ 显然，康德谈论教育是以承认普遍的道德律令为前提的，只需得到独立理性的认可。

对此，法国教育社会学家涂尔干在《教育及其性质与作用》一文中写下了一段有针对

---

① 古留加：《康德传》，50页。

② 瞿菊农编译：《康德教育论》，20页，上海，商务印书馆，1930。

③ 布鲁巴克：《教育问题史》，321页，合肥，安徽教育出版社，1991。

性的评论："上述有争议的公设，本身就犯了一个更为普通的错误。如果撇开时间、地点和条件不谈，先考虑理想的教育应该是怎么样的，这实际上是在默认教育制度本身丝毫没有实体的特征。于是，在教育制度中就看不到整个教育实践与教育机构随着时间的推移而在缓慢地得到组织，也看不到它们与其他所有社会机构有相互联系，更看不到它们反映了其他所有社会机构，因而它们不能像社会机构本身那样随意地发生变化。教育制度似乎便是一个纯粹的观念体系；鉴于同样的原因，它仿佛只属于一个逻辑范畴。"①

第四节　理性主义教育思想的影响与评析

从康德开始而以黑格尔终结的德国古典哲学支配了 19 世纪欧洲教育理论的发展，并且在很大程度上引导了那个时代的教育实践趋向理性。对此，人们可以赞同也可以反对，但却不能视而不见。事实上，它的影响已为后来教育历史的发展所证实。

以康德为主要代表人物的理性主义教育思想在欧洲国家尤其是在德国产生了较大的影响，瑞士教育家裴斯泰洛齐以及德国教育家赫尔巴特和福禄培尔等都在不同程度上受其影响。有的西方教育学者认为，20 世纪初德国文化教育学的思想渊源也可以追溯到康德的理性主义教育思想。在教育问题上，裴斯泰洛齐称得上是比康德本人更好的"康德主义者"。裴斯泰洛齐的社会观点和心理过程的一般概念同康德这位大哲学家非常一致。不管怎样，裴斯泰洛齐的原则和方法就是康德已经推论出来的。② 裴斯泰洛齐本人也承认自己的教育思想深受康德的影响。

继裴斯泰洛齐之后，赫尔巴特教育思想的哲学基础是所谓形而上学的实在论。这种哲学是在莱布尼茨、康德等唯心主义哲学思想的影响下发展起来的。他的观念心理学与此也是密切相关的。1809 年，赫尔巴特接替了康德在哥尼斯堡大学的哲学、教育学讲座，就明确宣布教育学作为一门科学，必须以实践哲学（伦理学）和心理学为基础，提出人类和教育的最高目的是德行。赫尔巴特本人曾称自己是"1828 年的康德派"③。他的教育思想确实在一定程度上与康德有着联系。

福禄培尔作为裴斯泰洛齐教育思想的直接继承者，与赫尔巴特有着某种相似的经历，早年都曾在耶拿大学学习哲学。耶拿大学当时是公认的德国古典哲学思想的中心，因此，福禄培尔的教育哲学深受谢林、费希特、黑格尔等人的影响不是偶然的。揭去福禄培尔教育哲学的神秘主义外衣去看他的关于人的发展的学说，这种印象就会更加深刻。

---

① 涂尔干：《教育及其性质与作用》，载张人杰主编：《国外教育社会学基本文选》，4 页，上海，华东师范大学出版社，2009。

② 博伊德、埃德蒙·金：《西方教育史》，314 页。

③ 陈元晖：《康德与近代西方教育思想》，载《华东师范大学学报》（教育科学版），1987（1）。

理性主义教育思想的出现有其历史的必然性，表现出一定的社会进步性。19 世纪德国教育改革之所以走在欧美各国的前面，应该说，是因为它反映了当时德国新兴资产阶级的要求，高举“理性”至上的旗帜批判封建经院主义教育的残余，为 19 世纪西方教育思想的发展提供了颇有新意的哲学方法论，为教育哲学思想开拓了新的领域。哲学的繁荣为其注入了活力和生机，这在近代西方教育史上堪称一个典范。这场以理性的批判为特征的哲学革命唤醒了人们的自我意识，更新了人们对道德问题的见解，使每个人看到了自身的价值和自我发展的潜力，这对欧美各国的教育启蒙和发展无疑是一个巨大的推动。

由于受先验唯心论等思想的制约，理性主义教育思想显然也存在着一些消极的、错误的东西。这实际上反映了理性主义者思想中的二重性。

拓展阅读书目

1. 瞿菊农. 康德教育论. 上海：商务印书馆，1930.
2. 古留加. 康德传. 贾泽林，等译. 北京：商务印书馆，1981.

第十三章

要素教育思想

第一节　要素教育思想产生的背景
第二节　要素教育思想的主要特点
第三节　要素教育思想的主要代表人物
　　　　裴斯泰洛齐
第四节　要素教育思想的影响与评价

要素教育思想是由瑞士教育家裴斯泰洛齐在 18 世纪后期提出的。它以"教育心理学化"为前提，强调在一切知识中都存在着一些最简单的要素，主张简化教学方法，促使人的基本能力全面和谐地发展。要素教育思想曾对 19 世纪欧美国家的初等教育和师范教育的发展产生过很大的影响。

第一节　要素教育思想产生的背景

18 世纪的瑞士正处于封建主义经济向资本主义经济过渡的时期。当时瑞士虽然是一个联邦国家，但既没有统一的宪法，也没有行政立法机关，整个国家实际上是处于分裂的状态。社会不平等的现象普遍存在，这主要表现为特权阶层（贵族和资产阶级）与贫民和农民之间的不平等。在封建专制制度下，贫民和农民要缴纳沉重的土地租金和什一税。因此，特权阶层与贫民和农民之间的矛盾日益尖锐，贫民和农民的生活处于极端贫困的状态。瑞士"各处的景象不只是贫困，而且是饥饿的赤贫……这些肥沃的平原和山谷的可怕景象是如此的悲惨，好像连这片土地上的胜利者也死绝了”①。

随着18世纪法国启蒙运动的兴起和发展，启蒙思想在瑞士也得到了迅速和广泛的传播，受到瑞士人民的欢迎。苏黎世则是当时新思想的中心。一些受到启蒙思想影响的社会人士和青年学生要求改革当时瑞士的社会结构，消除社会不平等的现象，让每个人都具有平等和自由的权利。包括裴斯泰洛齐在内的一些青年组织了“爱国者协会”，讨论有关政治、哲学、历史及文化教育等问题。法国启蒙思想家卢梭的《爱弥儿》和《社会契约论》等著作也是他们讨论的主要内容。但是，瑞士启蒙思想家的活动受到了当时瑞士政府的压制。

当时，在法国启蒙思想家的影响下，作为一个农业国家的瑞士也兴起了向往大自然的运动，在青年中普遍存在着“崇尚自然”的思想以及对农民宁静清新的自然生活的向往。回到田园生活，当一个农民，可以说是当时的一种风尚。正如瑞士学者邦儒尔（E. Bonjour）在与英国学者合著的《瑞士简史》中所指出的：“在18世纪，人们对农民及其生活产生前所未有的兴趣。这部分地是由于法国哲学家的思想被普遍接受以及对大自然的新向往所致。”② 苏黎世、伯尔尼和巴塞尔的农业社团的成立都反映了这个时代的趋势。

在18世纪的瑞士，文化教育方面也存在着不平等的现象。特权阶层的子弟进入设备优越的学校受教育，而贫民和农民的子弟只能接受简单的初等教育；而且，民众教育状况非常落后，学校设施差，教师水平低。因此，当时瑞士农民通常不识字，城市里的手工业者同样缺乏正式教育。这种情况就“像一座大厦，大厦的上层宽敞明亮，显示了高超的技艺，但是为少数人居住。中层住的人就多得多，但没有登上顶层的合乎人性的阶梯；如果有几个人奢望爬上顶层的话，那么随时可以看见他们像动物那样时而用手，时而用胳膊和腿试着向上爬，但这手和腿被一一斩断了。最后大厦的底层住着无数的贫民，本来他们与最上层的人们有享受阳光和新鲜空气的同等权利，但是，他们住在没有星光的小屋里，不仅不能摆脱令人难受的黑暗，而且视线受限，双眼变盲，使他们甚至都不能仰望大厦的上层。”③ 此外，学校教师的素养很差，社会地位和工资待遇也很低；学校教育对绝大多数人和最低阶层的人们来说，是毫无用处的；教育方法机械呆板，不考虑儿童的天性，有悖于心理学原理；学校从本质上说只是违反自然的、使人窒息的机器，旨在摧毁自然赋予儿童的充满活力的能力。“这种学校对于绝大多数和最下层阶级的人们来说，是完全无用的。”④ 因此，正如邦儒尔所指出的：“在18世纪的瑞士，学校少，合格的教师更少。时人描绘，儿童在拥挤不堪的课室里，被迫以死记的方法进行不求甚解的学习，接受少得可怜

① 别尔纳狄涅尔：《卢梭的社会政治哲学》，焦树安、车铭洲译，16页，北京，中国社会科学出版社，1981。

② 邦儒尔等：《瑞士简史》，下册，南京大学历史系译，338～339页，南京，江苏人民出版社，1974。

③④ 裴斯泰洛齐：《葛笃德如何教育她的子女》，载裴斯泰洛齐：《裴斯泰洛齐教育论著选》，夏之莲等译，73页，北京，人民教育出版社，1992。

的讨厌的教育。”①

法国启蒙思想家，尤其是卢梭的教育思想不仅对法国而且对瑞士也产生了很大的影响。“以这种教育改革为目标的运动，自从卢梭……开其纪元以来，在很长的一个时期里，已在半个世界开展了。”② 当《爱弥儿》1762年出版时，裴斯泰洛齐才16岁。然而，他早就吸收了其中许多思想，并试图付诸实践。裴斯泰洛齐自己曾这样说：“我把我在家里和学校里所受的教育与卢梭要求爱弥儿的教育做了比较，我感到我受的教育实在太可怜了。”③ 在1781年写成的《林哈德和葛笃德》第一部中，他又明确指出：“时代在进步，50年来，一切都变动了，学校还是依然故我。这哪能培养出现代的人才，哪能适合时代的需要，不是很清楚吗？”④ 后来在《葛笃德如何教育她的子女》一书中，他还描述了当时瑞士学校教育中存在的弊病，并尖锐地指出：“这样的教学能发展儿童的心智吗？……难道人将永远处于盲目状态吗？难道人们永远找不到错乱我们的精神、毁灭我们的天性、扼杀我们的才能以及给我们带来其他种种恶果的根源吗？”⑤ 他自己承认他既是一位初等学校教师，又是一个教育改革者。因此，要素教育思想的产生反映了18世纪瑞士社会和时代的需要，也是裴斯泰洛齐本人社会政治观和教育观的具体体现。

1789年爆发的法国大革命不能不波及瑞士。在法国军队的驻扎下，海尔维第共和国于1798年4月成立。共和国宣布教育人民是它的一项主要任务，并把一切教育置于国家的控制之下作为一条原则。正是在这种情况下，裴斯泰洛齐有机会在教育实践中实现他理想中的教育计划，并使他的要素教育思想臻于完善。

第二节　要素教育思想的主要特点

要素教育思想具有以下四个主要特点。

第一，要素教育思想体现了实践性。正是从涅伊霍夫（又名新庄）和斯坦兹的教育实验以及布格多夫和伊弗东的学校工作实践中，裴斯泰洛齐形成了要素教育思想，并据此来简化初等学校的教学方法。应该看到，他的理论和方法是以实践为依据的。没有长期的教育工作实践，裴斯泰洛齐的要素教育思想也就不可能产生。裴斯泰洛齐自己常这样说：“当我不能以抽象的演绎法得出一种令人满意的结果时，我要以实践来证明我的观点；并

---

① 邦儒尔等：《瑞士简史》，下册，374页。

② 裴斯泰洛齐：《葛笃德如何教育她的子女》，载裴斯泰洛齐：《裴斯泰洛齐教育论著选》，72页。

③ 劳伦斯：《现代教育的起源和发展》，157页。

④ 裴斯泰洛齐：《林哈德和葛笃德》，载任钟印主编：《西方近代教育论著选》，232页。

⑤ 裴斯泰洛齐：《葛笃德如何教育她的子女》，载裴斯泰洛齐：《裴斯泰洛齐教育论著选》，32页。

且独创性地用试验来讲清楚我确实希望去做和我能去做的事，以便通过这一渠道找到达到我目的的方法。"[①] 因此，裴斯泰洛齐注重在教育实验中搜集事实来说明他的体系要点。英国教育史学家博伊德（W. Boyd）和埃德蒙·金（E. King）也指出："和大多数教育家相比，他的教育理论是从他的教育实践中产生出来的……"[②]

第二，要素教育思想是以"一切为了孩子"为其出发点的。裴斯泰洛齐提出要素教育思想，正是为了简化教学方法，使得最普通的人即使农村妇女也有可能自己教她的孩子。他说："一种普遍的心理学方法已经形成，用这种方法可使所有的愿意尝试的父母都来教育他们自己的孩子。"[③] 为了促使儿童各种天赋能力的和谐发展，教育和教学工作必须以要素教育思想为原则，从最简单的"要素"出发。裴斯泰洛齐认为，没有对儿童的爱，儿童的体力、道德和智力都不可能得到自然的发展。因此，他曾在致友人的一封信中这样写道："如果不能爱孩子，我不懂得还能谈到有什么规则、方法和技能。"[④]

第三，要素教育思想是以"教育心理学化"为依据的，初步体现了教育和心理的结合。正是在对一切教育和教学艺术的共同心理根源的探寻基础之上，通过这个共同的心理根源形成了要素教育思想。从某种意义上来说，要素教育思想实际上就是"探索有效方法的最基本的起点，以心理学为基础来发展人的能力和才华"[⑤]。儿童教育需要有适合于人类本性的、符合心理学规律的一套循序渐进的方法，通过一系列从最简单到最复杂的训练，促进他们的一切天赋能力和力量的发展。

第四，要素教育思想旨在改革传统的学校教育，尤其是改善贫苦儿童的教育，以便培养新的一代。裴斯泰洛齐认为，当时的公共教育制度不仅犯了错误，而且迷了路。因此，他明确指出："我的任务是要使最初步的学习容易一些，让贫困家庭的子弟都可以学习，因为他们一向是被社会所遗弃的。我的责任就是为他们打开科学艺术之门。假如我有能力的话，我就要将科学艺术与民众之间的屏障放火烧去。"[⑥] 这也是裴斯泰洛齐探索要素教育思想的基点之一。在他看来，贫苦儿童的教育旨在训练他们未来生活的不同时期赖以维持生活的那些才能。教育应该随时代进步和社会发展而改变。德国哲学家和教育家费希特（J. G. Fichte）也指出："裴斯泰洛齐生活的灵魂是爱。他爱贫穷和被压迫的人们。他的爱……使他的所获，竟远过于他的追求；——他原来求的是贫苦孩子的启蒙，而得着的是人类教育的大道。"[⑦]

---

① 裴斯泰洛齐：《葛笃德如何教育她的子女》，载裴斯泰洛齐：《裴斯泰洛齐教育论著选》，5页。
② 博伊德、埃德蒙·金：《西方教育史》，314～315页，1975年英文版。
③ 裴斯泰洛齐：《葛笃德如何教育她的子女》，载裴斯泰洛齐：《裴斯泰洛齐教育论著选》，60页。
④ 《裴斯泰洛齐论儿童教育》，载《光明日报》，1956-01-09。
⑤ 裴斯泰洛齐：《葛笃德如何教育她的子女》，载裴斯泰洛齐：《裴斯泰洛齐教育论著选》，33页。
⑥ 格林：《裴斯泰洛齐的生平和著作》，27页，1913年英文版。
⑦ 吴志尧：《裴斯泰洛齐》，"孟宪承序"，3～4页，上海，商务印书馆，1948。

第三节　要素教育思想的主要代表人物

裴斯泰洛齐

1. 生平和教育活动

约翰·亨利希·裴斯泰洛齐（Johann Heinrich Pestalozzi，1746—1827）是瑞士教育家。1746 年 1 月 12 日出生于瑞士苏黎世的一个医生家庭。由于父亲早逝，他在母亲的女仆巴贝丽的抚养下长大。母爱以及女仆的无私精神对他的一生影响很大。童年时期，裴斯泰洛齐经常到他外祖父的村庄里去，萌发了对处于贫困处境的农民的同情。

中学毕业后，裴斯泰洛齐进入了加罗林学院。在那里，他参加了“爱国者协会”。法国启蒙学者尤其是卢梭的思想对他的影响很大。在因参加民主活动而被短期拘捕后，他决心通过教育来实现改善农民贫困生活状况的理想。

1768 年，裴斯泰洛齐在新庄办了一个示范农场，但最后未获成功。1774 年，他在新庄办了一个孤儿院。经过他的努力和忘我的工作，这些孤儿的面貌发生了很大的变化。但由于缺乏充足的经费，孤儿院被迫于 1780 年停办。

然而，裴斯泰洛齐并没有因挫折而动摇。此后 18 年，他专心于著述活动，总结自己的社会活动和教育活动的经验。1780 年，他写成了《隐士的黄昏》。这是他的教育思想的最早阐述。稍后他又发表了《林哈德和葛笃德》，在整个欧洲赢得了巨大的声誉。

1798 年，瑞士爆发了资产阶级革命并建立了共和国。1799 年 1 月，政府在斯坦兹设立了孤儿院，聘请裴斯泰洛齐前去主持。于是，他开始了第二次教育实验。尽管孤儿院的条件很差，但是，他把孤儿院办成了一个充满爱的大家庭，使得孤儿院的所有儿童在身体、智力和道德方面有了显著的进步。由于战争的影响，斯坦兹孤儿院的实验只延续了 5 个月时间就结束了。

1800 年，裴斯泰洛齐与友人一起在布格多夫建立了一所学校，又开始了他的第三次教育实验。1805 年，这所学校迁往伊弗东，改名为“伊弗东学院”。由于他努力把自己的要素教育思想付诸实践，简化教学方法，伊弗东学院闻名于整个欧洲。德国教育家福禄培尔称它为“教育的圣地”。可以说，这是裴斯泰洛齐整个教育生涯中最辉煌的时期。

1825 年伊弗东学院停办后，裴斯泰洛齐回到新庄，完成了他的最后著作《天鹅之歌》，总结了他自己一生的教育实践及教育理想。

1827 年 2 月 17 日，裴斯泰洛齐病逝于布鲁克。瑞士人民为了纪念他，在他墓前纪念碑的碑文中写道：“新庄贫民的救星，斯坦兹孤儿的父亲，布格多夫初等学校的创立者，伊弗东的人类教育家……毫不利己，一切为人。”

2. 教育心理学化

在西方教育史上，裴斯泰洛齐第一个提出“教育心理学化”，并在教育实践中探索以心理学为基础来发展人的能力的方法。在《葛笃德如何教育她的子女》一书中，他曾写道：“我长期探寻一切教学艺术的共同的心理根源，因为我确信只有通过这个共同的心理根源，才可能发现一种形式，在这种形式中，人类的教养是经由大自然自身的绝对规律来决定的。”① 1800 年 6 月 27 日，他在向布格多夫“教育之友协会”做的题为“方法综述”的报告中明确提出了“教育心理学化”的论点。

从历史的继承性来看，裴斯泰洛齐的“教育心理学化”显然是从卢梭的自然教育思想中引申发展出来的。裴斯泰洛齐认为，自然主义和心理学两者并不矛盾，前者推崇人的天性，后者研究人的心理。

裴斯泰洛齐指出，尽管儿童像世界上最娇嫩的植物一样，需要温暖、养料和保护，但他们身上生来就潜藏着具有要求发展倾向的天赋能力和力量。这些天赋能力和力量是自然的体现，是天生固有的。人的有机体从它具有生命之日起，自然已经确立了它发展的道路，使它逐步成长起来，并引起有机体结构在组织、形式和功能等方面的一系列变化。裴斯泰洛齐把天赋能力比喻成一粒树种，它蕴藏着树的全部属性，是树的精髓，它依靠自己的力量长成大树。因此，儿童来到世上，不仅拥有接受外界刺激的能力，更具有对它们加工和整理的能力。儿童将成为自然赋予他可以而且应该成为的人。

然而，这些天赋能力是发展的。裴斯泰洛齐强调说：“人的能力在他的一生中不断发展，这和树的情况是一样的。……一棵树各自独立的部分通过其机体和无形灵魂，以其天赋的有序的统一精神共同工作，以完成共同的功能即生产果实，人也是如此。”② 在他看来，人的身体各个部分都要经过从小到大、从粗到精、从不完善到完善的发展过程，人的能力发展也总是从简单到复杂的。但是，具有高级天性的人与树并不相同，这些天赋能力的发展需要借助于积极的心理活动和精心安排的练习。

裴斯泰洛齐认为，人的天赋能力及其发展是教育的基础，教育的任务就在于发展人的基本能力。因此，教育要为儿童的天赋能力的充分发展提供条件，并通过激发内部兴趣、提供练习和促进思考等来推动这些能力的发展。教育应该与儿童心理发展的规律协调一致，使儿童获得身体、智力和道德发展的自主性。尽管从儿童的头脑能够接受大自然的印象那一刻起，大自然就教育了他，但自然本身并不完美，因此，教育不能单纯地遵循自然，而应该帮助自然和纠正自然。

人的自然包括肉体、智力和道德三个部分。裴斯泰洛齐认为，这三个部分处在一个统一体之中，是互相联系的。教育应该考虑到人的全部能力的和谐发展。人的体育、智育和

---

① 裴斯泰洛齐：《葛笃德如何教育她的子女》，载裴斯泰洛齐：《裴斯泰洛齐教育论著选》，250 页。

② 裴斯泰洛齐：《1818 年对我校师生的讲演》，载裴斯泰洛齐：《裴斯泰洛齐教育论著选》，321 页。

德育应该是互相联系的和统一的。如果孤立地发展某一种能力，将会损害和破坏人的天性的均衡发展。因此，教育者应该依照自然法则，发展儿童身体、智力和道德各方面的能力，并照顾到它们的完全平衡。也就是说，“培养智力和技能需要有适合人类本性的、符合心理学规律的一套循序渐进的方法”①。

人的全部教育就是促进自然天性、遵循它固有的方式发展的艺术。因此，裴斯泰洛齐把正确的教育比喻为“园丁的艺术”，强调教育艺术与自然的结合。他说：“成千上万棵树木在园丁的照料下开花、成长。园丁对树木的实际生长不能有所作为，生长的原理存在于树木本身。……他既没有提供生命也没有提供呼吸。他只是看守着，以防任何外部力量的伤害或干扰。他关照着让人们的发展沿着与其发展的法则相一致的轨道进行。但是，他必须充分地认识人类心智的特殊构造，这一构造适于将人的各种能力结合起来以实现他最终的使命。”②

总之，裴斯泰洛齐提出的“教育心理学化”，就是强调教育要符合儿童心理的发展。儿童开始有意识地从自然界获得感觉印象时，就应该有符合心理学的训练。因为“人只有通过艺术，才能成其为人”③。这里裴斯泰洛齐所说的“艺术”，就是指“教育或教学的艺术”。虽然裴斯泰洛齐对儿童的心理及其发展还没有做出真正科学的解释，但是，他已深刻地认识到教育科学应该起源于并建立在对人的心理探索的基础上。他的“教育心理学化”思想显然比夸美纽斯的“教育要适应自然”和卢梭的“教育要顺应自然”的思想前进了一步。“教育心理学化”不仅是裴斯泰洛齐要素教育思想的基础和依据，而且开启了19世纪欧洲教育心理学化运动，对赫尔巴特的教育理论产生了重要的影响。

3. 要素教育与体育、德育、智育

裴斯泰洛齐在他的整个教育生涯中，不仅从理论上论证了要素教育思想，而且付诸教育工作实践。他晚年曾在《天鹅之歌》一书中写道：“要素方法的问题，就是如何使人的才能和能力的培养与大自然的顺序一致。我多多少少觉察到了这一问题的全部重要性，已花费了后半生的很大一部分精力努力解决它。”④

（1）要素教育

要素教育的基本含义是，教育过程要从一些最简单的、为儿童所理解和接受的“要素”开始，再逐步过渡到更加复杂的“要素”，促使儿童各种天赋能力全面和谐地发展。裴斯泰洛齐认为，在关于事物和对象的任何知识中都存在着一些最简单的要素，如果儿童掌握了这些最简单的要素，就能够很好地认识他们周围的世界。因此，他强调说：“最复

① 裴斯泰洛齐：《葛笃德如何教育她的子女》，载裴斯泰洛齐：《裴斯泰洛齐教育论著选》，170页。
② 裴斯泰洛齐：《1818年对我校师生的讲演》，载裴斯泰洛齐：《裴斯泰洛齐教育论著选》，327页。
③ 裴斯泰洛齐：《葛笃德如何教育她的子女》，载裴斯泰洛齐：《裴斯泰洛齐教育论著选》，75页。
④ 裴斯泰洛齐：《天鹅之歌》，载裴斯泰洛齐：《裴斯泰洛齐教育论著选》，411页。

杂的感觉印象是建立在简单要素的基础上的。你对简单的要素完全弄清楚了，那么，最复杂的感觉印象也就变得简单了。”①

裴斯泰洛齐强调说：“教育必须从人类知识的最简单要素开始，必须用所有事物的最基本形式给儿童以深刻的印象。”② 各种教育的最简单的要素，是作为儿童天赋能力的表现形式存在于儿童身上的。它们是对儿童进行各种教育的依据。

（2）体育

裴斯泰洛齐认为，体育的任务是通过身体的训练，发展儿童身体的力量和技巧。体育的最简单要素是各种关节的运动。它表现为最简单的体力表现形式，如搬、打、推、掷、拉、戳、摇和转等基本动作。把这些基本动作结合起来，可以构成各种复杂的动作，甚至人类各种职业所依赖的最复杂的动作。这是自然赋予儿童关节活动的能力，既是儿童体力发展的基础，也是进行体力活动和体育练习的要素。

在体育中，儿童应该从小就习惯于各种关节的运动，从最简单的动作开始，然后逐步扩展到全身的、更为复杂的动作练习。通过这些由简单到复杂的动作练习，儿童身体的力量和各种技巧就能够得到进一步的发展。

但是，这些动作练习应该与感觉和思维的练习协调起来，以便使智力和体力同时得到发展。裴斯泰洛齐强调指出：“这些基本的四肢操练必须同基本的感觉训练协调合拍，同所有的机械思维练习协调合拍，同形状训练和数字教学协调合拍。”③ 对于儿童来说，体育应该同时在家庭和学校中进行。

（3）德育

裴斯泰洛齐认为，德育的任务是使儿童发展良好的道德情感，培养自制的能力，形成正确的道德观念。他强调说：“整个基本道德教育包括下面三个基本点：用纯洁感情来培养儿童的道德情感；用自我克制和力求正确与完美来进行道德训练；最后，让孩子们对他们所处的法律和道德环境进行思考和比较，从而培养对道德的理解力。”④

德育最简单的要素是儿童对母亲的爱。这种爱的种子是在母亲对婴儿的爱以及满足其身体上的需要的基础上产生的。这种爱在儿童身上反映和表现得最早。

德育的基础是在家庭中奠定的。儿童诞生后，首先要在家庭中培养儿童对母亲的爱。裴斯泰洛齐指出：“爱、感激、信任和服从的萌芽是母子之间本能情感的吻合的简单结果。”⑤ 儿童在产生了对母亲的爱之后，再逐渐扩大到家庭里其他成员（父亲和兄弟姐

---

① 裴斯泰洛齐：《葛笃德如何教育她的子女》，载裴斯泰洛齐：《裴斯泰洛齐教育论著选》，248 页。

② 班托克：《教育理论史研究》，第 2 卷，76 页，1984 年英文版。

③ 裴斯泰洛齐：《葛笃德如何教育她的子女》，载裴斯泰洛齐：《裴斯泰洛齐教育论著选》，171 页。

④ 裴斯泰洛齐：《斯坦兹通信》，载阿·布律迈尔主编：《裴斯泰洛齐选集》，第 1 卷，尹德新组译，323 页，北京，教育科学出版社，1994。

⑤ 裴斯泰洛齐：《葛笃德如何教育她的子女》，载裴斯泰洛齐：《裴斯泰洛齐教育论著选》，178 页。

妹）。随着儿童生活范围的扩大，进而扩大到对周围邻居以及学校老师和同学的爱，再扩大到对全人类的爱，并由此而意识到自己是整个人类中的一员。至此，一个人的道德力量得到了实现。因此，在总结自己的教育实践经验的基础上，裴斯泰洛齐强调指出："教育的主要原则是爱。"① "凡是在家庭圈子里有着爱和能容纳爱的地方，可以预料那里一定会有成功的教育。孩子一定可以变成善良的人。"②

在德育中，裴斯泰洛齐特别强调母亲的作用。他认为，儿童的道德教育从他诞生的第一天就开始了。一个母亲由于本能的力量，精心照顾自己的孩子，喂他和保护他，使他喜欢和感到愉快；母亲看护着自己的孩子，满足他的欲望，在他需要帮助的时候就给予帮助。这样，爱的种子和信任的种子就在孩子的心里发展起来了。母亲作为第一位教师和向导，最热爱孩子，最了解孩子，也最能观察到孩子的需要，从而使孩子的本能在自我活动中得到充分的发展。在人类的情感中，母爱是最纯洁的情感，也是教育的基本动力。裴斯泰洛齐明确指出："母亲的影响是引起爱和忠诚的开端的自然途径。"③

（4）智育

裴斯泰洛齐认为，智育的任务是帮助儿童通过感性经验去获得一定的知识，并发展他的智力，尤其是思维能力。智育的简单要素是数目、形状和语言。智育应该首先从对事物的观察开始。在观察时，儿童必须注意三点：其一，在他面前的对象有多少？有哪几种？其二，它们的外貌、形状或轮廓是怎样的？其三，它们的名称是什么？如何用一个词来称呼它们？裴斯泰洛齐强调指出："使一切通过感觉印象而获得的认识得以清晰的手段来自数、形和词。"④ 在他看来，每一个量、每一条线、每一个词，都是我们的概念一步步走向清晰的手段。智育正是借助数目、形状和语言这三个最简单的要素而实现的。

在智育中，儿童通过计算来掌握数目，通过测量来认识形状，通过说话来学习语言。从某种意义上来说，智育首先就应该注重于一切以感觉到的事物的确切知识为基础的计算、测量和说话的基本能力。裴斯泰洛齐认为，在智育过程中，应该引导儿童在数目、形状、语言这三方面"从模糊的感觉印象到精确的感觉印象，从精确的感觉印象到清晰的表象，再从清晰的表象到确定无误的观念"⑤。

4. 初等学校各科教学法

裴斯泰洛齐强调指出："初等教育从它的本质讲，要求普遍地简化它的方法，这种简化，是我一生所有工作的出发点。"⑥ 因此，他认为，作为智育的最简单要素的数目、形

---

① 奎克：《教育改革家》，358 页，1924 年英文版。
② 劳伦斯：《现代教育的起源和发展》，158 页。
③ 裴斯泰洛齐：《天鹅之歌》，载裴斯泰洛齐：《裴斯泰洛齐教育论著选》，416 页。
④ 裴斯泰洛齐：《葛笃德如何教育她的子女》，载裴斯泰洛齐：《裴斯泰洛齐教育论著选》，85 页。
⑤ 同上书，87 页。
⑥ 裴斯泰洛齐：《天鹅之歌》，载张焕庭主编：《西方资产阶级教育论著选》，207 页，北京，人民教育出版社，1979。

状和语言，还有其最简单的要素。数目的最简单要素是“1”，形状的最简单要素是“直线”，语言的最简单要素是“语音”。初等学校的各科教学正是从这些最简单的要素开始的。所以，裴斯泰洛齐说：“一切‘要素’方法都是借助连续的、不间断的步骤，从最简单的基础向较高的知识分科进展的。”①

（1）算术教学法

算术的基础是建立在可度量的基本关系的确切知识之上的。“算术只不过是把若干单位集合起来和拆分开来的产物。”② 由于计算是极正确的实物观察的结果，因此，算术教学应该运用直观形象的方法，使儿童易于了解数的关系和性质。

算术教学应该从数目的最简单要素“1”开始。由于计算是极正确的实物观察的结果，因此，算术教学应该运用直观形象的方法，使儿童更容易地了解数的关系和性质。从对实物的观察着手，用具体的一粒豆、一支笔、一根棒来使儿童形成“1”的概念。

在整数教学中，为了使儿童认识整数的概念，要以“1”为基本单位，先从个位数开始，然后十位数，逐渐进展。在这个基础上，再进行整数的四则运算。

在分数教学中，为了使儿童认识部分与整体的关系，先采用不同的方法分割作为整数“1”的一个正方形，然后再把这些被分割的部分汇合起来。

（2）测量教学法

测量教学应该从形状的最简单要素“直线”开始。先学直线，后学角、三角形、正方形以及正方形的分割（二等分、四等分、八等分等），然后再学曲线和各种几何图形（圆形、菱形、椭圆形等）。

在教学过程中，教师应该利用直观的方法把各种线条和图形指给儿童看，要求他们正确地观察、了解并讲述它们的名称和特征，学会测量并把测量的结果绘制出来。

裴斯泰洛齐认为，由于数目和形状是紧密联系且不可分割的，因此，测量教学应该与算术教学联系起来。他曾这样指出：“我们已经把形状要素和数目要素协调一致起来了。所以，我们的量格可以用作数目关系的首要基础；反过来，数目关系的首要基础又可以用作量格。”③

（3）语文教学法

语文教学法应该从语言的最简单要素语音开始。先使儿童学习发音和听音，然后学习字母、音节、单词以及扩大词汇，最后再学习语句和掌握文法并练习阅读。

在学习发音时，首先应该使儿童练习听音，并及早地熟悉全部说话的发音。它必遵循一个严格的顺序，先学元音，后学辅音。在教学过程中。可以先在一块板上列出元音，然

---

① 裴斯泰洛齐：《天鹅之歌》，载裴斯泰洛齐：《裴斯泰洛齐教育论著选》，453 页。

② 裴斯泰洛齐：《葛笃德如何教育她的子女》，载裴斯泰洛齐：《裴斯泰洛齐教育论著选》，130 页。

③ 同上书，135 页。

后逐步在元音的前后加上辅音，组成音节让儿童读。

在学习单词时，首先应该让儿童先学与周围环境有关的单词，然后通过直观图画学习与自然、历史、地理以及人们的职业和社会关系等方面事物有关的单词。

在语句学习时，首先应该把名称和事物联系起来，认识所指事物的性质，其次再注意正确表达事物的主要属性，最后了解各种事物之间的相互联系。

（4）地理教学法

地理教学应该体现由近及远的原则，从最简单的要素——观察儿童自己所熟悉的周围地形开始。在对学校场地和所生活的乡村地形进行观察之后，再扩展到对本县、本省和全国地形的了解，最后获得整个地球表象的认识。

在地理教学中，可以在儿童观察了所熟悉的地方后，先观看用黏土做成的地理模型，然后再观看地图并学会绘制和使用地图，同时辅以旅行的方式进一步扩展儿童的地理知识。

第四节　要素教育思想的影响与评价

要素教育思想不仅在瑞士，而且在欧美其他国家也产生了广泛的影响。因此，在19世纪兴起了“裴斯泰洛齐运动”。美国教育史学家鲍尔（E. J. Power）曾指出：“裴斯泰洛齐对欧洲国家教育模式的影响是深刻的。每一个欧洲国家都期望从他那里得到启示或激励，尤其是德国。同样地，美国也受到他那富有魅力的影响。”①

在瑞士，各地设立“裴斯泰洛齐式”学校，在教育工作实践中运用要素教育思想及其方法。瑞士教育家费林别尔格（P. E. Von Fellenberg）以《林哈德和葛笃德》为蓝本，在布格多夫附近地区开办了一所面向贫民儿童的学校，注重实科教育和职业教育。裴斯泰洛齐的伊弗东学院毕业生遍及瑞士各地，传播要素教育思想和方法，使瑞士的国民学校以及师资训练增加了活力。

在德国，裴斯泰洛齐的精神以及要素教育思想受到众多教师的欢迎。早在19世纪初，德国的教师们就从瑞士把裴斯泰洛齐的要素教育思想和方法带到了德国。在德国教育家洪堡（W. von Humboldt）的国民教育改革计划中，就是以裴斯泰洛齐的教育模式为标准的。1808年，普鲁士政府专门拨款派遣17名德国青年跟随裴斯泰洛齐学习3年，他们回国后对普鲁士学校的改革以及师范学校的建立起了很大的推动作用。因此，德国的国民教育制度有“普鲁士裴斯泰洛齐学校制度”之称。在宣传介绍裴斯泰洛齐的精神以及要素教育思想中，德国哲学家和教育家费希特起了比较重要的作用。

---

①　鲍尔：《教育史上的主要流派》，494页，1970年英文版。

在法国，富商朱利安（M. A. Jullien）曾资助 24 名法国青年去伊弗东学习 1 年，旨在以裴斯泰洛齐的要素教育思想和方法改革法国国民学校制度。

在英国，一些教育家不仅宣传裴斯泰洛齐的要素教育思想和方法，而且开办裴斯泰洛齐式的学校，为英国的贫民学校培养了大批教师。

在美国，教育家卡贝尔（J. Cabell）在访问伊弗东后曾在费城开办了第一所裴斯泰洛齐式的学校，以要素教育思想和方法为指导进行教学工作。1860 年，纽约州奥斯威戈市教育局长谢尔顿（E. A. Sheldon）大力倡导裴斯泰洛齐的要素教育思想和方法，在全国范围内兴起了“奥斯威戈运动”，对美国初等学校的改革和师范学校的发展起了很大的作用。1865 年，全国教育协会批准采用裴斯泰洛齐的实物教学法。

裴斯泰洛齐的要素教育思想和方法对欧美教育家也产生了深刻的影响，尤其是德国教育家赫尔巴特。裴斯泰洛齐 1801 年发表的《葛笃德如何教育她的子女》一书曾使赫尔巴特受到很大的触动。赫尔巴特后来在一篇关于这本书的书评中指出：这本书所陈述的方法，比以前任何一种方法，更热切更勇敢地负起培育儿童心灵的责任，主张利用清晰的知觉在儿童的心里形成正确的经验。西方教育历史表明，裴斯泰洛齐试图寻找在感觉印象到清晰概念之间的过程，但最后由赫尔巴特完成。

由于时代和认识论的局限，裴斯泰洛齐的要素教育思想和方法也存在着一定的局限性。例如，他的理论逻辑性不很强，文字表达也不尽完善，甚至还存在着一些混乱不清的情况；他的方法带有一定的机械性，练习也存在着枯燥无味和形而上学的缺陷等。

但是，裴斯泰洛齐的要素教育思想和方法在西方教育思想史上的重要地位及其影响是不容忽视的。特别应该看到，它体现了裴斯泰洛齐“非凡的观察能力以及深刻而又独创的见解”①。英国教育史学家科尔（P. R. Cole）曾强调指出：“它对瑞士、德国以及其他国家的初等学校产生了深远的影响，并传入了新的目的、思想和方法。”②

要素教育思想是裴斯泰洛齐教育理论体系的重心。因此，从某种意义上讲，不了解要素教育思想，就不能很好地了解裴斯泰洛齐的教育理论体系，也就不能更好地了解 19 世纪欧美教育思想的发展。

拓展阅读书目

1. 裴斯泰洛齐. 林哈德和葛笃德. 北京编译社，译. 北京：人民教育出版社，2005.

---

① 克鲁普斯卡雅：《国民教育和民主主义》，载克鲁普斯卡雅：《克鲁普斯卡雅教育文选》，卫嘉译，172 页，北京，人民教育出版社，1959。

② 科尔：《教育思想史》，257 页，1972 年英文版。

2. 裴斯泰洛齐. 裴斯泰洛齐教育论著选. 夏之莲，等译. 北京：人民教育出版社，1992.

3. 阿·布律迈尔. 裴斯泰洛齐选集：1、2卷. 尹德新，组译. 北京：教育科学出版社，1994、1996.

4. 阿·布律迈尔. 裴斯泰洛齐与当代教育. 顾正祥，译. 北京：中央编译出版社，2013.

第十四章

国家主义教育思想

国家主义教育思想于18世纪首先在法国产生，随后在欧洲逐渐成熟，并在欧美国家得到广泛的流传。它的主要代表人物是法国法学家拉夏洛泰、哲学家和数学家孔多塞以及德国哲学家和教育家费希特。国家主义教育思想不仅为近代欧美国家国民教育制度的确立提供了理论依据，而且对这些国家的国民教育发展和教育的普及产生了重要的影响。

第一节　国家主义教育思想产生的背景

18世纪以前，在欧洲的很多国家里，教会被认为是当然的教育管理者。教会开办了许多初等学校，承担了广大民众教育的职责。例如，在法国，学校教育领域基本上是由耶稣会垄断的；在英国，初等学校的开办权一律归属于教会。

到18世纪时，欧洲各国的经济已得到了一定的发展。英国在基本上完成资产阶级革命后，从18世纪60年代起开始了工业革命，逐步实现了从手工工场到大机器工厂的飞跃。在欧洲大陆，法国是资本主义工商业最发达的国家，18世纪末在个别新兴企业中也开始了工业革命。显然，欧洲国家的经济发展对学校教育提出了新的要求，促使人们注意民众的教育以及国家办理教育的问题。各个国家先后采用不同的方式从教会手中夺取学校教育的领导权。针对当时社会上存在大批生活贫困且愚昧无知的人，许多社会人士呼吁采取改革的措施来保证国民教育的实施，并寄希望于国家政府去解决国民教育的问题。因此，出现了学校教育领导权从教会向国家转移的趋势，国家在教育上的作用日益加强。

在被称为“理性时代”和“启蒙时代”的18世纪，“人类理性成功地向‘神授的’统治者、教士、预言家、《圣经》及其他宗教著作的权威性发起了挑战”[①]。在这个时代里，出现了许多富有挑战性的新思想，产生了许多能引起启蒙、理解和信仰的新见解，如“天赋人权论”“天赋观念说”“社会契约论”等。这些新思想和新见解为教育思想的变革提供了条件。

从经济、政治、文化、思想各方面来看，18世纪中期是人类历史上出现的一个新的时代。1764年11月，法国国王路易十五（Louis ⅩⅤ）宣布解散耶稣会的决定，结束了耶稣会垄断教育的局面。在这样的背景下，法国许多思想家、社会改革家和教育家积极提倡国民教育思想，要求建立国家教育体制。例如，法学家拉夏洛泰1763年出版了《论国民教育》，政治家罗兰（B. Rolland）1768年提出了《呈国会的教育报告》，启蒙思想家狄德罗1773年拟写了《俄罗斯大学计划》等。尽管他们之间存在着差异，但他们都表达了大致相同的基本思想：学校必须由国家办理，对所有的公民实行一定程度的免费教育，努力按照国家的智力和道德标准去塑造国民。美国教育史学者波拉德（H. M. Pollard）博士在《国民教育的先驱者》一书中就指出：他们“首先强调一种新的观念：受教育是每一个公民的‘权利’，教育是国家的一种职责”[②]。甚至连自然教育思想的倡导者卢梭1772年在《关于波兰政府与改革的筹议》一文中也提出了相似的观点，强调了国民教育事业的必要性，主张国家应该普及教育，使所有公民都享有平等的教育权利，提出公共教育应该由国家单独设立的机构领导与管理。实际上，卢梭也似乎认识到这一点，最终为波兰建议的教育体制是“国家主义教育制度”[③]。这样，国家主义教育思想开始在法国兴起，并成为一种在法国社会中影响较大的教育思潮。

应该指出，瑞士教育家裴斯泰洛齐的教育理论的传播，不仅改进了学校的教学方法，而且也打下了国家教育制度的基础，为国家主义教育思想的形成和发展提供了一定的条件。在1789年法国大革命爆发后，国家主义教育思想家孔多塞1792年提出的《国民教育计划纲要》就充分地表明了这一点。

---

① 佛罗斯特：《西方教育的历史和哲学基础》，吴元训主译，322页，北京，华夏出版社，1987。

② 波拉德：《国民教育的先驱者》，68页，1956年英文版。

③ 布鲁巴克：《教育问题史》，单中惠、王强译，63页，济南，山东教育出版社，2012。

国家主义教育思想不仅影响了法国国民教育制度的建立，而且也影响了德国和英国国民教育制度的建立。尤其是在具有国民教育传统的德国，国家主义教育思想和实践引起了许多人的兴趣，得到了积极的响应。德国泛爱主义教育家巴泽多（J. B. Basedow）曾建议成立“国家公共教育最高管理委员会”主管学校工作，要求教育由国家负责。德国教育家罗考（F. E. von Rochow）在《国民学校与国民精神的形成》一书中提出了儿童属于国家以及国家必须为儿童提供教育机会的观点。1794 年，普鲁士颁布《民法》，其中所列的有关学校教育的条款规定，各级学校（包括大学）都是国家教育机构，由国家开办和管理，并受到国家的监督，教师由国家指派。这标志着德国的学校由教会管理转为国家管理。19 世纪初，德国哲学家和教育家费希特的《告德意志国民书》更集中地体现了国家主义教育思想在德国的影响和发展。

随着欧洲近代国民教育制度的建立，国家主义教育思想在更广泛的范围内得到传播，并成为在 19 世纪弥漫整个欧洲以及对美国和日本产生影响的一种教育思想。更多的教育家认识到：“要有效地实行新的教育理想，需要国家的支持。要实现旨在产生新社会的新教育，最终依赖于现存国家的活动。”①

第二节　国家主义教育思想的主要特点

国家主义教育思想具有以下四个主要特点。

第一，国家主义教育思想强调教育的社会功能。无论是法国的拉夏洛泰和孔多塞，还是德国的费希特，他们都把教育看成是改造社会和国家的一个主要手段。由于公共的国民教育制度的建立和教育的世俗化，教育被他们看成一种对社会发展具有重要意义的社会事业。他们认为，国民教育和公民的自由平等并不是不相容的；通过国民教育，可以使每一个公民具备他应有的最低限度的知识。只有这样，社会进步才得以继续。在提倡国家主义教育思想的人看来，国民教育实际上具有传递文化以及促使社会进步和发展的任务，可以使每一个公民准备去适应社会生活的需要。教育既要使个人服从于国家，又要利用国家去发展个人的潜能。

第二，国家主义教育思想主张教育的普及。提倡国家主义教育思想的学者认为，从国家的利益来看，教育的普及是十分必要的，只有让所有的男女儿童都受到教育，才能消除愚昧无知的现象。因此，“国家主义和广大民众的教育是如此密切相关的，因此，必然具有鲜明的民主内涵。当然，费希特并没有忽视这一点……他认为，真正的国民教育应发展

---

① 杜威：《民主主义与教育》，93 页，1916 年英文版。

所有人的道德、智力和体质方面的潜能，这是他们作为人类的必然”①。总之，国家主义教育思想强调每个人都应该有机会受到对他来说最适合的教育；国家应该提供普遍教育的机会；国民教育制度应该能使所有种族和社会背景的儿童得到益处。

第三，国家主义教育思想提倡国家开办和管理教育。提倡国家主义教育思想的学者认为，普及教育总是以各种社会化、国家化的形式发展起来的，因此，必须把过去一直属于教会管辖范围的教育集中到国家手上，并以不同的形式置于国家的领导和管理之下。从某种意义上讲，由国家开办和管理教育是一种历史的必然。无论是为了国家本身的利益，还是为了国民个人的福利，国家都必须对国民教育负起责任来。负责国民教育的最高权力机构应该是国家，而不是教会。国家不仅提供公共教育的工具，而且提出公共教育的目的。

第四，国家主义教育思想主张建立具有权威性的国家教育行政机构。提倡国家主义教育思想的学者认为，为了确立国家的教育权力，保证国家开办和管理教育，体现国家对教育应负的责任，必须建立国家教育行政机构，并使它具有统一性和权威性。因此，随着国家主义教育思想在欧洲的逐渐成熟和广泛传播，法国、德国、英国、俄国等欧洲国家都先后建立了国家教育行政机构。后来，美国和日本也同样建立了国家教育行政机构。

第三节 国家主义教育思想的主要代表人物

一、拉夏洛泰

1. 生平和教育活动

路易-勒内·卡雷德克·拉夏洛泰（Louis-René de Caradeuc de La Chalotais，1701—1785）是法国的法学家。1701年3月6日出生于法国雷恩的一个贵族家庭。法律学校毕业后，他曾做过律师。1730年任布列塔尼高等法院代理检察长，1752年任总检察长。作为一位法学家，拉夏洛泰曾仔细阅读了从蒙田到他的同代人中所有著名法国教育家以及欧洲其他国家教育家的著作。1761年12月和1762年5月，他两次为布列塔尼高等法院草拟《关于〈耶稣会规程〉的报告》，以大量的事实抨击耶稣会对法国政治和教育的不良影响，批判耶稣会教育，强烈要求对法国的学校教育进行改革。

1763年3月24日，拉夏洛泰向布列塔尼高等法院提交《论国民教育或年轻人的学习计划》，提出了学校教育改革的方案。后来，它以《论国民教育》为名出版。这本书出版后，受到法国启蒙思想家伏尔泰、狄德罗等人的欢迎和赞扬。

1765年拉夏洛泰因布列塔尼高等法院与省长之间的矛盾冲突而被捕，后又被流放。

① 布鲁巴克：《教育问题史》，63页。

直到路易十六（Louis XVI）即位后，他才被赦免。

1785 年 7 月 12 日，拉夏洛泰病逝。

2. 教育思想

（1）教育的作用

拉夏洛泰十分强调教育和知识的作用。在《论国民教育》一书中，他写道："知识是人类所必需的。假如一个人要担负一定责任的工作，他就应该具备各种知识……愚昧无知有百害而无一利。""最愚昧无知的和最没有教化的时代，总是最邪恶和最腐败的时代。"① 在拉夏洛泰看来，教育与知识不仅对于社会的发展，而且对于人的发展都是必要的。如果人类要达到一定程度的完善，必然要通过他们所受的教育。

由此出发，拉夏洛泰提出了"公民教育"的概念，认为教育的目的应该是为国家培养心智完善、品德高尚、身体健康的公民。他强调说："我们不应该希望很容易就达到这个理想的目标。特别是在我们中间还存在如此多的阻力。但是这应该作为我们始终追求的理想，要千方百计地接近这一目标。"②

拉夏洛泰把公民教育划分为三个阶段：第一阶段是 5～10 岁，教以阅读、书写、计算、历史、地理、自然史和体育等；第二阶段是 10～16 岁，教以拉丁文、希腊文、修辞学、哲学，以及使所学的课程趋于完善；第三阶段是 16 岁以后，已接受完普通教育的学生可以在工作中掌握各种专业知识。

（2）国民教育制度

对于教会教育制度，拉夏洛泰进行了尖锐而深刻的批判。首先，他指责教会制度的罪恶渗透了整个法国教育。以耶稣会学校为代表的教会教育制度落后于时代的需要，不能使年青一代为未来生活做好准备。耶稣会学校所设置的课程内容极其单调，既不包括个人在社会上正当行事所必需的道德原则，也没有作为一个人所真正需要的知识，使学生在离开学校时几乎没有学到一点对他们从事各种职业有用的任何东西。其次，他指责教会教育不能为国家和公众谋取最大的利益，也不可能为国家培养为参加社会生活做准备的好公民。因此，拉夏洛泰坚决要求从根本上重建整个法国教育制度。

拉夏洛泰提出国家办学的主张。他强调指出，教育应该是国家的大事，教育制度应该是国家行政的基础。他说："教育的目的既然是为国家培养公民，很显然，教育就必须与国家政治制度和它的法律相适应。如果教育违反它们，那是最大的坏事。"③ 在拉夏洛泰看来，改变教会制度不良状况的办法是建立国民教育制度。教育必须有国家法律的保证，学校必须给青年人提供作为良好公民所必需的实际知识。一种由国家法律所支持的教育制

---

① 赖斯纳：《18 世纪法国的自由主义与教育》，41 页，1932 年英文版。

② 同上书，44 页。

③ 同上书，49 页。

度将会改变整个民族的风俗习惯。因此，教育只能依靠国家。拉夏洛泰强调说："我敢向全国大声疾呼，教育必须依靠国家。那是因为，一是教育本质上属于国家；二是教育公民是政府义不容辞的责任；三是国家的儿童应由国家成员来负责教育。"①

至于学校数量和学生数量的问题，拉夏洛泰认为，它取决于对国家结构和需要的了解，以及对不同阶层人员数量的精确计算。他强调说："从国家的利益来看，学校少些，设备好些，课程完备一些，比设立许多平庸的学校更好。"②

拉夏洛泰还认为，对于国民教育制度来说，政府应该委派智德贤达的官员去领导和管理教育部门。在他看来，教师对于一个教育体制来说是十分重要的。根据古希腊罗马的经验，拉夏洛泰指出，不能把教育托付给教会或那些不具有良好公民意识的人。他说："给儿童讲授文学与科学，需要有把文学与科学当作职业的人。"③ 针对耶稣会教士不宜于做教师的情况，拉夏洛泰主张只选择那些具有良好公民意识以及摆脱了经院哲学和修道院生活偏见的人做教师。但是，培养合格的教师是一项漫长的工作。在拉夏洛泰看来，如果教师有坚定的信仰和品格，并善于阅读，那么他们就会注意在教育学生的过程中培养自己。

二、孔多塞

1. 生平和教育活动

孔多塞（Marie Caritat de Con dorcet，1743—1794）是法国哲学家和数学家。1743 年 9 月 17 日出生于法国里伯蒙特的一个贵族家庭。兰斯中学毕业后，他曾就学于巴黎的那瓦尔学院。1769 年，年仅 26 岁的孔多塞因在数学上的成就当选为法兰西科学院院士；1777 年又当选为该学院常务秘书。孔多塞积极宣传启蒙思想，曾参与狄德罗主编的《百科全书》的编纂工作。

1789 年法国大革命爆发后，属吉伦特派的孔多塞被选入立法议会和国民公会，曾担任宪法起草委员会成员，后又领导公共教育委员会。1792 年 4 月，孔多塞代表公共教育委员会向立法议会提出了一份实施公共教育的报告，史称《国民教育组织计划纲要》。在关于国民教育问题的论述中，他把富于幻想的热情和科学家的理智结合了起来。

孔多塞的主要著作有《人类智力进步的历史概观》《伏尔泰传》《概率论原理》等。

在雅各宾派罗伯斯庇尔当权后，代表大工商业资产阶级利益的吉伦特党人孔多塞被剥夺了公民权。1794 年 3 月孔多塞被捕，3 月 29 日死于狱中。

---

① 布鲁巴克：《教育问题史》，73 页。

② 赖斯纳：《18 世纪法国的自由主义与教育》，61 页。

③ 同上书，52 页。

2. 教育思想

(1) 国民教育

孔多塞十分强调国民教育的发展。他认为，国家对每个公民的天赋权利应该予以尊重，国民教育是国家对一切公民应尽的职责。国家应该消除教育上的不平等现象，组织国民教育，使一切人都享有入学受教育的权利，而无贫富贵贱以及男女之分。国家应该实施平等的公共教育，提供适当的教师和学校，使每一个公民都能学习文化知识以及对于一切职业均有益的科学知识。在孔多塞看来，这不仅保证一切人的真正平等，而且可以发展和完善人的智能。何谓“平等的公共教育”，孔多塞强调指出，它应该包括三个方面：一是给一切公民为其“独立”所必需的最低限度的知识教育；二是给一切公民为其职业做准备的技术教育；三是给一切公民为充分发展其天赋所必需的普通教育。

孔多塞认为，对于一个民主社会来说，教育是一种最重要的社会事业。他强调说：“教育是普及的，就是说，应该是一切公民都能享受到的，它应该在其各级学校的过程中，能包括人类知识的整个体系，并保证一切年龄的人易于保存其知识，易于获得新知识。”① 按照孔多塞的意见，教育的最直接目的是为全人类提供满足自己需要的方式，保证自己的福利，认识与利用自己的权利，认识与完成自己的义务，使每个人在自己以后的职业中更易于发展。通过国民教育，可以使每一个公民在完成自己应该承担的社会职责方面成为一个很有能力的人，同时还有利于养成优良的精神以及全面发展天赋才能。从某种意义上说，教育不仅对自由和平等是必要的，而且为道德和人类进步打下了基础。一个人从学校里毕业并不意味着他受教育的结束，教育对于任何年龄的人都是有益的和可能的，因此，孔多塞主张应该将一切公民的教育延续到青年人以及成年人时期。

孔多塞还主张建立国家的学校制度，以便对所有的儿童实行免费的初等教育。国家还应该从教育经费中拨出专款作为贫苦家庭儿童上学的补助。在他看来，实行免费的教育，不仅使贫苦家庭儿童而且也使富裕家庭儿童进入国家开办的各级学校读书，这对于国家利益来说是重要的。孔多塞强调说：“免费教育是能使数量最多的贫苦家庭儿童充分发展其天赋的一种真正方法。”“在一个共和国里，富裕人士肯定知道，一种公共教育足以使儿童及早与贫苦阶级发生有益的联系，对其儿童是多么的重要。”②

孔多塞又认为，国民学校教师应该由一批在知识、能力和声誉上令人满意的人担任。他们的工薪多少应视其所担任的职务而定，并由国家来支付。在某一级学校表现出卓越才能的儿童，不仅应该使他们升入高一级学校学习，而且应该由国家提供一切费用。这样做，就可以防止埋没一切天才儿童的现象发生。

---

① 哥兰塔、加业林：《世界教育学史》，柏嘉译，125 页，北京，作家书屋，1951。

② 维亚尔：《孔多塞与民治教育》，刘保棠译，57 页，上海，商务印书馆，1938。

但是，孔多塞并不主张由国家垄断教育，他认为国家教育与私人教育可以同时存在，因为这将有利于教育的进步和教育方法的改革。孔多塞指出："在任何公民可自由开设学校的情况下，必有使各个国家学校至少保持足与各所私立学校比肩而语的态度和结果。"①在他看来，各所私立学校的竞争，不但无害于反而有益于各所国家学校。但私立学校必须接受国家的管理与监督，并与国家的要求保持一致。

（2）国民教育组织计划纲要

为了履行国家对每个公民实施国民教育的职责，孔多塞强调指出，应该建立统一的、相互衔接的国民教育体系：

第一级：初级小学，是为所有 6～10 岁的男女儿童设立的。凡是有 400 个居民的地区都应设 1 所初级小学。但在村庄比较分散、人口比较稀少的行政区内，在所有离 400 人居民点 2 000 米以上的村庄，即使不足 400 个居民，也应设立 1 所初级小学。初级小学除进行较为广泛的普通文化知识教育（包括读写技能、文法初步知识、算术）外，还应该设置农业及手工业训练、社会科学与道德等课程，但不设置宗教课程。孔多塞认为，初级小学教师每星期还应组织群众座谈会，讲解必要的道德与法律知识，以便他们能更好地运用自己的公民权利。

第二级：高级小学，是在初级小学之上的三年制学校。凡是有 4 000 个居民的地区或城市应设立 1 所高级小学。高级小学设有数学、自然史与化学、道德原则、社会科学、工业知识和商业知识等课程。每所高级小学应有小型图书馆以及必要的天文仪器和机器、手工业用具模型实验室。孔多塞认为，高级小学教师每星期也应组织群众座谈会，宣讲新的立法以及必要的公民知识。

第三级：中等学校，是五年制的中等普通教育与职业教育学校。孔多塞认为，每个省城至少应设立 1 所中等学校。中等学校的教学内容应包括人类一切知识要素，传授对每个人无论选择什么职业都将有益的知识。在他看来，中等学校是属于普通教育范畴的，但它又为专门的职业训练打下基础。中等学校可分为数学和物理学班、道德和政治班、应用科学工艺班、文学和美术班 4 个学科班。每所中等学校应有图书馆、实验室以及植物园和农业试验园等。孔多塞还认为，中等学校应注重为小学培养教师和承担小学教育进修的任务。

第四级：专门学校，是为地方和国家培养文学艺术与科学方面的专门人才的学校。通过专门学校，每一代人能将他们从前一代人那里获得的全部知识以及他们本身所创造的一切传授给后一代人。孔多塞认为，专门学校应该成为传授文化知识教育的中心。

第五级：全国科学与艺术学院，是全国最高的教育行政领导机构，管辖和监督各级学

① 维亚尔：《孔多塞与民治教育》，55 页。

校，并从事科学研究活动，协调、奖励和传播一切有益的发明创造。它每年都向国会提交有关文学艺术和科学的进步以及国民教育改善情况的报告。

孔多塞强调指出，以上各级学校教育都是免费的。它们相互衔接，前一级学校是后一级学校的准备，后一级学校是前一级学校的继续。同时，实行统一的学校管理体制，中等学校负责领导本地区的小学，专门学校负责领导本地区的中等学校，全国科学与艺术学院负责领导全国的各级学校。

三、费希特

1. 生平和教育活动

约翰·戈特利布·费希特（Johann Gottlieb Fichte，1762—1814）是德国哲学家和教育家。1762 年 5 月 19 日出生于德国东南部拉梅诺的一个手工业者家庭。他在幼年时就表现出非凡的才能。1780 年从波尔塔贵族学院毕业后，费希特进入耶拿大学读书。第二年，又转学到莱比锡大学读神学系。后来他放弃了神学，改学哲学。

1784 年至 1793 年，费希特一直在德国以及瑞士各地当家庭教师。在此期间，他与瑞士教育家裴斯泰洛齐相识。在当家庭教师的那些年里，费希特始终想给孩子们安排一种丰富的、综合的系统教育。

1792 年 4 月，费希特发表了震动整个学术界的《试评一切天启》，由此他被公认为当时继承和发展康德哲学的最主要的思想家。1794 年 3 月，他应聘到耶拿大学接任该校康德哲学讲座的教授。作为一位富有才华的大学教授，他在耶拿大学成为最受欢迎的教师。

1800 年，费希特迁居柏林，以自由职业者身份从事演讲和著述活动。1807 年 12 月至 1808 年 3 月他发表了著名的《对德意志民族的演讲》阐述了他的国家主义教育思想，同时也在整个德国激起了强烈的国家主义情感。与此同时，他参与柏林大学的筹建，并在 1810 年柏林大学成立时担任首任校长至 1812 年。

1814 年 1 月 27 日，费希特因病在柏林去世。

2. 教育思想

（1）教育革新

费希特首先对当时的德国教育制度进行了批判。他认为，旧的教育制度既没有真正注意人的品德培养，也没有使大多数的普通国民享有受教育的权利。因此，整个德国民族精神的堕落，完全应该归于这种旧的教育制度。

为了改变德国一代人的精神状态，为了振兴德意志民族，费希特强调指出，德国非破除旧教育制度不可。所以，他大力提倡以培养道德品质为目的的新教育。在费希特看来，一切教育都是以培养坚强的品性为宗旨的，真正的新教育也就是道德教育。通过新教育，可以培养出能做出正确判断并以全身心力量为实现善良和公正而采取行动的新型完人。

费希特主张的教育革新，不仅包括德育，而且也包括智育和体育。首先，德育的任务主要是及早使儿童产生对善与恶的清晰认识，充分发扬他向善的道德冲动。儿童幼年时，成年人可以依靠幼儿对成人的尊重和希望得到成人的尊重，把善与恶的观念具体地形象地传递给儿童，潜移默化地影响他们的行为。在儿童尚未理解道德这一社会关系之前，德育主要应该是教师以身作则，树立良好的榜样；同时，还要使儿童自己从现实社会的道德生活中识别什么是公正的、善良的。其次，智育的任务主要在于开发心智能力。它不仅可以增进知识和技能，而且可以培养道德品质。智育须让儿童体验自己的内心生活，在多种情况下交替使用和锻炼其心智能力，从而成为一个善于反思自身、善于把握每一个本质真理的、灵敏的人。最后，体育的任务主要是使儿童的身心发育同步前进，增加健美，并适时地陶冶自己的个性。体育须符合儿童生理发展的顺序，充分锻炼和使用他们的体力，并养成一些优良的习惯。

费希特认为，为了实施新教育，儿童应该脱离自己的家庭，住进一所比较理想的学校里去。这所学校的组织，将尽可能多地反映道德关系，保持浓厚的、良好的道德气氛。

（2）国民教育

费希特十分强调教育应该普及全体国民，无论贫富贵贱。国民教育应该由国家来兴办，使每个公民从小就开始接受训练。费希特说："人民大众是国家的最大多数和最重要的组成部分，他们应该受教育……应当使所有孩子都有受教育的机会，造就他们的自信心，使他们能把自己的力量献给共同的利益。"① 在他看来，国家为每个公民提供教育机会以促使其身心健全发展，就像国家必须为每个公民提供劳动机会以便使人们自食其力一样。因此，国家应该广泛地设立国民学校，并提供宽敞的校舍和足够的经费，使每一个儿童都受到适合其接受能力的教育。只有实施普及教育，提高国民的文化素质，才能建成理想的国家。费希特认为，国家应该承担国民教育的费用，但也可以接受私人的捐赠。

费希特认为，国民教育的目的不在于培养学者，而在于造就国民，训练有为的劳动者。国民学校是为学生将来的就业打基础，提供各行各业共同要求的基本训练。通过智育、德育、体育和劳动教育，培养身体强壮、手脚灵活、耳聪目明、善于表达、自愿奉献、能同别人合作互助的国民。

费希特还认为，当儿童达到入学年龄时，父母有义务送他们进国民学校读书。在国民学校里，学生一律住校，并实行男女同校，共同组成一个以学校为范围的生活集体。如果有的家庭经济困难，学校可以让学生参加校内的劳动，以便减轻家庭负担和解决中途辍学的问题。

---

① 博伊德、埃德蒙·金：《西方教育史》，329 页。

为了办好国民教育，费希特十分重视国民学校的教师问题。他认为，国民学校应该聘任有能力的教师。已经设立的国民学校应该被视为一个教师培训场所。费希特还建议成立一个委员会，创办一种专门训练国民学校教师的师范学校，它招收受过基础教育的学生，由各学科专家教他们必要的文化科学知识，由哲学家教他们明确教育的使命以及如何完成这一使命，由教师教他们如何与群众进行社会交往。

费希特还主张，在国民教育之上兴办学者教育以及大学教育。国民教育是树根，学者教育是树干，大学教育则是教育这棵大树的树冠。在他看来，学者既是人类的教师，又是人类的领导。因此，国民教育的监督工作应该由这样的人来担当。而大学的任务主要是一代一代传递社会的最高文化。

对于瑞士教育家裴斯泰洛齐所从事的贫苦家庭儿童教育事业，费希特是高度赞扬并予以充分肯定的。他强调指出："裴斯泰洛齐已经为平民找到了一种教育，依靠他的天才和爱的力量，他已经创造出了一种真正的国民教育，这种教育是能够拯救民族和人类的。"①

第四节　国家主义教育思想的影响与评析

国家主义教育思想对教会教育制度以及教会教育活动的批判，对欧美国家教育的国家化产生了重要的影响。尤其在法国，对驱逐耶稣会和关闭耶稣会学校起了很大的推动作用。因此，教会无法阻止教育中的国家主义。

在欧美国家确立近代教育行政体制和发展国民教育的过程中，国家主义教育思想无疑为它们提供了理论依据。在欧洲各国广泛流传的拉夏洛泰的《论国民教育》一书，正是对国家教育制度的系统论证。孔多塞的《国民教育组织计划纲要》则详细论述了国家教育制度的具体方案。费希特的《对德意志民族的演讲》同样也强调了有关国家教育制度的思想。可以说，正是在国家主义教育思想的影响下，普鲁士在 1787 年成立了中央学校管理委员会，作为最高教育行政领导机构。俄国在 1802 年也成立了教育部，集中管理各级学校。更为典型的是，在国家主义教育思想影响极大的法国，拿破仑一世 1806 年确立了中央集权制的教育行政领导体制，规定从低级到高级的各级教育机构都集中由"帝国大学"管理。与德国和法国在国家兴办与管理教育方面的迅速发展相比，英国则显得比较迟缓，直到 19 世纪 30 年代国家对教育的支持才成为一项公认的政策。

美国教育史学家布鲁巴克在《教育问题史》一书中指出："除了地域关系之外，国家

① 博伊德、埃德蒙·金：《西方教育史》，329 页。

主义还包含其他的纽带关系，如种族、语言、历史、文化和传统等。”① 早在古代希腊城邦国家（尤其是斯巴达）时就盛行国家办学，对年青一代的教育成为国家的事业，教育被看作是立法者最伟大和最高贵的工作。古代希腊哲学家柏拉图在《理想国》中也阐述了理想国家的社会组织形式和维系国家体制的主导原则，并把教育看成是使其理想国家制度得以实现的主要手段。

在宗教改革运动中，德国宗教改革领袖马丁·路德发表了《为基督教学校致德国市长和市政官员书》和《论送子女入学的责任》，又阐述了强迫义务教育思想，强调由国家和城市当局开办与管理学校，教育应该成为国家的事业和职责，并提出了关于教育制度的设想。正是马丁·路德教育思想的广泛影响，使得德国和欧洲其他一些国家把教育看成是国家的一种职责，而且在德国出现了近代最早的国家教育制度。

在教育与国家的关系上，18 世纪在法国开始产生的国家主义教育思想，从某种意义上讲，与古代希腊的国家办学思想和宗教改革时期的国家开办与管理学校的思想是相似的。应该说，它们之间存在着一定的联系。但是，国家主义教育思想的产生实际上反映了 18 世纪欧洲的时代和社会对教育提出的要求。在法国大革命之后，国家主义教育思想逐渐成为 19 世纪在欧美国家中广泛流传并形成较大势力的一种教育思潮。国家主义教育思想得到了这些国家统治者的注意和支持。拿破仑一世曾这样指出，只有建立起一个处于国家绝对控制下的教育制度，法国才能强大起来。欧美国家越来越意识到教育对于国家的发展起着重要的作用，用立法手段确立并加强各自的义务国民教育制度以及发展公立学校体系，从而在一定程度上推动了它们的国民教育的发展以及教育的普及。从这一点来看，国家主义教育思想在西方近代国民教育制度的确立和发展中具有值得重视的历史意义。美国教育家杜威指出：在国家主义教育思想影响下，“德国是第一个实行公共的、普及的和强迫的教育制度（从小学一直到大学）的国家，一切私立教育事业也都要服从国家的法规和监督”②。

但是，应该指出，国家主义教育思想对国民教育发展的强调是有限度的。因为欧美国家的许多上层社会人士对国民教育的发展和普及都表示出一种忧虑，认为“如果民众接受的教育太多，将会对国家造成一种实际的危害”③。他们认为，民众的知识不要超过其职业的范围和社会地位的需要，对民众只应教以最低限度的知识，否则就会造成对社会的不满和国家的危机。例如，孔多塞的《国民教育组织计划纲要》当时在法国的立法会议上就没有被通过。因此，国家主义教育思想实质上是为欧美国家统治者巩固其社会制度服务的。法国成功地设立了一个高度中央集权的和国家主义文化的教育制度，加强国家对教育

① 布鲁巴克：《教育问题史》，57 页。

② 杜威：《民主主义与教育》，96 页，1916 年英文版。

③ 佛罗斯特：《西方教育的历史和哲学基础》，356 页。

的控制，并反复向年青一代灌输法兰西文化、道德、思想和传统，以便把他们培养成忠于法兰西国家的忠诚臣民。

最后，还应该指出，20 世纪 30—40 年代在德国和意大利建立起来的法西斯国家主义教育制度实际上是极端的国家主义在教育上的具体反映，旨在加强法西斯独裁政权。它们与 20 世纪以前在欧美国家中广泛流传的国家主义教育思想显然是不同的。

拓展阅读书目

1. 拉夏洛泰//赵祥麟. 外国教育家评传：第 1 卷. 上海：上海教育出版社，2003：555-576.

2. 伯尔纳·乔利贝特. 孔多塞//扎古尔·摩西. 世界著名教育思想家：第 1 卷. 北京：中国对外翻译出版公司，1994：161-170.

3. 费希特. 致德意志国民的讲演//任钟印主编. 世界教育名著通览. 武汉：湖北教育出版社，1994：585-597.

第十五章

唯实主义教育思想

18 世纪上半期美国政治家、科学家和教育家富兰克林（B. Franklin）倡导的唯实主义教育思想，强调教育对个人发展和社会进步的作用，提倡学习实用的知识和采用科学观察与实验的方法，主张重视和发展社会教育，从而体现了民主和实用的原则。唯实主义教育思想反映了 18 世纪美国社会和时代对教育的新需求，推动了近现代美国教育的发展。

第一节　唯实主义教育思想产生的背景

唯实主义教育思想是 18 世纪美国社会现实生活需要与欧洲启蒙思想相结合的产物。

17 世纪美洲殖民地的教育从指导思想到实践活动都充满了浓厚的宗教色彩与古典主义气息，并具有强烈的阶级性。

北方新英格兰地区，清教徒势力最为强大。清教徒领袖认为，他们到达美洲的目的是为了不沾染英国旧教的恶习，保持自己信仰的纯洁。为此，他们建立起政教合一的神权政治，视教育为传播清教的重要工具。从初等学校、拉丁文法中学到哈佛大学，教育目标都以培养清教的教徒和教士为核心，课程皆围绕宗教训练来设置，学校模式几乎完全是英国学校的翻版。在南方弗吉尼亚等地区，分散的农村农奴制庄园经济使世俗封建贵族的力量大于教派的影响。世俗封建贵族认为，教育的目的主要在于使自己的子弟能在美洲艰苦的环境中保持欧洲文明的生活方式。为此，他们主张采用英国上流社会流行的家庭教育模式，以培养知书达理、修养良好并善于管理庄园事务的贵族子弟。基于这种思想认识，南方殖民地家庭教育的内容自然地以欧洲的古典文化为核心。

如果说 17 世纪的宗教教育与古典教育分别满足了北方神权政治与南方贵族经济的需要的话，那么，18 世纪来自美洲社会内部与外部的各种变化，就使得一种新的教育思想的产生成为必然。

18 世纪初期，一个正在成长的都市社会以及不断发展的商业贸易活动，造就了一个从事商业贸易活动的新兴资产阶级。新兴资产阶级从经商的角度出发，一方面反对北方清教的宗教专制统治，渴望拥有一个自由宽松的政治环境，以促使商业活动的开展和市场经济的繁荣；另一方面，他们也反对南方封建贵族的古典主义文化，渴望拥有实际的经验知识，以在经济竞争中巩固自己的社会地位。到 18 世纪中期，新兴资产阶级的这些愿望由于与启蒙思想相吻合而得到进一步增强。

从地理上讲，美国确实远离欧洲文化中心，但从 18 世纪中期到独立战争以前，由于美洲社会报刊印刷业的发展以及邮政系统的改进，欧洲的启蒙思想得以通过各种途径传入美洲。在众多的启蒙思想中，牛顿的新宇宙观和自然神论思想，笛卡儿、培根的科学方法论思想，洛克的政治、哲学与教育学说，卢梭对人类天性的新看法，裴斯泰洛齐的新儿童观等，无疑对美洲殖民地的思想产生了较大的影响。尤其值得一提的是，启蒙思想中那些关于人类有权利主宰自己命运的思想，如推崇理性与自然法则、否定超自然主义、信仰科学与实验等，直接切合了从事独立商贸活动的新兴资产阶级的愿望。新兴资产阶级渴望拥有自由、理智，并在事业上获得成功，为此，他们迫切要求获得众多实践领域的新知识，迫切要求接受一种与现存北方教会教育和南方贵族教育完全不同的新教育。

总之，“18 世纪的社会状况表明，一个新的时代即将到来。在这个时代里，自然科学与来自欧洲的众多哲学思想恰好与美洲人民的思想相吻合，共同对美洲教育中正在形成的世俗化思想产生了影响”①。其结果就是唯实主义教育思想的产生。

第二节 唯实主义教育思想的主要特点

唯实主义教育思想具有以下四个主要特点。

第一，唯实主义教育思想是一种世俗的、现实主义的教育思想。它既是 18 世纪美国

① 里珀：《自由社会的教育：美国史》，48 页，1984 年英文版。

特定历史环境的产物，同时又是对17世纪在美国占统治地位的宗教教育与古典主义教育的突破。自唯实主义教育思想产生以后，美国教育进入了一个新的历史发展时期，即由教会教育、贵族教育向世俗教育、平民教育过渡与转化的时期。

第二，唯实主义教育思想体现了民主的原则。唯实主义教育思想的一个突出特点，就是在教育对象方面力图打破旧有学校教育与家庭教育的阶级性和等级性，将教育推广到一般民众身上。为此，唯实主义教育思想比较强调社会教育与成人教育在熏陶美国普通民众的民族心理以及在培养他们的各种生活能力方面所具有的价值和作用。

第三，唯实主义教育思想体现了实用的原则。唯实主义教育思想的另一个突出特点，就是在教育目标、教育内容与教育方法方面力图突破传统学校教育的宗教性、古典性与机械性。唯实主义教育思想强调培养适应资本主义工商业发展的实用型人才，这种人才既有良好的道德品质，又有经营工商业的真才实学。为达到这个目的，课程内容应该既包括人文学科的知识，又包括当代自然科学的成果；教学方法也应该与科学研究的方法一致起来。

第四，唯实主义教育思想是近代美国教育思想的重要源泉。近现代美国教育思想的两大基石为民主主义与实用主义。尽管民主主义与实用主义的思想分别成熟于19世纪和20世纪，但是它们的萌芽期却都在18世纪。唯实主义教育思想所体现出的民主与实用的原则经过后世一些教育家的改造与发展，成为近现代美国教育赖以生存和发展的基础。

第三节 唯实主义教育思想的主要代表人物

一、富兰克林

1. 生平和教育活动

本杰明·富兰克林（Benjamin Franklin，1706—1790）是美国政治家、科学家和教育家。美国《独立宣言》的起草人之一。1706年1月17日出生于波士顿一个手工业者家庭。由于家中孩子多、经济有困难，富兰克林10岁辍学。以后，在工作的同时，富兰克林开始了他一生漫长而艰苦的自我教育生涯。

成年之后，对知识的渴求和对自我教育历程的亲身体验，促使富兰克林在从事政治、科学活动的同时，积极献身于各种启蒙与普及性质的社会教育活动。1728年，他在费城成立“讲读社”（读书会和讨论会的形式），帮助普通手工业者和商人进行自学。1731年，他在费城创办了美国的第一个公共图书馆，向民众普及文化。1732年，他出版了《穷理查德历书》，以教育那些订不起书报的普通民众。

在积极进行社会教育和成人教育的同时，富兰克林对学校教育也给予了很大的关注。为了使殖民地的教育能跟上时代发展的要求，1749年他写了《论建立阿加德米的重要性》

一文，又于1751年创办了费城文实学校，以取代在当时的美国占据统治地位的、从英国移植而来的拉丁文法学校。

基于更好地普及教育和传播实用知识的目的，富兰克林于1743年写了《关于在殖民地推进有用知识传播的几点建议》。在他的提议与领导下，1743年在费城建立了“美国哲学会”，以交流传播学术成就与实用技术发明。

1790年4月17日，富兰克林与世长辞。

2. 教育的作用

富兰克林认为，教育应该具有实用性。对于个人来说，教育是开启幸福之门的钥匙，是增加经济财富的重要手段；对于社会来说，教育则是家庭与国家安定繁荣的坚实基础。富兰克林强调说：“具有智慧和良好行为的人，是一个国家的力量之所在，较之财富和军队，教育更为重要，因为前者如果掌握在愚昧和邪恶的人手里，往往导致毁灭。”① 在他看来，优良的教育是家庭和国家幸福的切实基础。国家应该视教育为本，在经费等方面给予支持。

在肯定教育对个人的发展以及社会的进步有巨大作用的同时，富兰克林强调指出，美国现行的学校教育并未能真正发挥其应有的作用，社会教育才是推动美国工商业和科学技术向前发展的真正力量。的确，17—18世纪初，美国的学校教育为浓厚的宗教色彩与古典主义色彩所笼罩，培养出来的人才多为对社会经济发展无所贡献的无用之辈。因此，从教育，尤其是社会教育，在推动殖民地经济发展过程中所起作用的认识出发，富兰克林提出两点结论：第一，“教育”具有广泛的含义。从一般意义上而言，教育过程也就是生活的过程，反之亦然。这样，学校教育与社会教育都不过是生活教育的组成部分。然而，由于现实中，社会教育与生活过程和社会发展关系密切，因此，学校教育虽必不可少，但与社会教育相比，则社会教育更为重要。第二，学校教育虽然只是生活教育的一个组成部分，但因其未能发挥教育应有的功效，所以，教育改革应该从学校教育入手，使学校教育服从生活的需要，达到改进社会的目的。

3. 社会教育

富兰克林十分重视社会教育。他认为，应该建立各种组织，提供实用知识教育。在美洲殖民地时期，广大民众没有机会接受教育，学校教育目标与内容的空疏无用也使它不能满足新兴资产阶级的愿望和要求。在这样的情况下，如何利用和开展社会教育，建立传播实用知识的组织机构，就成为新兴资产阶级与民众日益关注的问题。富兰克林成了他们的代言人和行动家。

（1）成立“讲读社”

富兰克林联络一些有志青年，成立讲读社来普及实用知识。讲读社的成员每周碰一次

① 贝斯特：《富兰克林论教育》，163页，1967年英文版。

头，先从现实生活中找出一些有关道德、政治或自然科学的问题，然后分头读书和准备，最后再组织讨论，求得解决问题的最佳答案。

（2）创办图书馆

为了进一步扩大教育对象，使民众养成学习的风气，富兰克林创办了图书馆。图书馆的服务宗旨与讲读社一样具有民主与实用性。图书馆订购了大量文、史、地等方面的科学著作和各种图书，引起了普通民众广泛的阅读兴趣。其所发起的旨在鼓励民众成为“有目的的读者”的活动，在当时产生了很大的影响。富兰克林曾在《自传》中指出：“这类图书馆提高了美国人的一般对话水平，使各行各业的民众和农民同其他国家的大多数绅士一样睿智，并可能在一定程度上，对整个殖民地人民维护他们的权利和立场做出了贡献。”①

（3）建立“哲学会”

富兰克林认为，美国社会要向前发展，除了以讲读社和图书馆的形式在民众中普及实用知识之外，还应该有一种全国性的组织机构，以便在比普通民众更高一层次的学者、科学家和技术人员之间进行政治、科学、文化、技术等方面的交流与合作。在富兰克林看来，如果以通信和会议的方式将这些人串联起来，共同商讨国家的政治问题，研究交流科学上的新发现，肯定能使社会取得重大进步。于是，在富兰克林的倡导下，费城于1769年建立了“美国哲学会”。作为第一个全国性的学术研究机构与科学组织，该学会的宗旨是促进对“实用知识”的兴趣与传播。在富兰克林看来，哲学会的活动应该从美国社会的实际出发，以解决实际问题和服务于现实社会为最终目的。

4. 文实学校

在《关于宾夕法尼亚青年教育的建议》（1749）和《关于英语学校的意见》（1751）中，富兰克林对文实学校问题进行了探讨。

在教育目标与学校类型上，富兰克林从资本主义生产发展急需各种实用型人才的角度出发，指出文实学校的目标应兼顾升学与就业两方面，尤其是后者。他强调说：“如果他们（学生）能够学会各种有用知识与装饰性知识那自然是好，但是，学海无涯，人生短暂，因此，他们必须学习最实用和最富于装饰的知识，并多考虑今后打算选择的那些职业。”② 根据上述教育目标，富兰克林进一步建议文实学校应由两部分构成：一是古典部，二是英语部。古典部继承拉丁文法学校的传统，以拉丁文、希腊文等古典人文学科的学习为中心，为升学做准备；英语部则吸收私立实科学校的特点，以英语、数学和其他实用学科的学习为中心，为就业做准备。

在课程计划上，富兰克林认为，文实学校的课程计划应该体现人文学科与实用学科相结合的特点，内容涉及语言、社会、自然及身体锻炼四个方面。具体课程包括：拉丁语、

---

① 富兰克林：《富兰克林自传》，70页，1956年英文版。

② 贝斯特：《富兰克林论教育》，133页，1967英文版。

希腊语、英语、法语和德语；历史、地理、年代学、伦理学、修辞和书写；算术、会计、几何、代数、测量学、航海术、天文学、绘图、数学、物理学、机械原理、农业及园艺；跑步、跳跃、角力、游戏等。

显然，富兰克林的课程计划是具有自己的特点的。一是强调英语与现代外国语的学习。富兰克林认为，在人文课程中，英语学习是最为重要的。因为英语是人们的日常生活用语，它关系到人们的基本生存问题，所以，应该把英语作为学校的教学用语。与此同时，随着社会发展以及国际交往的增加，掌握现代外国语也是很重要的。二是强调应用自然科学的学习。富兰克林认为，在自然科学课程中，应该强调基本原理与规律在日常生活中的运用。在他看来，没有或缺少应用科学知识的教育是不适应或落后于时代需求的。正如有的学者所指出的："富兰克林的教育兴趣包括了几乎所有有用的科学知识，他对应用科学的爱好超过任何事物。他重视和尊重应用科学。通过富兰克林，欧洲启蒙思想进入美国教育界，强烈动摇了殖民地古典主义教育的基石，播下了新型中等教育的种子。"① 三是强调历史知识的学习。富兰克林所指的历史知识内容丰富深刻，包括殖民地的历史、伦理史、艺术史、宗教史、自然史和商业史等。他希望学生通过学习这些历史知识，不仅能从中获得与未来职业相关的经验，而且能从中受到政治和伦理道德方面的教育。四是强调体育锻炼。富兰克林非常重视学生的健康问题。他认为，学生应该长期坚持以"跑步、跳跃、角力、游戏等"方式来锻炼身体。

在教学方法上，富兰克林倡导采用科学观察与实验的方法。因此，他认为，学校要尽可能设有花园、果园、草坪和一两块农田，以便学生开阔视野，进行观察与实验。同时，学校应该拥有图书馆、实验室以及地图和各种科学教具，以利于教学活动的开展。富兰克林指出："无论是现在或者将来，到附近办得最好的农场、种植园去旅行，在实践中培养起来的观察力和分析概括能力一定会对年轻人大有益处。"②

在学校性能与管理上，富兰克林认为，文实学校可以由私人来办，但应与州政府合作，取得州政府的支持与领导。具体来讲，学校只有获得州政府颁发的特许状，才意味着获得州政府的认可；同时，学校必须将每年度的财政预算报表上交州政府，州政府根据报表在财政上资助学校，并对学校工作进行监督。此外，文实学校应该设立校董会作为学校的管理机构，以实现学校内部的民主管理。富兰克林认为，学校虽不是由教会而是由私人设立的，但这并不意味着可以由某一个人来决定学校的管理工作。学校的工作应当由经过挑选的、能代表民众意愿的某个集体来负责。由 12～24 人组成的校董会负责掌握学校财政开支、聘用或辞退教职人员、制定学校各项规章制度。

富兰克林指出，文实学校的学制为 6 年，招收已完成初等教育的男女儿童入学并负责师资

---

① 里珀：《自由社会的教育：美国史》，64 页。
② 同上书，65 页。

培训工作。在他看来，文实学校作为一个中等教育机构应该是初等教育的继续和延伸。为了促使学校得到进一步发展，富兰克林还建议在文实学校内部设立师范部，以培养未来的师资。

第四节　唯实主义教育思想的影响与评析

富兰克林的唯实主义教育思想体现了强烈的现实主义和功利主义色彩，反映了 18 世纪美国社会和时代对教育的新需求。

“富兰克林的一生横跨整个 18 世纪，他深受欧洲启蒙思想的影响。按大多数历史学家的观点，他可以称作是他那个时代的第一位美国人。从许多方面来看，富兰克林的一生集中体现了美国殖民地时期新兴中产阶级的利益和愿望。”① 确实，作为 18 世纪第一位多才多艺的美国人和新兴资产阶级利益的代言人，富兰克林不仅在政治、经济、科学等领域以其伟大的成就成为 18—19 世纪美国人学习的楷模，而且他的唯实主义教育思想对近代美国教育产生了多方面的、持久而深远的影响。

美国教育起源于欧洲，但又不同于欧洲。在美国教育摆脱欧洲教育的传统而成为一种具有美国特色的教育过程中，唯实主义教育思想的主要代表人物富兰克林起了重要的桥梁作用。

17 世纪，美国社会从北到南，无论是教会教育还是贵族家庭教育，其教育模式皆为欧洲教育的翻版，并表现出教育观的狭隘性（强调学校教育模式或家庭教育）以及教育的宗教性、阶级性和学术性等欧洲教育的传统特点。

进入 18 世纪后，随着殖民地资本主义因素的萌芽和新兴资产阶级的兴起，美国教育在既立足于国情又吸取欧洲启蒙思想的基础上表现出了自己的独特性——教育观的全面性（强调社会教育与学校教育或家庭教育具有同样的重要性）以及教育的世俗性、民主性与实用性等。这些特点是近代美国教育区别于欧洲教育的根本特点，也是现代美国教育迅速发展的力量源泉。美国教育的传统正是在此基础上形成的。

综观富兰克林的唯实主义教育思想及其实践活动，可以清楚地看到上述特点。从这个意义上讲，富兰克林是美国教育传统的奠基人，对美国教育发展的贡献是划时代的。

对成人教育与社会教育的重视，是近现代美国教育的一大特点。这种特点始于殖民地时代，与富兰克林的唯实主义教育思想及其实践活动密切相关。针对传统的、古典的学校教育无法满足美洲殖民地人民世俗现实生活要求的情况，富兰克林指出，教育是一个生活过程，不仅是个性发展的过程，也是社会发展的过程，从而推动了美国社会教育与成人教育的发展。

---

① 里珀：《自由社会的教育：美国史》，62 页。

在唯实主义教育思想的指导下，富兰克林所倡导的文实学校在美国中等教育发展中是具有重要的历史意义的。文实学校代替了从欧洲移植来的传统的拉丁文法学校，表现出了自己的特点：目标的多样性、对象的民主性、课程的实用性、管理的世俗性。而这些特点正是"美国式"中学发展的基石。在富兰克林创办文实学校之后，其他各州纷起仿效建立文实学校，于是形成了一场声势浩大的文实学校运动。据统计，到 1850 年，整个美国已有 6 085 所文实学校，其中宾夕法尼亚州最多，共有 524 所文实学校。这表明，文实学校此时已取代拉丁文法学校成为美国中等教育机构的主要类型。

此外，富兰克林的唯实主义教育思想体现了民主与实用的原则。就民主的原则而言，无论在从事社会教育运动时，还是在探讨学校教育改革时，富兰克林都要求把教育普及到中产阶级和普通民众子弟身上；就实用的原则来说，富兰克林强调，无论成人，还是青年，所学的知识都应该以实用为主，并注意性格的培养与品德的陶冶。"富兰克林的思想作为启蒙思想的一部分，对美国教育的前景产生了深远的影响。"①

在实事求是地全面评价富兰克林的唯实主义教育思想时，也应该指出，其思想本身缺乏系统性和完善性，而显得比较零散。

拓展阅读书目

1. 富兰克林. 关于宾夕法尼亚青年教育的建议//任钟印. 西方近代教育论著选. 北京：人民教育出版社，2001：221-228.

2. 富兰克林//赵祥麟. 外国教育家评传：第 2 卷. 上海：上海教育出版社，2003：325-356.

① 里珀：《自由社会的教育：美国史》，65 页。

第五编　19 世纪

由于自然科学的迅速发展和发明创造的日益增多，因而 19 世纪常被人称为一个“不可思议”的世纪。自然科学的成就与工业革命不仅在西方国家的社会生活中产生了很大的影响，改变了世界的面貌，而且形成了一种对自然科学和文化知识的普遍信仰，促使了学校教育的变革和教育思想的发展。

在 19 世纪中期，近代西方国家教育制度开始确立，近代西方教育理论体系开始形成。在 19 世纪中期开展的科学教育与古典教育的论战中，1 000 多年来一直在西方国家学校教育领域里占统治地位的古典教育让位于科学教育，使得西方教育理论和实践增加了活力，趋于现代化。

在德国，出现了新人文主义教育思想、主知主义教育思想、幼儿园教育思想、“全人类教育”思想，使得德国在 19 世纪西方教育思想发展中处于领先地位。其中影响最大的当推以德国教育家赫尔巴特为代表人物的主知主义教育思想。

主知主义教育思想以“实践哲学”和观念心理学为依据，论述了管理、教学和教育，探索“教育心理学化”，试图建立一个“科学”的教育理论体系。后来由于赫尔巴特学派的大力宣传和广泛传播，使得主知主义教育思想成为在欧美国家以及世界不少国家的学校教育领域中占统治地位的一种教育思想。但是，主知主义教育思想强调把“知”放在学校教育工作中的首要地位，偏重于书本知识的传授和“静听”的教学模式，而成为西方“传统教育”派理论的标志。此外，主知主义教育思想所依据的观念心理学并不是科学的心理学，所以，这一教育思想实际上也不是一个科学的教育理论体系。

以德国教育家洪堡为代表人物的新人文主义教育思想强调教育应该促进整个人的发展，要求按照“全面教育”的构思进行课程改革，对 19 世纪初期德国教育的正规化和近代化无疑起了很大的作用。德国教育家第斯多惠提出的“全人类教育”思想也强调人的全面发展，主张所有的人都应受到同样的教育，实现“真、善、美”，并在教育史上首先提出了“发展性教学”的概念，推动了 19 世纪中期德国国民学校教育和师范教育的发展。

德国教育家福禄培尔在创立世界上第一所幼儿园的基础上构建了幼儿园教育思想，强调了学前教育的重要性，阐述了“恩物”的作用，重视游戏和作业活动。尽管幼儿园教育思想具有浓厚的宗教色彩，但是，这一教育思想的产生和传播，促使了欧美国家19世纪后半期“福禄培尔运动”的兴起。在西方教育史上，幼儿园教育思想的产生标志着西方幼儿教育发展的一个新的阶段。

在俄国，以乌申斯基为代表人物的俄国民族性教育思想要求建立具有民族特点的国民教育制度，主张依据民族性原则改革教育和教学工作，无疑推动了19世纪中期俄国国民学校教育和师范教育的发展。

在美国，贺拉斯·曼和巴纳德所提出的美国公共教育思想强调教育的普及和国家对教育的管理，要求发展公立学校和师范学校，从而为19世纪中期公立学校运动提供了理论基础。就其思想渊源来说，美国公共教育思想显然受到了18世纪的国家主义教育思想的影响。

在英国，以斯宾塞和赫胥黎为代表人物的19世纪科学教育思想强调科学知识和科学教育，制定了以科学知识为核心的课程体系，使得欧美国家乃至整个世界的学校课程发生了根本性的变化，其影响是深远的。应该指出，19世纪科学教育思想既源于又高于早期科学教育思想。

在法国，以涂尔干为代表人物的功能主义教育思想强调教育的社会功能以及教育与社会的密切关系，主张儿童的各方面发展应适应社会的要求，在西方教育社会学领域中有很大的影响。

在英国和法国产生的19世纪空想社会主义教育思想强调教育是实现未来理想社会的主要工具，提倡人的全面发展，主张教育与生产劳动的结合。尽管19世纪空想社会主义教育思想在思想渊源上与早期空想社会主义教育思想之间有一定的联系，但是，它是直接继承18世纪法国唯物主义教育思想的，并对马克思主义教育理论的创立产生了重要的影响。

第十六章

新人文主义教育思想

新人文主义教育思想19世纪初在德国兴起。它的代表人物是德国政治家、语言学家和教育家洪堡。新人文主义教育思想不仅在教育理论上提出了自己的主张，而且更重要的是注重教育改革的实践。因此，新人文主义教育思想的兴起，无疑是19世纪初期德国教育趋向于正规化和近代化的一种重要的推动力量。尤其是洪堡关于大学教育的思想原则，至今对德国以及世界上许多国家的大学教育仍有着不可低估的影响。

第一节　新人文主义教育思想产生的背景

18世纪末19世纪初，整个欧洲是以政治上和文化上的两种革命为特点的。前者表现为以启蒙思想为先导的法国革命引起的社会震荡；后者表现为继理性主义之后，浪漫主义在欧洲的兴起。就德国范围而言，情况较为复杂。德国资产阶级的软弱性决定了他们在政治上难有作为，于是便向哲学和文学领域寻求发展，试图通过一场思想文化运动来实现依靠政治所无法实现的一切。

发生在德国的这场思想文化运动从来都不是一种单一的思想运动。它从一开始就处在各种社会思潮（启蒙学说、理性主义、浪漫主义、古典主义和以日耳曼民族主义为代表的国家主义）的影响下，具有综合和调和的特征。尽管参加者的思想倾向表现各异，但他们却一致对人以及人的特有的精神世界感兴趣。“新人文主义”的概念恰当地揭示了德意志文化的这一时代特征。

一般认为，“新人文主义是用来指一种以精神培育为其宗旨的古典文化的研究”①。从狭义来讲，新人文主义具有反理性主义、反实证主义倾向；从广义来讲，新人文主义具有尊重历史文化及调和发展的特点。它代表着那个时代资产阶级和一部分开明贵族的世界观。鉴于教育在德国社会中的特殊地位，也有人视其为一种教育哲学。

新人文主义在某种意义上是文艺复兴时期人文主义的继续和发展。两者同是古典文化的复活，提倡人性，崇尚古典文化中美的艺术的要素。新人文主义不同于人文主义的一个显著特点是，主张学习和利用古典文化，尤其是古希腊文化中一切珍贵和有用的东西，以促进民族文化的发展。其基本内容是论证当代德国人和古希腊人在精神生活上的一致性，使德国人有可能在其历史认识的范围内看到现实与理想的完美结合，即德国人身上的民族自由主义精神。

新人文主义始于对希腊思想的研究。一些新人文主义者，如温克尔曼（J. J. Winckelmann）、莱辛（G. E. Lessing）、赫尔德（J. G. Herder）、歌德（J. W. von Goethe）、席勒（J. C. F. von Schiller）、费希特、沃尔夫（F. A. Wolf）、洪堡等，共同推进了新人文主义思想的发展，使之成为德意志民族统一的精神基础。“用希腊模式塑造你自己”是新人文主义提出的口号。这不是说要去刻意模仿古典作家的写作，而是从根本上汲取希腊文化所展现的生机勃勃的创造精神。用希腊人特有的情操、寻求真理的勇气和能力、反对内外敌人的坚定气概，以及对善与美的热爱来培育德国青年的心灵。它注重内容而不是形式，这就使它与以往的人文主义一味推崇的拉丁文体的模仿活动区别开来。

在当时德国教育领域，新人文主义和卢梭倡导的自然主义是支配教育发展的两大思想运动。这两个运动的结合起到了相互支持和相互促进的作用。新人文主义者认为，卢梭所倡导的教育理想可以在古希腊找到完美的典型。他们把希腊文化看成是“自然”的、完善的和理想的体现，把希腊人的典型看成是充分体现了“自然”的创造精神所要求的人类形象。②

赫尔德这位狂飙突进运动的先驱者最先看到了新人文主义与自然主义之间的这种联系，指出真正的文化乃是人性的培养。所以，“教育的目标必然是使年青一代紧密接触自然和历史的实际，从而启发他们按照自己天赋的能力来谋求个人生命的发展。在公式和抽

---

① 麦克莱兰：《德国的国家、社会与大学，1700—1914》，21页，1980年英文版。

② 鲍尔生：《德国教育史》，110页。

象中是没有教育意义的，只有在生命的充分发展中才有教育意义”①。

在德国，新人文主义运动代表着一种文化观念和实践。德语中“文化”的概念因“教育”一词的出现而具有了独特的形式。所谓“教育”，指的就是人类智力、美学和道德的培养。它在内容上和形式上带有德国思想特有的主观性和包容性。教育既包括知识和理性的方面，又包括情感和意志的方面；既有个人的主观的因素，又有社会的国家的因素。这种主观性和包容性来自古希腊注重精神生活的传统和人的“多方面和谐发展”的理想。新人文主义教育所关心的问题均与人类以及人类文化的优先性和普遍性有关，是根据民族自由的要求与改造国家的德意志民族复兴运动融为一体的。

第二节 新人文主义教育思想的主要特点

新人文主义教育思想具有以下三个主要特点。

第一，新人文主义教育思想深受德国唯心主义哲学的影响，注重精神培育，即人性的自我表现和人格的自我完善。德国唯心主义哲学是与法国的机械唯物论哲学相对立的。法国唯物主义者强调的是实验和行动，主张将科学和技术的进步与哲学的发展结合起来。而德国唯心主义者则将目光投向人类自我精神的活动，在认识论上主张通过将客体主观化来达到主观与客观的统一。它在教育上的表现，用新人文主义者洪堡的话说，就是使“客观知识”与“主观培养”相结合。“主观培养”就是使人都能“自由地按照道德原则发挥他或她的潜力”。教育在本质上并非是一种客观外在施予主体的活动或影响，而是个体的内部观念和实现这种观念的倾向的统一。因此，新人文主义教育思想认为，古希腊人身上集中体现出来的自由理性和对真善美的追求对代表着公民与国家以及个人与社会统一的良好典范具有普遍意义。

第二，新人文主义教育思想恪守浪漫主义文学创作中的美学原则，提出了教育上的无功利性的价值取向。受启蒙思想影响，在欧洲一些国家，崇尚物质和自然科学知识的百科全书派与功利主义派提出将职业能力的培养作为教育的重心。这与正统的德国哲学的精神显然是不相符的。新人文主义者认为，上述教养本身必然会给现代人性造成致命伤，使人性和谐的力量趋向分裂。新人文主义者席勒曾经指出：“职业精神一旦陷入在对象的单调的圈子里，这样自由的整体必然从职业精神的眼中消失，同时使这一精神领域更加贫乏，成为‘迂腐的局限性的牺牲品’。”② 古希腊人比现代人高出一筹，就在于“希腊人的本性把艺术的一切魅力和智慧的全部尊严结合在一起。他们既有丰满的形式，又有丰富的内

① 鲍尔生：《德国教育史》，108页。

② 席勒：《美育书简》，徐恒醇译，53页，北京，中国文联出版公司，1984。

容；既能从事哲学思考，又能创作艺术；既温柔又充满力量。在他们身上我们看到了想象的青年性和理性的成年性结合成的一种完美的人性”①。在这个问题上，洪堡也表达了类似的看法。他认为，对于人的生活来说，教育只能以一种整体的形式呈现出来。鉴于这种认识，新人文主义教育思想原则上拒绝任何只讲求实利而降低人性标准的价值观，坚持文化的功能应在机械和功利之上，具有多方面性和调和性。教育必须涉及整个人的发展，并为此奠定基础。没有这种基础，一切技术的训练和知识的传授都是无从想象的。

第三，新人文主义教育思想高度评价古典人文学科在精神陶冶中的作用。在包括哲学、语言学、历史、数学和科学在内的诸多学科中，新人文主义者尤其推崇古典语言的学习。按照费希特的意见，语言是众多被传递的社会要素中最重要的。“语言在人类形成过程中的影响比人类在语言形成过程中的影响更大。”② 语言学研究可以探索一个民族的内心世界。语言是促进国家统一的主要因素。洪堡则看重论证了语言学研究对于个性发展的深远影响。他指出：“语言、哲学和文学研究对于个性发展的深远影响就在于它们显示了对人性的深刻理解，从而使人们能够掌握历史的方面，使他们既认识到自己的独特性，又认识到自己的历史性。”③

第三节　新人文主义教育思想的主要代表人物

洪堡

1. 生平和教育活动

卡尔·威廉·冯·洪堡（Karl Wilhelm von Humboldt，1767—1835）是19世纪初德国政治家、语言学家和教育家，新人文主义思想的杰出代表。1767年6月22日出生于普鲁士波兹坦的一个贵族家庭。父亲曾任普鲁士宫廷大臣。1787年，洪堡进入现今的奥德法兰克福欧洲大学主修法律，同时致力于古典文学和康德哲学的研究。翌年，转入哥廷根大学学习。在那里，洪堡第一次接触到新人文主义思想。

1790年，洪堡涉入政界。1802年，他被任命为普鲁士派驻梵蒂冈的代表，直到1808年才离开罗马。他还出使过奥地利和英国，访问过西班牙。在长期担任公职的间隙，他不失学者本色，详细考察和研究了古代艺术与各国的文化和历史，在语言学、政治学、法学、考古学等方面发表过不少有影响的学术著作。他的社交圈包括了歌德、席勒等一些著名人物。在他们的影响下，洪堡的新人文主义思想有了进一步发展。

① 席勒：《美育书简》，48～49页。

② 埃尔：《文化概念》，康新文译，60页，上海，上海人民出版社，1988。

③ 《威廉·冯·洪堡》，载［联合国教科文］《教育展望》（中文版），1988（17）。

1809年，由普鲁士首相施坦因推荐，洪堡出任内政部新设的文化和教育司司长。这其间，他以出色的组织才能对普鲁士各级教育进行了整顿和改革，将新人文主义思想灌输到各级学校中去，把第一流的科学和艺术成就同他的政治和社会活动结合了起来。这使他短短16个月的任期成为“德国教育史上最重要的阶段之一”。洪堡的名字也被列入德国教育迈向现代化的先驱者行列。

洪堡于1819年退出公共生活，但仍致力于学术研究工作。1835年4月8日，洪堡与世长辞。

2. “普通人的教育”

1806年“耶拿崩溃”后，普鲁士政局一片混乱。正如洪堡所形容的：“实际上是没有政府，没有权威，没有一致，也没有统一。到处充满着衰败现象。”《提尔西特条约》使普鲁士丧失了一半以上的国土，承受了巨额战争赔款。许多有识之士将普鲁士蒙受的国耻归咎于君主制统治下过时的思想和体制的无能。改革派人物施坦因于1808年推行了旨在结束地方割据、加强中央集权和技术专门化的行政改革。其中一项措施，就是成立了隶属于内政部的文化和教育司。

在教育方面，国家虽然从教会手中收回了部分权力，但实际监督权仍在教会人士的控制之下。学校设置带有浓厚的封建等级性。骑士学院和文科中学是专为“朝臣、王子和各级贵族”设立的，仍为中世纪教育传统所笼罩。另有数量不等、规格不高的市民学校和中等学校以及实科学校，实质上只相当于一些职业养成所。这种状况严重阻碍了学生个性的发展，导致大学缺乏训练有素的生源，大学新生往往对大学的学习缺乏必要的准备，这显然对大学接纳新思想和开设新学科是不利的。改革“普通人的教育”设想就是在这样的背景下提出的。

“普通人的教育”是洪堡教育改革的主要纲领，也是他的新人文主义思想的集中体现。洪堡曾在《立陶宛的学校计划》一文中明确指出：“一切学校……都必须只把普通人的教育作为目标。”① 所谓“普通人的教育”，是指为一切人提供的“全面教育”，目的在于培养“完全的人”。它有这样的两重含义：第一，一切学校，包括那些有职业的实科学校，都不应是为专门某一部分人设立的。也就是说，为了整个民族，才需要学校教育。一切教育都是“普通人的教育”，职业教育和特殊教育只不过是对于它的补充。第二，各种不同学校彼此间都应有相当程度的配合和联系，而不应划定一个特殊的范围。根据这一设想，洪堡计划构建了一个有助于提高普通国民文化水平的三级教育相互衔接的学校体系。这三级教育是：基本教育（初级教育）、学校教育和高等教育，大体上对应小学、中学和大学三个阶段。

---

① 洪堡：《立陶宛的学校计划》，载《教育与语言》，112页，1979年德文版。

基本教育或初级教育，主要不在于知识的积累，而是为了锻炼能力，发展理性，陶冶纯洁的道德情操，培养宗教感情，使学生为下一步学习做好准备。

学校教育，应兼顾“知识”和“技能”两方面。因为“不具备技能和知识就不可能学会科学研究和工艺”。它所注重的是学习和“学会如何学习”，尤其是学习语言、历史和数学方面的基础知识。

高等教育，应使学生能够掌握和注重知识的统一性，给学生以充分发挥其创造性潜力的余地。

总之，“普通人的教育”旨在通过教育将道德、知识、能力融为一体，并使各个自然阶段的教育既具有统一性，又具有连续性，即每一阶段教育都能发挥各自的职能，以便提供“全面教育”。

在洪堡看来，“普通人的教育”包括“一般性知识”“基本能力”以及“思想性格方面一定程度的修养”。这将保证人们“永远能从某一行业随意转到另一行业”。这种职业转换的自由是一个人能够独立地发展自己和从事创造性活动所必需的自由。这样，社会就被看作是一个“自由个人的联合体”，他们以互利的方式不断地交流各自内在的资源，并以此来衡量国家行动的有效性。

鉴于上述考虑，洪堡在实际规划教育时，主张将职业教育学校作为非正规学校从三级教育体系中分离出来。他认为，职业教育学校和普通教育学校的任何混淆不清，必将“使教育变得不纯”。国家应该把主要力量放在发展普通教育学校，即学术性教育机构上。洪堡的这一主张又使“普通人的教育”逐渐具有了学术教育的含义。

实施“普通人的教育”，关键是课程和教材的确定。如何“使每一种教材总是对人发生最大和最佳的影响”，这就必须“使教师具有一种相当的统一性”。作为一个新人文主义者，洪堡坚持“普通人的教育”课程必须以古典语言为中心内容。这是因为古典语言必然地表现出个人品德（知性和德性）全面协调发展所需的“多种环境”，代表着最接近普遍性环境的“多方面现实”①。在他看来，专门学习古典语言的学校的真正目的是要给人一种“道德上的刺激”，唤起他们对真、善、美的热爱。

洪堡的教育纲领是一个有着激进的民主性思想内涵的自由主义纲领。然而，普鲁士当时并不具备实施这一纲领所必需的社会条件，致使他的许多实质性改革没有达到原来预期的目标。“普通人的教育”不能不面对国民学校和阶级学校的两难选择，洪堡最终选择了后者。

3. 大学教育

新人文主义对德国教育影响的一个直接而明显的证据，是大学面貌的改观。洪堡的成

① 《威廉·冯·洪堡》，载［联合国教科文］《教育展望》（中文版），1988（17）。

功改革树立了大学在国家生活中的新形象。大学不仅是一个教育实体，而且是一种精神的象征。它培育了学校和社会对“学术和精神自由”的尊重，引入了高质量的专业训练，使大学的学习与学生个性的发展结合起来。如果说 17 世纪以前德国大学在欧洲毫不起眼，18 世纪后德国人开始有了代表各地区文化的地方性大学，那么到了洪堡的时代，以 1810 年柏林大学的成立为契机，德国开始拥有了真正代表全德意志精神文化的近代意义上的大学。

德国大学改革起步于 18 世纪初。这场改革是以普鲁士的哈勒大学（1694）和汉诺威的哥廷根大学（1737）创建为标志的。这两所大学和萨克森的莱比锡大学鼎足而立，成为三所一流的德意志大学，吸引优秀的智士学子追求真理。在教学上，不受“技术”范围限制的理论与学术乃是它们的一大特色。

德国大学的第二次改革适逢“德意志苦难”时期。普鲁士在战争中失去了它一直引以为豪的哈勒大学等几所大学，一些旧大学相继被关闭；与此同时，各地又新建了许多专科学校与大学竞争，这种状况导致了大学地位的下降。但同时，来自外部的压力也削弱了封建特权对大学的影响，加强了大学民族化、地方化趋势，并对进一步密切大学与社会、大学与国家的关系提出了新的要求。各种政治力量从不同的目的出发力图影响大学的改革进程。以贵族反对派和教会人士为一方，主张在大学保留中世纪传统；受启蒙思想影响的功利-实科派，以重商主义者为代表，他们怀着职业的兴趣，认为大学应朝技术性和工艺性方面发展，侧重于“训练”；以洪堡为代表的新人文主义者则注重大学的学术性、科学性和教育性功能，既反对教会墨守成规和思想专制，又对功利主义持有条件的批评态度，号召将大学办成复兴德意志民族精神的基地。新人文主义者的意见在当时的德国逐渐受到重视。

1809 年，普鲁士国王威廉三世批准了洪堡呈请关于在柏林新设一所完全现代化大学的计划。柏林大学的建立，其意义不仅仅是增加了一所大学而已。从柏林大学开办之时起，国家就倾尽全力准备将其发展成为德国科学和艺术的中心，使之成为从废墟上重建国家的信心与力量的象征。

柏林大学的精神生活是由其致力于古典文化和思辨、哲学的特点所决定的，即那种基于对古希腊文化热爱的生活情趣和用纯粹推理洞察生存奥秘的信念。作为这所大学的主要缔造者，洪堡将这种精神体现在他的关于大学教育的三条原则中。

第一，学术独立和自由的原则。柏林大学作为新型大学的代表，“它的根本思想是：大学最主要的原则是尊重自由的学术研究”①。洪堡认为，在大学受教育是一种“最严格意义上的独立行为”。大学的任务是发展学术，并通过学术去发展人的个性。而学术乃是“人类只有通过自己并且只有在自己身上才能发现的东西，是对纯粹知识的深入研究”。它必然对人的精神活动能力提出要求。人的精神活动有赖于坚强的独立性和首创精神。欲达

① 阿什比：《科技发达时代的大学教育》，滕大春等译，125 页，北京，人民教育出版社，1983。

此目的，“自由”是最首要的绝对先决条件。只有在这个基础上，才能协调人的主观认识和客观外在的关系。因此，洪堡强调指出：“国家决不应指望大学同政府的眼前利益直接地联系起来；却应相信大学若能完成它们的真正使命，则不仅能为政府的眼前的任务服务，还会使大学在学术上不断地提高，从而不断地开创更广阔的事业基础，并且使人力物力得以发挥更大的功用，其成效是远非政府的近前部署所能意料的。”① 在他看来，一切来自国家的外力干预都是不必要和不恰当的。这种干预势必会造成千篇一律，不利于发展人的“创造性潜力”，也有损学术本身。所以，必须保证大学的学术活动“不受干扰”地进行。

第二，教学和研究统一的原则。洪堡认为，大学教育的特点，表现在教师和学生之间关系的变化，即前者不是为后者而存在的。在大学里，教师讲课学生听课并不是一件主要的工作。教师讲授的并非人人皆可从书本中或教科书上得来的现成知识。教师的科研方向和学术兴趣才是他讲授的中心。洪堡甚至要求大学教师将每一次讲授都变为自由地阐述他在某一课题研究前沿所获得的最新见解与最新发现，并鼓励学生对此做出评判。洪堡指出，一个在科研方面有卓著成就的优秀学者，也总是最好和最有能力的教师。同样，学生也不再是被动地“吸收”知识，而应博览群书并进行独立的思考。在柏林大学，每个教授都把自己的优秀学生组成一个“研讨班”，学生在其指导下参与研究过程，开拓新的知识领域。正如洪堡所指出的，“听课是次要的事，重要的是和情趣一致、年龄相同以及带有自觉性的人紧密合作，使大学有一批全面发展的人，他们愿为科学的提高和传播而献身”②。

第三，科学统一的原则。“献身科学”是洪堡为大学定下的崇高任务。科学对学者来说是最高的职责，是一个好的大学教师生活的一个重要方面。科学的基本概念是一种关于真理的未定的假设。科学存在着未知领域，有待人们去拓展。严格意义上的科学教育，必须包括科学创造性的培养。

因此，洪堡强调指出，大学教育应当能“理解和造成科学的统一”，即把各种科学统一到一定的哲学基础上。也就是说，大学教育应超越各种不同学科的一切区别而培养一种掌握和注重知识统一的能力，对人类知识的整体把握和人类的知识探求活动提出哲理性见解，同时将个人多方面的学识融为一体，以满足生活中的某种普遍性要求。

柏林大学的创建为洪堡的改革树立了一块丰碑。德国教育史学家鲍尔生（F. Paulsen）在提到柏林大学建立的历史功绩时曾这样写道：普鲁士在1806年虽然在军事上惨败于法国，都城为法国占领，然而战败之后，普鲁士对其他各邦的影响反而大为增强，居全德意志各邦的领袖地位，成为全部德意志民族的政治和道德中心，其主要力量乃因柏林大学的

① 鲍尔生：《德国教育史》，125～126页。

② 赵祥麟主编：《外国教育家评传》，第2卷，22页。

成立。柏林大学实际上成了全德意志的大学。

第四节　新人文主义教育思想的影响与评析

新人文主义运动是德意志自宗教改革以来规模最大的一次思想文化运动，也是德国教育面临的一次历史性转折。19 世纪初期，由于新人文主义的推动以及新人文主义教育思想的兴起，德国教育经历了重大的改革，得到了进一步完善，从此摆脱了对外来文化的依赖，走上了正规化和近代化的道路。毋庸置疑，在德国教育史上，新人文主义教育思想曾产生了较大的影响。

在初等教育方面，通过洪堡等人的大力提倡，按照“裴斯泰洛齐模式”在德国城乡建立了新式小学，为德国国民教育的发展奠定了基础。

在中等教育方面，文科中学摆脱了传统的拉丁文法主义的束缚，按照“全面教育”的构想进行了课程改革，使之承担起原来大学哲学院的一部分教育职能，成为唯一与大学接轨的中等教育机构。新的文科中学以古典文学的研究与德语教学培养学生在语言和文学方面的能力；以数学、自然科学、历史和宗教教育提高学生的实科方面的知识。这就为形成学生“在知识领域的丰富性以及在兴趣方面的广阔性和多样性”提供了可能，使得受过中等教育的人不仅具备从事各种学术研究的良好基础，而且为从事各项专业训练做好准备。文科中学的新人文主义性质对德国中等教育的发展产生了重要的影响。

在高等教育方面，大学在历史上形成的独立性，被正式纳入学校教育制度。柏林大学在办学精神上的革新有效地遏制了在普鲁士一度出现的大学分裂运动，巩固了大学在德意志民族和社会生活中的地位。这所大学确立的“通过科学和学术研究进行培育”的主张，使大学从“行动的压力”中解放出来，由单纯的教学型逐渐向学术型过渡，成为欧美各国竞相效仿的范例。

但是，必须指出的是，新人文主义以及新人文主义教育思想毕竟是德意志民族历史发展中一个特殊时期的产物，不可避免地带有时代的局限性。它的反实证主义倾向使它在很大程度上脱离了近代科学革命和工业所造成的物质环境。显然，在一个日益倾向于表现权力意志、追求物质利益的社会里，这种理想主义的、注重纯粹精神的教育是难有发展的。

此外，还应该看到，新人文主义在本质上是一场知识界的思想运动。它固然反映了资产阶级中一部分先进分子的社会民主主义思想倾向，但这种思想不是植根于民众，而是普鲁士贵族地主阶级（容克）做出的一种有条件的让步。19 世纪 20 年代后，随着拿破仑时代的结束，德国国内政治生活重新趋向保守，新人文主义以及新人文主义教育思想赖以存在的社会条件已不复存在。1848 年欧洲革命失败后，普鲁士禁止任何自由主义改革，新人文主义以及新人文主义教育思想很快就消失了。

拓展阅读书目

1. 戈德·霍恩多夫. 洪堡//扎古尔·摩西. 世界著名教育思想家：第 2 卷. 北京：中国对外翻译出版公司，1995：197-206.

2. 洪堡//赵祥麟. 外国教育家评传：第 1 卷. 上海：上海教育出版社，2003：717-748.

第十七章

主知主义教育思想

主知主义教育思想的代表人物是德国教育家赫尔巴特。19 世纪初，他继承瑞士教育家裴斯泰洛齐提出的"教育心理学化"思想，并通过自己的教育实践和理论探索，创建了一个完整的理论体系。由于赫尔巴特把自己的教育学说建立在观念心理学基础之上，并把"知"放在学校教育的首要地位，故称"主知主义教育思想"。作为传统教育理论的主要标志，在赫尔巴特学派的大力宣传、介绍和应用下，主知主义教育思想对世界上许多国家的学校教育产生了很大的影响。

第一节　主知主义教育思想产生的背景

18 世纪末 19 世纪初的德国，无论在经济上还是在政治上都远远落后于英国和法国。18 世纪末，德国工业的主要形式还是分散的手工工场，到 19 世纪初，资本主义工商业逐渐发展起来，陆续出现了莱因和威斯特伐利亚等一些先进的工业地区。特别是在 1834 年"关税同盟"建立以后，生产的机械化日益展开，工业发展的速度显著加快，资产阶级的力量也逐渐增强和集中。但是，德国在政治上仍然处于四分五裂的封建割据局面，封建土地所有制还居于统治地位，封建领主甚至还保留着对佃户的审判权。整个德国是一个反对资产阶级革命运动的反动堡垒，严重地阻碍着德国资本主义的发展。

随着资产阶级力量的日益成长和集中，资产阶级与封建制度之间的矛盾日益尖锐，他们反对封建制度的斗争也日益加强，以至于“最小的冲突也要引起严重的革命”①。尤其是 18 世纪末，在法国资产阶级革命的影响下，德国的资产阶级一度感到振奋。有许多现象表明，“这个国家的拥有资本和工业的阶级已经成熟到这样一种程度，它再不能在半封建半官僚的君主专制的压迫下继续消极忍耐了”②。

但是，当时德国的资产阶级却还没有实际力量去从封建贵族手中夺取政权，而且眼看法国资产阶级和劳动群众的革命行动愈演愈烈、斗争规模越来越大，反而由革命的同情者转而成为革命的反对者，表现出矛盾心理：一方面对封建制度表示不满；另一方面又畏缩不前，屈服于封建势力。正像马克思所指出的：“德国资产阶级发展得如此迟钝、畏缩、缓慢，以致当它以威逼的气势同封建制度和专制制度对抗的那一刻，它发现无产阶级以及市民等级中所有那些在利益和思想上跟无产阶级相近的集团也以威逼的气势同它自己形成了对抗。它看到，不仅有一个阶级在它后面对它采取敌视态度，而且整个欧洲都在它前面对它采取敌视态度。”③ 这就决定了德国资产阶级一开始就蓄意背叛人民，而与旧社会的戴着皇冠的代表人物妥协，竭力维护现存制度，企图在封建贵族集团的领导下，实行自上而下的改良，使封建经济逐渐转变为资本主义经济。

尽管这一时期德国的封建势力还很顽固，资产阶级还很软弱，但是，由于资本主义生产的发展，特别是由于法国资产阶级革命和启蒙思想运动的影响，德国人民的精神生活也开始出现了一些新的景象，进入了一个所谓“狂飙突进”时期，在文学领域中有“青年德意志派”对封建专制制度的攻击；在哲学领域中有“青年黑格尔派”对教会神学的批判以及费尔巴哈唯物主义对唯心主义的批判；在教育方面出现了“泛爱主义教育运动”和“新人文主义运动”。新人文主义运动是由一些进步的作家、学者、哲学家和教育家发起的，其主要代表人物有歌德、洪堡、康德、费希特和黑格尔等，他们提倡学习和利用古代希腊文化中一切有用的和珍贵的东西，实际上是反对德国的封建文化和落后的思想意识，反映德国资产阶级在文化教育方面的新要求。在“新人文主义”思想的影响下，德国高等学校教师和青年学生中的自由主义思想日益发展起来，要求改革教育现状的呼声在知识分子和青年学生中非常强烈。1815—1819 年，巴登、巴伐利亚和萨克森-魏玛等公国的青年学生掀起了要求政治自由和实现民族统一的运动。为了镇压青年学生的进步运动，1819

① 恩格斯：《德国的革命和反革命》，载马克思、恩格斯：《马克思恩格斯全集》，第 8 卷，24 页，北京，人民出版社，1961。

② 同上书，15 页。

③ 马克思：《资产阶级和反革命》，载马克思、恩格斯：《马克思恩格斯选集》，第 1 卷，443 页。

年通过了反动的《卡尔斯巴德法令》，决定解散大学的学生协会，解聘有自由主义思想的教授，并对大学实行严格的监督，以及加强书刊出版的检查制度，使整个教育领域充满了民族主义、沙文主义和普鲁士国家主义精神。

主知主义教育思想就是在这样的历史背景下逐渐形成和发展起来的。

第二节 主知主义教育思想的主要特点

主知主义教育思想具有以下三个主要特点。

第一，主知主义教育思想具有一定的保守性。主知主义教育思想的主要代表人物赫尔巴特的社会政治观点明显地反映了当时德国新兴资产阶级的软弱性与妥协性。他害怕革命，坚决主张维护现存的社会秩序和政治制度，相信它能给人们带来幸福。他曾这样写道："我们生活在正统和自由的统治下，这种统治也许能够通过保护我们而持续地给我们带来幸福，只有在这种保护下才可能使我们如此从容、如此无拘无束地……触及各种政治意见。"① 赫尔巴特这种政治上的保守突出地反映在他的道德教育和儿童管理理论上。其根本目的是要通过教育培养学生"完善"的道德观点，使他们成为忠于普鲁士国家的人。他所采用的道德教育的方法和儿童管理制度，基本上保留了中世纪教育的特点，竭力防止儿童独立自主意识的发展，压制儿童的创造性，使他们绝对服从成人的权威。

第二，主知主义教育思想力图把教育学建立在心理学和哲学的基础之上。在西方教育史上，把教育学和哲学、心理学联系起来考察并不是赫尔巴特的首创。在赫尔巴特之前，有许多教育家就曾自觉或不自觉地用哲学观点和心理学观点来阐明教育方面的一些问题，瑞士教育家裴斯泰洛齐甚至还提出了"教育心理学化"的口号。但是，明确提出要使教育学成为一门科学就必须以哲学和心理学为基础并详细地加以论证的则首推赫尔巴特。他明确指出："教育学作为一种科学，是以实践哲学和心理学为基础的，前者说明教育的目的；后者说明教育的途径、手段与障碍。"② 正因为这样，在西方教育史上，赫尔巴特被誉为"科学教育学的奠基人"，同时"把'赫尔巴特教育理论'和'科学教育理论'作为同义词"③。然而，由于他的哲学和心理学理论本身的缺陷，他并没有真正完成这个任务。

第三，主知主义教育思想强调以"知"为主。赫尔巴特从观念心理学的基本观点出发，把"知"放在首要地位，把通过统觉作用形成的观念看成是人的心理生活的本源，认为一切心理现象，包括情感或意志等都是建立在"知"的基础之上。在他看来，"无知即

---

① 赫尔巴特：《普通教育学·教育学讲授纲要》，李其龙译，394页，北京，人民教育出版社，1989。

② 同上书，190页。

③ 鲍尔生：《德国教育史》，165页。

无欲”，“愚蠢的人是不可能有德行的”①。因此，在赫尔巴特的主知主义教育思想体系中，旨在传授系统知识的教学工作具有特别重要的意义。他把教学看成是教育的基本途径，认为只有通过教学使儿童掌握一定的知识，才能形成他们的道德意识。

第三节 主知主义教育思想的主要代表人物

赫尔巴特

1. 生平和教育活动

约翰·弗里德里希·赫尔巴特（Johann Friedrich Herbart，1776—1841）是德国教育家。1776 年 5 月 4 日出生在德国奥尔登堡的一个律师家庭。他的祖父是当地一所文科中学的校长。尽管赫尔巴特幼时体质羸弱，加之被开水烫伤使视力受到影响，但在母亲和家庭教师的协同教育下，他头脑灵活、长于音乐。

1788 年，赫尔巴特进入了奥尔登堡文科中学学习。1794 年中学毕业后，他根据父亲的建议进入耶拿大学学习法律。耶拿大学是当时德国古典哲学思想的传播中心，在费希特的影响下，赫尔巴特对哲学产生了浓厚的兴趣，不久即放弃法律学习而专攻哲学，为他后来从事哲学和教育学研究打下了基础。

1797 年 3 月，经友人介绍，赫尔巴特中断学业到瑞士的一个贵族家庭任教师，负责教育 3 个孩子。他每隔两个月就向贵族写一份教育报告，历时 2 年多。这些报告总结和论述了他这一时期的教育经验，为他后来教育思想体系的形成奠定了基础。

1799 年，赫尔巴特还专程到布格多夫访问裴斯泰洛齐，参观他的课堂教学，并与他结为忘年之交。

1800 年，赫尔巴特回到奥尔登堡，在不来梅研究哲学和从事教学工作。1802 年在哥廷根大学获得博士学位后，即受聘在该校讲授哲学、教育学和心理学，深受学生的欢迎。在这期间，尽管普法纷争、时局不安，但他仍然致力于教学和理论研究，写出了大量的教育著作。1802 年，发表了《论裴斯泰洛齐的近著〈葛笃德如何教育她的子女〉》一文。1806 年，发表了他的教育思想代表作《普通教育学》。

1809 年，赫尔巴特应哥尼斯堡大学之聘接任康德哲学教席。为了使教育学不仅仅是理论的教导，而且能与实际携手并进，他建议设立教育研究所和实验学校。在普鲁士当局的支持下，他于 1810 年办起了教育研究所、师范研究班和附属实验学校。

1833 年，赫尔巴特又应哥廷根大学之聘回到那里任教。1835 年，他发表了另一部重

① 赫尔巴特：《普通教育学·教育学讲授纲要》，218 页。

要的教育著作《教育学讲授纲要》，从而使他的教育学理论更臻完善。

1841 年 8 月 14 日，赫尔巴特病逝于哥廷根。

2. “实践哲学”和观念心理学

赫尔巴特认为，要使教育学成为真正的“科学”，就必须以“实践哲学”和观念心理学作为它的基础。

首先，赫尔巴特赞同康德提出的把理论哲学与实践哲学分开的观点，以及不变的、普遍的道德原则，但是，他摒弃了康德的“伦理规范的最高原则——绝对命令”，而代之以“道德观念”。按照赫尔巴特的看法，“以绝对命令作为伦理学的起点是一种错误”，“命令之所以有其权威，服从之所以有其价值，美德之所以有其光荣，责任之所以有其义务，以及专横与屈服的恶名之所以必须避免，在任何命令与义务之前必须事先加以确定”①。

赫尔巴特认为，维系人与人之间关系的有以下五种道德观念：(1)“内心自由”的观念。“内心自由”是明智与意志两者之间的一种关系。它要求个人的意见和行为摆脱一切外在的约束而服从“理性”的判断。但是，这个观念只能解决一个人的行为方向，不能使人成为一个有道德的人。(2)“完善”的观念。它要求一个人有完善的意志，即能用多方面的意志和坚强而紧张的毅力去协调内部矛盾。但是，这个观念本身不一定能使人成为“完善”的人，甚至有可能成为一个“恶棍”。(3)“仁慈”的观念，即“绝对的善”的观念。它要求个人的意志与别人的意志相协调，有强烈地为别人服务的愿望，以便达到“社会稳定”和“生活安定”。但是，实际上两种意志的冲突是难免的，这就需要“正义”的观念来调节。(4)“正义”的观念，即“守法”的观念。它绝对要求人们“放弃争吵”，并“对争吵做出反省”，指出原因，尊重正义，认识到人人都应当“克己守法”。(5)“公平”的观念。它要求对善的行为予以报偿，对恶的行为要给予惩罚。

在上述五种道德观念中，前两种是调节个人道德行为的，后三种是调节社会道德行为的。赫尔巴特认为，这些道德观念是永恒不变的，是巩固世界秩序的永恒真理。实际上，他正是企图用这些道德观念来维护当时普鲁士君主政体下占统治地位的社会关系和道德行为，并用这些道德观念作为其教育学的“实践哲学”和伦理学的基础。

其次，赫尔巴特强调教育学还必须以心理学为基础。他深信当时教育领域中大部分的缺陷是缺乏心理学的结果。正是由于这个缘故，赫尔巴特曾在长期应用形而上学和数学的同时进行了自我观察和实验，最后终于确立了他的观念心理学。②

按照赫尔巴特的看法，人的心灵也是宇宙中无数“实在”的一种，原先是空无所有的，由于和其他“实在”相互作用，它才产生认识并形成观念。这种观念是人的全部心理

---

① 赫尔巴特：《普通教育学》，尚仲衣译，42 页，上海，商务印书馆，1936。

② 孟禄：《教育史教科书》，256 页，1919 年英文版。

活动的最简单的和最基本的要素，也是人的全部心理活动的基础。人的意识的整个内容就取决于各种观念的形成及其形成后的运动。赫尔巴特认为，一个观念若要由一种完全被抑制的状态进入一种现实观念的状态，必须跨过一道界限，即“意识阈”。

赫尔巴特认为，各种观念有强弱的差别，其中强的观念能成为其他观念的刺激力量，使它们发生变化。强的观念在意识中起支配的作用，存在于“意识阀”之上；较弱的观念则沉降于“意识阀”之下，称为“下意识”。当人们注意某一事物并使其占据意识的中心位置时，便产生单个的观念。单个的观念如果和意识中原有的观念相一致时，便构成“观念团”。“观念团”不断扩大，最后便形成观念体系，赫尔巴特称之为“思想之环”。

在赫尔巴特看来，新观念被旧观念所同化和吸收的过程就是“统觉”。因此，“统觉”是他的观念心理学的一个基本概念。任何观念、任何概念的形成都是“统觉”的结果。在赫尔巴特的主知主义教育思想中，“统觉”具有十分重要的意义，是他的教学论所依据的基本原理。依据这个原理，教学过程就是使学生在原有的旧观念的基础上去掌握新观念的过程。新旧观念结合得越多，学生的知识面就越广；新旧观念结合得越紧密，学生掌握的知识就越牢固。

3. 教育目的与道德教育论

赫尔巴特非常重视教育的目的问题，要求教师必须“关心学生将来作为成年人本身所要确立的目的”，“为使孩子顺利地达到这些目的而事先使其做好内心的准备”①。

赫尔巴特认为，从教育的本质看，教育目的应当是多方面的，因为人的追求是多方面的。归结起来，教育目的可以分为两部分：“可能的目的”（或称“选择的目的”）和“必要的目的”（或称“道德的目的”）。所谓“可能的目的”，是指与学生将来选择职业有关的目的，是他们在将来某些时候按照他们的心向或多或少地会遇到的目的；所谓“必要的目的”，是指儿童将来不管从事任何活动，都必须具备的完善的道德品格。在赫尔巴特看来，在这两种截然不同的教育目的中，教师最应关心的是后者而不是前者。他明确指出：“一个青年人纯粹出于得到好处的目的想向某一位教师学习什么本领和知识，这对于教育者来说是无关紧要的，好像他选择什么颜色的衣料做衣衫一样。但是，他的思想范围是如何形成的，这对于教育者来说就是一切。”② 这就是说，教师最应该关心的是如何培养学生完美的道德品质，发展他们敏锐的认识能力和坚强的意志，使他们能够克服各种盲目的冲动，成为安分守己以及毫无怀疑和反抗现有制度的人。

从上述教育目的出发，赫尔巴特便理所当然地赋予道德教育以特别重要的意义。他强调说：“教育的唯一的工作与全部的工作可以归结在这一概念之中——道德。道德普遍地

---

① 赫尔巴特：《普通教育学·教育学讲授纲要》，37 页。

② 同上书，12 页。

被认为是人类的最高目的，因此，也是教育的最高目的。”①

按照赫尔巴特的看法，道德教育便是品格教育。其任务就是通过教学在学生意志中形成五种道德观念。他强调说：“德育绝不是要发展某种外表的行为模式，而是要在学生心灵中培养起明智及其适宜的意愿来。”② 他又说：“使绝对明确、绝对纯洁的正义与善的观念成为意志的真正对象，以使性格内在的、真正的成分——个性的核心——按照这些观念来决定性格本身，放弃其他所有的意向，这就是德育的目标，而不是其他。”③

在赫尔巴特的教育思想体系中，“道德”和“性格”是联系在一起的。在他看来，一个有道德的人的性格总是坚强的而不是懦弱的。一个有良好道德性格的人，知道什么是他要容忍的，并能够约束自己的欲望，遵循道德观念立身处事。

赫尔巴特认为，道德教育要成为培养性格的手段，直接或间接对儿童道德品格的形成起作用，应当让儿童管理和知识教学相结合，但也应有其特有的方法。一是陶冶，使受训的人心悦诚服，相信教育者的善意与力量。二是赞许和责备，通过应得的赞许给儿童以快乐，同时只有在为了克服学生的傲慢和顽固时才使用责备。三是建立有益于健康的生活制度，这是教育的基础，也是教育的首要准备。

4. 教学论

赫尔巴特把教学看成是实施道德教育的基本途径，因而赋予教学以极其重要的意义，并且研究了教学论的一系列重要问题。

（1）多方面兴趣和课程内容

按照赫尔巴特的意见，教学的基础是多方面的兴趣，教学中新观念被旧观念同化和吸收的各个阶段，都有与之相适应的兴趣作为它的引导者和支持者。兴趣贯穿于整个教学过程。

赫尔巴特认为，所谓“兴趣”，指心理上的积极活动，也意味着自我活动，是人的意识的内在动力，是同“漠不关心”相对立的。在教学过程中，学生有了兴趣，教师所提供的事物便对他的心有一种特殊的吸引力；相反，学生缺乏兴趣，教学必然空洞乏味、令人厌烦，甚至会影响教育目标的实现。但是，兴趣必须是多方面的。因为单一的兴趣在实际生活中不能产生什么作用，只有多方面的兴趣才是获得广泛而又完善的观念的强大动力。一个人的兴趣越是多方面的，他接受的新知识、形成的新观念就越丰富。不过，多方面的兴趣本身又必须是统一的。在赫尔巴特看来，一个具有多方面兴趣的人，既能爱好一切活动，又能专精于一种活动；随着思考对象的变化，能够很自然地表现出与之相适应的某一

---

① 赫尔巴特：《论世界的美的启示为教育的主要工作》，载张焕庭主编：《西方资产阶级教育论著选》，259～260页。

② 赫尔巴特：《普通教育学·教育学讲授纲要》，39页。

③ 同上书，40页。

方面或某些方面的兴趣。当学生意识中具备了这样一种内在动力，他便能够在每一瞬间很好地吸收新知识、形成新观念。特别是在每当出现新教材时或者遇到困难的时候，多方面的兴趣则更为明显地表现出克服这些困难所必要的心理活动。

正因为这样，所以，赫尔巴特既把多方面的兴趣看成是教学的基础，同时又是教学的直接目的，或者说是教学的较近目的。但是这个较近的目的又是为了达到最终的目的——德行。因此，他强调说："教学的最终目的虽然存在于德行这个概念之中，但是为了达到这个最终目的，教学必须特别包含较近的目的，这个较近的目的可以表达为'多方面的兴趣'。"①

赫尔巴特还认为，多方面的兴趣可分为以下六种：一是经验的兴趣，是指对自然界有观察的愿望，是回答这是什么的问题。二是思辨的兴趣，是指对问题的思考，是回答为什么的问题。三是审美的兴趣，是指对各种现象进行艺术的评价。四是同情的兴趣，是指对一定范围的人的同情。五是社会的兴趣，是指对较广泛的人（社会、民族和全人类）的同情。六是宗教的兴趣，是对上帝的虔信。这六种兴趣可归纳为两大类：前三种为自然的或认识的兴趣，后三种是历史的或交际的兴趣。

在多方面兴趣的基础上，为了使教学能够对学生进行充分的知识训练，赫尔巴特指出，必须设立内容广泛的课程，使教学变成多方面的教学。为此，他以上述六种兴趣为依据，制订了一个课程计划。根据经验的兴趣，设立了自然、物理、化学和地理等学科；根据思辨的兴趣，设立了数学、逻辑和文法等学科；根据审美的兴趣，设立了文学、唱歌和绘画等学科；根据同情的兴趣，设立了外国语、本国语等学科；根据社会的兴趣，设立了历史、政治和法律等学科：根据宗教的兴趣，设立了神学。

（2）教学阶段

赫尔巴特强调指出，多方面的教学必须是完整而统一的，不容许有杂乱无章的现象和轻率的态度。而实现这种完整而统一的教学的途径，就是要对教学做出适当的安排，根据儿童的心理活动规律，建立一种合理的教学程序，由教师有计划、有步骤地去进行教学。因此，赫尔巴特提出了"教学形式阶段"的理论。

赫尔巴特认为，人的心理活动需要经过两个阶段，即"专心"（钻研）与"审思"（理解）。所谓"专心"，指集中注意力于某一事物，排除一切可能分散注意力的其他物体；所谓"审思"，指新旧观念的联系。而这两个阶段不论在观念的静止状态或运动状态中都能实现。这样，赫尔巴特便把教学过程划分为以下四个阶段。

清楚（明了）：观念在静止状态中对教材的深入钻研。这一阶段教学的主要任务是提供新教材，把教材分解成各个构成部分，从而使学生掌握新教材，形成新观念。在提供教

① 赫尔巴特：《普通教育学·教育学讲授纲要》，217页。

材时，可以采用观察和描述的方法，即用简练易懂的语句进行真实而富有吸引力的讲解，或者借助于实物和图画引导学生进行观察。在心理状态上要求集中注意力。

联合（联想）：观念在动态中对教材的深入钻研。当学生在前一阶段获得了许多个别而清晰的观念以后，必须进入普遍的领域。这一阶段教学的主要任务是要使学生将上一阶段所获得的新观念和原有的旧观念联系起来，形成一般的观念。在教学方法上，主要是通过师生之间的毫无拘束的谈话，充分调动学生的创造性心理活动，其中主要是记忆和想象。由于这个阶段学生暂时还不理解新旧观念联系时将会发生什么结果，因而在心理状态上便表现为期待。

系统：观念在静止状态中对教材的理解。这一阶段教学的主要任务是使学生通过静止的审思活动能看到事物之间的关系，把每个个别的事物看成是这种关系的一部分，并处于适当的位置。这一阶段的教学必须在“清楚”和“联合”的基础上进行，通过概括与讲述定义、规则和结论的方法，使学生在新旧观念联合的基础上，形成一定的观念体系，即形成普遍性的概念，扩大知识的总量。与此相适应的心理状态是探究。

方法：观念在动态中对教材的理解。赫尔巴特认为：“一个系统，不仅仅应当学习它，还要应用它，而且应当经常地在适当的地方增加新的东西使它完善起来。”① 因此，这一阶段教学的主要任务，就是使学生把已获得的系统化了的知识应用于实际，应用到个别情况中去，以检验其是否正确理解主题思想。在教学方法方面，主要是通过各种练习，如完成教师指定的作业、写文章与修改等。与此相适应的心理状态是行动。

赫尔巴特强调指出，教师要使所教的东西明白清楚，在每一个教学范围内（不管大小）都必须遵循这样一条规则：“在教学对象的每一个最小的组合中给予专心活动与审思活动以同等的权利，也就是说，同等地关心并依次做到，对于每一个个别事物的清楚，对于许多事物的联想，对于联想的前后一贯次序，以及在遵循这个次序前进中进行某种应用。”②

赫尔巴特要求按照儿童心理活动的规律来进行教学，把教学过程明确地划分为四个相互联系的阶段，在一定程度上揭示了教学过程的基本规律。但是，他的教学过程理论忽视了学生智能的发展，而且把教学过程过分公式化。

（3）教育性教学

特别值得注意的是，赫尔巴特在教学过程中非常强调教学和教育两者之间的联系，并且在教育史上第一次明确地提出了“教育性教学”这一概念。他说：“教学可以产生思想，而教育则形成品格。教育不能脱离教学，这就是我的教育的全部。”“我得立刻承认，不存

---

① 赫尔巴特：《普通教育学·教育学讲授纲要》，220 页。
② 同上书，70 页。

在‘无教学的教育’这个概念，正如反过来，我不承认有任何‘无教育的教学’一样。”① 在他看来，形成学生观念体系的整个学校教育工作，不可能分为两个孤立的过程，即通过情感和意志的训练进行道德陶冶的过程与通过知识的传授进行智慧启发的过程。教学和教育是相互联系的同一过程的两个方面。

赫尔巴特把教育和教学的关系看成是目的和手段的关系。他强调指出：“教学如果没有进行道德教育，只是一种没有目的手段，道德教育（或者品格教育）如果没有教学，就是一种失去了手段的目的。”② 在赫尔巴特看来，教学必须具有教育作用，教师在进行教学时，不能只限于如何使学生获得某种实际的知识技能，而应着眼于培养学生的道德品格。反之，教育又必须通过教学来实现，没有教学就没有教育。

教学和教育虽有密切的联系，但赫尔巴特认为，并非一切教学都是有教育性的。例如，“为了收益，为了生计或出于业余爱好而学习，这时将不关心通过这种学习一个人会变好还是会变坏”，因而便与教育性问题无关。③ 教育性教学的决定性因素在于强化教学工作中的教育目的性，它要求教师必须严格按照一定的教育目的来组织教学过程，使教学真正成为造就所需要的人的有效途径。

赫尔巴特之所以强调教育性教学，一方面与他的保守的政治观点有关，他力图通过教育来培养维护和巩固普鲁士君主政权的人；另一方面，也与他的观念心理学有密切联系。赫尔巴特曾这样说：“对于教育性教学来说，一切都取决于其所引起的智力活动。”④

5. 儿童管理论

赫尔巴特认为，儿童管理是教学的基本条件。他强调说：“管理并非要在儿童心灵中达到任何目的，而仅仅是要创造一种秩序。”⑤ 这样，教学工作就能够顺利进行。如果不紧紧而灵活地抓住管理的缰绳，那么任何教学都无法进行。此外，赫尔巴特还指出，对儿童实行严格管理可以避免现在和将来对别人与儿童自己造成危害，可以避免罪恶的行为和防止社会冲突。

按照赫尔巴特的看法，“起初儿童并没有形成一种能下决断的真正的意志，有的只是一种处处都会表现出来的不服从的烈性”⑥。在他看来，这种盲目的烈性情绪的苗头如果不用力克服，不仅使教学工作无法进行，而且会随着时间的推移而日益增长，以致形成一种反社会的倾向。因此，赫尔巴特主张在学生的道德观念形成之前，必须加强对他们的管理，以便学生从小形成一种守秩序的精神。

---

① 赫尔巴特：《普通教育学·教育学讲授纲要》，12 页。
② 曹孚编：《外国教育史》，177 页，北京，人民教育出版社，1979。
③ 赫尔巴特：《普通教育学·教育学讲授纲要》，214 页。
④ 同上书，215 页。
⑤ 同上书，24 页。
⑥ 同上书，220 页。

赫尔巴特认为，管理与道德教育是不同的。儿童管理只是建立某种外部秩序，而不是要在儿童心灵中得到任何结果。但是，他并不否认两者之间的联系。他说："满足于管理本身而不顾及教育，这种管理乃是对心灵的压迫，而不注意儿童不守秩序行为的教育，连儿童也不认为它是教育。"①

赫尔巴特不仅论证了儿童管理的目的和意义，还提出了一套儿童管理的方法。(1) 威胁，即用强制手段来提高管理的作用。但是威胁往往不能收到预期的效果，因为有些儿童本性倔强而蔑视任何威胁；更多的儿童则因本性软弱而不能承受威胁。(2) 监督，但拘泥于细节的和经常的监督对于监督者与被监督者来说都是一种负担，双方都力图回避，并且一有机会就会抛弃它，因而会造成更大的危害；同时处于经常监督下的儿童也不可能有创造能力、果敢精神和自信行为。(3) 命令，在实行命令时没有必要向学生说明理由，只要求他们像士兵绝对服从长官一样。(4) 惩罚，即当儿童出现恶劣行为时就必须按照他们所犯错误的轻重，分别予以站壁角、剥夺自由、禁止用膳乃至体罚等惩罚。

在强调采用上述儿童管理方法的同时，赫尔巴特还主张要发挥权威和慈爱的作用。他指出，权威有助于扑灭一种倾向于邪恶的、正在形成的意志；至于"慈爱"则基于情感的和谐和基于习惯。② 赫尔巴特要求教师以慈爱的态度对待儿童，因为教师一旦得到了他们的爱，就可以在很大程度上减轻儿童管理工作的困难。

赫尔巴特认为，对儿童管理最有效的方法是课业。如果学校的课业没有组织好，儿童就会空闲懒散，这样，任何的管理方法都难以奏效。在他看来，不论在什么情况下，儿童都必须有事做，如从事手工劳动或园艺劳动等。当然，如果"通过活动能够学习有利于将来教养的东西，那就更好"③。

值得注意的是，在儿童管理方面，赫尔巴特还提出要加强学校与家庭、教师与父母之间的密切合作，使他们在儿童教养工作中能够分工负责，取长补短。

第四节　主知主义教育思想的影响与评析

由于赫尔巴特的主知主义教育思想具有明显的保守性，以及当时德国政治生活闭塞、资本主义生产发展尚不充分，人们的兴趣不在教育上，因此，它在当时并未引起人们的注意。对此，赫尔巴特自己也已意识到，他曾这样说："我早就知道，无论是我还是我的学生都不符合这个时代的精神。我也不想要什么手段去迎合这种精神。"④ 直到 1848 年欧洲

---

① 赫尔巴特：《普通教育学·教育学讲授纲要》，220 页。
② 同上书，26～27 页。
③ 同上书，214 页。
④ 赵祥麟主编：《外国教育家评传》，第 2 卷，111 页，上海，上海教育出版社，2003。

革命以后，资产阶级夺取了德国政权，人们才开始对赫尔巴特的主知主义教育思想有了兴趣。尤其是到了19世纪70年代普法战争以后，资本主义经济在德国迅速发展，迫切需要发展中小学教育，主知主义教育思想更加受到人们的重视，并且通过赫尔巴特的信徒的宣传和实践，在世界各国得以广泛传播，逐渐发展成为赫尔巴特学派。

赫尔巴特学派在德国的代表人物是齐勒尔（Tuiskon Ziller，1817—1882）、斯托伊（Karl Volkmar Stoy，1815—1885）和赖因（Wilhelm Rein，1847—1929）。

齐勒尔1850年进入莱比锡大学学习法律，其间曾旁听过赫尔巴特的教育学讲座并深受其影响。大学毕业后任梅尼根文科中学教师时，大力宣传赫尔巴特的主知主义教育思想，首次提出了"赫尔巴特学派"的名称。他后来任莱比锡大学教授，负责主持教育研究所和实验学校，积极推行赫尔巴特的教育思想，成为赫尔巴特学派的领袖。他曾把赫尔巴特的教学形式阶段的第一阶段"清楚"分为"分解"和"综合"两个阶段，从而发展成为"分解""综合""联合""系统""方法"五个阶段。1869年，齐勒尔创建了"科学教育学会"，并以学会的名义发起成立"赫尔巴特学会"，自任会长，该会会员遍布德国各地，赫尔巴特的主知主义教育思想因此得到了迅速的推广，以至于在德国教育领域占据了统治地位。

斯托伊1833年进入莱比锡大学学习神学，后改学哲学。1837年进入哥廷根大学以赫尔巴特为师，研究哲学、教育学和教学法等。从1843年起，他先后担任耶拿大学、海德堡大学教授，一面讲授哲学、教育学、心理学和伦理学等，一面主持教育研究所工作。斯托伊也是赫尔巴特的信徒，但他与齐勒尔有所不同。齐勒尔着重于赫尔巴特教育学理论的研究，斯托伊则着重于在实践中应用赫尔巴特的教育思想。此外，在教学目的方面，齐勒尔注重培养儿童的多方面兴趣，而斯托伊则注重儿童的道德品格；在教学方法方面，齐勒尔重视"统觉"和"形式阶段"理论，而斯托伊则重视学科之间的联系和适当的顺序。

赖因是齐勒尔和斯托伊的学生。早在莱比锡大学学习时，他就对赫尔巴特的教育思想产生了兴趣。后来在任师范学校教师和校长时，又力图把赫尔巴特的教育思想应用于实践。1855年，赖因接替了斯托伊在耶拿大学的教育学讲座，主持教育研究所和附属实验学校的工作，并出版了宣传赫尔巴特教育思想的论著，使得耶拿大学后来成为赫尔巴特教育思想的国际研究中心。赖因特别注重赫尔巴特学派的教学论的研究和实际应用。在教学形式阶段方面，他基本上采纳了齐勒尔的见解，但做了更为清楚和通俗的表述，提出了"五段教学法"，即"预备""提示""联合""概括""应用"五个阶段，为后来世界上很多国家所采用的教学模式奠定了基础。

19世纪末20世纪初，赫尔巴特学派运动的中心开始由德国转向美国。在美国，赫尔巴特学派的代表人物是德加谟（Charles De Garmo，1849—1934）和麦克默里兄弟（Charles A. McMurry，1857—1929；Frank M. McMurry，1862—1936）。19世纪90年代初，他们相继在德国耶拿大学赖因主持的教育研究班学习，深受德国的赫尔巴特学派的影响。1892 年，他们在美国成立了“赫尔巴特俱乐部”，传播赫尔巴特的教育思想，1895 年扩大为“全国赫尔巴特教育科学研究会”（1902 年改名为“全国教育科学研究会”，1910 年又改名为“全国教育研究会”），大量翻译出版赫尔巴特的教育著作以及出版论述赫尔巴特教育思想的著作，把美国的赫尔巴特教育思想研究推向了高潮。因此，美国教育委员会在 1894—1895 年度的报告中曾指出：“今天美国的赫尔巴特学派教育学的信徒要比在德国国内更多。”①

此外，主知主义教育思想对英国、日本以及世界上其他一些国家也有不同程度的影响。直至第一次世界大战以后，赫尔巴特学派的影响才逐渐衰落。

主知主义教育思想，特别是教学论思想对旧中国也有很大影响。当时赫尔巴特学派的“五段教学法”几乎被全国各地的学校普遍采用。

以赫尔巴特为主要代表人物的主知主义教育思想，总的说来是为 19 世纪德国资产阶级的利益服务的。它反映了法国资产阶级革命在德国所引起的社会生活的急剧变化和资本主义生产发展的需要，因而既具有消极保守的一面，又具有积极进步的一面。它的积极方面主要表现在以下几方面：

第一，在西方教育史上首先建立了以心理学和哲学为基础的教育理论体系，使教育学在向科学化发展的道路上大大前进了一步。赫尔巴特从他开始做家庭教师的时候起，就有意识地总结和研究教育中的心理规律问题，尤其是在哥尼斯堡大学期间，他集中全力从事教育心理学的探索，力图说明如何通过“统觉”的作用，使学生在掌握原有知识的基础上不断地获得和巩固新知识。这些理论已为后来许多教育家所接受，并且直到今天仍未失去它的意义。

第二，第一次明确地提出了“教学的教育性”原则。赫尔巴特详细地论述了教学与教育的相互联系，强调教学目的不只是传授系统的知识和技能，更重要的是要培养儿童的德行。尽管赫尔巴特的理论基础是有缺陷的，政治态度是保守的，但他却深刻地揭示了教学工作中的一条重要原则。实践证明，教学应该而且必须具有教育性。

第三，主知主义教育思想以观念心理学为依据，在总结教学实践经验的基础上，第一次明确地提出了教学阶段的理论，揭示了教学过程的一般规律。这不仅对改善当时的教学工作具有积极的指导意义，而且对后来教学论的发展也产生了深远的影响。

主知主义教育思想的保守性，主要表现在他们关于道德教育和儿童管理的理论与实践方面。赫尔巴特提倡的道德教育的目的在于通过教学培养儿童五种道德观念，使他们成为维护和忠于普鲁士君主制度的人；所采用的道德教育和儿童管理的方法，基本上保留了中

---

① 康内尔：《20 世纪世界教育史》，张法琨等译，118 页，北京，人民教育出版社，1990。

世纪教育的特点。此外，主知主义的教学论偏重于系统传授书本知识，忽视了学生思维能力的发展，教学阶段的形式化也越来越影响教学质量的提高，成为“传统教育”的典型模式。

拓展阅读书目

1. 赫尔巴特. 普通教育学·教育学讲授纲要. 李其龙，译. 北京：人民教育出版社，1989.

2. 赫尔巴特. 赫尔巴特文集：6 卷本. 杭州：浙江教育出版社，2002.

幼儿园教育思想

19世纪前半期在德国产生了幼儿园教育思想。德国教育家福禄培尔是它的代表人物。虽然这一教育思想带有比较浓厚的宗教色彩，但是它构建成一个以“恩物”、游戏和作业为特征的幼儿园教育思想体系，对欧美国家的幼儿园教育发展产生了广泛的影响，并在19世纪后半期形成了“福禄培尔运动”。尤其是“幼儿园”这一教育模式，作为一种主要的学前教育机构在世界上一直沿用至今。

第一节　幼儿园教育思想产生的背景

18世纪中期英国产业革命以后，大机器生产在英国迅速发展起来了，到19世纪30—40年代，各主要工业部门都已采用机器生产。大工业生产的特点是把每一个生产过程本身分解成各个构成要素，从而大大简化劳动的职能。由于当时的机器大工业本身还不很成熟，工艺过程十分单调，工厂中的劳动使工人完全变成了简单的机器，因此，对工人的技术水平和熟练程度要求不高。工厂主为了获取高额利润，便大量雇用廉价的女工和童工，据统计，1788年，英国142家纱厂的男工仅2.6万人，而女工和童工则高达5万多人。女工的身体本来就很衰弱，很难适应工厂恶劣的劳动条件。她们白天上班，下班回家后已疲惫不堪，还要料理家务，因而根本无法照管和教育自己的子女。结果使孩子们流落街头，营养不良，受冻挨饿，从小就看到酗酒闹事、聚众斗殴等恶行。恩格斯在《英国工人阶级状况》一书中曾对此做了深刻的揭露："在许多家庭里，妻子和丈夫一样地外出工作，结果孩子就完全没有人照顾，他们或者被锁在家里，或者被交给雇来照看他们的人。在这种情况下有成百的孩子死于各种各样的不幸事件"，"这些惨遭横死的不幸的孩子们完全是我们的社会混乱以及热衷于保持这种混乱状况的有产阶级的牺牲品"①。所以，随着现代机器大工业生产的发展，如何照管和教育广大劳动人民的子女已日益成为一个具有普遍性的社会问题。

上述情况在德国也同样存在。18 世纪末，德国的资本主义工业还远比英、法等国落后。但到 19 世纪初，德国广大地区的封建农奴制度和行会制度已遭到破坏，封建关系受到极大的削弱，从而为资本主义的发展创造了有利条件。到 19 世纪 20 年代，德国的资本主义工业已有显著的发展，一些工业先进的地区已普遍地采用机器生产，大量廉价的女工和稍大的儿童被吸收到工厂参加劳动。于是，作为宗法制的家庭生产和教育共同体的封建家庭形式日益解体，而资产阶级对劳动群众子女的教育又漠不关心，结果使劳动群众子女的生活和教育陷入悲惨的境地。马克思和恩格斯在谈到这个问题时指出："无产者的一切家庭联系越是由于大工业的发展而被破坏，他们的子女越是由于这种发展而被变成单纯的商品和劳动工具，资产阶级的关于家庭和教育、关于父母和子女之的亲密关系的空话就越是令人作呕。"② 这就迫使许多家庭不得不把他们的幼儿安置到私立或公立的学前教育机构中去。因此，生产方式的改变，客观上要求扩大学前教育网，改变家庭教育和幼儿教育的内容和方法。为了适应时代发展的要求，在当时的德国，幼儿教育很快地发展起来，出现了各种形式的学前教育机构。例如，幼儿学校、游戏学校和养护学校等。

与此同时，德国人的精神生活也深受当时盛行的浪漫主义运动的影响。浪漫主义的特点之一，就是倾向于非理性主义。"在精神生活上，它对于非理性方面的感情、情绪、幻想和想象给予高度评价，以此来反对过分强调理智的思潮。它不在有意识的智力活动中去寻求创造的生命力，却在潜存于人的内心深处的本能中去寻求。"③ 浪漫主义思想家谢林（F. W. J. von Schelling）认为，一切事物的基础乃是一种精神力量，即"绝对"；"绝对"是各种非理性的、无意识的本源，自然界的一切乃是绝对精神的产物。在谢林看来，在"绝对"中，主体与客体、意识与自然、思维与存在皆融合为一，因此，他把自己的哲学称

① 恩格斯：《英国工人阶级状况》，载马克思、恩格斯：《马克思恩格斯全集》，第 2 卷，393、394 页，北京，人民教育出版社，1957。

② 马克思、恩格斯：《共产党宣言》，载马克思、恩格斯：《马克思恩格斯选集》，第 1 卷，418 页。

③ 鲍尔生：《德国教育史》，114 页。

为“同一哲学”。谢林的思想对幼儿园教育思想的创立者福禄培尔曾产生深刻的影响。

第二节　幼儿园教育思想的主要特点

幼儿园教育思想具有以下三个主要特点。

第一，幼儿园教育思想突出学前教育在整个教育体系中的地位。福禄培尔把幼儿期看成是人的发展过程中的一个极为重要的阶段。人的整个未来的生活以及性格和道德的好坏，主要取决于这一年龄阶段的生活方式，“儿童身上所表现的人的未来的全部活动可以被视为人类活动的胚芽。而这只能是这样”①。因此，他主张把学前教育有机地列入整个教育体系。从这一年龄阶段起，就应该开始对儿童进行人的真正教育，使他们学会“正确地和确切地看待一切事物……正确地、确切地、肯定地和纯正地描绘一切事物”②。为了改善和加强这一年龄阶段儿童的教育，福禄培尔原先主张为缺乏教育素养的父母提供教育内容和教育方法上的指导，改革家庭教育；但后来他发现在当时的社会条件下，要彻底改变家庭教育是非常困难的，于是便决定创建新的幼儿教育机构——幼儿园。

第二，幼儿园教育思想强调游戏在幼儿教育中的作用。福禄培尔认为，人生来就有一种活动的本能，而游戏则是内部存在的自我活动的表现，整个人就是在游戏中、在他最内在的倾向中发展和表现的。儿童早期的各种游戏是“人在这一阶段上最纯洁的精神产物……给人以欢乐、自由、满足、内部和外部的平静，同周围世界的和平相处”③。在福禄培尔看来，游戏会直接影响儿童的生活和教育，使儿童的创造性得到充分的发展。他呼吁家长和教师要尽量设法创造条件，培养儿童游戏的能力，保护和指导儿童的游戏。为了正确地组织儿童的游戏，福禄培尔根据儿童体力和智力发展的特点，设计了一个从简单到复杂、从统一到多样，循序渐进的完整的游戏体系，并研制了一套多样化的游戏玩具，即“恩物”。

第三，幼儿园教育思想具有比较浓厚的宗教色彩。福禄培尔是一个泛神论者，对教育方面的许多问题是从“同一哲学”和宗教观点出发来加以论证的，因而使整个幼儿园教育思想蒙上了一层比较浓厚的宗教色彩。福禄培尔认为，人是以上帝的形象创造出来的，因此在人的身体内部存在着神的统一性。教育的任务就是要揭露蕴藏在人的身体内部的“神的本源”。“人的教育就是激发和教导作为一种自我觉醒中的、具有思想和理智的生物的人有意识地和自觉地、完美无缺地表现内在的法则，即上帝精神，并指明达到这一目的的途径和手段。”④

① 福禄培尔：《人的教育》，孙祖复译，26页，北京，人民教育出版社，1991。

② 同上书，32页。

③ 同上书，33页。

④ 同上书，2页。

福禄培尔承认发展是存在的基本规律，但他把发展理解为宇宙的创造意志的自我揭露，是由单纯的统一通过多样性而达到复杂的统一。他认为儿童的发展决定于其天赋本能，并对儿童的本能做了带有宗教色彩的解释。例如，活动的本能是统一的、创造的、神的本源在儿童体内的表现，认识的本能是潜藏在儿童身上的，要认识神的本质等。福禄培尔把游戏理解为儿童内在的、上帝的本能的表现，把游戏玩具（“恩物”）看成是上帝的恩赐。这些无疑是他的幼儿园教育思想体系中的消极面。

第三节　幼儿园教育思想的主要代表人物

一、福禄培尔

1. 生平和教育活动

弗里德里希·威廉·奥古斯特·福禄培尔（Friedrich Wilhelm August Froebel, 1782—1852）是德国教育家。1782 年 4 月 21 日出生于德国图林根地区一个路德派牧师家庭。未满周岁时母亲病故，父亲再娶。福禄培尔与继母感情淡漠，得不到家庭温暖，常独自流连于树林田野间，感受大自然变化的奥妙。这种生活环境使福禄培尔养成了沉思的习惯和对儿童的特殊感情，并且对他以后的幼儿园教育思想形成也产生了重大的影响。

中学毕业后，福禄培尔随一位林务官做学徒，学习土地测量，并对植物学和数学产生了兴趣。1799 年，他进入耶拿大学哲学院学习数学和自然科学。当时的耶拿大学是德国文化和学术中心之一。一年后，福禄培尔因无力交纳学费而中途辍学。此后几年，他在家乡做过土地测量员、见习林务员、会计和私人秘书等。1805 年，福禄培尔被法兰克福模范学校校长裴斯泰洛齐的学生格鲁纳（Q. A. Gruner）劝说，担任该校校长助理，开始从事教育工作。在这所学校中，福禄培尔首次接触到瑞士教育家裴斯泰洛齐的教育著作。同年 8 月，他即前往瑞士伊弗东学院拜访裴斯泰洛齐。1808 年，福禄培尔再次访问伊弗东学院，并在那里学习和任教，进一步研究裴斯泰洛齐的教育理论和教育实践。

1811 年，福禄培尔进入哥廷根大学深造，后又转入柏林大学。1813 年在费希特等爱国人士的感召下参加了反拿破仑战争，1814 年退伍。1816 年，福禄培尔在施塔提尔姆为学龄儿童创办了“德国普通教养院”（1817 年迁往他的故乡卡伊尔霍），力图实施裴斯泰洛齐的教育理论。1826 年，他以这所学校的工作经验为基础，撰写了《人的教育》一书，系统地阐述他的哲学观与教育观。

1834—1835 年，福禄培尔应瑞士政府之聘担任布格多夫孤儿院院长。

1837 年，福禄培尔返回德国。为帮助和指导德国的母亲们教育子女，他设计了一套游戏材料。1837年，他开始专门研究幼儿教育问题，并在勃兰登堡开办了一所发展幼儿活动本能和自发活动的机构，招收3～7岁的幼儿，实施他的幼儿教育思想。1840年6月28日，福禄培尔把这个幼儿教育机构正式命名为“幼儿园”（Kindergarten）。这是世界上第一所幼儿园。福禄培尔之所以使用“幼儿园”这一名称，是因为他认为幼儿生活在幼儿教育机构中就像花草鸟儿生活在园林中一样，幼儿园就是儿童的花园。1844年，这所幼儿园迁往巴特利本施泰因的马林塔尔城堡，福禄培尔在那里工作和生活到他生命的最后时刻。

1843年，福禄培尔出版了他的幼儿教育专著《慈母曲及唱歌游戏集》。翌年又出版了《幼儿园教育学》《幼儿园书信集》。此外，他还创办《星期新闻》和《福禄培尔周刊》，广泛宣传幼儿园教育思想。

1852年6月21日，福禄培尔与世长辞。

2. 教育的一般原则

福禄培尔的幼儿园教育思想深受德国古典哲学的影响。早在大学读书期间，福禄培尔就深入研究了当时德国的各种哲学流派，尤其是克劳泽（K. C. F. Krause）和奥肯（L. Oken）的自然哲学以及谢林和费希特等人的哲学思想。

福禄培尔认为，“统一”是全部生活与全部教育的出发点和主要的法则。他强调说：“只有一条永恒的法则在一切事物中存在着、作用着、主宰着。这条法则无论在外部，即在自然中，或在内部，即在精神中，或在两者的结合中，即在生活中，都始终同样地明晰和确定……这条支配一切的法则必然以一个万能的、不言而喻的、富有生命的、自觉的、因而是永恒的统一体为基础；这条法则，又按照与统一体本身同样（相同）的方式，被人们通过信仰或观察，同样活生生地，同样明晰和全面地认识到……这个统一体就是上帝。”① 福禄培尔的这一思想常与他的关于“球体法则”的哲学思想相联系，即以圆球作为象征物来解释上帝、世界和人及其相互关系。

德国哲学家谢林把“宇宙精神”——神——看作是自然界和精神生活的基础，宇宙间的万物都是神的创造意志的体现，它们在发展中都服从于同一个法则。福禄培尔接受了这一观点，认为整个宇宙是一个球体，其中心是神。它是永恒的、无所不在和主宰一切的，自然界的万物和人无不包含着神的本源。在福禄培尔看来，人应该意识到他的天赋力量和本质，即体现在他身上的上帝精神，并将其自觉地贯彻到自己的生活中去。教育的作用就在于顺应人的本性，去激发与推动他有意识地和自觉地、完美无缺地表现上帝的精神并加以发展，指明达到这一目的的途径，实现神圣的人生。

福禄培尔又认为，发展是存在的基本规律，自然界的一切事物都处在永恒的、不断的

① 福禄培尔：《人的教育》，1页。

发展过程之中。人也像自然界的万物一样，由一个发展和形成阶段向另一个发展和形成阶段，向着蕴藏在无限和统一中的最终目的前进；各个发展阶段具有一定的连续性，并且在发展中表现其自身的内部本质。教育应该按照儿童的本性连续地、协调地使他们在各个方面得到发展。福禄培尔说："把人的各个时期继续不断的发展划为截然不同的界限，并在其中分出若干固定的部分，不注意经常持续的发展、活生生的联系、内部生长发展的实质，那是非常有害的。"① 在他看来，一切教育、教学和训练就在于有步骤地指导儿童作用于人和物的外部世界以发展其内在本性；整个教育制度应该建立在儿童不断的成长和发展的观点上。这种关于自然中的无限发展和人在整个生命历程中的发展的观点，构成了福禄培尔的幼儿园教育思想体系中的主导思想。

福禄培尔还接受了裴斯泰洛齐关于教育要适应自然的思想，但他把"自然"理解为潜藏在人身上的力量和能力的发展，理解为神的本源的自我发展。他认为，人的天性表现为四种本能：活动的本能、认识的本能、艺术的本能和宗教的本能。所以，教育要适应自然就是要顺应人的本能，并按照其本能给予适当的教育，以便使他自然地、多方面地运用自己的能力。福禄培尔以栽培葡萄为例，指出"葡萄藤应当被修剪。但修剪本身不会给葡萄藤带来葡萄，相反地，不管出自多么良好的意图，如果园丁在工作中不是十分耐心地、小心地顺应植物本性的话，葡萄藤可能由于修剪而被彻底毁灭，至少它的肥力和结果能力被破坏"②。在他看来，除了自然赋予人的身体内部的那些东西外，教育是不可能再添上什么新的东西的。也就是说，教育只能以儿童个人的天赋力量和能力为基础。

3. 教育分期

根据儿童发展的特点，福禄培尔把儿童教育的过程分为三个阶段：婴儿期、幼儿期和少年期。

婴儿期，即初生儿期。福禄培尔认为，这个时期的儿童具有"吸吮"的功能，它不仅体现在吸吮母乳上，而且也体现在吸吮外界事物上。婴儿几乎是不加选择地把他所接触到的外界或者说自然中纷繁多样的事物接收或吸吮到自身中，使其成为内在的东西。因此，这一时期也可以说是变外部为内部的时期。在婴儿期，人体各部分和各器官的发展占据主要地位。为促使各种感官的发展，福禄培尔非常注意婴儿的身体、感觉和四肢的运用。对于幼儿运用他的双手、他的手指、他的嘴唇、他的舌头和他的两脚以及运用他的眼睛和面部表情等，应该小心地加以观察和注意。要防止在无任何用以进行活动的物体存在的情况下，让婴儿过久地待在床上和摇篮里。

幼儿期，即儿童早期。儿童通常在 3 岁左右进入这一时期，开始了真正的人的教育。一般来说，这一时期是幼儿园时期。幼儿开始自动地向外部表现其内在本性，一些最基本

①② 福禄培尔：《人的教育》，6 页。

的本性开始觉醒，并遵循自然法则逐渐发展。福禄培尔认为，在这一时期，幼儿通过观察、与周围的人和事物接触以及游戏等活动获得经验和体验，并试图用语言表达自己的内心世界。“这时，虽然身体的保育减少了，但智力的培育和保护却加强了。”① 父母或教师应该让幼儿背诵儿歌、小诗或复述故事等，借以发展其语言。“必须把儿童在自然中同自然一起的生活同自然中明确的、无声的事物一起的生活作为儿童整个生活的关键来加以培育。”②

少年期，即学生期。儿童在 7 岁左右开始进入一个新的时期。这一时期“主要是是使外部的东西成为内部的东西的时期，即学习时期”③。因此，教学应占据统治地位。担负这一时期儿童教育任务的主要是学校。福禄培尔认为，学校教育的任务是使儿童本性的各个方面继续得到发展。教育的内容应包括：宗教教育、认识自然和学习数学、发展语言、艺术教育、手工和劳动等。

4. 幼儿园教育的意义

福禄培尔十分重视幼儿教育，重视家庭和双亲在幼儿教育中的作用。可以说，福禄培尔关于幼儿教育的理论研究和实践活动，是他一生活动的主要方面。他曾详细地研究过当时在西欧国家中广泛流行的幼儿教育理论，并在此基础上创立了一个完整的幼儿园教育思想体系。

福禄培尔认为，幼儿期是人的发展的主要阶段，因而也是教育的主要阶段。“人的整个未来生活，直到他将要重新离开人间的时刻，其根源全在于这一生命阶段。不管这未来生活是纯洁的还是污浊的，是温和的还是粗暴的，是平静的还是充满风浪的，是勤劳的还是怠惰的，是功绩卓著的还是无所作为的，是迟钝而优柔寡断的还是敏锐而富有创造性的，是麻木不仁、畏首畏尾的还是富有远见的，是建设性的还是破坏性的，是和睦待人的还是生性好斗的，是惹是生非的还是给人以安宁的，他将来对父亲和母亲、家庭和兄弟姐妹的关系，对社会和人类、自然和上帝的关系，按照儿童固有的和天然的禀赋，主要取决于他在这一年龄阶段的生活方式。”④ 如果儿童未来生命之树的胚芽在幼儿期受到损害，那么，他将需要以极大的努力才能克服这种损害所造成的不良影响。正因为如此，幼儿教育的改善乃是整个学校教育取得优良成绩的基础。福禄培尔强调说：“假如你们以后在适当的时候希望你们的孩子能够帮助你们的话，那么就要及早地在他们身上培养活动的本能，特别是在目前儿童期培养他们的创造冲动，即使需要你们做出一些克制和牺牲，也在所不惜。……犹如从肥沃的土地上获得良好的收成一样，以后将会得到几倍甚至上百倍的收成。”⑤

---

① 福禄培尔：《人的教育》，31 页。

② 同上书，33 页。

③ 同上书，61 页。

④ 同上书，34 页。

⑤ 同上书，65 页。

看到当时大多数父母没有足够的时间来照管和教育自己的子女，并且未受过相应的幼儿教育训练，福禄培尔主张，幼儿教育的改革必须从家庭教育开始，给缺乏幼儿教育知识的父母提供教育内容和教育方法上的指导，同时要广泛建立新型的幼儿教育机构——幼儿园。他认为，幼儿园的主要目的就是加强对幼儿的照管和教育，通过各种适当的活动，增强他们的体质，锻炼他们的外部感觉，发展他们的智力和语言，使他们初步认识自然和人类社会，养成集体生活的习惯，从而做好升入小学学习的准备。但是，福禄培尔在强调上述任务的同时，又错误地认为必须对幼儿实施宗教教育。他说："凡是当具有内部联系的、不可分割的三位一体——宗教、勤勉、节制——在真正纯朴的德国起着作用的地方，那里就有尘世的乐园。"①

5. 幼儿园教育的内容和方法

福禄培尔认为，游戏和作业是幼儿园教育的主要内容，同时它们为幼儿提供了自我活动的条件，因而也是幼儿园教育的主要方法。

（1）游戏

福禄培尔对游戏做了系统的阐述。他认为，游戏是幼儿时期最纯洁、最神圣的活动，是组成儿童学习和生活的一个重要因素，是人类在童年时代生活中最快乐的一种现象。它为幼儿生活提供了丰富的内容，同时也有利于幼儿主动性和创造性的发挥。通过各种游戏活动，可以使幼儿全面地表现他们的内部世界，感受外部世界，把内部和外部世界做试探性比较，达到对上帝这个统一体和对生活本身的认识，从而获得愉快、自由和满足，并保持内在与外在的平衡。据福禄培尔的观察，幼儿通常是根据自己的直接经验与外部世界接触，并做出反应。幼儿有时会有十分急躁和粗暴的做法，往往被成人误解为幼儿的破坏性，实际上这是幼儿创造性的游戏活动。例如，幼儿用竹竿当马骑就是一种想象的创造性活动。

福禄培尔还认为，儿童的内部本性是按照一定的心理顺序发展的，随着儿童年龄的增长，游戏愈来愈显示其促进智力和品德发展的作用，同时游戏对增强儿童的体力和养成他们的节制、友爱、勇敢等良好品质具有十分重要的意义。此外，游戏往往伴随着语言活动，也有利于儿童语言的发展。因此，他要求人们应该允许儿童自由地、尽情地游戏，不要去压制和阻挠，而要给予必要的关心和指导。福禄培尔呼吁：母亲培养和哺育儿童的游戏！父亲应该保护和关心儿童的游戏！② 在他看来，一个能愉快地、自动地和坚持到底地游戏的儿童，将来必然会成为一个完全的、有决心的、能够为增进自己和别人的幸福而自我牺牲的人。

福禄培尔主张，儿童的游戏需要进行合理的、有意识的指导。游戏必须是有目的的活

① 沙巴也娃：《教育史》，邵爽秋等译，109页，北京，人民教育出版社，1955。

② 福禄培尔：《人的教育》，34页。

动，否则就不能为儿童注定要承担的那些生活职责做准备。他非常重视游戏的社会内容，主张把幼儿园变成社会的缩影，经常表演鞋匠、木匠、铁匠和农夫之类的活动，以培养幼儿服从、温顺、忍耐、节制等品质。福禄培尔还重视动作、唱歌和语言的训练，并且经常把它们结合起来进行训练。例如，儿童用语言来复述教师讲的故事，并进行唱歌和动作的表演，或用图画、纸张、黏土等材料制作简单的物品，以发展其语言、建造和审美的能力。最后，他还非常重视儿童对自然的接触和了解。

(2)“恩物”

福禄培尔晚年的大部分时间致力于设计一系列游戏活动玩具及其教学方法。他设计的一套“恩物”，为幼儿的发展提供了丰富的内容。所谓“恩物”，按照福禄培尔的看法，是上帝恩赐给儿童的活动玩具。他认为，大自然包罗万象，是上帝的安排，通过观察和研究自然界的神奇奥妙，人们可以认识上帝的全知全能。为了适应幼儿园教育的特殊要求，必须仿照大自然的性质、形状及法则，制作简易的玩具，作为使幼儿认识万物和理解自然的初步手段。因此，“恩物”实际上是一种适合幼儿特点的游戏活动玩具。

“恩物”的基本形状是球体、立方体和圆柱体三种。它通常有以下六种：第一种是6个彩色各异的绒球，球上各系一线。母亲或教师可以让幼儿观看各种颜色的绒球，以发展其辨色的能力；也可以提着绒球做各种动作，如将球向各个方向摆动，以发展幼儿的空间观念。第二种是木制的球体、立方体和圆柱体。通过运用这些物体的各种活动，使幼儿认识物体的各种形状和几何图形。第三种是由8个同样大小的小立方体组成的一个大立方体。通过这些立方体的组合，可以培养幼儿整体和部分的概念，并锻炼他们的创造性的组合能力。第四、第五、第六种都是一个可以分割的大立方体。它们可以分割成大小和数目不等的小立方体、小长方体以及小三角形等，以向幼儿显示更多样的几何形体，促进幼儿的认识、想象和创造能力的发展。

(3) 作业

福禄培尔规定的作业是“恩物”的发展，是为幼儿设计的各种制作活动。“恩物”是由特定的材料组成的，作业则是用某些材料，如木、竹、纸、沙、黏土等制作某种物体。它是福禄培尔为幼儿园制定的一种教育活动形式，通过作业对幼儿进行初步的教学。在他看来，作业不仅可以扩大幼儿对于各种图形的认识；而且可以帮助幼儿认识点、线和平面，并利用它们去组成整体，进行镶嵌活动；还可以培养幼儿对于美的事物的认识，以进行美感教育。作业的种类很多，如绘画、纸工、刺孔、用小木棒拼图、串联小珠等。

在作业的方法上，福禄培尔要求从简到繁循序进行。在福禄培尔为幼儿园教育规定的作业中，还包括一些劳动活动，如简单的手工劳动、种植、自我服务等。在他看来，幼儿活动的本能是教育中的推动因素，因而是幼儿智力发展的基础。

第四节 幼儿园教育思想的影响与评析

福禄培尔是西方教育史上一位有重大贡献和广泛影响的教育家。他一生致力于幼儿园教育的实践和理论研究，不仅使幼儿教育成为一个独立的社会职能部门，第一个创立了幼儿园，而且提出了一个完整的幼儿园教育思想体系。他的幼儿园教育思想体系虽然带有比较浓厚的宗教色彩和形式主义的局限性，但却包含着许多合理的因素。他强调教育要遵循自然，要以儿童的自我活动作为教育过程和教学方法的出发点。他特别重视儿童的兴趣、需要，重视游戏、作业、手工劳动和园艺等创造性活动，重视儿童的集体活动、共同作业对培养儿童的责任心、社会义务感以及道德品质的意义。

福禄培尔的幼儿园教育思想曾对世界各国幼儿教育的发展产生了深远的影响，在19世纪后半期发展成为“福禄培尔运动”。1867年，在德国法兰克福召开的“哲学家大会”上，决定成立永久性的“福禄培尔协会”，专门研究福禄培尔主义。19世纪后期，福禄培尔主义传入美国。但是，早在1855年，福禄培尔的信徒舒尔茨（C. Schurz）夫人就在美国威斯康星州的沃特敦建立了一所用德语进行教学的私立幼儿园。接着，皮博迪（Peabody）女士又在波士顿开办了一所用英语进行教学的私立幼儿园。1868年，在波士顿还成立了美国第一所幼儿师范学校。之后，在美国的各主要地区都建立了幼儿园。福禄培尔主义传入美国后，增加了一些新的特征，削弱了其中的宗教色彩和某些形式主义的东西，形成“新福禄培尔主义”，进一步推动了幼儿教育的发展。美国教育史学者佛罗斯特（S. E. Frost）在《西方教育的历史和哲学基础》一书中指出：“19世纪的欧洲出现了三位伟大的教育巨匠：裴斯泰洛齐、福禄培尔和赫尔巴特。他们的教育理论及方法，不仅从许多方面改变了欧洲学校……的面貌，而且在很大程度上奠定了我们今天称之为现代教育和进步教育的基础。”①

应该看到，福禄培尔的幼儿园教育思想中的某些基本观点也是美国教育家杜威的教育思想的渊源。美国教育史学家孟禄（P. Monroe）也指出，福禄培尔的教育哲学在很多方面与当今流行的心理学和科学思想是相符合的。

直到20世纪初期，福禄培尔的幼儿园教育思想仍是学前教育领域中最流行的思想。幼儿园作为一种学前教育机构的形式，在世界各国中一直被沿用。福禄培尔为幼儿的教育所设计的玩具和游戏作业材料，至今仍有参考价值。

幼儿园在20世纪初也传入了中国。1903年秋，我国湖北武昌开设了第一所私立幼儿园。1923年，我国现代教育家陈鹤琴在南京创办了我国第一所国立实验幼儿园。

---

① 佛罗斯特：《西方教育的历史和哲学基础》，407页。

拓展阅读书目

1. 福禄培尔. 人的教育. 孙祖复，译. 北京：人民教育出版社，1991.

2. 福禄培尔. 福禄培尔幼儿教育著作选. 单中惠，等译. 上海：华东师范大学出版社，2009.

3. 单中惠. 让我们与孩子一起生活吧——幼儿园之父福禄培尔. 上海：华东师范大学出版社，2008.

第十九章

“全人类教育”思想

差不多在主知主义教育思想产生的同时，在德国还产生了“全人类教育”思想。德国教育家第斯多惠是它的代表人物。“全人类教育”思想反对狭隘民族主义和沙文主义教育，强调人的全面发展，要求所有的人都受到同样的教育。这种教育思想虽然没有主知主义教育思想那样深远的影响，但对19世纪德国的国民教育和师范教育发展曾起了积极的进步作用。

第一节 “全人类教育”思想产生的背景

19世纪初的德国正处在资产阶级革命时期。资本主义工商业逐渐发展，资产阶级的力量也日益增强和集中，但在政治上却仍然处于四分五裂的封建割据局面，封建专制制度严重地阻碍着资本主义的发展。资产阶级革命和反革命、进步势力和保守势力之间的斗争非常激烈，因而反映在教育领域便出现了不同的教育思想。如果说赫尔巴特的主知主义教育思想主要反映了德国资产阶级保守的政治要求，那么，“全人类教育”思想则主要反映了资产阶级民主的进步要求。

从18世纪末开始，在法国资产阶级革命的影响下，德国工人的罢工和农民的暴动不断发生，资产阶级民主运动日益高涨，特别是在反拿破仑战争结束后，要求改革现行制度的呼声在知识分子和青年学生中尤为强烈，他们要求政治自由和实现民族统一。1871年10月，耶拿大学学生集会纪念宗教改革300年和莱比锡民族战争4周年，教授、学生纷纷发表演说，反对封建专制制度，要求建立统一的德意志国家。到了19世纪30年代，资产阶级民主运动进一步高涨，一些受法国七月革命影响较大地区的资产阶级自由派，在广大群众反封建斗争的鼓舞下，曾胁迫各邦的封建统治阶级实施宪法，要求取消封建等级制度和贵族特权。与此同时，资产阶级民主派也积极开展活动，他们较自由派更为激进，提出了建立民主共和国以及自由、平等和博爱等政治要求，并且把振兴民族的希望寄托于教育。德国哲学家费希特在他的《告德意志国民书》中强调指出：所有的孩子都应当受到同样的教育，而不应受社会地位和出身的限制。“人民大众是国家最大多数和最重要的组成部分，他们应当受教育。……应当使所有孩子都有受教育的机会，造就他们的自信心，使他们能把自己的力量献给共同的利益。”①

德国的封建统治阶级在法国大革命和本国强大进步势力的形势下，为维护自身利益，一方面加强镇压，对进步教师和青年学生进行残酷迫害，从各方面限制教师和学生的进步活动，宣布解散各大学的学生协会，解聘具有进步思想的教授，并对大学实行严格的管制；另一方面则接受某些资产阶级的自由思想，在教育上进行某些改革，把初等学校教育定义为义务教育，强迫儿童入学。19世纪以后，德国政府更注重初等教育质量的提高和教学方法的改进工作，大力发展师范教育，在全国各地普遍设立培养师资的教育机构，并陆续派人前往瑞士参观和学习裴斯泰洛齐的教育思想。

但是，在1848年革命失败以后，普鲁士又恢复了君主专制的统治，反动势力对革命进步活动的镇压空前加强，初等教育和师范教育又遭厄运，教师的活动受到严格的限制。1854年，普鲁士政府还颁布了一个关于师范教育和国民学校的法令，规定国民学校和师范学校应该建立在宗教的和效忠于普鲁士君主的、德国沙文主义的基础之上，教学内容应以宗教为主，其余科目被削减到最低限度，并采用死记硬背的教学方法，使德国的学校教育又倒退了许多年。

与此同时，法国对德国的大肆鲸吞，也引起了德国人民的憎恨，促进了德意志民族意识的增长，甚至达到了仇恨和蔑视一切外国事物的狂热的民族主义和沙文主义的程度。在一些人的心目中，似乎民族界限就是判别真与伪、善与恶的界限，把德意志人的性格特征看成是全人类必不可少的，强调教育的任务就在于培养日耳曼的爱国主义精神；要求希腊文和拉丁文让位于德意志语言和文化，使民族主义变成为泛日耳曼主义，使教育成为德意

---

① 博伊德、埃德蒙·金：《西方教育史》，329页。

志国家永存和荣耀的工具。

第二节 “全人类教育”思想的主要特点

以第斯多惠为主要代表人物的“全人类教育”思想，和以赫尔巴特为主要代表人物的主知主义教育思想、以福禄培尔为主要代表人物的幼儿园教育思想产生于同一时期，并且都受到了瑞士教育家裴斯泰洛齐教育思想的影响，但它们以不同的方式形成了各自不同的特点。

“全人类教育”思想具有以下三个主要特点。

第一，“全人类教育”思想体现了民主性。“全人类教育”思想主要反映了德国资产阶级民主主义的要求，坚决反对当时德国盛行的等级学校制度，反对为不同的社会阶层设立不同的学校，主张实施统一的普及学校制度，要求所有儿童，不分社会地位、财产和宗教信仰都能上学。第斯多惠指出：“人民的教育，从最广义来说乃是人民的解放。”“没有人民的教育，没有自由的人的教育，就不可能有健全的发展。”① 同时，“全人类教育”思想坚决反对宗教教育，主张教育与宗教分离，要求由教育家代替牧师来管理和监督学校，强调一切学校的教学内容都应该是科学的；指出儿童的宗教教育和自然科学的学习是相互抵触的，宗教教育会在智力上摧残儿童。此外，“全人类教育”思想坚决反对普鲁士的狭隘民族主义和沙文主义教育，主张培养具有博爱精神的人，要求把热爱本民族和热爱全人类结合起来。

第二，“全人类教育”思想强调儿童的自动性。第斯多惠接受了裴斯泰洛齐关于“天赋能力”的思想，认为人们与生俱来的各种能力，如观察、思维、语言和行为等，都具有渴求发展的特性，即自动性。这种自动性又是人的一切创造性活动的源泉，是教育的手段和教育目的——培养人身上的全人类的东西的方法。其教育目的就是协调发展自然赋予人的具有发展倾向的各种能力，把年青一代培养成为身心和谐发展的“全人”，使其具有终身追求真、善、美，并为之服务的自动性。可见，自动性在“全人类教育”思想中是一个重要的原则，它既是教育的手段，也是教育的结果，同时又是教育追求的目的。

第三，“全人类教育”思想重视发展性教学。第斯多惠在教育史上首先明确提出了“发展性教学”这一概念。他认为，一切教学的最高目的就是发展学生的思维和语言表达能力，以及研究和领会新教材、新问题的能力，而不是简单地传授科学知识。他强调说：“教师在课堂教学中先不要急于给学生讲解观点和科学，应当启发学生自己去寻求答案，自己主动去掌握知识”，“不称职的教师强迫学生接受真知，一个优秀的教师则教学生主动

---

① 杰普莉洛卡娅：《教育史讲义》，华东师范大学教育系译，195 页，上海，华东师范大学出版社，1959。

寻求真知”[①]。特别是在小学阶段，如果能使儿童的各种能力得到良好的发展，那将在他的一生中带来极大的好处；反之，强迫学生去接受他们所不能消化的教材，则会给他们带来极大的危害。因此，第斯多惠要求教师在教学过程中，必须“了解学生的特点，根据学生的具体情况向学生提问，提问的深浅恰恰符合学生的实际水平，造就生动活泼的课堂教学，积极唤起学生的主动性，因势利导，启发学生主动发现问题，让学生在学习中产生新思想，获得新知识”[②]。第斯多惠把这种教学称为“基本的教学”或“发展性教学”，它可以从根本上把握并发展学生的素质。

第三节 “全人类教育”思想的主要代表人物

第斯多惠

1. 生平和教育活动

弗里德里希·阿道尔夫·威廉·第斯多惠（Friedrieh Adolph Wilhelm Diesterweg，1790—1866）是德国教育家。1790年10月29日出生于德国威斯特伐利亚州西根市一个法官家庭。在拉丁文法学校读书时，他对枯燥乏味、呆读死记的教学生活感到厌恶，将所有的课余时间都用来探索自然界的奥秘。1808年中学毕业后，升入赫尔朋大学主修数学、哲学和历史，一年后转入蒂宾根大学，并于1811年毕业。

在大学学习时期，第斯多惠就开始了解卢梭和裴斯泰洛齐的教育思想，深受其影响。毕业后他便到其哥哥任教的曼海姆城任家庭教师。在那里，他结识了许多裴斯泰洛齐的信徒，尝试采用裴斯泰洛齐的方法教授数学。1818年，第斯多惠转到爱北裴特拉丁学校任教。当时，著名教育家维尔贝格（F. Wilberg）在该校任校长，对发展性教学进行了探讨，并力图实现裴斯泰洛齐改进师范教育的愿望，这使第斯多惠受到极大的启示。1820年，第斯多惠被任命为莱因省梅尔斯师范学校校长，兼教教育学、数学和德语，并在该校附属小学任课。在他的指导下，梅尔斯师范学校成为当时德国师范学校的楷模。1832年，第斯多惠转任柏林师范学校校长。在那里，他设立了一所附属实验学校，认真地进行教学方法的改革和推广裴斯泰洛齐的教学理论，使柏林师范学校成为新教学法实验中心。

第斯多惠在进行繁忙的教育和教学工作的同时，还从事广泛的社会活动和著述工作。1827年，他创办并主编《莱因教育杂志》。1835年，他出版了《德国教师培养指南》。从1851年起，他还主持编辑出版《教育年鉴》。此外，第斯多惠还编写了20多种关于数学、德语、地理、天文、几何等学科的教科书和教学指导书，深受德国教师欢迎。

---

① 第斯多惠：《德国教师培养指南》，袁一安译，122～123页，北京，人民教育出版社，2001。

② 同上书，122页。

第斯多惠积极参加德国的进步运动，在柏林先后创立了4个教师联合会，团结和推动广大教师研究并宣传民主教育思想，反对等级学校制度，倡导统一的普及学校。这一切引起了德国政府的不满，1847年第斯多惠被免除了柏林师范学校校长的职务，1850年被迫退休。但他仍未停止其教育方面的进步活动，继续担任"全德教师联合会"主席，后来又当选为德国众议院议员。

1857年，第斯多惠发表了《教育的理想与可能性》一书，总结了他30年来教育活动的经验。

1865年，德国的进步教师和社会各界人士为第斯多惠诞辰75周年举行庆祝会。1866年7月7日，第斯多惠因患霍乱病去世。

2. "全人类教育"的目的和基本原则

第斯多惠从资产阶级民主主义观点出发，提倡"全人类教育"思想，坚决反对把教育当作奴役人民的工具，反对当时在德国占统治地位的狭隘民族主义和沙文主义教育。他强调说："德国教育学要求首先培养人，然后培养公民的和国家职员；先做人，然后做公民和公务人员，决不可颠倒这一顺序。每一个人只有奠定了普通教育的基础，才能逐渐发展成专门人才。"① 在第斯多惠看来，只有将国民学校建立在"全人类教育"的基础上，才能摆脱德国政府和教会所确定的保守、反动的教育方针，使人得到完善的发展，并充分发挥教育在社会改革中的作用。因此，他要求在小学阶段就奠定"全人类教育"的基础，"学校应当培养每个学生的人性"②。

（1）教育目的

按照第斯多惠的看法，"全人类教育"包含两层含义：第一，反对封建等级和狭隘的民族主义教育，要求所有的人都能受到同样的教育，并把他们培养成为一般的人，而不是所谓的普鲁士人；第二，教育的内容应是全面的，要用世界范围的普通教育知识来促进人的全面发展，把知识和技能联系起来。

为了实现"全人类教育"的理想，培养全面发展的一般的人，第斯多惠认为，最主要的教育原则是适应自然地进行教学。所谓"适应自然地进行教学"，即"课堂教学必须紧密结合人的天性和自然发展规律。这一教学原则是一切课堂教学的最高原则。……如果违背了儿童的天性，违反了自然发展规律，那么这种教学法则则是错误的，应当坚决摒弃"③。因此，第斯多惠在《论教育的最高原则》中写道："适应自然这个原则是一切教育的最高原则，在教育中我们是同人打交道，是教育人的问题。因此，我肯定地说：在人的教育中，一般地说，一切都取决于不违反人的本性，个别地说，一切都应当适应每个人的

① 第斯多惠：《德国教师培养指南》，138页。
② 同上书，159页。
③ 同上书，95页。

个别特征。”①

（2）教育的基本原则

第斯多惠认为，儿童的发展乃是其潜在的自然本性和力量的开展，它“依赖两个条件：存在素质和对它的引发”，“没有引发，就不会有发展”②。在这里，第斯多惠抛弃了卢梭对自然的个人主义解释，着重指出了个性发展与社会环境之间的密切联系。同时，第斯多惠还根据当时心理学的最新成就来认识儿童心理的发展规律，把儿童心理发展分为三个阶段：一是感性认识阶段（6～9岁），表现为渴求感性知识的强烈欲望，教育须通过对事物的观察来发展儿童的感觉；二是发展记忆力阶段（9～14岁），教育应把通过感觉积累起来的丰富观念巩固下来，使儿童牢记所观察的事物；三是悟性理性发展阶段（14岁以后），此时儿童的身心都发生了明显的变化，身体的敏捷性和力量进一步增强，思维能力迅速发展，情感意志和道德信念也在逐渐形成。教育应当在发展感性认识的基础上，有计划地发展其思考力，并培养他们独立研究以及口头表达和文字表达的能力。

由于儿童的天性及其发展有一定的规律，因此，第斯多惠要求教师在教学过程中首先必须了解儿童的心理特点和个性差异，把心理学作为教育科学的基础。他强调说：“我们必须倾听大自然的呼唤，忠实地遵循大自然所指出的方向。……不相信人的天性，便不可能有符合自然发展规律的好的教学法。”③

除了要适应自然地进行教学以外，第斯多惠认为，还必须适应文化地教学。他指出，“自然适应性原则”只规定了评定任何教师与教育者的活动的优缺点所根据的一般标准，但它本身还没有规定和确定教育中必须注意的一切，因此，必须以“文化适应性原则”作为补充。所谓“文化适应性原则”，是指“在教育时必须注意人在其中诞生和将来生活所在的地点和时间的条件。一句话，应该注意包罗万象的全部现代文化，特别是当地的特有的文化”④。在第斯多惠看来，在任何教育中必须注意我们时代和社会阶层的风俗习惯、我们所生存的时代精神、我们民族的民族性。

按照第斯多惠的意见，人总是出生和生活在自己的历史环境、自己的民族之中，并在一定的文化氛围中接受教育。每一个民族在一定时期的文化状况，就构成生活在该状况中的每一个人的文化背景。“任何人都是他自己的时代的产物。”⑤ 从这一思想出发，第斯多惠认为，一定时代的教育理想就是这个时代的教学目的。正因为如此，在教学方面除了要符合学生的接受能力以外，还必须符合现代科学的水平。

第斯多惠认为，在一般情况下应当使“文化适应性原则”与“自然适应性原则”两者

① 《第斯多惠教育论著选》，221页，1956年俄文版。

② 同上书，117页。

③ 第斯多惠：《德国教师培养指南》，96页。

④ 同上书，161页。

⑤ 《第斯多惠教育论著选》，229页，1956年俄文版。

尽可能地协调一致。“遵循文化与遵循自然两条原则越是协调一致，生活的形象就越显美好和纯朴。”[1] 但是，如果两者之间发生摩擦与冲突时，“文化适应性原则”应当服从“自然适应性原则”，因为在任何情况下决不允许违反自然行事。

3. 教学任务

第斯多惠一生致力于教学实践和理论，并在此基础上撰写了大量有关教学问题的论著。他认为，教学的任务不仅仅是用各种知识充实儿童的头脑，而且要发展他们的智力和才能。因此，“一个合格的教师不单单要教会学生怎样建造长期才能竣工的建筑物，同时也要教会学生怎样制造砖瓦，并要和学生一起动手施工，教会学生建好房屋的本领”[2]。

19 世纪欧洲教育界在教学的任务问题上存在两种根本对立的观点：“形式教育”和“实质教育”。前者是想使学生学习一定的教材，给他以知识和技巧；后者是希望通过教学发展他的能力[3]。对此，第斯多惠认为，这两种教学任务并不是彼此排斥的，而是相互联系的。“就形式教育本身来说是没有现实性的；所有的课堂教学都是以教材为基础的，学生必须熟悉并学会教材，达到这一步教学就是形式的，当然也是实质的。”[4] 在他看来，学生的能力是在学习教材、掌握知识的过程中产生和发展起来的；另外，学生的年龄越小、越不成熟，就越需要发展他们的能力。因此，任何时候都不应将形式的目的和实质的目的绝对划分开来。“学生越成熟，教师越要提前加重学生的学习分量，因为学生已经增长的力量可以吸收这样多的知识。”但是，第斯多惠又指出：在这两种教学目的中，“总应当有一个先后次序，哪一个较重要，那一个就应当领先。在青少年基础教学中，很显然，形式教育目的要占上风”[5]。也就是说，形式的目的尤为重要。在第斯多惠看来，对发展学生的思维能力和语言能力来说，对发展学生理解新教材的能力来说，形式教育的一些特点会使他们终身受益。当然，这并不意味着实质的目的应退居次要地位，在学生已经获得加强能力的基础教育之后，实质的目的就逐渐地占优势了。

4. 教学原则和教学方法

第斯多惠继夸美纽斯和裴斯泰洛齐之后详细地研究了教学原则。在《德国教师培养指南》一书中，他从学生、社会文化条件、教材以及教师四个方面提出了一系列教学原则。

第斯多惠认为，教学的主体是学生。学生身心发展的特点是制定教学原则的主要依据。他强调说：“究竟怎样按照人的天性和学生的观点来处理教学内容？优选教学方法就是最高的观点。”[6] 在这一思想指导下，第斯多惠提出了以下三条教学原则：

---

① 第斯多惠：《德国教师培养指南》，162 页。
② 同上书，123 页。
③ 张焕庭主编：《西方资产阶级教育论著选》，367～368 页。
④ 第斯多惠：《德国教师培养指南》，129 页。
⑤ 同上书，128 页。
⑥ 同上书，106 页。

（1）直观性原则

第斯多惠认为，人类心智的发展是从对外部世界的感性认识开始的。“观察外部世界便会激发智力感觉，而智力感觉联结又和直观紧密相连，直观又从理解提高到普通的表象或概念。”① 在他看来，无外部世界的感性知觉的纯粹思维，是根本不存在的。因此，第斯多惠赋予直观性原则以特别重要的意义，把它看成是教学活动的基础。教师在教学中应当尽可能地进行直观教学。“直观教学原理的要求是：从直观出发，继续进展到思维，从个别到一般，从具体到抽象，而决不可颠倒！因此，这一教学原则适用于全部学科的课堂教学。”②在不可能直接向学生提供表象的情况下，教师应当通过图画的描绘或儿童对自己亲身经历过的事情的回忆，采用比较、类推或其他手段。按照第斯多惠的看法，只有无条件地运用直观性原则，才可能消除那种毫无内容的、毫无用处的学习，促进学生心智的正常发展。

（2）渐进性原则

按照第斯多惠的意见，儿童智力的发展是和渐进性的规律联系着的，所以，教学必须根据学生的发展水平，循序渐进地、持续地进行。“教师必须有步骤地引导学生进入与年龄和天性相符的主动性阶段，以便达到发展学生的主动性，能使学生彻底认识事物本质这样一个教学总目的。”③ 为了实施这一原则，教师必须全面地、深刻地了解学生的发展水平和知识水平，重视学生智力发展的渐进性和个别差异性。

（3）坚实性原则

第斯多惠认为，真正的坚实性是和表面性、肤浅性、散漫性以及粗枝大叶、不求甚解相对立的。它要求教师在教学中必须使学生切切实实地掌握和牢记所学的教材，并且由此对学习充满愉快的心情和信心。但这并不是要求教师对所有的教材或在教学的任何一个阶段都做到详尽无遗。在第斯多惠看来，真正的坚实性应该是教给学生以最本质、最主要的东西，使学生真正记住所学会的东西，并成为今后一生中不可缺少的财富。

在教学方法上，第斯多惠把能激发学生主动性的教学方法放在首要地位。他指出，良好的教学方法应考虑到两个方面：一是人的智力素质的发展。这是首要的、根本的。二是学科的性质。每一门科目的教学方法必须符合这一门科目的来源和原则；科目的性质不同，教学方法也应不同。

第斯多惠根据他自己的教学经验，把教学方法区分为学术的方法和基本的方法两种。前者是一种演绎的、综合的、递进的，即在较坏的情况下纯粹是教条式的教学方法；后者是一种归纳的或诱导的、分析的、回归的、启发式的教学方法。在第斯多惠看来，这两种方法是根本对立的。学术的方法通常是自上而下的运动，它使学生处于消极、被动的地

---

① 第斯多惠：《德国教师培养指南》，112～113 页。
② 同上书，113 页。
③ 同上书，102～103 页。

位，教师所讲述的科目和他本人则变成了运动的中心；基本的方法是自下而上的运动，它使学生成为运动的中心，而教师则是实现刺激和指导的手段。第斯多惠主张各级学校的教师都应采用基本的教学方法进行教学，特别是在小学阶段。

5. 教师

第斯多惠非常重视教师的作用，认为教师的神圣使命是："教师要使别人获得真正的生活，就得激发别人去追求真、善、美，最大限度地发挥他们的天资和智力。"[①] 1830 年 3 月，第斯多惠在梅尔斯师范学校开学典礼上致辞说："哪个学校的工作一蹶不振，教师是责无旁贷的；工作搞得很出色，也应归于教师……教师对于学校犹如太阳对于宇宙。"[②] 只有在教师的教育和培养下，年青一代才能成为身心和谐发展的人。在第斯多惠看来，正确的教学原则固然重要，但起决定作用的是教师的个性特征和修养。教师应该使自己成为一个真正意义上的教育者。

在《德国教师培养指南》中，第斯多惠列举了五条有关教师的教学规则：一是力求使教学引人入胜（有兴趣）；二是要精力充沛地教学；三是要让学生用自己的话正确地口述教材；四是任何时候都不能满足于自己的知识水平，停滞不前；五是要在自身和学生的发展中找到满足。他强调指出，教师最重要的素质之一是要能够创造性地运用教育和教学的原则和方法，掌握教学艺术。

第斯多惠要求教师要不断地进行自我教育和自我完善，以教育事业为终身职业。他强调说："教师有能力培养学生也是自我继续教育的过程，应当把和儿童与教学打交道看成是自我教育的主要手段。教育本身绝不是粗制滥造，教育是发展、是活力。"[③] 此外，第斯多惠还要求教师应有民族正义感，经常关心祖国和民族的进步，积极地参加各种社会生活，推动文化教育工作和社会改革运动。

第四节 "全人类教育"思想的影响与评析

与赫尔巴特、福禄培尔的教育思想相比较，以第斯多惠为主要代表人物的"全人类教育"思想更接近裴斯泰洛齐的民主主义教育思想。它在政治上反映了德国资产阶级革命的民主主义要求，反对封建专制制度和愚民政策；在教育上反对等级学校和狭隘的民族主义、沙文主义教育，提倡"全人类教育"，要求所有的人都受到同样的教育，主张把初等学校普遍建成真正的国民学校，充分发挥教育对社会的改革作用。

马克思和恩格斯曾经指出："历史不外是各个世代的依次交替。每一代都利用以前各

① 第斯多惠：《德国教师培养指南》，23 页。

② 《第斯多惠教育论著选》，43 页，1956 年俄文版。

③ 第斯多惠：《德国教师培养指南》，174 页。

代遗留下来的材料、资金和生产力；由于这个缘故，每一代一方面在完全改变了的条件下继续从事先辈的活动，另一方面又通过完全改变了的活动来改变旧的条件。”① 第斯多惠在继承卢梭等人关于教育遵循自然思想的基础上，提出了“文化适应性原则”作为“自然适应性原则”的补充，主张把儿童的天性发展和社会文化的影响结合起来，从而把“自然适应性原则”发展到一个新的阶段。

第斯多惠对德国乃至欧洲近代教育发展的主要贡献是他的教学论思想。他提出，教学不仅要使学生获得各种科学知识，而且还要发展学生的思维能力的观点，明确地肯定了形式教育和实质教育的相互联系、相互影响；他强调，教师在教学过程中应充分调动学生的主动性，通过学生自己的认真观察、积极思考和亲自探索去发现新知识，形成新观点；他指出，时代越前进，社会生产和社会生活越发展，对学生的要求越是多方面，就越不能以同样的尺度要求所有的人。

然而，第斯多惠又承认宗教并认为宗教感情是宗教的源泉。此外，他的主要教育著作《德国教师培养指南》主要是教学经验的总结，未能形成完整的理论体系。因此，他的教育思想也表现出两面性：一方面，他反对学校教育中的忏悔主义，反对教会控制学校；另一方面，他又保留教育中的宗教倾向。一方面，他断定一切知识都来源于感性认识；另一方面，他又承认内在的知觉能力，并把它看成是认识的一个独立来源。一方面，他关于教学原则的理论摆脱了用自然现象简单类比的形式主义弊端；另一方面，他又把教学过程的各种因素分割开来，同样犯有某种程度的形式主义和烦琐性错误。

总的说来，第斯多惠的“全人类教育”思想是进步的，其中有许多东西至今还值得我们研究和借鉴。他的教育活动和教育理论不仅对德国而且对欧洲其他国家教育的发展都有很大的影响。第斯多惠在世的时候，他的教育著作就已为许多民主教育家所熟知。他的《德国教师培养指南》一书曾是19世纪德国教师的必备书。

第斯多惠为捍卫民主和进步的教育事业而献身的精神，以及他倡导的“全人类教育”思想，对改革与发展德国国民学校和师范教育所做的巨大努力，获得了社会进步人士的爱戴与尊敬，他被誉为“德国国民教育之父”和“德国教师的教师”。

拓展阅读书目

1. 第斯多惠. 德国教师培养指南. 袁一安，译. 北京：人民教育出版社，1990.

2. 卡尔-海因茨·贡特尔. 第斯多惠//扎古尔·摩西. 世界著名教育思想家：第1卷. 北京：中国对外翻译出版公司，1995：237-243.

① 马克思、恩格斯：《德意志意识形态》，载马克思、恩格斯：《马克思恩格斯全集》，第3卷，51页，北京，人民出版社，1960。

第二十章

俄国民族性教育思想

第一节 俄国民族性教育思想产生的背景
第二节 俄国民族性教育思想的主要特点
第三节 俄国民族性教育思想的主要代表人物
乌申斯基
第四节 俄国民族性教育思想的影响与评析

俄国民族性教育思想在19世纪中期产生。俄国教育家乌申斯基是其主要代表人物。提倡教育的民族性原则，要求建立具有俄国特色的国民教育制度，主张把国民教育交给人民办理，强调把祖国语言作为教育工作的基础，并对教育和教学工作进行改革。俄国民族性教育思想不仅对19世纪后期俄国国民教育的改革和发展产生了一定的影响，而且成为俄罗斯人民宝贵的教育思想遗产。

第一节 俄国民族性教育思想产生的背景

19世纪中期，俄国的资本主义经济有了很大的发展，开始了产业革命的进程。在许多工业部门中，机器生产逐渐代替了手工劳动。交通运输业也发生了很大的变化。在农业方面，生产技术和生产方法的改进也在缓慢地进行。但总的说来，当时的俄国仍然是一个落后的农业国，占统治地位的封建农奴制度严重地阻碍着资本主义生产关系的发展，农民生活极端贫困。由于受到西欧资产阶级革命思想的影响，各种社会矛盾日益加剧，工农群众的反封建斗争不断加强，农奴制度面临深刻的危机，以至于当时统治阶级中的上层人物也不得不承认：在俄国，“农奴状态是国家脚下的火药库”①。

为了维护沙皇的统治地位，巩固农奴制度，抵制西欧资产阶级革命思想的影响，沙皇政府不得不采取某些开明措施或“自由化”政策。例如，允许地主在自愿的条件下解放农奴，增加少地的村庄的份地，提高农业技术等。这种“自由化”倾向在教育政策上的表现是，在中央设立国民教育部，先后颁布《国民学校暂行章程》（1803）和《大学附属学校章程》（1804）；仿效法国的教育行政管理体制，将全国划分为六个学区：莫斯科、彼得堡、卡赞、哈尔科夫、维里诺和德泊尔学区；在教育和教学工作方面也照搬西欧各国的做法。但与此同时，更主要的是加强镇压和思想控制，竭力把各科教学中对沙皇政府有害的一切东西加以制止和根除，并且使其转到以纯粹信仰和对国家忠诚、尽责为基础的原则上。

在上述历史条件下，俄国国内的思想斗争非常激烈。19世纪30年代初，沙皇政府教育大臣乌瓦洛夫提出了所谓的“官方民族性”理论（或译为“正统国民精神”理论），要求把“正教、专制制度和民族性的不变原则”作为教育的基础，断言专制制度是“俄国政治生活的主要条件”，认为俄国人民自古以来就有宗教信仰并始终服从专制农奴制度。他打着民族主义和爱国主义旗号，反对所谓的向西方俯首称臣，强调“俄国道路”的特殊性，要求在俄罗斯民族内部寻求俄国发展的要素，实际上是提倡狭隘的民族主义和大斯拉夫主义思想。同时，一些贵族启蒙主义者则“对于农奴制度及其在经济、社会和法律方面的一切产物充满着强烈的仇恨”，“热烈拥护教育、自治、自由、西欧生活方式和整个俄国全盘欧化”②。他们坚持维护人民群众，主要是农民的利益，相信农奴制度及其残余一经废除，农民就会有普遍幸福。他们主张走西欧发展的道路，坚信俄国也和其他国家一样，应当向资本主义制度过渡，广泛吸收西欧文化的成就，但他们只承认由封建制度向资本主义制度过渡的改良主义道路。

与此同时，反动贵族中的斯拉夫主义者，虽然力图把自己与“官方民族性”理论区别开来，但在主要论点和斗争目标上与“官方民族性”派是一致的，都强调俄国历史道路的独特性，反对来自西欧的、在当时来说是进步的资产阶级民主革命思想。

在这场思想论争中，俄国革命民主主义者矢志不渝地同上述各种思想进行斗争。他们深刻地揭露了“官方民族性”理论的反动本质，痛斥了狭隘的民族主义的各种表现。他们既反对官方用农奴制度的精神来论述民族性，把俄国一切落后的东西理想化，指出：“任何一种排除人类性的民族性都该咒骂”③；又反对某些西欧派的世界主义和盲目地模仿外国，认为俄国绝不能再走西欧资本主义的道路，而应该在消灭封建主义之后，绕过资本主

① 周一良主编：《世界通史》（近代部分），上册，383页，北京，人民出版社，1963。

② 列宁：《我们拒绝什么遗产?》，载列宁：《列宁选集》，第1卷，109页，北京，人民出版社，2012。

③ 康斯坦丁诺夫等主编：《教育史》，李子卓等译，256页，北京，人民教育出版社，1957。

义，直接走上社会主义道路。在国民教育方面，他们主张以培养反对专制制度及农奴残余的战士为教育目标，实行普及教育和学校的民主化。

以乌申斯基等教育家为代表的资产阶级民主主义者也参加了这场论争。他们坚决拥护废除农奴制度，希望俄国能够自由地发展；但是，他们又反对用革命的方式来改革俄国的社会制度，主张通过和平的手段来改造俄国社会和造福人民，因而赋予教育以特别重要的意义。他们把教育问题和民族性思想联系起来考察，创立了一个完整的民族性教育思想体系。

第二节　俄国民族性教育思想的主要特点

俄国民族性教育思想具有以下四个主要特点。

第一，俄国民族性教育思想主张建立符合民族特点的独特的国民教育制度，反对抄袭外国的教育制度。俄国民族性教育思想家认为，每个民族由于他们所处的历史、地理和自然环境不同，都有其不同的特点，因此，在教育方面也应该有“自己民族的、特殊的教育体系”，不能盲目地抄袭外国。在他们看来，“由本民族自己创造并且建立在民族性基础上的教育体系具有巨大的教育力量，这样的力量是那些建立在抽象的思想基础上或者从其他民族那儿借用来的最好的体系所没有的”①。

第二，俄国民族性教育思想重视爱国主义教育。俄国民族性教育思想家认为，俄罗斯民族过去和现在都表现出对祖国的热爱，这种有时由伟大力量所激发起来的爱国主义情感，在祖国面临危机时，会风起云涌般地爆发出来。他们强调，建立在民族性基础上的教育，必须激发儿童的爱国主义情感和民族自豪感，把儿童培养成为爱国主义者。

第三，俄国民族性教育思想强调把祖国语言作为教学工作的基础。俄国民族性教育思想家认为，祖国语言是民族性最好的表现。在祖国语言中，体现了人民的历史、人民的欢乐和痛苦、人民的道德理想和美的理想、人民对祖国的态度和人民的希望。掌握祖国语言并学会正确地运用它，就掌握了过去的世世代代人们的思想和情感的果实；同时也是为教育目的服务，是发展人民精神的强有力的手段。

第四，俄国民族性教育思想主张把国民教育交给人民办理。俄国民族性教育思想家从资产阶级民主主义观点出发，坚决反对由沙皇政府管理和监督教育，提倡国民教育应该是人民的，应该由人民自己来管理和领导，只有这样才能真正发挥它的效力。乌申斯基曾这样说：“谁要是熟悉俄国的历史，谁就会毫不犹豫地要把国民教育交给人民自己。”②

---

① 乌申斯基：《论公共教育的民族性》，载乌申斯基著、郑文樾编选：《乌申斯基教育文选》，82页，北京，人民教育出版社，1991。

② 康斯坦丁诺夫等主编：《教育史》，222页，1982年俄文版。

第三节　俄国民族性教育思想的主要代表人物

一、乌申斯基

1. 生平和教育活动

康士坦丁·德米特里耶维奇·乌申斯基（Константин Дмитриевич Ушинский，1824—1870）是俄国教育家。1824年2月19日出生于图拉市一个小官吏家庭。他的童年和少年时代是在车尔尼柯夫斯基省诺夫戈罗德-谢维尔斯克城附近他父亲的庄园里度过的。1840年中学毕业后，乌申斯基进入莫斯科大学法律系学习，1844年以优异的成绩毕业，被聘为雅罗斯拉夫高等法政学校代理教授。由于他在学生中传播进步思想，主张科学应促进民主生活的改善，号召大学生研究人民生活的需要，并拒绝执行将讲稿预先送审的制度，因此，任教不久就被解聘。从1850年起，乌申斯基被迫在内务部宗教事务司任科长助理。

1855年，乌斯基被任命为加特钦斯克孤儿院学监。在这里，他大大地改进了教育和教学工作，并发表了《论教育书籍的效益》、《论公共教育的民族性》和《学校的三个要素》等论文，因而很快就成了一位颇有影响的教育理论家和教育实践家。

1859年，乌申斯基离开孤儿院，接任斯莫尔尼贵族女子学院学监。在这期间，他不顾校长和部分教师的反对，在学校生活制度和教学工作方面果断地采取了一些改革措施，聘请进步教师来校任教，增设两年制师范班，为俄国女子师范学校的发展奠定了基础。此外，乌申斯基还受命编辑《教育部公报》，发表了《劳动的心理和教育意义》和《师范学校草案》等一些重要的教育论文。

1862年，由于保守势力的反对，沙皇政府又以"莫须有"的罪名免去了他的学监职务，并以考察外国女子教育状况和编写教科书的名义把他派遣出国，实际上是变相流放。在1862—1867年侨居国外期间，乌申斯基深入研究了欧洲一些国家的教育制度和教学经验，为俄国的小学编写了《祖国语言》以及使用这些教材的教学法指导书，撰写了不朽的教育著作《人是教育的对象》前两卷，并为第3卷准备了资料。

1867年，乌申斯基回到俄国。1870年12月22日病故于敖德萨，年仅46岁。

2. 教育的民族性原则

乌申斯基从资产阶级民主主义观点出发，不同意旨在维护沙皇专制制度的"官方民族性"理论，也不同意否认俄国特点的"全盘西化"理论。他认为，教育是与科学不同的。科学是人在认识自然、理性和历史的规律的过程中所获得的成果的汇集，科学的原理带有普遍性、不变性，因而是人类共同的财富。教育则是对人的各个方面施加影响，是以人的性格作为对象的，因此，每个民族都会有各自不同的教育体系、教育目的以及达到这一目的的特殊手段，体现每一个民族的特性。

乌申斯基把“民族性”理解为“每个民族由它的历史发展、地理条件和自然条件所决定的特点”①。民族性是国家历史生活的唯一源泉。国家的每一个成员只能在这个源泉中为自己的社会活动吸取力量。乌申斯基强调指出：“一个没有民族性的民族，就等于一个没有灵魂的肉体，它必然被消亡在另一些保存着自己的独特性的肉体之中。”② 民族性也是建立国民教育的基础，每个民族的教育都是从该民族所形成的独特的教育观念中产生的。在乌申斯基看来，一种教育如果不根据民族性原则建立起来，就不可能成为民族发展历史过程中的积极手段，不可能对社会历史的发展产生良好影响。

由此出发，乌申斯基坚决反对脱离本民族的特点而盲目地抄袭外国的教育制度。他强调指出：“教育的基础及其目的，还有教育的主要方向，对于每一个民族来说，是各不相同的，它们由每个民族的特性所决定。”③ 在详细地考察与深刻地分析了德国、英国、法国和美国的教育制度后，乌申斯基得出结论说：“无论是从理论上还是从实践上看，公共教育的共同体系是不存在的，而德国的教育体系与其他任何一个国家的教育体系一样，也仅仅是本民族的体系，而且也仅仅是准确地反映了本民族的优点和本民族的缺点。”④ 在他看来，外国教育制度无论怎样完整和周到，俄国都不可能完全按这种教育制度来培养人，在发展俄国国民教育方面必须走自己的道路。

但是，乌申斯基在强调教育的民族性时，并不否认在不同民族的教育中存在着某些共同的东西，不排斥借鉴和利用外国的成功的教育经验。他明确指出：“毫无疑问，任何民族都不会有意识地拒绝接受教育方面的某些长处，也不会有意识地把本民族的短处带到教育中去。每一个民族都努力使自己的教育事业尽可能完善。”⑤ 但是，“只有在本国人民自己已经奠定了牢固的公共教育体系的情况下，这种利用才不会起破坏作用”⑥。

3. 建立具有俄国特色的国民教育体系

乌申斯基认为，国民教育的基本思想首先是深刻的哲学思想和心理学思想。在他看来，不了解什么是人，不了解什么是俄国想要教育的对象本身以及要达到什么目的和采取什么手段，不了解俄国赖以工作的基础，就不可能办好国民教育。

从上述思想出发，乌申斯基坚决反对沙皇政府完全无视俄罗斯民族的特点和俄国的社会生活条件，盲目地搬用和模仿外国教育制度的做法。他强调说：“西方的国民教育正处

① 康斯坦丁诺夫等主编：《教育史》，221页，1982年俄文版。
② 《乌申斯基教育文选》，第1卷，132页，1953年俄文版。
③ 乌申斯基：《论公共教育的民族性》，载乌申斯基著、郑文樾选编：《乌申斯基教育文选》，66页。
④ 同上书，69页。
⑤ 同上书，70页。
⑥ 同上书，66页。

于彻底改革的前夜，而我们今天却还要冒险照搬西欧国家明天将视作废物的东西。”① 在乌申斯基看来，只有按照俄罗斯人民的性格特点和社会生活的需要，才能发展俄国的国民教育。

按照乌申斯基的意见，俄罗斯民族性的主要特征是：一是爱国主义和对祖国的热爱；二是巨大的创造力；三是东正教精神和宗法制道德。他认为，根据民族性特征建立起来的俄国国民教育，第一，要注意培养儿童对祖国的热爱和激发他们的民族自豪感。要教会他们永远地和经常地履行自己对祖国的责任和义务。为此，要加强俄语、文学、历史、地理和自然等学科的教学，并且要把培养儿童对祖国的热爱与对其他民族的尊重结合起来。第二，要把俄语作为对儿童进行教育和教学的基础。祖国语言是民族性最好的表现，同时也是最伟大的人民导师。乌申斯基在《祖国语言》一书中写道：“民族的语言乃是一个民族完整的有机创造……成为自己的民族特征。民族语言是一个民族远在有史以前就已开始了的全部精神生活的一朵最瑰丽的、永不凋萎的、永远开放着的鲜花。”② “语言是最生动、最丰富而巩固的一种联系，它把过去、现在和将来的各代人民联结成为一个伟大而富有历史意义的、生气勃勃的整体。”③ 第三，大力开办国民学校，招收所有男女儿童。乌申斯基非常重视人民群众特别是农民的文化教育。他指出：“在俄国这个农业国中，农村居民是整个国家主要的、极其重要的组成部分，因而在我们这儿，国家的福利主要是建筑在农村阶段的福利的基础上的……毫无疑问，只有当我国农村阶级也开始前进的时候，我们才有权利说，整个俄国已经走上了文明的道路。”④ 第四，国民学校的主要任务是发展儿童的才能，使他们具有独立的生活与活动能力。国民学校必须为人民的智力发展和道德发展奠定牢固的基础。第五，要使国民学校成为全体人民所关心的事情，由人民自己负责管理。乌申斯基说：“只有当公共教育的问题成为与所有的人都有关的社会问题，成为与每一个人都有关的家庭问题的时候，公共教育才能真正发挥效力。”⑤

由于乌申斯基特别重视国民教育在民族生活和社会发展中的作用，并提出了一系列改革和发展国民教育的建议，因而被人尊称为“俄罗斯国民教育之父”。

4. 道德教育

乌申斯基认为，教育就是“对人的各个方面施加影响，包括对其民族特点和个人特点——肉体、心灵和智慧施加影响，而且首先把人的性格作为对象”⑥。在他看来，通过正确的教育，可以使人具有一种内在的道德和理性力量，这种力量使人不仅能自觉地抵制

---

① 乌申斯基：《国民教育的基本思想》，载乌申斯基著、郑文樾选编：《乌申斯基教育文选》，257 页。
② 乌申斯基：《祖国语言》，载张焕庭主编：《西方资产阶级教育论著选》，487 页。
③ 同上书，488 页。
④ 乌申斯基：《关于国民学校问题》，载乌申斯基著、郑文樾选编：《乌申斯基教育文选》，113 页。
⑤ 乌申斯基：《论公共教育的民主性》，载乌申斯基著、郑文樾选编：《乌申斯基教育文选》，86 页。
⑥ 同上书，3 页。

来自周围环境的影响，而且能积极地与各种坏影响做斗争，使儿童成为理智上、道德上和体力上得到充分发展的人。

为了实现这一教育目的，乌申斯基非常重视道德教育。他强调说："我们大胆地提出一个信念，道德的影响是教育的主要任务，这个任务比一般地发展儿童的智力和用知识去充实他们的头脑重要得多。"① 在他看来，丧失道德影响的教育，不仅不能使人的发展趋于完善，而且还要破坏人的个性。

按照乌申斯基的看法，道德教育的任务是要培养儿童的爱国主义和人道主义精神，培养他们坚强、诚实、谦虚、爱劳动、守纪律以及对人民对国家有责任感和义务感。道德教育应该教育每个人反对"贪图金钱，不信善，缺乏道德准则，轻视思想，喜欢走捷径，对社会利益不关心，对破坏品行规矩的行为姑息纵容"②。

乌申斯基主张，应该把教学和教育两者结合起来。他说：如果把教学和教育工作截然分开，"儿童的智育和德育就不能协调，而且两者都显示不出力量"③。在乌申斯基看来，在教育过程中，德育是基本的和决定性的范畴，教学则是德育的手段，通过教学可以促使学生的信念和品格的形成；反之，教学倘使不以德育为支柱，也就失去了它的意义。

乌申斯基非常重视教师本身的榜样在道德教育中的作用。他指出，教师个人的榜样"对于青年的心灵来说是富有成效的阳光，是任何东西也不能代替的"④。学校中的许多工作虽然取决于学校总的规章制度，但最主要的方面则永远取决于教育者的个性。因此，乌申斯基要求学校应当"努力创造条件使教育者能以自己的个性去影响学生，使教育者个人的智慧、道德、性格和意志对学生的智慧、道德、性格和意志施加影响"⑤。

5. 教学论

(1) 教学过程和教学任务

乌申斯基把"教学"理解为传授知识、形成技能与熟悉技巧的过程。它包括教师传授知识、技能与技巧和学生掌握知识、技能与技巧两方面的活动。乌申斯基强调说："过去经验式的学校把全部学习劳动推卸到儿童身上，交给教师手中的只是为了督促懒惰者的鞭子；以后学校又陷入了另一极端：它把全部劳动放到教师身上，迫使他们这样来发展儿童，即要使这种发展对他们是不费任何劳动的。"他认为，新学校的教学是"组织教师和学生的劳动……它要求儿童尽可能地从事独立劳动，而教师则领导这个独立的劳动，并为之提供材料"⑥。

---

① 《乌申斯基全集》，第2卷，431页，1953年俄文版。
② 乌申斯基：《论教育书刊的效益》，载乌申斯基著、郑文樾选编：《乌申斯基教育文选》，95页。
③ 乌申斯基：《有意识地和慎重地对新生后代施加影响》，载乌申斯基著、郑文樾选编：《乌申斯基教育文选》，157页。
④ 康斯坦丁诺夫等主编：《教育史》，224页，1982年俄文版。
⑤ 乌申斯基：《有意识地和慎重地对新生后代施加影响》，载乌申斯基著、郑文樾选编：《乌申斯基教育文选》，156页。
⑥ 《乌申斯基教育文选》，第2卷，149页，1953年俄文版。

乌申斯基认为，任何一种教学都不应当建立在各种抽象观念和文字的基础之上，而应当建立在儿童从周围世界所获得的那些具体的形象之上。在教学过程中，通过各种手段使学生从不知到知并掌握教材。

在教学任务问题上，当时在俄国也出现过“形式教育”和“实质教育”的论争。乌申斯基从民族性原则出发，既不同意形式教育的看法，也不同意实质教育的观点。他指出，论争的双方都有片面性，都把发展智力和传授知识对立了起来。乌申斯基认为，教学具有双重目的，任何时候也不应该过分强调其中的一个目的而忽略了另一个目的。教学的第一个目的是形式的目的，即发展学生的智力，发展他们在没有教师的情况下独立地获得新知识的愿望和能力。教学的第二个目的是实质的目的，它和第一个目的同样重要。为了实现这个目的，首先必须为观察、想象和思维合理地选择对象，即传授给学生以知识，为智力的发展提供内容。否则的话，“智力就是肥皂泡”①。

（2）教学内容

乌申斯基认为，传授给学生的知识应该是根据教育学的要求精心选择的知识的总和。这些知识应该为学生以后的独立生活和思维能力的发展打下基础，同时应该切合俄国实际生活的需要。乌申斯基明确指出：“为了把国民教育引上平坦和正确的大道，应当注意的不是德国、法国、英国等国需要什么……而是处于现阶段的俄国需要什么，适应俄国历史进程，适应俄国人民的需要和精神的是什么。”②

乌申斯基主张，学校的教学工作应该满足时代的要求，要反映生活和科学中的深刻变化。他说：“如果一个教育者对时代的合理要求不闻不问，那么，他自己就会使他的学校丧失生命力，自愿放弃他应有的对生活的正当影响，而不能完成自己的责任；他不会使新生一代对生活做好准备。”③ 在乌申斯基看来，一个真正的教育者应当是学校同生活和科学之间的中介人，把真正有用的科学知识引进学校。

（3）教学原则

乌申斯基根据当时心理学和生理学的成就，揭示了儿童智力发展的特点，提出了一系列教学原则。概括起来，大致有以下四条。

一是直观性原则。乌申斯基认为，“儿童的天性显然需要直观性”④。因此，要求必须直接以为儿童所感知的具体形象为根据，遵循由具体到抽象、由表象到思维的练习过程进行教学。在他看来，直观教学的主要手段是：自然界的事物、模型图画以及其他反映现象与事物的直观教具。这些手段运用到什么程度，决定于学生的年龄、学科与教材的特点，

---

① 《乌申斯基教育文选》，第2卷，234～235页，1953年俄文版。

② 乌申斯基：《对我国的儿童我们应该怎么办?》，载乌申斯基著、郑文樾选编：《乌申斯基教育文选》，244～245页。

③ 乌申斯基：《人是教育的对象》，上卷，郑文樾译，559页，北京，人民教育出版社，1981。

④ 乌申斯基：《谈直观教学》，载乌申斯基著、郑文樾选编：《乌申斯基教育文选》，397页。

以及学校的设备条件。一般来说，儿童年龄越小，就越需要采用直观教学。

二是自觉性和积极性原则。乌申斯基认为，教学过程并不仅仅是通过教师的努力和正确领导就可以完成的，它还要求学生自觉地、积极地参加。因此，在全部教学过程中，教师必须经常努力把学生的意志、记忆、思维和情绪保持在积极的状态。如果教师不能使学生头脑的独立活动兴奋起来，整个教学就会成为机械的、呆读死记的消极过程。由此，教师必须使教学内容是科学的、具体的和明晰的，同时必须使教学方法多样化。

三是系统性原则。乌申斯基认为，整个教学过程应当根据一定的序列，将学生所要获得的知识和技巧形成统一的系列。在他看来，实施系统性原则的必要条件就是按照科学体系讲授知识。具体地讲，就是“从具体到抽象”“从已知到未知”“从简单到复杂”“从个别到一般，又从一般到个别”地进行教学。

四是巩固性原则。乌申斯基认为，使学生获得牢固的知识和技巧的主要手段是复习，但复习必须以自觉性为基础，而不是强迫学生死记硬背。任何复习首先应当追求的不是在记忆中再现已经遗忘了的东西，而是预防遗忘。

第四节　俄国民族性教育思想的影响与评析

俄国民族性教育思想产生于19世纪中期俄国农奴制度面临危机和民主解放运动不断高涨的时代。其主要代表人物乌申斯基是资产阶级民主主义者。他对农民深表同情，拥护废除农奴制度，希望俄国自由发展，但不主张采用革命方式而主张通过和平手段来实现。由于乌申斯基尊重科学、尊重事实和重视实践，特别是长期从事教育理论研究和实践工作，因此，他在俄国教育史上是一位杰出的教育家，对俄国教育科学的发展做出了重大的贡献。乌申斯基针对当时俄国崇尚西欧生活方式和盲目抄袭外国教育制度的情况，提出并论证了公共教育的民族性思想，为俄国国民教育制度的改革奠定了理论基础。他在揭示儿童智力发展的特点的基础上论述了教学理论，并且高度评价教师的作用，为培养国民教师制订了详细的计划，因而赢得了“俄国教师的教师”的称号。但他也有不足之处，把信奉宗教和以东正教为基础的宗法道德包括在俄罗斯民族的特点之内。

以乌申斯基为主要代表人物的俄国民族性教育思想对俄国教育学的发展产生了很大的影响。“正像普希金的诗歌天才引出了大批普希金学派的诗人一样，乌申斯基的教育天才也在19世纪60—70年代促进了一大批优秀的教育家和乌申斯基的信徒的出现。”①

十月革命后，苏联人民非常重视俄国民族性教育思想遗产。克鲁普斯卡娅在谈到学习教育史问题时，特别强调教师要认真学习和研究乌申斯基的著作。她说：“研究乌申斯基

---

① 康斯坦丁诺夫等主编：《教育史》，232页，1982年俄文版。

的生平和学习他的浅显明了的作品，就会使每一个教师能够判明向乌申斯基学习什么，就会使每一个教师能够自觉地对待现代教育学中的各种流派。”①

在乌申斯基逝世75周年时，苏联政府在列宁格勒（今彼得格勒）为他竖立了纪念碑，并决定颁发乌申斯基奖章和奖金来奖励成绩卓著的优秀教师。苏联教育科学院还根据苏联人民委员会的决定，编辑出版了《乌申斯基全集》（11卷本）。

1974年3月，苏联教育部和苏联教育科学院又举行了乌申斯基诞辰150周年纪念大会。苏联教育部长普罗柯菲耶夫（M. A. дрокофъев）在会上做了题为《教育科学的不朽财富》的发言，指出：“乌申斯基关于教育人的思想和观点还具有生命力，并已成为苏联教育科学的组成部分。”②

俄国民族性教育思想的主要代表人物乌申斯基对世界各国的教育也有一定的影响。根据对世界不同地区教育文献中所选择的100种出版物的综合调查，乌申斯基被认为是“自古以来世界各国最杰出的20位教育家之一，在苏联，除了列宁和马卡连柯之外，他是教育文献中最常被引用的作者”③。

拓展阅读书目

1. 乌申斯基. 乌申斯基教育文选. 北京：人民教育出版社，1991.

2. 乌申斯基. 人是教育的对象：上卷. 郑文樾，译. 北京：人民教育出版社，1981.

---

① 克鲁普斯卡雅：《谈学习教育史的问题》，载克鲁普斯卡雅：《克鲁普斯卡娅教育文选》，卫嘉译，629页，北京，人民教育出版社，1959。

② ［苏］《教育报》，1974-03-05。

③ 《乌申斯基》，载［联合国教科文］《教育展望》（中文版），1984（1）。

美国公共教育思想

美国公共教育思想产生于独立后的美国。它的主要代表人物是被誉为“美国公共教育之父”的教育家贺拉斯·曼以及教育家巴纳德。美国公共教育思想提倡教育的普及，要求建立统一的和免费的公立学校制度，主张加强国家对教育的管理，发展公立师范学校，训练公立学校师资。这一教育思想的产生及广泛传播，进一步推动了美国公立学校的发展，使得美国在19世纪中期出现了公立学校运动。

第一节　美国公共教育思想产生的背景

美国独立战争（1775—1783）推翻了英国对北美13州的殖民统治，建立了独立自主的资产阶级共和国——美国，为美国资本主义经济的发展开辟了宽广的道路。

由于美国是一个新建立的资本主义国家，因此，它的经济情况落后于欧洲各资本主义国家。但是，到19世纪20年代，联邦政府调整了对内对外的经济政策，极大地促进了美国社会生产力的发展。与此同时，欧洲各国移民更大规模地涌入美国，1815—1830年移民就达 50 万人之多，1846 年后的 10 年里移民又有 310 万人。这不仅为美国经济发展和工业制度的建立提供了丰富的劳动力资源，而且在一定程度上促进了向西部的开拓。可以说，到 19 世纪 40 年代，美国的工业已经大规模地发展起来。尽管美国各地区的工业发展并不平衡，但是它的工业发展速度比欧洲国家快。

在资本主义经济和工业化发展的推动下，巨大的都市运动在美国出现。例如，从 1790 年到 1890 年，美国城市的数量已从 6 个增加到 443 个。1790 年，城市人口仅占美国总人口的 1/30；到 1890 年时，城市人口已占美国总人口的 1/3。

应该指出，工业革命、西部开拓、都市兴起以及移民人口的激增，不仅对 19 世纪美国公共教育发展提出了迫切的要求，而且也是 19 世纪美国公共教育发展的巨大动力。此外，工业化和经济的迅速发展也为美国公共教育的发展提供了比较丰厚的物质基础。

但随着资本主义的发展，尤其是工厂制度的建立和商业资本的不断集中，美国社会的病态也日益暴露。都市运动也伴随了不可避免的贫民窟的出现，社会阶级矛盾进一步激化。面对这种状况，“资产阶级中的一部分人想要消除社会的弊病，以便保障资产阶级社会的生存”[①]。一些有组织的劳工在社会改革方面也提出了要求。因此，在美国历史上，从 1820 年到 1860 年这段时期是美国社会改革的一个重要时期，标志着美国社会史的重要转折。在当时的美国，有无数的信仰，有无数冲突的社会派别，也有无数的理想。特别是一种新的“民主”精神正在美国的社会生活中诞生，而这种精神也需要公共教育制度的发展和完善才能得到维持与进一步发展。此外，普选权的扩大也要求选民受过一定程度的教育。总之，美国的社会改革运动强调公共教育制度的发展，无疑推动了公共教育思想的产生。

实际上，早在美国独立之初，一些政治领导人就倡导公共教育的发展。例如，美国的开国元首华盛顿曾这样指出：“为了普及知识，其主要目标就是要建立学校。政府机关既已给予舆论以力量，它就有必要相应地启发舆论。”[②] 美国《独立宣言》的起草人、第三任总统杰弗逊也强调指出：“如果人类的生活像我们所希望和相信的那样应该一步一步地改善的话，教育应该是达到这个目的的主要手段。”[③] 作为资产阶级政治活动家来说，他们是从维护资产阶级“民主政治”的角度来谈论公共教育的，把公共教育制度的建立和发展看成是促使国家繁荣与强大以及培养“民主社会”公民的一个主要手段。

尽管华盛顿、杰弗逊等人提倡公共教育并为之而努力，但是，美国独立后的公共教育状况并不理想，教育机会也很不平等，贫困家庭儿童不但不能入学，而且还要参加非常艰苦的劳动。据公立学校协会秘书 1839 年的统计：“美国 4～16 岁的儿童总数是 350 万人，

---

① 马克思、恩格斯：《共产党宣言》，载马克思、恩格斯：《马克思恩格斯选集》，第 1 卷，429 页。
② 方纳编：《华盛顿文选》，74 页，北京，商务印书馆，1960。
③ 霍尼韦尔：《托马斯·杰弗逊教育著作》，147～148 页，1972 年英文版。

但约有 60 万人没有享受到公立学校的好处。"① 直到 19 世纪 30 年代末，大部分公立学校建筑以及设备条件还很差，以致人们普遍认为在公立学校里所存在的状况是：差的教师、差的教学、差的学生、差的校舍、差的设备，以及差的课本。美国教育家杜威曾这样指出："如果你阅读当时人的著作，你便知道当时的学校是怎样少，是怎样穷，其实际上课时间是怎样短……一般富裕的公民只顾自己孩子的教育而漠视任何人的教育之态度是怎样普遍。"② 很清楚，当时美国的公立学校是需要改善和发展的。

面对这样的状况，美国许多有见识的教育家不仅讨论了公共教育的问题，主张通过免费的公共教育制度实施对公民的教育，而且以极大的热情投身于建立公共教育制度的实践。例如，马萨诸塞州的贺拉斯·曼、康涅狄格州的巴纳德以及纽约州的霍利(G. Hawley)、俄亥俄州的刘易斯（S. Lewis)、伊利诺伊州的爱德华兹（N. Edwards）等。在他们的努力下，美国在 19 世纪中期出现了公立学校运动。以贺拉斯·曼和巴纳德为主要代表的教育家提倡的公共教育思想，既反映了当时美国社会经济和政治对学校教育提出的需求，也为公立学校运动的发展提供了坚实的理论基础。正如贺拉斯·曼所强调指出的："时代起了变化，一个不同的美国需要一种不同的学校。"③ "公立学校的优越性是以政治和经济的理由而被提倡的。受过教育的人民将是更加勤奋和富于创造力的人民。"④

第二节 美国公共教育思想的主要特点

美国公共教育思想具有以下四个主要特点。

第一，美国公共教育思想突出地反映了美国教育的特色。提倡公共教育思想的美国教育家大多到过欧洲国家学习和考察，尤其是吸取了德国实施普及教育的理论和做法，极大地开阔了自己的教育眼界。在借鉴与吸收的基础上，他们摆脱了欧洲教育的传统，把公共教育作为 19 世纪美国教育改革和发展的主要方面以及整个国家教育的基本模式，建立了免费的公立学校—公立中学—州立大学的教育阶梯，从而体现了与欧洲国家教育传统有所不同的美国教育的特色。正因为如此，俄国教育家乌申斯基曾在《论公共教育的民族性》一文中赞赏地指出："现代的公共教育在美国是在一种崭新的思想的影响下出现的。"⑤

第二，美国公共教育思想与公立学校运动是一个紧密联系和不可分割的整体。为 19

① 威廉斯：《教育政治家贺拉斯·曼》，87 页，1937 年英文版。
② 杜威：《人的问题》，载赵祥麟、王承绪编译：《杜威教育论著选》，408 页，上海，华东师范大学出版社，1981。
③ 克雷明：《共和国和学校，贺拉斯·曼论自由人的教育》，61 页，1974 年英文版。
④ 同上书，27 页。
⑤ 乌申斯基：《论公共教育的民族性》，载乌申斯基著、郑文樾选编：《乌申斯基教育文选》，33 页。

世纪中期公立学校运动提供理论基础的美国公共教育思想，在公立学校运动中得到了进一步的发展。而公立学校运动作为美国教育史上第一次教育变革运动，也正是美国公共教育思想在美国广泛传播和深入影响的结果。因此，美国公共教育思想是付诸 19 世纪美国教育改革实践的一种教育思想。它在 19 世纪美国学校教育领域中产生了广泛而深刻的影响，推动了美国近代公共教育制度的确立。

第三，美国公共教育思想是美国独立后工业化进程对学校教育的新的需求的产物。美国独立后，工业资本主义制度的发展迫切要求建立一种新的学校教育制度——公立学校制度，以便适应美国社会经济和政治变化的需要。可以说，没有美国独立后的工业化进程，也就没有美国公共教育思想的产生。美国教育史表明，美国公共教育思想的产生和发展是与美国独立后的工业化进程同步的、相互作用的。

第四，美国公共教育思想体现了平等的特点。对 19 世纪的美国人来说，平等首先是指机会的平等，在教育上那就是教育机会的平等。提倡公共教育思想的美国教育家致力于建立一种对所有儿童开放的、依靠公众税款支持的、不属于任何教派的、统一的和免费的公立学校制度，也就为实现教育机会的平等提供了可能性。对此，研究美国教育史的欧洲教育家们也都公认，以公共教育思想为理论基础的公立学校制度把移居美国大陆的那么多不同民族的儿童聚集在一起是成功的，促进“美国化”的进程是富有成效的。

第三节　美国公共教育思想的主要代表人物

一、贺拉斯·曼

1. 生平和教育活动

贺拉斯·曼（Horace Mann，1796—1859）是 19 世纪美国公立学校运动的领袖。1796 年 5 月 4 日出生于美国马萨诸塞州富兰克林的一个农民家庭。他从小热爱知识、喜爱读书。

1819 年从布朗大学毕业后，贺拉斯·曼做过一段时间的律师。后应聘在布朗大学任教。1821 年，他又进入康涅狄格州的利奇菲尔德法学院学习。两年后通过律师资格考试，成为一名正式律师。他曾去欧洲国家访问考察。

1827 年，贺拉斯·曼被选入马萨诸塞州议会，先后担任过众议员、参议员和议长。其间，他积极支持公立学校的改革。

1837 年，贺拉斯·曼担任了马萨诸塞州教育委员会秘书，以极大的热情投入新的工作。在担任该职务的 12 年里，他调查公立学校状况，推动公共教育的发展，亲自撰写州教育委员会的年度报告。1838—1848 年，贺拉斯·曼还编辑出版了《公立学校周刊》。后来，他曾这样写道："公立学校曾是我的第一个爱好；它们也将是我的最后一个爱好。"①

1852年，贺拉斯·曼担任了刚成立的俄亥俄州安蒂奥克大学的主席。

1859年8月2日，贺拉斯·曼在俄亥俄州的耶洛斯普林斯去世。由于对美国公共教育发展的杰出贡献，他被誉为"美国公共教育之父"②。

2. 教育思想

(1) 普及教育

贺拉斯·曼十分强调普及教育的重要性，认为普及教育以及办好公立学校是一个共和国得以存在的必不可少的条件。在题为《教育在一个共和国里的必要性》的著名演说中，他强调说：我们必须"坚持一个永恒的真理，在一个共和国里，愚昧无知是一种犯罪"③。后来，他又指出："没有知识的人民，不仅是，而且肯定是贫困的人民……这样的一个国家不能创造它自己的财富。"④ 在贺拉斯·曼看来，一个共和国不能长期处于愚昧无知的状态，它应该把普及教育作为它能够依靠的坚实基础。

贺拉斯·曼认为，普及教育的重要性主要表现在两个方面：第一，普及教育具有充分的经济价值。普及教育能够解放人的智力，提高民族文化水平，提高生产力，促进社会经济的发展。贺拉斯·曼富有远见地说："知识和富裕相互支持，犹如原因和结果的关系。在国家的财富中，人的智力基本上是它的一个组成部分。"⑤ 第二，普及教育具有重要的政治意义。普及教育不仅可以促进社会改革，而且可以使人们成为一种具有更多的学问和更高的德行的人。在贺拉斯·曼看来，通过普及教育，每一个儿童都能够发展他们的社会责任感和天赋能力，而这正是他们以后的生活所需要的。如果没有强调公民道德和文化价值的普及教育，一个共和国的成功是没有希望的。

为了在整个共和国传播知识，贺拉斯·曼强调指出，应该使每一个儿童都受到免费的公共教育。他明确地说："教育是必须普及的……对真正的知识的每一点增加，就是对人类力量的增加；当一位哲学家发现一个新的真理时，无数的真理却可能在人民中间繁殖。整个大地必须让知识的大河流过。"⑥ 教育机会对每一个美国儿童来说是个遗产，而不管其社会、经济和宗教背景如何。

贺拉斯·曼还认为，一个共和国政府应该注重教育的普及，不惜其人力和物力。他强调说："如果一个政治家在任何时候任何地方很少谈及整个人民的文化和教育，他就不是，

---

① 威廉斯：《教育政治家贺拉斯·曼》，291页，1937年英文版。
② 《新不列颠百科全书》，第11卷，454页，1974年英文版。
③ 贺拉斯·曼：《一个教育旅行的报告》，262页，1846年英文版。
④ 贺拉斯·曼：《第十一年度报告》，42页，1848年英文版。
⑤ 克雷明：《共和国和学校，贺拉斯·曼论自由人的教育》，61页。
⑥ 威廉斯：《教育政治家贺拉斯·曼》，141页。

也不可能是一个美国的政治家。"① 但是，要实现普及教育，首先应该教导人民认识普及教育的重要性和必要性。也就是说，在教育的普及问题上首先应该造成强有力的社会舆论，因为不得到全体人民的支持，普及教育是永远不能办到的。

对于普及教育来说，贺拉斯·曼指出，由公众支持和管理的公立学校是最好的途径。因为公立学校教育给每一个儿童提供了一条免费的、正确的和可靠的道路，使儿童成为从愚昧无知直接走向掌握初步文化知识和明确基本社会责任的人。因此，当代美国教育史学家克雷明曾这样指出："贺拉斯·曼的公立学校的模式，体现了在一个共和国里教育是必需的这一原理。它将是对所有人开放的，受到税收基金所支持的。招收所有具有不同信仰、来自不同阶级和背景的儿童……"②

（2）公立学校的改善

针对公立学校设备条件很差的状况，贺拉斯·曼强调了改善美国公立学校的必要性。他指出，如果不改变这种状况，公立学校的成效就会受到致命的影响。

首先，好的校舍是公立学校的基本要求之一。对于一所公立学校来说，校舍应该是一种清洁和舒适的学习环境。这不仅对教学工作的顺利进行是必要的，而且对儿童的身体发育也是必要的。在《第一年度报告》的附录里，贺拉斯·曼详细论述了公立学校的设备问题。他尖锐地指出："我们公立学校的校舍建筑——这个问题竟如此少地受到注意，然而它是极其重要的。"③

其次，图书馆也是公立学校的基本要求之一。对于一所公立学校来说，建立一所图书馆并添置适宜儿童阅读的好的图书是十分必要的。贺拉斯·曼强调说："公立学校图书馆的好处是一种近代的发现……好的书籍对年轻人的心理作用，犹如温暖的太阳和清新的春雨对冬天森林里埋着的种子的作用一样。"④ 因此，他希望任何地区的公立学校，甚至在最偏僻的乡村，都能建立图书馆，使每个儿童都能根据自己的兴趣和需要阅读各种书籍，不断增进自己的知识。

最后，学校的设备对于公立学校来说也是极其重要的。例如，黑板对教室来说就是一个必要的附加物。此外，教师应该为入学儿童提供书写用的石板和笔，以便他们练习书写和绘画等。

（3）师资训练

贺拉斯·曼注重公立学校教师问题，强调了师资训练的迫切性。他认为，由于教师是学校的管理者和知识的传授者，因此，师资训练是促使公立学校发展的一个非常重要的手

---

① 摩根：《贺拉斯·曼：他的思想和理想》，20页，1936年英文版。

② 克雷明：《美国教育：建国时期的经验，1783—1876》，138页，1982年英文版。

③ 贺拉斯·曼：《关于教育的讲演》，20页，1940年英文版。

④ 摩根：《贺拉斯·曼：他的思想和理想》，138页。

段。哪里没有好的教师，哪里就肯定没有好的学校。在贺拉斯·曼看来，一个好的教师甚至能够把教育工作从完全的失败中挽救过来。

贺拉斯·曼认为，教师工作是职业性的，也是所有职业中最崇高的一种职业。学校教师不但要精通教材，而且要精通教学艺术。在《第十二年度报告》中，他曾写道："教学在所有艺术中是最困难的，在所有科学中是最深奥的。"①

由于一位好的教师必须懂得怎样去教，因此，贺拉斯·曼强调指出未来的教师要受到良好的训练。只有这样，"他们的语言是很好地选择过的；他们的声音与声调是正确的、有吸引力的；他们的举止是文雅的、优美的；他们所有的谈话题目是振奋人心的、有教益的；他们的心灵的慈祥是永久保持的……他们可能进入的圈子里都能散发出一种无法形容的魅力"②。

为了对未来的教师进行训练，贺拉斯·曼主张建立"师范学校"这样一种教育机构。师范学校的课程主要是训练未来的教师如何去教学。他认为，公共教育制度的改进以及民族的发展和社会的进步，首先依赖于培养好的教师。他强调说："我相信师范学校是推动我们民族前进的一种新手段。我认为，没有师范学校，那些公立学校就会失去本身的力量和恢复活力的能力……就会在形式上和实际上逐渐消亡。"③ 他又说："没有师范学校，公立学校决不会繁荣。需要补充足够的有能力的教师但没有师范学校，正如我们希望穿外衣但没有裁缝，希望戴帽子但没有制帽子的人，希望戴手表但没有造手表的人，希望住房子但没有木匠或泥瓦工一样。"④ 在贺拉斯·曼看来，师范学校的培养，可以使一大批受过专门训练的人充实到公立学校教师队伍中去。

贺拉斯·曼认为，师范学校不仅要使师范生很好地了解他们以后所要教的课程，而且要对师范生进行教学方法的训练，并让他们进行教学实习。因此，师范学校应该附设模范学校或实验学校，让学生在那里度过他们师资训练的最后时间。

二、巴纳德

1. 生平和教育活动

亨利·巴纳德（Henry Barnard，1811—1900）是"19世纪美国公共教育早期发展的杰出领导人"⑤。1811年1月24日出生于康涅狄格州的哈特福德。1830年从耶鲁大学毕业后，他在宾夕法尼亚州的一所文实学校里任教。第二年，他开始学习法律，并于1835年

---

① 克雷明：《共和国和学校，贺拉斯·曼论自由人的教育》，21页。
② 摩根：《贺拉斯·曼：他的思想和理想》，134页。
③ 克伯雷：《教育史读本》，630页，1920年英文版。
④ 贺拉斯·曼：《第十二年度报告》，27～28页，1849年英文版。
⑤ 奥尔斯编：《美国教育家传记辞典》，第1卷，89页，1978年英文版。

通过了律师资格考试。同年去欧洲国家访问考察，对欧洲教育家的理论产生了兴趣。

1837年回国后，巴纳德放弃律师职业，并在1838—1842年担任了康涅狄格州公立学校委员会秘书，为改善该州的公立学校做了很大的努力。1843—1849年，巴纳德应邀担任罗得岛州教育委员会秘书。1851—1855年，他担任了康涅狄格州立师范学校校长兼州公立学校督学。

1859年，巴纳德担任了威斯康星大学校长。1866年，他担任了马里兰州圣约翰学院院长。

从1867年起，巴纳德担任了美国联邦教育部的第一任教育长官，一直到1870年。1855—1882年，他主编了百科全书式的《美国教育杂志》。

1900年7月5日，巴纳德在哈特福德去世。

2. 教育思想

（1）普及教育与国家对教育的管理

巴纳德认为，知识对所有人都是有用的。作为传播知识主要手段的教育是一个神圣的事业。对于一个国家的巩固和繁荣来说，教育是极其必要的。建立公立学校制度的目的就在于使州的所有儿童都能受到教育。因此，巴纳德曾这样说："我一生的目的就是收集和传播知识。"[①] 在他看来，得到一个教育机会，应该是每一个美国公民的天赋权利。美国社会和公民的进步与公共教育的发展是成正比的，因为"一个国家的财富是它的有才智的人"[②]。

所以，巴纳德提出，为了使每一个儿童都获得受教育的机会，在学校里学习各方面的知识，每一个地区都应该设立一所学校，提供给所有3～18岁的儿童和青少年。他认为："教育改革不仅需要更多的公立学校，而且需要建立公立学校制度。"[③] 早在欧洲国家访问考察时，巴纳德就研究了那些国家的社会和教育状况，并与美国进行了比较，最后得到了一个极其深刻的结论，那就是应该把一个国家的持久、繁荣的希望建立在普及教育的基础上。

巴纳德还强调了国家对教育活动的参与和管理。他认为，美国教育的未来将不仅停留在地方或区域的水平上，而且也将需要国家的参与。因此，1854年，巴纳德提出应该建立一个旨在促进美国教育的中枢机构，以有利于教育知识特别是国民教育知识的增长和传播。正是在巴纳德的推动下，美国于1867年成立了中央教育行政管理机构——联邦教育部。

（2）公立学校与教师

巴纳德认为，实施普及教育的最好办法是建立公立学校；公立学校应该是州建立的，

① 詹金斯：《亨利·巴纳德》，107页，1937年英文版。

② 兰尼：《亨利·巴纳德：美国教育家》，100页，1974年英文版。

③ 奥尔斯编：《美国教育家传记辞典》，第1卷，89页。

并且由公共税款支持和管理，是对所有的儿童开放的。公立学校实际上成为所有儿童接受初等教育的广泛基础。因此，巴纳德强调说："正如光线和空气是共同的一样，公立学校是给所有人的和所有人都能享受的。"①

针对当时美国公立学校落后的状况，巴纳德反复强调要努力改善公立学校。他认为，在提高入学率之前，首先必须改善公立学校的校舍建筑。在给康涅狄格州公立学校委员会的《第三年度报告》中，巴纳德具体论述了如何改善公立学校的五个办法：一是规定乡镇的责任是维持公立学校，给所有的儿童提供免费和平等的教育，并合理分配提供给学校的资金。二是在每一个县组织师范学校或教师研讨会，帮助公立学校教师掌握最实际的技能和提高教学的效率，以便更好地管理所有的公立学校。三是在每一个县或学区里，学校委员会的成员不仅检查学校和访问学校，而且每半年发布一份详细报告，总结公立学校工作状况并提出改进的建议和计划。四是给每一所公立学校的行政人员和教师提供一份定期发行的刊有统计数字的资料，以促进公立学校的发展。五是每一所公立学校应建立一个藏书比较丰富的图书馆，并通过它来促进课堂教学。

为了更好地发展公立学校，巴纳德十分重视教师的作用。他曾多次这样说："教育的关键是教师"，"学校的关键是教师"，"课程的关键是教师"②。在巴纳德看来，教师应该是世界上最重要和最可靠的人，将在他们可能达到的范围给学生传授知识和教会学生去思考。在促进公立学校发展的事业中，每一位好的教师都将成为一个先锋和传播者。巴纳德认为，如果我们希望有好的学校，但没有好的教师，那是没有用的。他强调说："给我好的教师，我将在5年时间内使得在康涅狄格州的儿童教育上发生的不是一种变化，而是一次革命。"③

面对当时公立学校教师素质不高的状况，巴纳德提出，要对教师进行帮助和指导，给他们介绍一些应该阅读的教育书籍，以便解决教学和课堂管理上的问题。但巴纳德认为，更重要的是要建立师范学校。因为师范学校是改善公立学校师资质量和使教师具有合格资格的一个最有效的途径。在师范学校里，未来的教师能够得到科学和教学的训练，提高专业素质。为了给未来的教师提供一个实习场所，巴纳德指出，师范学校应该附设有模范学校或实习学校。他强调说："师范学校或教师研讨会没有模范学校，就如一个制鞋商店没有皮革一样。"④ 在巴纳德看来，模范学校可以对所有的公立学校教师提供教学示范，有利于公共教育质量的提高。

（3）教育资料的收集和整理

巴纳德十分强调教育资料的收集和整理。他认为，教育资料的收集和整理，可以帮

---

① 兰尼：《亨利·巴纳德：美国教育家》，10页。

② 詹金斯：《亨利·巴纳德》，97页。

③ 同上书，107页。

④ 同上书，54页。

助人们以及教育行政人员和学校教师开阔眼界，在比较中区分好坏优劣，有目的地学习和吸收先进的教育理论和教育实践经验，以适应美国公共教育改革和发展的需要。

早在1837年，巴纳德就建议美国联邦政府收集教育资料。到1854年，他又建议创办全国性的教育杂志，在全国范围内传播教育信息。第二年，他开始用自己的钱编辑出版《美国教育杂志》，为美国公共教育发展提供专门的参考材料。在1867年担任美国联邦教育部第一任教育长官之后，巴纳德立即着手把联邦教育部作为一个全国性的教育情报传播中心，汇集有关国内外教育状况的资料，编辑向全国分发的专题文集，在全国范围内传播教育知识，推动美国公共教育的发展。

特别值得一提的是，巴纳德编辑出版的《美国教育杂志》介绍了美国各地教育发展的历史、19世纪欧洲各国的教育制度和各级各类学校状况以及欧美教育家的理论等。美国教育家霍尔（G. S. Hall）认为，《美国教育杂志》"在已发行的任何语言的教育杂志中是最有价值的"①。美国教育学者都把这份杂志看成是关于19世纪美国公共教育发展情况的最完整和最精确的资料源泉。

第四节 美国公共教育思想的影响与评析

在美国历史上，建立和改善公立学校以及发展公共教育的斗争是主要斗争之一。综观以实施初等教育和建立免费的普及的公立学校制度为目标的19世纪美国公立学校运动，成绩是巨大的，影响是深远的。就其历史意义来说，它甚至可以与独立战争和南北战争相媲美。

美国公共教育思想首先从新英格兰地区产生并得以广泛传播，进一步推动了19世纪美国公立学校的发展，不仅增加了公立学校的数量，改善了公立学校的条件，而且提高了公立学校的质量。美国学者马丁（G. H. Martin）曾列举了马萨诸塞州公立学校运动的成就。例如，州政府对公立学校的拨款成倍增加、拨款200多万美元用于建造公立学校的校舍、公立学校男女教师的工资分别增加了62%和51%、新建了50所中学和3所州立师范学校、学校委员会的管理更为有效等。这可以看作是美国公共教育思想对公立学校运动影响的一个典型例子。

被誉为"美国公共教育之父"的贺拉斯·曼以一种高尚的和忘我的精神把自己的一生献给了美国公共教育事业，他的名字深深地刻印在美国教育史上。当贺拉斯·曼去世时，全国教育协会的悼词曾这样写道："一般地说，教育事业失去了一位朋友；广义地说，世

① 兰尼：《亨利·巴纳德：美国教育家》，24～25页。

界失去了一位朋友。"① 作为美国公共教育倡导者的巴纳德同样也为公立学校的改善和发展献出了他的毕生精力。应该指出，美国公共教育思想的阐述和传播以及公立学校运动的发展，在很大程度上要归功于贺拉斯·曼和巴纳德的努力。

在 19 世纪美国公立学校运动中，在发展公共教育的斗争中，许多美国教育家是相互帮助和相互支持的，他们分别在美国的不同地区为实现一个共同目标而做出自己的贡献。马萨诸塞州的贺拉斯·曼曾这样说过，他很幸运地成为公立学校运动的先驱者，但他同时也认识到他自己依靠了其他教育家的帮助和努力。他曾把巴纳德看成是教育行政领域最有能力和最杰出的人之一。康涅狄格州的巴纳德在公立学校运动中与贺拉斯·曼保持了密切的联系，并把马萨诸塞州的公共教育模式作为一个可以借鉴的范例。他曾把贺拉斯·曼看成是一个更有智慧和更有经验的教育家以及他自己的指导者、顾问和朋友。

美国公共教育思想以及公立学校运动无疑反映了 19 世纪美国社会经济和政治的需要。美国教育家杜威强调指出："贺拉斯·曼等人在一个世纪以前努力建立一个公立的、免费的公共教育制度，主要就是在殖民地独立战争和建立共和制度之后出现的社会情况的反映。"② 美国社会经济和政治的变革为美国公共教育制度的建立和发展提供了坚实的基础。无疑地，美国公共教育思想的广泛传播，加快了美国教育公共化和世俗化的进程。因此，在公立学校运动之后，随之而来的就是 19 世纪后半期公立中学和州立大学的迅速发展。美国教育史学家佛罗斯特指出："小学、中学、大学之间相互联系……这就是美国的教育阶梯——每个儿童都可以自由地根据其能力和兴趣，登上这个阶梯的任何一级。"③ 在某种意义上，美国公共教育思想提倡者所提出的主张在很大程度上已实现了。

提倡公共教育思想的那些美国教育家，在公立学校运动中不仅是注重社会舆论的宣传者，而且是注重实际工作的组织者。他们提倡的公共教育思想，如强调普及的公共教育、主张公立学校的改善和发展以及要求建立师范学校等，在很大程度上反映了教育工作的基本规律。后来，世界上不少国家的教育发展也证实了这些思想的重要意义和价值。

但是，也应该指出，当时"出于越来越急迫的需要，经济领袖们寻求一种确保政治稳定性和他们企业的不断有利可图的机制"④。因此，美国公共教育思想以及公立学校运动也正是寻求这种机制的具体表现，试图消除 19 世纪美国社会经济急剧扩张带来的社会不安定因素，使学校起到"社会机器平衡论"的作用。提倡公共教育思想的那些教育家认为，公共教育对于美国"民主的生活方式"的存在与维持是绝对必要的。毫无疑问，19 世纪美国公共教育思想的发展与资本主义生产方式的支配地位是联系在一起的。然而，美

① 摩根：《贺拉斯·曼：他的思想和理想》，40 页。
② 杜威：《教育和社会变动》，载赵祥麟、王承绪编译：《杜威教育论著选》，335～336 页。
③ 佛罗斯特：《西方教育的历史和哲学基础》，477 页。
④ 鲍尔斯、金蒂斯：《美国：经济生活与教育改革》，王佩雄等译，238 页，上海，上海教育出版社，1990。

国南北战争前后，各州公共教育的普及并不是均衡的，公共教育的发展速度也表现出明显的差别。特别是由于美国资本主义社会制度的内在矛盾，使得美国公共教育思想并不能在学校教育实践中得到真正的和全部的实施。

在美国教育史上，具有美国特色的美国公共教育思想以及公立学校运动构成了极其重要的篇章。可以说，不了解美国公共教育思想以及公立学校运动，也就不能深入地了解现代美国教育的发展。

拓展阅读书目

1. 贺拉斯·曼. 年度报告//任钟印. 世界教育名著通览. 武汉：湖北教育出版社，1994：768-789.

2. VINCENT P L. Henry Barnard：American Educator. New York：Teachers College Press，Columbia University，1974.

第二十二章

19 世纪空想社会主义教育思想

19 世纪空想社会主义教育思想产生于英国和法国。英国空想社会主义者欧文以及法国空想社会主义者傅立叶、圣西门是 19 世纪空想社会主义教育思想的主要代表人物。在继承 18 世纪法国唯物主义教育思想的基础上，他们强调把教育作为社会改革和实现理想社会的基本手段，提倡人的全面发展和教劳结合。尽管这种教育思想具有空想的性质，但其中已包含了科学社会主义教育思想的萌芽，对马克思主义教育理论的创立产生了直接的、重要的影响。

第一节　19 世纪空想社会主义教育思想产生的背景

19 世纪初，英国的工业革命和法国的资产阶级革命已经使英法两国形成资本主义生产方式的雏形。科学技术和大工业生产的紧密结合，也为资本主义的迅速发展奠定了坚实的物质基础。与此同时，由于资本主义制度本身的先天缺陷，为资本家对工人群众的残酷剥削提供了便利条件，不仅成年男子成为资本增殖的工具，而且妇女和儿童也成为创造剩余价值的廉价劳动力。因此，随着资本主义制度的建立，它的社会矛盾日益暴露，资本主义剥削和压迫加深，劳动人民愈加贫困，无产阶级和资产阶级的阶级对立已经出现。由于政治和经济以及社会生活的各个方面都发生了本质的变化，社会矛盾和阶级冲突必然引起无产阶级对资本主义制度的失望以及对资产阶级的最初的反抗。但是，在资本主义的生产力还不发达以及资产阶级和无产阶级间的对立还很不突出的情况下，无产阶级作为一个独立的阶级力量登上政治和经济舞台的时机还没有成熟。这就是 19 世纪空想社会主义思想产生的社会物质基础。

无产阶级和广大劳动群众所遭受到的苦难以及他们对资产阶级的反抗和斗争，引起了英国和法国社会上一些先进思想家的关注。他们对资本主义社会表示不满，对苦难的无产阶级和劳动群众表示同情；同时认真探索变革现存社会的道路，无情地揭露和批判资本主义制度，精心描绘未来理想社会的蓝图。英国的欧文以及法国的傅立叶和圣西门就是这样的先进思想家。

19 世纪空想社会主义思想经历了一个相当长的发展过程，在 16 世纪和 17 世纪“有理想社会制度的空想的描写，而在 18 世纪已经有了直接共产主义的理论”①。但是，19 世纪空想社会主义者提出的理论以及他们自认为是完善的制度，实际上反映了不成熟的无产阶级和劳动群众对资本主义社会的不满以及对理想社会的憧憬，因而只能是无法实现的空想。因此，对于 19 世纪空想社会主义思想来说，“不成熟的理论，是同不成熟的资本主义生产状况、不成熟的阶级状况相适应的”②。

就 19 世纪空想社会主义思想的“理论形式来说，它起初表现为 18 世纪法国伟大启蒙学者所提出的各种原则的进一步的、似乎更彻底的发展”③。18 世纪法国启蒙思想并没有因时代的变化而过时。在推翻封建王朝和建立资产阶级理性王国中，法国启蒙学者所倡导的理性思想成为 19 世纪空想社会主义者批判资本主义社会制度及其不合理现象的有力武器。19 世纪空想社会主义者欧文、傅立叶和圣西门都受过启蒙思想的熏陶，并直接继承和发展了启蒙思想。他们接过理性的大旗，把理性作为衡量一切的尺度，毫不留情地批判资本主义生产关系以及资产阶级统治的腐败和堕落，对无产阶级和劳动群众的不幸和苦难寄予了无限的同情，要求建立一个理性和永恒正义的王国。因此，18 世纪法国的启蒙思想对 19 世纪空想社会主义思想的理论基础有着更为直接和重要的影响。

然而，应该看到，与 18 世纪法国启蒙学者不同，19 世纪空想社会主义者提出了未来的社会主义和共产主义的社会理想。在他们看来，合乎理性的是社会主义和共产主义而不

---

① 恩格斯：《反杜林论》，载马克思、恩格斯：《马克思恩格斯选集》，第 3 卷，393 页。

② 同上书，645 页。

③ 李风鸣：《空想社会主义思想》，120 页，上海，上海人民出版社，1980。

是法国启蒙学者所追求的资产阶级理想化的国家。但他们又与18世纪法国启蒙学者一样，在自然观上是唯物的，在社会发展问题上却是唯心的。因此，他们认为，世界受意志支配，只要充分改变意志，一切社会弊端便可迎刃而解；而改变意志的力量来自教育，进而相信教育在改造社会中的决定作用。他们希望通过教育和普及知识等方式来实现其提出的社会改革方案，并天真地向整个社会尤其是向资产阶级呼吁，与他们一起实现理想社会。

19世纪空想社会主义教育思想就是在这样的社会背景下产生的。在19世纪空想社会主义者的学说中，教育思想是一个重要的组成部分。在描绘并实践其伟大理想蓝图的过程中，19世纪空想社会主义者都把教育作为一个重要的方面来考虑。但是，无论是他们的思想还是他们的实践，无疑都深深地打上了时代的烙印，那就是，“这种新的社会制度是一开始就注定要成为空想的，它越是制定得详尽周密，就越是要陷入纯粹的幻想”①。

第二节 19世纪空想社会主义教育思想的主要特点

19世纪空想社会主义教育思想具有以下三个主要特点。

第一，19世纪空想社会主义教育思想是以对资本主义制度的批判为前提的。欧文、傅立叶和圣西门从不同角度批判了资本主义制度的弊端，并认为，需要发明一种新的更完善的社会制度。欧文的共产主义和谐公社、傅立叶的和谐制度以及圣西门的实业制度就代表了他们各自提出的未来理想社会的模式。在关于未来理想社会的构想中，他们提出了一些积极的建议。例如，欧文、傅立叶提出消灭旧的分工和城乡对立以及保证儿童公共教育的要求；圣西门提出“人人应当劳动”的原则，用有计划、有组织的生产代替无政府状态。总之，19世纪空想社会主义思想家出于对资本主义制度弊端的愤怒，尖锐批判了资本主义生产关系。“从本质上来说，空想社会主义对资本主义生产方式的反映，不是对其特定发展状况的反映，而是对它发展过程中特定苦难状况的反映，因而它不是一般地反对资本主义生产方式，而是反对这种生产方式的生产关系。”② 显然，这是19世纪空想社会主义教育思想的深层基础。

第二，19世纪空想社会主义教育思想是在继承18世纪法国启蒙学者的思想及其教育学说的基础上形成和发展起来的。欧文接受了爱尔维修的观点，吸取其中的某些原则及理论形式，并赋予其新的内容。傅立叶研究过伏尔泰和卢梭的著作，他的理论是直接从法国唯物主义学说出发的。圣西门曾是法国启蒙思想家达朗贝尔的学生。马克思和恩格斯曾在《神圣家族》中指出：“关于人性本善和人们智力平等，关于经验、习惯、教育的万能，关

① 恩格斯：《反杜林论》，载马克思、恩格斯：《马克思恩格斯选集》，第3卷，645页。
② 王兰垣等主编：《空想社会主义比较论》，39页，呼和浩特，内蒙古大学出版社，1991。

于外部环境对人的影响，关于工业的重大意义，关于享乐的合理性等等的唯物主义学说，同共产主义和社会主义之间有着必然的联系。”① 因此，在教育思想上，“环境决定论”和“教育万能论”也成为19世纪空想社会主义者的价值标准。

第三，19世纪空想社会主义教育思想强调教育是实现未来理想社会的重要工具。19世纪空想社会主义者把教育作为社会改革的根本手段，主张通过教育宣传、示范等方式渐进地改良社会。社会性质与教育目标是一致的。因此，19世纪空想社会主义教育思想提出，教育就是使子孙后代适应随着人类进步而不断更新的社会制度所花费的全部努力的总和；教育应该培养把个体和其他社会成员联结起来的那种互相同情的感情，成为未来理想社会的准备。

第三节　19世纪空想社会主义教育思想的主要代表人物

一、欧文

1. 生平和教育活动

罗伯特·欧文（Robert Owen，1771—1858）是19世纪英国空想社会主义者。1771年5月14日出生于北威尔士蒙哥马利郡牛顿城的一个手工业者家庭。他4岁半入学，7岁读完初级小学。10岁起他外出到伦敦等城市谋生，当过学徒和店员，后又开办过小工厂。20岁时，欧文担任曼彻斯特一家棉纺厂的经理，通过革新生产工艺和提高棉纱生产量而名声大振。1800年，他担任苏格兰新拉纳克一家拥有2 000名工人的棉纺厂的经理，立志于改革以寻求改善贫民和劳动阶级的生活并使雇主获得利益的方法。在改革中，除采取其他措施外，欧文还抓了教育。他创办了幼儿学校，又开办了小学和夜校。经过几年的教育实验，他于1816年把各种学校统一归并为“性格形成学院”，构建起一个完整的学校教育制度。欧文的社会改革实验获得了巨大成功，新拉纳克成为模范移民区，吸引了欧洲众多的社会活动家和改革家前来参观学习。

1819年由于欧文的呼吁，英国议会通过一项法律，限制童工的劳动时间，规定童工的教育时间。这时期欧文的思想发生了变化，指出私有制是资本主义社会罪恶的根源，要求用“理性社会”来取代。这是欧文转向共产主义的转折点。为实践自己的理想，欧文于1824年率领家人及其追随者赴美洲，在印第安纳州建立了“新和谐公社”。但是，这个实验后来失败了。1829年，欧文回国参加工人运动，在工人中享有较高的声誉。晚年，他致力于《新道德世界书》的著述。

---

① 马克思、恩格斯：《神圣家族》，载马克思、恩格斯：《马克思恩格斯全集》，第2卷，166页，北京，人民出版社，1957。

1858年11月17日，欧文去世。

2. 教育思想

（1）性格形成学说

性格形成学说是欧文教育实践活动的理论指南。在《新社会观》中，欧文详细阐述了人的性格形成原理。他明确提出，“教育人，就是培养他的性格”。欧文还认为，“人的性格是先天组织和人在自己的一生中，特别是在发育时期所处的环境这两个方面的产物”①。所谓“先天组织”，就是人的肌体及器官，是自然界的产物，是性格形成的材料，每个人虽有差异，但总体是相同的；所谓“环境”，则是不依赖主体而独立的客观存在，包括自然界和社会，对人的本性具有决定作用。因此，欧文形成了这样一种信念：“人类在过去、现在和未来都始终是他们出生以前和降生以后的周围环境的产物。”在他看来，这是产生一切有关人类的真实而有价值的思想的根源；这是其他一切真正思想所应该依据的唯一思想。

由此出发，欧文强调只要改变不良的环境，给人们提供一种良好的环境，就能改变人的不良性格，从而形成优良的性格。他认为，不良性格的存在应归罪于培养人的制度。因此，必须改造不良性格赖以存在的不合理社会制度，建立合乎“理性”的社会制度。与此同时，欧文也强调教育在形成性格和培养理性进而改造环境中的作用，把教育放在改造环境的首要地位，重视教育对“形成任何一种情感和习惯或任何一种性格”的作用。他说：“教育那些没有受过教育或所受教育很差的人，对于社会的福利来说便是头等重要的事情了。”② 正是从性格形成学说出发，欧文始终不懈地致力于社会改革和教育实验活动。因为“儿童经过教育可以养成任何习惯和情感。这些习惯和情感同每个人身心两方面的天性倾向和能力，以及他所处的一般环境结合起来就形成一个人的全部性格”③。

（2）儿童教育

欧文非常重视儿童教育。他说：“许多好的或坏的脾气和性情都是2岁以前养成的。”④因此，欧文十分注意营造良好的环境和教育氛围，以使儿童摆脱不良环境的影响。在他开办的幼儿学校中，就布置着以动物为主的图画和地图，以及从花园、田野、树林中采集来的实物。儿童的活动也丰富多彩，2岁学舞蹈，4岁学唱歌，教师还利用着色地图和动植物图片教他们学习日常知识。欧文认为，这种教育方式可以激发儿童的好奇心和兴趣，让他们熟悉和了解周围物品的用途与性质，并养成良好的行为举止。幼儿学校的生活充分反映出欧文幼儿教育的指导思想：要尽力使小朋友快乐。他还为幼儿学校制定了10条指导

---

① 恩格斯：《反杜林论》，载马克思、恩格斯：《马克思恩格斯选集》，第3卷，649页。

② 欧文：《欧文选集》，第1卷，柯象峰等译，50页，北京，商务印书馆，1979。

③ 同上书，143页。

④ 同上书，41页。

原则，概括起来有如下几方面的内容：

在教育目标上：注意培养幼儿良好的仪表、风度、健康和行为举止；养成遵守秩序、服从命令和严格要求的习惯；训练合乎理性地思考和行动，并获得一生有用的实质性知识；形成良好、合乎理性和幸福的性格。

在教学内容上：包括知识教育、音乐、跳舞、军事训练、观察动植物等。

在教学过程上：不必有固定的室内教学时间，根据天气和儿童情况灵活安排室内和室外的活动，而且活动课和心智课可以交替进行。

在教师要求上：严禁责骂或惩罚儿童，对待儿童要一视同仁，语调、表情、言语和行为要和蔼；在谈话中允许儿童提问，回答方式要和蔼和合乎理性；对不懂的问题应坦率承认，绝不要把儿童的心灵引向错误。

此外，欧文看到工人的家庭环境不适宜儿童的成长。“做父母的百分之九十九完全不懂得怎样用正确的方法对待儿童，特别是对待他们自己的孩子。”① 所以，他也十分注意改善工人的家庭环境，既从物质条件上加以改善，又从精神上充实，给工人开办讲座，还特别讲授“培养孩子成为有理性的人的适当方法”。

为了搞好儿童教育，欧文还敦促政府担负起教育下一代的责任。他呼吁说：“每一个要求治国有方的国家应该把主要注意力放在培养性格方面。因此，治理得最好的国家必然具有最优良的国家教育制度。”②

（3）人的全面发展

欧文依据性格形成学说实践其儿童教育的时候，人的全面发展思想孕育其间，并随着他的思想成熟而进一步得到丰富。欧文认为，实施以性格形成学说为基础的教育，将给人的本性和才能充分而全面的发展创造条件。因此，他十分重视“培养体、智、德全面发展的、有理性的男男女女”③。要真正能促使人的全面发展，欧文主张通过教育与生产劳动结合的途径来实现。在《建立移民区的原则和计划的发展》一文中，欧文具体地做了描述：“儿童们按照年龄，在一周的每一天的若干小时内将从事关于园艺、蔬菜栽培和农业方面的实际知识和理论知识的学习。这将同各种职业、艺术、科学和各种有用的手工艺和生产部门的基本的实际知识结合起来，这样就能帮助他们成为积极、高尚和有道德的人……”④

晚年时，欧文完善了教育与生产劳动如何结合的整体构想。他通过社会划分，描述了教育与生产劳动相结合，培养全面发展的人的思想。在《新道德世界书》中，他明确地写道：“在这种社会划分和与此相适应的制度下，每个人所受的训练和教育将使他们能够用

---

① 欧文：《欧文选集》，第3卷，马清槐等译，156页，北京，商务印书馆，1983。

② 欧文：《欧文选集》，第1卷，79页。

③ 欧文：《欧文选集》，第2卷，柯象峰等译，133页，北京，商务印书馆，1981。

④ 欧文：《建立移民区的原则和计划的发展》，载《教育译报》，1960（3）。

最好的方式尽量发展本人的全部才能和力量；这种发展将在外部条件新的结合下实现，这种外部条件是专门为了使人性中的完善优美的品质不断表现出来而创造的。这样，所有的人都将在体、智、德、行方面受到良好的教育。”①

欧文关于人的全面发展的构想，受到了马克思的高度赞扬：“正如我们在罗伯特·欧文那里可以详细看到的那样，从工厂制度中萌发出了未来教育的幼芽，未来教育对所有已满一定年龄的儿童来说，就是生产劳动同智育和体育相结合，它不仅是提高社会生产的一种方法，而且是造就全面发展的人的唯一方法。”②

二、傅立叶

1. 生平和教育活动

夏尔·傅立叶（Charles Fourier，1772—1837）是19世纪法国空想社会主义者。1772年4月7日出生于法国贝桑松市的一个商人家庭。中学毕业后，傅立叶遵照家庭意愿去里昂经商。1789年他到巴黎，但没有参加当时的革命。他在巴黎先后做过会计、出纳、发行员、文牍员、推销员和经纪人，前后30多年，使他有机会深入了解和发现资本主义社会制度的种种弊端。在经商的同时，傅立叶进行了思想探索，并利用一切机会刻苦自学。1803年，他发表了《全世界和谐》一书，标志着他的空想社会主义思想初步形成，其中指出现时的文明制度将被“和谐制度”所取代。1832年，傅立叶和他的追随者在巴黎附近的凡格尔试办他所设想的“协作社”，但很快就失败了。傅立叶的晚年生活清苦、孤独，但仍坚持著述活动。

1837年10月10日，傅立叶在巴黎去世。

2. 教育思想

(1)“协作制度”与教育目的

傅立叶从人的欲望理论出发，设计了他的理想社会制度——协作制度。他认为，人的欲望分为感性的、感情的和创造的三类，这三类欲望相互作用，使人性得到和谐的结合。协作制度由多个社会单位——法朗吉组成；在法朗吉中，居住和工作的地方称为“法朗斯泰尔”，即集生产和消费于一身的基层单位。傅立叶要求每个人都要在这个基层单位里找到自己所爱好的工作，因为他深信每个人只要根据自己的爱好和性格来选定劳动，肯定能满足其欲望，并获得生活和劳动的乐趣，使劳动变为人的需要。在他看来，热爱生产劳动和掌握生产技能成了一切人的共同特征。与欧文不同的是，傅立叶在协作制度中保留了私有制，实行按劳取酬的改革方案。

---

① 欧文：《欧文选集》，第2卷，39～49页。

② 马克思：《资本论》，载马克思、恩格斯：《马克思恩格斯全集》，第23卷，530页，北京，人民出版社，1972。

傅立叶严厉批判了所谓“文明制度”下教育的种种弊端，并且从建立“协作制度”的目的出发，把培养“法朗吉”一代新人作为巩固和完善这一制度的重要环节。他说：“协作制度的目的在于实现体力和智力的全面发展，使人们把全部精力，甚至于娱乐都用在生产劳动上。”① 按照傅立叶的意见，未来的教育制度应该适应“法朗吉”的组织原则和经济制度；协作制度的存在依赖于每个人劳动所创造的财富。因此，教育具有双重的任务，即养成儿童的劳动习惯和培养儿童的社会感情。最佳的教育方式是各种性格和不同欲望的人所组成的劳动小组。

(2) 教育阶段及其任务

傅立叶依据儿童的年龄特点，构想了包括序曲、第一阶段、第二阶段、第三阶段和第四阶段的儿童教育阶段，并对每个阶段的教育提出了具体的要求。

序曲：稚龄或婴儿时代——0岁到2岁。

傅立叶认为，婴儿在摇篮期间就要脱离家庭，进入公共教育机构，由热爱保育工作的妇女来照顾他们。婴儿的玩具应具有劳动工具的特点。这一阶段的任务主要是训练感官，这是“智力教育的萌芽”。在婴儿出生后的6个月内先不给予任何训练，然后用精美食品发展他们的味觉和嗅觉，用歌剧发展听觉，用玩具和游戏发展触觉。

第一阶段：幼儿时代的先行教育——2岁到4岁半。

傅立叶认为，当幼儿2岁时可以让他们观看大年龄儿童的工作，逐步接触劳动。由于幼儿活泼好动和爱好模仿活动的本性，因此，应该随着年龄的增长，使幼儿的活动范围逐渐扩大到各种小工具和小作坊上，激发其爱好劳动的习惯。3岁时，可以带他们走进小工厂和小农场，开始参加由轻到重的劳动，培养劳动技能、习惯和热爱劳动的思想。4岁半时，他们通过各项考试，如半小时内洗净120个碟子并且不许打破一个碟子，就可以进入第二阶段的教育。

第二阶段：幼儿时代中期的初步教育——4岁到9岁。

第三阶段：幼儿时代后期的进一步教育——9岁到15岁。

傅立叶认为，第二和第三阶段的教育任务基本相同，但各有侧重。第二阶段要有效地发展体力，第三阶段要有效地发展智力。

首先，体力是通过生产劳动来发展的，因此他要求生产劳动应根据儿童性格上的差异分别组成儿童队和小卫队。儿童队的儿童大多喜欢活动，且不怕脏，专干清洁卫生的脏活和累活。例如，清洗马厩、扫街道等。小卫队的儿童大多性情温柔且爱清洁，专干一些文雅及轻松的集体活动。例如，纠正发音、养动物等。

其次，科学知识的学习要与生产劳动紧密结合。他说：“在协作制度下，科学和劳动

---

① 傅立叶：《傅立叶选集》，第2卷，赵俊欣、吴模信译，2页，北京，商务印书馆，1981。

永远是结合在一起的。在这里，儿童将同时从事农业、工业、科学和艺术的活动。”① 他试图在第三阶段通过参加劳动来激发儿童的求知欲。因此，从最广泛的意义上说，劳动教育是知识学习的先导和目标，如果一个人必须依靠农业和工业劳动才能生存的话，那么在成为学者之前，首要的是成为劳动者，进而推动他们学科学、学艺术，能够正确地使用手和脑。

第四阶段：半儿童、半青年时代的最后教育——15 岁到 20 岁。

傅立叶认为，在第四阶段，由于男女青少年进入青春期，应该让他们在劳动竞赛中相互了解、沟通心灵、真诚相爱。

总之，在协作制度中，在社会劳动之中，教育组织和劳动组织相类似。傅立叶认为，只有这样，教育才能为社会培养出适宜协作制度的全面发展的公民，使儿童得到最大的快乐，使社会能够从儿童劳动中获得巨大的收益。

三、圣西门

1. 生平和教育活动

克劳德·昂利·圣西门（Claude Henri de Saint-Simon，1760—1825）是 19 世纪法国空想社会主义者。1760 年 10 月 17 日出生于巴黎一个封建贵族家庭。早年他曾受名师达朗贝尔的指导，对自然科学和哲学的兴趣浓厚。1777 年，圣西门参加了法国军队。1779—1783 年，他以志愿兵的身份参加了美国的独立战争，目睹了一个不同于封建君主制的新世界的诞生，在思想上受到了极大的震动。1789 年，圣西门投身于法国大革命，发表演说，放弃爵位和贵族称号。后来出于对暴力革命的恐惧而退出，转而搞地产投机买卖。

从 1797 年起，圣西门从事自然科学研究和旅行，并且和当时一些进步的思想家交往甚密，还从事写作活动宣传自己的空想社会主义。晚年，他宣告自己是工人阶级解放的代言人。

1825 年 5 月 19 日，圣西门去世。

2. 教育思想

(1)“实业制度”与教育任务

圣西门认为，实业制度是理想社会的最佳模式，因为这一制度的目的是满足一切人的需要。在他看来，实业制度保证了平等的实现。在实业制度下，所有的人都只是劳动者。劳动成为平等的前提，而劳动者之间的区别只在于从事手工劳动或从事脑力劳动。因此，圣西门把才能作为划分社会等级的标准，根据每个人的才能来分配生活资料。实业制度的主要任务就是安排不同的生产劳动，组织人与人之间的协作。

至于实业制度的组成人员，圣西门认为，应该是神父、学者和实业家。与此相应的社会活动内容便是宗教或道德、知识以及实业。实业家掌握世俗权力，学者控制着精神权

① 傅立叶：《傅立叶选集》，第 2 卷，2 页。

力。圣西门还声明，在学者中只有数学家、物理学家和经济学家是技术知识的当然领导者，因为他们研究的是能在技术和组织上促进生产进步的最重要的学科。总之，“所谓最高管理能力，应当指下述三种才能而言：艺术家的才能、学者的才能和实业家的才能。他们三者的联合活动，可以创造满足社会的精神需要和物质需要所必要的一切条件”①。

按照圣西门的意见，所谓“物质需要”，即“吃得最好，穿得最美，住得最好，能够随意旅行，到处都可以得到生活必需品和生活上的美好东西”②。所谓“精神需要”，即“人们的智力得到了广泛的发展，以至于他们能够欣赏艺术、知道支配自然现象的规律和掌握改造自然的方法”③。从满足社会的物质需要和精神需要出发，圣西门明确指出，实业制度下的教育任务是教会人过新的生活，学会人际协作。为此，他呼吁国家要重视教育事业，由最有才能的学者管理国民教育工作，并负责“拟出一项使既得的实证知识能尽快在一切社会阶级和各等级的人士当中传播的国民教育计划”④。在他看来，学者和实业家应该发挥最大的才能，传播、改进和运用实证科学的知识来满足人们的需要，促使社会的变革。

（2）学校体制

圣西门在他的国民教育计划中论述了包括小学、中学和大学的三级学校体制。

第一，小学阶段：7岁至14岁。圣西门认为，7岁儿童在感性特征和记忆能力方面得到了迅速发展。在这一阶段，要给儿童一定的实证知识教育，但更重要的是，培养习惯，陶冶情感，锻炼一般的预见能力。他主张小学的道德教育应该是反对利己主义，培养合作精神和对人群的爱，培养对人的礼貌。

第二，中学阶段：14岁至21岁。圣西门认为，14岁左右的青少年处于情欲旺盛期，体力和智力都得到了迅速发展，思想、感情和意志趋于成熟，要求以自己的方式选择和保持与外界的联系。在这一阶段，应该注重使他们学习和掌握实证科学知识。这既有助于生产劳动，又有助于社会改革。提供中等教育的可以有三种专门学校：一是传授人文科学知识的学校，二是训练工业人才的工业学校，三是进行科学活动的科学学校。

第三，大学阶段：21岁以后。圣西门认为，21岁以后青年的身心发展已经完全成熟，并形成了自己的特有性格。在这一阶段，应该注重专业教育，培养其独立自主的精神，训练智慧和能力。

在国民教育上，圣西门强调要组织儿童参加工业劳动和社会公益劳动，把实证科学知识和生产劳动联系起来。这也是实业制度的需要。否则的话，“这些儿童将不会知道，为

---

① 圣西门：《圣西门选集》，第2卷，董果良译，293页，北京，商务印书馆，1982。

② 同上书，45页。

③ 同上书，14页。

④ 同上书，237页。

了正确地过社会生活，哪些知识是最有用的；他们在人与人的关系方面，将没有任何生活经验；他们还必须学习很长时间，才能担当起来一项社会工作”①。

第四节 19世纪空想社会主义教育思想的影响与评析

19世纪空想社会主义教育思想是19世纪空想社会主义学说的一个重要组成部分。19世纪空想社会主义者欧文、傅立叶和圣西门所提出的社会制度及对教育的种种观点，反映了当时还不成熟的工人阶级的苦难状况和对理想社会的向往。由于受到时代、阶级以及社会观的局限，他们幻想依靠教育、宣传、示范和实验等方式寻求改革资本主义社会制度及其教育的途径，并为此付出了艰辛的努力。在当时的历史条件下，他们信奉“环境决定论”和“教育万能论”，把教育看作实现理想社会的基本手段之一。对此，马克思曾一针见血地指出：“这种学说忘记了，环境正是由人来改变的，而教育者本人一定是受教育的。因此，这种学说必然会把社会分成两部分，其中一部分凌驾于社会之上。（例如在罗伯特·欧文那里就是如此。）环境的改变和人的活动的一致，只能被看做是并合理地理解为革命的实践。”②

尽管19世纪空想社会主义者的学说及其教育思想具有空想的性质，但在他们所构建的未来理想社会制度中，为人们生动描绘了未来理想教育的情景，给人们展现了未来理想社会的教育模式。他们在教育问题上提出了许多在当时极有进步性的见解和观点，其中不乏天才的预见。马克思和恩格斯曾这样评价说：尽管欧文和傅立叶的“学说含有十分虚幻和空想的性质，但他们终究是属于一切时代最伟大的智士之列的，他们天才地预示了我们现在已经科学地证明了其正确性的无数真理”③。恩格斯还指出，“无论是在农业还是在工业中，他们两人都要求每个人尽可能多地调换工种，并且要求相应地训练青年从事尽可能全面的技术活动。在他们两人看来，人应当通过全面的实践活动获得全面的发展”④。

在19世纪空想社会主义教育思想中，欧文、傅立叶和圣西门的教育思想各有自己的特点。其中特别应该指出，欧文的教育思想是他在新拉纳克长期教育实践经验的概括和总结，更具有实际价值。此外，从教育实践的成就来看，欧文的教育实验活动和成就显然高于傅立叶和圣西门。它不仅在英国，而且在欧洲大陆国家中产生了很大的影响。

历史表明，19世纪空想社会主义教育思想对马克思主义教育理论的创立有重要的影

① 圣西门：《圣西门选集》，第2卷，285页。

② 马克思：《关于费尔巴哈的提纲》，载马克思、恩格斯：《马克思恩格斯选集》，第1卷，138页。

③ 恩格斯：《“德国农民战争”一八七〇年版序言的补充》，载马克思、恩格斯：《马克思恩格斯全集》，第18卷，566页，北京，人民出版社，1964。

④ 恩格斯：《反杜林论》，载马克思、恩格斯：《马克思恩格斯选集》，第3卷，680页。

响，并提供了十分宝贵的资料。在马克思主义教育理论诞生之前，19 世纪空想社会主义教育思想已包含了马克思主义教育理论的萌芽。马克思主义经典作家不仅对 19 世纪空想社会主义思想家的教育思想及其历史贡献给予了高度的评价，而且在创立马克思主义教育理论时批判地吸收了其中积极的和有价值的思想成果。

拓展阅读书目

1. 欧文. 欧文选集：第1-3卷. 柯象峰，等译. 北京：商务印书馆，1979、1981、1983.

2. 傅立叶. 傅立叶选集：第1-2卷. 赵俊欣，吴模信，译. 北京：商务印书馆，1981.

3. 圣西门. 圣西门选集：第1-2卷. 董果良，译. 北京：商务印书馆，1982.

4. 李风鸣. 空想社会主义思想. 上海：上海人民出版社，1980.

第二十三章

19 世纪科学教育思想

19 世纪科学教育思想是 19 世纪中期产生于英国及其他欧洲国家的一种教育思潮。英国哲学家和教育思想家斯宾塞、自然科学家和教育家赫胥黎是它的代表人物。19 世纪科学教育思想猛烈抨击传统的古典主义教育，强调科学知识最有价值，提倡科学教育，制定以科学知识为核心的课程体系，并论述了对教师的要求和培养。正是在它的直接影响下，欧美国家在 19 世纪后半期出现了一场科学教育运动，有力地促进了学校课程和方法的改革，极大地推动了科学教育的发展，使得科学教育进入了一个新的时期。

第一节　19 世纪科学教育思想产生的背景

自文艺复兴时期后，在知识价值问题上，传统的古典主义教育的拥护者一直认为，拉丁文、希腊文等古典文化知识具有最重要的价值，对一个有文化教养的人来说，这也是最紧要的。这种保守思想的势力在相当长的时期内影响着欧洲国家的学校教育，在学校教育的整个领域占据着统治地位。它无疑成为科学知识发展和科学教育实施的一种思想障碍。

但是，在19世纪以后，随着社会进步和工业化的发展，自然科学发展越来越快，各种发明创造日益增多。例如，汽船（1807）、听诊器（1819）、蒸气火车头（1830）、收割机（1834）、电报机（1837）、缝纫机（1846）、打字机（1868）、电话机（1876）等。在自然科学领域也出现了具有决定意义的三大发现：能量守恒和转化定律、细胞学说、进化论。人们力求把发明创造应用于生产劳动、交通运输和社会生活等方面，极大地促进了生产力的发展，推动了社会的前进。因此，科学和发明大发展的19世纪被人们称为一个“不可思议”的世纪。到19世纪中期，科学与工业革命已经在多数欧洲国家引起了社会上的很大变化。科学的巨大进步，发明的频繁诞生，改变着整个世界的面貌，也必然影响到学校教育。

就近代科学教育的发展来看，自弗兰西斯·培根的时代起，它已取得了缓慢而稳固的进步。在19世纪后的德国和美国，科学知识已进入学校课程之中。在大学教育方面，德国的哥廷根大学、基森大学以及其他一些大学设立了科学讲座和实验室，开始了真正的科学教育；在美国许多大学中，科学也开始由一般介绍而发展为占主导地位。在中等教育方面，实科学校在德国的地位日趋巩固并为政府所承认；美国的中学也都进一步增加了科学教育的比重，扩大自然科学内容，并改革教学方法。至于德国和美国的小学教育，从19世纪初已普遍具有实施科学教育的趋向。

然而，在英国，虽然19世纪40年代已基本完成工业革命，到19世纪中期时工业生产进入了蓬勃发展的时期，并在世界市场上占有垄断地位，但是由于保守的、传统的古典主义教育势力特别严重，与德国和美国相比，英国的各级学校实施科学教育的情况是十分糟糕的，自然科学的成果未能及时和充分地反映到学校课程中去。正如英国哲学家和教育家斯宾塞所指出的：当时英国教育制度的缺点是十分明显的，即“为了花而忽略了植物，为了想美丽就忘了实质”①。在英国的大学中，科学知识只是在迫不得已的情况下才勉强被承认的。可以说，在19世纪中期以前，英国的大学教育呈现出与当时的科学进步和教育改革的精神极不相称的一种状况。1850年，英国的皇家官员们在关于牛津大学情况的报告中写道：“正如一般所公认的，牛津大学和国家双方都因缺乏一些献身于科学研究和学术教育的学者，而遭受极大的损失。反映科学研究的书籍在牛津大学发行得那么少的事实，实质上削弱了它作为一个学府的特点，因而也妨碍它继续受到国家的重视。”② 多数大学生对科学教育的基本知识一无所知。一些具有真知灼见的科学家也没有得到大学的承认。与此同时，英国的中等教育也没有因工业革命和经济发展而受到影响，对于科学研究没有什么兴趣，学校课程几乎完全不与科学知识发生关系。它们的“共同特征是拉丁文和

① 斯宾塞：《教育论》，胡毅译，31页，北京，人民教育出版社，1962。
② 克伯雷：《教育史》，773页，1920年英文版。

希腊文的教学占统治地位，消耗在拉丁文和希腊文教学的时间达全部教学时间的三分之二”①。至于英国的初等教育，直到 19 世纪中期还没有任何方面与科学知识有关系。这些情况都充分表明，当时英国各级学校课程中严重存在着重古典教育轻科学教育的弊病。

当然，科学的迅速发展和巨大进步客观上也影响到英国学校教育，促使它不得不随着时代的潮流而进行一些改革。一些英国思想家和社会人士也就古典教育与科学教育问题发表了自己的看法。因此，在英国就学校是否应该实施科学教育的问题进行了激烈的论战。这场论战大约是从 19 世纪 30—40 年代开始的。实际上，在 19 世纪前半期，随着近代科学教育的发展，在欧洲的一些国家里存在着两种截然相反的教育主张：一种是强调科学的进步，要求改革学校教育和促进科学教育的实施；另一种是坚持传统的古典主义教育。这两种教育主张之间展开了论战。由于英国的国情，这种论战在英国比其他国家更为激烈。这场涉及大学、中学以至小学教育的广泛论战，实质是关系到科学知识与古典文化知识的价值和重要性的问题。就其源头来说，可以追溯到弗兰西斯·培根的时代。

在英国展开的这场广泛而激烈的论战中，许多具有广博知识和享有社会声誉的学者人士，如英国的哲学家和教育家斯宾塞、生物学家赫胥黎、伦理学家和法学家边沁、经济学家亚当·斯密等，都强调教育改革应该趋向科学知识，并提出了实施科学教育的思想。其中，对传统的古典主义教育抨击最激烈的和对科学知识与科学教育提倡最积极的首推斯宾塞和赫胥黎。

第二节　19 世纪科学教育思想的主要特点

19 世纪科学教育思想具有以下三个主要特点。

第一，19 世纪科学教育思想十分强调科学知识的价值，大力提倡科学教育。无论是斯宾塞还是赫胥黎，在批判和抨击传统的古典主义教育的基础上，都明确提出了科学知识最有价值的见解，详尽地论证了科学知识在社会生产和个人生活中的巨大作用，并充分肯定了科学教育的重要性。斯宾塞强调指出：“学习科学，从它的最广义看，是所有活动的最好准备。”② 19 世纪科学教育思想充分反映了 19 世纪社会和时代的要求，以及工业革命与科学技术发展对科学知识和掌握科学知识人才的需要。斯宾塞的《教育论》和赫胥黎的《科学与教育》实际上是 19 世纪科学教育思想的代表作。就强调科学知识的作用和提倡科学教育这一点而言，19 世纪科学教育思想无疑是早期科学教育思想的继承与发展。

第二，与早期科学教育思想相比，19 世纪科学教育思想更注重学校课程和教学方法

① 曹孚编：《外国教育史》，221 页，北京，人民教育出版社，1979。
② 斯宾塞：《教育论》，43 页。

的改革。斯宾塞在科学知识最有价值的前提下，提出了以科学知识为核心的课程体系；赫胥黎强调用科学知识来改造传统的学校课程，主张自然科学课程和人文学科课程在学校教育中要保持平衡。此外，他们都详细论述了一系列符合儿童心智发展顺序的教学原则与方法。西方教育发展的历史表明，19 世纪科学教育思想对近现代欧美国家学校课程和教学方法的改革起了巨大的促进作用。

第三，19 世纪科学教育思想对学校教育领域的改革实践起了推动作用。正是在 19 世纪科学教育思想的直接影响下，欧美国家在 19 世纪下半期出现了一场广泛的科学教育运动；与早期科学教育思想相比，19 世纪科学教育思想不再带有空想的成分，而得以在学校教育领域中付诸实践。赫胥黎作为第一届伦敦教育委员会的成员，作为教育与科学问题的演讲者，以及作为大学教授，在促进科学知识和科学教育方面做了大量的实际工作，对英国以及其他国家的学校教育改革产生了直接的和重要的影响。从 19 世纪下半期起，欧美国家之所以能把科学知识引入学校课程中并逐渐建立以科学知识为主的课程体系，在很大程度上应该归于 19 世纪科学教育思想的广泛传播。

第三节　19 世纪科学教育思想的主要代表人物

一、斯宾塞

1. 生平和教育活动

赫伯特·斯宾塞（Herbert Spencer，1820—1903）是英国哲学家和教育思想家。1820 年 4 月 27 日出生于英格兰德比郡的一个乡村教师家庭。祖父、父亲和叔父都担任过教师。斯宾塞曾在叔父任教的学校里读书，特别喜爱数学、机械学等，却厌恶拉丁文和希腊文的学习。1837 年，年仅 17 岁的斯宾塞曾担任过该学校的辅导教师 3 个月。

1836 年秋天，斯宾塞去铁路局工作，继续进行数学和科学研究。这期间，他接触了进化论，在思想上留下了深刻的印象。这对他后来的大量论著以及哲学思想体系的形成产生了决定性的影响。

从 1842 年起，斯宾塞在担任铁路工作的同时，专心致力于学术研究，并开始为英国各杂志撰稿。

1848 年，斯宾塞积极参加了当时在英国进行的科学教育与古典教育的论战，并从 1854 年起连续发表 4 篇论文，即《智育》(1854)、《德育》(1858)、《体育》(1859)、《什么知识最有价值?》(1859)，阐述自己的教育见解，激烈地抨击传统的古典主义教育。1861 年 5 月，这 4 篇论文汇集成书出版，题为“教育论”(副题是“智育、德育和体育”)，闻名于世。

斯宾塞的其他主要著作有《第一原理》《生物学原理》《心理学原理》《伦理学原理》《社会学原理》，还有《社会静态学》《社会学研究》《自传》等。

斯宾塞一生未婚，1903 年 12 月 8 日在伯莱顿去世。

2. 教育思想

（1）批判传统的古典主义教育

斯宾塞对传统的古典主义教育进行了十分尖锐的批判。他明确指出：当时英国学校教育中的“装饰主义”的传统习惯势力是如此的强大，以致学生所学的内容大部分同生产活动无关，而同生产活动有直接关系的大量知识又完全被忽略了。因此，斯宾塞说：“一个男孩，在他整个一生，十之八九用不到拉丁文和希腊文”，但是，他还“必须硬背拉丁文和希腊文，也不是因为这些语文有实在价值，而是免得他因不懂这些语文而丢脸，是为了使他受到‘绅士教育’，是因为这标志着某种社会地位，并且因此能受人尊敬”①。在斯宾塞看来，传统学校教育追求的是“装饰先于实用”，很少考虑其课程内容是否真正对一个人的心智发展和社会进步有好处。

此外，斯宾塞还分析了传统学校教育追求“装饰先于实用”的原因。他认为，其原因是在古典主义教育的传统习惯势力下，传统学校教育所考虑的不是什么知识最有真正的价值，而是什么知识能获得最多的称赞、荣誉和尊敬，什么知识最能取得社会地位和影响，什么知识使个人表现最绅士。

因此，斯宾塞强调指出，科学教育必须取代古典教育。只有这样，才能使学校课程同人生事业有着最密切的关系，才能培养出得到自由发展的人。

（2）教育预备说

在西方教育史上，斯宾塞第一次明确提出了“教育预备说”，论述了关于教育在培养个人和发展社会中的作用的基本看法。他强调说：“怎样生活？这是我们的主要问题。不只是单纯从物质意义上，而是从最广泛的意义上来看待怎样生活。……怎样对待身体，怎样培养心智，怎样处理我们的事务，怎样带好儿女，怎样做一个公民，怎样利用自然所供给的资源增进人类幸福，总之，怎样运用我们的一切能力使之对人最为有益，怎样去完满地生活？这个既是我们需要学的大事，当然也是教育中应当教的大事，为我们的完满生活做准备是教育应尽的职责，而评判一门教学科目的唯一合理办法就是看它对这个职责尽到什么程度。”② 在斯宾塞看来，教育就是教导一个人怎样生活，使他获得生活所需要的各种科学知识，为他的完满生活做好预备。

斯宾塞把“完满生活”的内容划分为五种活动：一是直接保全自己的活动；二是从获得生活必需品而间接保全自己的活动；三是目的在于抚养教育子女的活动；四是与维持正

① 斯宾塞：《教育论》，2 页。

② 同上书，7 页。

常社会政治关系有关的活动；五是在生活中的闲暇时间满足爱好和情感的活动。与此同时，他强调指出，只有根据以上五种活动及排列次序来选择教学内容和方法，才能实现教育为完满生活做好预备的目的。

（3）科学知识最有价值

斯宾塞认为，为了解决科学教育与古典教育之间的争论，首先要解决知识的比较价值问题。在确定知识的学习次序之前，必须要弄清楚知识的价值并加以比较。“价值最大的给予最大注意，价值小些就注意少些，价值最小的就最少注意。”① 在斯宾塞看来，这是一切教育问题中必须予以考虑的重要问题。

在西方教育史上，传统的古典主义教育拥护者一直强调古典文化知识具有最重要的价值。这种保守思想的习惯势力很大，对西方国家的学校教育产生了很大的影响。

面对这种保守的教育思潮，斯宾塞非常明确地提出了“科学知识最有价值”的卓越见解。他说：“什么知识最有价值？一致的答案就是科学。这是从所有各方面得来的结论。为了直接保全自己或维护生命的健康，最重要的知识是科学。为了那个叫作谋生的间接保全自己，有最大价值的知识是科学。为了正当地完成父母的职责，正确指导的是科学。为了解释过去和现在的国家生活，使每个公民都合理地调节他的行为所必需的不可缺的钥匙是科学。同样，为了各种艺术的完美创作和最高欣赏所需要的准备也是科学。而为了智慧、道德、宗教训练的目的，最有效的学习还是科学。”②

斯宾塞还从三个方面分析了科学知识的价值。一是就科学知识与指导人类活动的关系来说，世界上的一切活动都离不开科学知识。科学知识使我们能够熟悉事物，征服自然，使自然顺从人们的需要。二是就科学知识与艺术的关系来说，美学一般必须以科学原理为根基，而且只有熟悉这些原理，美学的工作才能完全成功。三是就科学知识与教育的关系来说，科学知识必然会在教育上产生一种巨大的结果，并通过教育在文化上产生巨大的影响。科学知识不仅给学生提供了广大的园地去学习和培养判断力，而且能够锻炼一个学生的坚毅和诚实并获得独立性。

（4）注重科学知识的课程体系

斯宾塞认为，教育的根本任务是对学生进行科学知识的教学。因此，“应该在教育中将自然科学置于更重要的地位，因为对于促进人类生活主要机能的发挥来讲，科学知识比古典知识更具效用”③。在斯宾塞看来，在学校课程中，科学知识应该占据最重要的位置。

由此出发，斯宾塞制定了以科学知识为核心的课程体系。它依据人类生活的五种主要

---

① 斯宾塞：《教育论》，9 页。

② 同上书，43 页。

③ 伯茨：《西方教育文化史》，王凤玉译，445 页，济南，山东教育出版社，2013。

活动分成五个部分。

第一部分是生理学、解剖学。这是阐述生命和健康规律，直接保全自己或是维护个人的生命和健康，并使他们保持精力充沛和具有饱满情绪的知识。斯宾塞认为，这是合理教育中最重要的一部分，因为生命和健康规律的知识比任何知识都重要。

第二部分是读、写、算，以及逻辑学、几何学、力学、物理学、化学、天文学、地质学、生物学、社会学等。这是与生产活动有直接关系的知识，它可以使人们提高生产活动的效率，以赚取最大的利润而间接保全自己。

第三部分是心理学、教育学（包括一部分生理学原理）。这是为了正当地履行父母的职责，更好地教养自己的子女所需要的科学知识。有了这些知识，就可以正确地对儿童实施智育、德育和体育。

第四部分是历史。学习历史这门描述的社会学，可以使学生了解过去和现在的国家生活，履行社会义务，以便作为一个社会公民合理地调节自己的行为。

第五部分是了解欣赏自然、文化、艺术（包括绘画、雕刻、音乐、诗歌）知识的科目。这是为了闲暇时间休息和娱乐所需要的知识。学习这些知识，可以有助于建立起一种健全的文化生活。

斯宾塞制定的这个课程体系所包括的方面是比较广泛的，但是，它以自然科学知识为核心是十分清楚的。这不仅体现了时代的需求，而且也代表了社会和科学发展的方向。

此外，斯宾塞还提出教育必须适合儿童心智演化的自然过程。“因为儿童的心智演化有个自然过程，干扰它就会发生损害；我们不能把人为的形式硬加在一个正在发展的心智上……”[①] 建立在儿童心智演化基础上的新的教学方法必须遵循以下一些原理，如从简单到复杂、从不确切到确切、从具体到抽象、从实验到推理、引导儿童自己进行探讨和推论、在儿童中间造成一种愉快的氛围等。

二、赫胥黎

1. 生平和教育活动

托马斯·亨利·赫胥黎（Thomas Henry Huxley，1825—1895）是英国自然科学家和教育家。1825 年 5 月 4 日出生于英国米德塞克郡伊令的一个教师家庭。童年时，赫胥黎不仅养成了喜爱阅读的习惯，而且开始进行一些初步的科学实验。

1842 年，赫胥黎进查令十字医学院学习，并对生理学产生了极大的兴趣。大学毕业后，他作为一位助理外科医生，参加了远航南海之行，由此开始了他的科学生涯。赫胥黎

① 斯宾塞：《教育论》，46 页。

在此基础上写成的海洋动物研究论文曾获得学术界的高度重视和极大赞赏。

1854年7月，赫胥黎应聘担任了皇家矿业学院的教授，这是他从事教育工作的开始。

后来，赫胥黎受到生物学家达尔文（C. R. Darwin）的进化论思想的影响，并积极宣传进化论。他于1863年出版的《人在自然界中的地位》实际上是达尔文《物种起源》一书的补充，是第一个提出人类起源问题的学者。

1862—1885年，赫胥黎至少在10个皇家科学或教育委员会中任职，其中1871—1880年担任英国皇家学会秘书、1883—1885年担任英国皇家学会会长。在讨论教育问题的同时，赫胥黎还亲自参加教育实践，先后在伦敦大学、科学师范学院等院校任教或任职。

赫胥黎本人曾编辑出版了《赫胥黎论文集》(9卷)。

1895年6月29日，赫胥黎因病在苏塞克斯郡的伊斯特本逝世。

2. 教育思想

(1) 抨击传统的古典主义教育

针对英国古典主义教育传统的保守势力以及学校教育存在的弊病和缺点，赫胥黎尖锐地指出：英国这种“中小学教育体制阻碍科学教育的严重性是不能低估的。学生养成只会通过书本学习知识的习惯；这种习惯不仅使他们不懂得何谓观察，而且导致学生厌恶对事实的观察。迷信书本的学生宁可相信他在书本上看到的东西，而不愿相信他自己亲眼目睹的东西”①。在他看来，对于那些打算把科学作为他的重要职业或准备参加生活事务的人来说，接受古典主义教育是一个错误。

赫胥黎认为，传统的古典主义教育华而不实，它极少考虑到一个人的实际生活需要，也不能使一个人为参加实际生活做好准备。由于古典主义教育占据了统治地位，因此，学生在学校里必须死记硬背在他一生中十之八九用不上的拉丁文和希腊文，而对其他方面的知识则一无所知。赫胥黎说：“我们的大部分学校和所有大学提供的教育，仅仅是一种狭窄的、片面的和实质上无教养的教育——在它最糟糕的时候，实在是近于完全没有教育。”② 在他看来，学生在学校里学不到毕业后参加实际生活事务所需要的一切知识，从而白白浪费了一生中最宝贵的时间。

由此出发，赫胥黎强烈呼吁对当时的英国教育制度进行改革，使它成为学生参加实际生活的一种适当的准备。学校应该注重实物教学，消除教学脱离生活实际和死记硬背书本知识的做法，让儿童从最普通的实物着手，并使他们能够理解由此而引出的那些原理。

(2) 强调具有新意的“自由教育”

赫胥黎反对当时英国教育界流行的“自由教育”理论，指出所谓的“自由教育”实际

---

① 赫胥黎：《科学与教育》，单中惠、平波译，166页，北京，人民教育出版社，1990。

② 同上书，76页。

上等同于古典主义教育。它不仅是极端贫乏的，而且几乎是一文不值的。

因此，赫胥黎指出，真正的自由教育应该“是在自然规律方面的智力训练，这种训练不仅包括了各种事物以及它们的力量，而且也包括了人类以及他们的各个方面，还包括了把感情和意志转化成与那些规律协调一致的真诚热爱的愿望”①。这种具有新意的“自由教育”是多方面的。具体来说，它包括四个方面：一是体育锻炼和操练，旨在使学生具有强壮的体格。二是家政教育，旨在使学生具有家政方面的知识和技能，养成勤俭和合理安排生活的习惯。三是智力训练，旨在使学生学会运用知识的方法，激起要求理解事物的欲望，获得一定数量的真实知识，受到一定的工艺训练；同时，也懂得拉丁文和希腊文，以获得任何科学知识范围的全面知识。四是伦理学和神学教育，旨在使学生熟悉基本的行为准则，培养他们的道德感情，适应社会生活，并学习以《圣经》本身内容为限的宗教知识。

按照赫胥黎的意见，通过具有新意的“自由教育”培养出来的人，既具有所需要的知识和技能，又具有热情、活力和诚实的品质，以及健康人的强壮身体和很好地行动的真诚愿望。从本质上来说，这种人已经与自然界完全和谐一致。他们“将会充分地利用自然界，自然界也将会充分地利用他。他们将极好地一同携手前进；自然界永远是他的慈母；他是自然界的喉舌，自然界的有意识的化身，自然界的代理人和解释者”②。

（3）提倡科学知识与科学教育

面对英国在应用科学方面落后的情况，赫胥黎大声疾呼科学知识的重要性。首先，科学知识与社会进步有着密切的关系。因为现代文明依赖于自然科学，工业生产和商业贸易活动也都与科学知识有着直接而又紧密的联系。其次，科学知识与民族成功有着密切的关系。因为只有依靠科学知识，一个民族才能获得成功，才能真正地得到发展。最后，科学知识与人的心智发展有着密切的关系。因为对于人类心智的充分训练来说，学习科学知识是必不可少的。总之，随着自然科学知识的传播，其作用将会越来越大。

为了使学生真正学到和掌握科学知识，赫胥黎积极提倡科学教育。无论对于民众的幸福来说还是对于工业进步来说，科学教育都是必要的条件。他明确地指出：科学教育指的是学生“在离开学校之前，都应当牢固地掌握科学的一般特点，并且在所有的科学方法上多少受到一点训练”③。在赫胥黎看来，科学教育的最大特点，就是使心智直接与事实联系，并且以最完善的归纳方法来训练心智。或者说，从对自然界的直接观察而获知的一些事实中得出结论。正因为如此，其他任何教育都是无法代替科学教育的。

赫胥黎要求把科学教育引进一切学校里。他强调说：“没有什么会比能引进初等学校

---

① 赫胥黎：《科学与教育》，59页。
② 同上书，62页。
③ 同上书，85页。

里的初等科学和艺术教育更重要。”① 在赫胥黎看来，自然科学的基本原理应该成为初等教育的一个组成部分。他甚至认为，科学教育应该开始于智力的发端，因为当一个儿童开始说话的时候，这个儿童就试图获得自然科学知识。例如，生物学的那些普通事实，就可以很好地教给最年幼的儿童。

但是，应该指出，赫胥黎在提倡科学知识与科学教育的同时，也主张进行人文教育。他明确说：“单纯的科学教育确实与单纯的人文教育一样，将会造成理智的扭曲。”② 在赫胥黎看来，只有强调科学教育与人文教育具有同等的地位，才不会培养出一些片面发展的人，才能使学生获得真正的文化。

（4）教师的要求与培养

赫胥黎十分重视教师问题。他认为，为了能使学校教育工作更有效果，提供合格的教师是极其重要的。因此，赫胥黎强调说：“毫无疑问，这是一个值得重视的问题，但必须记住，需要一名教师比需要学习的愿望更为重要。”③

在对教师的要求上，赫胥黎提出，首先，教师应该真正地和实际地精通他所教的科目，透彻地了解教学的内容，并能够充满信心地用明白易懂的语言去讲述它，使教学生动而又实际。其次，教师应该懂得在教学中首要的是引起学生的注意和激起他们的热情，应该认识到他的职责是提供知识，但绝不是“填鸭式”地要学生死记硬背。因此，“教师的主要职责并不是那么多地去培养学者，而是去训练开拓者”④。最后，教师应该清楚地了解自己的职责，愿意把自己的一生献给教师职业。因为对于学生来说，“没有从事教学工作的人的热忱献身，要有效地受到教育，那也是绝对不可能的”⑤。

赫胥黎还认为，在教师培养上，必须采用一种不同的训练制度，以便得到能够胜任科学教育或有能力担任工艺教师的人，使教学更加系统和更加注重实际。这种教师训练制度将使那些教师懂得教学的科学方法，不仅熟悉所教的科目，而且熟悉所教的对象。

最后，赫胥黎建议，应该采取一些有效的办法来吸引人们对教师职业的兴趣。例如，给由学校当局提名认为很适宜从事教师职业的人颁发奖学金，任何学院的教授都可以根据他自己了解的情况推荐一些值得这样资助的人等。否则，由于“教师职业并不是一种非常赚钱的职业，也不是一种非常有吸引力的职业，在各种各样的引诱下，在无缘无故地遇到所有麻烦的情况下，一些受过良好训练的有才干的人会带着他们的知识和技能跑到一个更有吸引力的市场上去”⑥。

---

① 赫胥黎：《科学与教育》，270页。
② 同上书，76页。
③ 同上。
④ 毕比：《托·亨·赫胥黎论教育》，24页，1971年英文版。
⑤ 赫胥黎：《科学与教育》，220页。
⑥ 同上书，286～287页。

第四节　19 世纪科学教育思想的影响与评析

19 世纪科学教育思想的产生，是继弗兰西斯·培根之后又一次对传统的古典主义教育进行的有力挑战和激烈抨击。它促使人们认识到学校教育改革的必要性和实施科学教育的重要性，对近现代科学教育的深入发展产生了深远的影响。

在 19 世纪后半期的科学教育运动中，斯宾塞提出的科学知识最有价值的见解和科学教育理论，使他在近现代西方科学教育发展中占据了重要的地位。在他那本体现了时代潮流和代表了社会发展方向的《教育论》中，“被培根强调过的教育目的、基础和方法重新又被清楚地呈现出来”①。据统计，从 1878 年至 1900 年，《教育论》一书在英国售出了 47 万本，成为在英国被最广泛阅读的一本教育著作，同时被译成 15 种文字在世界各国广泛流传。美国第一位教育学教授、密歇根大学的佩恩（W. H Payne）曾指出：“自卢梭的《爱弥儿》问世以来，最有用的和最深刻的一本教育著作肯定是斯宾塞的《教育论》。”在尖锐地批判传统的古典主义教育的基础上，斯宾塞充分强调了科学学习在学校教育中的重要性，制定了以科学知识为核心的课程体系，冲破了在英国社会和教育界中的传统习惯势力的羁绊，极大地推动了近现代科学教育的发展，巩固了科学知识在学校课程中的地位。“因而成为自弗兰西斯·培根创立第一个试图在科学的范围给全人类带来知识的制度以来，完成了任务的第一位英国哲学家。”②

同样，在 19 世纪后半期的科学教育运动中，赫胥黎也是一个有很大影响的人物。在讲演和文章中，他激烈地抨击传统的古典主义教育，积极提倡科学知识和科学教育，致力于中等教育和高等教育的改革，首创科学教师训练班，对教师的要求和培养也做了深刻而又精辟的论述。可以说，赫胥黎一生促进了自然科学知识的发展，尽其所能组织和发展科学教育。他的孙子朱利安·赫胥黎（Julian Huxley）曾这样写道：“他不但关心着广阔的科学领域……解释和推动了每一门学科的发展，而且帮助了这些学科在一个更加广阔的思想体系中互相关联，并且在一个更加令人信服的综合体系中把它们的精华提取出来。”③与斯宾塞相比，赫胥黎在实际方面所做的工作要比仅仅通过自己的《教育论》而闻名的斯宾塞多。因此，美国教育家孟禄（P. Monroe）曾这样指出；“在为使教育的实际范围扩大到自然科学而斗争方面，赫胥黎超过了任何其他英国人。”④

在工业高潮和社会变革中产生的 19 世纪科学教育思想，无疑在当时适应了工业革命

① 孟禄：《教育史读本》，686 页，1919 年英文版。
② 《美国百科全书》，第 25 卷，480 页，1985 年英文版。
③ 赫胥黎：《新瓶装新酒》，94 页，1956 年英文版。
④ 孟禄：《教育史读本》，689 页。

后资本主义迅速发展的需要，也适应了社会发展和时代进步的客观要求。随着这种教育思想的广泛传播，欧美国家中越来越多的社会人士和教育工作者认识到教育改革的必要性和实施科学教育的重要性。19 世纪科学教育思想推动了科学教育运动的深入发展，尤其在英国，各级学校教育从 19 世纪后半期起开始有了根本性的变化，而且比其他国家变化得更加广泛和迅速。科学实验开始介绍进各级学校，自然科学在学校课程中逐渐占据了重要的位置，化学和物理已成为学校里最普通的课程。教育理论界也开始承认科学教育对所有发展阶段的儿童来说都是重要的因素。1881 年帝国科学与工艺高等学校和 1890 年皇家科学学院的成立，代表了英国高等教育趋向于科学学习的变化。至于中等教育和初等教育，所有的学校都开始承认科学知识的地位，并提供科学知识教育。

在 19 世纪后半期，美国的学者无不以某种形式受到以斯宾塞和赫胥黎为主要代表人物的 19 世纪科学教育思想的影响。当时的哈佛大学校长埃利奥特（C. W. Eliot）曾这样评论说，斯宾塞是一个真正的教育先锋，他的思想必然会涉及很广泛的和很深刻的教育改革。赫胥黎 1876 年应邀访问美国时曾受到非常热烈的欢迎。一位美国记者当时这样写道："整个美国由于赫胥黎将要在秋天访问我国的消息而振奋起来。我们对他的欢迎场面，将会大大地超过对威尔士王子以及随员和公爵们的欢迎。"①

当然，应该指出，由于历史观和哲学观的局限，斯宾塞和赫胥黎在科学与宗教的关系问题上表现出不彻底性。例如，斯宾塞认为科学和宗教是可以调和的，主张在学校里讲授《圣经》；赫胥黎认为"物质实体"和上帝、灵魂一样，都是不可知的。

但更应该指出的是，19 世纪科学教育思想极大地推动了欧美国家的学校教育特别是课程的改革，实现了早期科学教育思想所阐述的科学教育理想。在 19 世纪科学教育思想中，有一些观点是富有创新精神的，有的观点还是有预见性的，而给后人以深刻的启迪。甚至在当今的科学技术革命中，这些观点也值得人们很好思考并汲取其中体现时代精神的精华。

拓展阅读书目

1. 斯宾塞. 教育论. 胡毅，译. 北京：人民教育出版社，1962.
2. 赫胥黎. 科学与教育. 单中惠，平波，译. 北京：人民教育出版社，1990.

① 毕比：《托・亨・赫胥黎论教育》，28 页。

第二十四章

功能主义教育思想

功能主义教育思想产生于19世纪末的法国。法国社会学家和教育家涂尔干是它的主要代表人物。功能主义教育思想强调教育的社会功能，主张采用社会学方法把教育作为一个事实来研究，提出教育首先是满足社会需要，教育目的主要在于使年青一代系统地社会化。功能主义教育思想在西方教育史上曾有过较大的影响，但不切实际的理想主义则是它的致命弱点。

第一节　功能主义教育思想产生的背景

"功能主义"，亦称"结构功能主义"，是西方教育社会学主要流派之一，产生于19世纪末。最早使用"功能"一词的有法国社会学家孔德（A. Comte）、涂尔干以及英国哲学家和教育家斯宾塞。其中，涂尔干被认为是第一个运用功能主义社会学思想研究教育的社会学家。[①]

功能主义教育思想产生于19世纪末并非偶然。对于西方社会来说，19世纪是一个动荡不安的"变革"时代。传统的农业社会趋于解体，新的工业社会正处于形成之中。社会

① 凯利：《教育社会学：系统分析》，8页，1983年英文版。

结构的变化带来了许多新的问题和矛盾。首先，阶级矛盾更加尖锐。社会贫富两极分化更加严重，导致了工人阶级与资产阶级的矛盾日趋尖锐。其次，失业现象严重。从传统的农业生产中走出来的劳动力大批拥入城市，造成了城市就业困难，失业者的增多对资产阶级社会秩序的稳定构成了一定的威胁。再次，对人的行为具有约束力的传统价值观念开始动摇，而新的价值观念的权威性尚未形成，结果就出现了被涂尔干称作社会"无规范"的现象。最后，在思想领域中，传统的观念与新的观念发生了激烈的碰撞。例如，就法国而言，自拿破仑时代以来形成的中央集权思想与谋求资本主义发展的自由放任思想激烈交锋。人们思想的混乱，潜伏着深刻的社会和政治危机。

在这样的时代和社会背景下，以涂尔干为主要代表的一批资产阶级社会学家，试图从社会学中寻求解决这些矛盾和危机的途径。他们也注意研究社会不同部门与教育和学校的相互关系，以及学校教育在青年走向社会过程中的作用。例如，涂尔干就坚信，法国的复兴必须从建立新的、富有活力的教育系统开始①。

应该指出，涂尔干所处的时代也是一个学术思想荟萃的时代，他从各家学术思想中汲取了大量的营养。孔德、斯宾塞、勒努维埃（C. B. Renouvier）、布特鲁（E. M. Boutroux）、莫诺德（G. Monod）和康朗热（F. Conlanges）等人的思想对涂尔干曾有过较大的影响。

孔德是 19 世纪法国影响很大的实证主义哲学的创始人。实证主义强调运用实证的方法研究社会现象，重视实证的知识，对涂尔干的影响很深。涂尔干曾在 1900 年给友人的一封信中写道："我确信我之所以强调社会事实之重要，乃是继承孔德的传统而来的。"②

斯宾塞的社会有机论和功利主义思想，也可以在涂尔干的社会分工论中找到影子。

勒努维埃是一位新康德主义者。他重视道德问题，推崇理性，强调建立社会的公正与正义，主张国家统一办理教育。这些思想对涂尔干也有着深刻的影响。有人认为，涂尔干后来建立的以道德基础为中心的思想体系是源于勒努维埃的。

布特鲁是涂尔干在巴黎高等师范学校读书时的哲学老师，曾在方法论上影响过涂尔干。布特鲁认为，各种科学研究都应具有本领域中的相关性的存在。涂尔干接受并发展了这一观点，认为如果社会科学可以生存的话，必须发展它所要研究的独特对象，开辟社会学自己的园地。涂尔干也因而被看成是"正统社会学的开创者"③。

莫诺德和康朗热是涂尔干在巴黎高等师范学校读书时的历史学老师。在历史学研究方法论上，他们强调研究者本身要保持思想的绝对自由和独立性，防止先入为主观念的干扰。涂尔干接受了这些观点，认为研究一种社会事实时，应从其他社会事实中寻找答案，应从社会环境中去分析和研究，而不能用个人意志的、主观的内省法。

---

① 赵祥麟主编：《外国教育家评传》，第 2 卷，735 页，上海，上海教育出版社，1992。
② 陈秉璋：《实证社会学先锋——涂尔干》，56 页，台北，允晨文化实业股份有限公司，1981。
③ 陈奎熹：《教育社会学》，绪论，3 页，台北，三民书局，1980。

历史表明，功能主义教育思想是 19 世纪西方社会和学术思想发展的共同产物。

第二节　功能主义教育思想的主要特点

功能主义教育思想具有以下三个主要特点。

第一，功能主义教育思想强调教育的社会功能。功能主义者认为，社会类似于生物有机体，各个组成部分既相互依赖又相互独立，在社会的运转过程中发挥着各自的功能，并维护作为一个整体的社会的内部均衡。因此，在研究教育制度时，他们注意的是教育组织中的结构及其功能，强调教育系统的各个子系统的地位以及如何发挥其功能来达到某种目标。就教育的社会功能来说，功能主义者强调教育是社会结构中的重要组成部分，是社会赖以生存的基础；学校作为培养儿童具备一定社会价值观念的重要场所，要传递与灌输维持社会稳定所必要的知识和行为规范。

第二，功能主义教育思想主张教育变迁是社会变迁的一种反映。功能主义教育思想创立者涂尔干在《法国教育学的演变》一书中曾明确指出，教育变迁是更广泛的社会变迁、经济变迁、政治变迁和文化变迁相互作用并综合影响所产生的结果。因此，在研究教育时，应该把教育作为一个社会事实来加以研究，采用社会学方法来阐明教育的真正性质。实际上，在涂尔干那里，教育学与社会学是密不可分的，他的教育思想实际上是其社会学的一个重要组成部分。

第三，功能主义教育思想强调教育目的主要在于使年青一代系统地“社会化”。功能主义者认为，教育的目的是使儿童的身体、智力和道德各方面都得到发展，以便适应整个社会对他们的要求。在他们看来，这是社会和个体的共同需要。因为无论在哪里，教育首先是要满足社会需要。涂尔干指出，年青一代的各方面素质“即使初看起来是多么合乎个体自发的要求，但事实上个体只有当社会对他有所要求时，并且只能以社会对他规定的方式，去获得这些素质”①。由此，功能主义者十分重视道德和道德教育，并强调国家关心与干预教育等。当然，他们并没有排斥教育的“多样化”和“专门化”。

第三节　功能主义教育思想的主要代表人物

涂尔干

1. 生平和教育活动

埃米尔·涂尔干（Emile Durkheim，1858—1917）是法国社会学家和教育家。1858

① 涂尔干：《教育与社会学》，55 页，1980 年法文版。

年 4 月 15 日出生于法国东部孚日省埃皮纳尔镇的一个犹太教教士家庭。涂尔干童年时期受到了严格的家庭教育，对他的人格形成有极大的影响。中学期间，他学习勤奋，成绩优秀。

1879 年，涂尔干考入巴黎高等师范学校。当时，法国高等教育崇尚典雅的修辞学和装饰性学科。对此，他十分不满。

1882 年大学毕业后至 1887 年，涂尔干先后在桑斯、圣康坦和特鲁瓦 3 所国立中学担任哲学教师。这期间，他曾请假一年（1885—1886）到德国去考察教育并进行学术研究，得以与德国实验心理学家冯特（W. Wundt）相识。德国大学生气勃勃的面貌以及德国社会学经济学思想给涂尔干留下了深刻的印象，并“加强了他原有的社会学思想”[①]。

1887 年，涂尔干被聘为波尔多大学讲师。在那里，他开设了法国大学里的第一批社会学课程，受到了学生们的欢迎。他在波尔多大学一直工作到 1902 年。

1902 年，涂尔干受聘于巴黎大学，教授教育学和社会学。尽管他在法国国内已有很大名气，但他仍旧勤奋工作与研究。

1917 年 11 月 15 日，涂尔干因心脏病在巴黎去世。他去世后，作为第一位社会学家被法国政府追认为国家研究院院士。

涂尔干的主要教育著作有：《教育与社会学》（1922）、《道德教育论》（1925）、《法国教育学的演变》（1938）。其中，《教育与社会学》一书是涂尔干教育社会学思想的代表作，被认为是早期教育社会学的古典作品。

2. 教育思想

（1）教育目的

涂尔干把在他之前的教育目的论分为两类：一类是以康德为代表的理性主义的教育目的，一类是以穆勒为代表的功利主义的教育目的。涂尔干认为，这两类目的都存在着缺陷。理性主义的教育目的要求“使每个人都得到他所能达到的充分完善”。在涂尔干看来，这是难以实现的。他认为，所谓的“充分完善”，是指人的各种能力和谐发展，而且在发展过程中又互不损害，这只能是一种“至高无上的理想”。虽然“令人向往”，但“并非都能实现”[②]。因为在实际生活中，人们必须遵守另一个行动准则，即每个人必须献身于某一项特定而有限的任务。涂尔干说：“我们不可能也不应当把一切都献给同一种生活方式；我们根据自己的能力有不同的职责要履行，我们应该与自己肩负的职责相适应。”[③] 功利主义的教育目的要求“使个体成为一个为和自己同样的人谋幸福的工具”[④]。在涂尔干看来，这种功利主义的解释更令人不满。他认为，“幸福”是一种主观的事物，是因人而异

---

① 陈秉璋：《实证社会学先锋——涂尔干》，48 页。

②③④ 涂尔干：《教育及其性质与作用》，载张人杰主编：《国外教育社会学基本文选》，2 页，上海，华东师范大学出版社，2009。

的。每个人都在用自己的方式解释幸福，有的人追求物质生活，而有的人宁愿不活也不愿放弃智力上的乐趣。即使从物质生活上来看，生活标准也会随时间、地点、条件变化而变化，物质生活的“幸福”也难以准确地界定。因此，涂尔干认为，用一种不确定的事物来表述教育目的，就会“使教育目的成为不确定的，因而使教育本身也成为不确定的”①。

于是，从教育的功能和定义着手，涂尔干研究并回答了教育目的这个问题。他认为，从古希腊到19世纪，虽然教育因时间和国家而有很大不同，但是教育始终存在着两个要素：“这就是说，有教育就得面对面地有一代成年人和一代年轻人，还得有前者对后者的影响。”② 所谓“前者对后者的影响”，实际上就是成年人将社会对人的智力、身体和道德几方面的要求传递给年青一代，使年青一代适应并遵守社会形成的种种规范。涂尔干说：“每个社会都形成了某种规范”，“教育要实现的正是这种统一而又多样的规范”③。因此，教育的功能表现在两个方面：第一，使儿童的身心发展符合他所在社会对每一个成员提出的要求，使儿童成为一个合格的社会成员；第二，使儿童的身心发展符合他所属的特定社团（社会等级、社会阶级、家庭、职业）对其全体成员提出的需求，使儿童成为一个特定社团的合格成员。

总之，教育必须满足社会对人的要求，必须培养社会所需要的人。涂尔干强调说：“教育是年长的几代人对社会生活方面尚未成熟的几代人所施加的影响。其目的在于，使儿童的身体、智力和道德状况都得到某些激励与发展，以适应整个政治社会在总体上对儿童的要求，并适应儿童将来所处的特定环境的要求。”或者说，“教育在于使年青一代系统地社会化”。因此，教育从本质上说就成为“社会为了在儿童内心形成自身所必需的基本条件而采用的手段”④。

（2）教育与人的发展

教育在人的发展过程中“能有多大效能”，是涂尔干教育思想中的一个重要问题。涂尔干不赞成“教育万能论”。他说：“教育并非像洛克和爱尔维修认为的那样是从‘白纸’上培养人。”因为，人的一些“先天倾向是很强的，甚至很难被破坏或根本改变”，“在这些先天倾向具有明确目标，并使思想和禀性趋向于某些严密规定的行动方式与思想方式时……需要教育做的事情也就不多了”⑤。涂尔干也不赞成“教育无用论”，他批评那种认为儿童从家长那里继承了很强烈的某种行为倾向的说法，并指出这种说法是根本不符合事实的。

涂尔干十分欣赏苏格兰哲学家和心理学家贝恩（A. Bain）的一段话：“伟大的语言学

---

① 涂尔干：《教育及其性质与作用》，载张人杰主编：《国外教育社会学基本文选》，2页。
② 同上书，5页。
③ 同上书，7～8页。
④ 同上书，8页。
⑤ 同上书，14～15页。

家的儿子没有继承其父的一个词；伟大的旅行家的儿子，在学校的地理学科上可能不如矿工的儿子。”① 他认为，儿童通过遗传所得到的只是一些很一般的能力。这些先天的因素并不能决定儿童的前途，只是提供了一种发展的可能性。他说：“一个想象力相当活跃的儿童，因情况以及对他所施加的影响的不同，将可能成为一个画家，或者成为一个诗人、一个有创造精神的工程师、一个大胆独创的金融家。”② 正是由于儿童天赋的这种可塑性和灵活性，涂尔干才乐观地认为“教育活动有着广阔的天地”③。因为教育可以缩短人出生时所具有的不确定的潜在性与作为社会角色应具备的明确规定的人格之间的距离。

（3）道德教育

涂尔干十分重视道德教育，一是因为道德教育历来被教育学者看成一个最重要的问题，二是因为19世纪末西方资本主义社会变革引发的道德危机的出现，使涂尔干感到道德教育问题特别迫切地需要解决。涂尔干认为，那个时代的教育学者首先应注意的莫过于道德教育问题。只要把公民的道德问题解决好，社会危机就能消除，社会也就能稳定。他强调说：“凡是能减少道德教育的效能，或者使它变得更加不确定的东西，无不同时在破坏公共道德。所以……要求教育学者予以注意的莫过于道德教育问题。”④

在道德教育方面，涂尔干提出了一些合理的建议。首先，道德教育应该是唯理教育。所谓“唯理教育”，就是强调道德教育应该以理性所承认的理念、情感和实践为基础，是一种非宗教的道德教育。涂尔干认为，唯理的道德教育是社会历史发展的需要。因为宗教与道德最初是同源的。在低级社会中，道德的主要特征表现为宗教的道德，强调的是人对上帝应履行的义务而不是人对他人应履行的义务。随着社会的发展，人们逐渐认识到，道德完全可以摆脱神学的束缚而独立存在。因此，割断道德与宗教的联系是社会历史进程中长期酝酿的一场伟大革命，是社会历史发展的要求。当然，按照涂尔干的观点，进行唯理的道德教育并不是简单地将道德教育内容中的宗教因素剔除就成了。他认为，由于道德与宗教同源并有部分重合，因此它们不易区分。但即使可以区分，也不能简单地“只限于取消道德规范中的一切宗教因素，而不打算以新的因素取代，那么，几乎不可避免地就会同时取消严格意义上的道德因素”⑤。

其次，道德教育应该维护道德的神圣性。涂尔干认为，自古以来，道德就具有一种威慑力，强迫人们对它特别尊重。人们需要遵守一些道德信仰和规范。例如，子女对父母应尽的义务、尊重人的生命等。如果有谁不遵守这些道德信仰和规范，他就要受到普遍指责。这种因道德方面引起的指责与因科学观点不同所引起的指责是不一样的。这是因为

① 涂尔干：《教育及其性质与作用》，载张人杰主编：《国外教育社会学基本文选》，15页。

② 同上书，19页。

③ 同上书，16页。

④ 涂尔干：《道德教育论》，载张人杰主编：《国外教育社会学基本文选》，322～323页。

⑤ 同上书，326页。

“道德领域似乎围着一道神秘的栅栏，试图阻止亵渎道德者入内，正像宗教领域禁止渎神者入内一样。这是一个神圣的领域”[1]。在涂尔干看来，道德教育必须维护道德的这种神圣性。否则，对于儿童来说，他们接受的只是一种失去它原有尊严的道德；对于教师来说，他们就会失去权威、热情和力量的支撑物。这样道德教育将会变得毫无威望和生气。

再次，道德教育内容应该随着社会的变化而变化。涂尔干认为，随着社会的变化，道德内容本身必然会受到影响而发生变化。教育者必须因势利导，“帮助年青一代去了解他们模糊追求的新思想，还应指导他们去实现新思想”[2]。

（4）国家在教育中的作用

在国家与教育的关系问题上，当时存在着不同的观点。有的人认为，教育是属于家庭和私人的事务，国家应尽可能地少加干预；有的人认为，国家在教育事务中只能起家庭的助手和替代者的作用。

但是，涂尔干十分强调国家在教育中的作用。他说：“自从教育是一种基本的社会功能起，国家就不能不关心教育。”[3] 在他看来，国家关心与干预教育是由教育目的和教育性质所决定的。“教育首先具有一种集体功能，如果教育目的是使儿童适应他将生活在其中的社会环境，那么社会就不可能不关心这样一种程序。”[4] 教育必须确保公民之间有足够的共同思想感情。涂尔干也指出，国家关心与干预教育是指整个教育活动在某种程度上都应服从国家所施加的影响，而不是由国家垄断教育。例如，国家可以直接负责办理一部分学校，而对另一部分学校只实施监督。尽管对国家干预教育的内容和程度进行限定是困难的，但是，国家干预教育的原则是不容怀疑的，没有一所学校可以完全自由地进行反社会的教育。

第四节 功能主义教育思想的影响与评析

功能主义教育思想自19世纪末由涂尔干创立到20世纪50年代美国教育社会学家帕森斯（T. Parsons）成为功能主义教育思想集大成者，在西方教育社会学领域中产生了很大的影响，成为欧美三大教育社会学派别之一。

从政治上说，功能主义者属于调和派和空想者。虽然早期的功能主义者试图接近社会主义，并把社会主义者看成有巨大社会意义的运动，涂尔干本人还多次做过有关社会主义的演讲，但是，他们从来不是社会主义者，也未能真正理解社会主义。他们承认和希望克

① 涂尔干：《道德教育论》，载张人杰主编：《国外教育社会学基本文选》，327页。
② 同上书，329页。
③ 涂尔干：《教育及其性质与作用》，载张人杰主编：《国外教育社会学基本文选》，16页。
④ 同上书，13页。

服资本主义社会的危机，但是否认阶级斗争和冲突。正是从这个立场出发，功能主义者主张通过温和的方法来解决社会矛盾，这个方法就是进行社会分工。因此，涂尔干深入地研究了社会分工问题，认为“劳动分工是生存斗争的结果，可它是一种缓和了的结局。确实，由于劳动分工，竞争者无须自相残杀，能彼此共存”①。为了支持社会分工理论，涂尔干在论述社会成员的同质性对于维持社会存在和发展的必要性的同时，也论证了社会成员之间的多样性或异质性的合理性，要求教育为保持这种多样性服务，希望通过教育达到解决社会分工问题进而解决资本主义社会矛盾。然而，这是一个善良而天真的幻想。

功能主义者对于道德和道德教育在稳定社会中的作用是寄予很高期望的。他们认为，人类的私欲只能在他们所尊重的道德力量面前有所收敛；而且，道德具有一种强制性的威慑力量，强迫人们对它特别尊重。因此，功能主义者希望通过教育，特别是通过唯理的道德教育来统一人们的思想，培养人们共同的价值观念和情感，遵守公认的道德规范。

显然，功能主义者过高地估计了道德和道德教育对社会的作用。按照涂尔干的观点，人的道德行为有三个特征，即纪律感、集体感和自律功能。然而，对于一个丧失了集体感、纪律感和缺乏自律功能的人来说，道德的威慑力是有限的。但应该指出，功能主义者提出的一些有关道德力量的见解以及道德教育的方法是具有一定积极意义的。例如，社会应该充分利用道德这种强大的力量去规范人的行为，保证社会的稳定。

此外，功能主义者重视教育在社会稳定与发展中的作用，强调教育要满足社会需要以及国家应干预但不垄断教育的建议，是有一定的合理性的。

但是，应该指出，功能主义教育思想的致命弱点是，他们不切实际的理想主义，把他们的理论构建在假设的和谐社会基础之上，他们忽略了（正确地说，是不愿承认）资本主义社会的阶级矛盾和冲突，对教育在解决社会矛盾和危机上的作用寄予了过高的期望。这也是功能主义者招致西方其他教育社会学派批评的主要原因。

拓展阅读书目

1. 涂尔干. 教育及其性质与作用//张人杰. 国外教育社会学基本文选. 上海：华东师范大学出版社，2009：1-19.

2. 涂尔干. 道德教育. 陈光金，等译. 上海：上海人民出版社，2001.

① 阿隆：《社会学主要思潮》，万智强等译，431页，上海，上海译文出版社，1988。

下　　卷

20 世纪

第六编　20 世纪前半期

19 世纪末 20 世纪初，欧美国家的经济和科学技术的进一步发展，不仅使社会生活发生了很大的变化，而且也对学校教育提出了新的需求。但是，在欧美国家的学校教育领域中，以主知主义教育思想为标志的“传统教育”理论占据了统治地位，致使教育上的形式主义盛行。无论是培养目标和教学组织形式，还是课程内容和教学方法，都不能适应新时代的需要。在这种历史背景下，欧美国家的许多教育家对传统的教育理论和方法进行了批判，并进行了各自的教育实验活动，兴起了一场规模很大的欧美教育革新运动，在欧洲称为“新教育”运动，在美国则称为“进步教育”运动。

在这场欧美教育革新运动中，产生了“新教育”思想、实验教育思想、“自由教育”思想、劳作教育思想、“进步教育”思想和实用主义教育思想。这些教育思想都是作为以主知主义教育思想为标志的“传统教育”派理论的对立面而出现的，一般通称为“现代教育”派理论。

在欧洲，“新教育”思想在 20 世纪前半期成为一种具有广泛影响的教育思潮。它反对主知主义教育，反对忽视现代社会生活需求的传统课程，反对形而上学的教学和管理模式，反对压抑儿童个性的发展，从而促使传统的教育观念和僵化的学校教育模式开始发生深刻的变革。至于以教育实验为标志的实验教育思想、以强调儿童个性自由发展为特征的“自由教育”思想以及提倡劳作科目和劳作训练的劳作教育思想，就它们的思想实质来说，也可以归入“新教育”思想的范畴。应该说，它们既是相互联系的，又是相互影响的。

在美国，“进步教育”思想在 20 世纪前半期也成为一种影响最大的教育思潮，几乎没有一所学校能逃脱它的影响。它强调个性的培养和表现，强调自由活动，强调从经验中学习，试图改革整个传统的学校教育制度。与此同时，以杜威为代表人物的实用主义教育思想既与“进步教育”思想有着紧密的联系，但又不是完全等同的。杜威曾经批评进步教育家在“进步教育”运动中所采取的一些极端的做法。在西方教育思想中，实用主义教育思想无疑是一个最系统的和最完整的教育理论体系。尽管它是一种具有美国特色的教育思想，但在世界范围内都产生了广泛而深刻的影响。但应该指出，实用主义教育思想本身也存在着不足之处。

1929 年资本主义世界经济危机爆发之后，欧美国家尤其是美国的一些教育家开始批判“现代教育”派理论。于是，产生了改造主义教育思想。尽管以美国教育家布拉梅尔德为代表人物的改造主义教育思想强调“社会中心”而不是“儿童中心”，强调“社会改造”而不是“个人生长”，重视学校教育在“危机时代”的使命，但在现代西方教育思想中，它一般被看作是实用主义教育思想和“进步教育”思想的分支。

20 世纪 20 年代，在德国产生了以斯普朗格和李特为代表人物的文化教育学思想。它从人文科学和文化哲学的角度去研究教育问题，强调“教育是文化的过程”和“文化陶冶”。在教育理论和方法上，文化教育学思想提出了一些新的看法。这无疑也是对传统的教育理论和方法的批判。

20 世纪 30 年代，在苏联产生了以克鲁普斯卡娅（又译“克鲁普斯卡雅”）、卢那察尔斯基为代表人物的综合技术教育思想和以马卡连柯为代表人物的集体主义教育思想。综合技术教育思想强调理论与实践的结合，主张普通教育与劳动教育的联系；集体主义教育思想强调集体的作用以及集体教育。这两种教育思想对当时苏维埃教育理论和实践的发展都产生了很大的影响。

第二十五章

“新教育”思想

“新教育”思想从 19 世纪 90 年代开始在英国产生，后来又扩展到欧洲其他国家。它的主要代表人物有英国教育家雷迪、巴德利、怀特海、沛西·能，以及德国教育家利茨、法国教育家德摩林、比利时教育家德可乐利和瑞典教育家爱伦·凯等。其中，雷迪被称为“新教育之父”。他们分别在自己的国家开办“新学校”，进行教育革新试验。“新教育”思想从多方面批判旧的传统教育理论和方法，反对主知主义教育思想，主张建立符合现代社会需求的“新学校”，强调儿童个人的自由和发展以及学校教育同社会生活的联系。在 20 世纪前半期，它成为一种遍及欧洲各国并对世界上其他国家的教育产生较大影响的教育思潮。

第一节 “新教育”思想产生的背景

19 世纪后半期，尤其是在 19 世纪最后 30 年里，欧洲各国的资本主义经济发展更为迅速，工业生产总值增加一倍多。欧洲各国资产阶级依靠对本国劳动人民的剥削以及对殖民地和半殖民地人民的掠夺，利用最新的科学技术成就，继续扩大资本主义经济。在冶金工业方面，开始广泛应用新的炼钢法；在动力工业方面，出现了更经济、效能更高的内燃机。此外，这一时期还出现了化学工业和电力工业等一些新的工业部门。交通运输方面也有了新的革新。新的科学技术在欧洲各国工业中的广泛应用，无疑极大地推动了工业生产的迅速发展。工业生产的发展以及城市人口的增加，又促进了农业耕作机械化的进一步发展，使得农业生产水平有了显著的提高。

当然，欧洲各国的资本主义经济发展并不平衡。英国的工业发展速度虽然落后于新兴的资本主义国家，但在对外贸易、造船业、纺织业等方面仍处于领先地位，在银行资本方面更占有绝对的优势。法国的工业生产有了一定的增长，特别是煤矿工业和纺织工业。德国建立了现代化的工业体系，主要工业部门的生产已开始赶上英国和法国。欧洲其他一些国家的资本主义经济也都有了一定的发展。

工业和经济的迅速发展以及新的科学技术的广泛使用，必然促使欧洲国家的社会生活发生巨大的变化，并对学校教育提出新的需求。当然，随着工业革命以及经济和科学技术的发展，欧洲各国的学校教育在这一时期也有了较大的发展。欧洲各国大多颁行了普及义务教育法令，儿童入学率有了较大的增长。但是，在欧洲国家学校教育领域占统治地位的仍然是历史悠久的传统的教育理论、教学组织形式、课程内容和教学方法，这显然不能适应新的时代提出的新的需求，欧洲国家的学校教育面临着一场新的挑战。

如果追溯西方教育历史的话，早在 18 世纪法国启蒙运动中，法国教育家卢梭就提出了“自然教育”思想，尖锐地批判了封建的、传统的经院主义教育，为西方新的教育理论的诞生和发展奠定了初步的基础，“自然教育”思想被称为“新旧教育的分水岭”。之后，瑞士教育家裴斯泰洛齐又大声疾呼：“时代在进步，五十年来，一切都变动了，学校还是依然故我，这哪能培养出现代的人才，哪能适合时代的需要。”① 应该说，这些教育家提出的观点实际上是欧洲“新教育”思想的先声。

此外，19 世纪后半期自然科学的发展，特别是生物学和心理学的发展，为“新教育”思想提供了科学依据，奠定了方法论的基础。值得注意的是，达尔文的进化论不仅使心理学开辟了新的研究领域，如儿童心理个别差异和心理遗传等方面的研究；而且使人们把心

---

① 裴斯泰洛齐：《林哈德和葛笃德》，下卷，438 页。

理现象作为一个过程，从体系上进行综合研究，促使了科学心理学理论的诞生。这一切也就为“新教育”思想的产生提供了有利的条件。

“新教育”思想从19世纪90年代开始在英国产生。英国教育家雷迪于1889年创办的阿博茨霍尔姆学校是欧洲第一所“新学校”。“新教育”思想后来又扩展到德国、法国、比利时、瑞士、意大利等欧洲其他国家，形成了一种具有广泛影响的新的教育思潮。欧洲不同国家的新教育家在一个共同的背景下，联合对传统学校教育发动了一次巨大的冲击。他们尖锐地批判了传统的教育理论和方法，提出了新的教育观点和主张，试图使学校教育适应新的时代的要求。他们期望“新教育”思想和实践不仅要成功地创造教育的新秩序，而且还要形成人类社会生活的新方式。瑞士教育家、“国际新学校局”的发起人费列尔（A. Ferriere）曾指出：“新教育”思想作为“一种新的精神在世界上传播开来……旧的传统学校将不能抵制它。在旧的传统学校的地方，将在通过经验而提炼的科学知识基础上，建立起一座更宏伟的大厦。总有一天，我们将看到，人们不再憎恨他们童年时代的学校，因为他们将在那里使自己身体健康、精神和谐和心智丰富”①。

“新教育”思想的广泛传播和发展，使得欧洲国家在20世纪前半期出现了盛行一时的新教育运动。新教育运动的深入开展以及新教育联谊会的建立，在一定程度上又反过来推动了“新教育”思想的发展。

毋庸置疑，“新教育”思想和新教育运动是欧洲国家对工业化反应的一个方面，也是整个世界对工业化的更广泛反应的一部分。其目的是试图培养能够意识到经济和社会迅速变化的重要性，以及意识到表现人格之新机会的人。

第二节 “新教育”思想的主要特点

“新教育”思想具有以下五个主要特点。

第一，“新教育”思想具有广泛性。“新教育”思想以英国教育家雷迪的阿博茨霍尔姆学校为开端，后来遍及欧洲其他国家。它不是某个国家所特有的教育思想，而是在欧洲国家工业和经济迅速发展，以及社会生活变革的共同背景下形成的一种遍及欧洲各国并在世界范围内产生广泛影响的教育思潮。

第二，“新教育”思想尖锐地批判了传统的教育理论和方法，是对传统学校教育的一次巨大冲击。与传统教育理论不同，“新教育”思想的基本原则有以下几个方面：一是反对主知主义，反对学校过分考虑对儿童灌输知识，强调学校的责任在于鼓励儿童去解决问题以及学习如何使用科学的方法。二是反对忽视现代社会需求的传统课程，强调学校课程

① 费列尔：《活动学校》，13～14页，1927年英文版。

应该更多地反映现实社会生活，使儿童有更多的机会参加具有生活特点的活动和锻炼能力。三是反对学校生活中僵化的、呆板的教学组织形式和管理方法，强调学校不仅应该对社会变革做出反应，而且应该是社会变革的先导。四是反对学校在精神上对儿童的压抑，强调学校应该为儿童个人的自由和完善发展创造条件。概括起来说，“新教育”思想在内容上倾向于现代社会需要以及在这个社会中的个人发展；在方法上倾向于使每个儿童注重于解决问题和获得实际经验；在组织上倾向于促进儿童的自我管理和社区生活。

第三，“新教育”思想是以“新学校”为实验室的。“新学校”大多是一种收费的寄宿学校，设在远离城市的郊外、风景优美的乡村。“新学校”在欧洲各国的名称不一，在英国称为“乡村寄宿学校”，在德国称为“乡村教育之家”，在法国称为“罗歇斯学校”，在比利时称为“隐修学校”。尽管其名称并不相同，但它们招收的大多是富裕家庭的儿童，学校的校舍设备都很舒适，并有条件良好的体育馆、图书馆和实验室等。瑞士教育家费列尔在1915年的一次讲话中指出：“最重要的是，新学校是带有一种家庭环境的乡村寄宿学校。在那里，儿童的个人经验，实际上是在与手工劳动联系中发展的智力教育和通过儿童自我管理而进行的道德教育两方面的基础。”①

第四，“新教育”思想的提倡者大多是有教学实践经验的教师。他们在自己开办的“新学校”里注重教学组织形式、课程内容、教学方法以及学校管理的改革。例如，雷迪的阿博茨霍尔姆学校、巴德利的贝达尔斯学校、利茨的乡村教育之家、德摩林的罗歇斯学校、德可乐利的隐修学校等。虽然有一些新教育家没有开办“新学校”，但他们都在长期从事教育实践的基础上，从不同的角度和方面阐述了“新教育”思想，如爱伦·凯、怀特海和沛西·能等。尤其是沛西·能，他把许多新教育家的实践经验上升为理论，而成为“新教育”思想之集大成者。

第五，“新教育”思想是20世纪前半期欧美教育革新思潮的一个组成部分。虽然“新教育”思想产生于欧洲，但是它通过那些到欧洲学习考察过的美国教育家的介绍而在美国得到传播。尤其是欧洲新教育家与美国的进步主义教育家在1910年之后开始的交流和合作，使得具有相同基础和相同目标的“新教育”思想与“进步教育”思想汇合起来，并被看作统一的欧美教育革新思潮。

第三节 “新教育”思想的主要代表人物

一、雷迪

1. 生平和教育活动

塞西尔·雷迪（Cecil Reddie，1858—1932）是英国教育家，欧洲第一所“新学校”

① 康内尔：《20世纪世界教育史》，240页，1980年英文版。

阿博茨霍尔姆学校的创办者。1858 年 10 月 10 日，雷迪出生于英国伦敦附近的富勒姆。1878—1882 年，雷迪在爱丁堡大学读书。毕业时因成绩优秀而获得奖学金，使他有机会赴德国哥廷根大学深造，在那里获得博士学位。

回国后，雷迪在爱丁堡的费迪斯学院任教，对科学的教学方法以及有关教育理论的书籍产生了兴趣。从 1886 年冬天起，他担任了克利夫登公学的教师。在该校校长威尔逊（R. J. Wilson）的影响下，雷迪萌发了创办一所“新学校”的想法。1889 年 10 月，他在德比郡的罗彻斯特郊外创办了一所乡村寄宿学校，只招收 11～18 岁的男生，通称“阿博茨霍尔姆学校”。1927 年，雷迪退休。

1932 年 5 月，雷迪因病在英国的韦林加登去世。由于雷迪的教育思想和实践对欧洲新教育运动产生了重要的影响，而被称为“新教育之父”。

2. 教育思想

（1）学校的任务

雷迪认为，学校的任务主要是促进儿童个人的自由发展，即身体和心灵的健全发展，而不是用书本知识去压抑儿童的发展。他强调说：“教育的目的应该在于协调。”① 因此，雷迪把阿博茨霍尔姆学校建在面积宽广、风景美丽的乡村。为了实现使儿童协调发展的目标，学校的每日生活分成三个部分：上午主要是学术活动，下午是体育锻炼和户外活动，傍晚是娱乐和艺术活动。

（2）课程内容

在学校的课程内容上，雷迪提出应该包括五个部分：一是体育活动和手工劳动。在进行体育锻炼的同时，要求儿童在学校园地上参加农业生产劳动，并参加如缝纫、制鞋、烹饪、木工和金工等其他手工劳动。二是艺术方面的课程。要求儿童学习最好的传统艺术和现代艺术，进行唱歌、戏剧表演等活动。三是文学和智力方面的课程。与古典主义课程不同，其中最主要的是英语，还有法语和德语以及数学、物理、化学、生物、历史、地理和社会科学等。四是社会教育。整个学校与一个社区密切联系，要求儿童在晚上或周末参加社区的娱乐和俱乐部活动等。这是学校课程的一个重要组成部分。五是道德和宗教教育。它主要是通过学校教职人员的影响、儿童所生活的环境以及非教派的教堂来进行。雷迪强调指出，在学校生活中，这五个部分是密切联系和不可分割的。因为只有这样，才能使儿童获得知识、力量和技能，在各方面都得到良好的发展。

（3）基本原则

雷迪还认为，在学校的整个生活中，“合作”“和谐”和“领导”是三个基本原则。教师与儿童之间应该建立一种真诚的信赖关系；在各种活动中应该采取小组的形式；学校工

---

① 雷迪：《阿博茨霍尔姆学校》，15 页，1900 年英文版。

作应该根据提供一种“全面而协调的生活”的要求来进行设计，并在活动中使儿童学习如何去领导。

雷迪强调说：“我们特别需要造就一个领导阶级。我们能通过明智的和有生气的教育来造就它。”① 因此，既要重视儿童的个性发展，又要重视教育的社会目的。

阿博茨霍尔姆学校为欧洲乃至世界上的“新学校”树立了一个模式，以后的“新学校”都是直接或间接地仿照它而建立的。法国教育家德摩林 1894 年在参观访问该校后指出：雷迪的阿博茨霍尔姆学校在为更适应社会生活需求的新教育发展中开辟了一个新纪元。② 1939 年阿博茨霍尔姆学校 50 周年时，原该校教师巴德利在纪念册上写道：“新教育”的“理想还在传播，并在教育中开创了一个新纪元。……这是雷迪所提出的远见……而使阿博茨霍尔姆学校成为一个模式。一些不同形式的‘新学校’从它那里得到了它们的一般形式，并受到了鼓舞”③。

二、巴德利

1. 生平和教育活动

约翰·赫顿·巴德利（John Haden Badley，1865—1967）是英国教育家、贝达尔斯学校的创办者。1865 年 2 月 21 日，巴德利出生于英国伍斯特郡的一个名医家庭。1880 年，巴德利就读于拉格比公学，但对那里的教学表示不满。

1889 年从剑桥大学三一学院毕业后，巴德利应雷迪的聘请担任了阿博茨霍尔姆学校的教师。在那里任教的 3 年里，他是一个充满活力和具有批判精神的人，并受到雷迪的教育思想的影响。巴德利曾这样说：“在我的一生中，在阿博茨霍尔姆学校任教是最重要的转折点。”④

后来因在男女同校教育等问题上与雷迪意见不一，巴德利决心自己开办一所“新学校”。1893 年 1 月，他在英国的苏塞克斯建立了贝达尔斯学校。由于它在各方面与阿博茨霍尔姆学校基本相似，因此，它首先是以阿博茨霍尔姆学校的分支而闻名。巴德利担任贝达尔斯学校校长 42 年，直到 1935 年才退休。

1967 年 3 月 6 日，巴德利去世，享年 102 岁。

2. 教育思想

（1）教育原则

为了培养有创造力的个人，巴德利提出了六条原则：一是在男女同校教育的环境中给

---

① 布尔：《雷迪的一生和性格》，49 页，1901 年英文版。
② 柯布：《新教育的原则及实际》，崔载阳译，54 页，上海，中华书局，1933。
③ 斯图尔特：《英国教育中的进步主义者和激进主义者》，411 页，1972 年英文版。
④ 巴德利：《回忆与思考》，320 页，1955 年英文版。

儿童充分的自由，使他们的身心得到正常的和健全的发展。二是既注意每个儿童心智的、道德的和身体的需要，又考虑社会的需要。三是给儿童提供充分表现的机会，以适合他们的创造冲动。四是举行宗教仪式活动，但不强迫儿童参加。五是提倡合作精神。六是在教师与儿童之间建立一种友好和信任的关系。

巴德利强调男女同校教育，主张男女同学应该一起上课，一起活动。他认为，这样做的目的是“给女生以与男生同样的健康生活及同样宽广的知识训练，同时可使她们参加学校中的各种生活，得到多方面的兴趣”①。

（2）教学活动

在教学活动方面，巴德利提出初级学校（4～11 岁）、中级学校（12～16 岁）和高级学校（17～19 岁）必须有所区别。初级学校上午除一小时室内知识作业活动外，应该让所有儿童都可以自由地选择自己最感兴趣的活动；下午安排户外活动，让儿童喜欢干什么就干什么。巴德利认为，要初级学校的儿童整个上午时间都从事知识作业活动实在是一个错误。中级学校应该给学生提供一种广阔的普通教育，以便发展他们的一切能力，为将来任何一方面的专门学习做好准备；与此同时，应该使每个学生有选择地学习绘画、手工、烹饪、刺绣等技艺。高级学校应该使那些通过在 17 岁时举行的考试的学生能自由地选择所喜爱的科目进行学习研究，并实行个别教学；其中能力优异者可以准备升大学，其他学生则选学范围广泛的符合日常生活需要的科目。

此外，巴德利也十分注重儿童的身体健康。他认为，在学校里，应规定充足的睡眠时间以及体育活动时间，要求每个儿童都参加学校组织的体育活动。学校在每学期末还应对儿童进行体格检查，并做详细的记录。

（3）学校管理

巴德利认为，在学校管理方面，儿童自治是一种有效的方法。学校的校务和日常生活的管理应该尽量交给年龄较大的男女学生去负责。校长、教师和学生代表组成学校参议会，每年修改校规一次，并讨论校内任何人所提出的意见或建议。但巴德利指出，儿童自治主要是处理他们确实能够自己解决的事情，而不能为所欲为。

巴德利最后强调指出，学校应该加强与社区的密切联系，使儿童参加社区的活动。他说：“不管你意识到或没有意识到，每所学校都是社会目的的一种体现，我想我会尽量去实现我的理想，使贝达尔斯学校成为一个社区的工作模式。”②

与雷迪相比，巴德利的教育思想和实践更受人们的欢迎。美国教育家华虚朋（C. W. Washburne）在《欧洲新学校》一书中指出：“巴德利和他的同事们的崇高目的、男女同校教育、身心两方面的均衡发展、适应个人的需要，以及美丽的学校环境，所有这

① 迈耶：《现代欧洲教育家及其事业》，陈子明、方惇颐合译，130 页，上海，中华书局，1935。

② 巴德利：《回忆与思考》，11 页。

一切使得贝达尔斯几乎成了一所理想的学校。”①

三、利茨

1. 生平和教育活动

赫尔曼·利茨（Hermann Lietz，1868—1919）是德国教育家，乡村教育之家的创办者。1868 年 4 月 28 日，利茨出生于德国的吕根岛。在格里夫斯沃尔的一所寄宿中学读书时，他对传统学校压制儿童发展和忽视儿童兴趣的做法极为不满。

中学毕业后，利茨曾先后在哈勒大学和耶拿大学学习哲学和教育学。在耶拿大学时，他曾受到德国著名教育家赖因（W. Rein）的影响。

1896 年，由于赖因的介绍，利茨访问了英国教育家雷迪的阿博茨霍尔姆学校，并在那里教了一年书。此外，他在教育思想上还受到了法国教育家卢梭和瑞士教育家裴斯泰洛齐等的影响。

1898 年，利茨仿照阿博茨霍尔姆学校的模式，在哈尔茨山区的伊尔森堡创办了德国第一所乡村教育之家，招收 6～12 岁的男生。1901 年，他在图林根地区的豪宾达开办了第二所乡村教育之家，招收 13～15 岁的男生。1904 年，他又在富尔达附近的比贝尔斯泰因建立了第三所乡村教育之家，招收 16～19 岁的男生。

1919 年 6 月 12 日，利茨因病去世。

2. 教育思想

（1）批判传统教育制度

在德国教育家中，利茨最早对德国的传统教育制度提出挑战。从对自己童年时代在农场里快乐生活的回忆中，他强调指出，农村的环境是一种教育力量。为了达到“创造新时代与新民族，培养新人与德意志人”的目的，利茨认为，必须精心选择学校的地点。因为在远离喧闹和杂乱的城市的大自然环境里，儿童的身体和心灵可以得到充分的、均衡的发展。因此，他创办的乡村教育之家都设在风景优美的乡村，校舍建筑周围就是山、森林、溪流和牧场。但是，利茨也认为，学校应该有优良的设备条件，包括寝室、餐厅、会场、工场和田园等。

（2）建立乡村教育之家

乡村教育之家作为一种寄宿学校的形式，利茨认为，它应该提供一种和谐友爱的家庭气氛，使教师和儿童在那里一起平等地生活。教师应该尽量多地接触和了解儿童，而不应该对儿童训斥和责难。对于乡村教育之家的生活问题，教师和儿童都有发言权。教师在做出表率的同时，还应给儿童以帮助和鼓励。在利茨看来，乡村教育之家与其说是学校，不

① 华虚朋等：《欧洲新学校》，唐现之译，32 页，上海，中华书局，1931。

如说是儿童生活的场所、儿童的乐园。

利茨还认为，乡村教育之家必须注意提供各种活动。儿童分成一个个小组进行学术、体育和艺术活动，以及参加手工劳动和实际工作。在具体安排上，上午是学术活动，下午是手工劳动、体操、游戏与艺术活动，傍晚时全体学生还集合起来愉快地谈话、讨论以及开展音乐和娱乐活动。利茨指出，它有两个特点：一是所有的兴趣都建立在儿童的兴趣和经验之上；二是把手工活动和园艺活动作为学术活动的补充。在他看来，这样做不仅可以使儿童成为一个有知识的人，而且成为一个会去探索和行动的人。

为了把儿童培养成“清楚地和深刻地思考，热情地探索，以及勇敢地果断行动”① 的人，利茨认为，在乡村教育之家中，应该把智力活动与体育活动、社会教育和艺术欣赏协调地结合起来。在智力活动方面，儿童主要学习德语、数学、自然科学、历史和地理等，但教学方法以直观教学和实物教学为主。在体育活动方面，儿童主要参加体操、游戏、各种竞技、远足、赛跑和爬山等。在劳动方面，儿童主要根据自己的兴趣和能力，在园丁或农夫的指导下学习植物栽培和动物饲养等。在艺术活动方面，儿童要学习绘画、雕刻和音乐，从事自己房间的装饰设计，参加校内乐队和合唱团等。

最后，利茨强调指出，要把“新教育”思想付诸实践，既需要领导者的创造力、判断力、勇敢精神、严密的思考力和毅力，教师的能力、真诚和献身精神，也需要学生家长的信任和了解，还需要儿童的灵敏性、接受能力和热情。

四、德摩林

1. 生平和教育活动

埃德蒙·德摩林（Edmond Demolins，1852—1907）是法国社会学家和教育家，罗歇斯学校的创办者。他曾就读于蒙格勒耶稣院，后来创办过《社会改革》《社会科学》等杂志。

1894 年 8 月，德摩林在英国爱丁堡大学的暑期班与雷迪相识，后来又参观了阿博茨霍尔姆学校，深受雷迪的“新教育”思想的影响；随后，德摩林又访问了巴德利的贝达尔斯学校，也留下了深刻的印象。

1897 年，德摩林写了《英国民族的优越性在哪里?》一书，介绍了阿博茨霍尔姆、贝达尔斯等“新学校”。1899 年，他在巴黎附近的诺曼底风景区创办了罗歇斯学校。这所学校的工作实际上追随了贝达尔斯学校的路线，但在只招收男生上又有点像阿博茨霍尔姆学校。

德摩林在 1901 年还写了《新教育》一书，系统地提出了他自己对“新教育”的见解。

---

① 康内尔：《20 世纪世界教育史》，128 页。

2. 教育思想

(1) 学校的目的

德摩林尖锐地指出，传统的古典主义教育忽视现代科学知识的传授和实际能力的训练，也不利于学生的创造性活动能力的发展。他说：传统学校教育“是不好的，是注定要失败的，因为它使人成为势利的、追求名次的以及把精力和心血浪费在无意义的探究上的人”。因此，德摩林坚决主张给儿童提供“一种真正自由的教育”①。在他看来，雷迪的阿博茨霍尔姆学校为“新学校”的发展开创了一个新纪元。“新学校”的特色就在于，教育内容比较广泛、教育方法比较自然、更有利于儿童个人的自由发展。

在创办学校的目的方面，德摩林认为，学校应该通过各种活动和训练，使每个儿童身体健康，心智得到完善的发展，并培养良好的道德。因此，学校课程应包括现代语文、数学、自然科学、历史、地理和手工劳动等。在具体安排上，一般上午应用来安排学术活动，下午用来安排户外活动、游戏、体育运动以及儿童自己所喜欢的活动。德摩林强调指出，儿童应享有充分的自由，在学术上不要对他们施加过分的压力。

(2) 体育运动

德摩林特别重视体育运动。他认为，学校应该有良好的体育运动设施。例如，运动场、篮球场、网球场、游泳池和射击场等。罗歇斯学校规定：每个儿童每天须有一小时练习体操，每周须有三个下午用来进行体育运动。所以，有人把罗歇斯学校称为“运动学校”。

(3) 师生关系

德摩林认为，在教师与儿童之间应该建立一种合作的密切关系。因此，在罗歇斯学校里，儿童分别组成一些“小家庭”，各占一幢楼。每个“小家庭”都制定了特殊的“家庭生活规则”。教师与儿童住在同一幢楼里，参与儿童的各种活动，帮助“小家庭”进行生活的改善。

为了保证儿童个性的发展，德摩林强调指出，在校园里应该允许儿童行动自由，而不应有不适当的限制。在学校生活的各个方面，大部分应该由儿童自己管理。校内可以设有各种委员会，由儿童自己主持和组织学校的一些活动，如出版校报、管理体育运动以及安排手工劳动等。

五、德可乐利

1. 生平和教育活动

奥维德·德可乐利（Ovide Decroly，1871—1932）是比利时教育家，隐修学校的创办

① 科恩：《美国教育：资料文献史》，第3卷，1950页，1974年英文版。

者。1871年7月23日，德可乐利出生于比利时东佛拉芒省雷内克斯的一个企业主家庭。中学毕业后，德可乐利进入根特大学医学院读书，并获得医学博士学位。后来又赴德国柏林大学和法国巴黎大学进修。1899年回国后，他在布鲁塞尔当了一名医生。

1901年，德可乐利利用自己在布鲁塞尔的住宅开设了一所特殊儿童学校。1903年，他被任命为布鲁塞尔市的特殊教育督学。

1907年，德可乐利在布鲁塞尔市近郊创办了一所生活学校，起名为“隐修学校”，采用与教育身心有缺陷儿童相同的教育方法进行正常儿童的教育。这所学校后来以“德可乐利学校”著称。

此后，德可乐利曾在布鲁塞尔高等师范学校、布鲁塞尔大学任教。他还积极赞助欧洲的新教育联谊会。

1932年9月10日，德可乐利因病在于克勒去世。

2. 教育思想

(1) 从生活中学习

德可乐利对传统学校教育进行了尖锐的批判。他指出，传统学校教育的弊病主要是：过多的学术性，过于注重书本知识，而没有充分适应儿童的年龄、兴趣、需要和能力；学习的科目是互相隔离的，根本没有考虑儿童的思维能力发展；儿童花费在获得书本知识上的时间和精力太多；给儿童自由活动和发挥创造性的机会太少；等等。按照德可乐利的意见，社会生活环境和条件正在变化，工业、农业和商业也在发展，因此，学校教育没有什么理由依然故我，教育和教学的方法必须进行革新。

为了克服传统学校教育的弊病，德可乐利认为，关键是使儿童从生活中学习，并把儿童看成是一个正在生长并有高度发展的大脑机制的、具有广泛的心理和社会功能的生物。由此出发，德可乐利确立了“生活教育”的两条宗旨：一是“使儿童在生活中为生活而准备”；二是“组织适宜儿童发展倾向的环境并提供适当的刺激”①。

(2) 儿童的兴趣

德可乐利十分注重儿童的兴趣。他强调说：“兴趣是个水闸。依靠它，能打开注意的水库并指引注意流下来。”② 在德可乐利看来，兴趣可以解释为“优势倾向”或“好奇心”。兴趣一般分为四类：一是对食物的兴趣；二是寻求保护自己的基本要素的兴趣；三是防御敌人的兴趣；四是对个人或团体的工作的兴趣。德可乐利认为，儿童兴趣的核心在于对事物整体的认识。每个兴趣中心都像设计单元一样，应付一个大问题，并由此出发学习各种知识，而且每个兴趣中心都有一个中心概念贯穿全过程。

但是，德可乐利又指出，兴趣中心是以儿童的基本需要为根据的。由于生活包括生物

---

① 舒新城：《现代教育方法》，286页，上海，商务印书馆，1930。
② 康内尔：《20世纪世界教育史》，145页。

自身和生物所处的环境两个方面，因此，它也相应地分为满足个人需要的活动和满足社会需要的活动。例如，“我饿”是儿童的需要，“果子”就是兴趣中心；“我冷”是儿童的需要，“衣服”就是兴趣中心；“我要游戏”是儿童的需要，“玩具”就是兴趣中心。

德可乐利强调指出，儿童的认识活动可以分为观察、联想和表述三个部分。具体来说，儿童在生活环境中，以观察为基础，继之以联想，最后是表达。观察指儿童个人对自然界和社会现象的直接观察。它分为日常的观察以及与所研究问题有关的观察两种。联想指儿童把直接的经验集合、分类和比较，使儿童认识由观察而得的经验与由回忆而起的经验两者之间的关系。它分为空间的联想、时间的联想、协调人的需要的联想和因果的联想四种。表达指把观察和联想中所得来的知识应用于实践活动。它分为具体的表达和抽象的表达两种。德可乐利认为，这也是教学过程的三个步骤。根据整体化和兴趣中心的原则，观察、联想和表达这三个步骤在教学过程中是密切联系的，但表达是其中最重要的一个步骤，而且这三个步骤都必须由儿童自己去完成。

六、爱伦·凯

1. 生平和教育活动

爱伦·凯（Ellen Key，1849—1926）是瑞典作家和教育家，原名卡罗琳娜·索菲娅·凯（Karolina Sofia Key）。1849年12月11日，爱伦·凯出生于瑞典斯莫兰州森德修姆的一个议员家庭。在富有自由思想和文化气息的家庭环境中，爱伦·凯自幼喜爱读书，热爱大自然，并表现出不同寻常的独立自主精神。

1868年，爱伦·凯全家迁居斯德哥尔摩。此后，她开始向妇女杂志《理想》投稿。后来又随父亲到欧洲许多国家游历。回国后，爱伦·凯担任了她父亲的秘书。其间，她学习研究卢梭、达尔文和斯宾塞等的著作，在思想上受到了深刻的影响。

1879年后，由于她父亲在事业上的失败以及父母相继去世，爱伦·凯只得独自谋生，生活颇为清贫。但是，她仍献身于瑞典民众教育工作，先后在女子学校、平民大学任教。

大约从1900年起，爱伦·凯放弃其他一切工作，而致力于妇女问题和儿童教育问题的研究。她还出版了《儿童之世纪》（1900）这部举世闻名的“新教育”经典著作。

爱伦·凯一生未婚，于1926年4月25日去世。

2. 教育思想

（1）儿童的世纪

爱伦·凯尖锐地批判旧的学校制度，指出注入式教育的结果造成儿童的脑力消耗、神经衰弱、创造力受限制、进取心丧失以及对周围事物的观察力迟钝。她强调说：旧学校“当它产生它最好的结果时，也不过是在其学校年限修毕的时候，使得儿童变为代表人类之进步与知识的袖珍百科全书而已”[1]。在爱伦·凯看来，旧学校是有百弊而无一利的，儿童在那里为了获得知识，实际上是以牺牲自己的个性为代价的。旧学校要克服它的弊病，只有进行彻底的改革。

从进化论观点出发，爱伦·凯认为，儿童一生下来就具有种族的遗传素质。在适应环境的过程中，儿童身上的遗传素质会受到环境的影响，但儿童同时又会表现出一种与种族方式不同的倾向，即个性的发展。因此，绝不能把“儿童”当作一个抽象的概念，看作一个没有个性的肌体和一个可以被人们任意捏塑的东西。爱伦·凯明确地说：人们“没有权力为这个新生命制定法则，正像他们没有能力为天上的星辰指定运行轨道一样”[2]。因此，教师应该尊重儿童的个性，促使儿童个性的发展。具体来讲，那就是允许儿童有他自己的思想，获得他自己的知识，形成他自己的判断。

由于现代心理学的发展以及社会的进步，儿童被尊为“神圣者”的时代将会到来，因此，爱伦·凯在1900年时就预言：“20世纪将成为儿童的世纪。”[3] 它具体表现在两个方面：一是教育者应该了解儿童的特点；二是教育者应该注意保护儿童天真纯朴的个性。但是，爱伦·凯并不主张“儿童中心”的理论，因为她觉得一切都以儿童为中心就会间接地使儿童变得自私。

（2）理想的学校

在研究儿童个性的基础上，爱伦·凯提出，应该建立适合于每一个人的理想学校。在那里，儿童能够与实际生活相接触，他们的个性可以得到自由的、充分的和健康的发展。爱伦·凯强调说：“所谓自由，要比各种科目更重要。”[4]

爱伦·凯认为，这种理想学校的校舍建筑和校园环境都很漂亮。它没有教室，但设置了许多不同的作业室，并为各门科目准备了丰富的材料，以便让每个儿童进行个人的独立工作。它还应该有礼堂、图书馆和运动场等，其中图书馆是校舍建筑中最大、最美丽的房子。

（3）教师的使命

爱伦·凯认为，教师的使命在于帮助儿童的个性自然发展。教师应该与儿童一起生活，了解儿童的个性并提出适当的要求，鼓励儿童学会观察人生与热爱人生，激励儿童去工作和发现。教师应该把儿童引导到真实的世界去，而不是引导到抽象的世界去；应该把儿童引导到大海去，而不是引导到水管去。因此，爱伦·凯强调说：“只有那种由于天赋或由于训练，能够与儿童游玩、与儿童生活、向儿童学习、喜爱儿童者将为学校所任

---

① 爱伦·凯：《儿童之世纪》，魏肇基译，222页，上海，晨光书局，1930。
② 爱伦·凯：《儿童的教育》，沈泽民译，82页，上海，商务印书馆，1934。
③ 爱伦·凯：《儿童之世纪》，144页。
④ 同上书，173页。

命……”① 为了给理想的学校提供掌握“新教育”艺术的教师，爱伦·凯还提出，必须建立新的师范学校。

七、怀特海

1. 生平和教育活动

艾尔弗雷德·诺思·怀特海（Alfred North Whitehead，1861—1947）是英国哲学家、数学家和教育家。1861年2月15日，怀特海出生于英国肯特郡的兰姆斯格特。其祖父和父亲都从事过教育工作。他自幼养成了喜爱读书的习惯。1875年，怀特海进入谢伯恩公学读书。

1880—1884年，怀特海就读于剑桥大学三一学院，但对设置不合理的大学课程表示不满。大学毕业后，他曾先后在剑桥大学（1885—1910）、伦敦大学（1910—1924）和哈佛大学（1924—1936）任教。

怀特海长期从事教育工作，也担任过不少教育行政职务。在伦敦大学任教期间，他曾以伦敦大学学术委员会主席的身份，对当地的中小学教育进行考察，并指出了存在的问题。1916年，怀特海在一次学术会议上发表了他最著名的教育讲演——《教育的目的》，阐述了自己的教育观点。

1947年12月30日，怀特海因病在哈佛大学校园去世。

2. 教育思想

（1）批判传统学校教育

怀特海对保守的传统学校教育进行了尖锐的批判，指出传统学校教育充满着学究气，墨守成规，不考虑儿童的兴趣和需要，忽视儿童个性的发展，课程内容脱离社会生活实际，教学方式刻板乏味。他强调说：传统学校教育失败的原因是：“学校被无活力的概念沉沉压住了。教育上有了无活力的概念，这种教育不仅是无用的，尤为重要的是，它是有害的。……过去的教育已根本上受了无活力的概念的毒害。”②

为了适应儿童身心发展以及现代社会生活变化的需要，怀特海认为，传统学校教育必须进行彻底的改革，从无活力的概念的影响下解放出来。在《教育的目的》一书的“前言”中，他明确写道：“整个这本书，是对死的知识的一种反抗，即反对无活力的概念。”③ 他还强调说：“使知识保持活力和防止知识僵化的问题，这是一切教育的中心问题。”④

（2）课程内容与教学方法

① 爱伦·凯：《儿童之世纪》，223页。
② 怀特海：《教育的目的》，载王承绪、赵祥麟编译：《西方现代教育论著选》，115页。
③ 怀特海：《教育的目的》，“前言”，1929年英文版。
④ 怀特海：《教育的目的》，载王承绪、赵祥麟编译：《西方现代教育论著选》，118～119页。

在课程内容方面，怀特海主张，不要教过多的学科，而且所教的知识应该尽可能集合成各种组合。他说：“我所极力主张的解决方法，是要消除扼杀我们现代课程的活力的各学科之间互不联系的严重现象。教育只有一种教材，那就是生活的一切方面。”① 怀特海还主张，学习的目的在于能将所掌握的知识付诸实际生活的应用之中。新教育与旧教育之间的最大区别是，儿童能使所学习的概念成为他自己的概念，并懂得这些概念在他自己实际生活的环境中的应用。

在教学方法上，怀特海反对注入式的教学法，认为学习的过程就是儿童主动地逐渐掌握知识、发展心智、组合概念并解决实际问题的过程。他明确指出：儿童的“好奇心、判断力和控制复杂的环境能力的激发，运用理论对特殊的情况有预见性——所有这些能力，不是一个考试科目中所包含的一条固定规则所能传授的”②。

（3）教育的节律原则

怀特海还提出了“教育的节律”原则，主张：“学生应该在适合的时间，在他们到达恰当的心理发展阶段时，学习不同的学科，采用不同的学习方式。”③ 在他看来，教育要取得良好的效果，必须适合儿童身心的发展，考虑儿童心理发展的周期。儿童心理发展的周期，实际上有无数阶段性的循环结构，从一个周期到另一个周期，但每次循环总有所不同。怀特海把这种循环称为“节律”，主要指在重复的结构中带有差异。

由此出发，怀特海把儿童心理的发展划分为三个阶段：一是奇异阶段，即开始理解阶段。儿童直接认知事实，只是断断续续地对事实进行系统的解剖。二是准确阶段，即增长知识阶段。儿童对上一阶段所获得的那些事实和概念进行分析。三是概括阶段，即综合阶段。儿童开始运用知识和发展知识。怀特海指出，以上三个阶段的发展构成一个完整的周期，教育的过程就是这种周期的连续不断的反复。

八、沛西·能

1. 生平和教育活动

沛西·能（Thomas Percy Nunn，1870—1944）是英国哲学家、科学家和教育家。有的西方教育学家称他为“新教育”思想之集大成者。1870年12月28日，沛西·能出生于英国布里斯托尔市的一个教师家庭。其祖父和父亲都是教师，曾开办过一所私立学校。1886年，年仅16岁的沛西·能中学毕业后留校任教，开始了他的教育生涯。

从布里斯托尔大学毕业后，沛西·能先后在哈利法克斯、伦敦等地的中学任教，在教学方法改革上成绩卓著。1904年，他应聘在伦敦师范学院任数学和物理教学法的讲师。次

① 怀特海：《教育的目的》，载王承绪、赵祥麟编译：《西方现代教育论著选》，120页。

②③ 同上书，119页。

年升任该师范学院副院长。1913 年，沛西·能任伦敦大学教育学院教授；自 1922 年起担任院长，直到 1936 年退休。

从 19 世纪 90 年代起，英国出现了一批新教育家致力于教育革新活动。1920 年，沛西·能出版了《教育原理》一书，系统地论述了许多新教育家的共同思想，在英国教育界影响极大，被誉为“新教育”运动的《圣经》。

1944 年 12 月 12 日，沛西·能因病在伦敦去世。

2. 教育思想

（1）学校的职能

沛西·能批评传统学校教育已僵化成为一种封闭而停滞的制度，已不能适应社会环境不断变化的需要。在传统学校里，教训式和教条式的方法占据了统治地位，从而束缚了儿童个性的发展。

在对 19 世纪 90 年代后英国及其他欧洲国家中出现的“新教育”思想和实践进行分析之后，沛西·能强调指出：“这些思想向旧的教育传统挑战，给教学方法和管理一个新的方向。”① 在他看来，一所学校的学习和训练虽然必须代表具有重大价值的文化和道德的传统，但是，它们还必须留有充分的余地，以便使儿童的个性得以自由发展。在学校和社会生活之间，不应该有突然的割裂。作为学校来说，它应该真实地反映外部世界，但它仅仅应该反映这个世界中最优秀和最重要的东西。因此，沛西·能得出结论：“认为学校的主要职能在于使学生社会化，和认为学校的真正目的在于培养个性，这两种看法毫不矛盾。”②

沛西·能认为，以培养个性为目的的教育，是唯一“适应自然”的教育。他强调说：“一切教育努力的根本目的应该是帮助男女儿童尽其所能达到最高的个人发展。”③ 这也是《教育原理》一书的中心命题。在沛西·能看来，个性是生活的理想，它在共同生活的范围内，应有按照它自己的道路充分发展的自由。个性的自由发展，应该是评价一切教育计划的准则和制定教育政策的唯一依据。

通过借鉴许多心理学家的学术观点，沛西·能构建了自己的理论体系。他指出，儿童“自我表现的每一个行动既是策动性的又是记忆性的：从它作为生命本质的保守的或创造的活动这一点来看，它是策动性的；从它的形式至少有一部分是有机体个体的或种族的历史所形成这一点来看，它是记忆性的”④。所谓“策动”，是指有机体在内在驱动力的作用下去达到某种目的的活动。其中，有意识的策动又称为“意动”。沛西·能认为，教育者

① 沛西·能：《教育原理》，王承绪、赵端英译，107 页，北京，人民教育出版社，1992。

② 同上书，258 页。

③ 同上书，2 页。

④ 同上书，50 页。

不应该因为策动和记忆性在儿童身上是共同起作用的，而忽视生长作为一个真正的创造性过程的意义。

（2）课程内容与教学方法

在课程内容与教学方法上，沛西·能认为，决定教什么的最明显标准是有用。作为学校来说，它首先不应该看作是学习某些知识的地方，而是在某些形式的活动中受到训练的地方。此外，教育者应该懂得，儿童的认识和行动往往是有机的统一。“从做中学”实际上表明，理解和行动在性质上是密切联系着的。

（3）教师的作用

沛西·能还认为，教师是学校生活环境中的一个经常的和最重要的因素，对那些生长着的儿童有着决定性的影响，因此，教师应该既具有优秀的能力和丰富的知识，又具有充分发展的人格。教师不应该特意去制造个性，而应该使儿童的生活环境尽可能具有足以形成较好个性的因素，使每个儿童的个性从他的天性中不受阻碍地发展起来。但沛西·能也认为，如果少数儿童的行为破坏了学校生活的基本目的，教师就必须坚决地予以制止。

在《教育原理》一书中，沛西·能还概括了当时在欧洲国家盛行的“新教育”运动的原则。他明确指出：“这个运动的原则是：家长和教师们旧时的专横态度应该改变；应该使儿童对自己的行为和学业进步负有更大的责任；应该使教学方法更加灵活，以便更好地适应很不相同的个人需要；应该更加注意个人的爱好和能力。”①

第四节 “新教育”思想的影响与评析

自19世纪90年代“新教育”思想产生后，到20世纪前半期，它已在整个欧洲有着广泛而深刻的影响。许多新教育家尖锐地批判了传统教育的理论和方法，并在“新学校”里广泛地进行了教育革新试验，试图使学校教育适应欧洲国家工业和经济发展以及社会变革的需求。

“新教育之父”雷迪于1889年在英国创办的阿博茨霍尔姆学校，是欧洲第一所“新学校”，成为欧洲各国“新学校”的典范。应该指出，“新教育”思想的产生以及“新学校”的建立，给欧洲国家的教育理论和实践带来了活力和新的生机。

欧洲各国新教育家之间交流较多。早在“新教育”思想产生之初，为了给欧洲各国“新学校”提供一个联络中心，瑞士教育家费列尔于1899年在日内瓦建立了“国际新学校局”。尽管这个组织的活动经费主要是费列尔自己的钱，但是，它的建立从一定程度上推动了“新教育”思想在欧洲各国的传播以及“新学校”的发展。到1913年，注册

① 沛西·能：《教育原理》，107页。

加入国际新学校局的“新学校”已有100所左右。德国的一位校长曾这样指出：“新学校在前进，新学校正在诞生，新学校必将诞生！新学校将给我们的人民带来福音。”①

在一个共同的背景下，“新教育”思想得以在欧洲各国传播和发展，使得欧洲国家出现了一场教育革新运动，即“新教育”运动。此后，欧洲的“新教育”运动出现了进一步联合的趋势。1914年，一批新教育家在英国举行会议，讨论和交流“新教育”思想。在这以后，他们每年举行一次会议，并产生了建立一个国际新教育组织的想法。在费列尔的倡议和组织下，1921年夏天，来自英国和法国等14个欧洲国家的100多位代表在法国的加来开会，成立“新教育联谊会”，并决定以后每两年召开一次国际大会，以及出版《新时代》杂志。在新教育联谊会成立后，国际新学校局就与它一起工作。

新教育联谊会是一个松散的组织，既没有组织章程，也没有会员登记。凡是订阅《新时代》杂志的人，就成为新教育联谊会的会员。阐述“新教育”思想和介绍“新学校”情况的《新时代》杂志，深受“新学校”教师以及公众的欢迎，同时也促进了欧洲各国新教育家之间的了解和交流。

新教育联谊会在整个欧洲以及亚洲、非洲的一些国家，还有英语世界的大部分地区都建立了分会。20世纪二三十年代，新教育联谊会曾先后在法国的蒙特勒伊（1923）、德国的海德堡（1925）、瑞士的洛迦诺（1927）、丹麦的埃尔西诺尔（1929）、法国的尼斯（1932）、英国的切尔特南（1936）等地举行国际大会。这无疑也推动了“新教育”思想在欧洲各国的传播和发展。中国近代著名教育家陶行知先生、南开大学张彭春教授和中山大学崔载阳教授一起参加了新教育联谊会1936年在英国切尔特南举行的国际大会。

为了进行合作与交流，欧洲的新教育联谊会与美国的进步教育协会建立了密切的联系。进步教育协会的领导人，如约翰逊（M. Johnson）、华虚朋等曾参加过新教育联谊会举行的国际大会。1929年夏天，曾有200多位美国代表参加了新教育联谊会在丹麦的埃尔西诺尔举行的国际大会。由于第二次世界大战的缘故，新教育联谊会第八届国际大会于1941年在美国的密歇根大学举行，美国教育学家杜威担任了会议主席。在指导思想上，1921年建立的新教育联谊会也仿行1919年建立的进步教育协会，提出了“七项原则”，强调活动和儿童个性的发展以及儿童自治等。在1929年资本主义世界经济危机爆发之后，新教育联谊会又像进步教育协会一样，开始强调学校的社会责任，以便使儿童领会时代、社会和经济的复杂性，更好地适应社会生活变化的需求。

美国进步教育协会领导人柯布（S. Cobb）在20世纪20年代曾出版了《新教育原则及

① 康内尔：《20世纪世界教育史》，120页。

实际》一书，系统地介绍了欧洲各国“新学校”的发展状况，从而扩大了“新教育”思想在美国的影响。此外，一些欧洲新教育家的理论著作，如爱伦·凯的《童年之世纪》等，也分别被译成中文和日文，从而推动了“新教育”思想在亚洲国家中的传播。

与传统学校相比，欧洲各国建立的“新学校”是一个巨大的进步。“新学校”作为“新教育”思想的实验室，它的整个制度照顾到所有儿童，自然的学校生活环境和优越的学校设备也有利于儿童个性的发展。一般讲，“新学校”都非常注意体育运动，增强儿童的身体健康。在那里，儿童的独立精神得到了充分的发挥，教学活动也特别强调儿童的兴趣和满足儿童的创造性要求。此外，学校的自治也有助于儿童养成组织社会生活的能力。显然，“新学校”的一些做法表现出一定的合理性，就促使教育者从新的角度去思考教育问题，乃至改变人们传统的教育观念来说，“新教育”思想以及“新教育”运动的意义是颇为深刻的。如果把欧洲的“新学校”与美国的“进步学校”相比较的话，不难发现，“新学校”的一些做法没有“进步学校”那样过于偏激和极端。

但是，应该指出，“新学校”的性质完全是资产阶级的，其目的是满足资产阶级国家对受过教育的、有知识的、有首创精神的高等公务员的需要，满足资产阶级对工业企业能干的领导者的需要。苏联教育家克鲁普斯卡娅在《国民教育和民主主义》一文中指出：从教育学的观点来看，“新学校”“在很多方面是组织得合理的，但是从这种学校的目的和精神来看，它只是满足资产阶级中某些人特殊要求的学校”①。另外，“新教育”思想在强调活动和儿童个性发展的同时，比较忽视系统知识和间接经验对儿童发展与教育的重要性，这显然有失偏颇。

然而，正如有些教育史学家所强调指出的，“新教育”思想以及“新教育”运动在英国以及欧洲其他国家乃至世界范围的教育革新历史上的历史价值是确定无疑的。

从更广泛的角度来分析，意大利教育家蒙台梭利（M. Montessori）、英国教育家罗素和尼尔（A. S. Neill）、德国教育家凯兴斯泰纳（G. Kerschensteiner）以及实验教育学派的教育家所提出的教育思想，也可以归属于“新教育”思想的范畴。但是，在反对传统学校教育这个共同的前提下，这些教育家的教育思想又由于有各自鲜明的特点而自成一种教育思想体系，如梅伊曼（E. Meumann）和拉伊（W. Lay）的实验教育思想，蒙台梭利、罗素和尼尔的“自由教育”思想，凯兴斯泰纳的劳作教育思想等，都在西方教育思想史上产生了重要的影响。

拓展阅读书目

1. 柯布．新教育的原则及实际．崔载阳，译．上海：中华书局，1933.
2. 迈耶．现代欧洲教育家及其事业．陈子明，方惇颐，合译．上海：中华书局，1935.

① 克鲁普斯卡雅：《国民教育和民主主义》，载克鲁普斯卡雅：《克鲁普斯卡雅教育文选》，247页。

3. 华虚朋等. 欧洲新学校. 唐现之，译. 上海：中华书局，1931.
4. 汉玛宜. 比利时德可乐利的新教育法. 崔载阳，译. 上海：中华书局，1932.
5. 爱伦·凯. 儿童之世纪. 魏肇基，译. 上海：晨光书局，1930.
6. 怀特海. 教育的目的. 徐汝舟，译. 北京：生活·读书·新知三联书店，2014.
7. 沛西·能. 教育原理. 王承绪，赵端英，译. 北京：人民教育出版社，1992.

第二十六章

实验教育思想

实验教育思想是一种以教育实验为标志的教育思潮。19 世纪末 20 世纪初首先产生于德国，随后扩展到欧洲其他国家和美国，并成为在世界上产生较大影响的一种重要的教育思潮。它的主要代表人物有德国心理学家梅伊曼和教育家拉伊、法国心理学家比内（旧译“贝纳”“比纳”），以及美国心理学家、教育家霍尔和心理学家桑戴克（旧译“桑代克”）。实验教育思想以实验心理学为依据，主张对教育问题进行实验和客观分析，提倡通过实验、观察、调查、统计和测量的方法来进行儿童和教育研究。它所提出的实验教育观和所提倡的研究方法，在一定程度上推动了 20 世纪的教育研究以及教育理论的发展。

第一节　实验教育思想产生的背景

19 世纪七八十年代以后，随着社会的变革和经济的发展，学校教育领域开始发生了变革。与此同时，社会发展对科学技术提出的要求，也促使了经验主义和实证主义哲学思潮的产生与发展。这一哲学思潮对传统的思辨哲学进行了猛烈的抨击。到 19 世纪末 20 世纪初，这一哲学思潮已成为指导各种自然科学研究以及教育科学研究的主要哲学思潮，推动了实验和实证的方法在各个科学领域内的运用。

此外，实验科学在 19 世纪中得到了迅速的发展。早在 19 世纪 30 年代，在德国生理学家米勒（Johannes Miller）的倡导下，生理学逐渐成为一门倾向于实验的独立科学。通过实验和观察的方法，生理学家对人的生理结构和机能，特别是对大脑和神经系统进行了大量的研究，并在一定程度上解释了人的一些生理现象，同时也为心理学准备好了它作为一门科学所必需的自然科学知识和实验研究的方法。

正是在经验主义和实证主义的哲学思潮以及实验生理学的影响下，实验心理学得以诞生和发展。其标志就是德国心理学家冯特于 1879 年在莱比锡大学创设了世界上第一个心理学实验室。冯特利用这个心理学实验室培养了一大批学生，为心理学的发展造就了一代新人。这些人回到各自的国家后都在大学里相继建立了心理学实验室，推动各国心理学的建设和发展。于是，在自然科学领域中被运用的实验方法很快就被运用于人的心理现象研究。与 19 世纪前半期在纯粹经验基础上总结出来或以逻辑思辨为基础演绎出来的心理学理论不同，实验心理学不仅吸取了当时有关生理机制的研究成果，而且还运用了在自然科学研究中广泛流行的实验、观察、统计、测量等方法，使心理学研究具有了客观性的基础。

在这样的背景下，实验教育家的早期教育实验是很难与心理实验分开的，尤其是在具体的研究方法上。因此，实验教育思想的产生受到了实验心理学的直接影响。无论在理论上，还是在方法上，实验心理学都为实验教育思想提供了可以直接借鉴与汲取的东西。就这点而言，实验心理学为实验教育思想的产生提供了科学基础。通过以心理实验为标志的实验心理学这一媒介，实验教育思想借鉴了当时在自然科学领域风行的实验方法。

当然，应该看到，实验教育思想也从实验生理学以及其他自然科学研究的成果中借鉴了许多理论，并把它们作为自己的理论基础。

实验教育思想之所以在 19 世纪末 20 世纪初首先产生于德国，从文化背景来说，这应该归功于德国文化。在德国文化的熏陶和培养下，德国人“重视对观察到的事实进行认真的、彻底的和谨慎的搜集……爱好分类或归纳的方法”①。他们认为，科学方法可用于全部知识领域，而不像其他国家的人怀疑用科学的方法来研究像人的心理那样的东西。他们愿意带头尝试而不受偏见的束缚。此外，德国在生物科学研究领域的发展尤为迅速，在感官生理学研究方面处于领先地位，已具备了必要的思想理论资料和实验技术基础。因此，德国人很早就把作为实验心理学和实验教育思想基础的生物学、生理学纳入他们的科学领

① 舒尔茨：《现代心理学史》，杨立能译，43 页，北京，人民教育出版社，1981。

域，提倡用实验和观察的方法研究人的心理现象。

然而，以德国教育家赫尔巴特为主要代表人物的主知主义教育思想在德国的学校教育领域中占据统治地位，产生了很大的影响。传统的教育观、忽视儿童身心发展特点的学制、传统的课堂模式以及传统的课程和方法，使得德国的学校教育不能与当时社会的变革和经济的发展相适应。这种状况无疑引起了当时众多的社会人士，包括教育家、心理学家、医生、生物学家和生理学家的重视，他们根据经验主义和实证主义的哲学思想以及实验生理学、实验心理学的理论，运用当时流行的实验、观察、统计、测量等方法研究儿童与儿童教育问题，试图解决传统学校教育中存在的问题和弊病，从而兴起了一场实验教育思想运动。就其实质来说，它是对赫尔巴特的主知主义教育思想的批判。正如有的教育学者所指出的："实验教育学思想是作为赫尔巴特的……教育学说的对立物而出现的，它的一个明显特点是试图站在自然科学的立场上研究教育现象。"① 鉴于教育实验的效果，当时的德国政府以及地方当局也纷纷设立教育实验室，在经费上对教育实验的开展提供了资助。

1901 年，德国教育家梅伊曼首先把实验教育思想称为"实验教育学"。1907 年，德国教育家拉伊出版了《实验教育学》一书，系统地阐述了实验教育思想。此后，德国的实验教育学者在以冯特为代表的实验心理学的指导下，更加强调在学校教育领域中运用实验研究方法，出版了大量有关实验教育学的著作和论文。

实验教育思想后来传入了其他欧洲国家和美国。法国心理学家比内也强调运用实验的方法研究教育问题，并为智力测验奠定了基础。比内和西蒙一起制定了世界上第一份智力测验量表，这是实验教育思想在法国得到发展的一个重要表现。美国的实验教育学者，如霍尔、桑戴克等，在美国教育实际的基础上，注意研究德国的实验教育思想和吸取法国的智力测验研究成果，并有所发展和创新。从基础理论来看，美国的实验教育学者更倾向于行为主义的观点，而摆脱了对冯特的实验心理学思想的依赖。

无疑地，实验教育思想的产生适应了当时的社会变革和经济发展以及学校教育变革的要求，实验教育思想本身也体现了西方教育理论和实践发展的一个新的阶段。

第二节　实验教育思想的主要特点

实验教育思想具有以下四个主要特点。

第一，实验教育思想是作为传统教育思想的对立面而出现的。在以德国教育家赫尔巴特为代表的传统主知主义教育思想影响下，19 世纪后半期，欧美国家的学校大多忽视儿

① 大河内一男：《教育学的理论问题》，曲程、迟风年译，230 页，北京，教育科学出版社，1984。

童的生理和心理的发展，学习负担过重也对儿童造成了生理和心理上的损害。在这种背景下，许多具有新的教育观的欧美国家教育家批判旧的传统教育的理论和方法，倡导教育模式、课程和方法的变革。于是，在欧洲国家中出现“新教育”思想和在美国出现“进步教育”思想的同时，在欧洲国家中也产生了实验教育思想，一些实验教育学者试图从实验生理学和实验心理学中寻找解决教育问题的途径和方法，并运用科学的实验方法对教育理论、规章和准则进行严密的论证。就批判传统教育思想这一点而言，实验教育思想无疑与“新教育”思想和“进步教育”思想是一致的。

第二，实验教育思想是以教育实验为标志的。在实验教育思想产生以前，教育理论研究大多是在经验总结或演绎思辨的基础上进行的。然而，实验教育学家认为，教育科学是一门实验科学，要使教育理论具有科学性，就必须运用科学的实验方法，用实验的结果来加以论证，因此，实验教育思想的主要标志就是强调教育实验。尽管实验教育学家在有关教育实验的基本观点、意义、功能和条件以及参与者等方面的看法有所不同，如梅伊曼主张教育实验的主要场所是心理学实验室，拉伊强调教育实验应在正常的学校环境中进行，比内倡导智力测验和编制智力测验量表，霍尔提出广泛使用问卷法进行儿童研究，桑戴克创制了成绩测验量表等，但是，他们都强调教育实验，提出应该以实验、观察、统计、测量等方法来研究儿童和儿童教育问题。在实验教育学家看来，没有经过实验的教育思想是不可信赖的。可以说，教育实验是区别实验教育思想和传统的教育理论的一个主要标志。比内曾这样说：实验教育思想“应当根据观察与实验，首先它是为实验的”①。拉伊也强调指出：实验教育思想的目标是“用实验、统计和有系统的观察来解决教育上和教学上的问题”②。

第三，实验教育思想是与实验心理学密切相连的。虽然实验教育思想从当时已取得重大成就的自然科学，如生物学、生理学、解剖学等领域汲取了养料，但是，实验教育思想是在实验心理学的直接影响下产生的，并通过实验心理学这一媒介，借鉴和运用了广泛应用于自然科学研究的实验方法。实验教育学家大多是受到冯特的实验心理学理论影响的，其中不少人曾是冯特的学生，直接学习和接受了冯特的实验心理学理论。他们把实验心理学的基本理论和研究方法引进到教育理论和教育实践中，便产生了实验教育思想。就这一点而言，没有实验心理学的诞生，也就没有实验教育思想的产生。

第四，实验教育思想强调对儿童的科学研究。实验教育学家认为，教育研究的关键是对儿童的科学研究，因此，他们的所有教育实验几乎都是围绕儿童而展开的，包括儿童的身体发展、兴趣、情感、记忆、智力和智慧类型、性别差异等。在实验教育思想产生以前的教育家也提倡研究儿童，如法国教育家卢梭、瑞士教育家裴斯泰洛齐等，但他们都是以观察为依据而进行研究的。与他们不同的是，实验教育学家主张，借助实验仪器和设备对

---

① 贝纳：《儿童学的新观念》，34页，上海，商务印务馆，1927。

② 拉伊：《实验教育学》，金澍荣、黄觉民译，148页，上海，商务印书馆，1938。

儿童进行生理和心理的实验，以便在实验的基础上对儿童的生理和心理发展做出科学的分析，并探索教育的原则、途径和方法。实验教育学家也认为，实验教育思想不同于儿童心理学，应该以教育为主题开展对儿童的科学研究，考察和研究教育与儿童生理和心理发展的关系。就对儿童的科学研究来说，实验教育学家提出的一些理论观点和实验研究，在西方教育思想史上是具有开拓性意义的。

第三节　实验教育思想的主要代表人物

一、梅伊曼

1. 生平和教育活动

欧内斯特·梅伊曼（Ernst Meumann，1862—1915）是德国心理学家、实验教育学的创始人。1862 年 8 月 29 日，他出生于德国的一个牧师家庭。梅伊曼曾先后就读于杜平根大学、柏林大学、哈勒大学和波恩大学。最后，梅伊曼进入莱比锡大学，在德国心理学家冯特的指导下学习实验心理学，并于 1889 年获得博士学位。

1890 年，梅伊曼任莱比锡大学讲师，后升为助理教授。1900 年后，他转任杜平根大学教授，开始注意研究教育问题，并于 1901 年首次提出“实验教育学”的名称。1905—1910 年，梅伊曼先后在哥尼斯堡大学、蒙斯特大学、哈勒大学、莱比锡大学任教。在此期间，他一直坚持实验教育研究。1904—1907 年，梅伊曼曾与拉伊一起主编《实验教育学》杂志，宣传实验教育思想。

1911 年，梅伊曼参加筹建汉堡大学，并发起成立了“少年研究所”，推进了实验教育研究工作。

梅伊曼的主要教育著作有《学习心理学》（1903）、《实验教育学纲要》（1907）、《实验教育学概论》（1914）等。

1915 年 4 月 26 日，梅伊曼在汉堡去世。

2. 教育思想

（1）实验教育学的性质

梅伊曼认为，实验教育学是以对教育科学性质的认识以及对以往教育学的反思和批判为前提的。要使教育学成为一门科学，必须先确定教育学的性质。在梅伊曼看来，实验教育学是研究儿童身心发展以及教育方法的。它的主要价值不在于罗列教育研究成果或规定教育和教学准则，而在于每个教育工作者都能清楚地了解他所采用的方法和措施的依据。

对于传统的教育学，梅伊曼提出了尖锐的批判。他明确指出，传统的教育学是一种概念化和规范性的科学，旨在告诉教育工作者如何进行教育和教学。传统的教育学最根本的缺陷是，它没有用科学的方法特别是实验的方法进行严密的论证。因此，传统的教育学提出的原则或准则都是未经证实的东西，都缺乏精确的依据。例如，卢梭这一类教育家往往是凭直观思维来代替严格的科学论证。又如，赫尔巴特这一类教育家仅仅是依靠逻辑推理来构建整个教育学体系。总之，传统的教育学理论实际上是教育家推测和思辨的产物或是个人经验的汇集，而不是以实验和事实为基础的。

梅伊曼强调指出，应该从实验心理学的角度出发，采用心理实验的方法来分析和研究教育问题。他认为，没有实验依据的任何思辨都是违背实验教育学的精神的。在教育研究中，实验教育学的科学性主要表现为观察和实验。在观察和实验中，要求每个教育工作者都能注意从教育对象的身心特点尤其是心理特点来考虑教育和教学工作，使他们都能明了他所运用的教育方式的依据。这样，既有利于教育和教学活动的开展，也有利于激发儿童活动和儿童的自主性。

（2）实验教育的研究领域和方法

在实验教育的研究领域中，梅伊曼认为，应该包括以下一些方面：研究儿童生理和心理发展的规律及其特征，以及儿童与成人身心发展的差异；研究儿童心理各组成部分的发展情况；研究儿童的思维活动；研究儿童的个体差异；研究天才儿童的特殊禀赋及其特点；研究儿童教育的特点；研究不同学校和不同学科的教学方法的优劣；研究学校制度以及教师的工作；研究与学校教育实际问题有关的各种心理和教育问题等。在以上这些方面的研究中，梅伊曼把儿童的身心发展状况列为实验教育研究的首要领域。

梅伊曼认为，实验教育的真正研究人员主要是受过训练的实验心理学家，研究的主要场所应该是心理学实验室。在他看来，只有从心理学实验室得来的研究成果，才是最可靠的和最有价值的。因此，梅伊曼不赞成在教室里或在自然的实际学习过程中对儿童进行观察和研究，不赞成对儿童进行集体或整个班级的实验研究。

（3）发展实验教育学的任务

在论述了实验教育的性质、研究领域和方法之后，梅伊曼还提出了发展实验教育学的任务：一是实验教育学者应该用实验的方法对以前各种教育研究成果重新进行综合整理和研究；二是实验教育学者应该集中各方面力量加强对教育实际问题的研究；三是实验教育学者要把实验的方法作为教育研究的主要方法，用实验研究论证儿童身心发展及其特征和儿童的学习等各方面的活动；四是实验教育学者应该注意推广实验教育研究的方法，并对教育工作者进行系统的辅导。

梅伊曼强调指出：实验教育学应该借鉴其他一些学科，如生理学、心理学、医学、解剖学、精神病学、犯罪学等学科的研究成果和方法，尤其是实验心理学的研究成果和方法。

二、拉伊

1. 生平和教育活动

威廉·拉伊（Wilhelm Auguest Lay，1862—1926）是德国教育家、实验教育学的创始人。1862年7月30日，他出生于德国巴登的一个农民家庭。少年时他曾立志做一名教师。1876年，拉伊进入卡尔斯鲁厄工业学院学习。后来转入弗赖堡大学，学习生物学、数学、哲学、教育学和心理学。

1893年，拉伊应聘担任卡尔斯鲁厄师范学校教师，后来升任校长，在职30年。他的研究成果都来自于这所学校及该校附小的教育实验。拉伊1903年向哈勒大学提交了题为《实验教学论》的论文，被授予博士学位。1905年，他向巴登地方教育当局提出了设立教育实验室的建议。1905—1907年，拉伊还与梅伊曼一起主编了《实验教育学》杂志，刊登实验教育研究的成果。

拉伊的主要教育著作有《理科教学法》（1892）、《实验教育学》（1907）、《活动学校》（1911）、《民众教育：教育科学革新概述》（1921）等。

1926年5月9日，拉伊因病在卡尔斯鲁厄去世。

2. 教育思想

（1）实验教育学的性质

拉伊对传统的教育学也进行了尖锐的批判。他认为，传统的教育学是用思辨的方法建立起来的一种教育理论体系，内容不仅空洞和概念化，而且脱离教育实际。这种教育理论不能很好地处理教育实践中出现的问题，不能适应社会变革和时代发展的需要。

由此出发，拉伊强调指出，必须用实验教育学来代替传统的教育学。实验教育学是一门新的独立的科学。在拉伊看来，教育学要走向科学化，就必须采用观察、实验、统计、比较和归纳的方法，并使其原理得到实验的验证。拉伊强调说："旧教育与新教育的主要区别，在于搜集经验和研究的方法。"① 在教育理论体系的建立中，教育实验占有极其重要的地位。同时，教育实验也是区别实验教育学和传统教育学的关键。

为了在理论和实际上有一个广泛的、深刻的基础，拉伊认为，实验教育学必须借助于相关的科学，如生物学、生理学、心理学、政治学、伦理学和美学等。在他看来，教育科学应该包括教育史、辅助科学和实验研究三大领域，这三大领域也是相互联系的。因为任何实验教育研究都离不开对所研究的教育问题进行历史的考察，以及利用辅助科学来解释教育现象或进行价值定向的选择。

（2）教育和教学的基本原则

生物学的发展促使了实验生理学、实验心理学的诞生和发展，因此，拉伊强调指出，

① 拉伊：《实验教育学》，154页。

生物学才是真正的科学，教育学的建立应该以这门科学为基础。他认为，每一种生物的活动都是按“感受—类化—表现”的公式来完成的。学生的学习活动也是符合这个公式的：首先通过观察感知事物获得印象，其次对所获得的印象进行类化和整理，最后用行动表现出来。在这个过程中，“表现”（行动反应）是最重要的。为了培养学生在教育和教学过程中进行“表现”（行动反应），拉伊认为，学校教育应特别重视绘画、雕刻、制图、戏剧、音乐、舞蹈以及饲养动物和照管植物等活动。

在激烈批判传统学校教育的基础上，拉伊不仅强调行动在教育过程中的价值，甚至认为，“表现”（行动反应）的原则应该是整个教育和教学的基本原则，整个教育和教学应该按这个原则来进行。正是基于这一点，拉伊批判当时在德国学校教育领域占统治地位的主知主义教育思想，并把自己的学校称为“活动学校”，亦可称为“主意学校”，以示与“主知学校”的区别。由于拉伊过于强调“表现”（行动反应）在整个教育和教学中的地位和作用，因此，拉伊的实验教育理论一般被人们称为“行动教育学”。

（3）教育实验的过程

拉伊认为，教育实验的过程应该包括三个阶段：第一，假设阶段（假定的成立）。在实验教育学中，那些由经验上升的原则和规则都是作为最初的假设，有待于通过实验去验证。第二，实验阶段（实验的计划与执行）。教育实验的情境必须简化，要符合教室的情境和特点，把各种情境简化以至于在可能的范围内、在一定的时间内只有一种原因能发生作用，借此确定各种原因在结果中所占的地位。第三，应用阶段（实际工作中证明所获得结论的准确性）。对通过实验所获得的知识和结论在实际工作中加以运用，这不仅是实验教育学的最后目的，也是进一步检验实验结论是否正确的机会。

尽管拉伊与梅伊曼两人都是实验教育学的创始人，并且一度合作过，但是，他们在实验教育理论和方法上并不完全相同。

首先，对实验教育学的看法。梅伊曼认为，实验教育学就是实验心理学和对事实的研究。然而，拉伊一直把实验教育学当作普通教育学，并把它分为三个部分：一是以个体素质和天赋能力为研究对象的个体教育学；二是以自然和生活环境为研究对象的自然教育学；三是以社会为研究对象的社会教育学。它们都必须用实验的方法去研究。

其次，对实验方法的看法。梅伊曼主张把心理学实验室作为实验教育研究的场所，只提倡用实验室研究方法来观察儿童。然而，拉伊强调指出，教育实验应该与心理实验区别开来，并在正常的学校环境中进行。他说：教育实验应有“实际的教育目标，它必须满足的一个条件就是实验时的情境与教室中的实际的情境愈相似愈好”①。

最后，对实验教育研究参与者的看法。梅伊曼强调受过训练的心理学家的参与。然

① 拉伊：《实验教育学》，157 页。

而，拉伊注重学校教师在实验教育研究中的作用和意义，同时也主张教师应该与心理学家、医生、人类学家一起对儿童进行多方面的研究。在拉伊看来，只有这样才能更全面和客观地了解儿童及其身心发展，以便确定恰当的教育和教学方法。

三、比内

1. 生平和教育活动

阿尔弗雷德·比内（Alfred Binet，1857—1911）是法国心理学家。1857 年 7 月 8 日，他出生于法国尼斯的一个医生家庭，曾就读于巴黎圣路易中学。在法学院学习时，比内还选修哲学、生物学、医学、解剖学等，后来对心理学的学习研究更感兴趣。

1889 年，比内与另一位法国心理学家博尼斯（H. Beaunis）一起在巴黎大学建立了法国第一个心理学实验室。1894 年，获得理科博士学位的比内被聘为巴黎大学心理学教授，1895 年，他与心理学家亨利（V. Henri）创办了法国第一份心理学刊物《心理学年鉴》。1900 年，比内与学前教育学家凯果玛（P. Kergomard）在巴黎设立“儿童心理研究自由学会”，并创办了隶属于该会的“学校教育实验室”。

1905 年，比内与他的学生西蒙（T. Simon）合作编制了第一份智力测验量表，通称“比内-西蒙智力测验量表”，对教育和心理测量做出了卓越的贡献。

比内的主要著作有《推理心理学》（1886）、《个性的变化》（1891）、《智慧的疲劳》（与亨利合著，1898）、《智力的实验研究》（1902）和《儿童学的新观念》（1909）等。

1911 年 10 月 18 日，比内去世。

2. 教育思想

（1）新教育学的基础

比内对传统的学校教育进行了尖锐的批判。他指出，传统的学校教育的最大弊病是忽视教育对象，把儿童看成是雏形的成人，并认为两者之间只有量的差异。其结果是，教师在教育和教学活动中根本不注意儿童的特点和接受能力以及儿童个体之间的差异。

由此出发，比内试图建立以科学的心理测验为依据的新教育学，形成新的儿童观念。他强调指出，新教育学应该以儿童个性心理的研究为基础，在测定儿童的知识和技能的基础上提出新的教育方法。在法国，比内第一个使用了“个性心理学”这一术语，并且比较完整地论述了个性心理学研究方法。正是在考虑个性差异的前提下，比内讨论了如何训练个人的潜在能力。在他看来，无论教育内容还是教育方法，都应该根据儿童的个性差异来考虑。

比内认为，对教育的评价既要考虑带给个人的利益，又要考虑对社会的利益。因此，判断学校教育的好坏，不能仅从考试与课堂成绩来看，而应该以学生离开学校后的实际结果为主。比内还认为，判断一个儿童的教育程度，不能用抽象的主观态度，而应该进行精确的测量。在他看来，对儿童教育程度进行精确的测量具有三个方面的意义：一是有助于认识每个儿童的真实教育程度，避免考试结果的偶然性；二是有助于教师执教水平的提高；三是有助于认识各种教育方法的价值。

（2）智力测量的方法

比内指出，智力是一种独立于感情和意志的现象，是一种认识能力；儿童的智力是很复杂的，是各种智力因素多样性的统一；儿童与成人之间在智力上存在着各种差异。因此，为了更有效地进行智力教育，比内倡导智力测验，并提出了一种智力程度测量的方法，与西蒙一起编制了智力测验量表。

尤其要指出的是，比内与西蒙编制的智力测验量表具有以下五个特点。

第一，比内认为，以前的智力测验方法只能鉴定人的感知和运动的敏锐程度，测定一种特殊的心理能力。但是，由于智力是思维定义、意义理解、发现以及判断四种功能的综合，其中最重要的功能是判断，因此，尽管比纳与西蒙编制的这份智力测验量表也能测定人的低级智力功能，如感官反应是否敏锐等，但它的主要目的是针对受试者的判断能力测定其思维判断是否敏捷。

第二，比内认为，当时流行的心理测验为使测验结果精确而排除各种无关变量。但是，由于智力测验的关键是选择有代表性的样本试题，表现一个人智力高低的最现实的方法是看其适应环境的能力，因此，比内与西蒙编制的这份智力测验量表注意与实际生活的联系，并在广泛调查的基础上从日常生活的实例中确定测验项目。

第三，比内认为，以前的智力测验方法忽视儿童之间的个性差异，不能更好地反映一个人的智力水平。但是，由于智力功能的复杂性以及每个人的个性和心理能力不同，因此，比内与西蒙编制的这份智力测验量表尽可能多地确定各方面的测验题目，几乎包括了触觉、视觉、运动、识图和文字定义等各个方面。在比内看来，某一方面项目的测验并不能测定一个人的一般智力，只有体现多样和统一特点的测验项目才能反映一个人的智力水平。

第四，比内认为，以前的智力测验是按感知、记忆等测验类型来分组的，因而不能测定受试者解决困难和复杂问题的能力。但是，由于正常人的智力是随着年龄的增长而相应地提高的，因此，比内与西蒙编制的这份智力测验量表是根据测验项目难度的递增来排列的，由易到难，从而能像一把尺子用来测定受试者的心理发展程度。这就提高了智力测验的标准化，能以既标准又清晰的形式测定一个人的智力。

第五，比内认为，以前的智力测验方法实用性不强，不能被广泛地运用。但是，比内与西蒙编制的这份智力测验量表采用要么对、要么错的两分法，并规定整个测验时间不超过20分钟，还扩大运用范围，既适用于低能儿童又适用于正常儿童，使得智力测验容易操作，既迅速又正确。比内强调说：“我们的目的要使我们所有的测验简单、迅速、方便、正确……”① 这也是比内-西蒙智力测验量表后来得以广泛运用的一个重要原因。

比内与西蒙分别于1908年和1911年对这份智力测验量表进行了修改，引入了“智力年龄”这一术语，考虑受试者的年龄，扩充测验项目，使测验内容更加广泛，并使量表更加规范化，从而使测验的结果更加精确。尽管国际心理学界对比内与西蒙所编制的智力测验量表存在着争议，但人们普遍认为，至今还没有比“智力测验”以及“智力测验量表”更为有效的测定智力水平的手段。

四、霍尔

1. 生平和教育活动

格兰维尔·斯坦利·霍尔（Granville Stanley Hall，1844—1924）是美国心理学家和教育家。他作为儿童研究运动的创始人，而被人们誉为“儿童研究之父”。1844年2月1日，霍尔出生于美国马萨诸塞州艾士菲的乡村。童年时期，他就表现出强烈的求知欲望和远大抱负。

1863年，霍尔进入威廉斯学院学习，进化论给他留下了深刻的印象。1868—1871年，他曾赴德国的波恩大学和柏林大学学习。回国后，他在俄亥俄州的安蒂奥克学院任教。

1874年，受德国心理学家冯特的影响，霍尔决心学习研究心理学。1878年，他在哈佛大学获得美国的第一个心理学博士学位。此后他赴德国莱比锡大学，成为冯特的第一位美国学生。

从1881年起，霍尔在美国的约翰·霍普金斯大学任教，并于1883年在那里建立了美国第一个心理学实验室。1887年，他又创办了美国第一份心理学刊物《美国心理学》杂志。

1888年，霍尔担任了克拉克大学的第一任校长，并使这所大学成为当时美国儿童心理学和儿童研究的中心。他于1892年倡议成立了美国心理学会，并当选为第一任主席。

1924年4月24日，霍尔因病在马萨诸塞州的渥斯特去世。

2. 教育思想

（1）复演说与儿童发展

霍尔以进化论为主导思想研究儿童心理发展的问题。他认为，儿童心理的发展在任何时候都离不开生理的发展。人的心理发展和生理发展是平行的。在第一个生物细胞形成时，就已有了心理行为的潜在可能，随着生活的高级形式出现，神经系统及时地发展了，心理生活也发展到了一个新的高度。在霍尔看来，儿童的心理发展包括一系列的进化阶

① 比纳、西蒙：《儿童的智力发展》，载本书编委会编：《西方心理学家文选》，105页，北京，人民教育出版社，1983。

段。在进化的不同阶段，就出现了语言、艺术、意识和情感等。由于霍尔接受个体心理发展是种族进化历史复演的理论，因此，他用复演说来解释儿童的发展，提出儿童个体的发生和发展的过程实际上就是种族发生和发展过程的重演。

儿童在发展过程中会表现出各种冲动。霍尔强调指出，这些冲动是儿童未来高级发展的前奏，没有这些冲动，儿童未来高级发展就不可能实现。由于人的任何一个阶段的发展都是对下一个阶段的正常刺激，因此，教育必须遵循复演的顺序，适应儿童在不同的发展阶段表现出的不同需要，使儿童发展过程中依次出现的各种活动本能充分地展现出来。

在儿童教育上，霍尔强调活动在教育中的地位和作用。他反对当时在美国学校教育领域中占统治地位的主知主义教育思想，指出主知主义教育超越了儿童的成熟程度，不符合儿童的发展过程，违反了儿童的心理特点。在霍尔看来，教育应该遵循儿童个体发展过程中的本性的需要，鼓励儿童到自然环境中去活动。

（2）问卷法与儿童研究

对儿童的发展和教育具有浓厚兴趣的霍尔十分重视和提倡儿童研究。他强调说："教育应该研究每一个儿童。"① 在霍尔看来，儿童研究是新的心理学运动的一个重要方面。它有助于在学校和家庭之间建立新的联结，也有助于加强教师和儿童之间的了解以及各级学校教师之间的合作。通过儿童研究，教师了解了儿童的特点，不会把儿童看成是提线木偶。

在儿童研究方面，霍尔积极提倡使用问卷法。尽管英国遗传学家、统计学家高尔顿（F. Galton）在霍尔之前就使用过问卷，但是，霍尔比高尔顿更广泛地使用了问卷法，并在研究中对儿童心理的发展进行了系统的调查和详细的记录。美国明尼苏达大学教授古迪纳夫（F. L. Goodenough）曾指出："霍尔如此广泛地使用问卷，以至于问卷法与他的名字联系在一起。"② 霍尔曾在德国莱比锡大学师从冯特，然而他对冯特的实验研究方法并不感兴趣，认为冯特的工作范围和目标太狭窄而具有很大的局限性。霍尔认为，应该通过直接让作为被试者的儿童自己回答的、精心准备的问卷以及向父母和教师收集的资料，并在积累大量样本资料的基础上进行统计、分析和研究。由于问卷是为一个特定的目的设计的，因此，它获得的信息资料比较集中于一个特定的和明确的领域。而且，由于问卷可以同时请许多儿童来参加，因此，它可以在较短时间内获得大量有代表性的样本资料。在霍尔看来，通过问卷法可以更好地了解儿童的心理发展，并在这个基础上进行针对性的教育。

霍尔的问卷法研究涉及儿童的各个方面。据统计，从 1894 年到 1903 年，霍尔和他的同事、学生一起设计与印发了 102 种问卷，开列的问题十分广泛。到 1915 年时，霍尔他

① 科恩编：《美国教育：资料文献史》，第 3 卷，1846 页，1974 年英文版。
② 古迪纳夫：《实验的儿童研究》，8 页，1931 年英文版。

们已使用了194种问卷。为了使通过问卷获得的样本资料真实可靠，霍尔不仅注意合理地选择问题，将各种问题归类并形成一定的系统，而且还注意选择主试者，训练他们掌握问卷法的要求并及时对问卷上所开列的问题加以修改。

霍尔曾在波士顿市小学主持了对刚入学的400名6岁儿童的一次问卷调查。这是霍尔使用问卷法的一个典型例子。这份问卷共开列了134个问题，包括动物、植物、人体结构、气象、地理、数学、工具、颜色以及其他方面的问题。问卷调查结果表明：在动物方面，有80%的儿童不知道蜂房是什么，77%的儿童不知道乌鸦是什么；在植物方面，有92.5%的儿童不认识小麦，91.5%的儿童不认识榆树；在人体结构方面，有94%的儿童不知道他们的胃在什么地方，90%的儿童不知道他们的肋骨在什么地方；在气象方面，有78%的儿童不知道露水是什么，3%的儿童从未见过冰雹；在数学方面，有92%的儿童不知道三角形，56%的儿童不知道正方形；在工具方面，有65%的儿童没有见过锉刀，64.5%的儿童没有见过犁；等等。① 根据这次问卷调查结果，霍尔提出了一些改进儿童教育工作的建议和措施。例如，应该让儿童多接触实物，并向他们说明这些实物与他们的生活的关系；给儿童提供熟悉自然界的机会，以便为他们入学做好准备；应该了解刚入学的儿童已掌握了多少知识，使教育和教学工作建立在儿童研究的基础上；等等。

问卷法后来在美国成为了解和研究儿童心理发展及教育的一种重要手段。

五、桑戴克

1. 生平和教育活动

爱德华·李·桑戴克（Edward Lee Thorndike，1874—1949）是美国教育心理学家。1874年8月31日，桑戴克出生于美国马萨诸塞州的威廉斯堡。1891年，他进入卫斯理大学学习，因受心理学家詹姆斯（W. James）的《心理学原理》一书的影响而对心理学感兴趣。

1895年，桑戴克在哈佛大学师从詹姆斯，开始了以小鸡为实验对象的动物学习研究。后来转学到哥伦比亚大学师范学院，在心理学家卡特尔（J. M. Cattell）的指导下继续这项研究。1898年，桑戴克获得博士学位。

从1899年到1940年，桑戴克一直在哥伦比亚大学师范学院任教。1940年退休后，他仍继续从事研究工作。1942年曾回哈佛大学，任詹姆斯讲座教授。在学习过程、儿童研究、智力测验、教育测量等方面，桑戴克以实验研究为依据，提出了很多新的见解，被认为是美国教育心理学的奠基人。

桑戴克的主要教育著作有《智力测验》（1927）、《教育心理学》（1903）、《课程研究》

① 科恩编：《美国教育：资料文献史》，第3卷，1835～1837页。

(1928)、《教育之根本原理》(1929)、《人类的学习》(1931) 等。

1949 年 8 月 9 日，桑戴克去世。

2. 教育思想

(1) 学习定律与课程理论

桑戴克的全部心理学理论是建立在“刺激-反应”(S-R) 这一公式基础上的。因此，他主张从对外部行为的观察来研究动物和人的心理。从对动物学习的研究中，桑戴克提出，“尝试—失败—再尝试—成功”的过程就是学习的过程，其实质是在刺激和反应之间形成了一种联结。一切行为可以分为本能（先天联结）和习惯（后天联结）两大类。由此出发，桑戴克认为，从本质上来说，人的学习也是基于本能，以刺激和反应之间的联结为准则的。教育的过程实际上就是安排情境和控制反应，并且通过练习得以强化，使学习者在刺激和反应之间形成适当的联结，最终形成习惯的过程。

为了有效地促进刺激和反应之间的联结，桑戴克提出了三条学习定律：一是准备律。学习不是消极地接受知识，而是一种表现为兴趣和欲望的活动。为了有效地学习，就必须有良好的心理准备，包括对情境起反应所必需的素养和能力上的准备。二是效果律。就反应者的内部心理状态来说，如果一个反应伴随着愉快，就会得到加强；如果一个反应伴随着痛苦，就会减弱。因此，个体对反应结果的感受将决定其以后学习欲望的强弱。桑戴克认为，这是最基本的学习原则。三是练习律。学习需要重复，注意刺激和反应之间的联结。刺激和反应之间的联结通过应用而增强，反之就会减弱。桑戴克指出，以上三条定律是紧密联系的，也可以是同时起作用的。

在课程理论上，桑戴克认为，学校应该扩大学科领域，尽量开设与生活实际相联系的学科。学习生活越接近实际生活，学生的良好反应越容易迁移到实际生活中去。此外，学校应该注意儿童的个别差异，对儿童进行定向培养。

(2) 教育实验研究与成绩测验

桑戴克十分重视教育实验研究。他认为，任何存在的事物都是以某种量存在的，都是可以测量的。教育科学最基本的要求是所有的教育现象和教育理论都必须有严格的论证，而且，改进教育的唯一途径是正确地测量。为了使教育科学更加有效，必须发展一种能精确地测出教育所促成的一切变化的程度和种类，以及测定教育所产生的结果的方法。桑戴克强调说：“要使教育成为一种科学，成为一种有效率的艺术，则对其所造成的一切变化的程度与种类必须有准确的测量方法。”①

因此，在心理学和统计学的基础上，桑戴克对心理测验进行了深入的研究，创造了“成绩测验”，并编制了成绩测验量表。例如，在成就测验方面，他编制了阅读和书法测验

① 桑戴克：《教育之根本原理》，王丐萍译，292～293 页，上海，中华书局，1934。

量表；在能力倾向方面，他编制了职业倾向测验量表；在人格测量方面，他编制了兴趣测验量表。在桑戴克看来，通过成绩测验的结果可以衡量儿童的学习能力和天资，帮助教师改进教育和教学工作。与此同时，也有利于对儿童的个性、理解力、态度和独创性等进行评定，而不会因评定者的主观因素而产生偏差。

但是，为了更好地进行成绩测验，必须具备两个条件：第一，编制具有严格规定的"标准测验"，其测验题的内容及说明、测验时限、测验环境以及成绩评定等都有统一的标准。第二，编制和运用统一的量表，以便表明其能力分配和排列的情况。

根据桑戴克的观点，可以列出求取数据的公式：成绩商数 $=\frac{\text{成绩年龄}}{\text{心理年龄}}\times 100$ $\left(A\cdot Q=\frac{A\cdot A}{M\cdot A}\times 100\right)$，更精确地表明儿童的学习能力。根据这一公式，凡是成绩商数超过 100 的儿童，说明其成绩年龄超过心理年龄，即学习成绩超过应达到的水平，属于上等学习能力；反之，则属于下等学习能力。

桑戴克认为，如果能把成绩测验和智力测验这两种方法结合起来，就会收到更好的教育和教学效果。他强调说："教育结果的测量愈客观、明确、精密，则决定改良的教育方法而促其实现的可能性愈大。"①

第四节　实验教育思想的影响与评析

实验教育思想是与"新教育"思想和"进步教育"思想同一个时期产生的。由于特定的社会背景和条件，实验教育思想首先产生于德国，此后又扩展到其他欧洲国家和美国等，成为一种 20 世纪初期在世界范围内产生很大影响的教育思潮。就其实质来说，实验教育思想也是对传统教育思想的批判，并寻求解决教育实际中存在问题的途径和方法，在许多方面无疑超越了旧的教育理论。

尤其应该指出的是，由于受到实验心理学的直接影响，实验教育思想特别强调教育实验，提倡运用实验的方法进行教育研究，从而在方法论上为教育科学的建设和发展提供了重要的理论依据。实验教育学者批判以往的教育问题研究上运用的逻辑思辨和推理方法，指出它们必然会脱离教育实践和教育对象。他们努力将教育理论建立在自然科学的基础上，在西方教育史上第一次真正把生理学和心理学应用于教育研究中，以便使教育学成为一门真正的科学。

就西方教育思想的发展来看，实验教育思想的产生确实促进了教育理论的科学化。比

---

① 桑戴克：《教育之根本原理》，259 页。

内曾这样指出："旧教育给我们要研究的问题，新教育给我们以研究的方法。"① 尽管实验教育学家所从事的教育实验研究并不一定是科学完善的，但它们无疑推动了教育研究的进步和发展，证明教育理论上的许多论据可以量化，使教育理论由传统的纯粹经验和逻辑思辨走向科学化。作为一种方法论、一种实验教育观，实验教育思想的产生对教育理论的发展是具有一定积极意义的。因此，有的教育学者指出："把教育从哲学的桎梏中解放出来，提高到独立的科学高度，吸收实验心理学成就，提倡实验教育学的是梅伊曼和拉伊。"②

在实验教育思想中，"智力测验"和"成绩测验"是一个重要的部分。比内在德国倡导的智力测验以及智力测验量表后来传入美国，并在美国形成一个具有广泛影响的测验运动。因此，智力测验量表起始于法国，盛行于美国。"智力测验"与桑戴克创造的"成绩测验"，在 20 世纪 20—30 年代被广泛地运用于学校教育工作实践。无论在中小学，还是在大学，它们都成为衡量教育对象水平的工具，都是认识和研究教育对象的一种新的手段。直到今天，测验运动在美国仍有相当的影响。此外，"智力测验"在英国也曾被运用于学校教育工作实践。作为学生选拔的重要工具，应该说，"智力测验"和"成绩测验"的结果可以是判别学生的一个重要指标，能比较客观地反映教与学两方面的情况。

在儿童研究和教育研究方面，实验教育思想也提出了一些有意义的课题。例如，关于儿童的感觉、记忆、注意、能力的研究，关于儿童个性差异的研究，关于测验的功能和方法的研究等。这不仅开辟了儿童发展和教育实验研究的一些新领域，而且给教育工作者提供了一些有益的启迪。当代瑞士心理学家和教育学家皮亚杰也正是在对实验教育思想的研究基础上进一步开展对儿童认知问题的研究的，并发现儿童智力发展不仅存在量的差异，而且也存在质的差异。

第二次世界大战以后，世界上许多国家的教育学家越来越注意对实验教育思想的研究以及实验研究的方法。1957 年 9 月，国际大学教育科学教师联合会在意大利的佛罗伦萨召开了"第三届国际教育科学会议"，36 个国家 90 多所大学、师范学院和研究所的代表参加了会议。与会代表强调指出：为了进一步发展教育科学和教育理论，促进新生一代的教育和教学，以及创立适合社会生活需求的学制，在较大程度上有赖于实验教育思想的研究。

20 世纪 20—30 年代，实验教育思想传入中国，"智力测验"也开始在中国的学校教育工作中使用。一些地区建立了实验学校，运用实验的方法研究儿童和教育问题。西方实验教育学者的著作被翻译出版，也推动了实验教育思想在中国的传播。

应该指出，由于实验教育思想在儿童和教育研究上往往过分强调儿童的生物遗传方面，而忽略在儿童智力发展中社会经济和文化背景等因素的制约作用，以及忽视社会科学与自然科学之间的差异，因此，它的理论观点有一些是片面的和不正确的。有的实验教育

---

① 贝纳：《儿童学的新观念》，302 页。

② 日本筑波大学教育学研究会：《现代教育学基础》，钟启泉译，469 页，上海，上海教育出版社，1986。

学家企图把实验方法作为教育研究的唯一方法，那也必然会走向另一个极端。

但是，值得注意的是，在第二次世界大战后，欧美国家以及苏联的一些教育学家，如布鲁纳、赞科夫、巴班斯基等，也注重教育实验，并通过教育实验形成了具有各自特色的和产生较大影响的教育理论。就其实验教育观点和研究方法而言，无疑与实验教育思想存在着一定的联系。

拓展阅读书目

1. 范捷平. 试评梅伊曼的《实验教育学概论》//德国教育思想概论. 上海：上海译文出版社，2003：151-164.

2. 拉伊. 实验教育学. 沈剑平，瞿葆奎，译. 北京：人民教育出版社，1996.

3. 贝纳. 儿童学的新观念. 曾展谟，译. 上海：商务印务馆，1927.

4. 比纳，西蒙. 儿童的智力发展//本书编委会. 西方心理学家文选. 北京：人民教育出版社，1983：95-115.

5. 霍尔. 青年期//本书编委会. 西方心理学家文选. 北京，人民教育出版社，1983：116-132.

6. 桑戴克. 教育之根本原理. 王丏萍，译. 上海：中华书局，1934.

第二十七章

“自由教育”思想

“自由教育”思想于19世纪末20世纪初产生于欧洲教育革新运动之中，并在20世纪前半期成为一种影响广泛的西方教育思潮。意大利的教育家蒙台梭利以及英国教育家罗素和尼尔是它的主要代表人物。提倡“自由教育”思想的教育家大多注重教育实验，创办了自己的实验学校。“自由教育”思想批判传统的旧教育，提倡尊重和热爱儿童，强调儿童个性的自由发展，曾对欧美国家以及世界上许多国家的教育理论和实践产生过重要的影响。

第一节　“自由教育”思想产生的背景

19世纪末20世纪初，由于社会经济的发展和科学技术的进步，原来占统治地位的传统教育理论和方法已不能适应新时代对教育所提出的要求。于是，在欧洲出现了“新教育”思想，在美国出现了“进步教育”思想。由于这两种教育思想的影响，在欧美国家形成了一个范围大且影响面广的教育革新运动，许多欧美教育家探索教育的新形式、新方法和新内容，并进行广泛的教育革新实验。

在欧美教育革新运动中，一些特别强调尊重儿童个性自由发展的教育家和思想家不仅尖锐地批判传统教育的理论和方法，而且还亲自进行了教育实践，提倡新的教育思想和方法。他们在各自的实验学校中，强调儿童个性自由，提倡在学校中给儿童最大的自由和爱。

早在20世纪初，原来是医生的意大利教育家蒙台梭利由于对儿童自由发展的教育的浓厚兴趣，在罗马创办了“儿童之家”。在“儿童之家”实践的基础上，她根据自己对儿童的观察和研究以及生物学、生理学和心理学的理论，提出了热爱和尊重儿童，使儿童的个性在自由和自发的活动中得到发展的思想。美国哈佛大学教授霍姆斯（E. G. Holmes）在1913年2月4日给《时代》教育增刊的信中曾这样写道：“蒙台梭利理论体系的精华是她对下面这个真理的有力论断（或再论断）：除非在自由的气氛中，儿童既不可能发展自己，也不可能受到有益的研究。”① 因此，有的西方教育家把蒙台梭利的教育思想称为“自由教育”思想。应该看到，蒙台梭利在她自己的教育实践以及教育思想体系的形成中，显然受到了卢梭等教育家的“自然教育”和“自由教育”思想的影响。

后来，英国哲学家和教育家罗素出于对儿童自由的尊重和热爱，在伦敦郊区创办了皮肯希尔学校。他受到蒙台梭利和英国幼儿教育家麦克米兰（M. McMillan）教育思想的影响，结合自己教育儿童的实践经验，也大力提倡“自由教育”思想。

差不多在同一时期，英国教育家尼尔在“新教育”运动理论和实践的影响下，在英格兰的莱姆里季斯附近创办了萨默希尔学校。他作为欧洲新教育协会的刊物《新时代》杂志的编辑，深受一些新教育家的影响，并在自己的教育实践中逐渐形成了激进的“自由教育”思想。20世纪30年代是尼尔创办的萨默希尔学校的鼎盛时期，因此，他曾无限感慨地说：“萨默希尔学校不再是一所实验学校，而已经成为‘自由学校’中的一所模范学校。”

因此，在欧洲教育革新运动中产生了以蒙台梭利、罗素和尼尔为主要代表人物的“自由教育”思想，并对20世纪前半期欧美国家的教育理论和实践产生了广泛的影响。

在西方教育思想史中，最早提出“自由教育”这一概念的是古希腊哲学家亚里士多德。在他看来，“自由教育”是自由民所享受的以自由发展理性为目标的教育。但是，亚里士多德所说的“自由教育”主要指学习的内容应该是文雅的、高尚的，应该是服务于自由民的闲暇的。

欧洲文艺复兴时期，一些人文主义教育家也主张“自由教育”，强调培养个性自由发展和能够很好地参与社会生活的人，并把人文学科作为自由教育的主要内容。有的教育家

① 蒙台梭利：《蒙台梭利幼儿教育科学方法》，任代文主译，“前言”，12页，北京，人民教育出版社，1993。

还把“自由教育”思想付诸实践，如意大利教育家维多里诺 1424 年创设孟都亚学校（维多里诺自称为“快乐之家”）。

在 18 世纪的欧洲，“自由教育”主要体现在法国启蒙思想家和教育家卢梭的自然教育思想上。卢梭强调指出，教育应该培养自由的、独立的和自食其力的自然人。为了培养自然人，教育的实施应该是自由的。在他看来，遵循儿童自然的教育必定是“自由教育”，只有实施“自由教育”才能使儿童的身心得到自由的发展。卢梭所说的“自由教育”主要指教育的原则和方法，而不是指学习的内容。从这个意义上说，19 世纪末 20 世纪初在欧美教育革新运动中产生的“自由教育”思想直接受到了卢梭等近代西方教育家的教育思想的影响，并从中汲取了养料。但是，它又把现代生物学和心理学的理论作为自己的科学依据和方法论的基础，从而反映了新时代的需求和特点。

就“自由教育”思想产生的背景来讲，它与“新教育”思想产生的背景基本上是相似的。无疑地，“自由教育”思想的产生既是新社会和新时代对教育提出新的要求的具体表现，又是对传统的教育理论和方法的一种挑战。

第二节 “自由教育”思想的主要特点

“自由教育”思想具有以下五个主要特点。

第一，“自由教育”思想的最主要特点是提倡尊重和热爱儿童，强调儿童个性的自由发展。蒙台梭利指出，科学教育学的基本原则是儿童的自由，教育者应该观察自由儿童的自我表现，研究儿童的本性。罗素认为，尽可能减少教育上的权威，给予儿童更多的自由，使其更好地发展个人的自由，既包括见解的自由，也包括行动的自由。尼尔提出，应该注重儿童天性发展的自由，给儿童以最大的自由，让儿童在自由的环境中生活和成长。但是，就蒙台梭利、罗素和尼尔相比较而言，尼尔的“自由教育”思想更为激进。尼尔曾强调说：“自由应该是不受制约的自由和选择去做、去实现什么，去信仰，去感受，否则都是不正确的。”① 他的萨默希尔学校由于打破了一切传统的对儿童的要求和限制，而被人们称为一所“随心所欲的学校”。

第二，“自由教育”思想是以现代生物学和心理学理论为理论依据的。从现代生物学和心理学理论出发，“自由教育”思想的提倡者强调对儿童的观察和研究。蒙台梭利之所以强调“自由教育”，正是因为她以现代生物学和心理学理论为依据，系统地阐述了儿童生理和心理的发展进程，揭示了儿童的身体活动与心理活动、生理发展与心理发展的关系。因此，尽管蒙台梭利的实验研究活动距今已有半个多世纪，但是，她的基本理论和方

① 尼尔：《萨默希尔学校——一种激进的儿童教育方法》，115 页，1960 年英文版。

法已为当代儿童心理学所肯定。罗素在他的“自由教育”思想形成中，也受到了弗洛伊德（S. Freud）精神分析学说和行为主义学说的影响。至于尼尔的“自由教育”思想也受到了精神分析学说的影响，他曾这样说过：“我坚信弗洛伊德的发现将对人的教育产生重大的影响，这是近十年来任何其他发现都不可比拟的。”①

第三，“自由教育”思想是在教育实验的基础上形成的。“自由教育”思想的提倡者大多注重教育实验。无论是蒙台梭利，还是罗素和尼尔，他们都创办了自己的实验学校。在“儿童之家”“皮肯希尔学校”以及“萨默希尔学校”里，他们的“自由教育”思想得到全面的实践，并进一步丰富和完善起来。在教育实践的基础上，他们又撰写了教育著作，进一步宣传自己的“自由教育”思想。应该说，他们的实验研究活动和教育理论的确包含着一些可以引起人们思考和可供借鉴的东西。

第四，“自由教育”思想具有一定的辩证性。“自由教育”思想在强调儿童个性自由发展的同时，并没有把自由与纪律对立起来。它认为，自由与纪律是同一过程的两个方面，是相辅相成的。蒙台梭利强调指出：儿童的自由是有范围和限度的，而不是让儿童放任自流或让儿童为所欲为；同时，纪律是建立在儿童的自由活动之上的。她说：“自由和纪律是同一事物不可分离的部分——就像一枚铜币的两面一样。”② 蒙台梭利的这句话充分体现了她的“自由教育”思想的辩证性。罗素同样认为，“自由教育”并不意味着对儿童的自由放任，儿童想做什么就做什么，因为“自由教育”事实上必然含有纪律和权威的因素，只是要尽量减少外在权威。因此，他主张自由和纪律之间的一种巧妙的结合。至于提出更为激进的“自由教育”思想的尼尔也多次声明：自由并不是放纵儿童，不是说儿童在学校里可以随心所欲地去做他感兴趣的一切事情。1966 年，他还撰写出版了《自由——不是放纵》一书，指出既没有绝对的自由，也没有绝对的限制。

第五，“自由教育”思想是 20 世纪前半期欧洲教育革新思潮的一个组成部分。就对传统的教育理论和方法的批判而言，它实际上与“新教育”思想是一致的。但是，由于“自由教育”思想的鲜明特点，它又自成一种教育思想体系而出现在欧洲国家的教育舞台上。

第三节 “自由教育”思想的主要代表人物

一、蒙台梭利

1. 生平和教育活动

玛丽亚·蒙台梭利（Maria Montessori，1870—1952）是意大利教育家。1870 年 8 月

① 克罗尔：《萨默希尔的尼尔》，86 页，1983 年英文版。

② 斯坦丁：《蒙台梭利：生平和著作》，281 页，1962 年英文版。

31 日，她出生于意大利安科纳省的基亚拉瓦莱镇。幼时她就萌发了关心和照顾年幼儿童的思想。

由于对生物学的浓厚兴趣，蒙台梭利在高等技术学院毕业前夕又产生了学医的想法。于是，1890 年秋天，她考入罗马大学医学院，并于 1896 年成为意大利第一个女医学博士。

获得博士学位后，蒙台梭利被聘为罗马大学附属精神病诊所的助理医生，担任智力缺陷儿童的治疗工作。为了研究智力缺陷儿童，她还阅读了美国精神病医生塞贡(E. Sequin)和法国医学家伊他（J. Itard）的著作。蒙台梭利认为，智力缺陷儿童应与正常儿童一样享有受教育的权利。后来，她在“国立特殊儿童学校”工作。然而，蒙台梭利一直想把针对智力缺陷儿童的教育方法应用于正常儿童。

1907 年 1 月 6 日，蒙台梭利在罗马圣洛伦佐贫民区创办了第一所“儿童之家”。其名称意为“公寓中的学校”，带有家庭的含义。在蒙台梭利的努力下，“儿童之家”的实验是成功的，儿童的心智发生了很大的变化。为了记述“儿童之家”的实践和理论，她写成了《蒙台梭利方法》(意文版名称为《应用于儿童之家的幼儿教育之科学教育方法》，1909)一书，开始在世界上产生广泛的影响。

为了进一步传播自己的教育思想，蒙台梭利又在国内外开设训练班并亲自讲课。1929 年国际蒙台梭利协会成立，她亲自担任协会主席，一直到 1952 年去世为止。

蒙台梭利的主要教育著作还有《高级蒙台梭利教学法》(1917)、《童年的秘密》(1936) 和《有吸收力的心理》(1948) 等。

1952 年 5 月 6 日，蒙台梭利在荷兰的诺德魏克去世。

2. 教育思想

(1) 幼儿的发展

从发展的观点出发，蒙台梭利强调指出，幼儿发展时期是人的一生中最重要的时期。她认为，幼儿是一个发育着的肌体和发展着的心灵。在连续的自然发展过程中，幼儿的发展包括生理和心理两个方面的发展。因此，蒙台梭利强调说：“存在着一种神秘的力量，它给新生儿孤弱的躯体一种活力，使他能够生长，教他说话，进而使他完善，那我们可以把儿童心理和生理的发展说成是一种‘实体化’。”①

在生理方面，幼儿的个性是不断发展的，并使潜伏着的生命力逐渐显现出来。幼儿内含着生机勃勃的冲动力，应该赋予他积极的生命力，促使他不断地发展。一是主导本能，对处于生命初创时期的婴儿提供指导和保护；二是工作本能，使幼儿通过不断地工作而得到充分的满足，并形成自己的人格，它是人的基本特征，既使人类更新，又能完善人类的环境。

---

① 蒙台梭利：《童年的秘密》，马荣根译，30 页，北京，人民教育出版社，1990。

在心理方面，幼儿的心理发展既有一定的进程，又具有隐藏的特点。经过适宜的环境的刺激，幼儿逐渐表现出令人惊叹和不可思议的心理活动，呈现出自己特有的个性。他具有一种下意识的感受能力，积极地和有选择地从外部世界中进行吸收，成为他的心理的一部分。因此，蒙台梭利认为，幼儿的心理是一种“有吸收力的心理”。

蒙台梭利认为，在幼儿的心理发展中会出现各种“敏感期”，如秩序的敏感期、手的敏感期、行走的敏感期和语言的敏感期等。在不同的发展阶段，幼儿会表现出对于某种事物或活动特别敏感，或者产生一种特殊的兴趣和爱好，学习也特别容易而迅速。蒙台梭利说：“正是这种敏感性，使儿童用一种特有的强烈程度去接触外部世界。”①

幼儿的心理发展和生理发展之间存在着密切的关系。因此，蒙台梭利强调指出：“如果说心理的压抑会影响新陈代谢，并因此降低一个人的活力的话，那可以肯定，相反的情况也会发生：富有刺激的一种心理体验能够增加新陈代谢的速度，并因而促进一个人的身体健康。”② 在她看来，如果幼儿在他的心理发展过程中，遇到一个有敌意的和不相容的环境，加上成人的盲目压抑和干涉，往往就会在毫不知觉的情况下出现各种心理畸变现象。不及时消除这些心理畸变现象，它们将会伴随幼儿终生。

（2）自由与纪律

蒙台梭利对传统的教育方式进行了尖锐的批判。她强调指出，幼儿的生命潜力是通过自发冲动表现出来的，其外在表现就是幼儿的自由活动，因此，应该给予幼儿自由活动的权利。在自由活动中，幼儿能体验到自己的力量，从而极大地激励自己的发展。在蒙台梭利的“儿童之家”里，所有的一切都有利于幼儿的自由活动，有利于幼儿的发展。幼儿可以根据自己的倾向和需要自由地选择教具和物体，根据自己的兴趣和爱好自由地选择各种学习活动。蒙台梭利认为，在一个良好的活动环境中，幼儿应该可以自由进出，可以任意使用为他提供的各种教具。她强调说：“科学教育学的基本原理将是学生的自由，允许个人的发展和儿童天性的自由表现。”③ “自由”无疑是蒙台梭利教育体系的最基本原则之一。因此，西方有的学者认为，蒙台梭利方法是儿童在一种良好的环境中享有自由的基础上建立起来的方法。

但是，蒙台梭利也强调指出，自由是不能离开纪律的。她认为，尊重儿童的自由，在幼儿的自由活动中帮助他的个性自然发展，并不是说幼儿可以想做什么就做什么。在“儿童之家”里，幼儿的自由活动必须遵守两条原则：一是幼儿的自由应以集体利益为限度，不允许干扰和侵犯他人；二是幼儿必须按照规定的程序使用教具。因此，幼儿的自由实际上是一种有纪律的自由。蒙台梭利还认为，真正的纪律只能建立在自由活动的基础上。从

---

① 蒙台梭利：《童年的秘密》，49页。

② 同上书，135页。

③ 同上书，28页。

某种意义上说，自由活动不仅促使幼儿个体的发展，而且也有利于形成良好的纪律。对于违反了纪律的幼儿，蒙台梭利把他看成是一个需要特别照顾的“小病人”，让他在教室的一角独自活动。这样，既给了他活动的自由，又保证他不干扰和侵犯他人。

在蒙台梭利的教育体系中，通过工作来解决自由与纪律这一对矛盾。蒙台梭利认为，工作有助于幼儿肌肉的协调和控制，能促进纪律的形成；工作有助于幼儿独立性的培养，儿童具有了独立性才能具有自由；工作有助于幼儿意志力的养成，儿童具有了意志力才能遵守纪律。因此，澳大利亚教育史学家康内尔指出：“自由、纪律和工作是蒙台梭利为儿童所建造的大厦的三根主要支柱。”通过工作，“儿童完善自己，锻炼自己。随着能力的增长，儿童满足其愿望的自由度也增加了，儿童的自由与纪律是并行成长、相互依赖的”①。

（3）幼儿教育的内容

蒙台梭利认为，“儿童之家”幼儿教育的内容应该包括以下四个方面。

一是肌肉训练。蒙台梭利作为一位医生出身的教育家，很强调幼儿的身体发育以及体操活动的作用。她指出，幼儿期是肌肉训练的一个重要时期，应该为幼儿设计各种有助于肌肉训练的体操。对于幼儿身体的正常发展来说，肌肉训练是十分重要的。

为了帮助儿童进行肌肉训练，蒙台梭利设计了一些专门的器械和设施。例如，平行木栅、摇椅、球摆、螺旋梯、绳梯和攀登架等。此外，她还设计了有音乐伴奏的走步、跑步和跳跃练习。

二是感官训练。蒙台梭利认为，为了发展幼儿敏锐的感觉力和观察力，必须对幼儿进行系统的和多方面的感官训练，加强同外部世界的直接接触。她说：“感官训练的目的不在于使儿童认识颜色、形状和物体的不同性质，而在于通过注意、比较和判断的练习，改善他的感官。这种练习是真正的体操……这种智力体操将通过各种教具的合理指导，有助于智力的形成。”② 在蒙台梭利看来，感官训练是幼儿高级的智力活动和智力发展的基础。

感官训练应该包括视觉、听觉、嗅觉、味觉和触觉的训练。每种感觉又可按其性质和形式分别进行训练。蒙台梭利认为，在感官训练中，触觉训练是最主要的。

三是实际生活练习。蒙台梭利认为，实际生活练习不仅可以帮助儿童养成独立性和掌握技能，而且可以促使儿童自己更加完善起来。实际生活练习分为两类：一类是与幼儿自己有关的，主要是自我服务性的练习，包括穿脱衣服、梳头、洗脸、刷牙、洗手和洗手帕等。另一类是与环境有关的，主要是家务方面的练习，包括卷小毯子、扫地、擦桌子、端菜、洗盘子和整理房间等。此外，还有园艺活动，如松土、下种、浇水、整理花朵和喂养小动物等，以及专门的手工作业，如绘画、泥工等。它们既符合幼儿的兴趣，又有助于幼儿生理和心理的发展。

---

① 康内尔：《20世纪世界教育史》，178页。

② 蒙台梭利：《蒙台梭利方法》，360页，1909年英文版。

四是初步知识教育。蒙台梭利认为，在感官训练的基础上可以对幼儿进行初步知识教育，包括阅读、书写和计算。在教幼儿阅读和书写时，书写的练习应先于阅读的练习。在教幼儿计算时，可以利用幼儿日常生活中所接触到的物体来练习计数。

（4）教师与儿童

蒙台梭利认为，幼儿在教育活动中是处于主动地位的，教师则是幼儿活动的观察者和指导者。这就从根本上改变了传统的教育活动中教师与幼儿的角色关系。因此，蒙台梭利说："应用我的方法，教师教得少，而观察得多；教师的作用在于引导儿童的心理活动和他的身体发展。"①

就教师的主要职责而言，蒙台梭利指出，那就是为幼儿创造一个适宜的环境。幼儿在"实体化"的过程中，需要有自己的特殊环境，需要有外界环境的保护。在这个适宜的环境中，充满着爱的温暖，有着丰富的营养。在蒙台梭利看来，这是一个自由发展的环境，适应幼儿内在发展的需要；这是一个有秩序的环境，能使幼儿有规律地生活和减少生命力的浪费；这是一个愉快的环境，既适合幼儿的年龄特点，又对幼儿具有很大的吸引力；这是一个生气勃勃的环境，能使幼儿毫不疲倦地工作和精神饱满地自由活动。

在旧的教育体系中，只包括教师和儿童两个要素。而在蒙台梭利的教育体系中，除了教师和儿童发生关系外，教师和儿童都要与环境发生关系。因此，蒙台梭利说："我们教育体系的最根本特征是对环境的强调。"②

蒙台梭利还认为，为了使幼儿的生理和心理能得到正常的发展，教师所面临的最紧迫的任务就是，去了解那尚未被认识的幼儿，并把他从所有的障碍物中解放出来。在蒙台梭利看来，教师应该使自己不仅在外表上对幼儿具有吸引力，而且具备沉静、谦虚、慈爱、耐心和机智等品质。教师应该尊重和热爱儿童，了解和理解儿童，与幼儿建立一种新的关系；教师应该耐心地对幼儿进行观察，引导幼儿自己去活动并提供必不可少的帮助和指导。蒙台梭利强调指出："教师和儿童之间的积极关系是教育成功的唯一基础。"③ 但是，这种"积极关系"并不是说教师可以代替儿童自己去活动。

二、罗素

1. 生平和教育活动

伯特兰·罗素（Bertrand Russell，1872—1970）是英国哲学家和教育家。1872 年 5 月 18 日，他出生于英国威尔士蒙默思郡的一个贵族家庭。自幼他养成了喜爱阅读、独立

① 蒙台梭利：《蒙台梭利方法》，173 页。
② 蒙台梭利：《童年的秘密》，110 页。
③ 蒙台梭利：《为了人类发展的教育》，27 页，1976 年英文版。

思考和认真探索的习惯。

1890 年罗素进入剑桥大学三一学院后，先学数学，后改学哲学。1900 年，曾与他的老师怀特海合著《数学原理》三卷，赢得了世界性的声誉。1916 年，他出版了《社会改造原理》一书，全面阐述了对国家、战争和教育等问题的看法。

1921 年 9 月，罗素第二次结婚后，生了两个孩子。此后，他开始把注意力集中在儿童教育问题上，对儿童教育问题的关注超过了其他问题。在《教育与美好生活》（1926）一书中，罗素系统地论述了对儿童教育问题的看法。为了给孩子提供一种真正的现代教育，他于 1927 年 9 月 22 日创办了皮肯希尔学校。1935 年，罗素因离婚的缘故而离开皮肯希尔学校。

此后，罗素先后在美国芝加哥大学和加利福尼亚大学以及英国剑桥大学任教。在此期间，他完成了广为流传的《西方哲学史》一书。他的主要著作还有《论教育》《心的分析》《物的分析》等。

1970 年 2 月 2 日，罗素在英国威尔士去世。

2. 教育思想

（1）教育目的是培养理想的人

罗素认为，对于一个国家来说，应该培养理想的人。教育的目的就是培养理想的人，以便达到改造社会、创立理想社会和美好生活的目标。他强调说："作为一个普遍的规律，一个由本性优秀的男女所组成的社会，将会比一个由无知和心怀恶意的人所组成的社会产生更好的结果。"① 在罗素看来，一个由理想的人组成的理想社会将会为人类创造出一种美好的生活。

理想的人，也就是具备了理想品格的人。罗素指出，理想的品格表现为以下四种特性。

一是活力。活力与其说是心理上的特性，不如说是生理上的特性。正常的健康人所具有的精力也就是活力。活力既可以使人增加快乐，减少痛苦，又可以使人精力充沛，增强对外界事物的兴趣。

二是勇气。勇气一般是指控制和克服恐惧的品性。真正的勇气不仅表现在行动上，也表现在情感上；不仅表现在有意识的情感上，也表现在无意识的情感上。

三是敏感。敏感能够矫正和指导徒有勇气者的行动。如果一个人只有勇气而对所存在的危险很不敏感，那么，这种勇气就是鲁莽的。敏感能使人敏锐地感受到许多刺激，并做出恰当的反应。

四是智慧。智慧既指实际的知识又指接受知识的能力。这两者实际上是密切相关的。接受知识的能力比仅仅具有知识更为重要。一个人具有良好的接受知识的能力，肯定有助

① 罗素：《论教育》，46 页，1928 年英文版。

于他接受更多的知识。

(2) 实施自由教育

为了培养理想的人，罗素主张实施自由教育，提倡给予儿童更多的自由，使他们自由自在地、无拘无束地成长，使他们能根据自己的天性充分地发展。因此，皮肯希尔学校规定每天上午 9 时至 11 时为上课时间，但儿童可以自由地选择自己最感兴趣的工作，如手工、绘画、自然研究等；下午则是儿童的自由活动。学校还安排了各种合作交往的活动和自由讨论，鼓励儿童参加。

罗素坚决反对在教育中采用压制的方法。他在《教育与美好生活》一书中强调指出：“压制是一个坏方法，因为它从未真正成功过，而且因为它会造成心理失常。”① 在罗素看来，压制方法不仅会使儿童对周围的一切怀有敌意和仇恨而最终导致一系列恶果，而且会使儿童的创造性和理智兴趣招致毁灭。罗素还认为，儿童的学习有自身的规律，任何强迫儿童学习的企图都是错误的。如果强迫儿童去学习，必然会使他们厌恶知识，这就好像被迫进食的儿童会对食物产生厌恶一样。

尽管罗素主张给儿童尽可能多的自由，更好地发展个人的自由，但他同时反对毫无纪律的绝对自由，反对把自由当作教育中的一条绝对原则。他认为，教育中的自由是有一定限制的，是有具体范围的。那就是说，凡是对别人或本身有损害的自由都要受到限制。因此，一定的纪律与约束对于儿童教育来说同样是必要的、不可缺少的。在教育中虽然要尊重儿童的自由，但不能给予绝对的自由。罗素曾指出，绝对的自由不利于儿童养成良好的习惯和品性。在他看来，“自由教育”的原则与方法的关键，在于自由与纪律之间的一种巧妙的结合。尤其应该指出的是，在教育中规定必要纪律的同时，罗素更强调儿童的自律。例如，皮肯希尔学校规定，儿童打架或有野蛮行为时，就要由教师和儿童一起参加的全校大会讨论决定如何进行处理。

对于传统学校教育中施行体罚的方法，罗素是坚决反对的。他强调说：“体罚，我决不相信是正当的。轻微形式的体罚虽不致为害，但也没好处；至于严厉形式的体罚，我确信是会产生残忍与暴虐的。”②

罗素还认为，凡是在教师缺乏爱的地方，儿童的品格和智慧都不能得到充分而自由的发展，也就是说不可能提供一种自由教育。在他看来，教师必须热爱儿童，像慈爱的父母对待子女一样去对待儿童。同时，教师必须正确理解人类的优秀品质，清楚认识教育的基本目的和任务，以及能判断儿童的心理需要。

(3) 儿童教育的过程

罗素认为，儿童教育的过程分成两个阶段：一是品格教育阶段（0～6 岁），二是智慧

---

① 罗素：《教育与美好生活》，载王承绪、赵祥麟编译：《西方现代教育论著选》，111 页。

② 罗素：《罗素论教育》，柳其玮译，115 页，上海，商务印书馆，1931。

教育阶段（6～22 岁）。也就是说，6 岁以前的儿童应该以品格教育为主，6 岁以后的儿童应该以智慧教育为主。在罗素看来，只有在身体健康和品格良好的基础上才能进行智慧教育。

在品格教育阶段，教师应该努力培养儿童的优良品格。罗素指出，从儿童出生起，不仅要重视他们的身体健康，而且更为重要的是培养他们的良好习惯。如果儿童最初形成的习惯是好的，那就可以免去以后的许多麻烦。例如，培养儿童的建设性品格，就可以消除他们的破坏性恶习；培养儿童的公平意识，就有助于克服他们的利己心和占有性；培养儿童的诚实精神，就能使他们克服撒谎的缺点等。

在智慧教育阶段，教师应该强调知识的获得，并使学生认识到知识与现实生活的关系。罗素强调说："新知识是进步的主要原因，没有它，则世界就成为停滞不进的状态。"① 按照学生身心发展的特点，智慧教育阶段又可以分成初等教育（6～14 岁）、中等教育（15～18 岁）、高等教育（19～22 岁）三个时期。

总之，通过品格教育和智慧教育，就能培养出具有活力、勇气、敏感和智慧的人，实现一个与过去存在的一切社会截然不同的理想社会。

三、尼尔

1. 生平和教育活动

亚历山大·萨瑟兰·尼尔（Alexander Sutherland Neill，1883—1972）是英国教育家。1883 年 10 月 17 日，尼尔出生于苏格兰的福法尔。他父亲是一位乡村学校校长。1899 年，年仅 16 岁的尼尔开始在他父亲的那所乡村学校里担任教师。此后，他又先后在三所公立小学里担任助理教师。

后来，尼尔就读于爱丁堡大学。毕业后担任英国边境地区的格莱特纳公立学校的校长，尝试给儿童提供一个自由而愉快的环境。正是在格莱特纳，尼尔第一次开始真正地思考教育问题。

1920 年，尼尔受聘担任了欧洲新教育协会刊物《新时代》杂志的编辑，广泛接触了新教育的实践和理论。1921 年 8 月，尼尔与一位法国教师在德国的德累斯顿郊区合办了一所国际性的自由学校。后因意见不一致，他独自在奥地利的维也纳附近建立了一所实验学校，后迁到英国的莱斯顿，正式命名为"萨默希尔学校"。20 世纪 30 年代，它成为欧洲自由学校的一个典范。萨默希尔学校现仍存在，由尼尔的女儿佐伊（Zoe Neill）担任校长。

在萨默希尔学校实践的基础上，尼尔先后撰写了《问题儿童》（1926）、《问题父母》

---

① 迈耶：《现代欧洲教育家及其事业》，149 页。

(1932)、《萨默希尔学校——一种激进的儿童教育方法》(1960) 和《谈谈萨默希尔学校》(1967) 等著作。

1972 年，尼尔因病去世。

2. 教育思想

(1) 教育的目的是把自由还给儿童

尼尔认为，传统学校的做法不能造就出人格健全、充满自信心并具有适应生活能力的一代新人，反而使儿童在压制和恐惧的环境气氛中成为心理不健全的“问题儿童”。他强调说：“一所使活跃的儿童坐在课桌上学习几乎全部无用的功课的学校是一所坏学校。”① 在尼尔看来，仅仅传授知识的学校教育的一个致命弱点，就是剥夺了儿童自由生活的权利。

因此，尼尔强调指出，教育的目的应该是把儿童身上失落的东西——自由还给儿童，使儿童拥有充分的自由，使他们的生活不被恐惧和仇恨所损害，使他们的人格得到健全的发展。

教育的过程是儿童现实生活的过程，所以，尼尔认为，生活的目的就是教育的目的。既然幸福是生活的目的，那么，幸福也就是教育的目的。一切教育制度的基本要点，就是使每个儿童都能实现自己理想的幸福。尼尔还认为，教育的目的不能靠外部的压力强加给每个儿童。因为“不论现在还是将来，只有儿童自己最懂得什么将使他幸福”②。

尼尔强调指出，要实现教育的目的，儿童的兴趣是十分重要的。因此，在教育过程中，教师不要压制儿童的兴趣。儿童应该可以根据个人的兴趣爱好做出自己的选择。当儿童没有兴趣的时候，教师不要勉强他去做任何事情。尼尔说：“真正的兴趣是整个个体的生命力，并且完全是自发的。”③ 在他看来，如果学校仅仅把成套的现成知识和规范灌输给儿童，实际上也就剥夺了儿童的兴趣，并使他们的心理负担过重，从而丧失对新奇事物的敏感和探究的兴趣，最终成为没有创造力的人。

尼尔主张建立一种新的教育制度，能使每个儿童实现自己所理想的幸福。他强调说：“萨默希尔没有一个人被迫学习任何东西，因为小贝多芬和小爱因斯坦会寻找自己发展的道路。”④ 在尼尔看来，学习过程是一个个人内心体验不断丰富的人格日益完善的过程，学校的功能和职责就是尽可能地满足儿童学习的各种类型和要求。

(2) 自由教育是理想的教育模式

自由教育是尼尔教育思想体系的一个重要组成部分，也是他终生为之奋斗的理想教育

---

① 尼尔：《萨默希尔——一种激进的儿童教育方法》，载王承绪、赵祥麟编译：《西方现代教育论著选》，143 页。
② 尼尔：《萨默希尔学校——一种激进的儿童教育方法》，17 页，1960 英文版。
③ 尼尔：《萨默希尔——一种激进的儿童教育方法》，载王承绪、赵祥麟编译：《西方现代教育论著选》，149 页。
④ 尼尔：《萨默希尔学校——一种激进的儿童教育方法》，12 页。

模式。因此，萨默希尔学校打破了传统学校的做法，让儿童在一种不受约束的自由环境中生活和成长。尼尔强调说："在我们的学校里，我们将没有训斥，没有惩罚，没有说教。"① 在那里，儿童和教师具有平等的权利，教师从不要求儿童做什么，而只是应儿童的请求提供帮助和指导。

尼尔认为，自由是每个人生而具有的权利，所以，应该使每个人有最大的机会和可能去做多方面的选择，以便实现自己理想的幸福。他说："自由应该是不受制约地选择机会去做、去实现、去信仰和去感受，否则都是不正确的。"② 在尼尔看来，干涉儿童的天性就是专制。儿童需要自由，因为只有在自由的气氛下，他们才能得到自然的发展，并向好的方面发展。

由于尼尔甚至主张为了给儿童自由而必须放弃一切纪律和一切指导，萨默希尔学校彻底放弃了对儿童的约束，因此有人称这所学校是"随心所欲"的学校。对此，尼尔是持否定态度的。他反复强调说：自由并不是放纵，并不是说儿童在萨默希尔学校里可以随心所欲地做他感兴趣的一切事情。实际上，每个儿童在不受约束地选择机会和实现自己最大的愿望时，不能干涉其他人的自由选择，应该尊重其他人的自由权利。尼尔认为，从社会意义上说，尊重他人的自由就是尊重自己的自由，放纵自己就是对他人的权利和自由的干涉。所以，在萨默希尔学校里，规定 6 岁的儿童只有在救生员的保护下才准许去游泳，规定 11 岁以下的儿童不准单独骑自行车上街等。但是，这些规定都是儿童自己制定并经校务会审定通过的。

尼尔认为，自由并不是对儿童的溺爱，而是表明儿童与儿童、儿童与成人之间的平等和尊重。只有使儿童享有与成人平等的权利，只有让儿童具有充分的自由并懂得尊重他人的自由，才是真正的自由教育。

尼尔还认为，儿童的自由并不排斥外界对他的影响。学校应该通过自然的环境、自由的气氛，提供儿童充分表现自己的机会和可能，以及教师的行为榜样和建议来对儿童施加影响。然而，尼尔始终认为，对儿童的影响并不是对儿童的控制，并不是以成人的意志来代替儿童自己做出选择。

尼尔还强调指出，在自由教育中，自治是十分重要的。只有当儿童享有完全的自由来管理他们的集体生活时，他们才有真正的自由。因此，一所自由学校必然是一所实行自治的学校。同时，为了使儿童的自由真正得到保障，必须从儿童的内心激起一种力量或意识，即儿童的自律（包括自我调节和自我纪律两个方面）。对于儿童来说，自律是他们对个人行为最有效和最积极的约束与管理形式，也是自由教育所追求的目标。

总之，按照尼尔的意见，真正的自由教育应该是，一方面把对儿童的控制减少到最低

① 尼尔：《萨默希尔学校——一种激进的儿童教育方法》，294 页。

② 同上书，115 页。

的限度，另一方面对儿童的发展提供最积极的影响。

（3）情感教育是有效的教育手段

尼尔尖锐地批判传统学校缺乏对儿童的了解和热爱。他强调指出，不自由的教育完全忽视了儿童的活生生的情感。因此，尼尔把情感教育也作为一种有效的教育手段。他认为，学校应该像个充满着爱的家庭；教师应该和儿童站在一起，给儿童充分的爱。这实际上也意味着对于儿童的人格和自由的肯定。尼尔曾这样说：“萨默希尔学校可能是世界上最快乐的学校。”①

为了消除儿童的恐惧和仇恨，尼尔认为，应该把爱作为情感教育的核心。首先，学校应该创造一个适宜儿童自然发展的环境，真正理解儿童的需要，使儿童成其为儿童，而决不能凭借成人的意志扼杀儿童的个性和创造性。其次，教师应该尊重儿童和信任儿童，让儿童享有与成人平等的权利，消除儿童与成人之间的隔阂和彻底消除儿童对成人的恐惧。最后，教师应该无限关怀和爱护儿童。如果儿童得不到爱，他们就会寻求恨，通过恨的表现形式来引起别人的注意和体现自己存在的价值，从而成为不幸福的和内心冲突的“问题儿童”。

在情感教育中，尼尔强调学校必须给儿童一种完全自信的感觉，培养儿童的自信心，使儿童对自己、对他人和对世界充满信心，并具有积极乐观的进取精神。因此，尼尔坚决反对体罚。因为对儿童施行体罚会从精神上损害儿童的锐气，使儿童失去自信心，产生恐惧和心理压抑，以致对自我否定。

第四节 “自由教育”思想的影响与评析

19 世纪末 20 世纪初产生的“自由教育”思想是一些欧洲教育家在总结教育实践经验的基础上提出的一种新的教育理论，曾对 20 世纪前半期欧美国家以及世界上许多国家的教育实践和理论产生了很大的影响。

瑞典教育家爱伦·凯 1899 年在《儿童之世纪》一书中首先提出“20 世纪将是儿童的世纪”之后，意大利教育家蒙台梭利的教育实践和著述活动使她被誉为“儿童世纪的代表”②。蒙台梭利作为现代西方教育史上最伟大的教育家之一，以及西方教育理论和实践上真正有独创性的人之一，致力于对“童年的秘密”的探索和解答，大力提倡“自由教育”，其影响是广泛的，几乎遍及世界上每一个国家和地区。由于对幼儿教育和现代教育观以及世界和平事业的贡献，蒙台梭利曾被提名为“诺贝尔和平奖”的候选人。在 1950

① 尼尔：《萨默希尔——一种激进的儿童教育方法》，载王承绪、赵祥麟编译：《西方现代教育论著选》，146 页。
② 斯坦丁：《蒙台梭利：生平和著作》，79 页。

年的联合国教科文大会上，她被当时的联合国教科文组织总干事称为“我们期待教育和世界和平的伟大象征”。

英国哲学家和教育家罗素的“自由教育”思想倡导尊重和热爱儿童，不仅影响了英国的新教育家，而且在一定程度上影响了美国的进步教育家。美国的一所公立学校校长曾回忆说，他自己正是在1919年阅读了罗素的著作之后，才开始对“进步教育”产生兴趣的。

20世纪60年代，当《萨默希尔学校——一种激进的儿童教育方法》等著作在美国出版之后，英国教育家尼尔的“自由教育”思想引起了美国社会各界的强烈反响。1961年在美国还成立了“萨默希尔协会”，其目的之一就是按照尼尔的原则和思想建立美国的“萨默希尔学校”。在尼尔的教育思想影响下，20世纪60年代末70年代初，在美国还出现了“自由学校运动”。美国教育家古德曼曾这样评论说：“尼尔的自由教育可以与杜威的民主主义教育相提并论，可以与进步教育相媲美。”①

“自由教育”作为一种现代西方教育理论，批判了传统学校教育中存在的弊端和问题，促使人们去思考和探索新的教育原则和途径；同时揭示了现代教育应该注意的教育问题和原则，在一定程度上对现代教育的改革和发展具有启迪的意义。在一定程度上可以说，“自由教育”思想是围绕着如何使儿童的天性自然发展而展开的，是把尊重和热爱儿童作为教育的立足点的。应该看到，这种教育观点是富有一定积极意义的。澳大利亚教育史学家康内尔曾这样强调指出：“蒙台梭利对20世纪教育潮流的主要贡献，并不是她的那些建议，而是在于她的儿童教育思想以及对于教育过程的态度的影响。”② 尼尔也对他自己做过这样的评价：“也许萨默希尔学校本身的未来并不重要，但就人的发展而言，萨默希尔的理想却是十分重要的。”③

然而，应该指出，对“自由教育”思想尤其是尼尔更为激进的“自由教育”思想持批评意见的人也不少。很多人担心按照“自由教育”思想，会使学校教育工作陷入混乱状态；会忽视社会对学校教育的需求，把学校变成一个纯粹为个人的发展而存在的机构。美国耶鲁大学发展研究所的创始人之一艾姆斯不仅从儿童自由方面，而且从教育目的、智育等方面对尼尔提出了尖锐的批评，她甚至以讥讽的口气说：“我决不会送一个正常的儿童到萨默希尔去。”④ 这显然也表明，以蒙台梭利、罗素和尼尔为主要代表人物的“自由教育”思想本身确实存在偏颇之处，甚至有的观点是极端的。尤其是在如何把这种教育思想应用于学校教育实践时，许多具体问题尚有待讨论和研究。

---

① 哈特：《萨默希尔：同意和反对》，213页，1970年英文版。
② 康内尔：《20世纪世界教育史》，139页。
③ 尼尔：《萨默希尔学校——一种激进的儿童教育方法》，92页。
④ 哈特：《萨默希尔：同意和反对》，80页。

拓展阅读书目

1. 蒙台梭利. 蒙台梭利幼儿教育著作选. 单中惠，等译. 上海：华东师范大学出版社，2009.

2. 蒙台梭利. 童年的秘密. 马荣根，译. 北京：人民教育出版社，1990.

3. 罗素. 教育与美好生活. 杨汉麟，译. 石家庄：河北人民出版社，1999.

4. 尼尔. 夏山学校. 周德，译. 北京：京华出版社，2002.

第二十八章

劳作教育思想

作为一种教育思潮的劳作教育思想是从19世纪后期起在德国兴起的，后又在其他欧美国家中流行，并形成了“劳作学校运动”。德国教育家凯兴斯泰纳是它的主要代表人物和推动者。劳作教育思想不仅对当时欧美国家传统学校教育的改革，而且对这些国家职业教育的发展产生了较大的影响。

第一节　劳作教育思想产生的背景

早在文艺复兴时期，英国人文主义思想家、早期空想社会主义者莫尔就在西方教育史上第一次论述了劳动教育问题。因此，《欧美劳作教育思想史》一书的编著者李化方先生曾这样写道：“劳作教育思想，实导源于文艺复兴。”① 此后，不同历史时期的一些西方思想家和教育家，如17世纪英国教育家洛克、18世纪法国教育家卢梭和瑞士教育家裴斯泰洛齐、19世纪英国空想社会主义者欧文等，在他们的著作中也都论述了劳动（劳作）教

① 李化方：《欧美劳作教育思想史》，323页，上海，商务印书馆，1935。

育问题。但是，劳作教育思想作为一种教育思潮是19世纪后期才开始在德国兴起并逐渐在其他欧美国家流行的，最终形成了“劳作学校运动”。

1871年1月18日，普鲁士国王威廉一世宣布成立德意志帝国。同年4月通过的帝国宪法，确定德意志帝国是联邦国家，由22个邦和3个自由市组成。德国统一后，消除了原来的封建割据局面以及经济发展的阻碍，为形成独立的经济体系和统一的国内市场创造了条件，也促进了德国工农业生产的发展。到19世纪90年代，德国已经完成了工业革命。在工业生产方面，它已经超过英国，仅次于美国，跃居资本主义世界的第二位、欧洲国家的第一位。

德意志帝国为了巩固政权和加强经济实力，十分重视教育工作。1872年，当时的教育部长法尔克颁布了新的教育法令，规定6～14岁儿童的8年初等教育为强迫义务教育，强调实科教育的重要性；要求对年龄未满18岁的就业青年进行职业补习教育等。

1888年6月，威廉二世登基为德意志帝国皇帝。威廉二世非常强调教育的政治功能以及对社会经济发展的作用。1889年5月1日，他发布了关于德意志帝国教育和学校政策的谕令，强调学校要以“敬畏神灵”“忠于普鲁士君主国家”作为教育的基础。1890年12月，威廉二世又在德国中等教育会议上发表演说，批评德国传统的古典文科中学的教学内容只重视希腊文和拉丁文而缺乏现代性，并且责备此类学校培养的不是“德国青年”，而是“希腊和罗马青年”。

德国工业发展需要对学校教育提出新的要求，以及德意志帝国皇帝和上层人士对当时传统的学校教育的批评，无疑为劳作教育思想在德国的产生提供了有利的条件。苏联教育家克鲁普斯卡娅在《国民教育和民主主义》一书中曾指出：“提高工人技术教育和普通教育的水平，使他们在发展上接近美国工人的水平，已经成了德国的生死存亡问题了。”①

与此同时，欧洲其他国家的传统学校教育也受到了来自经济发展和社会改革等方面的挑战，面临着改革的任务。作为20世纪初期欧美教育革新运动的先声，从19世纪后期起，劳作教育思想开始在德国和其他欧美国家流行，并逐渐成为一种颇有影响的教育思潮。德国教育家凯兴斯泰纳正是这种教育思潮的主要代表人物和推动者。

1905年，凯兴斯泰纳在题为《小学的改造》的讲演中，第一次使用了“劳作学校”一词，与原来的“书本学校”相对立。1908年，他又在瑞士苏黎世举行的纪念裴斯泰洛齐诞辰160周年大会上的讲演中强调说：“将来的学校应该是劳作学校。”一般认为，这是“劳作学校运动”的发端。1912年，凯兴斯泰纳发表的《劳作学校要义》一书被认为是对劳作教育思想的系统阐述。因此，“劳作学校”在20世纪前半期“成了团结欧洲大陆学校改革者的一个流行语”②。

---

① 克鲁普斯卡雅：《国民教育和民主主义》，载克鲁普斯卡雅：《克鲁普斯卡雅教育文选》，248页。

② 康内尔：《20世纪世界教育史》，303页。

第二节 劳作教育思想的主要特点

劳作教育思想具有以下四个主要特点。

第一，劳作教育思想尖锐批判传统的学校教育。为了向工业部门输送掌握初步的生产知识和技术的工人，劳作教育思想批判德国传统的国民学校和古典文科中学脱离社会生活、脱离生产实际，主张把知识学习与工业劳动结合起来。凯兴斯泰纳强调指出："那种死记知识的教育——征服了一切国民学校和高级学校的死记硬背的教育——已不是我们今日所需要的国民教育和人类教育了。"① 由此，劳作教育学派提出了一系列教育改革措施。例如，在国民学校中开设手工劳动课程，在学校的实验室、缝纫室、烹饪室等对学生进行技术操作训练，改革普通教学科目使之适应劳作学校的要求等。所有这一切显然是想把国民学校由原来的"书本学校"改变为"劳作学校"。应该看到，这与当时德国经济发展以及学校教育改革趋势存在着密切的联系，构成一个国际教育改革潮流。在这个改革潮流中，德国不仅重视"新教育"的经验，而且吸取了美国"进步教育"思想及其实践的营养。

第二，劳作教育思想虽然主张在德国的国民学校中要独立地开设劳作科目，并且强调对学生进行劳作训练，但是，它并没有完全割断德国教育的历史和文化，也没有排斥其他普通知识学科的教学。凯兴斯泰纳曾经这样说过：工艺、绘画、几何、初等数学等学科都是实现劳作学校精神的"最适当的科目"。因此，在某种意义上讲，劳作教育思想是对普通教育与职业教育相结合的"新路"的研究和实验。这种研究和实验在德国是开拓性的。可以说，正是通过劳作教育的实践，德国奠定了职业技术教育的基础，并且发展了对青年工人进行补习教育的学校网。

第三，劳作教育思想与欧洲"新教育"思想、美国"进步教育"思想是相互联系和相互影响的。19 世纪末，在德国的一些城市，教师都坚决反对国民学校教学计划中列入手工劳动课程，因此，德国的国民学校后来增设了手工劳动课程在教育界引起了很大的震动。但是，在"新教育"和"进步教育"思想的影响下，德国的教师把手工劳动课程作为一种教育改革措施进行研究和探索并取得了良好的效果。对此，苏联教育家克鲁普斯卡娅曾这样写道：德国的教师"开始在学校里进行手工劳动，这种劳动由于安排得很正确，因而就为发挥儿童的创造精神提供了广泛的园地。怎样进行手工劳动才能使它具有普遍的教育意义，对这个问题德国教师花了不少工夫来研究。他们的经验加上美国学校的有关经

① 凯兴斯泰纳：《工作学校要义》，刘均译，94 页，上海，商务印书馆，1935。

验，为劳作学校的设立奠定了合法的地位”①。澳大利亚当代教育家康内尔在《20世纪世界教育史》一书中也把劳作教育思想看作是20世纪欧美教育改革新运动的一部分，指出劳作教育学派与新教育家和进步教育家经历了同样的社会与文化的趋势，都处在20世纪初期的教育之中并对之做出了反应。当然，劳作教育思想更坚持生产劳动的教育价值。

第四，劳作教育思想与公民教育思想是相互联系的。在某种意义上讲，公民教育思想是目的，劳作教育是达到目的的手段。凯兴斯泰纳提倡的劳作教育思想是按照公民教育的要求培养德国资产阶级所需要的新型劳动力，既使学生掌握个人的职业技能，又使他们形成为国家服务的思想。他始终坚持认为，公立学校的首要功能是教育资本主义社会所需要的公民。因此，职业训练和性格训练就是国民学校的两个紧密联系、缺一不可的任务。而且，正是通过劳作教育，才使国家公民教育的使命得以完成。这也充分说明了凯兴斯泰纳的劳作教育思想带有浓厚的政治色彩。

第三节　劳作教育思想的主要代表人物

一、凯兴斯泰纳

1. 生平和教育活动

乔治·凯兴斯泰纳（Georg Kerschensteiner，1854—1932）是德国教育家，劳作教育活动的倡导者。1854年7月29日，他出生于德国巴伐利亚州首府慕尼黑的一个市民家庭。1866—1871年，他在弗赖新师范学校学习。毕业后担任国民学校教师，开始了他的教育生涯。1877年，凯兴斯泰纳先进入慕尼黑高等工业学校学习电机工程，后来转入慕尼黑大学学习数学和物理，兼修教育学和哲学。1881年获得哲学博士学位。在德国中央气象台工作3年后，他又任教于梅兰希顿文科中学。1885—1890年，他担任纽伦堡商业学校教师。后来，他又到施魏因福特文科中学和慕尼黑文科中学任教。

1895年，凯兴斯泰纳被任命为慕尼黑市教育局长。在任职的25年中，他主持该市的教育行政工作，对国民学校和补习学校进行了改革。1896年，他在国民学校八年级的女生班中增设烹饪课并确定为必修科目。1900年，他又把手工劳作引进国民学校，把它作为八年级男生班的必修科目。为了提高就业青年的文化技术水平，1900年春，凯兴斯泰纳制订了补习学校计划，把国民的道德教育与职业技术培训结合起来，并取得了良好的效果。

---

① 克鲁普斯卡雅：《国民教育和民主主义》，载克鲁普斯卡雅：《克鲁普斯卡雅教育文选》，248页。

凯兴斯泰纳以自己长期从事中小学教育工作的经验为基础，吸取欧洲“新教育”和美国“进步教育”思想的精神，潜心研究劳作教育问题。1910 年，他出版了《劳作学校要义》(商务印书馆 1935 年中文版译名为《工作学校要义》) 一书，系统阐述了自己对“劳作学校”的看法。

从 1918 年起，凯兴斯泰纳应聘兼任莱比锡大学教育学教授，同时还在慕尼黑大学讲授教育问题。一直到 1920 年退休，他仍担任慕尼黑大学的名誉教授。

1932 年 1 月 15 日，凯兴斯泰纳去世。

2. 教育思想

(1) 公民的性格训练和职业训练

凯兴斯泰纳认为，每一个德国人最要紧的是维护国家的利益。因为每一个人都是作为一个“公民”而存在的。因此，他提出：“国家公立学校的目的——也就是一切教育的目的——是教育有用的国家公民。”① 在凯兴斯泰纳看来，公民教育包括性格训练和职业训练两个方面。

在性格训练方面，凯兴斯泰纳认为，有用的国家公民必须具有“忠君”“爱国”的思想，成为德意志帝国的顺民。这是维护与巩固德意志帝国的政治统治所需要的。因此，他把贯彻国家主义思想摆在教育工作的首位，试图通过公民教育对学生进行“性格陶冶”，培养公民的道德，以便达到使他们效忠于德意志帝国的目的。

在职业训练方面，凯兴斯泰纳认为，有用的国家公民必须具有从事某种职业的能力，并且尽力做好应做的工作。他甚至提出：“职业陶冶为公立学校的第一任务。”在他看来，让学生学习掌握初步知识和生产技能，为今后他们所从事的职业打下基础是十分重要的。因此，凯兴斯泰纳指出：学校的基本任务之一就是使儿童能在国家中“担任一种工作，或一种职务，并且把这种职务或工作做得能够多么好就多么好”②。

(2) 劳作学校

凯兴斯泰纳首先阐明了“劳作”在教育学上的定义，以便使人们正确理解“劳作学校”的真正含义。“劳作”一词来自德语“Arbe”，原意为奴仆的劳役或赋役。在近代西方教育史上，“劳作”一般指体力劳动，尤其是手工劳动。因此，凯兴斯泰纳认为，“劳作学校”不是传统的“书本学校”，而是一种既能学习掌握初步的生产知识和技术，又能使学生的内心培植出对劳动的价值观念，并且形成为国家服务思想的学校。在这种意义上讲，凯兴斯泰纳倡导的“劳作学校”，可以说是“国民教育的劳作学校”。由于这种学校所培养的新型的劳动者有助于德国工业的发展、社会经济的繁荣和对国家的效忠，因此，凯兴斯泰纳提出的劳作教育思想在德国得到了广泛传播与发展。

---

① 凯兴斯泰纳：《工作学校要义》，12 页。

② 同上书，13～14 页。

凯兴斯泰纳指出，“劳作学校”有三个方面的任务。

第一，对学生的“职业陶冶”，也就是公民的职业准备。凯兴斯泰纳认为，国民学校要帮助学生将来在国家的组织团体中担任一种工作，因此，国民学校就要对学生进行“体力工作”的职业训练。在他看来，在一个国家中，对于绝大多数人来说，都是要进行体力劳动的。凯兴斯泰纳还认为，3～14岁的儿童是倾向于体力活动的，此外，体力劳动也是艺术和科学的真正根基。但是，应该指出，凯兴斯泰纳强调通过“劳作学校”对广大劳动群众的子女进行职业训练的目的在于，把他们培养成为被剥削的雇佣劳动力。

第二，“职业陶冶伦理化”。凯兴斯泰纳认为，劳作学校不仅把职业训练当作谋生的手段，而且把职业训练当作培养个人道德品质的手段。因此，“职业教育伦理化”的核心是：以国家主义的思想为指导，把个人的生命、工作和生活与为国家工作、为国家服务联系起来，培养个人的社会责任感，尽力提高自己“内心的人格价值”。为此，凯兴斯泰纳主张，在劳作学校里要把职业训练与“精神陶冶”“性格训练”结合起来。在这个意义上，他也把“劳作学校”称为“性格陶冶学校”。

第三，实现“团体的伦理化”。其核心是：以学生的个人伦理化为前提，把学生组成一个工作团体，培养与发展学生“团结工作”的精神。凯兴斯泰纳认为，学生在一起劳动，可以培养同学之间的情谊和各种良好的习惯；高年级学生，可以教低年级学生认识国家团体的大义。他强调说：“如果不教育人们结为团体，就无法教育人们成为像样的人。”① 因此，他要求国民学校要将教育与教学活动建立在团体工作的基础上，使劳作学校成为一个“伦理化”的工作团体，成为对学生进行“精神陶冶”的工具。

为了实现劳作学校的任务，凯兴斯泰纳明确指出，国民学校的教学内容、教学方法以及教育与教学管理必须进行改革。这是把国民学校传统的“书本学校”改造为“劳作学校”的关键。

凯兴斯泰纳认为，国民学校改革的核心是学校课程的改革。因此，在课程改革方面，他提出以下要求：一是要把手工劳作作为一门独立学科来开设。凯兴斯泰纳强调说：“在一个组织完善的公立学校中，必须把劳作教育当作一个独立科目。”② 二是改革各门传统的学科。凯兴斯泰纳认为，应该在让学生掌握一般普通知识的前提下，合理地“精简教材”，清除那些堆砌的、杂乱的知识。劳作学校的教学应该“以极少的知识材料，得到极多的适应力、本领和工作兴趣，以完成国家公民教育的使命”③。同时，凯兴斯泰纳还认为，在对文学、历史、地理等学科进行“改造”时，要注意在这些学科中渗透公民教育的内容，把公民教育贯彻到这些学科的教学中去。三是重视体育这门学科。凯兴斯泰纳认

① 康内尔：《20世纪世界教育史》，302页。

② 凯兴斯泰纳：《工作学校要义》，21页。

③ 同上书，95页。

为，由于劳作教学的内容是以体力劳动为主的，因此，与体力劳动有关的体育学科应该受到重视。

为了对传统的“书本教学”进行改造，凯兴斯泰纳强调指出，劳作学校的教学不能再采用“知识宣讲的老法子”。在教学方法改革方面，他提出，一是教师应该按照学生职业的种类来组织劳作教育。在教学组织形式上要采用“分组教学”。二是教师在劳作教育中不应该再走“老路”，而要走一条“新路”，即让学生在“亲身观察”“亲身体验”中去获得知识。三是教师不应该让学生消极地接受知识，而要积极发展学生自己的活动能力与创造能力。因此，他不仅要求学校设立烹饪室、缝纫室、实验室等供劳作教育之用，而且要求通过组织与指导学生的园艺、细木工、烹饪等手工技艺的劳动，培养他们在某一工种上的技能和实践能力。

凯兴斯泰纳认为，由于普通学科的教师不具有技术本领，因此，劳作学校应在职业行业中聘请有技术的工匠担任高级班的教师。至于中学的技术教师，应由专门技术学校毕业的人来担任。凯兴斯泰纳强调指出，传统的“书本学校”能否变成“劳作学校”，从根本上说取决于那些确实具有“忠君爱国”思想而又有技术能力的教师。当然，他的见解反映了当时德国对国民学校教师队伍进行改造与重建的要求。

（3）补习学校

由于凯兴斯泰纳主张对“全体国民”实施公民教育，同时认为提高就业青年的文化技术水平对于发展德国的社会生产有直接的作用，因此，他倡导并创办了补习学校。“补习学校”实际上就是为就业青年设立的一种业余教育机构。凯兴斯泰纳强调指出，补习学校首先要对青年工人进行“公民教育”，使他们具有“忠君爱国”的思想并养成勤奋、正义、自制等美德。特别重要的是，补习学校要对青年工人进行“职业能力训练”，使他们能在各个行业中提高生产效率。

根据补习学校的任务，凯兴斯泰纳认为补习学校的工作应分为两个阶段：第一阶段，按照不同的行业开设各类补习学校，招收14～16岁的学徒工、非熟练工人、临时工人以及失业青年。除进行职业技术训练外，还包括学习一般普通知识以及道德教育。补习学校由教育行政部门与各行会合作加以组织和管理。上课时间一般安排在晚上或星期日，每周上课时间为8～10小时。凯兴斯泰纳特别重视第一阶段的补习教育，并指出这个阶段的补习教育应该是强迫的而不是自愿的。第二阶段，为17～20岁的熟练工人提供补习教育和提高的机会。这个阶段的补习教育是自愿的，学生可以自由选择他们所要学习的生产知识与技术课程。

根据各类补习学校的实际需要，凯兴斯泰纳在他关于“补习学校”的设想中，提及广泛的学科，包括数学、普通物理、化学、簿记、动物学、植物学、矿物学、通信和商业地理等学科。这些学科都应由受过专门训练的专业教师任教。至于生产技术方面的课程和技术训练，则应由从各行业中聘请的师傅、熟练工人或有经验的技术教师负责传授。

凯兴斯泰纳还提出，在农村也应该开办农业补习学校，以便提高广大青年农民的公民道德和农业技术水平，促进农村经济的发展。他认为，农业补习学校的教学工作安排要与农业季节相适应，理论教学应安排在冬季进行，技术操作教学可依据农作物的生产情况安排在一年里的其他时间进行。凯兴斯泰纳强调指出，农业补习教育必须是强迫的，才有可能取得良好的效果。

1901 年，慕尼黑市开始实施凯兴斯泰纳关于开办补习学校的计划。克鲁普斯卡娅在记述当时德国补习学校的情况时曾这样写道："日间补习学校把德国工人阶级的文化程度提到了更高的水平，因为这种学校里的理论讲授是与实践紧密联系在一起的，而且讲授本身所具有的不是狭隘职业的性质，而是多少接近综合技术的性质。"同时指出德国的补习学校"力图提高整个工人阶级的一般技术教育水平，因而在这一点上毫无疑问是具有进步性质的"①。

第四节　劳作教育思想的影响与评析

19 世纪末 20 世纪初，劳作教育思想在德国以及其他欧美国家中广泛流行，形成了"劳作学校运动"。它不仅对传统的学校教育是一次有力的冲击，而且对职业技术教育的发展具有深刻的影响。尤其是凯兴斯泰纳亲自领导和主持的享有盛誉的德国慕尼黑的劳作学校实验，在较大程度上推动了劳作教育思想的发展和传播。德国全国教师大会于 1912 年通过决议，规定手工劳作为德国的国民学校的必修科目。为实施魏玛共和国颁布的德国新宪法有关教育条文，1920 年 6 月召开的德国教育大会也明确提出：新学校必须是"劳作学校"，必须以手工劳作为培养的基础。凯兴斯泰纳还多次赴英国、美国以及欧洲大陆国家做有关劳作教育的演讲，他的《劳作学校要义》一书也被译成多种文字在世界上广为流传。因此，在这些国家中也有不少学校是采取"劳作学校"做法的。苏联建国初期教育家布隆斯基的教育主张和做法，实际上也源于凯兴斯泰纳的劳作教育思想。

应该指出，以凯兴斯泰纳为主要代表人物的劳作教育思想是有一些合理的和积极的成分的。劳作教育思想强调学生学习掌握初步的生产知识与技术，并且通过在国民学校开设手工劳动课以及在补习学校开设各个行业理论课和实际操作技术课，把工业化所需要的知识与技术引进学校，无疑集中地反映了德国工业生产和经济发展对熟练工人的迫切需求。应该说，它对于促进德国工业生产和经济的发展具有重要的意义。与此同时，它也为德国的职业技术教育的发展奠定了坚实的基础，并逐步形成一种重视职业技术教育的传统。

---

① 克鲁普斯卡雅：《国民教育和民主主义》，载克鲁普斯卡雅：《克鲁普斯卡雅教育文选》，233 页。

1916年，凯兴斯泰纳在总结自己的努力和抱负时强调说："我们所经历的改革，对于我们的整个学校体制既是必需的又是必不可少的。"①

在批评传统的"书本学校"并尽力把"书本学校"改造为"劳作学校"的过程中，凯兴斯泰纳虽然尖锐地指出"书本学校"脱离社会生活和生产实际的弊病，但他既没有否定必须让青少年掌握学习基础知识的必要性，也没有排斥各门普通知识学科的教学。因此，凯兴斯泰纳要求把劳作教学与普通知识教学结合起来的见解无疑是正确的。

当然，我们也应该指出，凯兴斯泰纳的劳作教育思想与他那直接为维护德国专制君主统治服务的公民教育理论是紧密联系的。因此，克鲁普斯卡娅强调指出：凯兴斯泰纳"对资产阶级国家非常崇拜，异常坚定地保全资产阶级的利益，并且使自己的教育活动吻合这种利益。他是一个学识渊博的人，精通最新的教学方法，曾经到法国、瑞士、奥地利去考察职业教育情况。但是，他希望建立新学校。他想建立一种采用新方法达到老目的的学校"②。

当今世界中，德国的职业技术教育发展之所以能处于领先地位，在一定程度上应该归功于凯兴斯泰纳以及他的慕尼黑劳作学校实验。正如德国教育学者佩茨和普罗科普在《联邦德国及巴伐利亚州教育手册》一书中明确写道：在德国，"对近代职业教育具有影响的主要是凯兴斯泰纳。他预见未来的学校应是劳作学校，其教学应以职业为重点，以引起学生的兴趣。他将劳作学校的目标确定为培养学生的个性，进行国民意识教育以及培养学生的劳动能力"③。

拓展阅读书目

1. 凯兴斯泰纳. 凯兴斯泰纳教育论著选. 郑惠卿，译. 北京：人民教育出版社，1993.

2. 李化方. 欧美劳作教育思想史. 上海：商务印书馆，1935.

① 康内尔：《20世纪世界教育史》，306页。

② 克鲁普斯卡雅：《国民教育和民主主义》，载克鲁普斯卡雅：《克鲁普斯卡雅教育文选》，248～249页。

③ 赫·佩茨、恩·普罗科普：《联邦德国及巴伐利亚州教育手册》，杭州大学中德翻译情报中心译，53页，杭州，杭州大学出版社，1992。

第二十九章

“进步教育”思想

“进步教育”思想于19世纪末20世纪初在美国产生，并成为在20世纪前半期美国教育界占据统治地位和具有很大影响的一种教育思潮。美国教育家帕克、约翰逊、柏克赫斯特、华虚朋和沃特是它的主要代表人物。其中，帕克被称为“进步教育之父”。他们在美国各地建立了“进步学校”并进行教育革新实验。“进步教育”思想批判旧的传统教育理论和方法，强调儿童个人的发展和成长，把儿童置于教育的中心地位，并提倡新的教育形式、内容和方法。它对欧洲以及世界上其他一些国家的学校教育也曾有过较大的影响。

第一节 “进步教育”思想产生的背景

在美国历史上，南北战争推翻了南方农奴主，北方工业资产阶级夺取了全部国家政权，实现了南北统一，完成了资本主义战胜奴隶制度这个伟大的社会飞跃。南北战争后，美国工农业开始有了更快的发展，生产和生产技术有了更大的提高。

美国是个起步比较晚的资本主义国家，然而，它重视学习欧洲国家工业革命的经验和先进的科学技术成果，并大力开展本国的科学技术研究。这样，美国就避免了欧洲国家走过的弯路，加速了农业化和工业化的步伐。到19世纪末20世纪初，世界科学技术中心已由欧洲转移到了美国。

这一切都表明，南北战争后美国的社会生活发生了很大的变化。经过30多年的时间，美国建成了一个资本主义工业高度发达的国家，赶上了欧洲国家。正如有的美国历史学家所指出的：在19世纪90年代，一个新的美国已经屹立于世界。

在这个过程中，美国资产阶级越来越需要有文化知识的工人、农民以及知识分子，因此，联邦政府拨出大量公有土地，建立公立中学，实施免费义务教育，废除传统的双轨制。也正是在这一时期，美国建立了具有自己特色的教育制度。与此同时，普通民众随着经济地位的提高，也要求扩大教育机会，使自己的子女受到满足生活需要的实用教育。当代美国教育史学家克雷明指出："义务学校教育既对进步主义者提出了问题，也给他们提供了义务，正是义务学校教育的存在，不可避免地决定了在第一次世界大战前几十年里教育革新方面的每一个尝试。"①

尽管1876年在费城举办的世界博览会使得一些美国教育家认识到美国教育以后决不能再是老样子了，但是，学校教育实际上没有什么变化。到19世纪90年代，由于欧洲传统教育理论的影响，特别是由于德国教育家赫尔巴特教育理论以及赫尔巴特学派运动的影响，美国出现了宣传和应用赫尔巴特教育理论的高潮。1892年，美国的赫尔巴特主义者成立了赫尔巴特俱乐部，翻译赫尔巴特的教育著作，出版论述赫尔巴特教育思想的书籍。难怪当时联邦政府内政部教育局局长哈里斯（W. T. Harris）在他的《1894—1895年度报告》中曾这样指出："今天美国的赫尔巴特学派教育理论的信徒要比德国国内多。"有的人甚至说："美国教育家是在赫尔巴特教育思想的大气层里开始生活、运动和存在的。"② 这使得当时美国的学校教育基本上被看成是一种纯粹的学术活动，学校制度成为一种使儿童穷于应付作业的制度。"学校对于儿童来说，从来就没有什么乐趣。同样，对于家长来说，学校往往被看成是一个异己的世界，对于它所教育的人似乎充满了敌意或冷淡。"③ 面对美国社会生活的变化，这种学校教育显然是不适应的。

此外，应该指出，随着资本主义在美国的迅速发展以及资本的高度集中，美国社会也面临着许多在资本主义社会制度下必然产生的问题。例如，城市贫民区的贫穷污秽、工厂劳动条件的悲惨恶劣、地方和州政府的腐败无能以及公立学校的呆板和形而上学，等等，

---

① 克雷明：《学校的变革》，单中惠、马晓斌译，115页，济南，山东教育出版社，2013。

②③ 鲍尔斯、金蒂斯：《美国：经济生活与教育改革》，300页。

还有大量的移民如何能够“美国化”的问题。在这种情况下，一些进步主义者在报纸杂志上用激烈的措辞批判和揭露这些问题，从而形成了进步主义运动。因此，从19世纪90年代至20世纪30年代这一时期被历史学家们称为“进步主义时期”。历史表明，进步主义运动是当时美国全国范围内的一个广泛的社会和政治运动，是各个不同群体对美国在南北战争后迅速走向工业化和都市化而产生的种种问题所做出的反应。

实际上，早在1875年，美国教育家帕克就在马萨诸塞州的昆西市进行了教育革新实验，试图使昆西学校摆脱旧的、呆板的和不符合儿童天性的陈规陋习，成为“进步教育”思想的先驱者。但是，大力宣传“进步教育”思想并使之推广到美国所有学校的战役的第一枪，应该归功于纽约市一位关心美国教育的年轻医生赖斯（J. Rice)。1892年，他曾经调查访问了包括纽约、波士顿、华盛顿、圣路易斯在内的36个城市的学校，与1 200位教师交谈，掌握了大量的第一手资料，然后在《论坛》月刊上发表了一系列文章，尖锐地抨击当时美国学校教育中存在的问题。赖斯指出：未经培训的“教师盲目地让天真无邪的孩子去单调地练习、死记硬背和复述那些毫无意义的冗词赘语”[①]。他提出国家普通教育的精神应该是进步主义的，号召人们为建立“进步学校”而努力。对此，克雷明曾强调指出：“19世纪七八十年代，人们对教育的批评不仅是局部的、间歇的，而且常常是无关痛痒的。相比之下，90年代带来了全国性对传统教育的批评以及教育革新和改革的洪流。没多久，它就完全具有了一场社会运动的特征。在这一点上，赖斯的文章似乎标志着一个开端。”[②] 应该说，赖斯对19世纪90年代学校教育的“曝光”，使得美国教育的传统根基发生了动摇。

还应该指出的是，在这一时期，美国学术界的每一个知识领域都在科学（尤其是达尔文主义）的影响下活跃起来，心理学、社会学、哲学和教育学无一例外。这就为“进步教育”思想的产生提供了理论基础。提倡“进步教育”思想的教育家无疑从卢梭、福禄培尔等欧洲教育家那里汲取了思想养料。

可以说，“进步教育”思想正是在19世纪后半期形成的令人困惑的新的美国都市工业文明背景下产生的。“进步”这个词揭示了当时美国一场广泛的社会改良运动的真正含义。“进步教育”实际上就是教育中的进步主义，旨在通过学校教育去改善社会生活和个人生活。它强调教育的多样性，学校与社会的统一以及课程内容的扩大，应用建立在心理学和社会科学方面新的科研基础上的教育学原理，使教学更适合不同类型和不同阶层的儿童，使文化教育“民主化”等。

总之，“进步教育”思想的产生以及进步教育运动，既是美国对工业化的反应的一部分，又是整个世界对工业化的更广泛反应的一部分。正如美国教育学家杜威所指出的：

---

① 克雷明：《学校的变革》，4页。

② 同上书，20页。

“以为进步教育运动是教师自己臆想出来并由他们自己搞出来的，这是愚蠢的。”① 事实上，美国“各个主要时期的教育变革都是对与资本积累过程密切相关的经济生活结构方面的抉择所做出的反应”②。

第二节 “进步教育”思想的主要特点

“进步教育”思想具有以下四个主要特点。

第一，“进步教育”思想是以旧的传统教育作为批判对象的。与传统教育不同，“进步教育”的基本原则是：表现个性和培养个性，反对从外面灌输；自由活动，反对外部强制纪律；从经验中学习，反对从教科书中学习；获得为达到直接需要和目的的各种技能和技巧；反对以训练方法获得某种孤立的技能和技巧；尽量利用现实生活中的各种机会，反对固定不变的目标和教材。美国教育家杜威和她的女儿伊芙琳在《明日之学校》一书中曾指出，“进步学校”具有以下四个共同特征：一是注重儿童的身体健康；二是采用活动课程；三是强调儿童的兴趣；四是培养儿童“民主参与”的社会意识。按照进步主义教育家的意见，“进步教育”思想的目的就是要改革当时在美国学校教育领域占统治地位的传统教育制度。

第二，“进步教育”思想表现出丰富性和多样性。“进步教育”的整个历史意味着不同的人制订不同的学校改革计划，并采取了不同的做法。实际上，这就是教育批评和教育革新上的差异。例如，帕克的昆西学校实验、约翰逊的有机教育学校实验、柏克赫斯特的道尔顿计划、华虚朋的文纳特卡计划、沃特的葛雷计划，都是进步教育家在美国各地所进行的教育革新活动。在批判和改革传统教育制度这个共同的前提下，它们充分表现出各自的特点，提出了使“进步教育”思想付诸实践的各种方法。显然，这是与具有多样性要求的广泛的进步主义运动密切相关的。

第三，“进步教育”思想具有广泛的吸引力。在南北战争后的几十年间形成的“进步教育”思想，到19世纪末20世纪初在美国民众中特别是知识分子中已有广泛的吸引力。后来，它又赢得了有组织的教师的支持。1919年，进步教育协会的成立以及《进步教育》杂志的创办，更加促进了“进步教育”思想在美国的传播。可以说，在20世纪前半期，“进步教育”思想以及以它为理论根据的进步教育运动曾获得了美国大部分民众和教师的支持。

第四，“进步教育”思想是20世纪前半期欧美教育革新思潮的一个组成部分。虽然

---

① 杜威：《〈教育资源的使用〉一书引言》，载赵祥麟、王承绪编译：《杜威教育论著选》，431页。

② 鲍尔斯、金蒂斯：《美国：经济生活与教育改革》，300页。

“进步教育”思想产生于美国，但是美国进步主义教育家与欧洲新教育家在1910年之后开始合作和交流，使得具有相同基础和相同目标的“进步教育”思想与“新教育”思想汇合起来，并被看成是统一的欧美教育革新思潮。有人甚至这样说，美国进步教育协会实际上成了欧洲新教育协会的美国分会。

第三节 “进步教育”思想的主要代表人物

一、帕克

1. 生平和教育活动

弗兰西斯·韦兰·帕克（Francis Wayland Parker，1837—1902）是美国教育家。1837年10月9日，帕克出生于美国新罕布什尔州的贝德福。也许受到担任乡村学校教师的母亲的影响，他16岁时便开始担任乡村学校教师，一直到25岁。1869年，帕克担任了俄亥俄州德顿师范学校校长，开始从事教育革新活动。后来又担任德顿市公立学校督学助理。

为了进一步学习欧洲教育家的思想，1871年帕克赴德国柏林威廉国王大学学习。其间，他考察了欧洲其他国家的教育情况。1875年回国后至1880年，帕克担任了马萨诸塞州昆西市的学校督学，主持领导昆西学校实验改革，第一次把“进步教育”思想付诸学校教育实践。此后，他担任波士顿公立学校督学。1883—1899年，帕克担任了芝加哥库克县师范学校校长。

在教育改革实践基础上，帕克于1894年写了《关于教育学的谈话》一书，系统阐述了他的“进步教育”思想。其他教育著作有《注重实践的教师》(1883)、《关于教育的谈话》(1896）等。

后来，帕克主持领导了芝加哥学院这个私立教育实验中心。1901年，该机构在芝加哥大学校长哈珀（W. Harper）的要求和建议下并入芝加哥大学，成为它的教育学院，帕克担任了第一任院长。此外，他还创建了美国第一个儿童研究团体——伊利诺伊州儿童研究学会，并担任第一任主席。

1902年3月2日，帕克因病在密西西比州帕斯克里斯蒂安去世。由于帕克的教育思想和实践对“进步教育”思想及进步教育运动起了重要的影响，因而帕克被称为“进步教育之父”。

2. 教育思想

(1) 儿童中心的学校

帕克认为，儿童既是一个精神的实体，也是一个社会的实体。儿童的发展依赖于自己的经验、印象和表达。童年期充满了每一种由外在刺激和内在力量形成的活动。

因此，“所有教育的真正目的是人的身体、智力和心理的协调发展”①。学校教育应该适应儿童的发展，而不是要儿童去适应学校教育。帕克强调说：“不是任何科目，而是儿童处于学校的中心。”② 在他看来，学校应该是“儿童中心”的学校。在制订学校计划时，应该以儿童为中心，从儿童的需要、兴趣和能力出发，尽力提供游戏、活动和工作的机会，并进行必要的辅导，使儿童具有丰富的和多样的经验。总之，学校的一切都是为了促进儿童的发展。儿童必须在一种不受任何阻碍的环境中游戏和工作。

在昆西学校实验中，帕克自己也是这样去做的。他改变了学校的气氛，使得学校成为儿童感兴趣的地方；他把儿童置于教育过程的中心，使得教师关注儿童的天性和内在能力的发展。昆西学校的一位教师曾这样说：“帕克的发展计划包括了整个儿童。……学校是工作的一个场所，儿童在那里从做中学。”③ 美国进步教育协会的主要发起者之一柯布称帕克是“儿童新世纪的先觉”④。

但帕克还认为，“儿童中心”的学校也应该是一个社区，因为今天的儿童将是明天的公民。儿童可以在一种为“民主”做持久和统一努力的社区环境中得到发展。因此，帕克强调指出，学校应该成为“一种理想的家庭，一种完善的社区和雏形的民主政治”⑤。

（2）活动课程与方法

帕克认为，儿童在不同的生活环境中实际上已经自发地和无意识地开始学习每一门科目。他说：“儿童每日每时都在学习云、天空、星星、地球、植物、动物、历史等方面的知识。”⑥ 例如，儿童在厨房里烤面包时，他不仅很高兴，而且他已开始了化学知识方面的第一堂课。

从批判传统教育的理论和方法出发，帕克十分强调学校课程内容和教学方法的改革。他明确提出：“儿童必须是教育经验的中心，被教的每件事都必须对儿童有意义。”⑦ 在昆西学校中，尽管设有阅读、书写、数学、地理、历史、文学、艺术、表演、音乐、体育、手工以及健康教育等科目，但是，教师还是把自己设计的教材以及杂志和报纸上的材料介绍到教室里来，以代替教科书。教师还强调儿童自己的活动和对周围事物的直接观察，注意培养儿童的自我表现能力。可以说，昆西学校的整个重点是放在对儿童的观察、理解和

① 科恩编：《美国教育：资料文献史》，第3卷，1818页。
② 赫夫龙：《弗兰西斯·韦兰·帕克》，55页，1934年英文版。
③ 同上书，57页。
④ 柯布：《新教育的原则及实际》，11页。
⑤ 帕克：《关于教育的谈话》，450页，1894年英文版。
⑥ 科恩编：《美国教育：资料文献史》，第3卷，1821页。
⑦ 迈耶：《教育思想的大师》，272页，1975年英文版。

描述能力的培养上。

在教学方法上，帕克主张使儿童通过有兴趣的活动来进行学习。因此，学校应该最大地激发儿童对各种活动的热情，应该重视自然观察、旅行活动、手工劳动以及艺术和体育活动。帕克说：“每个儿童热爱的自然界——鸟、花和动物——是他用之不尽的好奇心和惊讶的一种源泉。我们应该把这种热情带到教室里去。……儿童也具有一种具体地表现他思想的愿望。我们也应该把这种冲动倾向带到教室里去。”① 在他看来，儿童有兴趣地从活动中学习比强迫灌输更有力量。帕克还认为，每所学校最好设有一个农场，以便使儿童进行“自然学习”。

对于课程与方法的改革，帕克曾在1878—1879学年给昆西学校委员会的报告中这样写道：“我再说一遍，我仅仅是尝试更好地应用已建立起来的教学原理，即一些直接来自于心理规律的法则。根据心理规律提出的教学方法在每一个儿童的发展中都可以使用……我没有引进新的原理、教学方法或步骤。我没有尝试进行什么实验，也不存在特殊的‘昆西制度’。”②

(3) 教师及师资培养

帕克强调指出，要使美国的公立学校成为世界上最好的学校，就需要在学校的每一个教室里配备一位受过专业训练的、有文化教养的、热爱儿童和献身教育工作的教师。教师既应该有巨大的热情，又应该有教育科学的知识。

按照帕克的看法，学校教师的基本任务是提供必要的和适当的条件，使每个儿童的个性能在教师的关心下得到充分的发展。教师应该具有坚定的信念和明智的判断力，具有分析儿童个性和找出儿童缺点的能力。教师应该具有创造精神，注意课程内容的革新和采用新的教学方法。教师应该具有引导儿童与实际的生活联系并第一手地观察和学习自然界的能力。教师应该热爱儿童和尊重儿童，并有帮助他们的强烈愿望。教师还应该与家长保持直接的联系，成立家长与教师协会，定期举行家长会，使家长清楚学校教育的目的和方法。总之，“教师的重要性在于使儿童的心灵真正地重视生活和去生活”③。

帕克还十分重视教师的培养问题。他经常对教师提出这样的一些问题：教师应该怎样使儿童成为一个能自我活动和自由的人？教师应该怎样适应将来的事情？帕克认为，为了训练儿童如何去做，教师自己必须能够去做。在担任芝加哥库克县师范学校校长期间，他强调在师资培养中要采用新的方法进行心智训练和学习教育科学，尤其是学习教育科学。因为教育科学是一门探究儿童的心理及其发展规律的科学，是一门综合所有学

---

① 伯茨：《美国的公共教育》，202页，1978年英文版。
② 克雷明：《学校的变革》，117页。
③ 帕克：《关于教育的谈话》，447页。

科的科学。

二、约翰逊

1. 生平和教育活动

玛丽埃塔·约翰逊（Marietta Johnson，1864—1938）是美国教育家，进步教育协会的创始人之一。1864 年 10 月 8 日，她出生于美国明尼苏达州的圣保罗。从 10 岁起，她就有了献身于教育工作的理想。1885 年从明尼苏达州立师范学校毕业后，约翰逊曾在中小学任教，后又任教于圣保罗师范学校和明尼苏达州立师范学校，被称为“富有批判精神的教师”。

1903 年冬天，约翰逊一家移居亚拉巴马州的一个海边小镇费尔霍普。第二年又搬到密西西比州梅里迪安村居住，直到 1907 年夏天重新回到费尔霍普。在那里，约翰逊创办了费尔霍普学校，一般以“有机教育学校”著称。这所学校在杜威访问之后才引起社会人士的注意，杜威把它作为“教育是自然发展”的一个实验。

约翰逊的做法与比利时教育家德可乐利的做法有着许多共同点。在 20 世纪二三十年代，她一直是美国进步教育协会的领导成员。

1938 年 12 月 23 日，约翰逊在费尔霍普去世。

2. 教育思想

(1) 教育目的是整个人的有机体

约翰逊对当时美国的学校教育提出了尖锐的批评。她认为，学校对儿童能否得到充分的发展置之不顾，正如把花草安置在暖房里强迫它开不能结果的花一样。而且，学校没有给儿童提供生长的机会，也没有使他们自己去发现知识，反而强制性地把他们禁锢在一个小范围里。这样，必然会使儿童厌恶学校，从而对学校生活失去兴趣。

由此出发，约翰逊强调指出，合乎需要的教育应该是有助于儿童生长的教育。教育的目的在于整个人的有机体，包括身体、感觉、智力以及趋于改善生活和文化的力量。教师的最主要责任就是给儿童的生长提供适当的条件，促使儿童身体和精神的发展。约翰逊强调说：“我们必须牢记，我们正在与一个统一的有机体打交道。”①

1920 年，约翰逊在美国进步教育协会的年会上做了题为“学校与儿童”的演讲，她指出：“儿童是需要自由的——第一是身体的自由。儿童亦需要心灵和智慧的自由。”② 后来在题为“什么是有机教育?”的文章中，她又强调指出，学校教育的目的是“尽力使儿童身体健康，最好地发展智力，并保证富有感情的生活的真实和自然”③。在《有机教育

---

① 约翰逊：《带着一种理想的三十年》，52 页，1939 年英文版。

② 柯布：《新教育的原则及实际》，67 页。

③ 克雷明：《学校的变革》，133 页。

学校的教育原理》一书中，她又明确写道：“教育计划的目的在于适应正在生长的儿童的需要。……童年期是儿童自身的发展，而不是为成人生活的预备。”[1]

总之，按照约翰逊的看法，儿童的发展是良好教育的关键，教育应该充分注意到儿童这个有机体生长的自然规律。因此，她把包括从幼儿园到中学的费尔霍普学校分成了生活班级，以代替传统学校的固定年级。学校分成了六个部分：幼儿园（6岁以下）；第一生活班级（6～7岁）；第二生活班级（8～9岁）；第三生活班级（10～11岁）；初级中学（12～13岁）；中学（14～18岁）。

（2）课程与教学方法

约翰逊认为，儿童的生长和发展完全依赖于活动，学校课程计划必须根据儿童的兴趣和需要来制订，学校教育的方法必须遵循儿童自然发展的特点。

因此，在费尔霍普学校的整个课程计划中，以活动为主，并在活动的基础上进行智力学习。约翰逊强调说：“所有的儿童需要创造性的手工劳动。这是思维的基本方法。”[2] 在她看来，在一所理想的学校里，应该有桌子和椅子，而不应该有书桌。因此，正式科目的安排应尽可能地推迟，一直到10岁（第三生活班级）时才开始。后来由于家长的反对，才提前到8岁（第二生活班级）。但是，约翰逊坚决反对教师在学习上对儿童施加任何压力，要求充分考虑到儿童这个有机体的自发性、主动性以及他们的兴趣和需要，并对他们的生活给予适当的指导。因此，在费尔霍普学校里，约翰逊采用了以下的活动：体操、自然研究、音乐、手工、郊野地理、讲故事、游戏、感觉训练、数的基本概念、表演和竞赛等，以代替学校的一般课程。只有从初级中学起，才标志着正式科目的开始。但是，在这所学校里，没有强迫的作业，没有指派的功课，没有考试和测验，没有不及格，也没有留级。总之，学校鼓励每个儿童的自然发展。

费尔霍普学校实验表明，它具有四个基本特点：一是需要。约翰逊认为，应该根据儿童在各个阶段的需要来制订课程计划，以便达到促进儿童自然发展的目的。而儿童的需要又应该是有兴趣的，因为兴趣是教育中的一个极其重要的因素。二是活动。约翰逊认为，学校应该是一个工作场所，而不是一个工场。与劳动者不同，儿童作为一个艺术的工作者，可以从有创造性的工作活动中获得经验，得到乐趣和满足，并使自己的全部精力能在工作活动中表现出来。三是训练。约翰逊认为，一个受过良好教育的儿童，就是一个受过良好训练的儿童。教师应该采用一种平衡训练的方式来发展儿童个人的有机体。四是社会意识。约翰逊认为，学校应该实行男女同校教育，使男女儿童从童年起就习惯于一起工作活动。学校应该建立在以友爱、合作为特征的社会意识以及具有创造性的建议的基础上。

---

① 约翰逊：《有机教育学校的教育原理》，349页，1927年英文版。

② 同上书，350页。

三、柏克赫斯特

1. 生平和教育活动

海伦·柏克赫斯特（Helen Huss Parkhurst，1887—1973）是美国教育家，道尔顿计划的创始人。1887年1月3日，她出生于美国威斯康星州的杜龙德。1904年中学毕业后，她曾在该州的一间屋学校任教。在威斯康星州立师范学校毕业后，担任乡村学校教师，暑期曾在哥伦比亚大学师范学院学习。此后，柏克赫斯特先后担任过威斯康星州和华盛顿州的一些地区的初等教育和师范教育的视导员。

1914年，柏克赫斯特赴意大利蒙台梭利国际训练班学习。1916—1918年，她担任美国蒙台梭利学校的视导员，并在纽约建立了两年制的蒙台梭利学院。

1919年9月，柏克赫斯特在纽约的伯克希尔残疾学校实施她早在1911年在华盛顿外塔科马的爱迪生学校任教时已拟订的实验室计划，并初有成效。1920年2月，她应邀去马萨诸塞州道尔顿市的道尔顿中学实施这个计划。柏克赫斯特称之为“道尔顿实验室计划”，一般简称为“道尔顿计划”。后来又在纽约市开办道尔顿学校并主持工作，一直到1942年退休。

为了推广道尔顿计划，柏克赫斯特曾去英国（1921）、日本（1924）和中国（1925）访问讲演。她还担任过国际教育协会副主席（1939—1941）。其主要著作有《道尔顿制教育》（1922）、《探究儿童的世界》等。

1973年6月1日，柏克赫斯特在康涅狄格州的新米尔福去世。

2. 教育思想

（1）对“书本学校”的批判

柏克赫斯特对当时美国学校的教育方法十分不满，认为美国的学校完全是“书本学校”。她强调指出：“儿童的天性是好学习的。他们有很强的好奇心，但一定要引起他们对学科的兴趣。我们的教育方法不能达到这个目的。只有在这些方面进行改革之后，才可能培养出许多与众不同的人来。”① 在柏克赫斯特看来，学校教育的最重要任务应该是利用环境来扩展儿童的经验。

为了改革“书本学校”，柏克赫斯特提出，在学校里应该废除课堂教学，儿童可以根据自己的兴趣和能力自由选择学校的科目；应该废除课时表，教师可以根据科目来规定学习时间的长短，但具体由儿童自己安排；应该废除年级制，鼓励儿童去主动学习，遇到难题时先由儿童集体讨论，然后再请教师辅导。

（2）道尔顿计划的原则与实施

柏克赫斯特认为，在实施道尔顿计划时，课程的标准是相同的，但学习的进度视各个

---

① 柏克赫斯特：《道尔顿制教育》，2页，1922年英文版。

儿童情况而不同，每个儿童可以采用他自己认为最适宜的进度和最好的方法。柏克赫斯特强调说：“道尔顿实验室计划不是一种制度或方法，也不是一种课程。……它实际上是一种教育组织的计划，以便使教和学两方面活动和谐一致起来。”① 在她看来，道尔顿计划既能激发儿童最大的兴趣和能力，又能使儿童学会怎样分配自己的精力，还能使儿童具有一种责任心。要使每一个儿童都能对自己的学习进度和方法负起更大的责任，这就是道尔顿计划的实质。从这个意义上讲，道尔顿计划又可以称为“个别教学制度”。

道尔顿计划确立了三条原则：一是自由。柏克赫斯特认为，儿童在专心学习任何科目时，都必须要让他们自由工作，而不要加以妨碍和阻止。在学习上，不给儿童施加任何的压力，不用课时表硬性规定某时必须听某门科目，而允许他们按自己的学习进度进行安排。二是合作。柏克赫斯特认为，学校应该成为实际的社会组织，使儿童在学校中互相交往，互相帮助，共同生活。三是时间预算。柏克赫斯特认为，在儿童明确应该做什么事情后，应该采用包工的形式，使他们在规定的时间内自己做出计划。

柏克赫斯特强调指出，实施道尔顿计划需要有三个条件：一是实验室（或称作业室），二是指定作业（或称学习工约），三是成绩记录表。其中，指定作业是实施道尔顿计划的枢纽。

实验室，是儿童自由地进行作业的场所，兼有教室、自修室和图书馆的作用。它按科目分设，而不再是为一个班级所独占的教室。室内除桌椅、黑板外，还备有书籍、图表、仪器和标本等。各年级的儿童可以自由地进出实验室，也没有时间的限制。他们自己找座位坐，并进行某种科目的学习。如果遇到疑难问题，他们可以查阅参考书，或询问同学，或小组讨论，或请教师解答。每一门科目的实验室，安排一两名教师，以便随时进行辅导，或在必要时进行集体讲授。

指定作业，是儿童学习后必须完成的作业内容。它将每一门科目的全部内容，按月分别安排，确定指定的作业。每个月的指定作业有简单的导言，用生动有趣的语言介绍科目的大概内容，并规定每周的具体要求，以及参考资料的目录。柏克赫斯特认为，这是师生之间的一个目的学习公约，也是一份包工合同。根据这份学习公约，每个儿童可以从自己的兴趣、需要和能力出发，自由支配和安排时间，在各门科目的实验室里自修。

成绩记录表，用于记录指定作业的完成进度情况。它有三种形式：一是儿童作业记录表。作业记录表按科目的不同分成不同的颜色。儿童到各个实验室工作时要携带此表，在离开时要将此表交给教师，由教师划去与作业进度相应的格数并签名。二是教师实验室记录表。各个实验室一份，记载儿童一个月完成作业的进度，由教师妥善保存，定期交学校

---

① 柏克赫斯特：《道尔顿制教育》，34页。

教务处并调换新表。三是每周进度统计表。它是由学校教务处保存的对每个儿童的每周作业总进度的记录。

四、华虚朋

1. 生平和教育活动

卡尔顿·沃尔西·华虚朋（Carleton Wolsey Washburne，1889—1968）是美国教育家，文纳特卡计划的创始人。1889 年 12 月 2 日，华虚朋出生于芝加哥的一个医生家庭。其母亲担任过初等教育杂志的编辑，与美国教育家帕克、杜威等有较密切的交往。

1912 年从斯坦福大学毕业后，华虚朋担任了一所乡村学校的校长，开始了他的教育生涯。从 1914 年起，他在加利福尼亚州立师范学校任教。1918 年获加利福尼亚大学博士学位。第二年，华虚朋开始担任伊利诺伊州文纳特卡的地方教育官员，一直到 1945 年。一上任，他就在文纳特卡学校里进行教育革新实验，使儿童的学习个别化，并把个人发展和社会工作结合起来。这个实验一般称为“文纳特卡计划”。

1921 年，华虚朋曾去欧洲国家考察访问。回国后，他与斯特恩斯（M. Stearns）合著了《欧洲新学校》一书，介绍欧洲“新教育”思想以及“新教育”运动情况。1939—1943 年，华虚朋担任美国进步教育协会的主席。

1949—1960 年，华虚朋担任纽约市立大学布鲁克林师范学院师范教育部和研究生部主任。1961—1967 年，他任密歇根州立大学教育学院教授。其主要教育著作有《使学校适应儿童》(1926)、《什么是进步教育?》(1952) 等。

1968 年 11 月 17 日，华虚朋在密歇根州的奥克莫斯去世。

2. 教育思想

(1) 儿童的个性差异与个别教学

华虚朋认为，教育上最迫切的一个问题是如何使学校的功课适应儿童的个性差异。学校应该考虑每个儿童的个性，发展每个儿童的创造性和社会意识，帮助每个儿童得到全面的和完善的发展。因此，华虚朋强调说：“我们试图尽可能充分地发展每个儿童的个性，以及每个儿童的特殊兴趣和能力。”①

由此出发，华虚朋指出，必须对儿童进行个别教学。他说：“如果必须使每个儿童都处在学校固定的课程表下，那正是学校工作的失败。”② 在华虚朋看来，只有实施个别教学，才能完成学校指定的功课，才能适合各年龄阶段儿童心理的发展。例如，在算术科目中，可以进行许多能引起每个儿童学习兴趣的游戏、练习以及速度的测验；可以用儿童化

---

① 科恩编：《美国教育：资料文献史》，第 4 卷，2492 页，1974 年英文版。

② 克雷明：《学校的变革》，263～264 页。

语言解释许多运算方法，并进行诊断测验。在阅读科目中，可以进行测量儿童阅读能力的测验；可以进行朗读练习，运用口试、写阅读报告、口头报告等方式测量儿童对阅读过的书籍的理解程度。在社会科目中，可以使儿童个别进行作业，并进行诊断测验。但是，华虚朋认为，在个别教学中，教师应该对个别儿童提供特殊的帮助和指导。

（2）文纳特卡计划的实施

华虚朋认为，在实施文纳特卡计划时，要做好三个步骤的准备：一是教师或教师团体应该确立个别训练的特殊标准，规定儿童掌握什么和掌握到什么程度。这样，任何教师在任何时候都可以在自己的工作中逐步应用。二是教师应该编制出一些诊断测验，以便检查儿童的学习结果。由于儿童的学习是循序渐进的，因此，整个测验也应该分成几个小的部分，以便测出儿童在某一阶段学习的结果，并了解儿童需要什么样的帮助。三是教师应该编写能让儿童自我学习和自我纠正的教材，以便每个儿童按照自己的速度前进。华虚朋指出，在以上三个步骤中，第三个步骤是教师感到最困难的，但对文纳特卡计划的实施来说却是至关重要的。

按照华虚朋的看法，任何教师采取了上述的三个步骤，也就自然而然地把学校功课与儿童的个性差异互相协调了起来。但就其具体安排来说，教师可以把儿童应该完成的指定作业安排在整个上午或整个下午，其余时间则安排团体活动和创造性活动。实施文纳特卡计划，可以使儿童有弹性地安排自己的学习。

华虚朋还认为，文纳特卡学校应该是社会化的学校，以培养儿童的社会意识。在学校里，应该有团体活动、学生会、体育运动、音乐欣赏与表演、文学欣赏与创作、俱乐部、学校报纸和学校商店等，使儿童能充分地表现自己。还有，应该允许儿童根据自己的特殊兴趣和能力进行选科。例如，印刷、木工、金工、美术、科学研究、图书馆工作和打字等。

总之，文纳特卡计划的实施试图使学校的功课适应儿童的个性，激发儿童的特殊兴趣和能力，帮助儿童内心情绪的适应，培养儿童的社会意识。因此，华虚朋在《文纳特卡课程的哲学》一文中曾这样指出，文纳特卡课程的根本哲学，要求每一个普通儿童掌握在生活中所需的知识和技能；要求每一个儿童有机会快乐和充分地生活；要求每一个儿童有机会充分发展他自己的个性；要求使每一个儿童最充分地认识个人的利益与社会的利益是一致的。但是，就文纳特卡计划的实质来说，它也是一种个别教学制度。

五、沃特

1. 生平和教育活动

威廉·艾伯特·沃特（William Albert Wirt，1874—1938）是美国教育家，葛雷计划的创始人。1874年1月21日，沃特出生于美国印第安纳州的马克尔。1898年从德保罗大学毕业后，沃特曾短期赴欧洲国家研究考察教育。

1899—1907 年，沃特担任印第安纳州布拉夫顿学校的督学。在这一时期，他就开始注意对各种教育问题的研究，曾针对当时美国学校的缺点而提出一个教育革新计划，但一直没有机会去实施。

1907 年，美国新兴钢铁工业城市印第安纳州葛雷市教育委员会聘请沃特担任那里的公立学校的督学，一直到 1938 年。当时年仅 33 岁的沃特在葛雷学校中具体实施了自己的教育革新计划，一般称为“葛雷计划”（也称为“分团学制”）。葛雷学校成为当时美国进步教育的中心。1914 年，沃特又应邀在纽约市的公立学校系统帮助推行葛雷计划。

1938 年 3 月 11 日，沃特在葛雷市去世。

2. 教育思想

（1）学校的任务

沃特认为，学校应该使儿童在良好的环境中受到教育，并有机会去选择他自己认为最适宜的活动，尽最大的可能发展自己的个性。与此同时，作为社会化的学校，也应该是一种与职业模式联系在一起的社区生活的雏形，在适当的条件下，应使儿童如生活在实际社会中一样。

因此，学校生活应该以游戏与运动、知识的研究、工场与商店以及实验室的工作、校内与校外的社会活动等为基础。沃特强调说：“不仅是把极大地扩展了的教育机会——在操场、花园、图书馆、体育馆和游泳池、艺术和音乐馆、科学实验室、金工车间以及礼堂里——提供给儿童，而且是使学校成为社区艺术和学术生活的真正中心。”① 也正如当代美国教育史学家克雷明所指出的：葛雷学校的“目的是把普通教育和职业教育、智力教育和道德教育统一起来，并在这个过程中形成一种新的和有影响的社区观念。这种观念将在美国化的移民中起关键性的作用”②。

沃特赞同杜威实用主义教育思想，他的葛雷计划基本上也是以杜威实用主义教育思想为根据的。当时的一位年轻记者鲍恩曾在《新共和》杂志上撰文高度赞扬葛雷学校的实验，并于 1916 年出版了《葛雷学校》一书，把葛雷学校实验作为杜威实用主义教育思想的一个例证，指出：“追随杜威教育哲学的人，在葛雷学校里得到了最完满和最令人赞美的应用。”③ 杜威在《明日之学校》一书中也专门对葛雷学校做了评述性介绍：葛雷学校“不是要给每个学生提供某个职业所需的专门知识，而是保持童年的自然兴趣和热情，使他们能够控制自己的身心，并保证他们能够做其他的事情”④。

---

① 克雷明：《学校的变革》，138 页。

② 克雷明：《美国教育：都市经验，1876—1980》，236 页，1988 年英文版。

③ 鲍恩：《葛雷学校》，144 页，1916 年英文版。

④ 杜威：《明日之学校》，177 页，1915 年英文版。

（2）葛雷计划的实施

沃特认为，为了实施葛雷计划，学校一般应包括四个部分：一是设备齐全的体育运动场；二是设备布置可以根据儿童的兴趣和需要而变动的教室；三是种类很多的工场和商店；四是儿童聚会和举行各种活动的礼堂。因此，沃特也自称葛雷学校为“工读游戏学校”。

葛雷学校课程编制的基本原则是从经验中学习。葛雷学校的所有设施都是为了实际应用。例如，木工场要真的替学校制作桌椅，印刷所要真的印刷材料和报纸，园艺场要真的栽培植物和饲养动物，缝纫室和烹饪室也要真的进行实际操作。儿童要亲自动手去做，并在做的过程中进行学习。

按照沃特的意见，葛雷学校的课程可以分成四个部分：一是学术工作。它包括阅读、拼写、文法、算术、地理和历史等科目。二是科学、工艺和家政。它包括理科、图书、木工、金工、印刷、缝纫和烹饪等。三是团体活动。它包括各种集会、表演、讲演和辩论等。四是体育和游戏。在具体安排上，最初的一、二、三年级不分科，每天都要学习手工和图画；其余年级实行分科教学。分级的方法以儿童的能力为标准，在每一种标准课程上，儿童在测验和评定的基础上按快、中、慢分类。

沃特还认为，葛雷学校可以采用“两校制”，以便节省学校经费开支，充分利用校舍和各种设备。具体的做法是：在同一教室里安排两个班级。如果上午甲班在教室里上课，乙班就在其他场所活动；反过来，下午乙班在教室里上课，甲班就在其他场所活动。在这种情况下，葛雷学校的走廊两边都设有木柜，让每个儿童存放书籍和文具等。

沃特最后认为，儿童一走进葛雷学校，就应该觉得与在家里一样自由自在，对于做事的兴趣和责任心也应该与在家里一样。除鼓励儿童之间的合作交往和互相帮助外，每所学校都有一个由全体儿童共同选出的自治委员会，协助教师维持学校秩序。在葛雷学校里，儿童可以有最充分的自由，在最适合于他们的场所工作和活动。

沃特的葛雷计划曾被看成是美国“进步教育”思想的最卓越的例子，并成为“进步学校”的一种流行最广的形式。其“学校强调的重点始终是灵活性，学生按最适合于他们的速度，采用一种最适合于他们的方法自由学习”①。

第四节 “进步教育”思想的影响与评析

从19世纪90年代起至20世纪50年代中期，“进步教育”思想在美国产生了广泛的和变革性的影响。许多进步教育家尖锐地批判传统教育的理论和方法，在他们开办的“进

① 克雷明：《学校的变革》，139页。

步学校”里进行了新的教育形式、内容和方法等方面的革新实验，试图使学校教育适应美国社会的新的需求。

“进步教育之父”帕克的昆西学校实验以及他的“进步教育”思想在美国吸引了大批支持者，开创了“进步教育”思想在美国发展的道路。

“进步教育”思想的传播和发展，使得美国在19世纪末20世纪初出现了教育革新运动，即进步教育运动。这是美国教育史上继第一次教育变革运动（19世纪中期的免费公立学校运动）之后的又一次教育变革运动。就其实质来讲，它是当时美国进步主义运动（社会改良运动）的一部分。进步教育运动不仅进一步推动了“进步教育”思想的传播，而且使学校生活发生了许多富有深刻意义的变化。例如，从儿童的兴趣和需要出发，把活动看成是教学工作的主要形式，并趋于对现实社会生活的理解；在教师的指导下，儿童实行自我管理，以追求个人自由和完善的发展；教师对儿童的需要有了更多的了解，师生之间的关系明显地变得亲切和民主；等等。

差不多在“进步教育”思想在美国出现的同一时期，欧洲也出现了“新教育”思想。由于具有相同的基础和相同的目标，美国进步主义教育家和欧洲新教育家进行了交流与讨论。这在一定程度上推动了“进步教育”思想以及进步教育运动的发展。

为了进一步交流在美国各地分散进行的“进步学校”实验情况，更广泛地传播“进步教育”思想，美国进步教育协会于1919年4月4日在华盛顿成立。美国安纳波利斯海军学院的一位年轻教师柯布担任该协会的第一任主席。美国教育家、前哈佛大学校长埃利奥特担任了该协会的名誉主席，并指出进步教育运动是“在美国教育中最有意义的运动”①。

由于进步教育家以及进步教育协会的努力，“进步学校”的数量越来越多，它的影响越来越大，它的优点也越来越被公众所认识。因此，到20世纪30年代，“进步教育”思想已成为当时美国的主要教育思潮，不仅为美国的许多学校所接受，而且为许多教师所熟悉并在教育工作实践中加以应用。1932年，柯布曾指出：“进步教育运动是最成功的改革运动之一。进步教育的原则要继续进入教育理论和实际的领域，这是无法阻挡的一种趋势。”② 进步教育协会的一个重要成员农伯格（M. Naunburg）甚至断言：“除进步教育外，任何东西在美国都是完全过时的。”③ 1940年，美国的盖洛普民意测验结果表明，公众都赞成当时美国学校中所进行的一切教育革新活动。

应该看到，“进步教育”思想与杜威实用主义教育思想之间存在着密切的联系。一方面，“进步教育”思想对实用主义教育思想的产生和发展有着一定的影响。实用主义教育思想的创立者杜威在思想上受到了“进步教育之父”帕克的新教育原则的影响。杜威自己

---

① 科恩编：《美国教育：资料文献史》，第4卷，2417页。

②③ 同上书，“前言”。

曾说过，“在他的教育思想中，他从弗兰西斯·W. 帕克那里得到了帮助”①。与此同时，杜威对“进步教育”思想以及进步教育运动的发展也是肯定和支持的。他曾这样指出：“进步教育运动受欢迎的一个理由，似乎是它比传统学校教育的做法更符合我们人民所信奉的民主理想，因为传统学校教育有那么多的专制措施。进步教育运动受欢迎的另一个理由，在于它的方法同传统学校教育经常采取的那些残酷政策相比，是合于人性的。”② 另一方面，实用主义教育思想在教育理论上为“进步教育”思想以及进步教育运动提供了系统的教育哲学。美国教育家贝恩 1949 年在祝贺杜威九十诞辰时就这样说过：“自 1919 年以来，美国进步教育运动在很大程度上是建立在杜威教育理论的基础上的。”③

由于“进步教育”思想过分强调儿童个人的发展和生长，因此，它也受到了一些教育家和学校教师的批评，尤其是在 1929 年资本主义世界经济危机爆发之后。在这以后，“进步教育”思想强调的重点开始有所修正，强调学校的社会责任和教育在社会改造中的作用。在进步教育协会的原则中，也开始出现了以前从来不提的“社会”一词。

“进步教育”思想试图解决如何使学校教育适应美国社会的新的需求问题，但实际上并没有真正解决，再加上一些进步教育家的理论和实际做法过于偏激，存在明显的缺陷，忽视和否定学校教育工作的一些基本规律，从而导致美国学校教育质量的下降。所以，“进步教育”思想以及进步教育运动遭到了许多提倡传统教育理论的教育家的激烈批评和攻击。例如，1929 年美国 41 个州的 202 个城市的学校部分或全部采用葛雷计划，但到 1950 年时只有少数城市的学校还在继续采用。尽管杜威在埃利奥特去世后应进步教育协会领导人的盛情邀请从 1927 年起担任该协会的名誉主席，一直到他 1952 年去世为止，但是杜威对进步教育运动中的一些现象以及“进步学校”的一些做法是持有不同看法的，并从多方面进行了批评。杜威明确指出：“一种新的运动往往有一种危险，即在摒弃它所要代替的目标和方法时，只是消极地而不是积极地和建设性地发展自己的原则。”④ 这里，他所说的“一种新的运动”指的就是“进步教育”思想以及进步教育运动。

尽管人们对“进步教育”思想以及进步教育运动的看法褒贬不一，有人否认它在教育界曾起过一种独特的和重要的作用，要素主义教育家甚至把进步教育运动称为“一场灾难性的运动”，但是，它们在西方教育史尤其是在现代美国教育史中构成重要的一章，那是毫无疑问的。如果忽视或否认这一点，人们也就不能全面理解美国教育对工业化的反应以及美国现代教育思想的发展。

1955 年进步教育协会的解散和两年之后《进步教育》杂志的停办，是“进步教育”

---

① 克伯屈：《回忆杜威和他的影响》，载简·杜威：《杜威传》（修订版），单中惠编译，145 页，合肥，安徽教育出版社，2009。

② 杜威：《经验与教育》，33～34 页，1963 年英文版。

③ 《约翰·杜威九十岁生日纪念册》，“前言”，1950 年英文版。

④ 杜威：《经验与教育》，载赵祥麟、王承绪编译：《杜威教育论著选》，347 页。

思想以及进步教育运动在美国教育界失势的一个标志。然而，它并不表明“进步教育”思想以及进步教育运动中没有合理的东西和可取之处。应该肯定，它在教育上提出了一些永恒的问题以及所建议的解决方法。正如克雷明在《学校的变革》一书的结尾所强调指出的：“进步教育协会已经解散了，进步教育本身也需要彻底的重新评价。但是，它们给学校带来的许多方面的变革，就像起作用的巨大的工业变革一样，是不能否认的。对于所有谈论教育方面巨大发展和失败的人来说，真正的进步主义思想仍然不可思议地和20世纪50年代美国的教育问题有关系。也许，它只是等待重新评价和复兴，这种重新评价和复兴最终会来自美国人生活和思想更大的和恢复了活力的改革。”①

在20世纪50年代后期，关于美国教育的公众舆论民意测验结果表明，除了对“进步教育”的尖锐批评外，也有许多公众支持“进步教育”。富有戏剧性的是，到60年代中期，虽然进步教育协会没有得到恢复，但是，一些“进步学校”却在美国得到了复兴。

拓展阅读书目

1. 克雷明. 学校的变革. 单中惠，马晓斌，译. 济南：山东教育出版社，2013.

2. 帕克. 关于教育的谈话//任钟印. 世界教育名著通览. 武汉：湖北教育出版社，1994：971-978.

3. 华虚朋. 文纳特卡教学法. 龚启昌，译. 上海：中华书局，1936.

4. 柏克赫斯特. 道尔顿制教育计划. 陈金芳，等译. 北京：北京大学出版社，2005.

---

① 克雷明：《学校的变革》，312页。

第三十章

实用主义教育思想

实用主义教育思想于19世纪末20世纪初在美国产生。美国教育家杜威和克伯屈是它的主要代表人物。以实用主义哲学和机能心理学为基础的实用主义教育思想是一种具有美国特色的教育思想。它批判传统的教育理论，强调教育与生活、学校与社会的联系，主张在课程、内容、方法以及师生关系上进行变革，并形成了一个颇为系统的教育思想体系。实用主义教育思想作为一种重要的教育思想，曾对美国以及世界上许多国家的教育产生了广泛而深刻的影响。

第一节　实用主义教育思想产生的背景

19世纪后半期，经过南北战争的美国正处在大规模的扩张和改造时期。西部土地大量开发，自由劳动力和国内外市场不断扩大，社会生产技术日益进步和工业生产方式的发展，再加上欧洲的资本输入和大量移民的涌入，促进了美国资本主义经济的迅猛发展。到19世纪末，美国已由农业国转变为工业国，它的工业生产已跃居世界首位。因此，美国被称为典型的托拉斯国家。大工业生产方式的迅速发展和科学技术的巨大进步，必然会对美国的学校教育提出新的要求。“一场知识的革命已经发生。……知识不再是凝固不变的东西，它已经成为变动不定的东西。它在社会自身的一切潮流之中积极地活动着。”① 在工业革命和经济发展对学校教育提出新的任务与新的挑战的背景下，需要一种教育理论来论证改造传统学校教育方式的合理性，并提出一个新的教育模式。而实用主义教育思想的产生正是试图解决当时美国教育上的许多重要问题。英国哲学家罗素曾指出：实用主义哲学以及实用主义教育思想，“同工业主义和集体企业的时代是谐调的”②。

正是在这一时期，随着美国社会的变革，美国的学校教育也开始发生了变化。学校的全部生活方式，从培养目标到课程内容和教学方法都需要进行改革。如同工商业方式的变化一样，学校教育领域正在发生的变化，既是社会生活状况改变的产物，又是适应正在形成中的新社会的需要的一种努力。这是一种客观的必然趋势。欧洲的新教育运动和美国的进步教育运动的兴起，正是这种必然趋势的具体表现。实用主义教育思想的产生，也反映了这种必然趋势。美国教育家杜威强调说：“我们的社会生活正在经历着一个彻底的和根本的变化。如果我们的教育对于生活必须具有任何意义的话，那么，它就必须经历一个相应的完全的变革。……这个变革已经在进行。……所有这一切，都不是偶然发生的，而是出于社会发展的各种需要。”③

应该指出，在19世纪中期的美国社会，从欧洲传入的赫尔巴特教育思想在学校教育领域中占据了统治地位。就这种教育而言，其致命弱点就是教育上的形式主义，致使学校生活、课程内容和教学方法等方面极不适应社会生活的变化。尽管公共教育在美国的发展促使入学人数迅速增加，但学校却是个惹人厌烦的地方。学校教育与社会生活脱节，儿童被动地接受教师早已准备好的教材；“划一的”教学内容和方法不能适应社会变革的需要，儿童学习的主动性和积极性得不到充分的发挥；在教师的控制下，儿童的个性也受到一定的压制。这种教育“是非常专门化的、片面的和狭隘的。这是一种几乎完全被中世纪的学术观念所支配的教育”④。正因为如此，杜威1899年在《学校与社会》一书中第一次使用了“传统教育”一词，对赫尔巴特的教育思想进行了批判，同时把自己的思想称为“现代教育”。此后，在西方教育思想中，开始出现“传统教育”和“现代教育”这两个概念。显然，实用主义教育思想是把以赫尔巴特教育思想为代表的“传统教育”思想作为对立面的。从20世纪初起，在美国学校教育领域曾占统治地位的主知主义教育思想逐渐让位于实用主义教育思想。

---

① 杜威：《学校与社会》，载赵祥麟、王承绪编译：《杜威教育论著选》，26页，上海，华东师范大学出版社，1981。

② 罗素：《西方哲学史》，何兆武、李约瑟译，386页，北京，商务印书馆，1969。

③ 杜威：《学校与社会》，载赵祥麟、王承绪编译：《杜威教育论著选》，28页。

④ 同上书，26页。

此外，由于工业革命和经济发展以及垄断资本的高度集中，美国农村和城市的生活发生了剧烈的变化，阶级矛盾加深，伴随而来的资本主义周期性经济危机也不断出现。同时，由于马克思主义理论的广泛传播，无产阶级与资产阶级之间的斗争也空前激烈。这一切使得美国垄断资产阶级感受到实际的威胁，而迫切需要一种加强其统治的思想武器。于是，实用主义哲学应运而生。可以说，它是在美国的具体历史条件下形成和发展起来的一种主观唯心主义哲学思想。美国教育家杜威把实用主义哲学同人类社会的事务特别是教育联系了起来，创立了实用主义教育思想。他主张哲学是教育的最一般方面的理论，教育是使哲学上的各种观点具体化并受到检验的实验室。很显然，实用主义教育思想是实用主义哲学在教育上的具体应用。而对当时美国社会的危机，实用主义教育思想试图用智慧的方法和教育的力量克服这个危机。

还有，机能心理学在美国的诞生和发展，也为实用主义教育思想的产生提供了心理学理论基础。这种在实用主义影响下利用进化论观点而发展起来的心理学思想，把心理学同生物的生存和人类的生活实际以及教育联系了起来。美国心理学家詹姆士1890年出版的《心理学原理》一书对实用主义教育思想的形成曾产生了重要的影响，它赋予了实用主义教育思想新的方向和特性。因此，杜威在《从绝对主义到实验主义》一文中曾这样写道："不管怎样，这种思想，通过它的方法而越来越进入了我的全部思想之中，并成为改变旧的信念的一种酵素。"① 此外，美国心理学家米德的社会心理学对实用主义教育思想的产生也起了不可低估的作用。因为"从19世纪90年代起，米德的影响与詹姆士的影响，在杜威身上是同时存在的"②。

第二节　实用主义教育思想的主要特点

实用主义教育思想具有以下五个主要特点。

第一，实用主义教育思想是一个系统的和完整的教育理论体系。它以实用主义经验论、机能心理学和民主主义为理论基础，对教育本质和目的、教学论、道德教育、学校生活的组织、儿童和教师等方面进行了广泛而深入的论述。杜威的《民主主义与教育》一书是关于实用主义教育思想的一本最重要的代表作，是对实用主义教育思想的最系统、最集中和最综合的阐述。应该看到，实用主义教育思想所涉及的教育问题的广泛性和深刻性，在西方教育思想史上是最突出的。

第二，实用主义教育思想注意对教育史上各种教育理论进行批判性的论述。在实用主

---

① 杜威：《从绝对主义到实验主义》，载简·杜威：《杜威传》（修订版），54页。

② 同上书，25页。

义教育思想创立者杜威的著作中，可以清楚地看到对柏拉图、亚里士多德、洛克、卢梭、裴斯泰洛齐、福禄培尔、赫尔巴特、斯宾塞和蒙台梭利等教育家的理论进行的比较和论述，对它们的利弊的分析。在《明日之学校》一书中，杜威还多次引用卢梭的教育观点来论证自己的思想。

第三，实用主义教育思想强调教育实验的重要性。实用主义教育思想创立者杜威不仅关注当时美国及其他国家的教育实验活动，而且亲自进行教育实验活动。他创办的实验学校在芝加哥大学哲学系、心理学系和教育学系的领导下进行了课程、教材和教法的改革实验。这所实验学校实际上就是杜威的实用主义教育哲学和心理学的实验室。应该看到，教育实验活动在实用主义教育思想的形成和发展中起到了重要的作用。“杜威后来在哥伦比亚大学写成的《我们怎样思维》和《民主主义与教育》，就是他的芝加哥实验的直接成果。”①

第四，实用主义教育思想是一种具有美国特色的教育思想。正如实用主义是在美国土生土长的一种哲学思想一样，实用主义教育思想也是在美国土生土长的一种教育思想。与从欧洲传入的教育思想不同，实用主义教育思想把实用主义与美国教育融合在一起，有助于有特色的现代美国教育理论的形成。它适应了 20 世纪前半期美国社会生活变化的具体需要。正因为如此，巴黎大学在 1930 年授予杜威荣誉博士学位时，指出杜威及实用主义教育思想是“美国精神的最深刻、最完全的体现”②。

第五，实用主义教育思想是一种在世界范围产生广泛而深刻影响的西方教育思想。它反对旧的传统教育理论和方法，无疑具有很强的感召力，尤其是在实用主义哲学已成为一种主要的社会意识的美国。但令人奇怪的是，实用主义教育思想在受到那么多的赞扬的同时，又受到那么多的攻击。究其原因，是由于实用主义教育思想体系自身的不足以及他人对实用主义教育哲学的误解而造成的。然而，如果人们要真正了解现代西方教育理论，就必须要了解和研究实用主义教育思想。

第三节　实用主义教育思想的主要代表人物

一、杜威

1. 生平和教育活动

约翰·杜威（John Dewey，1859—1952）是美国教育家，实用主义教育思想的创立者。1859 年 10 月 20 日，杜威出生于美国佛蒙特州伯灵顿的一个杂货商家庭。在公立学校

① 杜威：《从绝对主义到实验主义》，载简·杜威：《杜威传》（修订版），33 页。
② 克雷明：《美国教育的传统》，164 页，1976 年英文版。

读书时，杜威就对死记硬背的教学方法不满，课余时喜爱阅读和户外活动。“在形成约翰·杜威的教育理论的各种因素中，他童年时代的环境显然起了很大的作用。”①

在佛蒙特大学读书期间，杜威开始对哲学感兴趣。大学毕业后，他担任过城市中学和乡村学校的教师。1882年，杜威进入刚成立的约翰·霍普金斯大学读研究生，黑格尔哲学在他的思想中留下了不可磨灭的痕迹。

1884年获得哲学博士学位后，杜威在密歇根大学任教，一直教到1894年（其中1888—1889年在明尼苏达大学工作）。从这一时期起，他开始对教育感兴趣，积极参与了中等学校师资的培训工作，萌发了进行教育实验活动并把哲学、心理学和教育学结合起来研究的想法。

1894年，杜威受聘担任了芝加哥大学心理学和教育学系主任，并从事研究生教学工作。正是在这一时期，他开始形成了具有特色的教育哲学思想，并创办了芝加哥大学实验学校。他还发表了不少重要的教育著作，如《我的教育信条》(1897)、《学校与社会》(1899)、《儿童与课程》(1902) 等。

从1904年到1930年退休，杜威一直在哥伦比亚大学哲学系和师范学院任教。其间，他出版了最重要的著作《民主主义与教育》(1916)。在受到各种指责的情况下，杜威于1930年还出版了《经验与教育》，从理论上对实用主义教育思想做了进一步的阐述。除在国内做一系列讲演旅行外，杜威还到过日本、中国、土耳其、墨西哥和苏联等国家进行访问和讲演。1927—1952年，他担任了美国进步教育协会的名誉主席。他一生著述颇丰，在哲学、教育学和心理学等领域撰写了约40本著作、700多篇文章。

1952年6月1日，杜威因病在纽约去世。

2. 教育思想

(1) 实用主义经验论

“经验”是杜威教育哲学中最重要的一个词，也是他的教育思想体系的核心。杜威认为，“经验”是人的有机体与环境相互作用的结果（或称为统一体），是人的主动的尝试行为与环境的反作用而形成的一种特殊的结合。因此，行为和结果之间的连续不断的联系和结合就形成了经验。他说：“经验既在自然之内，也是关于自然的。被经验到的并不是经验，而是自然——石头、植物、动物、疾病、温度和电力等等。以某些方式起着相互作用的事物，乃是经验，它们是被经验到的东西。当它们以另一些方式与另一种自然对象——人——发生联系的时候，它们又是事物怎样被经验到的情况。”② 很清楚，杜威所说的“经验”具有无所不包的性质，把自然以及经验的对象和经验的过程一起包括到经验之中，把人（经验的主体）和环境（经验的客体）看成是同一过程的两个侧面，相互联系以至合

① 杜威：《从绝对主义到实验主义》，载简·杜威：《杜威传》(修订版)，9页。
② 杜威：《经验与教育》，载赵祥麟、王承绪编译：《杜威教育论著选》，267页。

而为一。这样，他就否定了客观的物质是不依赖于人而独立存在的。

杜威认为，存在即被经验，精神和物质两者属于同一个东西。他强调说："经验包含一个主动的因素和一个被动的因素，这两个因素以特有的方式结合着。……在主动的方面，经验就是尝试。……在被动的方面，经验就是经受结果。"① 例如，一个儿童要想认识火焰会灼伤手指，他就必须亲自把手伸进火焰中去。通过这样的尝试，他把手伸进火焰中去的行为和所遭受的疼痛也就联系起来了，他才会认识到火焰会灼伤手指。在杜威看来，没有这种真正有意义的"经验"，也就没有学习。这就是"从经验中学习"。

尽管杜威宣称自己的经验论可以称为"经验的自然主义"或"自然的经验主义"，使之具有了客观的、科学的外衣，但是，其实质上是一种主观唯心主义哲学。杜威把整个客观的自然（环境）消融在人的主观经验之中，从而把客观的自然（环境）看成是主观经验的东西，甚至是虚幻的东西。这实际上否定了客观的自然（环境）是第一性的观点。列宁在《唯物主义与经验批判主义》一书中曾明确指出：实用主义宣扬经验而且仅仅宣扬经验，"在'经验'这个字眼下，毫无疑问，既可隐藏哲学上的唯物主义路线，也可隐藏唯心主义路线"②。

从实用主义经验论出发，杜威对教育下了这样的定义："教育就是经验的改造或改组。这种改造或改组，既能增加经验的意义，又能提高指导后来经验进程的能力。"到晚年时，他又把自己的实用主义教育哲学概括成一句话："教育是以经验为内容，通过经验，为了经验的目的。"③

（2）"教育即生活"与"学校即社会"

早在1897年发表的《我的教育信条》中，杜威就明确指出："教育过程有两个方面：一个是心理学的，一个是社会学的。它们是平列并重的，哪一个也不能偏废，否则，不良的后果将随之而来。"④ 由此出发，他提出了关于教育本质的基本观点。

一是"教育即生活"。杜威强调说："生活就是发展，而不断发展，不断生长，就是生活。"⑤"没有教育即不能生活。所以我们可以说，教育即生活。"⑥ 在他看来，教育过程是一个经验不断改组、不断改造和不断转化的过程，在它自身以外无目的。教育就是儿童现在生活的过程，而不是将来生活的预备。因此，教育应该给儿童提供保证生长或充分生活的条件。

杜威还把生物学上的一个名词"生长"搬用到教育上来。他说："生长是生活的特征，

① 杜威：《民主主义与教育》，载赵祥麟、王承绪编译：《杜威教育论著选》，174页。
② 列宁：《唯物主义与经验批判主义》，载列宁：《列宁选集》，第2卷，114页，北京，人民出版社，2012。
③ 杜威：《经验与教育》，29页，1963年英文版。
④ 杜威：《我的教育信条》，载赵祥麟、王承绪编译：《杜威教育论著选》，2页。
⑤ 杜威：《民主主义与教育》，载赵祥麟、王承绪编译：《杜威教育论著选》，154页。
⑥《杜威三大讲演》，3页，上海，泰东图书局，1934。

所以教育就是生长。”[①] 杜威所说的“生长”，就是指儿童本能发展过程中的各个阶段，不仅包括身体方面，而且也包括智力和道德方面。因此，儿童的本能是教育最根本的基础。在杜威看来，学校教育的目的就在于，通过组织保证儿童继续生长的各种力量，使教育得以继续进行。

二是“学校即社会”。杜威强调说：学校应该“成为一个小型的社会，一个雏形的社会”[②]。“每个学校都成为一个雏形的社会，以反映大社会生活的各种类型的作业。”[③] 在他看来，教育既然是一种社会生活过程，那么，学校就是社会生活的一种形式。学校应该把现实的社会生活简化起来，缩小到一个雏形的状态。学校必须呈现儿童现在的社会生活。

按照杜威的意见，现代教育许多方面的失败，正是忘记了“学校即社会”这个基本观点。他认为，为了做到“学校即社会”，学校本身必须是一种社会生活，具有社会生活的全部含义，校内学习应与校外学习联结起来，两者之间能有自由的相互影响。但是，杜威又指出，“学校即社会”并不意味着社会生活在学校中的简单重现。学校作为一种特殊的环境，应该具有三种比较重要的功能：“简化和整理所要发展的倾向的各种因素；把现存的社会风俗纯化和理想化；创造一个比青少年任其自然可能接触的更广阔、更美好的平衡的环境。”[④]

在杜威实用主义教育思想体系中，“教育即生活”与“学校即社会”两者是紧密联系的。因为“只有当学校本身是一个小规模的合作化社会的时候，教育才能使儿童为将来的社会生活作准备”[⑤]。

（3）“从做中学”

从批判传统的学校教育出发，杜威提出了“从做中学”这个基本原则。他认为，在传统学校的教室里，一切都是有利于“静听”的，儿童很少有活动的机会和地方，这样必然会阻碍儿童的自然发展。因此，在学校里，教学过程应该就是“做”的过程，教学应该从儿童的现在生活经验出发，儿童应该从自身的活动中进行学习。杜威强调说，人们最初的知识和最牢固地保持的知识，是关于怎样做的知识。应该认识到，自然的发展进程总是从包含着从做中学的那些情境开始。

在杜威那里，“从做中学”实际上也就是“从活动中学”“从经验中学”。杜威认为，儿童生来就有一个自然的愿望，要做事，要工作，对作业活动具有强烈的兴趣。他说：儿童“身体上的许多器官，特别是双手，可以看作一种通过尝试和思维来学得其用法的工具。各种工具不妨看作身体器官的一种延长。不过工具使用的不断增长，开辟了一条新的

---

① 杜威：《民主主义与教育》，载赵祥麟、王承绪编译：《杜威教育论著选》，158页。

② 杜威：《学校与社会》，载赵祥麟、王承绪编译：《杜威教育论著选》，21页。

③ 同上书，28页。

④ 杜威：《民主主义与教育》，载赵祥麟、王承绪编译：《杜威教育论著选》，154页。

⑤ 杜威：《芝加哥实验的理论》，载赵祥麟、王承绪编译：《杜威教育论著选》，320页。

发展路线，它的结果是那么重要，因而值得给予特别的重视”①。在杜威看来，如果能使儿童从那些真正有教育意义和兴趣的活动中进行学习，也许是标志着对于儿童一生有益的一个转折点。

杜威认为，作为儿童的一种活动方式的工作，是指使用各种材料和工具，以及使用各种有意识地用以获得效果的技巧的一切活动，包括任何形式的表现活动和建造活动、任何形式的艺术活动和手工活动等。随着儿童的心智在能力和知识上的生长，这种工作不仅成为一种愉快的事情，而且越来越成为理解事物的媒介。但杜威强调指出，教师为防止儿童淘气而要他们做的作业或练习，并不具有这种工作的含义。

杜威还认为，儿童参加的工作活动不同于职业教育。之所以强调工作活动，并不是由于所谓功利的原因。因此，他明确说：“所以采用这些活动，正是由于这样的事实……它们符合行动（包括情感的、想象的和运动的因素）乃是个人发展中起统一作用的实际这一心理学的假设。”② 在杜威看来，这种工作活动的重要意义是使儿童在社会和个人之间保持一种协调。

（4）课程与教材

在批判传统学校教育的基础上，杜威论述了课程与教材的问题。他强调说：学校的“课程计划必须考虑到能适应现在社会生活的需要”③。在教材上的“迫切的问题是要在儿童当前的直接经验中寻找一些东西，它们是在以后的年代里发展成为比较详尽、专门而有组织的知识的根基”④。在杜威看来，课程与教材不仅与现在社会生活的经验有关系，而且也与儿童本身有关系。

在课程教材与现在社会生活的经验的关系上，杜威认为，由于知识在不断发展而不再是凝固不变的东西，因此，课程教材也要发生变化。他强调说：“经验有它的地理方面、艺术和文学方面、科学和历史方面。一切的学科，都是从……生活的各方面产生的。”⑤ 所以，需要把课程教材或知识的各部分恢复到原来的经验，使得低级的教学和高级的教学统一起来，不存在低级和高级的区分，而仅仅是建立在社会生活经验的基础上。在杜威看来，儿童之所以对传统学校的课程和教材感到厌倦，就在于给他们提供的东西同现在社会生活的经验相脱离。

在课程教材与儿童本身的关系上，杜威认为，必须站在儿童的立场上，并且以儿童为出发点来考虑课程与教材。他明确指出：“儿童和课程仅仅是构成一个单一的过程的两极。正如两点构成一条直线一样，儿童现在的观点以及构成各种科目的事实和真理，构成了教学。”⑥ 因

---

① 杜威：《教育上的兴趣与努力》，载赵祥麟、王承绪编译：《杜威教育论著选》，123页。
② 杜威：《芝加哥实验的理论》，载赵祥麟、王承绪编译：《杜威教育论著选》，328页。
③ 杜威：《民主主义与教育》，载赵祥麟、王承绪编译：《杜威教育论著选》，200页。
④ 杜威：《芝加哥实验的理论》，载赵祥麟、王承绪编译：《杜威教育论著选》，323页。
⑤ 杜威：《学校与社会》，载赵祥麟、王承绪编译：《杜威教育论著选》，62页。
⑥ 杜威：《儿童与课程》，载赵祥麟、王承绪编译：《杜威教育论著选》，81页。

此，相对于儿童本身的生长来说，一切课程与教材是处于从属地位的，其价值应以服务于儿童生长的各种需要来衡量。

杜威反对传统学校教育中的分科教学，反对把全部课程变成在目的上互相冲突的一种完全拼凑起来的大杂烩。他认为，学校课程的主要内容应该是各种不同形式的主动作业活动，如园艺、纺织、木工、金工、烹饪等。这样，儿童在入学后所从事的工作和活动就能继续他们原来所熟悉的社会生活。尽管杜威有时也提到课程和教材的逻辑顺序，并不反对在中学阶段进行分科教学，但是，他始终强调课程和教材的起点应该是儿童和现在的社会生活经验，而不是逻辑顺序。

（5）思维与教学

杜威十分强调学校的教学应该能唤起儿童的思维，有助于培养他们的思维习惯和能力。他认为，对于学校来说，它能做的或需要做的一切，就是培养学生的思维能力和优良的思维习惯。按照杜威的意见，思维就是明智的学习方法，就是在教学过程中明智的经验方法。他说："所谓思维或反省，就是识别我们所尝试的事和所发生的结果之间的关系。……没有某种思维的因素，不可能产生有意义的经验。"① 由于思维起因于直接的、经验的情境，因此，学校应该提供可以引起思维的经验的情境。

杜威认为，思维的作用就是"将经验到的模糊、疑难、矛盾和某种纷乱的情境，转化为清晰、连贯、确定和和谐的情境"②。具体的思维过程可以分成五个步骤：一是疑难的情境。二是确定疑难的所在，并从疑难中提出问题。三是通过观察和其他心智活动以及收集事实材料，提出解决问题的种种假设。四是推断哪一种假设能够解决问题。五是通过实验，验证或修改假设。它被后人称为"思维五步"。当然，它的顺序并不是固定的。但杜威指出，儿童只有处于直接的经验的情境，亲身考虑问题的种种条件，寻求解决问题的方法，才能称为真正的思维。

从"思维五步"出发，杜威提出，教学过程也相应地分成五个步骤：一是教师给儿童准备一个直接的经验的情境，一个与现在的社会生活经验相联系的情境，同时给予一些暗示，使儿童有兴趣去了解某个问题和获得某种经验。二是把在此情境中产生的问题作为思维的刺激物，并要求有足够的资料和更多的实际材料，以便应付在情境中产生的问题。三是从资料的应用、必要的观察和思维活动中，提出解决问题的各种假设。四是儿童自己把这些假设加以整理和排列，使其秩序井然。五是儿童通过应用来检验这些假设，使这些假设的意义明确，并对它们是否有效做出自己的判断。它在教育史上被称为"教学五步"，被认为是"问题解决法"产生的标志。

---

① 杜威：《民主主义与教育》，载赵祥麟、王承绪编译：《杜威教育论著选》，176页。

② 杜威：《我们这样思维》，载赵祥麟、王承绪编译：《杜威教育论著选》，298页。

（6）儿童与教师

杜威尖锐地批判传统学校教育忽视儿童的做法。他强调说：传统学校的“重心是在儿童之外，在教师、在教科书以及在其他你所高兴的任何地方，唯独不在儿童自己即时的本能活动之中”①。在杜威看来，在传统学校的生活中，来自教师的刺激和控制太多，而对儿童的兴趣和经验的需要考虑太少。因此，从某种意义上讲，传统学校教育的一切主要是为教师的，而不是为儿童的。

由此出发，杜威强调指出，学校生活组织应该以儿童为中心，一切必要的教育措施应该为了促进儿童的生长。学校的教学计划、课程、方法以及一切教育活动，都应该服从于儿童的兴趣和经验的需要。对此，杜威曾这样说：“我们教育中将引起的改变是重心的转移。这是一种变革，这是一种革命，这是和哥白尼把天文学的中心从地球转到太阳一样的那种革命。这里，儿童变成了太阳，而教育的一切措施则围绕着他们转动，儿童是中心，教育的措施便围绕他们而组织起来。”②

杜威认为，在学校生活中，教育必须从心理学上探索儿童的本能、兴趣和习惯开始。以儿童为中心正体现了这一点。因此，杜威说：“学习是主动的，它包含着心理的积极开展，包含着从心理内部开始的有机体的同化作用。毫不夸张地说，我们必须站在儿童的立场上，并且以儿童为自己的出发点。”在学校生活中，“儿童是起点，是中心，而且是目的”③。

但是，杜威在论述学校生活以儿童为中心的同时，也指出教师不应该采取对儿童予以放任的态度。因为这样做实际上“就是年长的人决定让儿童任凭偶然的接触和刺激摆布，放弃他们的指导责任”④。

杜威认为，教育过程是儿童和教师共同参与的过程，也是儿童和教师真正合作和相互作用的过程。在这个过程中，儿童与教师双方都是作为平等者和学习者而参与的。然而，教师有责任选择对儿童起着作用的影响，对儿童给予必要的指导，帮助他们对这些影响做出适当的反应。这样的结果是，儿童更多地而不是更少地受到教师的指导。

在儿童与教师的关系上，杜威过分强调了儿童在教育过程中的地位，但他并没有完全否定教师的作用。与传统教育的理论和方法相比，其区别主要在于教师应该如何发挥其作用。

二、克伯屈

1. 生平和教育活动

威廉·赫德·克伯屈（William Heard Kilpatrick，1871—1965）是美国教育家、实用

---

① 杜威：《学校与社会》，载赵祥麟、王承绪编译：《杜威教育论著选》，31页。

② 同上书，32页。

③ 杜威：《儿童与课程》，载赵祥麟、王承绪编译：《杜威教育论著选》，79页。

④ 杜威：《芝加哥实验的理论》，载赵祥麟、王承绪编译：《杜威教育论著选》，324页。

主义教育思想的阐释者。1871 年 11 月 20 日，他出生于美国佐治亚州怀特普莱恩斯的一个牧师家庭。他父亲曾希望他继承父业当一名牧师。

1891 年从默塞尔大学毕业后，克伯屈进入约翰·霍普金斯大学读研究生课程。一年后又返回默塞尔大学学习，并获得硕士学位。之后，他到佐治亚州的布莱克利小学任数学教师，后任校长。以后，他又调任安德逊小学任校长。

在从事小学教育工作的 4 年里，克伯屈受到“进步教育之父”帕克的教育思想和实践的影响，对进步教育思想很感兴趣，并在教育工作中采取了一些革新的做法。

从 1897 年秋天起，克伯屈应聘到默塞尔大学任教。1903—1905 年，他担任默塞尔大学代理校长。

1898 年夏天，在芝加哥大学的一个暑期班里，克伯屈第一次与杜威相识。在杜威的影响下，他放弃了数学而把自己的兴趣集中在教育方面。1907 年，克伯屈获得哥伦比亚大学师范学院奖学金，开始攻读博士学位。在那里，他选修了杜威所有的课程，在思想上受到了很大的影响，并决定把教育哲学作为他自己的主要专业。此后，克伯屈致力于实用主义教育思想的通俗阐释，同时在一些问题上又提出了自己的新见解。

1918—1938 年，克伯屈担任哥伦比亚大学师范学院的教授，主讲教育哲学。1918 年 9 月，他在《哥伦比亚大学师范学院学报》第 19 期上发表了一篇题为《设计教学法》的文章，在国内外赢得了很大的声誉。

克伯屈是美国进步教育协会执行委员会委员。他曾到过意大利、法国、荷兰、埃及、印度、中国、英国、德国和苏联等国家访问考察。主要著作有《教育方法原理》（1925）、《教育与现代文明》（1926）、《教育与社会危机》（1932）、《教育哲学》（1951）等。

1965 年 2 月 13 日，克伯屈因病在纽约去世。

2. 教育思想

（1）教育目的

克伯屈完全赞同杜威实用主义教育思想。他说：“教育是生活的教育，它为了生活，并通过生活；生活是教育的生活，它为了教育。所以，正确地说，教育即生活。”① 由此出发，他尖锐地批判了传统学校的教育目的，认为培养没有独立判断能力的人的教育目的既不符合美国社会的需要，也不适合儿童心理的发展。克伯屈强调指出：“学校与社会严重脱离，被囿在一个孤零零的房子里，与世隔绝，只有学科和书本，没有思想，没有生活，也不考虑学校所要学的东西同外界的联系。这里什么都有，就是没有青年将要从事的实际社会生活。”②

因此，克伯屈明确提出，必须确立新的教育目的。因为只有在正确的教育目的的指导

① 科恩编：《美国教育：资料文献史》，第 4 卷，2274 页。
② 克伯屈：《教育与社会危机》，27 页，1932 年英文版。

下，学校才能对社会起建设性作用，教师才能更有成效地组织教学工作。

克伯屈认为，教育目的的内容是儿童，参照系是社会。在美国社会中，教育的最终目的是培养品格。他强调说："就教育目的来说，由于思想和教育都必须为了行为，教育必须将培养品格作为它的根本目标。所谓品格并不简单地指道德品质，而是无所不包的——人的一切思想方法、情绪，参照自我、他人以及世界而产生的行动。如果品格是无所不包的目的，教育就不能像过去那样只是为了知识，或主要是为了知识……知识无疑是高贵品格的最基本部分，但并不完全。知道做什么并不能保证导致正确的行动。因此，教育必须以完整的人格以及无所不包的品格为目的。"①

为了使培养出来的人具有独立的思考能力，能充分发展他自己的潜在能力，并能尊重他人和与他人合作，克伯屈指出，需要有一种新型的学校。这种新型的学校具有四个特征：第一，它是一所生活的学校，一所实际经验的学校。第二，学校生活是社会生活的反映和优选。第三，儿童在学校生活中是主动的，儿童的生活构成学习过程的典型单元。第四，教师既相信儿童自己的能力，又富有成效地对儿童加以指导。

（2）学习论

首先，克伯屈认为，学习是教育的关键组成部分，学习是一种行为活动。他强调说："学习是一个人经历过的任何部分或者方面尚存在学习者的身上以备在将来的经验中相机再现的一种倾向。"②

克伯屈批判了在西方教育中长期占统治地位的传统学习理论。他尖锐地指出，传统学习理论主要是一种从书本学习的理论。这种学习理论主张学校应该用书本知识来充实儿童的生活，以便使他们成年后能更好地生活。它的心理学基础是不充分的，仅仅把儿童的心灵作为储存知识的知识库。

由此出发，克伯屈提出了一种新的学习理论。这种新的学习理论主张作为一种行为活动的学习是在具体的个人生活环境中进行的。它强调学习者目前的经验在学习中的重要作用，而不是把儿童期作为成年生活的准备期。因此，克伯屈说："在任何复杂的经验中，早期的经验一般会留存下来，相机进入后期的经验，这样把早期的和后期的经验连成一体，从而使相继发生的事件构成一个连续的经验。"③ 在他看来，真正的学习是从经验中学习，因为"一个人要学习任何事情，他必须首先经历那个事情"④。

其次，克伯屈认为，学习一般包括三个部分：主学习、副学习、伴随学习。主学习指掌握特定的知识和技能，指所有属于所学范围、受到直接考虑的学习；副学习指不是有意

① 克伯屈：《教育哲学》，220页，1956年英文版。

② 克伯屈：《学习的现代理论》，载赵祥麟、王承绪编译：《西方现代教育论著选》，58页。

③ 同上书，59页。

④ 同上书，62页。

识地获得知识和技能，指主学习时的所有的协同思维和想法；伴随学习指伴随主学习的过程而形成的思想、观点和态度等，是伴随主学习的反应。因此，克伯屈说："伴随学习与比较概括化的理性认识及态度有关，而主学习则更与专门的知识和技能有关。形成较慢是伴随学习的特点，也许需要许多连续的经验才能使之在一个人的性格中确立下来。"①

按照克伯屈的看法，在任何重要的经验中，人都是以一个有组织的有机体来活动的，每一个经验都是许多相互作用的部分和方面的复合体。因此，任何学习都包括主学习、副学习和伴随学习。学习既是获得知识和技能的过程，又是形成品格、习惯、情感和态度的过程。从某种意义上讲，伴随学习在儿童发展和成长中的作用比主学习、副学习更为重要。

最后，克伯屈认为，要使儿童在学习中取得最佳的效果，必须明确三条原理：一是让儿童自己选择学习目的，具有始终如一的明确的目的，对所学习的东西具有兴趣，能激发自己的内部智能。二是使儿童具有为达到这个目的的心理倾向，使自己的内部智能做好准备，并排除阻碍目的实现的一切干扰。三是使儿童的学习从参与生活开始，并成为实际生活的一部分，在活动中真正学习与这一活动有关的知识和技能。

（3）教学方法

克伯屈认为，教学方法可以分为两种：一是狭义的教学方法，二是广义的教学方法。

狭义的教学方法，也就是传统的教学方法。克伯屈认为，它以书本为中心，只考虑抽象的书本生活；它以强制学习和记忆背诵为手段，只考虑要学习的某种特殊事物。这种教学方法主要关心的是主学习的各种问题，而忽视学习者能力的培养以及良好的品格、习惯、情感和态度的形成。

广义的教学方法，也就是把教育当成是与整个生活相关的整体的教学方法。克伯屈认为，它以社会生活为中心，考虑的是实际生活本身；它以扩充儿童的生活经验为手段，考虑的是儿童的发展和成长。这种教学方法主要关心的是使儿童获得最好的和最多的生长。

在克伯屈看来，广义的方法是整个教育领域中最重要的问题。广义的方法具有三个特点：一是着眼于多方面的价值。例如，教材的价值、社会的价值、品格的形式和实际生活的效果等。二是强调教育与生活的紧密联系，主张使儿童在真实的生活环境中学习，既考虑主学习，也考虑副学习和伴随学习，注意学习内容的多样性。三是注意儿童在学习过程中对生活环境的刺激所引起的全部反应，如智力方面的反应、情感方面的反应和态度方面的反应等，并把全部反应尽可能完善地构成一个整体。

克伯屈主张，在教学中要采用广义的教学方法。他说："广义的方法问题几乎与生活本身的道德问题相同。"② 在克伯屈看来，广义的方法问题就是生活本身的问题，是关系

---

① 克伯屈：《教育方法原理》，王建新译，88页，北京，人民教育出版社，1991。

② 同上书，92页。

到培养社会公民的问题。广义的教学方法将使教师更好地处理儿童与整个生活环境的关系，最大限度地激起儿童内在智能的发展，并使结合为一体的知识、态度、习惯、技能达到最佳程度。但是，克伯屈也提出不要忽视狭义的教学方法。

（4）设计教学法

根据杜威的“思维五步”理论，克伯屈提出了“设计教学法”，把建立在儿童兴趣和需要之上的“有目的的活动”作为教育过程的核心。他说：“我采用‘设计’这个术语来表明这种有目的的活动，并且特别强调‘有目的’这个名词。”① 在克伯屈看来，人的任何有目的的活动都是“设计”。他曾举了一个很著名的例子，假设一个女孩做一件衣服，如果她带着热情、有目的地做这件衣服，如果她亲自设计并亲自动手去做，那么，这就是设计活动的一个典型实例。因为“做衣服”是在社会环境中进行的一种有目的的活动。按克伯屈的意见，之所以称为“设计”，关键在于这个活动中是否有一个居支配地位的目的。

根据活动的目的不同，设计教学法可以分成四种类型。

一是生产者的设计，也称建造的设计。它以生产物质的或精神的产品为目的。例如，建造房屋、制作工具、烹饪食物、拟订章程、写信等。

二是消费者的设计，也称欣赏的设计。它以使用和享受别人的生产成果为目的。例如，听故事、听乐曲、欣赏画、看戏剧和看球赛等。

三是问题的设计。它以解决理智方面的问题和困难为目的。例如，为什么会有露水？飞机为什么能飞上天？在森林里迷路后怎么办？等等。

四是练习的设计，也称具体学习的设计。它以获得某个方面和某种程度的知识和技能为目的。例如，学习阅读、拼写、书法、算术以及其他许多操作性技巧等。

在以上四种类型的设计中，克伯屈认为，生产者的设计是重点。因为这种设计最能体现教育的“社会化”，体现一种合作的活动。当然，以上四种类型的设计分类也不是固定的，有些大的学习单元可能同时包括两种或两种以上的设计。

此外，克伯屈特别强调“有目的的活动”。他认为，对于一个儿童来说，他的目的越明确、越坚定，希望达到目的的心理倾向就越强烈，动作的准备状态也就越充分，最后导致行为实现和成功的可能性也就越大。克伯屈强调说：“在一种社会情境中的有目的的活动，对于有价值的民主生活来说是必不可少的。它应该成为学校过程的典型单元。”②

克伯屈认为，每一个设计教学法可以分为四个步骤：一是确定目的，即在疑难情境中产生解决疑难的动机，并由动机引出明确的目的。这是设计教学法的关键。二是拟订计划，即在明确的目的指导下，制订解决疑难的计划。三是实行计划，即将计划付诸实践。四是评定结果，即对实践的结果进行评定，并判断获得了什么样的经验。当然，这四个步

① 克伯屈：《设计教学法》，载《哥伦比亚大学师范学院学报》，1918（19）。

② 康内尔：《20世纪世界教育史》，283页，1980年英文版。

骤是逻辑的次序，而不是实际的次序，教师在教学时可以根据具体的情境从任何一个步骤开始。

在实施设计教学法的过程中，应该以儿童为主，但目的的决定取决于环境和教师的引导。因此，克伯屈认为，教师的任务就是利用环境激发儿童的学习动机，引导决定活动的目的，指导儿童制订计划，帮助儿童选择活动所需要的教材等。克伯屈曾这样说："我希望由儿童自己研究，自己找材料，自己比较，自己思索，最后由他自己作出决定。"①

克伯屈提出的"设计教学法"使得实用主义教育思想具体化并具有可操作性。它的实际应用引起了美国学校课堂教学的一场"革命"。

第四节　实用主义教育思想的影响与评析

在西方教育思想中，实用主义教育思想是一种极其重要的教育思想，曾对美国以及世界上许多国家的学校教育产生了广泛而深刻的影响。"在 20 世纪前半个世纪的整个时期里统治了教育舞台。"② 实用主义教育思想的产生和流传，使得传统的学校教育的屏障崩溃了，传统的教育观念改变了，学校教育有了新的刺激和新的活力，整个教育理论和实践发生了一场"变革"。因此，在现代美国教育家中，没有一个人能逃脱实用主义教育思想的影响。尽管有些教育家对实用主义教育思想进行了批评和攻击，但是，在 20 世纪前半期，实用主义教育思想在美国学校教育领域中无疑占据了统治地位。

实用主义教育思想与 19 世纪末 20 世纪初在美国出现的进步教育运动以及"进步教育"思想有着紧密的联系。在某种程度上，进步教育运动是以实用主义教育哲学为指导的。杜威本人对进步教育运动的发展是持肯定和支持态度的，认为它是对传统学校教育的批判，将使学校工作更有生气和更有活力。但是，杜威在 20 世纪 30 年代对进步教育运动中的一些现象以及"进步学校"的一些做法，又是持批评态度的。因此，虽然实用主义教育思想与进步教育运动以及"进步教育"思想是有联系的，但绝不能把它们完全等同起来。

从世界范围来看，世界上许多国家的教育工作者都承认实用主义教育思想对他们国家的教育理论和实践有影响。这可以归结为三个原因：一是 19 世纪末 20 世纪初产生的"新教育"思想以及新教育运动，在一定程度上推动了实用主义教育思想在欧洲国家中的传播。二是杜威和克伯屈在哥伦比亚大学师范学院这所著名学府中的卓有成效的教学活动，使得实用主义教育思想通过国外很多慕名而来的学生在世界范围内产生了重要的影响。三

① 克伯屈：《教育方法原理》，184 页。

② 布里克曼：《世界教育家杜威》，载简·杜威：《杜威传》（修订版），206 页。

是杜威和克伯屈对世界上许多国家的访问讲学活动以及他们的教育著作的翻译出版，又进一步扩大了实用主义教育思想在世界上的影响。

在20世纪20—40年代的中国，杜威和克伯屈的亲自访问和讲学活动，以及他们的学生的宣传，极大地推动了实用主义教育思想在中国的传播。在当时中国的学制、课程和教学方法上，都可以看到实用主义教育思想的影响。杜威的学生胡适曾在《杜威先生与中国》一文中写道："自中国与西洋文化接触以来，没有一个外国学者在中国思想界的影响有杜威这样大。"[①] 尽管它不免有吹捧之意，但在一定程度上反映了杜威及其实用主义教育思想在中国的影响。

在20世纪20年代的苏联，由于沙茨基（С. Т. Шацкий）、泽林柯（А. У. Эеденко）等一些教育家的宣传，实用主义教育思想对当时苏联的教育实践产生了影响，曾出现过"单元教学"和"设计教学法"等。美国进步作家斯特朗（A. L. Strong）1922年访问苏联后在《现代俄罗斯教育》一文中曾这样写道："现在苏联的教育改革，比我们美国的任何地方更按照杜威的教育理论来进行。"[②]

实用主义教育思想创立者杜威的一些著作虽然比较晦涩，令人难以理解，但实用主义教育思想阐释者克伯屈却通过"设计教学法"把实用主义教育思想具体化和程序化，使之应用于教育和教学实践。可以说，克伯屈的《教育方法原理》一书，实际上是杜威实用主义教育思想应用于教育工作实践的指南。

当实用主义教育思想在美国以及世界上许多国家产生广泛影响时，它也受到许多教育家（主要是坚持传统教育理论和方法的教育家）的批评和指责。确实，由于实用主义教育思想本身所存在的缺陷和不足，因此必然会存在一些片面的、极端的提法。例如，忽视教育与生活的区别、忽视学校与社会的区别、忽视系统知识的传授等，从而对这一时期美国的学校教育产生了消极的影响。美国进步教育运动后来的失势也在一定程度上反映了这一点。尽管存在着其他人对实用主义教育思想误解的情况，但事实也表明，实用主义教育思想是需要修改的。美国教育家伯杰（M. I. Berger）甚至这样指出："如果杜威复活的话，杜威无疑将是批评他自己学说的第一个人。"[③] 第二次世界大战后，尤其是20世纪50年代中期以后，实用主义教育思想成为美国教育理论界的批判对象。实用主义教育思想逐渐失势后而引起的要素主义教育思想，就是以实用主义教育思想和"进步教育"思想的主要批判者的面目出现的。

然而，应该指出，实用主义教育思想顺应时代和工业发展的趋势，批判传统的教育理

---

① 《胡适文选》，13页，上海，亚东图书馆，1933。

② 培雷特：《杜威对于苏维埃俄国和革命的世界——墨西哥、中国、土耳其的印象》，"前言"，19页，1964年英文版。

③ 布里克曼：《约翰·杜威：杰出教育家》，126页，1961年英文版。

论和方法，在批判性地分析教育史上各种理论的基础上形成了一个颇为系统的教育思想体系，对现代西方教育理论的发展是有意义的；它对教育上的形式主义以及学校中传统做法的批判是发人深省和富有启示的；它所提出的一些问题仍然是现代教育所面临的和需要研究解决的问题。正因为如此，研究实用主义教育思想，无疑是西方教育思想研究的基本课题之一。

拓展阅读书目

1. 赵祥麟、王承绪. 杜威教育论著选. 上海：华东师范大学出版社，1981.
2. 简·杜威. 杜威传. 单中惠，编译. 合肥：安徽教育出版社，2009.
3. 克伯屈. 教育方法原理. 王建新，译. 北京：人民教育出版社，1991.

第三十一章

文化教育学思想

文化教育学思想是20世纪20年代产生于德国的一种教育思潮。它的主要代表人物是德国教育家、哲学家斯普朗格和李特。文化教育学思想试图从人文科学和文化哲学的高度探讨教育与人、教育与社会、教育与文化、教育与生命体验等问题，主张以文化财富去陶冶学生，追求个性的养成和人格的发展。文化教育学思想在德国产生后，很快影响到欧美国家和一些亚洲国家，其影响至今不衰。

第一节 文化教育学思想产生的背景

“文化教育学”，也称为“精神科学教育学”。“精神科学”是由德国哲学家狄尔泰最先提出的。“精神科学”又可译为“人文科学”，与“自然科学”相对。狄尔泰认为，自然科学研究的对象是外在事物，可以用理性思维的计量方法描述对象，通过假说概括出事物的普遍规律或法则来满足人们的功利性需求；而精神科学的对象是历史的、社会的现实，是人的活动，是不可能用量化的方式来描述的，精神科学的任务也不是描述社会的外部现象，而是研究人的内在的心理活动，研究生命。在狄尔泰看来，生命是一种活力而非实体，是一种永恒的冲动，不可遏制，无固定的方向和顺序，人们无法用自然科学的方法去理解它，而只能凭借个人内心的体验去领会，再通过知觉、思想、情感、语言、艺术、宗教、社会制度把它表现出来。社会生活现象既是生命的外化，也是哲学研究的对象。狄尔泰的这一生命哲学的理论是文化教育学思想的基础。

"文化教育学"的名称是由德国教育家李特于1917年在普鲁士文化部召开的大中学教师会议上首次提出的。它很快成为一个具有较大影响的流派。后来，又经一些哲学家的努力，与不同的哲学流派结合，形成了一些分支学科，如文化教育学、历史哲学教育学、解释学教育学和存在哲学教育学等。

文化教育学产生和流行时期，西方社会正经历着大动荡。第一次世界大战以及经济大衰退使资本主义社会矛盾重重，危机四伏。政治、经济和思想的动荡使得人们对过去的信念开始动摇，自文艺复兴以来，人们所崇尚的人性、自由受到了践踏，社会的发展按照理性的逻辑向前发展的观点以及理性高于一切的信念也受到了挑战。

与此同时，自然科学却在大踏步地前进，相对论、量子理论先后问世。连原先属于哲学领域的心理学也从哲学中独立了出来，使哲学面临着深刻的危机，哲学的价值受到了怀疑。为了摆脱危机，哲学家们力求找到新的出路。有的求助于科学，力图使哲学科学化；有的则力图把哲学研究的重点从外部世界转移到内部世界，即转移到人的情感、意志及心理活动上来，把哲学研究变成对人的内心世界的探索，成为与自然科学界限分明的"生命哲学"或"精神科学"。

19世纪末20世纪初，德国的教育也经历了改革。人们对以赫尔巴特为代表的传统教育理论提出了尖锐的批评。人们反对"填鸭式"教学，倡导一种注重人的内在精神——知、情、意的全面发展的教育。例如，出现了艺术教育运动、劳作学校运动、乡村寄宿学校等改革尝试。这些教育改革的理论和措施的根本目的在于，将教育的重心从知识的教学转移到人的教育上来。德国乡村教育之家创办者利茨就认为，教育应当包括品德教育、宗教道德教育、身心官能力量的发展、公民教育和民族文化发展等。①

生命哲学和教育改革运动为文化教育学思想在德国的产生准备了丰富的营养，奠定了坚实的基础。应该指出，文化教育学思想是一种力图从文化或精神科学的角度来探索人及人的教育问题的教育思潮。它的产生也表明，一些教育学家力图突破教育问题研究的传统思维模式，而从文化、教育及人的三维关系中寻求能够根本解决资本主义社会危机的药方。

---

① 邹进：《现代德国文化教育学》，14页，太原，山西教育出版社，1992。

第二节 文化教育学思想的主要特点

文化教育学思想具有以下三个主要特点。

第一，文化教育学思想博采众家之长，广泛吸取了其他哲学思想的营养。除了狄尔泰的生命哲学之外，德国哲学家胡塞尔的现象学、德国哲学家谢勒的哲学人类学、德国哲学家李凯尔特（H. Rickert）的新康德主义等，都对文化教育学思想的形成有着重要的影响。

胡塞尔认为，哲学的真正对象是既非物质又非感性经验的“中性的”“纯粹自我意识”或先验的“主观性”，因为只有这种先验的自我意识或纯粹意识才能给人以永恒的真理。现象学的这种观点是狄尔泰的生命哲学的理论源泉之一，也是文化教育学思想的理论源泉之一。例如，文化教育学思想把精神分为两种：一是主观精神（人），二是客观精神（世界）。人是具备经验能力的主体，人的发展是人的主观精神接受或拒绝客观精神（文化）的结果。从方法论上说，文化教育学思想接受了胡塞尔的“本质还原法”，即主张从变动不定的“意识流”中去把握它的稳定的、不变的内在“本质”和“内在结构”（先验的“纯粹观念”或“纯粹逻辑”）。文化教育学思想的主要代表人物斯普朗格就受到这种方法的深刻影响。

新康德主义的“弗赖堡学派”①也称“巴登学派”，因发源于巴登的弗赖堡大学而得名，又称“价值学派”。创始人是德国哲学家文德尔班。李凯尔特是文德尔班的直接继承人。“弗赖堡学派”认为，哲学只有两个任务：一是寻求宇宙知识，二是探讨人生价值。他们把世界分为“事实世界”和“价值世界”。事实世界即表象世界或经验世界，价值世界即人的主观意志世界，并认为价值世界高于表象世界，表象世界依附于价值世界。德国哲学家文德尔班说：“哲学不能脱离价值的观念，它始终受价值观念的强烈影响。”② 李凯尔特认为，价值体现于文化之中。他指出：“历史创造了文化财富，文化价值实现于文化财富之中。”③ 新康德主义的这种价值观在文化教育学思想那里得到了体现。

第二，文化教育学思想研究的重点是教育哲学方面的问题。它主要对教育与人、教育与社会、教育与文化、教育与生命体验等问题进行了系统的阐述，而很少论述具体的教学问题。文化教育学家从生命哲学的角度探讨教育现象，从历史的文化立场来研究教育问题，提出了一些新的哲学范畴，如体验与体验论、理解与理解论、陶冶与陶冶论等，力图找到一种能够“唤醒”人格和陶冶心灵的教育哲学。

第三，文化教育学思想强调“教育是文化过程”。文化教育学家认为，文化的保存、传递和创造的过程，实际上是社会文化从客观到主观再到客观的转化过程。教育因其在保

---

①② 邹进、夏基松：《现代西方哲学教程》，118页，上海，上海人民出版社，1987。

③ 邹进：《现代德国文化教育学》，10页。

存、创造和传递文化过程中的特殊作用，实际上就成了文化过程的另一种提法。正如斯普朗格所说的："教育即文化的别名。"① "教育是文化过程"这一命题的意义在于，它不再把创造文化作为教育的目的，而是作为教育的手段，通过创造文化来促进人的人格"生成"和灵魂的"唤醒"。②

第三节　文化教育学思想的主要代表人物

一、斯普朗格

1. 生平和教育活动

弗兰茨·恩斯特·爱德华·斯普朗格（Franz Ernst Eduard Spranger，1882—1963）是德国哲学家、教育家。1882 年 7 月 27 日，他出生于柏林一个商人家庭。父亲开设了一家玩具店，店里的玩具曾给斯普朗格的童年带来许多奇妙的梦幻想象。柏林发达的文化生活使他从小就受到了文化的熏陶。他曾在著名的格劳思·克洛斯特人文中学学习，受到良好的中学教育。1900 年，斯普朗格进入了柏林大学，师从哲学家狄尔泰和文化哲学家鲍尔生。1905 年他获得了博士学位。

1906—1911 年，斯普朗格在两所高级女子中学担任教师。其间，他开始研究并赞同德国教育家洪堡的教育思想，希望纠正当时德国中小学中忽视人的教育的倾向。1909 年，斯普朗格发表了《威廉·洪堡其人与人文思想》；1910 年，他又发表了《洪堡与教育制度的改革》。

1911—1919 年，斯普朗格应聘担任莱比锡大学教授。这是斯普朗格学术生涯中的重要时期。他于 1914 年出版《生活型式论》，提出了关于个性类型的理论，在学术界引起了轰动。1919 年，他出版了另一部代表作《文化与教育》，对文化与教育的关系做了深入的分析和论述。

1919—1945 年，斯普朗格受聘回到母校柏林大学任教。其间，他十分关心德国教育的实际问题，提出了一些改革的建议。1924 年，他出版了又一部代表作《青年期心理学》。

1946—1954 年，斯普朗格应聘在杜平根大学任教。1955 年担任联邦权力委员会委员。1963 年 9 月 17 日，斯普朗格在杜平根去世。

2. 教育思想

（1）教育是解决文化危机的唯一办法

斯普朗格目睹了 20 世纪初德国社会的、道德的和精神的种种危机，不满现代工业社会

① 邹进：《现代德国文化教育学》，第 27 页。

② 同上书，69 页。

把人当成机器而忽略人本身的状况，认为解决这些文化危机的方法不是通过经济革命，而是通过思想革命，重新建立正确的文化观、价值观，或者说，通过教育来解决作为文化危机的中心危机——价值危机。斯普朗格确信教育具有解决价值危机的力量。他说："教育的秘诀在于它能加强受教育者的想象力，同时能帮助受教育者认识有关人性和人生的种种价值。"①

（2）教育的目的在于唤醒人的心灵

斯普朗格认为，人是教育的中心问题，但教育的目的不在于仅仅使人获得知识。如果把教育的目的看成只是灌输现成的知识，那么，培养出来的人"有悟性，却没有灵魂；有知性，却没有精神；有活动，却没有道德欲望"②。在斯普朗格看来，这是一种无生命活力的人。因此，他强调说："教育绝非单纯的文化传递。教育之所以为教育，正因它是一个人格心灵的'唤醒'，这是教育的核心所在。"③ 所谓"人格心灵的唤醒"，实质上是生命感和价值感的解放，使人成为活生生的具有思维能力和创造能力的个体。

在斯普朗格看来，唤醒人的心灵的重任非教育莫属。这是因为教育不仅是传达文化的过程，而且是"触及灵魂深处"的过程。④ 当然，斯普朗格在强调教育可以唤醒人的沉睡的心灵的同时，也承认教育的唤醒力量不是无限的，因为"像能够触及灵魂最深处的那种'魔杖'是不存在的"，"人格的决定性生长过程，完全在孤独中展开。学校教育只能对此提供适当的材料而已，但在那些材料中哪些部分能够'点上火'，教育技术还无法事先预测"⑤。

（3）教育的本质在于陶冶人性

斯普朗格认为，教育是以环绕个人周围的客观文化为材料，使个人心灵获得适当的陶冶。这实际上是由教育本身的特点所决定的。在斯普朗格看来，教育可以为受教育者摄取种种文化价值，并使这些价值消化在受教育者的人格生命中。

根据斯普朗格的意见，人性陶冶的最终目标是达到六种价值趋向的和谐发展。这六种价值是真、利、美、爱、权、圣。而与这六种价值相对应的生活型式和个性类型是：

价值趋向	生活型式	个性类型
真	理论的生活型式	学者型
利	技能的生活型式	企业家型
美	审美的生活型式	艺术家型
爱	社会的生活型式	教育家型
权	权力的生活型式	政治家型
圣	宗教的生活型式	宗教家型

① 邹进：《现代德国文化教育学》，60页。
② 同上书，71页。
③ 同上书，73页。
④ 崔相录：《20世纪西方教育哲学》，92页，哈尔滨，黑龙江教育出版社，1989。
⑤ 同上书，92～93页。

斯普朗格强调指出，个性的形成乃是不同的人追求不同价值行为的结果，是每一个人的价值热点的表现。但这并不是说，每一个人只有一种价值趋向。对于任何一种类型的人来说，这六种价值趋向或价值追求不可分割地交织在一起，实际上很难截然分开，只不过每一种价值趋向在某一类型的人的精神中占据主导地位而已。然而，有一点是肯定的，每一个人都在追求实现这六种价值，都是“走向价值的存在”①。

(4) 教育是一种文化过程

斯普朗格认为，文化过程一般包括文化保存、文化传递和文化创造三个有机结合的过程。文化过程并不全部表现出教育的特征，只有处于特定情境下的文化过程才具有教育的性质。也就是说，当教育者按照一定的思想观念来实现或操作这个过程时，文化过程才能成为教育过程。

然而，斯普朗格强调指出，教育却是一种文化过程。因为教育是把一种客观的文化价值内化为个体的精神过程。就客观的文化价值本身而言，它仅仅具有潜在的教育作用，它要发挥教育作用还需满足两个条件：一是由文化的承担者个人真正地加以理解和评价；二是文化还须与具有体验能力的个人精神，即不断领悟的精神力量相“碰撞”。从这个意义上说，教育是一种文化过程，一种文化传递过程的特殊方面。也就是说，“教育通常必须是一个意识过程”②。

(5)“自由、平等、博爱”是学校改革的主题

斯普朗格认为，在法国大革命中提出的“自由、平等、博爱”的口号应当成为德国学校改革的指导思想，不过应赋予新的内容。

斯普朗格指出，从社会学的角度说，“自由”是对“个人在国家和社会中广泛权利的承认”③。在教育学里，它指个性的自由发展。斯普朗格十分重视个性的发展，提倡个性发展与新人文主义教育倡导的普通人教育并不矛盾，因为新人文主义教育并不排斥个性的培养和发展。

斯普朗格又指出，虽然人们逐渐懂得，“自由只能在逐渐接近于平等的条件下才能得到保障”，但是，就实现平等的教育机会而言，并不是简单地实行统一的学校制度。他批评了一些激进主义者的做法。这些激进主义者为实现更多的平等，主张“把尽可能多的学生在尽可能长的时间里留在普通国民学校里”，提出“把八年制普通国民学校看作理想的目标”。斯普朗格认为，激进主义者强调的“强制统一在思想领域不仅会引起个性的反抗，而且会直接引起文化斗争的危险。根据德国的情况，实际上

---

① 邹进：《现代德国文化教育学》，63页。

② 崔相录：《20世纪西方教育哲学》，91页。

③ 斯普朗格：《学校改革的三个主题》，载瞿葆奎主编：《教育学文集·联邦德国教育改革》，126页，北京，人民教育出版社，1991。

我们的教育只能达到个性化的统一，也就是说，仅仅是多样性的统一，而不是同一性的统一”①。这里，斯普朗格把学校制度中的“平等”理解成“多样性的统一”，即在一定的年龄阶段应当根据才能倾向和成绩，而不是家庭出身和经济状况把儿童分别编入不同类型的学校。

斯普朗格还指出，“博爱”思想给学校生活带来了新的精神，使人们认识到：应当把“学校由一个教与学的集体转变为一个包括整个青少年生活的生活集体，使学校不仅成为劳动学校，而且成为一种真正的生活学校”②。在他看来，通过这个生活集体可以培养一种集体精神，同时又使个性自由地得到发展。

二、李特

1. 生平和教育活动

西奥多·李特（Theodor Litt，1880—1962）是德国哲学家、教育家。1880 年 12 月 27 日，李特出生于德国杜塞尔多夫的一个中学教师家庭。1899—1904 年，他在波恩大学和柏林大学学习古典语言、历史和哲学。大学毕业后，他曾在波恩和科恩两地担任中学教师。1918 年，李特受聘为波恩大学编外教授。1920 年，他担任莱比锡大学哲学、教育学教授。1931—1932 年出任莱比锡大学校长。第二次世界大战后，他仍留在莱比锡大学任教，后来于 1947 年转到波恩大学任教。

李特毕生从事哲学、伦理学、教育学的教学和研究活动，撰写了一批有影响力的著作。例如，《个人与社会》（1919）、《教育学文集：现代文化》（1924）、《现代哲学及其对于陶冶理想的影响》（1925）、《科学、陶冶、世界观》（1928）、《自然科学与人的陶冶》（1952）、《职业教育、专业教育、人的陶冶》（1958）和《自由与生活秩序：关于民主的哲学与教育学》（1962）等。

1962 年 7 月 16 日，李特去世。

2. 教育思想

（1）教育与文化的关系

李特十分重视研究教育与文化的关系。在他看来，人的所有活动只有以文化理想为基础才是完整的，教育活动更需要以文化理想为基础。

对于教育与文化的关系，李特主要是通过人、文化、语言三者间的关系来理解的。李特接受了狄尔泰关于“生命是一种能动的创造性力量”的思想，认为人能够创造精神价值。人所创造的种种客观的精神价值并不是孤立的，而是体现了全体生命组合关系的“有

① 斯普朗格：《学校改革的三个主题》，载瞿葆奎主编：《教育学文集·联邦德国教育改革》，132 页。
② 同上书，135 页。

机的组织”。在李特看来，这种“有机的组织”就是文化、科学、艺术、教育等价值，换言之，文化是人所创造的精神价值的总和。① 它既是一种“超个体”的精神存在，又必须通过主观的个体所形成的共同生活才能表现出来。总之，文化具有一种生活的完整性，其中包含了一种文化生活的驱动力，能够引导教育行为。因此，通过“文化哲学的通观”可以真正理解和把握教育学。

李特认为，在教育活动中，把人与“客观精神”联系起来的中介是语言。语言是人类表达思想的工具，人们借助语言才能互相了解和相互影响。他说：“语言是每一个人从小就熟悉的家园，人们通过语言而获得了外部状况及其灵魂所在的内在可能性的总体认识，获得了现实的大体轮廓，即了解了人作为一个有血肉有灵魂的生物，作为一个在人群中的个体，作为地球的儿子和宇宙的公民是怎样生活的。”② 在作为文化过程的教育活动中，语言无疑起到了桥梁作用。

为了在学校教育实践中体现文化教育学思想，李特还提出了“文化课程”的概念。“文化课程”包括三个方面的内容：“价值体验”“价值结构”“价值类型”。李特希望通过“文化课程”来培养学生的民族意识和价值感，引导学生认识本民族特性的本质、精神力量的构成以及固定的文化形式。③

在论述教育与文化的关系时，李特还论述了教育与精神力量的关系。他认为，精神力量是教育赖以生存的生命活力。他把被文化教育学者比作血液的“精神力量”分为七种：国家、社会经济关系、宗教、科学、艺术、道德、时代精神。④

在李特看来，离开了这些“精神力量”，教育学是不可能成功的。他说：“凡是教育学自认为可以主宰一切的地方，它事实上无处不在那些它信以为已臣服于自己的势力的影响之下。教育学无权按照自己的想法使这些生活领域规范化。同时，倘若教育学要按照这些领域中起支配作用的原则行事的话，它也不可能去完成它的使命。只有认识到这两点，教育学才能赢得真正的‘自治’。”⑤

（2）学校教育的作用

李特首先对当时德国在学校教育作用问题上流行的两种观点进行了分析和阐述。20世纪20年代，在德国学校教育改革理论中，存在着两种“极端的”观点：一种观点认为，“学校是社会、文化和现实生活的‘附属体’，因此，学校应停止脱离‘现实生活’的做法，而按照现实生活的准则行事”。另一种观点认为，“学校是一个更为美好的新世界的诞生地。因此，学校应脱离时代的潮流，而进一步发展成为‘青年人的生活领地’，发展成

---

① 邹进：《现代德国文化教育学》，83页。

② 同上书，85页。

③ 同上书，85页。

④ 同上书，91～92页。

⑤ 李特：《教育学的现状和要求》，载瞿葆奎主编：《教育学文集·联邦德国教育改革》，163页。

为培养新生力量的地方”①。

李特指出，前一种指责学校“脱离生活”“脱离实际”的观点忽略了一个基本事实，那就是“整个文化领域发展的程度，已远远超过了直接面对这一‘现实生活’的一代青年人通过自己的观察和解释去探究其结构的能力”②。由于青年人还不具备理解现有文化总体形态的能力，因此，成长中的一代的教育与教养（首先是一定社会集团的教育和教养）不能完全通过“日常”的生活，而应让青少年在参加年长一代人的生活中获得经验，至少必须划出一定的阶段，作为一种特殊手段，在特别的公共机构中进行。这个公共机构也就是学校。因此，李特认为，学校的“第一个基本作用”是“学校不应该仅仅是青年人的这样一种生活领地，而应该是能以符合青年人精神状态的形式，把青年与超出青年或不同于青年的事物，即客观文化联系在一起的地方”。在他看来，“在‘脱离现实生活’的校园里，学校以教学论上简化和条理化的模式，把青年即将涉足的文化现实介绍给他们。因此，学校的所谓‘脱离’生活，实际上正是为同生活结合作准备”③。

李特又指出，后一种观点提出学校应当成为“新世界诞生地”的观点，实际上忘记了学校没有权利和义务去规定国家与社会的某种制度，学校也不可能脱离时代潮流而成为封闭的青年人的生活领地。作为学校来说，它应当将年青一代“引导”进“客观文化”，应当在一定的高度上寻找文化的价值，来调动青年人精神和道义的力量。由此，李特认为，学校的“第二个基本作用”是“在教学和生活中给青年人在人的价值追求方面树立一种高尚的思想境界”④。

（3）陶冶与人性完善

“陶冶”是德国教育学范畴中的一个重要概念。李特也十分重视“陶冶”在完善人性中的作用，但他所说的“陶冶”主要是强调文化的影响与熏陶。他认为，人的“内在形式”（人的精神、个性等）与“外在世界”（客观环境）之间存在着矛盾和冲突，“陶冶”就是这两者之间所进行的一种精神上的、内在的、深刻的转变活动。因此，如何消除“内在形式”与“外在世界”之间的紧张关系并使其和谐统一是“陶冶”的重要任务之一。他还认为，在人的“内在形式”中也存在着自然属性和社会属性的对立，集中表现在人的占有欲和创造欲之间的斗争上。因此，抑制占有欲和发展创造欲是“陶冶”的另一个重要任务。

在李特看来，“陶冶”之所以协调“内在形式”和“外在世界”，能够抑制占有欲，是因为“陶冶”可以使人性得以养成，使人的潜在能力得到发展，使人彻底摆脱动物性而成

① 李特：《学校的权利和界限》，载瞿葆奎主编：《教育学文集·联邦德国教育改革》，165页。
② 同上书，165～166页。
③ 同上书，166页。
④ 同上书，167页。

为人。因此，李特认为，“陶冶的理想”或“陶冶的目标”是使人成为“完成陶冶的人”。所谓“完成陶冶的人”，也就是能够使“内在形式”与“外在世界”和谐一致的人，具有完整的人格。

此外，李特还提出了“陶冶财富”的概念。他认为，并非所有的文化财富都具有陶冶人的心灵的作用，只有那些被受教育者接受了的能够启发人的心灵的精神文化才属于“陶冶财富”。在陶冶过程中，“陶冶财富”通过教育者的传递并为受教育者接受时才表现出其陶冶价值。“陶冶财富”的陶冶价值高低往往受到教育者“陶冶能力”强弱的影响。同时，由于学生也不是被动地接受“陶冶”，因此，“陶冶财富”的陶冶价值高低还受到受教育者主观能动性程度的影响。为了实现“陶冶的理想”，李特认为，教育者一方面要积极吸收和消化陶冶财富，提高陶冶能力；另一方面要注意到受教育者的个性差异，针对不同的“陶冶可能性”来施教。

第四节　文化教育学思想的影响与评析

文化教育学思想产生后，经过一批文化教育学家的努力，很快在德国乃至西方国家成为一种具有较大影响的教育理论流派。它对日本以及旧中国的教育界也有一定的影响。斯普朗格去世后，联邦德国出版了《斯普朗格全集》（11 卷本）。欧美一些国家还成立了“斯普朗格思想研究会”。

文化教育学家看到了西方“文明”社会中种种不文明的现象，目睹了工业社会是如何使人异化为一种没有精神和情感的“机器人”。他们试图通过教育和文化陶冶来“唤醒”人们已经麻木的精神，使人的心灵得到“陶冶”，使人成为一个活生生的具有人性的人，最后达到解决社会危机的目的。在拜金主义的资本主义社会中，文化教育希望人们崇尚精神生活，摆脱物质欲的诱惑，成为具有道德情操的并能体验生命价值的人。应该说，这一想法是善良的。然而，他们没有认识到造成人的精神危机的最根本原因在于资本主义制度，不解决资本主义制度的痼疾，而奢想通过“精神科学”来解决人的精神危机和社会危机，那是极不现实的。

文化教育学思想指出，造成人的精神危机的部分原因在于传统的教育理论和教学方法。传统的教育理论过分强调知识的教学，过分强调教师在教学过程中的主体地位，把教育看作单纯的文化知识传递，而忽略了人格的养成、心灵的唤醒，结果造成人的片面发展，使人变得没有活力。按照文化教育学思想，教育应当促进“生命个体总体生成”。所谓“生命个体总体生成”，实质上是反对人的片面和畸形的发展，强调人的全面发展。面对西方社会的危机，文化教育学思想实际上是一种新的教育观、新的生命观。

文化教育学思想为教育理论界吹来一阵清新的空气，使人们开始从多维的角度来审视文化、教育和人的发展之间的关系。但是应该看到，文化教育学思想并没有一个严密的理论体系。尽管它的体系庞大，还分化出许多分支，然而，这些文化教育学的分支还只是处于嫁接阶段，有的只是简单或生硬地模仿其他学科领域的方法论，没有考虑到教育本身的特殊规律。此外，再加上文化教育学家所使用的概念不规范，语言晦涩难懂，使得它与教育实践之间存在很大的距离。

不过，文化教育学思想还是提出了一些具体的、有价值的建议。

在学校功能方面，它既不赞成传统教育理论的观点，把学校看成单纯的文化传递的场所，也不赞成实用主义教育的观点，把学校看成生活的场所。按照文化教育学思想，教育是文化的过程，学校应当把儿童未来将要面对的文化现实介绍给他们，学校教育暂时地"脱离"生活乃是使儿童为未来更好地生活做准备。

在学校课程方面，它重视人文学科在人的教育和心灵陶冶方面的重要作用，因为人文学科中蕴含着人类文化的精粹，其中包括民族的精神和价值观念，具有一种巨大的能够震撼人的心灵的力量，促使人格的和谐发展。

在劳动教育方面，它强调劳动教育应当能向学生提供一条在深入和扩大意义上的手工和技术教育的道路，而不能把学校里的劳动作为谋利的手段。如果把谋利的意图放在首位，就会使教育过程重新物质化，而失去劳动的意义。

毫无疑问，这些建议是具有一定的合理成分的。

拓展阅读书目

1. 邹进. 现代德国文化教育学. 太原：山西教育出版社，1992.

2. 论斯普朗格的《文化和教育》//范捷平. 德国教育思想概论. 上海：上海译文出版社，2003：138-150.

3. 精神科学教育学//彭正梅. 德国教育学概观. 北京：北京大学出版社，2011：169-206.

第三十二章

综合技术教育思想

综合技术教育思想是由马克思和恩格斯首先提出，并予以科学论证的。它强调使学生了解生产过程的基本原理，获得运用各种生产的最简单工具的技能。但是，它在当时的社会条件下没有引起人们的注意，更不可能付诸实施。直到十月社会主义革命胜利后，它在苏联才受到人们特别是教育工作者的重视，逐渐发展成为一种颇有影响的教育思潮。它的主要代表人物是苏联社会活动家、教育家克鲁普斯卡娅和卢那察尔斯基。综合技术教育思想曾对苏联教育的发展产生过重要的影响。

第一节　综合技术教育思想产生的背景

从 19 世纪 40 年代开始，资本主义生产先后在欧洲各国和美国取得了决定性的成就。这时英国的产业革命已经完成，法国和德国的资本主义也有了很大的发展，大规模的机器生产普遍代替了手工劳动。由于机器生产是建立在科学技术的基础上，因此，“随着大工业的发展，现实财富的创造较少地取决于劳动时间和已耗费的劳动量”，而“取决于一般的科学水平和技术进步，或者说取决于科学在生产上的应用”①。这样，机器生产就从根本上变革了劳动过程的技术结合。同时，由于机器生产的技术基础是革命的，随着不断的技术发明和技术革新，必然引起劳动职能的不断变化，而劳动职能的变化又必然导致社会内部劳动分工的不断变化，使工人不断地从一种劳动职能转入另一种劳动职能，从一个生产部门转入另一个生产部门。这种情况，一方面给工人造成了“灾难性”的后果；另一方面，“大工业又通过它的灾难本身使下面这一点成为生死攸关的问题：承认劳动的变换，从而承认工人尽可能多方面的发展是社会生产的普遍规律，并且使各种关系适应于这个规律的正常实现”。这就是说，大工业生产客观上需要用那种全面发展的个人来代替局部的工人。与此相适应，教育的任务除了必须对儿童和少年工人按不同年龄循序渐进地授以德育、智育、体育以外，还要进行综合技术教育，使他们了解生产各个过程的基本原理，获得运用多种生产的最简单工具的技能，成为全面发展的人，从而能够很快地熟悉整个生产系统，能根据社会的需要或他们自己的爱好，轮流从一个生产部门转到另一个生产部门。

然而，在资本主义社会条件下，马克思和恩格斯只能一般地提出未来社会年青一代的综合技术教育问题，不可能详细地论证并付诸实施。共产主义教育的具体内容和方法，特别是综合技术教育的理论和实施，是由苏维埃教育学者根据马克思列宁主义的学说来继续完成和发展的。

十月革命的胜利，在俄国结束了资本主义的统治，确立了社会主义制度。无产阶级从资产阶级手中夺取了生产资料，把工厂、土地、铁路和银行变成了全体人民的财产，从而为实现综合技术教育创造了有利的条件。

从苏维埃政权建立后的头几年起，列宁和布尔什维克党就非常重视综合技术教育问题。1919 年，列宁在他草拟的《联共（布）党纲草案》中，就把对未满 16 岁的男女儿童实行免费的普遍义务综合技术教育（在理论上和实践上熟悉一切主要生产部门）作为党的最迫切的任务提了出来。当苏维埃政权粉碎外国武装干涉和结束国内战争并开始进入恢复国民经济的和平工作时期，特别是在全俄苏维埃第八次代表大会通过关于电气化的决议以后，实施综合技术教育的问题显得尤为迫切。列宁在俄国共产主义青年团第三次全国代表大会上号召青年努力学习文化和科学技术，他强调说：“你们面临的任务是振兴全国的经济，要在立足于现代科学技术、立足于电力的现代技术基础上使农业和工业都得到改造和恢复。你们完全了解，不识字的人实现不了电气化，而且仅仅识字还不够。只懂得什么是电还不够，还应该懂得怎样在技术上把电应用到工农业上去，应用到工农业的各个部门中去。你们自己必须学会这一点，而且还要教会全体劳动青年。”② 不久，列宁

① 马克思：《政治经济学批判》，载马克思、恩格斯：《马克思恩格斯全集》，第 46 卷，下册，217 页，北京，人民出版社，1980。

② 马克思：《反杜林论》，载马克思、恩格斯：《马克思恩格斯选集》，第 3 卷，682 页，北京，人民出版社，2012。

更明确地指出："我们一定要立刻尽可能地实施综合技术教育"，要求"把第二级学校改为职业技术学校"①，并且为实现综合技术教育规定了具体内容和任务。

根据列宁的指示和布尔什维克党的决议精神，苏联的教育学者如克鲁普斯卡娅、卢那察尔斯基、布隆斯基和沙茨基等积极地参加了综合技术教育和劳动教育问题的理论研究与实践工作。

1925 年，苏联在顺利地度过了国民经济发展中的恢复时期以后，提出了为实现社会主义工业化而斗争的宏伟目标，要求在比较短的历史时期内赶上并超过先进的资本主义国家工业发展的水平。接着在 1927 年第十五次党代会上又通过了"尽量开展农业集体化"的决议，中央责成有关部门制订发展国民经济的第一个五年计划。到 1930 年，便实现了农业的集体化，基本上完成了生产资料所有制的社会主义改造。社会主义劳动竞赛运动在全国范围内蓬勃发展，工业在国民经济生产总量中的比重超过了农业，苏联已由农业国变成了工业国。

然而，当时苏联工业发展的水平仍远远落后于资本主义国家。为了争取在短时期内改变这种落后的状况，赶上和超过发达的资本主义国家，就必须在新的现代的技术基础上改造国民经济各个部门，必须拿出现代的新技术、新机床和新机器来供给燃料工业、冶金业、轻工业、食品工业、木材工业、军事工业、运输业和农业。针对这种情况，斯大林提出了"在改造时期，技术决定一切"的口号，要求全党、全国人民努力学习科学技术。他说：假如不是少数工人，而是大多数工人都把自己的文化技术水平提高到了工程技术人员的水平，那我国的工业就会提高到其他各国工业所不能达到的高度。

与此同时，苏联政府也先后颁布了一系列关于改善和发展技术教育的决议，综合技术教育的问题更加引起人们的重视。1930 年，苏联召开了全俄综合技术教育第一次代表大会，会上许多与会者的报告和发言都从生产的要求出发，论证了综合技术教育的意义和任务。于是，综合技术教育作为一种新的教育思潮在苏联得到了进一步的发展和传播。

第二节　综合技术教育思想的主要特点

综合技术教育思想具有以下三个主要特点。

第一，综合技术教育思想是大工业发展的产物。按照马克思主义的观点，大工业生产的特点是技术和生产工艺过程的经常变革，它迫使工人不断地从一部机器转到另一部机器，从一个生产部门转到另一个生产部门。在这种情况下，要提高社会生产率，单靠机械

① 列宁：《关于综合技术教育》，载列宁：《列宁全集》，第 40 卷，225 页，北京，人民出版社，1986。

和化学的辅助工具显然是不够的，还必须相应地发展运用这些工具的人的能力，需要具有全面发展的、能通晓整个生产系统的人。为此，就必须消灭旧式的劳动分工，以及相应地改革新一代的教育，实施普及综合技术教育。所以，综合技术教育思想与大工业生产有密切的联系，大工业生产决定着综合技术教育的规模和水平；反过来，综合技术教育的实施又能促进大工业生产的发展。

第二，综合技术教育思想强调理论与实践紧密结合。综合技术教育的根本任务是使学生在理论上和实践上熟悉各主要生产部门。因此，实施综合技术教育的学校不仅要传授给学生以现代生产的理论知识，使他们熟悉一切生产过程的基本原理，而且还要掌握熟练的操作技术，懂得怎样把理论知识应用到工农业各个生产部门中去，能够合理地组织生产，保证学生全面地发展其体力和脑力，从而为参加实际生活、自由地选择职业创造良好的条件。

第三，综合技术教育思想主张综合技术教育应与普通教育、职业教育、劳动教育密切联系。普通教育是综合技术教育的基础，普通教育的水平和质量越高，综合技术教育的实施就越顺利。反之，综合技术教育的顺利实施，又能促进普通教育的发展。综合技术教育不同于职业教育，但它并不排斥职业教育的方向，学生在综合技术教育过程中获得的理论知识和实际技能，可以帮助学生自由地选择职业。在职业教育中，综合技术教育方面的知识不仅有用，而且还能得到进一步发展。因此，只有在综合技术教育、普通教育和职业教育紧密结合的基础上，才能培养出具有广泛的综合技术眼界的、熟练的工人。同时，综合技术教育的过程实际上也是劳动教育的过程，在综合技术教育中可以而且应该培养学生的共产主义劳动态度，培养他们的同志互助精神和集体主义、守纪律和爱护公共财产等品质，以及培养学生的意志力和坚强的性格等。

第三节　综合技术教育思想的主要代表人物

一、克鲁普斯卡娅

1. 生平和教育活动

娜捷施达·康斯坦丁诺夫娜·克鲁普斯卡娅（Надежда Константиновна Крупская，1869—1939）是苏联社会活动家和教育家。1869 年 2 月 26 日，她出生于圣彼得堡一个没落的贵族家庭。由于生活困难，全家人不得不经常转徙于各个城市和乡村。她从很小的时候起就熟悉各个阶层居民的生活和思想情况，萌发了对剥削者的憎恨和对劳动人民的同情心。

克鲁普斯卡娅 14 岁时，父亲不幸病故。为了帮助母亲维持生活，她只得一面学习，一面做家庭教师。从18岁时开始，克鲁普斯卡娅醉心于阅读托尔斯泰的著作，并深受其影响，力图从“体力劳动和自我改造”中寻找出路。但实际生活使她很快就认识到，这样做并不能给人民以真正的帮助。1889年，克鲁普斯卡娅抱着寻求“改变生活，消灭剥削”的途径的愿望，进了圣彼得堡一所高等女子学堂学习。在那里，她参加了马克思主义学生小组，开始学习马克思的著作。不久，她便放弃了学校的学业，专心研究马克思和恩格斯的著作。

从19世纪90年代起，克鲁普斯卡娅便开始从事工人教育事业和革命活动，在斯摩棱斯克星期日夜校担任教员，与工人建立了广泛的联系，并从中受到了很大的锻炼，开始形成她的马克思主义世界观。1894年，克鲁普斯卡娅参加了列宁所组织的圣彼得堡“工人阶级解放斗争协会”，并成为该组织的核心成员。

1896年夏，圣彼得堡纺织工人大罢工失败后，克鲁普斯卡娅和列宁被捕，并一起被流放到西伯利亚的舒申斯克村。在那里，她和列宁结了婚。

在1901年至1917年期间，克鲁普斯卡娅和列宁先后两次侨居国外。在列宁的建议和支持下，她深入地研究了马克思主义教育思想，考察了西欧和北美的学校教育状况，完成了她的主要教育著作《国民教育和民主主义》一书的撰写工作。该书第一次试图用马克思主义观点阐明劳动教育的发展史，深刻地揭示了综合技术教育发展的历史必然性，因而受到了列宁的高度评价。

1917年十月革命胜利以后，克鲁普斯卡娅担任俄罗斯联邦教育人民委员部部务委员，历任该部社会教育司司长（1917—1920）和政治教育委员会主席（1920—1930）、国家学术委员会科学教育组主席（1919—1932）以及副教育人民委员等重要职务，直接参与和领导国民教育的建设工作。由于她的领导作风朴实、细致、民主，善于团结党内外教育工作者，赢得了人们的崇敬，被誉为“教育人民委员部的灵魂”和真正“有才略的鼓舞者”①。

克鲁普斯卡娅在担任领导工作的同时，还致力于教育理论问题的研究，发表了大量的教育论文、报告、评论和通讯。据统计，其中有关综合技术教育问题的论文和演说在100篇以上，如《国民教育和民主主义》《论社会主义学校问题》等。

1939年2月27日，克鲁普斯卡娅去世。

2. 教育思想

(1) 社会主义教育的目的和任务

克鲁普斯卡娅根据她在侨居国外期间对西欧各主要资本主义国家的教育进行全面考察所获得的材料，深刻地揭露了资产阶级学校的阶级实质。她指出：“在资产阶级国

---

① 奥比契金：《克鲁普斯卡娅传》，王占标等译，176页，北京，人民出版社，1983。

家——不管是君主政体的国家或是共和国——学校是从精神上奴役广大人民群众的工具。在这种国家里，学校的目的不是从学生的利益出发，而是从统治阶级的利益出发，也就是从资产阶级的利益出发……如果它是为统治阶级的子弟而设的，那么它的目的就是把学生培养成能享乐和统治的人。”① 这种学校特别注意培养学生“对资产阶级国家的崇拜”，脱离实际生活，轻视劳动和劳动人民。资产阶级为了发展经济的需要，也为广大劳动人民的子女设立各种学校，甚至实行普及义务教育，给学生传授一定的文化知识和技能。但是，这些知识不仅少得可怜，而且实际上是向学生灌输“资产阶级道德观念，麻痹他们的阶级觉悟，把他们变成易于统治的顺从的乌合之众”②。当然，随着国家工业发展和历史发展程度的不同，资产阶级学校的形式也发生了变化，然而学校的阶级本质始终不变。

克鲁普斯卡娅认为，在社会主义条件下，必须使所有居民首先是无产阶级的子女能进入各级学校学习，彻底改变学校的阶级性质。学校教育的目的不是培养少数精神贵族和大批驯服的奴仆，而是“培养全面发展的人，这种人要具有自觉的、有组织的社会本能，具有严正的、成熟的世界观，清楚地了解周围自然界和社会生活中所发生的一切事情；这种人能从理论上认识并在实践中从事各种劳动（既有脑力劳动，又有体力劳动），能建设合理的、内容丰富多彩而又愉快欢乐的生活”③。

从上述教育目的出发，克鲁普斯卡娅认为，社会主义学校必须广泛地组织学生参加生产劳动，使所有学生学会劳动的本领。在她看来，生产劳动不仅可以把儿童培养成为未来对社会有益的成员，而且可以使他们成为对现代社会有益的成员。但是，社会主义学校不应该成为狭隘的劳动学校，只传授一些机械的、简单的劳动技巧而降低学生的文化知识水平。按照她的意见，社会主义学校应该是综合技术学校，应该用科学来说明这种劳动，使人能了解这种劳动的整个的生产情况，让人了解社会生活。教学的基本中心应该是从理论和实践两个方面对国内的经济生活和经济建设进行研究，要使教学和综合技术活动密切联系起来。

（2）综合技术教育的性质和任务

在克鲁普斯卡娅的教育思想体系中，综合技术教育是和普通教育、劳动教育联系在一起的，并且占有特别重要的地位。早在十月革命前，克鲁普斯卡娅就试图用马克思主义观点揭示“生产劳动同智力发展相结合的观点”的产生和发展过程，证明由“读书学校”转变为“劳动学校”乃是历史发展的必然趋势。

克鲁普斯卡娅把西欧和沙俄的传统学校称为“读书学校”，认为这种学校的根本错误

---

① 克鲁普斯卡雅：《论社会主义学校问题》，载克鲁普斯卡雅：《克鲁普斯卡雅教育文选》，254页。

② 同上书，256页。

③ 同上书，257～258页。

是脱离生活、脱离劳动和实行强迫纪律。她指出，这种学校不教学生从事任何体力劳动，除了书本的知识（这种知识与实际生活几乎没有什么关系）之外，这种学校什么也不讲，学生的个性受到多方面的摧残。随着科学技术的进步和生产过程的改进，对受过综合技术教育、能够独立操作的、有着首创精神的工人的需要日益增加，这种纯粹读书的学校，即使在先进的资本主义国家也越来越不适应社会发展了。因此，克鲁普斯卡娅坚决主张在工人阶级夺取政权以后，必须使新一代无一例外地受到综合技术教育和劳动教育；强调从儿童的幼年时代起，就要使他们在获得普通教育的同时，培养劳动技能和劳动习惯，学会有组织地进行集体劳动。她认为，只有使儿童从小习惯于劳动生活，学会尊重劳动和尊重劳动人民，掌握既能从事体力劳动又能从事脑力劳动的本领，他们才能成为社会的有益的成员。

克鲁普斯卡娅认为，劳动的作用在很大程度上取决于对学生劳动的组织。她要求在劳动教育过程中，必须使儿童学会给自己提出一定的目的，学会制订工作计划。她说：教他们准确地确定实现既定目的的最经济的迅速的方法，仔细估量实现目的的手段（包括自己的力量在内），然后又准确而迅速地完成自己所担负的工作，这就要求教师必须进行大量而细微的组织工作，注意发挥学生组织的作用，使学生能获得组织工作的经验，而不是简单地让他们参加劳动。克鲁普斯卡娅指出，学生劳动组织工作之所以必要，还在于苏维埃学校不是要培养简单的和盲目的劳动任务执行者，而是要培养生活的主人和自觉的社会主义建设者。

由于社会主义社会要求工人不是一个简单的执行者，而是一个“发明者”或者是本生产部门的组织者，因此，克鲁普斯卡娅反对像职业学校那样，只使学生获得某种职业的一些劳动技巧，反对学校过早地专业化，坚决主张实施综合技术教育。她强调说：“现时工人需要的不是狭隘的职业教育，而是广泛的职业教育；工人不仅要学会在车床上干活，而且还要知道这台车床的构造，知道还有什么别的车床；等等。把生产劳动与学习结合起来，把具体的生产劳动与综合技术劳动结合起来，这是一个根本问题。”①

克鲁普斯卡娅认为，综合技术教育的任务是培养“全面发展的一代新人”，“这种人既是生产部门的工人，又是生产部门的名副其实的主人”。他们了解现代生产技术的基本原理，并且具有一般的劳动技巧，因而能够很快地适应城市和乡村各个部门的劳动，充分发挥他们的创造性才能，有力地促进社会主义建设。

可是，当时有些人对在苏维埃工业化尚未达到先进水平的情况下实行综合技术教育学校的想法表示怀疑，认为只有在少数工业先进的城市才能进行综合技术教育，而在大多数

---

① 克鲁普斯卡雅：《关于综合技术教育化的法规》，载克鲁普斯卡雅：《克鲁普斯卡雅教育文选》，504页。

比较落后的地区就不行，只有等到全国工业化后再说。对此，克鲁普斯卡娅曾提出严厉的批评。她说："我国当前的技术情况虽然决定了综合技术教育可能达到的深度，但这绝不是说，在比较落后的地区就不能进行综合技术教育……抱着这种想法的人忘掉了一个事实，就是综合技术教育不仅是技术进步的结果，而且也是工业化的工具。"① 她强调指出，如果工人没有受过广泛的普通教育、政治教育和综合技术教育的训练，没有群众的帮助和参与，全国的工业化是不可能实现的。

（3）综合技术教育的内容和方法

克鲁普斯卡娅从马克思列宁主义关于综合技术教育的基本理论出发，详细地论述了综合技术教育的具体内容和实施途径。她指出："不要把综合技术教育看成是跟别的生产部门脱节的某一生产部门，而应该理解为了解各个相互联系着的生产部门。综合技术教育不是一门什么特殊的学科，而是一个'完整的体系'，其基础是在各种技术形式中，根据技术发展及其联系来研究技术，并用理论来说明生产过程。它包括对具体的自然界的研究，对材料工艺学的研究，以及对生产工具及其构造的研究，对动力学的研究；此外还包括对经济地理的研究，开采和加工方式对社会劳动形式的影响以及社会劳动形式对整个社会制度的影响。"② 因此，综合技术教育不同于职业教育。在实施综合技术教育的学校里，应该把劳动教学和其他课程的教学联系起来，从物理、化学、生物学等各门学科及其相互联系中揭示对一切生产部门起作用的现代技术的基本原理，而不是把学生的理论学习与生产劳动的联系归结为从生产领域选些零散的事例来说明某些原理。它"要求学生更多地进行观察并且通过试验，通过实践，特别是通过劳动实践来检验自己的观察结果并使它深化……从中得出结论"③。按照克鲁普斯卡娅的意见，"这是一块试金石，利用这块试金石可以试验出是综合技术教育还是手工业"。她说，各种劳动的学习可能是职业教育的性质，也可能具有综合技术教育的性质，关键就看它采用什么样的方式来进行。例如，同是学习缝纫，如果仅仅学习如何缝得均匀，或者学习如何缝纫扣孔，这是手艺学习；反之，如果使这些学习跟材料和工具的学习联系起来，让儿童明白由于材料的不同，同一生产过程就需要不同的工具，缝细布用这种工具，缝呢子则要用另一种工具等，这是用综合技术教育的方法学习缝纫。正因为如此，从职业学校毕业的人，在经济部门只能成为一个简单的执行者，而从综合技术教育学校毕业的人，则不仅是生产部门的一个一般的执行者，而且也是本生产部门的真正的主人。

当然，这并不是说实行综合技术教育以后，就不需要职业学校了。克鲁普斯卡娅指出，从当时的情况来看，职业学校还是需要的，不过职业学校的教育必须和普通学校教

① 克鲁普斯卡雅：《〈论综合技术教育〉一文摘要》，载克鲁普斯卡雅：《克鲁普斯卡雅教育文选》，442～443页。
② 克鲁普斯卡雅：《论综合技术教育》，载克鲁普斯卡雅：《克鲁普斯卡雅教育文选》，448页。
③ 同上书，449页。

育、综合技术教育联系起来。她认为，如果能在普通教育和综合技术教育的基础上进行职业教育，则不但能使学生迅速而且熟练地掌握某种职业技能，还能使他们获得适应现代生产特点的能力。

在如何实施综合技术教育问题上，克鲁普斯卡娅认为，首先，必须提高学校的教学水平，授予学生真正的科学知识，提高老师的业务水平和学校教育工作的质量。这是真正实现学校的综合技术教育化的前提。其次，必须贯彻教育与生产劳动、理论与实际相结合的原则，使校内外的活动密切联系起来，使教育机构跟工人群众和集体农庄保持联系，使工人关心学校的事，学校关心工厂的事。实施综合技术教育的学校，其教学大纲和全部工作都应当面向生产，在制定教学大纲和安排实际活动时，应该从两者密切联系的观点出发来考虑。在克鲁普斯卡娅的倡议下，苏联的许多学校在 20 世纪 20 年代和 30 年代前期，除组织了各种小型工厂和教学实验园地之外，还经常组织学生到电站、拖拉机站和各种工厂、农场去参观。还有，必须吸引少先队组织来参加实施综合技术教育的工作，要广泛地唤起儿童对技术的兴趣，充分发挥儿童在技术方面的首创精神，教育儿童在努力掌握文化科学知识的同时，学会在各种不同的情况下运用自己的技术和知识。克鲁普斯卡娅着重指出："如果没有儿童本身的积极参加，实施综合技术教育的学校就不可能建立起来。"①

此外，为了使各级学校都能成为实施综合技术教育的学校，克鲁普斯卡娅认为，单靠学校教师和教育人民委员部的力量是不够的，还需要吸收各方面的专家来参加，需要党的帮助，需要共青团的支持，而且还需要工会组织的大力协助，需要经济工作人员的支援。要在各种职业的工人中培养一些进行综合技术教育的指导员，并且请工厂、大而完善的集体农庄和国有农场的劳动群众到学校里讲课和听课，把他们的劳动经验介绍给学校。要向群众进行广泛的宣传，使所有的人都了解综合技术教育的意义，都来关心这一工作。克鲁普斯卡娅肯定地说："只有群众真正关心学校的时候，我们才可能建成实施综合技术教育的学校。"②

二、卢那察尔斯基

1. 生平和教育活动

阿纳托利·瓦西里耶维奇·卢那察尔斯基（Анатодий Васидъевич Пуначарский，1875—1933）是苏联社会活动家、教育家。1875 年 11 月 23 日，他出生于波尔塔瓦省一个有激进情绪的官吏家庭。17 岁时，他加入俄国社会民主工党。他于 1904 年去日内瓦，先

---

① 克鲁普斯卡雅：《少年先锋队运动在为实施综合技术教育而进行的斗争中所起的作用》，载克鲁普斯卡雅：《克鲁普斯卡雅教育文选》，465 页。

② 克鲁普斯卡雅：《国民经济的改造和综合技术教育》，载克鲁普斯卡雅：《克鲁普斯卡雅教育文选》，486 页。

后担任《前进报》《无产者报》委员。在列宁的领导下从事革命工作。

十月革命胜利后，卢那察尔斯基被任命为俄罗斯联邦教育人民委员部部务委员，负责领导教育、文学、艺术、政治宣传和出版等方面的工作。在任期间，他根据党和列宁有关教育问题的指示精神，领导制定了一系列有关苏维埃教育改革的重要文件，在改革旧学校和创建无产阶级新学校方面起了“十分突出的作用”，列宁赞赏他是“本行的‘专家’”。

1929 年，卢那察尔斯基担任苏联中央执行委员会学术委员会主席。1930 年，被推举为苏联科学院院士、科学院主席团成员。1933 年被任命为苏维埃驻西班牙首席全权代表，在赴任途中于 12 月 26 日因病不幸去世。

2. 教育思想

(1) 综合技术教育的意义

和克鲁普斯卡娅一样，卢那察尔斯基也是劳动教育和综合技术教育的拥护者。他始终不渝地宣传和捍卫马克思主义关于综合技术教育的思想。早在《统一劳动学校宣言》中，他就强调指出：“新学校应当是劳动的。这对于处在资本主义制度向社会主义制度过渡中的苏维埃学校来说，比之先进的资本主义学校，当然必要得多。”但是，“劳动学校的目的绝不是为了训练掌握某一种手艺，而是为了实施综合技术教育，使儿童实际认识各种最主要的劳动形式和方法”①。以后在一系列重要的文章和报告中，如《论阶级学校：资产阶级的和共产主义的劳动学校》《在第七届全俄中央执行委员会第三次全体会议上的讲话》《教育人民委员部五年来的政策》《在新的道路上》等，都反复论述了劳动教育和综合技术教育问题，对正确认识和具体实施普通教育、综合技术教育、职业教育和劳动教育提出了许多有益的建议，并且对托尔斯泰式的自我服务性质的劳动教育观点、多种手艺论、自负盈亏论和“学校劳动公社化”（借口以劳动学校代替读书学校，完全取消理论和书本知识教学）等理论进行了深刻的批判和揭露。

卢那察尔斯基指出，学校设有细木工工厂是非常有益的，它可以使第一级学校的儿童养成使用简单工具和技能的习惯；自我服务性劳动，如果善于指导的话也是非常好的事情，但是，当人们赋予劳动学校以托尔斯泰式的自我服务性质的时候，这与真正的社会主义思想将是背道而驰的。他在答复那些建议使部分劳动学校转为自负盈亏的人时说：“学校生产的不是商品而是培养有知识的人……而其他一切都是次要的”，“如果儿童进行了劳动，什么也没有学会，那么这将是学校的罪过”。他于《在第七届全俄中央执行委员会第三次全体会议上的讲话》中指出：我们应当承认，由于缺乏认识，我们的劳动学校的思想在实践中往往被曲解为理论学习和书本都应当废除，取而代之的应当是生产劳动，不管其表现形式如何（劈柴、担水等），这样，小资产阶级的托尔斯泰式的思想就钻进了学校。

① 卢那察尔斯基：《卢那察尔斯基论国民教育》，524 页，1958 年俄文版。

按照卢那察尔斯基的意见，劳动是一门学科或者是一种手段，通过各种形式的劳动，可以使学生比较容易地掌握各门学科的内容，获得各种劳动的知识和技能。

卢那察尔斯基一直反对狭隘的劳动教育和过早的职业教育，坚决主张对 17 岁以下的青少年实施综合技术教育。他说，社会主义的劳动学校始终是综合技术学校，因而也是普通教育的学校。在这种学校里，劳动之所以被采用，正是从训练劳动的一般观点而言的，是要使学生从思想和身体上养成适应工业的要求。此外，在这种学校里，劳动通常还被认为是获得自然科学和社会科学知识的基础。这就是说，综合技术教育学校应该教给儿童工业生产的知识，使他们了解生产的基本原理，了解生产的一般组织和可能发生的那些主要变化。这样就可以使 15～17 岁的青少年能够广泛地选择各种工业部门以及其他如医生、艺术、行政管理等方面的职业。因此，“综合技术劳动的基础，不仅是产业工人所必需的，同时对每一个公民也是必要的”。他斥责那种认为“精通一门手艺，比什么都懂得一点但都不精通要好得多”的说法是“对教育的无知”。他说：“资产阶级教育家早已承认，综合技术教育是职业教育唯一正确的基础。一个在三周内能适应无论哪一种生产的美国工人，在生产工具相应改变的条件下，不用说，也就是一个真正的技术熟练的工人。”①

（2）综合技术教育的实施

根据苏联当时的具体条件，卢那察尔斯基为城市和农村制订了实施劳动教育和综合技术教育的计划。他主张按照学生的年龄将劳动教育和综合技术教育分两个阶段进行：第一阶段，即在第一级统一劳动学校里，学生主要是通过各种劳动掌握科学基础知识，培养使用各种简单工具的习惯和能力，学会一些简单的专门性劳动，如细木工、钳工以及菜园、果园劳动和饲养家禽、家畜等。他认为，这一年龄阶段（8～12 岁）的儿童不可能真正认识生产过程，他们的劳动往往是同游戏等活动直接联系的。第二阶段，即从统一劳动学校（13 岁）开始，应该把儿童劳动的重心转向技术，要组织学生参加工厂、企业的劳动，使他们在获得各种科学知识的同时，了解生产劳动本身，了解生产的组织以及它的主要过程和它的主要材料等，使他们对工厂的结构、蒸汽机、发电机、传动装置系统以及各种主要的车床等有一个清楚的概念。有条件的学校还可以建立各种设备良好的实验室、车间或工作作坊，以便更好地实施综合技术教育。此外，还可以采用各种方法组织学生学习人类劳动的历史、现代社会的各种关系以及工厂的劳动组织和纪律等。

至于农村学校，卢那察尔斯基认为，“主要不是工业的而是农业性质的学校”。它应当组织学生参观各种工厂，参加农业劳动，应当有示范花园、示范养蜂场，如果可能的话，还应当有一块示范田。他说：“向着认识工业一般原则的方向的任何进展，甚至是最微弱的进展，如参观各种工厂、设备比较完善的学校工场，在菜园劳动，哪怕是按照图片和模

---

① 卢那察尔斯基：《卢那察尔斯基论国民教育》，129 页。

型学习生产，都是向着综合技术教育方向迈出的一步。”这在苏联所有地区，甚至完全非工业地区都可能做到。但是，后来由于在实际工作中碰到一些实际困难，卢那察尔斯基在实施综合技术教育方面出现了某些消极情绪。

第四节 综合技术教育思想的影响与评析

综合技术教育是共产主义教育的重要组成部分。综合技术教育思想的基本原理是由马克思、恩格斯在分析了大工业生产的特性以及现代工业对工人的要求的基础上首先提出来的。后来经过列宁的进一步发展和克鲁普斯卡娅、卢那察尔斯基等的积极宣传，在苏联曾得到了广泛的传播，对苏联教育的发展产生了巨大的影响。

综合技术教育不同于单一的技术教育。它的根本任务是要使儿童和少年了解生产过程的基本原理，同时，使他们获得运用各种最简单的生产工具的技能。苏联的教育实践证明，实施综合技术教育可以使理论与实际、教学与生产、普通教育与职业教育紧密地结合起来，使青年人摆脱现代分工为每个人造成的片面性，成为体脑结合的、全面发展的一代新人。这种人能够自由地选择职业和调换工作，适应大工业生产发展的需要，充分发挥他们的聪明才智，从而为社会创造更多的财富，加速社会主义建设。

综合技术教育不仅可以使学生获得现代生产的理论知识和掌握劳动技能，而且可以培养学生好的劳动态度和组织工作的能力，提高管理水平。随着中等教育的普及，很多普通中学的毕业生将直接参加工农业生产。因此，学校除了要使学生准备进高一级学校继续学习以外，还要使学生做好参加生产劳动的准备，而综合技术教育就是保证学生升学和参加实际生产的最主要的手段。

但是，20 世纪 20 年代和 30 年代初，苏联在实施综合技术教育方面也犯过一些严重错误，违背了列宁和克鲁普斯卡娅的主张，企图使综合技术教育脱离科学基础知识的教学，片面强调劳动教育。对此，联共（布）中央在 1931 年 9 月 5 日《关于小学和中学的决定》中曾提出严厉的批评，指出“想使学校的综合技术教育脱离系统地和巩固地掌握各种科学，特别是物理学、化学和数学的企图……就是对学校的综合技术教育这一思想的极粗鲁的曲解”①。但是，到了 30 年代中期，随着劳动学科的取消，综合技术教育也被取消了。

第二次世界大战后，苏联政府在总结前一阶段教育改革经验的基础上，又恢复了综合技术教育在普通学校中的地位。苏联共产党第十九次代表大会决定指出，为了进一步提高普通学校的社会主义意义，为了保证中等学校的毕业生有自由选择职业的条件，国家着手

---

① 《关于小学和中学的决定》（1931 年 9 月 5 日），载教育部翻译室等编译：《苏联普通教育法令选译》，19 页，北京，人民教育出版社，1956。

在中等学校实行综合技术教育并采取过渡到普及综合技术教育所必需的措施。于是，苏联广大教育工作者又从理论和实践上加强了对综合技术教育的研究，并且取得了丰硕的成果，出版了一大批有关综合技术教育的论著。

与此同时，苏联的综合技术教育对东欧各社会主义国家也产生了深远的影响，几乎所有东欧的社会主义国家都曾按照苏联的模式推行综合技术教育制度。

苏联的综合技术教育对我国的教育改革也产生过很大的影响。20 世纪五六十年代在我国中小学普遍推行的“基本生产技术教育”，实际上就是苏联的综合技术教育。

然而，应该指出，在教育实践中如何实施综合技术教育仍有许多具体的理论和实践问题有待于研究、探讨和解决。

拓展阅读书目

1. 克鲁普斯卡雅. 克鲁普斯卡雅教育文选. 卫嘉，译. 北京：人民教育出版社，1959.
2. 赵祥麟. 外国教育家评传：第 3 卷. 上海：上海教育出版社，2003.

第三十三章

集体主义教育思想

集体主义教育思想产生于苏联。苏联教育家马卡连柯是它的主要代表人物。集体主义教育思想强调在集体中并通过集体进行教育，提倡尊重与要求相结合、平行影响、前景教育等集体主义教育原则，注重教师集体的形成以及家庭中的集体主义教育，培养集体主义者。集体主义教育思想不仅对苏维埃教育的发展起了重要的作用，而且在世界上也有一定的影响，在中国教育界的影响尤其大。

第一节　集体主义教育思想产生的背景

集体主义教育是十月革命以后，在苏联的社会条件下逐渐形成和发展起来的一种新的教育思潮。在以私有制为基础的社会条件下不可能有集体主义教育，甚至不可能有真正的自由的集体。马克思恩格斯曾经指出，对立的阶级社会的共同体是冒充的共同体、虚假的共同体，“是一个阶级反对另一个阶级的联合”①。列宁在《我们究竟拒绝

① 马克思、恩格斯：《德意志意识形态》，载马克思、恩格斯：《马克思恩格斯选集》，第1卷，199页。

什么遗产?》一文中也指出，在私有制条件下只能培养“惊人的个人主义”，农民们“由于狭隘的个人动机和利己打算而仇视”大伙一起工作，“在大伙一起工作的时候，每个人都‘怕多干活’”①。按照马克思主义经典作家的意见，只有在无产阶级夺取政权以后，消灭了阶级对立和私有制的社会条件下，才能建立真正的集体和开展集体主义教育。

1917年，俄国人民在列宁和布尔什维克党的领导下，推翻了沙皇专制制度，建立了世界上第一个无产阶级专政的国家，从资产阶级手中夺取了生产资料，把工厂、土地、铁路和银行都变成了社会公有财产。为了巩固苏维埃政府，迅速恢复和发展国民经济，苏联政府根据列宁的指示，在工业中开展了广泛的社会主义劳动竞赛，在农业方面则实行农业合作制，逐渐把集体制原则灌输到工农业中去。与此相适应，在教育方面也进行了根本性的改造，要求学校“不仅应当传播一般共产主义原则，而且应当对劳动群众中的半无产者和非无产者的阶层传播无产阶级在思想、组织、教育等方面的影响，以利于彻底镇压剥削者的反抗和实现共产主义制度”②。

在上述方针政策的指导下，苏维埃政府一开始便提出了集体主义教育的问题，要求学校教育“尽可能从儿童思想中清除人们从旧时代继承下来的那些个人主义痕迹，并训练他们能适应未来的生活，要从学生时代一开始就力求结成牢固的集体和最大限度地养成他们具有共同的感受和团结一致的精神”③。从此，集体主义教育问题便引起了人们的普遍注意，许多教育家都投入到集体主义教育的研究和实践工作中。苏联教育家沙茨基领导的“国民教育第一实验站”，就主张通过集体的有组织的工作途径，来培养儿童集体生活的习惯。苏联首任教育人民委员卢那察尔斯基认为，培养集体主义者应该成为苏维埃教育的主要目的。他说：“我们希望培养这样的人，他应该是我们时代的集体主义者，他对社会生活的关心应该远远超过对个人利益的关心。”④ 列宁夫人、苏联教育家克鲁普斯卡娅则把集体主义教育作为共产主义道德教育的主要内容，要求学校和少先队组织要把培养儿童的集体主义精神作为最主要的任务，努力把儿童培养成为集体主义者。她说：“资产阶级力图把自己的儿童培养成个人主义者，使他们把‘我’置于一切之上，使他们跟群众对立起来。我们却努力把我国的儿童培养成全面发展、身体强壮、认识明确的人，他们不应是个人主义者，而应是集体主义者，他们不和集体对立，而能成为集体中的一部分力量，并能把集体的意义提到新的高度来认识。”⑤

由于苏维埃政府的积极提倡和广大教育工作者的实验研究，集体主义教育作为一种新

① 列宁：《我们究竟拒绝什么遗产?》，载列宁：《列宁选集》，第1卷，112页，北京，人民出版社，1995。

② 列宁：《俄共（布）党纲草案》，载列宁：《列宁选集》，第3卷，744页，北京，人民出版社，1995。

③ 卢那察尔斯基：《卢那察尔斯基论国民教育》，450页。

④ 同上书，445页。

⑤ 克鲁普斯卡雅：《少年先锋队运动是一个具有问题》，载克鲁普斯卡雅：《克鲁普斯卡雅教育文选》，307页。

的教育思潮逐渐形成和发展起来，并且越来越受到人们的重视。

第二节　集体主义教育思想的主要特点

集体主义教育思想具有以下三个主要特点。

第一，集体主义教育思想主张以集体为教育对象。苏维埃社会是建立在集体主义基础之上的，按照苏联教育家马卡连柯的意见，每一个人都不能离开集体而单独存在，因此，一切“有组织的教育影响都应当针对集体”，“尽力设法不和个别人发生关系”，这样才能培养集体主义品质。他强调说：“我的教育工作的积极的目的，是为了培养一定典型的公民，是为了培养战斗的、积极的和富有生命力的那种品质。这样的目的，只有当我教育的是全体里的每一个人，而不是仅仅教育好个别的一个人时，才能够达到。”① 如果在教育者的观念里只是充满着一个个的个人印象，而没有集体的观念，不以集体的尺度来接近个人，那就无法实现集体主义教育的目的。

但是，在强调以集体为教育对象的同时，马卡连柯又进一步指出，不要使“每一个人感觉到自己是教育的对象”。他说：一个 12 岁至 15 岁的儿童，对教师来说是教育的对象，“而就儿童自身说，却是一个活人”，是生产过程的参加者，是公民；教师只是“在他的帮助之下，在他的参加之下领导他的生活的一个长者，把他教育得有知识，教他在生产上工作”②。

第二，集体主义教育思想强调通过集体进行教育。集体主义教育论者认为，在教育过程中，个人对个人的影响是一种狭隘的和有限的因素。只有通过集体的方式才能在更大的范围内，利用多方面的因素来教育学生，形成坚强的集体。但是，通过集体进行教育，不能只限于基层集体（核心集体），“只通过基层集体是无法进行集体教育的”，因为这样的集体往往局限于自己的小圈子，经常会产生脱离公共集体利益的倾向。“只有通过大的集体（这种集体的利益不是仅仅依靠单纯的交往，而是凭借于更深刻的社会结合）才有可能过渡到广泛的政治教育”③。同时，强调通过集体进行教育，绝不是说可以完全放弃个别教育的方式。按照马卡连柯的意见，在少数情况下，教师应该对个别学生进行“直接教导”。不过在进行个别教导的时候，必须动员本集体甚至其他集体中一些年长而有威信的学生来参加这种教导工作。

第三，集体主义教育思想重视教师集体的作用。在世界教育史上，几乎所有的教育家

① 马卡连柯：《普通学校的苏维埃教育问题》，载马卡连柯：《论共产主义教育》，刘长松等译，298～299 页，北京，人民教育出版社，1959。

② 同上书，293 页。

③ 同上书，288 页。

都非常重视教师的作用。但是，他们往往都把教师看成是“孤立的个人”，强调教师个人在教育和教学工作中的作用。与此相反，集体主义教育论者却特别强调教师集体的作用，认为“教师集体的统一是最有决定性的一件事情”。在他们看来，没有团结一致的教师集体，就不可能有正常的学校教育工作，既不可能培养出学生集体，也不可能充分发挥教师个人的聪明才智。因此，“要想使从事教育工作的人员成为善尽职责、严肃认真的教师，只有一条路可走，那就是把教师团结在一个集体里，团结在教师集体里的一定中心人物——校长的周围”①。

第三节　集体主义教育思想的主要代表人物

一、马卡连柯

1. 生平和教育活动

安东·谢苗诺维奇·马卡连柯（Антон Семёнович Макаренко，1888—1939）是苏联教育家。1888年3月13日，他出生于乌克兰别洛波里城一个铁路工人的家庭。1905年，他从市立学校附设的师资训练班毕业后，被任命为铁路学校的教师。当时，正是俄国第一次革命时期，布尔什维克的政治宣传和一系列革命事件的发生，使马卡连柯深受教育。特别是高尔基的著作对他的影响很大，后来他在回顾自己的成长过程时写道：“如果我们对历史的认识是通过其他途径，通过布尔什维克宣传和革命事件……那么，高尔基教导我们感觉这个历史，并以憎恨、热情、更大的自信的乐观主义……感染我们。”②

马卡连柯在铁路学校工作了9年，取得了许多“有意义的经验”。1914年，他进入波尔塔瓦师范专科学校学习。1917年十月革命前夕以优异成绩毕业后，他在克留科夫高等小学担任校长。十月革命胜利后，马卡连柯对革命寄予无限希望，并以极大的热忱投入了社会主义教育事业，开始探讨新的教育方法，着手组织儿童集体，积极开展各种集体教育活动。

1920年秋，波尔塔瓦省国民教育厅委任马卡连柯组织和领导“少年违法者工学团”（不久改名为“高尔基工学团”）。从此，他便以其特有的才华和顽强的意志致力于教育、改造违法少年和流浪儿童的工作。这是一项非常复杂而又艰难的工作。他的教育对象，按照马卡连柯的说法是“一伙愚蠢无知、浸透最原始形式的无政府主义精神的人”③。他决

---

① 马卡连柯：《普通学校的苏维埃教育问题》，载马卡连柯：《论共产主义教育》，306页。

② 马卡连柯：《高尔基对我一生的影响》，载马卡连柯：《论共产主义教育》，22页。

③ 马卡连柯：《充实的苏维埃生活产生丰富多彩的小说》，载马卡连柯：《马卡连柯全集》，第7卷，173页，北京，人民教育出版社，1959。

定“要按新方法教育新人”，组织儿童劳动和利用各种实例向工学团团员进行“为大家着想”的集体主义教育，启发他们为维护集体利益而斗争。经过几年的努力，他终于把“高尔基工学团”建设成为一个纪律严明、生动活泼和团结友爱的模范的教育机构，得到了当时苏联社会各界人士的高度评价。

1928 年夏，马卡连柯转到捷尔任斯基公社（以纪念捷尔任斯基而建立的专门收容流浪儿童的慈善教育机构）工作。在那里，他以从“高尔基工学团”带去的 60 名学员作为新的儿童集体的核心，继续运用和发展“高尔基工学团”的办学经验，结果很快就使它成为苏联闻名的教育机构，吸引了不少国内外的代表团和个人前来参观。苏联著名文学家高尔基认为，这是一次“有伟大意义的和十分成功的”，以及“具有世界意义”① 的教育试验。

从 1936 年起，马卡连柯因健康关系离开了捷尔任斯基公社，在莫斯科专门从事文学创作活动和系统地总结他的教育经验，先后出版了许多著名的教育著作，如《教育诗》《塔上旗》和《父母必读》等。

1939 年 4 月 1 日，马卡连柯因突发心脏病去世，年仅 51 岁。

2. 集体主义教育的目的和任务

集体主义教育是马卡连柯教育理论体系的核心。他在自己长期的教育实践中始终把主要精力放在集体主义教育问题上。他曾这样写道：“我在从事苏维埃教育工作的多年中，把主要的力量都用在解决集体和集体机构的建立、解决权能的制度和责任的制度等问题上了。”②

马卡连柯的集体主义教育思想是根据马克思主义的基本观点和苏维埃社会的特点提出来的。按照马克思主义经典作家的意见，只有在无产阶级夺取政权以后，在个人与社会利益一致的基础上建立起来的集体，才能使个人“获得全面发展其才能的手段，也就是说，只有在集体中才可能有个人的自由”。社会主义社会不同于资本主义社会，就在于它是建立在集体主义原则之上的，而资本主义社会则是建立在个人主义基础之上的。在社会主义社会里，每一个人都不能离开集体而单独存在；同时，每一个人的创造力也只有在集体中才能得到充分发挥。社会主义教育的任务，就是要培养集体主义者，这种人只有“在集体中，通过集体”才能培养出来。马卡连柯反复强调，个人对个人的影响是一种狭隘的、有限的因素，正确的苏维埃教育应当首先建立统一的集体，只有通过集体在儿童意识中唤起强大的舆论力量，才能制约儿童的行为并使它纪律化。可见，在马卡连柯的教育理论体系中，集体具有特别重要的意义。它既是教育的目的，又是教育的手段；既是教育的主体，

① 马卡连柯：《安·谢·马卡连柯和阿·马·高尔基的通信》，载马卡连柯：《马卡连柯全集》，第 7 卷，376 页。

② 马卡连柯：《我的教育经验中的若干结论》，载吴式颖等编：《马卡连柯教育文集》，上卷，106 页，北京，人民教育出版社，1985。

又是教育的客体。

什么是集体？按照马卡连柯的意见，“集体是以社会主义的结合原则为基础的人与人的互相接触的总体”[①]。它具有以下四个特征：第一，集体是人们在共同目的和共同劳动中的联合组织，在学校日常生活中，个别学生的每一个成功或失败都必须看作是共同事业中的成功或失败。第二，集体是苏维埃社会的一部分，同一切其他的集体有机地联系着。第三，集体是社会的有机体，设有管理机构和协调机构。第四，苏维埃集体是站在全世界劳动人民统一的原则性立场上，应当接受共产党的领导。根据上述特征，马卡连柯断言，“集体”乃是社会主义社会所特有的概念，“是由于目的一致、行动一致而结合起来的，由管理、纪律和负责任的机关所组织起来的劳动者的自由集团”[②]。

马卡连柯认为，儿童教育机关的集体可以根据学校的特征把儿童分成若干组（或班级），也可以按照生产的原则或按照年龄的原则来组织。“学校集体就是苏维埃儿童社会的细胞。”[③] 它首先应当成为教育工作的对象，通过经常的、系统的教育工作，使学生成为真正的集体主义者，“能够自觉地、有毅力地并且有成效地参加社会主义建设，捍卫无产阶级革命事业”[④]。为此，马卡连柯主张，集体主义教育的任务就是：培养学生的义务感和荣誉观念，使他们能够感觉到自己的尊严和阶级的尊严，并引以为自豪；培养学生的集体主义观念，使他们能够关心集体、爱护集体，把集体利益放在个人利益之上；教育学生善于做一个有礼貌的、严厉的、善良的人，敢于同一切破坏集体利益的行为进行斗争；培养学生的克制能力，能够约束自己并且影响别人，注意增强集体成员之间的友谊和团结，习惯于过有组织有纪律的生活。

3. 集体主义教育的原则和方法

马卡连柯指出：“教育学是最辩证、最灵活的一门科学，也是最复杂、最多样化的一门科学。”[⑤] 在他看来，绝对没有任何十全十美的、永远不变的、永远有效的教育方法，一切方法都应根据“环境、时间、个人和集体的特点，要看执行者的才能和修养，要看最近期间要达到的目的，要看全部的情势如何而定”[⑥]。

（1）尊重与要求相结合

这是马卡连柯集体主义教育的基本原则。他在《我的教育经验中的若干结论》中写道：“我的基本原则永远是尽量多地要求一个人，也要尽可能地尊重一个人。”[⑦]

---

① 马卡连柯：《儿童工学团工作方法的经验》，载马卡连柯：《论共产主义教育》，121 页。

② 马卡连柯：《论个人与社会》，载马卡连柯：《论共产主义教育》，8 页。

③ 马卡连柯：《教育的目的》，载马卡连柯：《论共产主义教育》，41 页。

④ 马卡连柯：《儿童工学团工作方法的经验》，载马卡连柯：《论共产主义教育》，137 页。

⑤ 马卡连柯：《普通学校的苏维埃教育问题（讲演）》，载吴式颖等编：《马卡连柯教育文集》，下卷，15 页。

⑥ 马卡连柯：《儿童工学团工作方法的经验》，载马卡连柯：《论共产主义教育》，125 页。

⑦ 马卡连柯：《我的教育经验中的若干结论》，载马卡连柯：《论共产主义教育》，400 页。

按照马卡连柯的意见，所谓“尊重”，就是尊重学生的人格，相信学生的才能和力量，善于发现他们的优点，并以深厚的感情来对待和教育他们。他从社会主义、人道主义和革命乐观主义精神出发，坚定地认为任何天生的犯过失的人以及任何天生的不良性格，是绝对没有的；违法者和流浪儿童是不幸的生活所造成的。因此，无论在高尔基工学团还是在捷尔任斯基公社的教育实践中，他都把每一个儿童当作“正在发展中的人”来看待，竭力反对形而上学地把儿童分成“智力落后的”“难教育的”和“违法的”。

马卡连柯教育思想的追随者、苏联教育家苏霍姆林斯基指出：“一个极其简单而又极其复杂的教育秘诀”，就是“只有教师关心学生的尊严感，才能使学生通过学习而受到教育。教育的核心，就其本质来说，就在于让儿童始终体验到自己的尊严感”。可以说，马卡连柯教育力量的源泉和成功的秘诀就在于他相信、尊重和热爱学生；相信只要采用正确的教育方法，完全可以把每一个违法者教育改造成为有益于社会的人。

但是，马卡连柯认为，“尊重”并不是尊重外表的什么东西，而是对那些和我们共同劳动的同志的尊重。在我们尊重某个人的同时，就包含着对他的要求和教育。他写道：“在任何情况下，如果没有真诚的、直率的、有说服力的、热忱的和坚定不移的要求，那就不可能开始进行集体教育。”①

按照马卡连柯的意见，教师向学生提出的要求必须是一贯的、坚定的、明确的、不予修正和毫不缓和的。同时，要切合学生的实际，不要向学生提出过高的、实际上做不到的要求。此外，教师必须以身作则，首先对自己要严格要求，在任何情形下首先使自己的行为正确。

根据马卡连柯的经验，教师在对学生提出要求时，可按照儿童集体发展的情况划分为三个阶段：第一阶段，这时学生集体尚未形成，教师必须以“不许反对的方式”向学生提出要求。第二阶段，这时集体中出现了一些积极分子，教师所提要求应该得到积极分子的支持。第三阶段，这时学生集体已经形成和巩固，应当由整个集体自己提出要求。

（2）平行影响原则

马卡连柯所谓的“平行影响原则”，就是要求教师在教育过程中应该以集体为教育对象，通过集体来教育个人。换句话说，就是在教育集体的时候，同时教育个人；而在教育单独的个人的时候，也应该想到整个集体的教育。他认为，只有当我们教育的是集体里的每一个人，而不仅仅是教育好个别人时，才能培养真正的集体主义者。

“平行影响原则”，实际上也是一种个别影响的教育方法。马卡连柯在《普通学校的苏维埃教育问题》一文中写道：“什么是平行教育影响呢？我们只和分队发生关系，我们和

① 马卡连柯：《普通学校的苏维埃教育问题》，载马卡连柯：《论共产主义教育》，272页。

个人不发生关系，这就是正式的说法。实际上，这正是影响个人的一种形式，但表达方式和本质是并行不悖的。”① 所不同的是，这种方法不是由教师直接和个人发生关系，而是通过为了教育目的特别组织起来的基层集体的媒介影响个人的。例如，某个学生犯了过失时，教师不是直接去做他的工作，而是通过他所在的集体去对他进行教育和帮助。马卡连柯说：“这样一来，我就教育了集体，团结了集体，加强了集体，以后集体本身就能成为很大的教育力量了。”②

（3）前景教育原则

马卡连柯认为，正常的、健康的集体必须不断地向前发展，不能停滞不前，否则集体就会丧失其生命力。这是“集体的运动规律”。根据这个规律，他提出了“前景教育原则”。

所谓“前景教育”，就是在教育过程中经常给集体指出未来的美好前途，提出一个或好几个需要经过一定努力才能达到的目的，吸引整个学生集体和集体中的每一个成员为完成这个任务而努力工作。当既定目的实现以后，又必须立即提出新的、更广泛的、更有意义的任务。这样就能不断地激发学生对自己力量的信心，提高他们的自尊心，培养他们的意志和毅力，鼓舞他们去追求新的理想，攀登新的高峰，从而使整个集体生气蓬勃和日益巩固。他说：“培养人，就是培养他对前途的希望”，使他看到“明天一定比今天更好些”，看到“明天的快乐”。“一个人向前瞻望的时候如果看不到一点快乐的远景，他在世上就活不下去。人类生活中真正的刺激剂是未来的快乐”③。因此，“前景教育原则”又可称为“明天欢乐论”。

马卡连柯强调，在具体安排和执行远景计划时，要防止学生养成一种“完全不能容许的享乐主义”，要求学生必须付出某些必要的劳动。他指出，儿童“在克服各种障碍中投入的劳动越多，就越能吸引人”，越有教育意义。此外，他还要求教师必须考虑儿童的年龄特点，使各种远景尽可能适应不同年龄儿童的能力和需要。

（4）奖励和惩罚相结合

马卡连柯认为，在对学生进行集体主义教育的过程中，适当的奖励和惩罚是非常必要的。奖励可以调动学生的积极性，使他们相信自己的力量，激励他们进一步努力。

但是，运用奖励时必须谨慎，不能滥用，要按照具体情况和不同的对象使用各种形式的奖励。马卡连柯说：“要看环境、时间、个人和集体的特点，要看执行者的才能和修养，要看最近时间要达到的目的，要看全部的情势如何而定。”④

---

① 马卡连柯：《教育的目的》，载吴式颖等编：《马卡连柯教育文集》，上卷，70页。

② 马卡连柯：《我的教育经验中的若干结论》，载马卡连柯：《论共产主义教育》，404～405页。

③ 马卡连柯：《教育诗篇》，载马卡连柯：《马卡连柯全集》，第1卷，709页，北京，人民教育出版社，1958。

④ 马卡连柯：《儿童工学团工作方法的经验》，载马卡连柯：《论共产主义教育》，125页。

在对待惩罚问题上，马卡连柯指出："惩罚可以培养出奴隶，但有时也可以培养出很好的人来，可以培养出自由和自豪的人来。"[①] 因此，惩罚不仅是教育者的一种权力，而且也是一种责任。当然，教育者不能过分相信惩罚的作用，不能滥用惩罚。"一般来说，应当尽可能地少处分，只有当非处分不行的时候，当处分显然是有目的的时候，以及公众舆论赞成处分的时候，才应当处分。"

按照马卡连柯的意见，惩罚的本质是使人知道自己的行为有了错误，有犯错误的体会。"惩罚应当是教育"[②]，而不应当造成儿童精神上或肉体上的痛苦，不应当有侮辱儿童人格的内容和压制的性质。因此，他要求教师在施行惩罚的时候要深思熟虑。

马卡连柯坚决反对体罚。他说："我是体罚的反对者，很早就是个反对者。"因为体罚会侮辱学生的人格，导致消极不良的后果。虽然马卡连柯在高尔基工学团工作时期曾打过学生的耳光，但他后来一直引以为憾，认为这是自己教育上的失败，是"十足的绝望和无能的表现"[③]。

（5）在劳动中进行教育

按照马卡连柯的意见，"正确的苏维埃教育，如果不是劳动教育那是完全不能想象的"[④]。劳动教育不仅可以发展儿童的体力和智力以及培养他们从事生产劳动的技能和技巧，而且更重要的是可以使学生在道德上和精神上得到发展，可以培养儿童集体工作的习惯和集体主义精神。

但是，并不是任何劳动都能教育人。马卡连柯说："断言任何教育都不需要，似乎只有劳动才能教育人，乃是一种荒唐的思想。"他认为，只有那些按照教育学原则合理组织的劳动才有教育意义。

首先，必须是具有共同目的的共同劳动。马卡连柯说："只有共同目的的劳动，只有在集体工作中，只有帮助别人劳动和人与人之间经常的相互的劳动依存，才能建立人们彼此之间的正确关系。"[⑤] 其次，必须建立合理的劳动组织。为了便于进行教育，在那些还没有建立巩固的集体的教育机关里，可以按照生产特征和学生年龄差别来组织基层集体，当集体已经形成，建立了准确的生活制度和优良传统的时候，以组织混合年龄的分队为宜。再次，要执行严格的劳动纪律。马卡连柯认为，在劳动中执行严格的纪律不仅可以保证生产任务的顺利完成，而且有助于培养学生的责任感和守纪精神。最后，劳动要与思想政治教育平行。在组织儿童劳动的时候，必须把劳动和思想政治教育紧密地结合起来，才能收到良好的效果。马卡连柯说："在任何情况下，劳动如果没有与其平行的教育——没有与其平行的政

① 马卡连柯：《普通学校的苏维埃教育问题》，载马卡连柯：《论共产主义教育》，237页。

② 马卡连柯：《教育过程的组织方法》，载马卡连柯：《论共产主义教育》，171页。

③ 马卡连柯：《马卡连柯全集》，第3卷，557页，北京，人民教育出版社，1959。

④ 马卡连柯：《儿童教育讲座》，耿济安等译，56页，北京，人民教育出版社，1957。

⑤ 同上书，57～58页。

治和社会主义教育，就不会有教育的好处，会成为不起作用的一种过程。”[①]

4. 教师集体的地位和作用

马卡连柯认为，教师集体在集体主义教育中具有决定性意义，没有教师集体就不能培养出学生集体来。他强调说：“凡是教师没有结合在一个集体里的地方，凡是集体没有统一的工作计划、没有一致的步调、没有一致的对待儿童的方法的地方，那里就不会有任何的教育过程。”因此，他要求每一个教师都应当成为教师集体的一分子，彼此团结一致地对学生进行教育工作。他指出：“如果有五个能力较强的教师团结在一个集体里，受着一种思想、一种原则、一种作风的鼓舞，能齐心一致地工作的话，那就要比十个各随己愿地单独行动的优良教师好得多。”[②]

马卡连柯之所以强调教师集体的作用，是有其深刻的理论依据的。他认为，任何一个坚强的学生集体都不是自发形成的，而是在教师的正确教导和耐心帮助下逐渐成长起来的。此外，对教师个人来说，他的能力、他的才华也只有在教师集体中才能充分发挥出来；离开了教师集体，教师个人的力量是有限的。

在教师集体的建设上，马卡连柯提出，第一，教师集体必须是合理地组织起来的，而不是偶然的集合体。在组织教师集体时，要注意合理的人员结构，要根据教师的年龄、性别、性格和业务能力等因素进行适当的配置。第二，教师集体要有明确的教育目标和坚定的政治信念。第三，教师之间要团结一致。“没有团结一致的教师集体，所谓正常的学校教育工作是很难想象的。”[③] 第四，教师集体要和学生集体保持密切的联系。教师集体和学生集体并不是两个集体，而是一个教育集体；教师集体和学生集体不是对立的，而是相互联系的。

应当指出，马卡连柯在强调教师集体的作用时，并不排斥教师个人的作用。相反，他很重视教师个人的作用，并且对教师提出了许多严格的要求。他认为，一个优秀的教师应该具有实际的知识和能力，以及高度的责任感，应该掌握熟练的教育技巧。马卡连柯说：“我根据自己的经验，得到了这样一个信念，以能力和熟练的业务水平为基础的技巧，才能解决问题。”[④]

5. 家庭中的集体主义教育

马卡连柯晚年时对儿童的家庭教育非常重视，并集中地研究了家庭教育问题。他指出，一个人“主要的教育基础是在5岁以前奠定的”[⑤]。家庭教育的好坏不仅关系到儿童的未来，而且关系到社会和国家的未来。从这个意义上讲，“现今的父母教育子女，就是缔造我国未来的历史，因而也是缔造世界的历史”[⑥]。

---

① 马卡连柯：《普通学校的苏维埃教育问题》，载马卡连柯：《论共产主义教育》，236页。
② 同上书，303～304页。
③ 马卡连柯：《苏维埃学校里的教育问题》，载马卡连柯：《论共产主义教育》，352页。
④ 马卡连柯：《我的教育经验中的若干结论》，载马卡连柯：《论共产主义教育》，405页。
⑤ 马卡连柯：《家庭和儿童教育》，载吴式颖等编：《马卡连柯教育文集》，下卷，236页。
⑥ 马卡连柯：《父母必读》，耿济安译，22页，北京，人民教育出版社，1979。

按照马卡连柯的意见，家庭是培养“集体主义的理想学校”。家庭教育“最深刻的意义，就在于选择和养成人类的各种需求，就是把人类的需求提高到只有无产阶级社会才有可能达到的道德的高度”，即达到“集体主义者的要求”，使人能“通过共同的行动目标、共同的斗争，以及对社会义务的生动确实的自觉，把自己跟集体结合起来”①。

为了实现上述目标，马卡连柯主张家庭自身应该是一个完整和团结一致的集体，具有一种美好、健康的集体主义精神和充分良好的创造性的乐观主义精神。如果家庭丧失了集体的特性，就很难进行真正的教育工作。

马卡连柯认为，要成功地进行家庭的集体主义教育，父母必须注意家庭教育的一般原则和方法。

第一，建立和保持完整的、团结的家庭集体。马卡连柯认为，“家庭集体的完整和团结一致是良好教育的一个基本条件”②。如果家庭生活不和谐，或者父母不在一起生活甚至离异，便会导致家庭集体的破坏，伤害儿童的心灵。

第二，要掌握尺度与分寸。马卡连柯认为，在家庭教育方面，不管采用哪一类方法，都要注意尺度和分寸。例如，父母对子女的爱是需要的，因为“没有父母的爱培养出来的人，往往是有缺陷的人”③。但是爱也要有分量、有尺度，过分的爱是有害的，正像过多地服用药物或其他食物一样会伤害儿童。

第三，父母要以身作则。马卡连柯认为，父母“自身的行为在教育上具有决定意义”。父母的一举一动都会对儿童产生深刻的影响，甚至当父母不在家的时候，都在教育着孩子。

第四，吸引儿童参加家庭经济的管理事务。马卡连柯认为，“在正确指导之下，管理家庭经济可以培养出集体主义、诚实、关心、节约、责任感、判断能力和处理事务的能力”④。为此，他主张要吸引儿童参加讨论家庭财务计划，学会放弃个人需要上的某些满足，以满足家庭其他成员的需要等。

第五，经常吸引儿童参加一些力所能及的劳动，组织各种游戏活动。马卡连柯认为，这也是在家庭中对儿童进行集体主义教育的重要方法。

第四节　集体主义教育思想的影响与评析

以马卡连柯为代表人物的集体主义教育思想，是马克思列宁主义思想的产物，是苏维

① 马卡连柯：《父母必读》，53页。

② 同上书，178页。

③ 同上书，49页。

④ 马卡连柯：《儿童教育讲座》，载吴式颖等编：《马卡连柯教育文集》，下卷，171页。

埃教育的主要内容，同时也是人类教育思想宝库中的宝贵财富之一。

集体主义教育思想以马克思列宁主义的教育学说为指导，总结了苏维埃教育实践的丰富经验，因此，既具有深刻的理论基础，又有积极的现实意义。集体主义教育的目的——培养集体主义者，反映了社会主义和共产主义社会的基本要求；集体主义教育的原则和方法，如尊重与要求相结合、平行教育影响、集体的继承性和前景教育等，揭示了社会主义教育的基本规律。集体主义教育的这些原则和方法不仅对教育和改造少年违法者非常有效，而且对普通学校的教育工作也具有普遍的指导意义。

但是，应该看到，马卡连柯的集体主义教育思想主要是在十月革命后的最初年代形成和发展起来的，他的教育对象是流浪儿童和少年违法者，因而不可避免地带有时代的局限性和理论的片面性。例如，他把通过集体进行教育看成是正确的苏维埃教育的唯一途径，但忽视了对个别学生的教育；他提倡家庭中的集体主义教育，但反对独生子女教育，未免失之偏颇。

马卡连柯的集体主义教育思想一直受到苏联政府和人民的重视。早在1940年，苏联《真理报》和《教师报》就发起对马卡连柯教育思想的研究。1944年，苏联教育科学院成立了"马卡连柯教育遗产研究室"，并于1946年出版了《马卡连柯教育文选》，1948年又出版了《马卡连柯教育文集》。1949年为纪念马卡连柯逝世10周年，苏联教育家凯洛夫主编出版了《马卡连柯全集》(7卷本)。1988年为纪念马卡连柯诞辰100周年，苏联教育出版社又出版了《马卡连柯教育文选》(8卷本)。长期以来，苏联人民一直饶有兴趣地阅读马卡连柯的著作，出品了许多有关研究马卡连柯集体主义教育思想的论文和专著，并且先后开展过几次关于马卡连柯教育遗产问题的全国性讨论会，促进了苏联教育科学和教育实践的发展。按照苏联教育家苏霍姆林斯基的意见，苏联"学校中的一切生动的创造，都是属于马卡连柯的产物"①。

马卡连柯的集体主义教育思想对世界各国也有很大影响。从世界各国214个代表团参观捷尔任斯基公社的意见书中可以看出，他的教育理论和实践受到了普遍推崇。他的教育著作被译成各种文字，在世界上广为流传。

马卡连柯的集体主义教育思想对我国影响尤其大。长期以来，我国的教育工作者一直以极大的兴趣阅读和运用马卡连柯的教育理论，并且取得了很大的成绩。

拓展阅读书目

1. 吴式颖，等. 马卡连柯教育文集：上、下卷. 北京：人民教育出版社，1985.
2. 马卡连柯. 论共产主义教育. 刘长松，等译. 北京：人民教育出版社，1959.

---

① [苏]《真理报》，1970-05-02。

第三十四章

改造主义教育思想

改造主义教育思想是20世纪30年代从“进步教育”思想和实用主义教育思想中逐渐分化出来的，到50年代时，已成为一种独立的教育思潮。美国教育家布拉梅尔德是它的主要代表人物。改造主义教育思想主张把“社会一致”作为教育的主要目的，强调学校应成为“社会改造”的主要工具，提倡以“社会问题”为中心的课程论，提出教师应以劝说教育为职责。在西方教育思想中，改造主义教育思想以“进步教育”思想和实用主义教育思想的一个分支而著称。

第一节　改造主义教育思想产生的背景

由于生产的社会性和生产资料的资本主义私有制之间的基本矛盾，1929—1933年，整个资本主义世界爆发了严重的经济危机。这是一次在广度和深度上都空前的经济危机，它使得整个资本主义世界工业产值下降了36%，世界贸易额缩减了2/3，国家财政陷入完全混乱的状态。

这次资本主义世界经济危机也猛烈地袭击了美国。从1929年10月24日历史上著名的“黑色星期四”之后，美国开始了经济危机。实际上，作为20世纪20年代美国经济“繁荣”的三大支柱的建筑工业、汽车工业和钢铁工业，早在这之前就已出现生产停滞现象。经济危机爆发后，美国的工商业和农业受到了严重的打击。工业生产总指数急剧下降，国际贸易范围大大缩小，国内金融秩序紊乱；农产品生产过剩，市场价格剧烈下跌，工业品和农产品之间的“剪刀差”更加扩大；市场经济萧条，失业人数增加，人民生活水平下降，购买力锐减。与美国历史上的十多次经济危机相比，这次经济危机最为剧烈、最为严重。正如法国学者莫鲁瓦在《美国史》一书中所指出的：“从1929年到1933年，到处都是银行破产，通货崩溃，工厂倒闭，到处是失业。……欧洲的危机更加深了美国的危机。”①

这次经济危机对美国产生了深远的社会影响，给美国劳动人民带来了空前的灾难，使得他们的生活更加贫困。经济危机也使得资本主义社会制度所固有的一切矛盾更加尖锐起来。在这种社会背景下，失业工人组织起来为争取生存权利而斗争，一些主要产业的工人举行罢工，冲击了美国资本主义社会制度，并迫使当时的联邦政府采取一些“反危机”的措施。

在经济危机极大地震撼整个美国社会的过程中，美国教育界也不可避免地受到了震动。当经济危机爆发后，当时在美国教育领域已产生广泛影响并占据主导地位的“进步教育”思想和实用主义教育思想首当其冲地受到了批评，尤其是受到那些提倡传统教育理论和方法的教育家以及社会人士的严厉批评。

面对这种状况，一些原来坚持“儿童中心”理论的教育家开始寻找学校教育能为建立一个没有经济危机的“理想社会”做出更多贡献的办法和途径，越来越强调学校应更加注意它自己的社会责任。1934年10月，康茨（G. S. Counts）和拉格（H. O. Rugg）等组成了一个名为“拓荒思想家”的团体，并创办了一份教育刊物《社会拓荒者》，探讨学校在引起社会变革方面应起的作用。他们在实用主义哲学的基础上，对“进步教育”思想和实用主义教育思想的一些具体主张做了修正，要求学校教育通过培养学生对社会新秩序的忠诚来为创建一个更“平等”的社会开辟道路。他们主张，教育要少强调“儿童中心”，多强调“社会中心”；教育要少关心“个人生长”，多关心“社会改造”。

实际上，早在1932年的进步教育协会全国代表大会上，康茨就做了题为《学校敢于建立一个新的社会秩序吗?》的著名演说，大胆而又明确地向学校教育提出了挑战，为改造主义者提供了理论的信条。在演说中，康茨强调指出：“如果进步教育要成为真正进步的教育的话，它就必须……勇敢地正视每一个社会问题，尽全力解决其全部现实生活的问题，建立与社区的联系，发展现实主义的全面的福利理论，形成有关人类命运的有力的、

① 莫鲁瓦：《美国史》，复旦大学历史系译，164页，上海，上海人民出版社，1977。

使人信服的和有挑战性的远见……”①

康茨和拉格他们原来都是实用主义教育思想的信徒，也是进步教育协会的重要成员。在经济危机的冲击以及进步教育运动受到批评的背景下，他们提出应该更加意识到学校的社会责任，强调学校教育应该把注意力集中在“社会改造”上，而不是集中在儿童“个人生长”上。应该看到，这不仅是对“进步教育”思想的修正，而且也迎合了当时美国总统罗斯福推行“新政”的需要。康茨和拉格他们的观点可以看作是改造主义教育思想的先声。在他们的挑战下，美国进步教育协会后来开始强调学校的社会责任，在它制定的原则中也出现了从来不提及的“社会”这个词。

尽管美国教育家杜威1920年在《哲学的改造》一书中首先提出了“改造主义”的名称，但是，改造主义教育思想从“进步教育”思想和实用主义教育思想中完全分化而成为一种独立的教育思潮，是在第二次世界大战之后。布拉梅尔德作为它的主要代表人物，在20世纪50年代发表了一系列著作，论述改造主义教育思想，尤其是他于1950年出版的《教育哲学的模式》一书奠定了改造主义教育思想的基础。正如有的美国学者所指出的：“作为从进步主义派生出来的一个支流，改造主义者忠于实用主义的哲学和进步主义的原则，但是扩展了这些见解，从而提出以明确的社会改造作为教育的主要目的。”②

第二节　改造主义教育思想的主要特点

改造主义教育思想具有以下四个主要特点。

第一，在西方教育思想中，改造主义教育思想实际上是“进步教育”思想和实用主义教育思想的一个分支。改造主义教育家自称改造主义教育是“进步教育”的真正继承者和亲密的盟友。布拉梅尔德曾这样说：“正在形成中的改造主义哲学，从进步主义那里学到了最多的东西。在某些形式上这两种理论这样相似，以至于人们可以合理地问，它们实际上是否分离得开……改造主义者在很大程度上都是为这样的信念所启发，即它的最亲密的哲学上的同盟者不可估量的成就，由于被组合到重新加以表述的形式里去将会最好地保存和延续下去，这种重新加以表述的形式，在试图改正进步主义的弱点的同时将会补充、统一和加强它的成就。”③ 在第二次世界大战后，特别是在20世纪50—60年代现代教育派理论与新传统教育派理论的争论中，改造主义教育思想是作为现代教育派理论的代表而出现的。

---

① 康茨：《学校敢于建立一个新的社会秩序吗?》，7～8页，1932年英文版。

② 范斯科德等：《美国教育基础——社会展望》，北京师范大学外国教育研究所译，59页，北京，教育科学出版社，1984。

③ 布拉梅尔德：《急需一个改造的教育哲学》，载王承绪、赵祥麟编译：《西方现代教育论著选》，72～73页。

第二，改造主义教育思想强调把“社会改造”作为教育的主要目的，使教育成为制定一个明确的社会行动方案的主要手段，使学校成为“社会改造”的主要工具。其中“改造”这个词大致包含着三个方面的意思：一是认为改造主义教育是适应“改造”的时代的新的教育理论；二是强调把“改造”社会作为改造主义教育的根本目标；三是指出改造主义教育的使命是对过去的教育理论的缺点进行“改造”。

第三，改造主义教育思想自称是“危机时代”的教育思想。它更加急迫地惊呼世界范围的“危机”、文化的“危机”，认为美国和世界文化正经历着人类历史上的一个最大的变动和改造时期，但“进步教育”思想和实用主义教育思想只适用于“社会稳定”时代，而改造主义教育思想能在“危机时代”对“社会改造”给予指导，能为社会的未来提出“蓝图”。正如布拉梅尔德所说：“变革的时期也可能产生一些激烈形式的哲学——这些哲学不但显示出对静止的、温和的或相当保守的信念和行动模式的不满，而且还谋求建立一种迄今为止人们还没有认真研究过的模式。支配这些哲学的假定是一个特别变革的时期，比之在较正常的文化情况下需要一些更尖锐的批评和眼光更长远的建议。”①

第四，改造主义教育思想具有“折中主义”的特点。由于改造主义教育思想需要做更多的思考和检验，因此，它重视其他教育思想，不仅包括进步教育思想和实用主义教育思想，而且也包括要素主义教育思想和永恒主义教育思想所阐述的观点，并把其中的许多观点结合到它自己的模式里去。布拉梅尔德也承认“改造主义无疑地具有折中主义性质”，并认为“这个特点绝不是不合乎需要的”②。

第三节 改造主义教育思想的主要代表人物

布拉梅尔德

1. 生平和教育著作

西奥多·布拉梅尔德（Theodore Brameld，1904—1987）是美国教育家、“改造主义教育思想最著名的倡导者”③。1904 年 1 月 20 日，他出生于美国威斯康星州的尼尔斯维尔。他曾就读于该州的里彭学院，主修英语文学，毕业前夕开始对哲学感兴趣。

1928 年，布尔梅尔德进入芝加哥大学读研究生，师从著名的实用主义哲学家和心理学家米德和塔夫茨 。他后来曾这样回忆说：在芝加哥大学，“我第一次受到实用主义的影

① 布拉梅尔德：《急需一个改造的教育哲学》，载《现代外国哲学社会科学文摘》，1964（6）。
② 布拉梅尔德：《急需一个改造的教育哲学》，载王承绪、赵祥麟编译：《西方现代教育论著选》，73 页。
③ 奥尔斯：《美国教育家人名辞典》，第 1 卷，165 页，1978 年英文版。

响。但它对教育的巨大意义，我几乎还不理解”[1]。在此期间，由于受到因经济危机引起的政治和经济动荡的困扰，布拉梅尔德也接触了马克思主义。

1931年获得哲学博士学位后，布拉梅尔德先后在纽约长岛大学、阿德尔菲大学任教。他开始致力于“应用”教育哲学的研究，并于1939年赴明尼苏达大学开设教育哲学课程。在那里，布拉梅尔德提出了改造主义教育思想。

1947年，布拉梅尔德到纽约大学任教。从1959年起，他在波士顿大学任教育哲学教授，直到1969年退休。退休后，他是波士顿大学的名誉教授。

布拉梅尔德还担任过美国教育联谊会（前身为进步教育协会）副主席（1942—1953）、美国哲学学会主席（1947—1948）。其主要教育著作有《教育哲学的模式》（1950）、《趋向改造的教育哲学》（1956）、《教育的文化基础——跨学科的研究》（1957）、《正在出现的时代的教育》（1961）、《教育即力量》（1965）和《作为世界公民的教师》（1970）等。

1987年10月18日，布拉梅尔德去世。

2. 教育思想

（1）以达到“社会一致”为目标的教育目的

布拉梅尔德认为，“危机时代”的教育担负着极其重要的任务。当人类文明已处于“危机”状态，教育必须给“社会改造”以指导，教育必须对发展“未来”起着创造性的作用。在“危机时代”，虽然教育的传递文化和改造文化这两个职能没有改变，但面对文化的信念和习惯混乱的情况，教育的改造文化的职能表现得更为突出。

为了消除文化的“危机”，布拉梅尔德指出，作为文化的一个组成部分的教育应该有一个明白清楚而又切合实际的社会目的，即达到“社会一致”。在这个过程中，教育“必须尽最大可能不仅同意怎样去采取行动，而且还要确定我们想往何处去”[2]。按照布拉梅尔德的看法，所谓的“社会一致”，就是指不分阶级的人与人之间的合作关系，即通过共同协商来消除阶级的分歧而达到一致，不仅在口头上而且在行动上的一致。布拉梅尔德强调说：“社会一致”具有巨大的力量，“能给予智慧以一种创造的任务，当集体地运用智慧时，它能够对现在的利益与价值完成一种重新组织与重新解释的工作”[3]。在他看来，人们合力工作就能够发展共同生活的目的和手段，就能够实现未来的“理想社会”。

布拉梅尔德还认为，每个人都想达到许许多多的目的，有生理上的目的，有心理上的目的，也有社会上的目的，但所有这些目的都可以归纳为一个具有最高价值的中心目的，即“社会—自我—实现”。在考察自古以来的“乌托邦”（理想国）之后，布拉梅尔德指

① ［美］《教育论坛》，1977（11）。
② 布拉梅尔德：《教育哲学的模式》，449页，1950年英文版。
③ 布拉梅尔德：《新时代的教育》，载白恩斯、白劳纳：《当代资产阶级教育哲学》，146页。

出，它们都不理想。他提出，“理想社会”的标准就是在资产阶级统治下的“民主秩序”、富裕经济、改善卫生、发展教育及充实和美的享受，并进一步实现世界范围的“民主秩序”。

在设计并实现这样一种“理想社会”的过程中，布拉梅尔德强调教育应该有所贡献。他说：“改造主义教育的中心目标，就是把教育视为一种手段，来促进一个新呈现出来遍及全世界的民主文化。”[①] 在布拉梅尔德看来，如果我们希望教育成为一种建设更好而不是更坏的世界的力量，我们必须从根本上对我们期望的世界发展的方向加以关注。

布拉梅尔德明确指出，强调传递文化的教育，如要素主义教育和永恒主义教育，在“危机时代”是完成不了“改造”文化的职能的。他认为，要素主义教育思想和永恒主义教育思想强调学校是文化遗产的保卫者，只是为了迎合“危机时代”的某些人求助于原先习惯的传统方式的需要。在布拉梅尔德看来，要素主义教育思想是“危机时代”教育哲学中“文化落后”的最典型的例子，是一种保守主义的教育思想；永恒主义教育思想则是试图恢复古代中世纪文明的绝对标准来解决现代文明的问题，是一种倒退主义的教育思想。

与此同时，布拉梅尔德也指出，应该纠正“进步教育”思想的缺点并加以补救。他认为，“进步教育”思想的缺点主要表现在两个方面：一是缺乏目标，过分强调手段、方法和过程，把重点放在“怎样”（how）而不是放在“什么”（what）上。二是缺乏社会目的，过分强调“个人生长”，把重点放在“个人自我表达和行动”上，而不是放在“合作”上。

（2）以相互作用和情感为基础的学习论

布拉梅尔德认为，学习是寻求和达到目标的一种途径。他所主张的学习，是以相互作用和情感为基础的。在布拉梅尔德看来，在学习的过程中，教育和环境是相互作用的，情感和非理性因素也往往是个人活动和团体活动的动因。

对于行为主义派的“刺激-反应”的学习理论和格式塔派的认知学习理论，布拉梅尔德分别提出了他自己的看法。他指出，前一种学习理论把重点放在传递文化上，要求儿童去适应某种特定的文化模式，结果只能是培养一种受制约的人；后一种学习理论把重点放在经验上，结果就能培养一种自主的和有创造力的人。布拉梅尔德认为，由于经验被看作是人和他所生活的环境的相互作用的产物，因此，学习也是相互作用的。他明确地说：“学习就是学会怎样用积极修改和改造文化环境的方式与那种环境一起起作用。”[②]

由于受到美国心理学家弗洛伊德的精神分析学说的影响，布拉梅尔德认为，人决不完全是理性的动物，他总是会无意识地受到情感和非理性因素的影响。因此，在学习过

---

① 布拉梅尔德：《急需一个改造的教育哲学》，载《现代外国哲学社会科学文摘》，1964（6）。

② 布拉梅尔德：《正在出现的时代的教育》，119页，1961年英文版。

程中决不能忽视和回避这种因素的影响。他强调说："如果我们要把教育的力量有效地导向像民主世界文明这样伟大目的的实现，就必须认识到并利用这些强大的非理性的力量。"①

布拉梅尔德强调指出，达到"社会一致"也是一个学习过程，但这个学习过程必须是以相互作用和情感为基础的，使学生在活动的过程中，在获取经验的过程中进行学习。这种学习既不能仅仅依靠传统教育理论所主张的历史文化遗产和固定的教材，也不能仅仅依靠"进步教育"思想和实用主义教育思想所强调的个人经验。

由此出发，布拉梅尔德认为，在达到"社会一致"的学习过程中必须注意以下三点：第一，学习应该从学生的经验开始，既强调直接经验，又强调间接经验；既包括个人的经验，又包括他人的经验。第二，应该强调"一致的意见"，并把它作为学生学习的知识。第三，利用学习过程培养"民主精神"。"这样，民主的过程将成为学校本身的一项基本实践——这种实践将培养青年公民，使他们对民主过程在较大的社会中的长处和短处，更有极为需要的敏感。"②

此外，布拉梅尔德还探讨了学习过程的构成。他认为，学习过程分为两个阶段：第一个阶段包括"通过证据进行的学习"和"通过讨论进行的学习"。前者指学生个人获取的直接经验以及由科学和历史提供的间接经验；后者指通过充分的讨论使多数人的意见趋于一致。这两者是同步进行、相互作用的。第二个阶段包括通过"同意"和"行动"进行的学习，使集体中多数人的意见达到一致。它不仅在口头上表现出来，而且在行动上得到证实。

(3) 以社会问题为中心的课程论

布拉梅尔德认为，必须制定一种以社会问题为中心的课程，并使其中的各门科目在一个统一的整体中有机地联系起来。在这种指导思想下，他设计了一种与"理想社会"相对应的内容广泛的课程，包括经济、政治、科学、艺术、教育以及人际关系领域。早在20世纪30年代末在明尼苏达大学任教时，布拉梅尔德就提出了一个为期四个多月的"未来教育"实验报告；到了50年代，他又把这项实验扩充为17～20岁的四年制学院的课程。

在布拉梅尔德看来，这种以社会问题为中心的课程具有以下三个特点。

第一，课程目标统一于未来的"理想社会"的总目标。四年课程的具体安排是：第一学年着重于引起动机和确定学习方向，并以"改造"为原则，学习经济和政治领域的内容。第二学年着重于研究科学和艺术领域的问题。第三学年着重于研究教育以及人际关系领域的问题。第四学年着重于研究达到"社会一致"需采用的技巧和策略，并对以前所研

① 布拉梅尔德：《教育即力量》，38页，1965年英文版。
② 布拉梅尔德：《新时代的教育》，载白恩斯、白劳纳：《当代资产阶级教育哲学》，156页。

究的各个领域进行回顾和考虑，得出最后的综合观点。尽管每一学年的内容有所侧重，但是，“四年的课程将环绕着一个中心题目：‘我们能有哪一种世界，我们要哪一种世界？’每一学期将研讨这个问题的各个方面，政治的、经济的、科学的、道德的、美术的、宗教的以及许多别的方面”①。

第二，各门学科的内容统一于“社会改造”。布拉梅尔德认为，学习应该围绕问题来进行，但那些问题都是致力于“社会改造”的当代社会问题，而不是肤浅的和过时的问题。因此，各门学科都把与“社会改造”有关的社会问题作为它的重要方面。为了更好地学习各门学科，布拉梅尔德强调说：“每一门课程将尽量利用最丰富的资料来源——研究、书本、社会经验和各位专家的个人接触等。”②

第三，课时安排统一于解决问题的活动。布拉梅尔德认为，“问题解决法”是一种基本的方法。在学习课程内容时，教师应使用适合于学生年龄和环境的解决问题的方法。他强调说：“讲课大部分将代之以合作的调查研究，代之以利用电视和其他电化教具，代之以常有的旅行和工作经验。”③

布拉梅尔德把他自己设计的课程称为“轮状课程”，把课程的全部结构比喻为“四轮马车”。他认为，每个学年的课程相当于一个车轮，围绕这个中心问题而附带学习的内容相当于车轮的辐条。它们之间存在着相互依存和相互支撑的关系。这样，四个学年的课程就是四个车轮，构成一辆四轮马车，去寻求和达到“理想社会”的总目标。

显然，布拉梅尔德设计的课程具有以人类基本活动为核心而组织的“综合课程”的倾向，但更多的是表现出以问题为中心的“活动课程”或“经验课程”的倾向。在布拉梅尔德看来，在以社会问题为中心的课程中，各门学科是相互连贯的，并有着共同协作的关系，从而使得课程结构具有有意义的统一性。

（4）以劝说教育为职责的教师观

布拉梅尔德认为，教师的主要职责应该是劝说学生去“改造”他们所生活的社会。通过劝说教育，使学生相信改造主义哲学是迫切需要的和正确的，并培养达到“社会一致”的精神；通过劝说教育，使学生清楚地了解“社会改造”的必要性，并对实现“社会改造”有所准备。因此，布拉梅尔德强调说：“我们既是教师，又是公民，有深刻的信念和所承担的义务，并且有无可非议的特殊爱好。我们不只是要在公共场合宣传我们的信念、承诺和特殊爱好，不只是要邀请别人完全自由地检查我们的每一信念，而且还要致力于使绝大多数人接受我们的这些信念。”④ 在他看来，为了使绝大多数人相信并愿意去“改造”社会，劝说教育是一种能达到更好效果的简便方法。

---

①② 布拉梅尔德：《新时代的教育》，载白恩斯、白劳纳：《当代资产阶级教育哲学》，155 页。

③ 同上书，157 页。

④ 布拉梅尔德：《趋向改造的教育哲学》，338 页，1956 年英文版。

按照布拉梅尔德的意见，教师不仅要对学生传授文化知识和技能，而且更要注意教导学生怎样批判地和主动地应对整个生活环境；教师应该有自己的观点，但是要允许和鼓励学生讨论、批评和质疑；教师可以对学生灌输某种学说或观念，但是只有在学生愿意的情况下才能这样去做。

布拉梅尔德强调指出，在学校生活中，教师应该是指导者。其职责表现在三个方面：一是激励集体中的所有成员去承担不同的任务，既对集体也对自己做出贡献；二是启发和引导集体做出决定；三是忠实地去执行集体所做出的决定。至于学校管理的模式和秩序，应该依靠其本身的优点来使学生愿意接受，而不是把它们强加于学生。布拉梅尔德强调说：学校管理旨在加强教师对学校的控制，但是，“这种控制的每个政策和计划，应该通过收集、交流，统一所有与达到目标有关的证据，并对按这种证据行动的公共过程做出决定”①。

布拉梅尔德也主张，学校应该有严格的纪律。但是，这种纪律是由集体的成员共同制定的，是集体赞成并接受的，也是保证实现目标所必需的。因此，在他看来，对违反纪律的学生实行由集体决定并执行的严厉处罚，完全是应当的。

第四节　改造主义教育思想的影响与评析

改造主义教育思想是在 20 世纪 30 年代资本主义世界经济危机的过程中产生的。它强调致力于“社会改造”的教育，主张按照“理想社会”的方案来“改造”社会，创造一种新的社会秩序。这种社会秩序将会实现文化的基本价值，同时与现代世界的社会和经济的根本努力协调一致。因此，“理想社会的形象应该是决定教育工作计划的基础，学校应该力求为未来社会，为‘正在形成中的’而不是现存的社会教育未来的公民”②。但应该指出，就改造主义教育思想的实质来说，它是美国资产阶级在教育上对待“危机”的一种态度和对策。

虽然改造主义教育思想极力主张“改造”一词，但是，它提出的一些观点和做法在很大程度上是实行“进步教育”思想和实用主义教育思想的一套。就其思想渊源来说，改造主义教育思想与实用主义教育思想是一脉相承的，并没有脱离实用主义教育思想的衣钵。正因为如此，人们一般地把改造主义教育思想看成是“进步教育”思想和实用主义教育思想的一个分支。当然，它们之间也存在着一定的区别。在目的与手段的关系上，“进步教育”思想和实用主义教育思想更注重手段，而改造主义教育思想更强调目的。在现实与未来的关系上，“进步教育”思想和实用主义教育思想更注重解决儿童直接遇到的“现实问

---

① 布拉梅尔德：《教育哲学的模式》，520 页。

② 范斯科德等：《美国教育基础——社会展望》，59 页。

题”，而改造主义教育思想更强调解决儿童为实现未来的“理想社会”而探讨的问题。

自称是“危机时代”教育理论的改造主义教育思想，是20世纪30—50年代美国社会经济和政治的一种反映。布拉梅尔德曾强调提出，改造主义教育思想至少是建立在以下两个根本的前提上的：“第一个前提是，我们今天生活在一个人类历史上最大的危机时期的时代中。假定一切历史由周期性发生的危机所构成，这次危机从几个方面看是前所未有的。”“第二个前提是，正如自然科学近年来经过了一次革命，这个革命确实对危机本身负有一部分责任……这个革命已经正在唤起那些熟悉它的人们，认识到人类现在正在接近建设一个富裕、健康和人道的世界文明的机会……”[①] 在他看来，美国所需要的那种教育，必须根据这两个前提加以“改造”。

改造主义教育思想敏锐地看到了社会和时代对学校教育提出的新挑战，试图使学校教育能更好地适应社会和时代的需求。它认为，学校教育的最迫切的职责就是要考虑这种挑战，并考虑年青一代怎样去应付这种挑战。应该说，这是有一定启示意义的。布拉梅尔德曾这样说过：如果改造主义教育思想要做出什么贡献的话，“这种贡献将基于它尽量向各方面学习和将所学到的东西融合为一种改造学说的能力，而且这种改造学说必须能在大规模或小规模的教育实践中加以检验”[②]。然而，由于其本身的矛盾和缺陷，改造主义教育思想实际上不能完成这个使命。

尽管改造主义教育思想从“进步教育”思想和实用主义教育思想中分化出来，并对它们以“儿童中心”为基调的理论和方法提出了批评，但应该看到，改造主义教育思想更主要的是批评与它同一时期出现的要素主义教育思想和永恒主义教育思想。就这一点而言，改造主义教育思想实质上是进步教育思想和实用主义教育思想的同盟者，而与要素主义教育思想和永恒主义教育思想是对立的。

20世纪30年代，刚开始萌芽的改造主义教育思想曾在美国引起了人们的广泛注意。到50年代时，已成为一种独立的教育思潮的改造主义教育思想虽然在理论上有一定的影响，但是在学校教育中的实际影响并不大。布拉梅尔德本人也承认，这种学说只得到相当少的教育理论家的赞成，而且在他们中间也经常发生争论，并且，由于改造主义教育思想的理论基础和一些具体主张与“进步教育”思想、实用主义教育思想不无相似之处，因此，它也受到其他现代西方教育思想的批评。美国教育家内勒（G. F. Kneller）批评说：“把哲学研究的成果用于个人和社会的改进与凭借个人和社会的好恶来解释和改造哲学思想，这二者之间是有着不小的差别的。布拉梅尔德的教育本是提倡学生对一切哲学的轻蔑，只有他推荐的那种写上社会改造主义招贴的哲学除外。”[③] 当然，这也许与“进步教育”思想和实用主义教育思想的失势有关。

---

① 布拉梅尔德：《急需一个改造的教育哲学》，见王承绪、赵祥麟编译：《西方现代教育论著选》，75～76页。

②③ 布拉梅尔德：《急需一个改造的教育哲学》，载《现代外国哲学社会科学文摘》，1964（6）。

尽管改造主义教育思想试图为“社会改造”提供良策，强调教育是实现未来的“理想社会”的一种主要手段，但是，它并不能对培养美国社会所需要的人才起到指导作用，在教育实践中的影响也不大。正如内勒所指出的：改造主义教育“是以激动人心的言词来表达的，因为它自称建立在行为科学的可靠研究成果上，便具有更加使人信服的感召力，这种主张如果是真实的话，那当然是难以反驳的。不幸的是，事实证明布拉梅尔德的改造主义是有缺陷的”。此外，改造主义教育强调“社会一致”的理论也是“不能自圆其说的。作为一种学说的改造主义要求有献身精神。改造主义的教师要讲授改造主义的学说，自己就应当献身于它，而且应当希望学生也献身于它，无论他怎样努力保持不偏不倚的态度，但是就事情的本质来说，他不可能一方面不偏不倚，一方面又是一个改造主义者”①。因此，在美国这样一个具有多元化、主张多元价值的国家里，力图达到“社会一致”的改造主义教育在 20 世纪 60 年代后受到冷落，那也是不奇怪的。

拓展阅读书目

1. 布拉梅尔德. 急需一个改造的教育哲学∥王承绪，赵祥麟，编译. 西方现代教育论著选. 北京：人民教育出版社，2001.

2. 布拉梅尔德. 新时代的教育∥白恩斯，白劳纳. 当代资产阶级教育哲学. 瞿菊农，译. 北京：人民教育出版社，1964.

① 陈友松主编：《当代西方教育哲学》，99～100 页，北京，教育科学出版社，1982。

第七编　20世纪后半期

第二次世界大战后，特别是20世纪50年代以后，西方国家社会和经济的巨大变革以及科学技术革命浪潮，不仅猛烈冲击了学校教育，而且也对学校教育提出了新的需求。曾经在20世纪前半期西方国家教育界占主导地位的“进步教育”思想、实用主义教育思想以及“新教育”思想开始失势。尤其是1957年苏联人造地球卫星发射成功，引起了美国以及欧洲国家教育界的激烈争论，迫使学校教育更加认真考虑与应对社会变革、经济发展和科学技术进步带来的压力。正是在这种时代背景下，各种新的教育思想纷纷涌现，人们从不同的角度运用不同的理论对教育发展过程中的问题进行研究，教育思想呈现出多样化的局面。

自20世纪30年代末在美国产生的要素主义教育思想，在50年代至60年代中期已成为一种对美国中小学教育产生最大影响的教育思潮。作为“进步教育”思想和实用主义教育思想的对立面，它主张加强智力训练和提高学业标准，强调教师在教育和教学过程中的核心地位。因此，有人称它是“新传统主义”或“保守主义”的教育思想。60年代末，要素主义教育思想开始失去其统治地位。

在现代西方教育思想中，被称为“新传统主义”教育思想的还有新托马斯主义教育思想和永恒主义教育思想。新托马斯主义教育思想是一种以提倡宗教教育为特征的教育思想，强调培养真正的基督徒，主张教育属于教会，提倡宗教训练。永恒主义教育思想是一种以提倡“复古”为特征的教育思想，强调“共同的人性”和“永恒学科”，主张加强理智训练和品格培养。

20世纪60年代，在现代西方教育思想中出现了一些新的教育思想，它们以现代心理学为依据研究教育问题，试图进一步把教育理论建立在心理学的基础上。其中影响较大并具有代表性的是新行为主义教育思想和结构主义教育思想。新行为主义教育思想在新行为主义心理学的基础上探讨学习理论以及教学方法和技术问题，推行程序教学和教学机器，这无疑推动了教育理论科学化和教学手段现代化的发展。结构主义教育思想在认知心理学的基础上探讨教育过程和学科结构，强调认知能力的发展，提倡“发现法”和儿童早期学习，确实适应了现代社会发展和变革的需要。结构主义教育思想不仅成为60年代美国课程改革运动的指导思想，而且对欧洲国家以及世界上其他一些国家的课程改革也产生了较大的影响。

存在主义教育思想以存在主义为其哲学基础，强调个人的自我实现，重视品格教育和主张个人的自由选择。在20世纪60年代，这一教育思想曾对西方国家的青年产生过较大的影响。

与此同时，以苏联教育家苏霍姆林斯基为代表人物的“个性全面和谐发展”教育思想，强调把学生培养成德、智、体、美、劳各方面协调发展的人，主张使各方面的教育相互联系成一个统一的完整过程。在20世纪60年代，这一教育思想不仅在苏联教育界而且在国际教育界均享有盛誉。

在20世纪50年代以后，更多的教育家重视教学论问题的研究，并在实验的基础上提出了各具特色的教育思想。其中，以苏联教育家赞科夫为代表提出的“一般发展”教育思想，强调通过教学内容和方法的改革，最大限度地促使学生的“一般发展”（整个身心的发展）。以苏联教育家巴班斯基为代表提出的“教学教育过程最优化”教育思想，强调以个性全面发展理论和科学的方法论为依据，促使教学和教育在一定条件下达到最优效果。以美国教育家布卢姆为代表提出的“掌握学习”教育思想，强调教学应面向全体学生和采取适当的方法促使绝大多数学生达到掌握水平。以美国教育心理学家奥苏伯尔为代表提出的“有意义言语学习”教育思想，强调学习分类、“同化”、新旧知识的联系，以及学习动机在教学过程中的作用。

在现代西方教育思想中，分析教育哲学思想的产生被认为是教育哲学研究方法的一次革命。该思想旨在对教育的概念、命题和问题进行“清思”，消除由于概念含糊不清而引起的无休止的争论。这一教育思想的影响主要是在教育理论上，而不是在教育实践中。

20世纪60年代后，在世界上得到广泛传播的以法国教育家朗格朗为代表人物的终身教育思想，强调终身学习，重视教育的整体性，提倡学习化社会。这一教育思想不仅对当今世界教育发展产生很大的影响，而且有助于21世纪教育改革和发展战略的制定。

20世纪60—70年代在美国盛行的人本主义教育思想，以人本主义心理学为依据，强调教育应该培养整体的、自我实现的和富有创造性的人，提倡人本化的课程和方法以及自由的心理气氛。这一教育思想的产生主要针对现代社会的挑战以及当今学校教育对学生情感和个性发展的忽视，无疑为西方教育的改革和发展注入了新的活力，其影响是不容忽视的。

第三十五章

要素主义教育思想

要素主义教育思想是20世纪30年代末在美国产生的一种“保守”的教育思潮。它是作为“进步教育”思想的对立面而出现的。美国教育家巴格莱和科南特、历史学家和教育家贝斯特，以及海军上将和教育评论家里科弗是它的主要代表人物。要素主义教育思想强调人类文化遗产中的“共同要素”，提倡严格的智力训练以及“英才教育”，主张教师处于教育体系的中心。50—60年代，它被认为是美国教育中一种“占统治地位的教育哲学”①。

第一节　要素主义教育思想产生的背景

20世纪前25年是美国社会变革加快的时期。“进步教育”作为美国广泛的、全国性的

① 范斯科德等：《美国教育基础——社会展望》，52页。

社会改革运动的一部分盛行一时。1938 年 10 月，美国《时代》杂志发表的一篇文章称：当时“美国没有一所学校完全逃脱了它的影响”①。但是，“进步教育”在取得某种成功的同时，它所受到的批评也在增加。20 世纪 30 年代，卡内基基金会发表了题为“学生及其知识”的报告书，对美国学生学科程度之浮浅做了详尽而惊人的披露。批评者把这种结果归咎于“进步教育”，认为它是“反理智主义”的，即轻视智育的。美国社会舆论对进步教育“乐观的人道主义”“理想的自然主义”“赤裸裸的功利主义”以及它所坚持的“反形式主义”等方面的批评一时间蜂拥而起。② 于是，美国教育界越来越多的人开始从进步教育运动中脱离出来，保守派在社会上扩大了他们的影响。

1938 年，一个名为“要素主义者促进美国教育委员会”的组织在新泽西州大西洋城宣告成立，这标志着要素主义教育思想这个新的教育思想流派的形成。在它的发起人中，包括巴格莱、德米阿什克维奇、莫里森、坎德尔这样一些教育界知名学者。会上，巴格莱发表了《要素主义者促进美国教育的纲领》，第一次系统地阐述了要素主义教育思想的基本观点。

要素主义教育与进步教育的基本分歧，可以概括为以下一些方面：教育是强调努力还是强调兴趣？教育是强调学科还是强调活动？教育是强调种族经验还是强调个人经验？教育是强调教材的逻辑顺序还是强调教材的心理顺序？教育是强调教师主动还是学生主动？在这些问题上，要素主义教育极力主张前者。

要素主义教育家指责：进步教育运动缺乏社会导向，不利于缓和美国社会的矛盾和危机；进步学校没有教给学生适当的价值标准，特别是忽视了健康意义上的教学，从而导致公立学校教育质量的下降。针对进步教育家提出的“适应生活”“儿童中心主义”等激进的主张，他们提出“回到传统”的口号，强调学校教育必须依赖于“人类文化遗产中的共同要素”，并认为学习者应该系统地学习、透彻地理解和熟练地掌握这些“共同要素”，这也就是“要素主义”一词的含义。

第二次世界大战后，随着冷战时代的到来，美苏两国围绕着广泛的利益在全球范围内展开激烈的竞争，其中以国防、科技以及人力开发方面的竞争态势最为引人注目。1957 年苏联成功地发射了第一颗人造地球卫星，震惊了整个美国社会，于是，一直存在着争议的美国教育就成为社会上下震怒的中心，批评者将美国在空间技术方面落后的责任直接归咎于学校教育制度。进步教育因无法改变它在公众面前软弱无力的形象而逐渐走向衰落，要素主义教育则因其主张迎合了当时美国统治集团的利益和美国社会的现实需要而逐步得势。要素主义教育思想不仅在教育界，而且在政界、军界、学术界和科技界均不乏其代言人。其主要代表人物有科南特、贝斯特、里科弗、布里克曼和史密斯等人。他们或著书立

---

① 克雷明：《学校的变革》，286 页。

② 同上书，287 页。

说，或利用传播媒介宣传自己的主张，批评进步教育放宽学术标准和降低严格要求的做法，主张恢复传统课程在学校中的地位，进一步稳定教学秩序和提高人才培养规格，力图挽回美国在教育和科技人才培养方面正在失去的优势。

1956年，就在进步教育协会宣布解散的第二年，由要素主义教育家贝斯特、史密斯等人倡议的“基础教育协会”成立。该协会适应战后新形势而提倡这样一种观点：“学校的存在就是为了提供语言、教学和有条理的思考等方面的基本技能，同时以合理的方式传递文明人的智慧、道德和艺术遗产。”①

要素主义教育家在哲学上博采众长，并无定论，因而在教育理论上意见并不一致，所关注的领域也因人而异。尽管如此，他们却有一个共同的信念，即美国社会“民主”必须依赖于文化上的“共同性”，这种文化上的“共同性”来自人类文化和民族文化遗产中最优秀的传统，教育必须对此坚定地做出承诺。在他们看来，这不仅有助于个人智力的成长，而且有利于捍卫美国的利益。

第二节　要素主义教育思想的主要特点

要素主义教育思想具有以下五个主要特点。

第一，要素主义教育思想强调继承和发扬教育上的智力训练的传统。要素主义教育家认为，学校不应是生活适应或职业训练的机构，学校应该把智力训练放在学校教育工作的首位，其他所有活动只能在学校特有的智力训练框架内进行，离开了智力训练，学校就不再是一个有普遍社会影响的机构。

第二，要素主义教育思想强调严格按系统性、逻辑性、学术性要求设置学校课程和制订教学计划。要素主义教育家认为，在教学过程中向学生提供基础知识方面的严格训练比关心学生的个人经验、实际活动和眼前需要更为重要。实用主义教育提出的“做中学”没有普遍的意义。学生必须吸收规定的教材，重视读写算、数学、自然科学、哲学、历史等基础科目的学习，不允许用“附带的学习”理论作为教材和课程设计的依据。

第三，要素主义教育思想强调教师在教育和教学过程中的核心地位，反对“儿童中心主义”。要素主义教育家认为，文化的“共同要素”主要应通过教师控制下的各门学科的教学去实施。学校应该限制学生自发的、通过经验的“非正式学习”，不能只强调学生的个人兴趣和自由，而轻视刻苦、坚毅、专心等意志品质的培养。为确保每一个学生受到最基本的智力训练，学校应该完善纪律、坚持学业标准、严格考核制度和重新组织师资培训工作等。

---

① 克雷明：《学校的变革》，305页。

第四，要素主义教育思想鼓励智力上的竞争，主张实施“英才教育”。要素主义教育家认为，学校应该把注意力放在培养最好的学生上，确保每一个才智卓越的青年受到高深的教育。普及教育和教育机会均等的原则不能以牺牲高标准的教学和精英人才的培养为代价。

第五，要素主义教育思想具有很强的现实感。与其他教育思想流派不同，它从形成之初起就是一个有组织和有纲领的运动，针对现代美国教育所存在的各种弊病，寻求解决问题的出路。它直接植根于美国社会的实际，试图通过教育上的改革为摆脱政治和经济的困境服务。因此，要素主义教育家提出的教育策略和教育主张受到了政府的重视，其中有一些甚至被采纳为国家的教育策略。

第三节　要素主义教育思想的主要代表人物

一、巴格莱

1. 生平和教育活动

威廉·钱德勒·巴格莱（William Chandler Bagley，1874—1946）是美国教育心理学家、教育家。1874年3月15日，他出生于美国（密歇根州）底特律市。1898年，巴格莱在威斯康星大学获理学硕士学位。1900年，巴格莱获康奈尔大学哲学博士学位。其后，巴格莱曾任公立学校教师、校长和督学。历任蒙大拿州立师范学院副院长、纽约奥斯威哥师范学院督学、伊利诺伊州立大学教育系主任。1917—1940年，巴格莱任哥伦比亚大学师范学院教育系教授。

1938年，他参与发起成立了“要素主义者促进美国教育委员会”，与“进步教育协会”相对峙。1939年，巴格莱还帮助建立了“美国教育促进协会”。巴格莱最早阐述了要素主义教育思想的基本原则。他的主要教育著作有《教育过程》《教育的价值》《教育与新人》（1934）等。

1946年7月1日，巴格莱在纽约去世。

2. 教育思想

（1）教育目的与教育价值

在考察了自然、人类与社会进化的历史后，巴格莱指出，生物界人比动物之所以优越，是因为人不仅具备利用个体经验的能力，而且具备利用种族经验的能力，后者还是人区别于其他高等动物的最显著特征。

巴格莱认为，教育的可能性取决于个体利用知识以对付现在和未来环境变迁的能力。所谓“知识”，意味着种族经验。在他看来，种族经验或文化遗产远比个人经验重要，因为它吸取了千百万人尝试应付环境的经验，并经受过历史的检验。这些知识形成了社会进步的背景，是衡量社会进步的基础。

巴格莱指出，“民主”的理想是要素主义纲领中最重要的要素。在“民主”社会中，教育的最重要功能就是“尽可能高水平地保持共同的文化”。教育所要做的，首先是将那些包含着“永久性或者相对永久性的文化因素”的知识确定下来，作为“种族文化和民族文化的基础”①。

学校作为一个有组织的社会机构，必然负有传递文化的使命。通过学校教育，人类的文化遗产将在每一代人中再现出来，其中最有价值的部分将被永久地保存下来。这意味着“要使每一代人拥有足以代表人类遗产中最宝贵的各种观念、意义、谅解和理想的共同的核心”②。巴格莱强调指出，这对维护社会是至关重要的。因此，学校必须重新审查他们的课程计划，保证学生能够学到包括读写算基本技能、语言、历史、文学、数学和自然科学的基础知识，以及足以反映人类研究发明和艺术创造成就的精密的和要求严格的课程。巴格莱认为，“教育机会平等”这一理想决不应错误地理解为“对任何人都进行低质量的教育”。

值得注意的是，对于进步教育家提出的“活动课程”“能力分组”“单元计划”“附带的学习”等，巴格莱并不否认它们在一定的条件下的利用价值。他指出，它们所依据的儿童的即时经验在教育上的作用也不应忽视，特别是在低年级。但是，相对传统的课程和教材以及体现在人类文化遗产中的种族经验来说，这种经验只能退居次要的、辅助的地位。他强调说：“包括这些要素在内的一个各门特殊学科的教学计划应当是民主教育制度的核心。”③

（2）教育过程

巴格莱指出，造成“进步教育”在公众心目中的无能、软弱和含糊不清形象的主要原因，应该归咎于进步教育家对“经验”这一术语的误解。他们仅仅注意到“经验”作为工具的效用，而忽视了“经验”具有的另一种效用，即它同时还为人们提供一种广阔的社会文化背景。于是，他们就把知识的获得视为学习者自发的通过个人经验的非正式学习，忽视了包含着人类文化共同要素的间接经验的学习。

在《教育过程》一书中，巴格莱对赫尔巴特的统觉理论进行了评论，指出了“经验”这个词的一般意义是指“获得对有机体生活有意义的某种理智的过程”。经验的过程，即统觉的过程。在任何情况下，观念总是来自具体的经验，但是观念一旦在统觉中形成了“判断”，就不再依据具体的经验而形成心理定式，可以直接用来解决个体所面临的实际问

① 巴格莱：《教育与新人》，郭永新译，87页，合肥，安徽教育出版社，1991。

② 巴格莱：《要素主义者的纲领》，载王承绪、赵祥麟编译：《西方现代教育论著选》，162页。

③ 同上书，163页。

题。“判断”以有组织的高度凝练的经验的形式存在着，并借助文字作为种族经验保存下来。在巴格莱看来，教育的一个重要职能就是将“判断”提供给学习者，而最有价值的“判断”经常是人类文化中那些经久不变的共同要素。

巴格莱认为，对于教育者来说，有两种提供“判断”的方式：一是直接将现成的“判断”借助于教师的课堂讲授、教科书、考试等手段提供给学生，称为“间接的方法”或“教导的方法”。二是将学生置于某种具体的情境中，“引导”他自己去形成“判断”，称为“直接的方法”或“发展的方法”。

按照巴格莱的意见，在上述两种方法中，只有间接的方法或教导的方法具有普遍的意义，至于直接的方法或发展的方法则由于自身的局限性和实施过程中存在的不稳定因素，实际上很少被单独使用。教育者可能力图使儿童独立地从事概括和推理，直接去发现知识，但在大多数情况下，儿童能够得到的知识必须用间接的方法提供给他。

因此，巴格莱强调，教师运用直接的方法使儿童获得经验只能作为教育过程中的辅助手段，而不能成为基本的、主要的手段。在他看来，儿童绝不可能通过自身的经验去获得大量的知识，即使有些知识可以通过儿童的直接经验去证实，也未必会比同样通过间接经验所获得的知识更为经济和有效。在特定的条件下，儿童通过自我活动去发现知识或许更为有利，但那只是为了加深印象，或者为使儿童获得关于实际从事观察和实验的一般观念，而绝不是说以儿童的这种活动代替系统的、循序渐进的学习。

由于强调系统的、循序的学习，重视智力训练，巴格莱主张教育过程中的主动性在教师而不在学生。他说：“成年人对未成年人所负的教导和管束的责任，对于延长人类的未成熟期和必需的依赖期具有生物学的意义。人类不知道经历了多少年代才认识到这个责任。完全确实，人类在认识到这个责任之前，依然处于野蛮的状态。”①

在巴格莱看来，错综复杂的文化要素要求有一个组织严密的教育制度，因此，教师必须拥有更大程度的控制权。那种认为教师指导学生并且用纪律去约束学生的做法是“权威主义”的说法，实际上是主张在教育词汇中取消“训练”这个词。

二、科南特

1. 生平和教育活动

詹姆斯·布赖恩特·科南特（James Bryant Conant，1893—1979）是美国科学家、教育家。1893 年 3 月 26 日，他出生于美国马萨诸塞州波士顿市。1910 年，他进入哈佛大学化学系学习。1916 年获哲学博士学位后留校任教，历任教授、系主任等职务。从 1933 年起，科南特任哈佛大学校长，长达 20 年之久。

① 巴格莱：《要素主义者的纲领》，载王承绪、赵祥麟编译：《西方现代教育论著选》，161 页。

第二次世界大战期间和战后，科南特曾在美国政界、科技界、教育界担任要职，历任美国国防研究委员会主席、美国原子能委员会总顾问等。1955—1957年，任美国驻德意志联邦共和国大使。其间，科南特还担任过美国科学促进会和教育理事会会长以及教育政策委员会成员和主席。

1957年和1961年，他接受了卡内基基金会的资助，对美国公立中学和师范院校进行了广泛深入的调查研究，并向全国发表了他的研究成果，对20世纪60年代美国学校教育改革的态势产生了重要影响。他的主要教育著作有《教育与自由》（1953）、《知识的堡垒》（1956）、《今日美国中学》（1959）、《综合中学》（1961）和《美国师范教育》（1963）等。

1979年2月11日，科南特去世。

2. 教育思想

（1）普通教育

第二次世界大战后，美国普及中等教育已取得了相当的成就，但随之而来的问题是，在学校教育内容和课程设置上面临着“通”与“专”的选择，在学校职能上面临着“升学准备”与“就业准备”的选择，以及在教育政策上面临着“英才主义”与“平等主义”的选择。

从美国的具体国情出发，科南特认为，必须坚持“美国教育的独特传统”，学校教育要适应所有学生的需要，首先必须加强公立学校中面向全体学生的普通教育。他在1945年的《自由社会的普通教育》报告书中写道：“普通教育的核心问题，是使自由和人道的传统持续不断。单单获得知识发展专门技能和专门能力并不能为‘理解’奠定宽广的基础，而‘理解’恰恰是维护我们文明的基本因素。”①

在科南特看来，普通教育课程主要是指那些公共必修基础性的文理课程。他曾提出过一份供高中4年采用的“普通教育的文理课程计划”。这份计划包括：4年的英语、3年或4年的社会学科、1年的数学（代数或普通数学）和1年的自然科学（最好设生物和普通物理）。它要求学生在4年内学完有家庭作业的9门或10门课程，不管学生的选修计划如何，基础性课程应当占大多数学生一半以上的学习时间。

按照科南特的设想，普通教育课程结束后，每个学生要接受专门指导，确定适合自己能力意向的“个别化修业计划”，学生在中学毕业前要合格地学完7门以上选修课程（不包括体育）。

科南特还讨论了师范教育中普通教育课程的设置问题。他提出，未来教师应有4年的训练，前两年给予广泛的普通教育。而且“重要的是，作为普通教育基本构成部分的那些文理科目，绝不可以标准太低，速度太慢”②。

① 科南特：《我的生涯》，368页，1970年英文版。

② 科南特：《科南特教育论著选》，陈友松主译，237页，北京，人民教育出版社，1988。

科南特认为，师范学校普通必修科目的设置是基于以下的假设：一是某些知识领域是所有未来教师都应熟悉的；二是这些知识领域中有一些掌握该门科目的独特方法；三是这些知识本身以及理解这些知识的方法都有其基本原理；四是如果学得正确又教得正确，这些科目以及从中可以发现的原理能够促进博雅教育的发展。

科南特之所以突出普通教育的地位，其目的是纠正“进步教育”的一些错误做法。例如，强调公立学校中的“生活适应”课程和职业选择课程，以及师范学校偏重教材教法的训练和忽视普通文化知识素养等。他主张将体现一定智育要求和学术标准的基础性学科作为公立中学和师范学校课程的“共同核心”，以提高美国公共教育的整体水平。

(2) 天才教育

科南特清醒地认识到，当今世界上苏美两国之间的竞争，实质上是科技的竞争和人才的竞争。因此，他认为，必须特别注意中小学和学院对天才学生的教育。

科南特认为，提高公立学校和大学的学业标准是十分必要的。他还特别强调，要为占学生总数3%的“有高度天赋的学生”做出某种特殊的安排。例如，为他们指定导师、编成特殊班级进行教学、在中学高年级开设大学选修课程等。

为了加强天才教育，科南特提出了衡量一所中学的天才教育的三条标准：一是在整个中学高年级（9～12 年级）必须激发学生的好奇心和学习兴趣，使学生以充满科学探索的热情进入学院继续学习；二是引导学生把理性分析、价值观念以及解决复杂的现实问题三者结合起来；三是培养学生良好的学习工作习惯，尤其是培养他们从事艰苦的脑力劳动和科学探索所必需的能力与态度。在他看来，学校要在学生中鼓励“竞赛精神”，教师则要善于做好“鉴别”工作和发现优秀者，当然这绝不意味着忽视其他人。

为了有利于天才学生脱颖而出，科南特还建议大学用一个领域或若干领域的“专精程度的修习”代替已被用得很滥的“主修”和“副修”。对于这类“精深教育”计划的课程教学，均要求达到超过导论的水平，即超过那些概念性知识的程度。在科南特看来，只有这样，大学生才能对这门学科得到连贯性的全貌，得到关于知识广阔范围的鸟瞰，而感受到素质训练的锐利锋芒，并能满意地显露出学者的思想习惯。

科南特主张实现全体公民基于社会流动和个人竞争之上的“机会均等”。在这方面，个人才学和受教育程度是取得成功的关键。因此，他强调指出，学校的社会责任是找出最有能力的学生，激发他们最大的潜力，使他们有可能迈入“英才”的行列。

三、贝斯特

1. 生平和教育活动

阿瑟·尤金·贝斯特（Arthur Eugene Bestor，1908—1994）是美国历史学家、教育家，于 1908 年 9 月 20 日出生。他从耶鲁大学毕业后，曾先后在耶鲁大学、哥伦比亚大学师范学院、斯坦福大学、伊利诺伊州立大学、牛津大学和华盛顿州立大学任教。

1956年，贝斯特发起成立了“美国基础教育协会”并担任会长。该协会的目的在于促进美国公立学校设置更多的基础课程，提高智力训练的水平。他的主要教育著作有《教育的荒地》(1953)、《学术的恢复》(1955)等。当代美国教育家克雷明认为，贝斯特的著作是20世纪50年代对进步教育最尖锐、最彻底和最有影响力的批评。

1994年12月29日，贝斯特去世。

2. 教育思想

(1) 智慧的训练与基础学科的教学

作为要素主义教育的主要代言人，贝斯特尖锐地批评美国教育缺乏正当的目标，表现出一种“反理智主义的歇斯底里症”。它不仅威胁着学校，而且威胁着自由本身。那些重视“生活适应”课程的教育家在教育目的上缺少方向，陷入了思想混乱状态，并将它传给了公众。

贝斯特认为，“所有教育的根本目的是智慧的训练，是充分地培养学生的思维能力。思维也许不是生活中最重要的技能，但对学校来说却是最重要的；同样，智慧的训练也许不只是学校的职责，但归根结底是学校存在的理由”①。这就是说，学校不允许存在非理智活动，学校本身也不应是“生活适应”或职业训练的机构。学校的目的主要是智慧训练，离开了智慧训练，学校就不再是一个有普遍社会影响力的机构。

贝斯特指出，所谓“智慧训练”，指的是审慎地培养思维能力。这并不是要在理智与情感之间做一硬性的划分，也不意味着理智与道德之间的对立，因为离开了思维能力，情感、审美和道德方面的问题是无从解决的。

在贝斯特看来，智慧训练离不开基础学科的教学。从历史的观点来说，这些学科代表了人类思考问题的方法，而不应看作是事实的堆积。这些方法被系统化，并被规定为教学内容，形成了各门学科。通过教学活动，人类世代积累起来的智慧才有可能传给下一代。贝斯特强调指出，在这方面，一切学术的、理论的和科学的学科具有不可替代的价值。它们之所以受到尊重是因为集中体现了人类的智慧。因此，真正的教育就是通过基础学科的学术训练去培养智慧。这些基础学科包括历史、英语、科学、数学和外语等。

(2) 公立学校的作用

贝斯特认为，公立学校的作用是为所有的公民提供基础教育。如果学校不能胜任这项工作，国家就将因为丧失智力而受到威胁，并将直接导致工业萧条和防务力量的削弱。

在贝斯特看来，美国的教育制度包含了两条原则：一是确保每一个未成年公民受到最基础的智能训练，这就是“普及教育”的原则。二是为每一个有才华的并且在发展自身智

---

① 克雷明：《学校的变革》，304页。

能方面不遗余力的青年提供深造的机会，这就是“教育机会均等”的原则。教育投资必须在这两者之间保持适当的平衡，否则必然会削弱理智生活的基础，从而引到一条智力平庸和停滞不前的歧路上去。但是，这两种教育投资不可混为一谈，这样才有可能避免教育资源的浪费。例如，“普及教育”的原则不是一项社会福利的原则，也不是一种无差别教育的原则。普及教育不等于不能淘汰那些不合格的学生，也不意味着不为那些才智出众的学生提供更多的机会。

因此，贝斯特强调指出，教育必须让“智力竞争”这一点得到体现。应当引起教育家重视的并不是退学的学生总数，而是要弄清在他们中间有无天赋好、智力高的学生因为缺少资助或者学校课程不足以提起他的兴趣而退学的。他说：“美国教育面临的最大危险就在于，我们的学校系统只掌握着极为有限的手段却在一味强调需要巨额开支的一揽子教育计划，而这些却是以保证学校的教学质量和培养真正高质量的智力方面的人才为代价的。”①

（3）天才儿童的教育

贝斯特认为，必须重视天才儿童的教育。他说：“为教育天才儿童制订一个合适的计划，实际上是着手为一般能力的儿童制订一个合适计划的最佳途径。其中一个理由是我们不应再把不同能力的学生之间的差异当作性质上的差异，而应该承认那只是程度上的差异。”② 他接着又说：“公立学校的伟大职能就是，通过给一般儿童提供同样高质量和严肃性智能训练的机会和鼓励，使他的能力得到最大的发展，从而缩小天才儿童和一般儿童之间的教育鸿沟。提高整个民族的智慧水平，意味着沿着智能训练的道路，把能力一般的学生带到他们力所能及的境地。”③ 在贝斯特看来，在公立学校中，优秀学生是学校里其他学生的榜样。学校所承担的职责中没有一个比教育“天才儿童”更为重要。

贝斯特建议，“整个国家的学术界”共同参与为美国公立学校制订“天才儿童”的教学计划。在小学和中学的12年中，各种不同学科领域，特别是英语、数学、自然科学、历史和外语的标准，都应当以“世界上最好学校里的优秀学生的已知成绩为基础”。

为保证“天才儿童”教学计划的落实，贝斯特要求加强师资训练。因为教育“天才儿童”，没有一流的头脑而仅仅在教学方法上受过训练的教师是很难获得成功的。

四、里科弗

1．生平和教育活动

海曼·乔治·里科弗（Hyman George Rickover，1900—1986）是美国海军上将、教

① 贝斯特：《教育的荒地》，载任钟印主编：《世界教育名著通览》，1600页，武汉，湖北教育出版社，1994。

② 贝斯特：《优秀与平庸》，载瞿葆奎主编：《教育学文集·美国教育改革》，107页，北京，人民教育出版社，1990。

③ 同上书，107～108页。

育评论家。1900 年 1 月 27 日，他出生于波兰的马库夫。1906 年，他随家人移居美国。1922 年，里科弗毕业于安纳波利斯海军学院，毕业后，曾在哥伦比亚大学学习和研究电机工程，1929 年获得硕士学位。

里科弗曾担任过多种海军职务。第二次世界大战后，他在田纳西州原子能委员会参与监制美国第一艘核潜艇。20 世纪 60 年代，他撰写了不少关于美国教育的评论文章。里科弗的教育观点比其他要素主义者更加激进。他的主要教育著作有《教育与自由》(1959)、《美国国民教育的失败》(1963) 等。

1986 年 7 月 8 日，里科弗在美国的阿林顿去世。

2. 教育思想

(1) 抨击进步教育

作为关心美国防务和安全的军界领导人，里科弗将教育视为“美国的第一道防线”。他在回忆研制舰用核反应堆过程中暴露出来的青年人知识浅薄情况时发表了措辞尖锐的评论。他指出：“在我们所见的年轻的工程师中，我们发现没有什么人受到过完整的工程学基础或工程学原理的教育，但是大多数人学到了许多事实。学习这些事实远比学习原理便当，但如果没有原理的运用，这些事实几乎没有什么用处。相反，一个原理一旦被我们掌握，它就成为个人的一部分，并不会再忘记。它能适用新的问题，不会变得过时。而在一个变化着的社会中，所有的事实都会过时。”① 里科弗接着又指出：“美国教育一般强调学习实际知识而忽视吸收基本原理，正如它强调行为的条件作用而忽视形成独立思考的能力一样。我们大多数学校忽视了这样的事实，即一个受过良好训练的头脑能够处理许多无法预料的问题。相反，它们企图预测年轻人将来可能面临的所有难题，然后给他们开设解决这些难题的具体课程。这种努力是毫无希望的，因为在一个迅速变化的世界上，任何人都无法预见将来所遇到的问题。”②

里科弗抨击进步教育家所持有的“轻松的乐观主义”和“盲目的自满情绪”，提醒人们“必须预见到科学将愈来愈深地影响我们的习俗”，而“我们所愈益依赖的未来的人是技术专家”。在他看来，进步教育家提出的“生活适应”教育实际上反映了他们对当今世界上年轻人的需要的全面误解。因此，他告诫说：教育家切勿再干出那种蠢事，即“不顾坐在课桌边的孩子们被教些什么，而只是数课桌。我们许多儿童只是寄放在学校里，在那儿他们只是玩得快乐。很少儿童真正受到 20 世纪的教育”。在里科弗看来，这种状况如果任其发展下去，就不能指望美国继续在科技领域保持世界领先地位。

面对冷战及其对美国国家安全构成的现实威胁，里科弗号召美国人起来对付苏联人咄

---

① 里科弗：《教育：美国的第一道防线》，载瞿葆奎主编：《教育学文集·美国教育改革》，176～177 页。

② 同上书，178 页。

咄逼人的智力挑战，因为“苏联人造卫星发射装置的有力冲击不仅深入到星际空间，它也穿破了包着我们对美国现在和将来技术优势的自满信念的厚甲”。而且，“它极大地损害了我们对美国教育制度的信赖”①。

（2）提倡严格的学术性教育

在对美苏两国的教育进行比较之后，里科弗认为，苏联以较小的国家收入而以较大的百分比用于公共教育；苏联优待科学家和技术专家并奖励学术成就，苏联的每一间教室和实验室的利用率比美国高出一倍，苏联儿童努力学习很艰深的课程；苏联教师不仅数量充足而且合乎标准并享有较好的待遇。与此相反，美国的技术努力则大多用在了高标准的物质福利上，而对于保证不断的精神和物质的发展，以及用于在战争中（不论热战还是冷战）保证军事和政治上的胜利的东西则不足。这使得很多年轻人宁愿选择走向发展实业和乡村俱乐部生活的轻松愉快的道路。从根本上说，这反映了美国人对“智力优势”和“心智问题”的漠不关心，其结果是苏联人在这场智力的竞争中赢得了胜利。

因此，里科弗强调指出：“人造卫星很可能是一帖催化剂，在利用国家的智力资源方面引起剧烈的为时很久的改革。”② 在他看来，这种改革的重点是鼓励儿童接受“严格的学术性教育”，使他们“既有扎实的文理学科的基础，又受到优良的专业教育”，从而培养出大批通晓数学、物理、化学、天文学的科学家和工程师。里科弗引用英国哲学家和教育家怀特海的一句话表明了他对美国教育的担忧：在现代生活中，“凡是不重视有训练的智慧的民族是注定要失败的”③。

第四节　要素主义教育思想的影响与评析

要素主义教育与“进步教育”的争论并不单纯是教育观念的冲突，实际上反映了从20世纪30—40年代到50—60年代美国社会政治、经济的变革。在这个变革过程中，美国教育由个人生活适应和职业准备转变到强调学术科目和智力训练有其深刻的背景。第二次世界大战后，美国在全球范围的领导地位受到前所未有的挑战；社会公众对遭受经济危机打击的美国社会的信心受到损害；随着战后经济复苏、人口激增和科技进步，知识产业日益被看成一种国家资源。这一切为要素主义教育思想的流行提供了适当的条件。

1958年，美国国会通过的《国防教育法》宣布“国家的安全需要最充分地开发全国男女青年的脑力资源和技术技能。……我们必须加强努力去发现和教育我们国家更多的人

①② 里科弗：《教育与自由》，载王承绪、赵祥麟编译：《西方现代教育论著选》，187页。

③ 同上书，198页。

才”[①]。该法案还规定，联邦政府“为加强自然科学、数学、现代外语和其他重要科目的教学而提供财政援助”[②]。《国防教育法》的颁布和实施具有非同寻常的意义，应该说，它与要素主义教育家多年来对美国教育特别是对美国公立学校的批评，以及这种批评所产生的广泛的社会影响有直接或间接的联系。

要素主义教育家不失时机地提醒美国人必须头脑清醒，并克服传统的狭隘眼界和孤立主义缺陷，提出必须将学校教育的目标加以限定。在他们看来，学校唯一要关注的目标是高深的教育，而不是在教育方法上花样翻新。整个20世纪50年代，主宰美国课程改革的是大学里的专家学者和科学家，而不是教育实际工作者，这也反映了要素主义教育的改革方向。

要素主义教育思想在美国也受到了一些社会人士的攻击。这些持反对观点的人认为，首先，要素主义教育思想片面强调教育以智力训练为基础，强调学习者的认知发展，没有考虑或较少考虑到学习者的个别差异，因而不可能为适应各种学生能力水平的公共教育制度服务。其次，要素主义教育思想强调学习者应最大限度地掌握科目内容，它注重的是教师的教，而没有顾及学生学到哪些知识。最后，要素主义教育思想忽略了学习者的动机和情感发展。

20世纪60年代后期和70年代，随着美国社会要求学校着手解决贫困、种族和少数民族被歧视问题，智力训练的目标又遭到冷遇，要素主义教育思想的影响有所降低。

拓展阅读书目

1. 巴格莱. 教育与新人. 袁桂林，译. 北京：人民教育出版社，1996.

2. 科南特. 科南特教育论著选. 陈友松，主译. 北京：人民教育出版社，1988.

3. 贝斯特. 教育的荒地//任钟印. 世界教育名著通览. 武汉：湖北教育出版社，1994：1589－1602.

---

① 《1958年国防教育法》，载瞿葆奎主编：《教育学文集·美国教育改革》，118页。

② 同上书，122页。

第三十六章

新托马斯主义教育思想

新托马斯主义教育思想是一种以托马斯·阿奎那宗教神学理论为思想基础的教育思潮。从20世纪30年代开始在欧美国家中产生。第二次世界大战后，法国哲学家和教育思想家马里坦是它的主要代表人物。新托马斯主义教育思想提倡基督教教育，强调“教育属于教会”，重视道德上的再教育和宗教信仰的复兴，培养“真正的基督徒”。新托马斯主义教育思想曾在欧美国家中得到较广泛的传播，但难以自圆其说的内在矛盾又使它逐渐衰落下去。

第一节 新托马斯主义教育思想产生的背景

新托马斯主义是现代西方哲学中一个影响较大的派别。由于它曾被罗马教皇宣布为官方哲学，因而得以借助教会的政治和经济力量在欧美国家中流行。

从历史上看，以托马斯·阿奎那为代表的托马斯主义在13—14世纪达到顶峰之后便走上了下坡路。到16世纪宗教改革时期，托马斯主义受到了致命的打击，其宗教理论威信一落千丈。从18世纪开始，托马斯主义传统基督教哲学一直试图复苏。到19世纪末，资本主义社会制度及其意识形态出现了种种危机，才使托马斯主义找到了复苏的机会。

为了麻痹人民群众，维护资本主义社会制度，对抗影响日益扩大的马克思主义，一些资产阶级学者提出了"回到中世纪""回到托马斯"的口号，重新捡起在资产阶级革命时期遭到批判的托马斯主义。正如列宁所指出的："当权的资产阶级由于惧怕日益成长壮大的无产阶级而支持一切落后的、垂死的、中世纪的东西。正在衰朽的资产阶级与一切已经衰朽的和正在衰朽的势力联合起来，以求保存摇摇欲坠的雇佣奴隶制。"① 1879年8月，教皇利奥十三世发表教皇通谕《永恒之父》，宣布托马斯主义为天主教的"唯一真正的哲学"，要求一切天主教学校必须讲授，并采取了一系列措施来"重建托马斯主义"。1880年，他们在罗马成立"圣托马斯学院"，作为活动的基地；同年8月，宣布圣托马斯为哲学界"最高权威""天使博士"，并拨款在比利时鲁汶大学开设托马斯哲学讲座，竭力把鲁汶大学办成国际性的托马斯主义研究中心。教会不惜花费巨资再版和发行托马斯·阿奎那的著作，创办刊物宣传托马斯哲学。

为了复活托马斯主义，教皇还特别规定了复活托马斯主义的理论原则，要求使托马斯主义理论现代化，能与现代科学的发展相结合。新托马斯主义创始人之一、比利时哲学家梅尔西埃（D. J. Mercier）于1900年发表了《19世纪哲学总结》，提出"作为现代托马斯主义的捍卫者，一方面应当尽量利用一些新的依据，另一方面应努力使托马斯的基本原理不断地体现在现代科学的研究成果上"②。20世纪60年代初，梵蒂冈宗教会议明确规定了托马斯哲学的"世俗化"和"现代化"方针，提出与其他宗教的对立，与各种哲学流派对话，利用诸如逻辑实证主义、存在主义等研究成果来充实新托马斯主义。

1974年和1975年，在托马斯·阿奎那逝世700周年和诞辰750周年时，新托马斯主义者两次举办纪念活动，又一次重申不拘泥于托马斯主义的陈旧教义，要适应时代的需要。1980年，教皇约翰·保罗二世承认："在圣托马斯那里存在着许多空白"，急需填补起来，并要"同现代科学文化结合"，"唯有这样，教会才能更有效地传播福音"③。

新托马斯主义的一系列"改革"，使新托马斯主义有了区别于托马斯主义的特征：它不再因提倡宗教而公开反对科学，而是"调和"宗教与科学；它不再因抬高信仰而公开否定理性，而是"调和"信仰与理性；它不再因宣扬神本主义而公开排斥人本主义，而是"调和"神本主义与人本主义，鼓吹神学的人本主义。④

---

① 列宁：《落后的欧洲和先进的亚洲》，载列宁：《列宁选集》，第2卷，317页，北京，人民出版社，2012。

② 吴宗英：《现代西方新托马斯主义》，7页，福州，福建人民出版社，1988。

③ 同上书，11页。

④ 夏基松：《现代西方哲学教程》，259页，上海，上海人民出版社，1987。

新托马斯主义教育思想作为一种建立在宗教哲学基础上的教育理论，是新托马斯主义哲学的组成部分。1929 年，教皇发表题为“青年的基督教教育”的通谕，宣称“教育就应是基督教教育”，反映了新托马斯主义教育思想的基本观点。第二次世界大战后，法国哲学家马里坦又倡导新托马斯主义教育思想。

第二节 新托马斯主义教育思想的主要特点

新托马斯主义教育思想具有以下五个主要特点。

第一，从教育目的上看，新托马斯主义教育思想注重培养一种把基督当作生命的真正的基督徒。新托马斯主义者对这一目的丝毫也不遮掩。教皇庇护十一世曾强调说：“基督教教育的正当与直接的目的是与神恩合作培养真正的与完全的基督教徒。”① 在新托马斯主义者看来，这种基督徒是一种超自然的人，他们在“基督的榜样与教导的超自然的光明”照耀下，进行“思维、判断与行动”。但是，他们“并不放弃现世生活的活动”，“不阻碍自然功能的生长”，而是将它们与超自然协调起来，使这些功能得到发展并使之圆满。他们也是“有用的公民”，能够“使家庭得到巨大利益”，“使国家得到不可估量的好处”②。

第二，新托马斯主义教育思想特别强调“教育属于教会”。在新托马斯主义者看来，这是上帝专赐的权力，也是由教会的使命所决定的。教会的使命就是“把神的信仰教给人们”，“在人们的行动上，按照神示的教义，指导人们并陶冶人们达到道德的纯洁与生活的完整”③。在确定了教育权首先归属教会以后，新托马斯主义者也谈到了父母与国家的教育权利。他们认为，父母具有教育子女的权利，这个权利“是不能侵犯的”，但父母对子女的教育“必须符合由于上帝恩赐他出生的目的”。他们又认为，国家的教育权利有履行“保护与推进”的义务，国家也具有开办一些学校的权利，“但应注意不损害到属于家庭或教会的权利”④。

第三，在宗教信仰与科学的关系上，新托马斯主义教育思想主张两者互为依赖和互相补充。在新托马斯主义者看来，“信仰与理性不但不可能互相抵触，相反地，它们是互相帮助的”。这是因为“正确的理性树立了信仰的根据，又依靠它的光明，发展了关于上帝的事情的知识”，“另外，信仰却解放并保持理性不发生错误，并且以种种知识丰富理

① 庇护十一世：《青年的基督教教育》，载白恩斯、白劳纳：《当代资产阶级教育哲学》，92 页。
② 同上书，94 页。
③ 同上书，65 页。
④ 同上书，75 页。

性”。因此，“教会不但远远不会阻碍艺术和科学的研究，还从许多方面加以鼓励与推进”①。

第四，在人的本质问题上，新托马斯主义教育思想强调，人是灵魂和肉体的自然统一体，“具有自然的和超自然的功能”②。但人性中还留有原罪的影响，“其中最主要的是意志薄弱和不良的倾向”。由于原罪的原因，人性中有一种恶的冲动，因此，“最重要的是要以超自然的真理和神的恩惠的帮助，启发心灵，加强意志”，来控制“恶的冲动”，实现“教会所要求的充分和全体圆满的教育”③。

第五，新托马斯主义教育思想还特别强调要为年青一代安排一个符合教会要求的环境。新托马斯主义者认为，对于培养“真正的基督徒”来说，教育环境的选择是至关重要的。因此，“为取得圆满的教育，最重要的是在儿童成长期中，使环绕他的一切条件——即我们所谓环境的各样情况的结合——准确地符合于提出来的目的”④。在他们看来，理想的教育环境主要有三个方面：一是基督教的家庭；二是教会（基督教的大家庭）；三是天主教的学校。其中，基督教的家庭是教育环境中“首要的、自然的、必要的因素”。

第三节　新托马斯主义教育思想的主要代表人物

马里坦

1. 生平和教育活动

雅克·马里坦（Jacques Maritan，1882—1973）是法国神学家、哲学家、教育思想家。1882年11月18日，他出生于法国巴黎。马里坦从法国亨利第四中学毕业后，进入巴黎大学。1905年获巴黎大学哲学博士学位。

1906年，马里坦由原来信奉新教转为信奉天主教。这是他生活道路上的一个重要转折点。同年，他与妻子一起赴德国海德堡大学留学，攻读生物学学位。1908年，马里坦回到巴黎，在著名的哈雷特出版社任职。这期间，他开始阅读托马斯·阿奎那的《神学大全》。托马斯·阿奎那的理论为马里坦提供了哲学和神学的思想宝库，使他大开眼界。于是，他坚信“如果我不宣传托马斯主义，我是有罪的”，并以此作为自己的座右铭。

从1914年起，马里坦在巴黎天主教学院和凡尔赛修道院任教。20世纪20年代，他参与组建了包括“托马斯主义学会”在内的12个托马斯主义哲学研究中心。

1940年，法国沦陷后，马里坦移居美国。在美国居住期间，他参加了戴高乐组织的

---

①② 庇护十一世：《青年的基督教教育》，载白恩斯、白劳纳：《当代资产阶级教育哲学》，79页。

③ 同上书，80页。

④ 同上书，83页。

抵抗运动，并在普林斯顿大学和哥伦比亚大学任教。1943 年，马里坦还在耶鲁大学举办了系列教育讲座。

第二次世界大战结束后，马里坦受戴高乐委派担任法国驻梵蒂冈罗马教廷大使（1945—1948）。1948 年，马里坦再度赴美，长期在普林斯顿大学任教，一直工作到 1960 年退休。

马里坦一生研究领域广泛，著作甚丰。他的主要教育著作有《反现代主义》（1922）、《教育在十字路口》（1943）、《新托马斯主义教育观》（1955）、《人的教育——马里坦的教育哲学》（1969）等。

1973 年 4 月 28 日，马里坦在法国图卢兹修道院去世。

2. 教育思想

（1）教育的目的

马里坦认为，人们同时具有自然和文化存在的两重性。人刚生下来仅仅是一块“白板”，如果“没有前人积累和保存下来的集体经验的帮助，没有规范的后天知识的传递，人的智力和道德是不会自行进步的”。因此，在他看来，教育的任务在于“形成人”，或者说，在于“引导那种使人成为人的推动力”①。由此，马里坦明确提出教育的目的有两种：一种是主要的目的，另一种是第二位的目的。他说：“教育的主要目的，在最广泛的意义上就是‘塑造人’，或者说，帮助儿童成为充分成型的和完全无缺的人。”② 教育的其他目的，如“传递文明区域的文化遗产”“为参与社会生活和成为优良公民做好准备”“履行整个社会的特定职能”“完成家庭责任和谋生所需要的精神准备”都是第二位的目的。

按照马里坦的看法，“教育的主要目的”是由人的本性决定的。但他并未对人的本性进行直接解释，而是提出“人是什么”这个他认为任何教育哲学都不能回避的问题。他认为，“人是什么”这一问题包含两个意思：“第一是哲学的或‘本体论的’含义，关于人性的本质存在；第二是科学的或‘经验论的’含义，关于人性的现象特征。”在他看来，“教育主要是需要懂得人是什么——人的存在的基本原理是什么，他在世界中的地位和价值是什么，他的命运是什么”③。

马里坦认为，人“不仅仅作为物质的存在而存在。他有更丰富和更高尚的存在：通过知识和爱，他有精神上的超存在”④。

无论时代如何发展，无论人在历史中如何发展，人性并不改变。由于决定“教育的主

① 阿洛德：《为了自由的教育》，50 页，1982 年英文版。
② 马里坦：《新托马斯主义教育观》，载王承绪、赵祥麟编译：《西方现代教育论著选》，313～314 页。
③ 同上书，314 页。
④ 同上书，315 页。

要目的”的人性是不变的，因此，“教育的主要目的”也是不变的，变化的只是教育的第二位目的。

显然，马里坦强调的教育目的是要培养一种虔诚上帝、服从上帝、热爱上帝的人。具体表现为“人是富有理性的动物，他的最高尊严在于智慧；人是和上帝有个人关系的自由个体，他的最高正义在于自愿地服从上帝的法律；人是被召唤到神圣生命和威恩祷告自由的、有罪的和受伤害的生物，他的最高完善在于爱”①。

（2）学校的任务

马里坦认为，教育是终身进行的，一直持续到死亡为止。学校教育只是人的教育过程的一个阶段，基本任务是为人能够终身进行自我教育做准备。在他看来，自我教育的能力也是民主社会中文明和积极的公民的基本需要，学校教育应当为发展人的自我教育能力服务。因此，马里坦说：“明白之教育必须为普通人提供个人实现的手段，不仅在劳动方面，也指在民主国家中的社会和政治方面，还包括在闲暇活动方面。”②

为了使年青一代具有自我教育的能力，马里坦指出，学校教育的部分工作应与知识和智慧有关，通过教学使学生“由最初的真理的热爱向智慧方向发展”，使学生具有批判性头脑，养成敏锐的辨别能力。为此，学校教师应当尊重学生智力和精神方面的抱负，尊重学生的每一个创造性活动的萌芽，尊重学生个人对现实的理解。

为了完成学校的任务，马里坦建议，在正规教学科目之外，学校还应该给文体活动一定的位置。“因为文体活动是一种自由发展的活动，是自然赋予人的各种能量的有效释放。”③ 在他看来，文体活动包括各种游戏、各种体育运动、体力劳动和手工劳动等。

（3）教育的阶段

马里坦将年青一代的发展分为三个时期：儿童期、少年期和青年期。每一个时期都有其心理、智力发展的特征。在儿童期，“儿童的宇宙是一个充满想象力的宇宙”，儿童“通过想象来把握事物和了解世界的价值”④。在少年期，少年的智力像是一个变化的宇宙，永无休止地活动着。他们渴望表达自己对事物的判断，渴求普遍的真理，要求掌握普遍的知识。在青年期，青年需要获得被称为“智力美德”的特殊能量。这是形成科学头脑的专门化时期。

根据上述的发展分期思想，马里坦将年青一代的教育也分为三个阶段，即基础教育（初等教育阶段 7 年）、人文学科教育（中等教育阶段 7 年）、高等学习阶段（大学教育阶段）。各个阶段教育的任务有所侧重。

---

① 马里坦：《新托马斯主义教育观》，载王承绪、赵祥麟编译：《西方现代教育论著选》，314 页。

② 阿洛德：《为了自由的教育》，84 页。

③ 同上书，85 页。

④ 同上书，86 页。

一是初等教育阶段。马里坦强调其主要任务是通过想象唤醒儿童的理智力量。

二是中等教育阶段。这是马里坦讨论的重点。他认为，在这一阶段，所有的学生都应当接受基本的“自由教育”或“一般文化教育”。其主要任务是通过有选择的人文学科的学习，使学生的天赋智力得到发展，并掌握普遍的知识，获得理智自治力，以便头脑清醒地、批判性地完成其社会职责。马里坦反对在中学里实行专业化教育，认为这“是教育学的一个严重错误，是对青年基本权利的剥夺”①。

三是大学教育阶段。这也是马里坦讨论的重点。他认为，一所理想的大学应当具有真正的普遍性，即是传授所有专门知识的场所。他还提出要贯彻普遍的教学原则，在教专门知识的同时，注意把专门知识与其他知识联系起来。马里坦将大学学科分为四类：第一类是实用艺术和应用科学；第二类是实践科学；第三类是理论科学和艺术；第四类是哲学和神学理论。

（4）道德教育

作为一位宗教思想家，马里坦认为，道德教育是学校的第一功能，“应当在学校和学院教育中占有极为重要的位置”②。作为一个新托马斯主义者，马里坦认为，解决“文明危机”的根本在于首先解决道德危机问题，强调“道德上再教育的任务”是“一个非常紧迫的任务”③。

马里坦强调指出，道德教育的主要内容是“爱”。他认为，“对德行有很大帮助的是爱”。因此，“道德生活的基本障碍是利己主义，而道德生活的主要渴望是解放自己；只有爱，由于它是一个人的天赋，能够排除这个障碍，并使这种渴望得到满足”④。

按照马里坦的意见，承担年青一代道德教育或爱的教育任务的首先是家庭。他认为，家庭之爱是把人类社会联合起来的爱的基本形式。爱的活力和德行首先在家庭发展。此外，学校也承担着道德教育的任务。学校道德教育的“正常途径是通过人文学科、文学和历史等的教学来体现的”⑤。

马里坦的道德教育理论中渗透着他的宗教观。他认为，人具有自然和超自然两种美德。但同时能使人的这两种美德得到培育的只有基督教教育，因为“基督教教育不仅重视人的自然精神性，也不仅仅只把人性的内在生命力发展作为其全部工作，它是以神赐的生命能量以及信仰、希望、博爱三种神学美德作为其全部工作的落脚点”⑥。此外，“人类理智和良心上的”疾患，也只有同时“通过迫切需要的宗教信仰的复兴”和“通过理性的道

---

① 阿洛德：《为了自由的教育》，88 页。
② 同上书，23 页。
③ 马里坦：《教育在十字路口》，载王承绪、赵祥麟编译：《西方现代教育论著选》，301 页。
④ 同上书，303 页。
⑤ 同上书，302 页。
⑥ 阿洛德：《为了自由的教育》，106 页。

德力量的复兴”进行“特殊的医治”才能治愈。①

第四节　新托马斯主义教育思想的影响与评析

以马里坦为主要代表人物的新托马斯主义教育思想在欧美国家曾产生广泛的影响。美国教育学者阿洛德评论说：“从 1925 年到现在，我想还没有一位欧洲的思想家能够成为美洲这么多的参考资料、引文、评论所关注的对象，引出这么多赞成或反对他的思想的书，引起这么多报纸、杂志专栏的注意，促使人们建立这么多以其名义命名的研究中心。”②在美国出版的众多教育哲学著作中，马里坦与柏拉图、亚里士多德、卢梭、康德和杜威等人齐名。马里坦甚至被称为“我们这个时代的教育家”③。

新托马斯主义教育思想之所以能在欧美国家中较大范围和较长时间流传，是有其原因的。首先，就政治立场而言，新托马斯主义是反马克思主义的。在 20 世纪 60 年代以前，新托马斯主义者曾经组织了一批力量对马克思主义进行“批判”。60 年代之后，他们变换策略，主张搞“缓和”和“对话”，但其反马克思主义的本质未变。新托马斯主义的这种反马克思主义的政治态度，在一定程度上迎合了西方一些敌视共产主义的人的心理。其次，新托马斯主义教育思想与其他教育思想流派不同，它有教会做强大的经济支柱和组织保证。而教会势力在西方社会中根深蒂固，影响广泛。新托马斯主义也自然成了相当一部分人的精神寄托。此外，新托马斯主义采取了比托马斯主义灵活的策略，能够根据社会形势的变化，及时“修正”自己的立场。例如，它在 60 年代提出“现代化”和“世俗化”的主张。这使得新托马斯主义教育思想能吸取其他教育思想流派的营养，从而获得更大范围的支持。

当然，应该指出，新托马斯主义教育思想也提出了一些有现实意义的教育见解。

其一，在现代社会物质文明发展迅速的时代，是囿于物质文明的束缚做物质的奴隶，还是重视精神需要满足精神追求，这是第二次世界大战后西方人文主义思潮兴起的原因。新托马斯主义教育思想顺应这一思潮，强调精神对于“自由人”的重要性，希望通过教育来解决精神生活的危机。应该看到，这是对资本主义社会中那种人人受到物质欲驱动的情况的否定。

其二，新托马斯主义教育思想提出，只有通过教育才能使人被“唤醒”。马里坦认为，人的教育就是人的唤醒。按照他的解释，教育就是人的完整的一体化的发展过程，是人的内在自我的发展。这样，教师的首要作用就不是知识的训练，而是充当“唤醒者”。应该

---

① 马里坦：《教育在十字路口》，载王承绪、赵祥麟编译：《西方现代教育论著选》，302 页。

② 阿洛德：《为了自由的教育》，115～116 页。

③ 同上书，116 页。

看到，希望通过人性的“唤醒”来解决社会的“道德危机”，是有一定合理因素的。不过，在资本主义社会中这也只能是一种幻想和欺骗。

其三，新托马斯主义教育思想强调，作为“唤醒者”的教师，首先应当帮助学生认识真理，使他们的思维和判断力得到发展，其次才是传递文化遗产。它对教师的要求，“首先是爱，然后才是权威”①。应该看到，要求教师热爱自己的事业和热爱儿童，是具有一定积极意义的。

然而，作为一个宗教教育哲学流派，新托马斯主义教育思想存在着连他们自己也难以自圆其说的矛盾。例如，他们看到了资本主义“文明”社会的危机，希望通过教育来解决，但又不希望触动资本主义社会的痼疾。马里坦曾这样说：“关于当代世界的社会变动，教师既不要使学校成为既成秩序的堡垒，又不要使它成为改变社会的武器。”② 此外，他们关于宗教与科学的理论也存在着深刻的矛盾。1980 年，教皇约翰·保罗二世在第八届国际托马斯主义会议上承认：“圣托马斯的哲学和神学原理看来不能充分满足时代的需要。”这表明了他们自己对这些矛盾无可奈何的心情。“谬误在天国为神祇所作的雄辩一经驳倒，它在人间的存在就声誉扫地了。”③

拓展阅读书目

1. 吴宗英. 现代西方新托马斯主义. 福州：福建人民出版社，1988.

2. 马里坦. 新托马斯主义教育观//王承绪，赵祥麟，编译. 西方现代教育论著选. 北京：人民教育出版社，2001：309-321.

3. 马里坦. 十字路口的教育. 简成熙，译. 台北：五南图书出版公司，1997.

---

① 马里坦：《新托马斯主义教育观》，载王承绪、赵祥麟编译：《西方现代教育论著选》，319 页。

② 同上书，320 页。

③ 马克思：《〈黑格尔法哲学批判〉导言》，载马克思、恩格斯：《马克思恩格斯选集》，第 1 卷，1 页。

第三十七章

永恒主义教育思想

第一节　永恒主义教育思想产生的背景

第二节　永恒主义教育思想的主要特点

第三节　永恒主义教育思想的主要代表人物

一、赫钦斯

二、阿德勒

三、利文斯通

四、阿兰

第四节　永恒主义教育思想的影响与评析

永恒主义教育思想产生于20世纪30年代的美国。在现代西方教育思想中，它是一个提倡复古的思想流派。美国教育家赫钦斯和阿德勒，英国教育家利文斯通以及法国散文家、教育家阿兰是它的主要代表人物。永恒主义教育思想强调“共同的人性”，主张加强“理智”的训练，把“永恒学科”作为课程的核心，提倡阅读伟大人物的著作，培养有理性的人。永恒主义教育思想虽然在教育理论上有一定的影响，但在教育实践中的影响范围并不大。

第一节　永恒主义教育思想产生的背景

“永恒主义教育”，亦称“新古典主义教育”，形成于20世纪30年代。因其宣扬宇宙精神、人性、教育基本原则的永恒性而得名。在美国，也有人把它看成是一种更广泛的社会一历史运动，在这场运动中教育是对社会影响的一个特殊方面。因为永恒主义学者自称代表着西方文化自古希腊以来经久不变的传统，所以，“永恒主义”和“传统主义”一起在教育上常被用来称呼西方传统的文科教育。

20 世纪 30 年代，美国正处在教育变革的高潮之中，传统的文科教育遇到了进步教育的强有力的挑战。杜威实用主义教育思想得到广泛的支持，“生活适应”理论则在公立学校的教师中受到了普遍的欢迎。在当时的教育问题讨论中，新增了许多时髦用语，如“认识个别差异”“个性发展”“创造性的自我表现”“学生的需要”“具有连续性的生活环境”“教儿童而不是教科目”“真正的生活经验”等，以致有人断言：“科学主义已成为进步主义的一般注释。”

然而，进步教育理论和实践在许多方面的脱节，以及进步教育和实用主义教育思想本身的缺陷，在社会公众中也引起了不少思想混乱。1929 年资本主义世界经济危机后，美国国内社会问题成堆，保守势力抬头，传统的教育思想开始出现回潮。领导这一思潮的大多是在大学任教和偏爱文科传统的学者。其中主要代表人物有美国的赫钦斯和阿德勒、英国的利文斯通、法国的阿兰等。他们站在捍卫古典教育的立场上，反对现代工业文明的成果及其所代表的价值标准；指责进步教育家侈谈的“平等主义”和“民主”是虚假的、空洞的；主张以“永恒学科”作为课程的核心，加强“理智”的培养和训练。

永恒主义教育思想的哲学基础是所谓的古典实在论。这种哲学来源于古希腊亚里士多德学派和中世纪托马斯·阿奎那主义的传统。它认为宇宙被一种永恒的普遍的法则所支配，事物的变化总是以其不变的固有本质为基础的，变动的过程也是趋向于自身本质的过程。在认识论方面，它强调一般（共相）先于个别（殊相）而存在。与进步主义强调“变”与“动”是无所不在的理论相反，永恒主义宣扬“绝对不变”的原则。

永恒主义教育思想认为，凡是值得向往的东西都是永恒的；教育的性质是不变的，教育的基本原理也是不变的、永恒的。对永恒主义者来说，全部教育问题的答案无不来源于这一认识。

第二节 永恒主义教育思想的主要特点

永恒主义教育思想具有以下四个主要特点。

第一，永恒主义教育思想强调教育的本质因其表现基本的人性而不应随意改变。人性表现为“理性”，这在任何时间、任何地方，在任何政治、社会或经济条件下都是相同的。在永恒主义教育家看来，“如果人是理性的动物，全部历史的时代中，其本性是永恒不变的话，那么不管处在什么文化和时代，每一种健全的教育方案都必须具有某些永恒不变的特点”①。

第二，永恒主义教育思想尖锐地抨击进步教育，反对一切关于“教育要适应环境”“注重即时需要”的理论。永恒主义教育家认为，进步教育只会转移人们对真正教育目的的注意。对于处理一个人可能遇到的问题来说，熟悉“永恒的”真理比起关心任何特定社会的教育是一种更好的准备。教育应该培养的“适应性”就是适应普遍而不变的真理。由于每个时代的进步都是以传统为基础的，因此，教育必须面向过去的传统。具体地说，使学生了解在人类文化遗产中什么是最好的东西，以便认识这种遗产的价值，去保存它和丰富它。

第三，永恒主义教育思想强调培养智力和掌握真理的途径是学习与钻研西方伟大名著。永恒主义教育家认为，这些伟大名著包含了对人和事物的本质的最深刻的见解，涵盖了知识的一切领域，揭示了一切学科知识的基础。所以，他们倡导和推行“名著课程”。在他们看来，名著课程最清楚地表现在文学和历史等传统的人文学科之中，因此，人文学科应该居于课程的中心。

第四，永恒主义教育思想是一种具有哲学特色的教育思潮，与要素主义教育、新托马斯主义教育等新传统教育思想不同，它是以欧洲古典实在论为哲学基础，并以演绎的方式对教育问题和教育观点进行阐述的。从某种意义上说，永恒主义教育家所提出的一些观点，大多依赖于他们的哲学思辨，而缺乏心理学和社会学方面的依据。

第三节　永恒主义教育思想的主要代表人物

一、赫钦斯

1. 生平和教育活动

罗伯特·梅纳德·赫钦斯（Robert Maynard Hutchins，1899—1977）是美国教育家。1899年1月17日，他出生于美国纽约市布鲁克林区的一个教授家庭。1921年从耶鲁大学毕业后，赫钦斯曾任耶鲁大学法学教授、法学院院长。1929—1951年，赫钦斯任芝加哥大学校长和名誉校长，曾对芝加哥大学进行重大改革，主张剔除一切职业性、技术性或实用性科目，强调学术性科目的地位，推崇古典名著的教育价值。1937年，赫钦斯受聘担任马里兰州的圣约翰学院董事，继续推行名著教育计划。1943年后，担任《不列颠百科全书》编委会主席。1950年退休后，赫钦斯曾任福特基金会副主席等职。

赫钦斯的主要教育著作有《美国高等教育》（1936）、《为自由而教育》（1943）、《教育中的冲突》（1953）和《学习社会》（1968）等。1952年他与阿德勒合作编辑出版的《西

① 陈友松主编：《当代西方教育哲学》，65页，北京，教育科学出版社，1982。

方名著丛书》(54卷)，被称为永恒主义者的一项标志性的“智力工程”。

1977年5月14日，赫钦斯在加利福尼亚州的圣巴巴拉去世。

2. 教育思想

(1) 教育的目的

赫钦斯认为，全部教育问题的答案来源于对“人性”问题的阐释，正确的哲学就是肯定“人生是一种道德的、理性的、精神的存在”①。因此，教育的目的是“改善人”，即“意味着他的理性、道德和精神诸力量的最充分的发展”。这就是说，“教育是从事人的智力发展工作”②。在赫钦斯看来，教育就是表现基本的人性，人性是共同的、不会改变的。理智的培养对一切社会里的一切人都同样是必要的。

对于“人性”和“个性”这两个不同的概念，赫钦斯进行了严格的区分。按照他的解释，所谓“人性的教育”涉及的是那些“属于人之作为人的东西”，以及“人与人之间相通的东西”，目的是要引出“人类天性中共同的要素”，即“理性”。与此相反，教育一个人在任何特殊的时间或特殊的地方生活，使他适应任何特殊环境的理论，这不是人性的教育，而是“个性的纵容”，与真正的教育观念毫无共同之处。显然，赫钦斯的这个观点旨在反对“进步教育”思想。

此外，赫钦斯提出，教育首先要培养的是“作为人的人”，其次才是“承担某种社会职责的人”。在任何情况下，人的职能都应高过作为公民或国民的职能，这是一个人的本性所造成的。因此，所谓“因人设教”是有条件的。教育首先应当不违背“人性的基本规律”，确保教育目的的一致性。

(2) 普通教育

赫钦斯的哲学观点深受亚里士多德和托马斯·阿奎那的影响。在他的哲学思想中，共性是事物基本的东西，个性是事物偶然的东西，共性是从个性中概括出来的。他称这种哲学为“普通哲学”。

从普通哲学中，赫钦斯引出了“普通教育”这一概念，以区别于进步教育家提出的“专业教育”和“职业训练”的主张。其目的是“帮助学生学会自己思考，作出独立的判断，并作为一个负责的公民参加工作”③。所谓“普通教育是对每一个人的教育”，正是从这个意义上去谈的。在赫钦斯看来，普通教育在美国远未能实行，因为美国教育将理智的目标丢失了。

赫钦斯所说的“普通教育”与“专业教育”或“职业训练”不同，它培养通才而非专才，着眼于人格而非人力。他认为，只有坚持这样的目标，通过学校去提高公众的文化水

① 赫钦斯：《乌托邦大学》，53页，1953年英文版。

② 赫钦斯：《教育中的冲突》，载王承绪、赵祥麟编译：《西方现代教育论著选》，224～225页。

③ 同上书，219页。

平，才不至于落空。他提醒人们警惕在所谓"生活适应"理论和"选修制"的名义下将教材割裂的做法，强调教育不能成为"社会上任何当代运动的附属品"，以及不应该重视特殊的经验和直接的需要。

在赫钦斯看来，普通教育课程不应该经常变动或按照职业化要求设计。课程之间应该有一种"基本观念的共同基础"，其内容应该包括"西方世界最重要的名著以及读、写、思考和谈话的艺术，还有作为人类的推理过程最好典范的数学"①。赫钦斯把这些课程称为"永恒课程"，即具有永恒价值的课程。学习这些课程的最好途径是钻研西方古典名著。因为这些名著深深扎根于传统，从中"演绎出我们人性的共同因素"，是全人类的共同遗产。此外，这些名著本身还"包含了知识领域的一切部分"，提示了一切学科知识的基础。赫钦斯说："一本古典著作是这样的书，它在任何时代里都是属于当代的。这就是它成为一本古典著作的原因。"② 在他看来，这些名著一切人都有能力学习。

（3）大学教育

赫钦斯对美国大学教育现状持激烈批评的态度。他曾向公众提出这样的问题："大学究竟是服务社会还是批评社会？大学是依附于社会还是独立于社会？大学是一面镜子还是一座灯塔？大学是迎合眼前的实际需要还是传播及光大高深文化？"③ 在他看来，正确的答案是后者而不是前者。

赫钦斯极力推崇欧洲古典大学注重自由教育和思辨学术的传统，认为大学必须独立于社会，享有充分的自治权，至少也应与社会保持一定的距离。他对第二次世界大战后美国大学教育强调社会适应性深表不满，指出这必然会损害学术的尊严，导致大学职能的萎缩。按照赫钦斯的意见，大学的主要任务是保存和发展文化，教学生如何充分发展智力，更好地充实人生。赫钦斯将美国大学教育质量的下降归咎于大学教育中的"反理智主义"。它是造成大学中不同学术领域彼此隔绝、"缺乏共同的语言和思想交流的基础"的主要原因，从而使那些专业教育缺乏明确的目标，使大学堕落成一个颁发文凭、证明职业资格的机构。因此，赫钦斯又一次将目光投向古代和中世纪，认为大学教育必须以"普通教育"为基础，"普通教育"又必须以"自由艺术方面的名著杰作"为核心。

二、阿德勒

1．生平和教育活动

莫蒂默·杰尔姆·阿德勒（Mortimer Jerome Adler，1902—2001）是美国教育哲学

---

① 赫钦斯：《普通教育》，载王承绪、赵祥麟编译：《西方现代教育论著选》，215～216页。

② 同上书，212页。

③ 赫钦斯：《学习社会》，131页，1968年英文版。

家，1902年11月28日出生于美国纽约。早年他曾就读于哥伦比亚大学哲学系，1928年获得博士学位后，执教于哥伦比亚大学心理学系。同年秋天，应哥伦比亚大学教授、西方名著课程创始人厄斯金（J. Erskine）的邀请参加西方名著讨论班。1930年，阿德勒赴芝加哥大学任教，与赫钦斯一起将西方名著课程列入大学的教学计划，并共同发起创立了西方名著基金会。1937年，他与赫钦斯等人又在圣约翰学院领导推行“百本名著计划”。1952年，他任芝加哥大学哲学研究所所长，此后，阿德勒继续在美国各地参与校外名著研讨班的组织工作。1977年，他与多伦合编的《西方伟大思想宝库》被称为“三千年西方思想的第一部指南”。

阿德勒的主要教育著作有《自由的概念》（1958）、《怎样读一本书：获得自由教育的艺术》（1940）等。

2001年6月28日，阿德勒在美国加利福尼亚州的圣马特奥去世。

2. 教育思想

（1）理性是教育的根本目标

阿德勒认为，理智生活是人类独有的生活。为追求物质享受而反对理智生活的人，就是否定他自己是一个人。这样的人只是像动物般地生活着或像植物似的生长着。

按照阿德勒的意见，“理性”（人性）的追求既是人生的根本目标，也是教育的根本目标。教育就是发展和完成“人”的过程。这个目标是绝对的和普遍的，对于一切人都是相同的，不会改变的。自古以来，人类的生存环境发生了巨大的变迁，社会与经济结构因时因地也有变化，但是，我们与古人有着一样的人性，也就有着某些共同的人类经验与难题。

阿德勒指出，人性包括“知性”和“德性”两个方面。基本的“知性”就是理解力、知识和智慧，人的基本“德性”包括勇气、坚毅、克己、公正和审慎，具有了基本德性，其他德性自然源源而来。显然，这种以人性趋同论和不变论为出发点的教育价值观，也是永恒主义者在教育本质问题上的共识。

（2）伟大名著的标准

阿德勒认为，文雅教育的最好方法是向西方伟大名著学习。因为这些名著超越了地域和时间的限制，含金量很高。人们在伟大名著中所发现的原理都是人类知识的最重要的原理。这些名著的作者们所得出的结论都是人类思想的最重要的成就。在阿德勒看来，每一部名著“都能以独特的方式提出人所必须面对而且经常发生的基本问题”①。例如，讨论善与恶、爱与恨、战争与和平、幸福与责任、自由与安全这样一些全人类久已关心但至今悬而未决的问题。什么是伟大名著？在《怎样读一本书：获得自由教育的艺术》中，阿德

① 阿德勒：《西方的智慧》，周勋南译，98～99页，长春，吉林文史出版社，1990。

勒提出了六条识别伟大名著的标准：第一，伟大名著可能拥有最广大的读者，它们不只是在一两年里畅销，而是经久不衰；第二，伟大名著是通俗易懂而不是晦涩难解的，它们都是讨论有关人的问题的基础性著作；第三，伟大名著永远是属于当代的，它们永不会因思想的变迁或学术见解的改变而显得过时；第四，伟大名著最有可读性，它们让人钻研不尽，是启发智慧永不枯竭的源泉；第五，伟大名著永远超越每一个人的头脑，最有教益，最富启迪；第六，伟大名著堪称是“世界性文学”，它们所讨论的是那些在人类生活中意义重大但悬而未决的问题。①

因此，阿德勒主张，对这些伟大名著要阅读再阅读，讨论再讨论。阅读伟大名著本身不是目的，而是优雅生活的手段，使生活变得更崇高，使每一个人过上“自由人和自由公民的生活”。

（3）文雅教育

阿德勒认为，现代教育忽视“文雅教育”，其方向根本错了。他说：“哲学是每一个人的事业，这一点需要不断地得到重申。要做人就势必有哲学思维的倾向。从某种意义上说，在日常生活中，我们时时刻刻都在进行哲学思维。”② 作为一名教育哲学家，阿德勒坚持认为，哲学优于科学，文雅教育优于技术训练。他强调说：文雅教育的基本目的是要培养出“能运用心灵、能为自己思考的自由人类”。“学校教育只有在它带有哲学色彩、对哲学里的伟大观念加以介绍时，它在本质上才算是人类的。”③

所以，阿德勒和一切永恒主义者一样，认为基本的学校教育课程从一年级到大学应该完全是文雅性的，要保持根本上的一致性，使所有的学生都受到包含在这些课程中的“理智精神”的熏陶。阿德勒还希望看到美国人家中有最好的书籍，这样他们的孩子才能在伟大的文学、伟大的哲学、伟大的科学著作的陪伴下成长。由于伟大名著“讨论任何科目的基本要素”，因此，文雅教育可以在伟大名著中寻找和得到。在阿德勒看来，名著课程内含真理的因素，体现了不变的“理性”原则，问题在于如何把过去只有少数人接受的文雅教育提供给所有的人。

三、利文斯通

1. 生平和教育活动

理查德·温·利文斯通（Richard Winn Livingstone，1880—1960）是英国希腊学研究家、教育家。1880 年 1 月 23 日，他出生于英国的利物浦。中学时代，他曾就读于曼彻斯特

① 阿德勒：《怎样读一本书：获得自由教育的艺术》，载任钟印主编：《世界教育名著通览》，1571～1573 页。

② 阿德勒：《六大观念》，陈珠泉等译，1 页，北京，团结出版社，1989。

③ 同上书，13 页。

公学，后进入牛津大学新学院学习，后在该校任研究员和导师。1920—1922年，曾在古典文学委员会工作，是《古典文学评论》的编辑之一。1924—1934年，利文斯通任贝尔法斯特女王大学副校长。1934—1950年，利文斯通任牛津大学三一学院院长，并于1950年退休。

利文斯通曾任伦敦古典语言协会主席。他的主要教育著作有《保卫古典教育》(1916)、《希腊的遗产》(1921)、《教育的未来》(1941)和《虹桥及其他教育论文集》(1959)等。

1960年12月26日，利文斯通在牛津去世。

2. 教育思想

(1) 古典教育的作用

和所有的永恒主义者一样，对人类的人性问题的关注是利文斯通讨论教育方面问题的基本出发点。他认为，人类各个时代出现的问题和危机大多相似，因为它们都产生于不变的人类本性。教育的本质是了解和研究人类精神的能力和作用。

在现代社会中，人们误以为科学（物质意义上的）能解决人类所面临的一切问题，而没有想到社会的经济、技术和政治方面的因素是为精神方面的因素存在的，而不是为它自身存在的，忽视精神因素就会使生活变成物质的、机械的，而且最终会剥夺生活自身的主要动力。在利文斯通看来，解决这个问题，只能依靠人文学科或文学教育。世界是为人而存在的，人比自然更重要。培养青年人思想的最可靠的工具是对古典语言、古典文学和古典艺术作品的学习，因为这些学科是有关人的科学。它是每个人都需要的一门知识，应该在教育中占有至尊的地位。当然，这与至尊科学并给予科学以应有地位的观点并不矛盾。

利文斯通认为，古典教育的最好途径是把注意力放在希腊作家的著作本身，而不是放在论述他们著作的书籍上。他说："读原著，学生能邂逅并结识一位天才，如若不然，则无此良机。"①

利文斯通还认为，现代教育的错误在于缺少目标上的"一致性"，以及一种能够确定和指导教育过程的精神。在学科选择和教学上，只关心学生学什么以及怎样训练他们的能力，而忽视人性的培养，尤其忽视关于"善与恶"这门基础科学的传授。在他看来，好的教育应该使学生有精神世界的追求，使他们超越物质的和即时的需要。

(2) 希腊精神的意义

利文斯通认为，奠定西方文化传统的基础是"基督教和希腊精神"，而希腊精神甚至对基督教力量本身也有所贡献。希腊文明作为"完整的人的模式这样一种文明"是给人以独特影响的文明，是人类发展无可比拟的思想原动力；希腊精神作为对"理智和自由的一种信念"，显示出"人性中许多较深刻的需要"，是"美满的人类生活必需的"。在利文斯

① 利文斯通：《保卫古典教育》，邵威、徐枫译，67页，合肥，安徽教育出版社，1991。

通看来，它是一种“世界性的超自然的文化”，每个民族都可以按照自己的天赋和传统加以改造或改变。总之，希腊精神的学习为近代世界提供了一切所需要的东西。

利文斯通还认为，希腊语虽不是近代各门科目的替代物，但由于希腊语是开拓者的语言，带着首次出现的新鲜印记，它能对近代的多门科目产生一种“矫正和辅助的作用”，对人的洞察力和感受力都将是一种锻炼。一个受到希腊语熏陶的人就能获得一种模式来对照自己的时代，使古代文明与现代文明的差异性具有启发意义。希腊语的学习和研究涉及如何去理解那些“人类生活的持久性的问题和因素”（这包括人对于物质世界、宗教、知识、艺术、政治和社会的关系），并将这些问题“组合到一个协调的构图里”。回顾人类的历史，在每次希腊语恢复的过程中总是要寻求和恢复某些要素，没有这些要素就不可能使人类的精神健康、生活活跃和丰富多彩。总之，在利文斯通看来，古典语言和文学是有生命的东西，它能恰当地满足现代人类生活在精神方面的需要。

（3）品格教育的重要性

利文斯通建议，从观察人类生活入手。他将人类生活分为三种基本需要：维持生活的需要、社会生活的需要和发展人格的需要。对应这些需要，教育也包括了三个方面的因素：“职业的因素”“社会的因素或者古希腊人所说的政治的因素”以及“精神的因素”。①

因此，一个健全的社会就需要三种主要的教育——“职业教育”；“社会的或政治的教育”，即通常人们所说的“公民的训练”；“精神的教育”，即“使人适合过一种好的生活的教育”或称“品格教育”，在目前时代，这种教育应给予特别的强调。在利文斯通看来，品格教育就是古希腊人所说的一个人在身体、精神和品性等方面所能得到的最大限度的教育。对于一个国家来说，品格教育能对整个国民生活和精神产生深刻的影响。

利文斯通认为，对于一切教育来说，使学生具有一种对伟大事物的洞察力是至关重要的和必需的。它来源于对人类历史上“卓越的知识”的孜孜不倦的追求。在学校为学生所做的一切事情中，最重要的是使学生了解世上人们所做、所思、所写的一切最美好的东西，并把它们作为标准铭记在心，用来指导生活。在利文斯通看来，人类历史上“卓越的知识给人以方向、目标和动机：它能给人以方向是因为这种知识告诉人们什么是好的什么是坏的；给人以目标是因为这种知识揭示了人们所追求的理想；给人以动机是因为理想能激起行动”②。有关这些方面的启示同样可以“向古希腊寻觅”，因为希腊文学中有支配人类生活的永恒的理性精神。

---

① 利文斯通：《论教育》，载任钟印主编：《世界教育名著通览》，1333～1334页。

② 同上书，1336页。

四、阿兰

1. 生平和教育活动

阿兰（Alain，1868—1951）原名爱弥儿·奥古斯特·夏提埃（Émile Auguste Chartier），法国哲学家、散文家、古典主义教育家。1868 年 3 月 3 日，他出生于法国的莫尔塔涅镇。1892 年巴黎高等师范学校毕业后，他曾在里昂等地的中学任教，最后在巴黎亨利第四国立中学任哲学教师，1933 年退休，隐居于巴黎近郊。

阿兰一生著有散文 4 000 余篇，编成各种专集。《教育漫谈》（1932）是他的教育代表作，曾作为法国师范生的必读书，它收集了阿兰教育文章 83 篇。《阿兰全集》于 1971 年出版。他的著作使法国几代读者受到影响。1951 年，阿兰成为第一位获得法国“国家文学奖”的学者。

1951 年 6 月 2 日，阿兰因病在巴黎去世。

2. 教育思想

（1）古典教育

阿兰站在法国传统教育的立场上反对新教育，他声称要“对那寓教学于游戏的体系狠狠踢它一脚”。他说：“什么儿童乐园、什么寓教育于娱乐之中等等发明，我是不太相信的，那本来不是对待人的出色的方法。”①

阿兰认为，对于儿童来说，古典教育是最好的教育。他要儿童向古代作家学习，通过学习语言（拉丁文）、科学、艺术和作家的人品去发展自己的“理性”。教育面向古代，这并非倒退，而是以退为进。你不置身于以往的时刻，又如何去超越它？

阿兰强调指出，要引导儿童去的地方是所谓的“人文经典的宝库”。在这座宝库中，最值得学习的是几何学和诗学这两门学科。在他看来，几何学是“自然的钥匙”，它是“一门最好的科学”，“自始至终贯穿着被最严密证明的科学”。没有一点几何学必然观念的人也会缺乏外部世界的必然观念。几何学的美，就在于它证明的层次，就在于它有存在于一切事物中清晰而合乎理性的某种东西。一个儿童，如果只因为他理解有困难，就断定他懂不了几何学，那是开玩笑，相反理解有困难，正是必须耐心地领他进门的信号。

至于诗学，它是“人伦的钥匙”，是“灵魂的镜子”。但是，它不是那种平庸之作，而是那种最高超、最完美的诗。诗的力量就在于给我们教育之前，先以它的音韵节奏按人类的普遍范例陶冶我们。

（2）教师的责任

阿兰认为，儿童最大的愿望，莫过于尽早不做儿童，整个儿童期就是在忘却自己昨天还

---

① 阿兰：《教育漫谈》，载任钟印主编：《世界教育名著通览》，1183 页。

是个儿童中逝去的。在他看来，所谓“长成”无非就是这个意思。但问题在于，儿童本身的自然绝对无法抗拒各种情欲的诱惑。一个被宠坏的儿童正是被各种现有的“快乐”喂饱了的儿童。

按照阿兰的意见，教师的责任就是严格要求儿童，督促儿童。他说：“你不可能使儿童像尝蜜饯那样尝一尝科学和艺术的味道。”在阿兰看来，人非得靠辛苦的陶冶成其为人。儿童必须靠吃苦自己去赢得真正的快乐。“教学的艺术恰恰在于要儿童吃一些辛苦，把自己提高到人的境界。”①

总之，阿兰认为，儿童是有成为人的雄心的。他要成长为人，就必须自觉地努力而达到理性的成熟。作为教育来说，它应该关心这个最终目的的完成。

第四节　永恒主义教育思想的影响与评析

永恒主义教育思想在价值取向上表现出明显的皈依传统教育的倾向。从整体上看，它并没有提出什么新的价值判断标准。在现代教育思想流派之间的争论中，永恒主义教育仅仅是作为“进步教育”或“新教育”思想的对立面而引起人们注意的。

由于永恒主义教育家提倡读古典著作，鼓吹“共同的人性”、永恒的道德和不变的教育内容，以期在青年和公众中重建传统的价值观，因此，永恒主义教育思想常常被称为教育上的“复古派”。美国教育家杜威曾这样说：教育上复古这条道路是“试图把教育家们引回到科学方法发展前几百年的那种理智方法和理想方面去。在经济上、情绪上、理智上普遍存在着不安全状态的时期，这条道路可能会取得暂时的成功。因为在这样的条件下，人心都强烈地希望依靠固定的权威。然而这是与现代生活的一切条件相抵触的，因此，我认为朝着这个方向去寻求补救的办法是愚蠢的”②。

在新传统教育的营垒中，永恒主义教育对“进步教育”的批判要比要素主义教育更加激进。所以，西方有的教育评论家认为，在要素主义教育家眼里，永恒主义和进步主义各执一端，要素主义像是在充当一个中间调停人的角色。

“进步教育”的理论基础是杜威的教育哲学。然而，有趣的是，作为永恒主义教育思想代表的赫钦斯在他的一些言论中却并不把杜威和“进步教育”等同起来。他指责杜威的追随者常常误解了杜威的思想，而杜威对进步教育只是“助了一臂之力”而已。例如，“生活适应”理论在美国大行其道，但责任并不在杜威。因为“当杜威讲到适应环境的时候，他的意思是环境首先应该改善，这也许是可以原谅的”③。在赫钦斯看来，学校以

① 阿兰：《教育漫谈》，载任钟印主编：《世界教育名著通览》，1183页。
② 杜威：《经验与教育》，108页，1938年英文版。
③ 赫钦斯：《教育中的冲突》，载王承绪、赵祥麟编译：《西方现代教育论著选》，220页。

“生活适应”理论为由，采取降低学校教育学术标准的做法，其实也并不能从杜威的理论中寻找到辩护的理由。这说明，永恒主义教育家在对“进步教育”的批判中还有一个明显的意图，那就是要还杜威教育思想以本来面目，把被进步教育家搞得异常混乱的教育秩序稳定下来。

在讨论新传统教育思想时，有的西方学者认为，“永恒主义教育尽管和要素主义教育同为保守的教育哲学，但永恒主义教育却在许多方面把要素主义教育作为它的主要攻击对象”①。首先，永恒主义教育不能容忍要素主义教育在主张保存传统的同时，使自己附属于现代科学技术的主张。其次，要素主义教育并不同意永恒主义教育认为正确的教材是保存在西方名著中的那些“永恒真理”。

相比之下，永恒主义教育思想和新托马斯主义教育思想之间的共同语言似乎更多一些。因此，西方有的学者干脆将永恒主义称为“新托马斯主义的世俗派”。这表明，它们之间的分歧是微不足道的。

综上所述，永恒主义教育思想是在和现代西方众多教育思潮相互制约、相互借鉴中发展起来的。在变革的年代，各种教育流派面对现实，都在对以往的哲学观念重新进行思考和审视。当然，永恒主义教育思想也不例外。

永恒主义教育思想在西方国家中的影响局限于大学和上层知识界中的少数人。美国马里兰州圣约翰学院是永恒主义教育思想具有示范性的实验场所，在赫钦斯等人领导下，这所学院从 1937 年起实施了以古典名著课程和文化陶冶为主的教育。在“名著课程”所规定的名著中，18 世纪以前的著作占 2/3，19 世纪的著作占 1/4，属于 20 世纪的著作仅两种。这份名著目录表明，人们对永恒主义教育思想脱离时代的不满是有道理的。

值得注意的是，赫钦斯在晚年时似乎也意识到了这一点。他在 1968 年出版的《学习社会》一书中曾这样写道：“在此我要附带声明一句，我并不主张今天的普通教育需要希腊文、拉丁文或古代伟人等科目……我的意思是说，我们必须置身度外，与我们所观察的事物保持相当的距离，以超脱的态度从事批判，然后才能了解自身的社会。……至于如何取得这种态度与距离，则方法各异，且无关宏旨。最重要的是目的与结果。”② 赫钦斯还明确提出，“自由教育”必须纳入“现代科学技术”，作为永恒主义教育思想主要代表人物的赫钦斯的这种表白是耐人寻味的。

拓展阅读书目

1. 任钟印. 世界教育名著通览. 武汉：湖北教育出版社，1994.

---

① 范斯科德等:《美国教育基础——社会展望》，57 页。
② 赫钦斯:《学习社会》，载任钟印主编:《世界教育名著通览》，1543 页。

2. 阿德勒. 西方的智慧. 周勋男，译. 长春：吉林文史出版社，1990.
3. 利文斯通. 保卫古典教育. 邵威，徐枫，译. 合肥：安徽教育出版社，1991.
4. 王承绪，赵祥麟. 西方现代教育论著选. 北京：人民教育出版社，2001.

第三十八章

存在主义教育思想

存在主义教育思想是一种以存在主义为其哲学基础的教育思潮。20 世纪 50 年代产生于美国。奥地利神学家和哲学家布伯（又译“布贝尔”）、德国哲学家和教育家雅斯贝斯（又译“雅斯贝尔斯”）和美国教育哲学家内勒是它的主要代表人物。存在主义教育思想以“人的存在”为研究对象，强调个人的自我实现，注重品格教育，提倡“个人的自由选择”，主张采用“对话”方法的个别教学。尽管存在主义教育思想曾一度在西方国家中广为流行，但 20 世纪 70 年代后逐渐走向衰落。

第一节　存在主义教育思想产生的背景

“存在主义”（existentialism）一词源于拉丁文 existentia，又译为“生存主义”“实在主义”。按照存在主义者自己的观点，存在主义思想源远流长，可以追溯到古希伯来和古希腊文化。从苏格拉底的“自知其无知”，到奥古斯丁的“信仰高于理性”，再到笛卡儿的

“我思故我在”中，都可以寻觅到存在主义思想的影子。

一般认为，存在主义的直接先驱者主要有两个人：一位是丹麦基督教哲学家克尔凯郭尔，另一位是德国的无神论者尼采。他们都反对当代基督教哲学和由黑格尔主义所代表的传统哲学。克尔凯郭尔首先表达了存在主义的存在观。他认为，哲学不应当抽象地议论世界的本原，而应以人的存在为前提，以研究人生为己任。在他看来，人是精神性的自我，他只与自身发生关系，自己体验自己，并通过内心与上帝对话，达到真正的基督徒的存在。[①] 显然，克尔凯郭尔力图从基督教内部重新振兴基督教哲学。但尼采却寻求一种超人的道德来取代基督教。尼采认为，“上帝死了！上帝永远消逝了！”“我们对我们的生存必须自己负责，因此，我们要做自身的真正舵手，决不容许我们的存在类似一个盲目的偶然。”[②] 此外，德国哲学家胡塞尔的现象学方法，强调本质（纯粹的观念，或称先验的自我）是一切存在的最终根据，对存在主义的产生也有很大的影响。存在主义的两个著名代表人物海德格尔和萨特都出自胡塞尔门下。

存在主义于20世纪20年代首先产生于德国，第二次世界大战期间传到法国，并在50—60年代成为风靡法国的时髦哲学。60年代，又传播到美国和西方其他国家，成为一种影响颇大的哲学思潮。

存在主义的产生与西方社会面临的深刻危机有关。第一次世界大战前后，资本主义世界暴露了它自身难以克服的痼疾，即严重的经济危机，阶级矛盾日益尖锐，社会动荡不安。资本主义世界内部的矛盾也因瓜分世界市场和殖民地而加剧，法西斯主义的崛起更是在人们的头顶上笼罩了一层阴影。面对这样的状况，人们苦闷、彷徨，并逐渐被绝望、孤独和“无家可归”的情绪所笼罩。在整个西方社会中，个人是那样的软弱无力和无可奈何，个人生存的意义以及个人生存的目的和价值问题成为人们普遍思考的问题。于是，西方产生了以研究人的生存、人的自由为目的的存在主义哲学。有人把存在主义称为“危机哲学”，也表明了存在主义的产生是与资本主义社会的危机联系在一起的。

存在主义哲学的主要代表人物有德国哲学家海德格尔和法国哲学家萨特。海德格尔在1927年发表的《存在与时间》一书，被认为是存在主义产生的标志。萨特不仅继承了海德格尔的学说，而且还使存在主义“文学化”“政治化”，使存在主义在法国成为一种时尚。此外，德国哲学家雅斯贝斯、法国宗教思想家马塞尔、奥地利神学家和哲学家布伯也是存在主义的代表人物。

存在主义教育思想是存在主义哲学家教育观的表达。20世纪50年代，美国教育哲学家莫里斯等人将存在主义引入教育领域后，逐渐形成存在主义教育思想流派。存在主义教育思想的代表作是布伯1939年在巴勒斯坦全国教师会议上的题为“品格教育”的致词。

---

① 岳长龄等：《当代西方哲学译介》，61页，北京，求实出版社，1988。

② 徐崇温主编：《存在主义哲学》，100页，北京，中国社会科学出版社，1988。

美国教育哲学家内勒后来详细地分析、归纳和论述了存在主义教育思想的一系列基本观点，进一步扩大了存在主义教育思想的影响。

第二节 存在主义教育思想的主要特点

存在主义教育思想具有以下四个主要特点。

第一，存在主义教育思想是以“人的存在”为研究对象的。存在主义教育家认为，世界万物的存在只有一个基础，那就是人的存在。首先有了人的存在，然后才有了对外界事物的说明和解释。“排除了人的存在，这对我们来说就意味着陷入虚无之中。”① 因此，人的问题就成了其他一切问题的出发点和归宿。在存在主义教育家看来，人是教育的主体，教育者应该帮助学生认识“人的存在”，真正领会生活的价值，投入到有重要意义的生存中去，并实现“自我完成”。

第二，存在主义教育思想强调品格教育。存在主义教育家认为，教育的根本目的是促进人格的完成而不是知识的掌握。从这个意义上来说，真正的教育实际上就是品格教育。在学校教育中，各种教材本身没有价值，学生不论学习什么东西，都是个人借以发展自我认识和养成自我责任感的工具。应该看到，在强调品格教育的同时，存在主义教育思想并没有全盘否定知识教育，因为知识的学习也有利于认识自我和发展自我。然而，它坚决反对把知识教育作为学校教育的中心，并强调学校课程设置必须符合人格完成的需要。

第三，存在主义教育思想提倡“个人的自由选择”。存在主义教育家坚持认为，人是由自己造就的。“人，不外是自己造成的东西，这就是存在主义的第一原理。”② 在他们看来，人就是自由，自由就是人的存在。但是，这种自由只是个人的自由选择，即个人对自己所做的一切负责。这表明个人的道德责任并没有减轻，反而增加了。因此，教育者应该允许学生“自由选择”道德标准，并承受自己行动的后果。道德教育的任务并不是要学生去接受一些永恒的道德原则，而是使学生学习有利于认识自我和发展自我的原则，使他们对自己负有责任。正因为如此，存在主义教育家提出：“对真正的自由和个人的独特性的坚决肯定是存在主义为今日的教育哲学提出的动人的使命。”③

第四，存在主义教育思想反对团体教学的方法。存在主义教育家认为，团体教学的方法实际上抑制和阻碍了个人的发展，不利于学生认识自我和发展自我。由此出发，它在教学组织形式上比较重视个别教学。因为教育是认识自我和发展自我的过程，从本质上来

① 徐崇温主编：《存在主义哲学》，8页。

② 刘放桐等：《现代西方哲学》，549页，北京，人民出版社，1981。

③ 内勒：《存在主义与教育》，载白恩斯、白劳纳：《当代资产阶级教育哲学》，105页。

讲，它应该是一种个人的事情，所以，存在主义教育家强调师生之间的“对话”方法。在“对话”中，教育者应该把学生当作一个独立自主和自由发展的人，积极鼓励学生独立思考。总之，师生之间是平等的和互相尊重的，并具有一种民主的气氛。

第三节　存在主义教育思想的主要代表人物

一、布伯

1. 生平和教育活动

马丁·布伯（Martin Buber，1878—1965）是奥地利神学家、哲学家。1878年2月8日，他出生于奥地利维也纳的一个犹太家庭。布伯从小由祖父母抚养。家庭的熏陶和后来文法学校的教育使布伯打下了坚实的古典语言基础。1896—1900年，他先后在维也纳大学、柏林大学、莱比锡大学和苏黎世大学学习哲学和艺术。布伯曾积极参加犹太复国运动，并于1902年应邀担任犹太复国运动的周刊《世界报》的编辑。1916年，布伯创办了在犹太知识界影响很大的杂志《犹太人》，并任编辑一直到1924年。

1924—1933年，布伯担任了德国法兰克福大学宗教哲学伦理学教授。1933年以后从事犹太人成人教育工作。后来由于受到纳粹秘密警察的迫害，布伯不得不于1938年移居巴勒斯坦，在耶路撒冷希伯来大学担任社会哲学教授。他还在耶路撒冷创立成人师资培训学院，并于1949年亲自任院长，为中东和北非移民培训了一批优秀教师。

布伯的主要教育著作有《我与你》《生存的对话：哲学和教育学全集》和《品格教育》等。

1965年6月13日，布伯在耶路撒冷去世。

2. 教育思想

（1）教育的目的

在《我与你》一书中，布伯明确地写道：“教育的目的不是告知后人存在什么或必会存在什么，而是晓谕他们如何让精神充盈人生，如何与‘你’相遇。”① 在他看来，不少人对精神的理解存在着偏差。他指出，人们越来越多地获得这样的能力：以“学习知识”这一间接手段来取代直接经验，把对“它”之世界的直接利用“简化为专业性利用”。人不得不一代代将此种能力传递下去，所谓“精神生活之发展”首先就是指此而言的。正因为如此，人对精神犯下了真正的“原罪”，因为这种意义的精神生活实为障碍。显然，在布伯这里，教育的目的不在于知识的传授，而在于精神生活能力的养成。由此，教育必须

① 布伯：《我与你》，陈维纲译，60页，北京，生活·读书·新知三联书店，1986。

以品格为目标。

按布伯的意见，真正的教育者总是关心学生整个人，而不只是考虑学生个别的功能。而且，真正的教育者，总是把学生整体视为品格，而不只是视为个性。因为在个性与品格之间"有一个根本的差别。个性在其成长方面实质上是不受教育者影响的东西"，"个性是一个成品，只有品格才是需要加工的东西。人们可以培养和增强个性，但在教育方面，人们却能够而且必须以品格为目标"①。因此，"名副其实的教育，本质上就是品格教育"②。在布伯看来，教育者最重大的任务则是在帮助塑造人的品格。在品格形成的过程中，教师是影响学生品格的因素之一，但是，教师与其他因素是不同的，教师"具有参与施加烙印于品格的决心，他还具有这样的意识，即意识到就成长中的人看来他应表示某种抉择，抉择什么是'正确的'以及什么是应当的"③。

（2）品格教育

布伯认为，品格是"介于一个人的本质与他外表之间的这种特殊纽带，介于他为人的统一性与他的一连串行动与态度之间的这种特殊联系"④。这种"特殊纽带"和"特殊联系"，既不是法国教育家凯兴斯泰纳所认为的品格"无非是自愿遵从那些通过经验、教学和自我反省而在一个人身上所形成的精神准则"，也不是美国教育家杜威所认为的品格是"由种种习惯交织而成"。布伯强调指出，现代教育科学之所以在人的道德危机面前束手无策，就是因为对品格概念的误解而致。而一个品格高尚的人的特点既不在于"具有一系列准则"，也不在于"具有一系列习惯"，而"在于他的行动是出于他的整个品质。那就是说，他的特点就在于他是按照向他这个积极主动的人进行挑战的每一情境的独特性而做出反应的"⑤。

为了进行有效的品格教育，布伯提出了一些基本原则。

一是不要进行空泛的说教。布伯认为，空泛的说教会被学生当作"老生常谈"，不仅不能起到品格教育的作用，而且还会适得其反。他说："我试图向学生们解释妒忌是可鄙的，我立即就会感到那些比他们的同伴较穷的人内心的反感。我试图解释恃强凌弱是邪恶的，我立即会看到强者嘴角上所挂着的抑制的微笑。我试图解释说谎会破坏社交生活，却发生了一种令人惊奇的情况：班上的一个最恶劣的撒谎老手竟对说谎的破坏力写出了一篇绝妙的短文。"之所以会有这样的结果，在布伯看来，这就是犯了空泛说教的错误。

二是品格教育不要带有明显或隐含的目的和动机。布伯认为，学生一旦察觉教师在培养他们的品格时，教师"就会受到那些最明显表示出真正独立品格的学生们的对抗"，因为这些学生"不愿听任自己被人教育，更确切地说，他们不喜欢别人想要教育他们的意

---

① 布贝尔：《品格教育》，载王承绪、赵祥麟编译：《西方现代教育论著选》，325页。

②③ 同上书，327页。

④⑤ 同上书，334页。

图”。“当有人指示他们什么是善和什么是恶好像是久已确定的真理时，他们也就对抗起来。”① 在布伯这里，不仅明显的品格教育动机行不通，而且隐含的品格教育动机也行不通。布伯认为，虽然学生可能对隐含的动机无所察觉，但会“使教师失去他所具有的那种坦然直率的力量，也会对教师本身的行动起着消极影响”②。因此，布伯强调指出，品格教育的力量在于教师无意影响学生时对学生产生的影响。

三是师生之间应该建立信任的关系。布伯认为，信任是品格以及整个人的教育领域中唯一可接近学生的途径。教师想要了解、影响和教育学生，首先必须赢得学生的信任。他说：“当教育者赢得了学生的信任时，学生对接受教育的反感就会被克服而让位于一种奇特情况：他把教育者看成一个可以亲近的人。他感到他可以信赖这个人，这个人并不使他为难，而正在参与他的生活，在有意要影响他之前能与他亲近。于是他学习提问了。”学生能向教师提问，“正是实施品格教育的第一个有意识步骤的时机”③。

四是教师应该爱护学生。布伯认为，信任虽然“含有打破限制、摧毁那种束缚一个不平静心灵的枷锁的意思。但信任并不意味着无条件地协调一致”④。在他看来，师生间有时也会产生冲突。但是，教师和学生发生冲突时，教师应该从爱护学生的立场出发，运用自己的见识保护学生，不使学生的心灵受到损伤，并帮助学生摆脱困境。

（3）教学任务、内容和方法

就教学任务和内容而言，由于布伯强调教育的本质实际上是品格教育，因此，他提出教学任务应该为学生品格的形成服务。在他看来，诸如历史、文学、哲学、艺术、宗教等人文主义学科，有助于学生了解许多伟大作家和思想家对人的本质与人生阅历的真知灼见，能够使学生的心灵受到震撼，从而强烈地激发学生的思想情感。

就教学方法而言，布伯把教学看成一场“对话”，一场师生两人间的“对话”，“其中每一个人对于另一个人来说始终是一个主体”⑤。教师通过“对话”的方法把知识“提供”给学生，而不是传授给学生。因此，他说：“如果把教师只认作是一种传道授业者，那么，教学就不可能是一种真正的对话。”⑥ 在布伯看来，把教学理解为传道授业，就是把教师贬值为传授知识的手段，把学生贬值为这种传授的产品。“知识成了统治者，而把人变成了手段和产品。”⑦

为了把知识“提供”给学生，布伯认为，教师必须十分熟悉他所教的科目，把教学内容变成自己的内在经验的一部分。只有向学生提供自己深刻理解的并化作自己思想感情的

---

① 布贝尔：《品格教育》，载王承绪、赵祥麟编：《西方现代教育论著选》，326页。
② 同上书，326页。
③ 同上书，327～328页。
④ 同上书，328页。
⑤ 陈友松主编：《当代西方教育哲学》，115页。
⑥⑦ 同上书，116页。

东西，才能使学生接受或受到感染。布伯还批评了传统的教学模式，认为在这种模式下的课堂教学实际上成了教师的“个人专制”或“非人格化的知识专制”。

二、雅斯贝斯

1. 生平和教育活动

卡尔·雅斯贝斯（Karl Jaspers，1883—1969）是德国哲学家、心理学家和教育家。1883年2月23日，他出生于德国的奥登堡。他自幼就喜爱读书，并从少年时期起开始思考人应该如何生活的问题。

1900年，雅斯贝斯进入海德堡大学学习法律，后改学医学。他从1913年起任哲学系心理学讲师。这期间，他阅读了克尔凯郭尔和尼采的著作。1921年，他成为哲学教授，并开始潜心于哲学研究。曾与存在主义哲学代表人物海德格尔有过密切的交往。

因为妻子是犹太人，雅斯贝斯自1933年起受到纳粹政府的迫害。第二次世界大战后，他先后在海德堡大学和瑞士巴塞尔大学任教。除哲学著作外，他的主要教育著作有《大学的理念》《什么是教育》等。

1969年2月26日，雅斯贝斯在瑞士巴塞尔去世。

2. 教育思想

(1) 教育的本质和作用

从“存在哲学”出发，雅斯贝斯论述了教育本质的问题。他强调说：“真正的教育应先获得自身的本质。……教育的目的在于让自己清楚当下的教育本质和自己的意愿，除此之外，是找不到教育的宗旨的。”① 在雅斯贝斯看来，教育就是老年一代通过知识和真理的传授以及意志行为的规范，将文化遗产传给年青一代，并使他们自由地生长。正因为如此，“对终极价值和绝对真理的虔敬是一切教育的本质”②。如果忽略了教育本质问题，那么教育就会丧失它的真正含义，就会失去其根本目标而变得不稳定和支离破碎。

由此，雅斯贝斯十分强调教育的作用。他明确指出：“一切都取决于……能把下一代造就成什么样……教育决定着未来人类的生存，教育的衰落意味着人类的衰落……塑造儿童就塑造着未来。”③ 在雅斯贝斯看来，无论“教育无用”，还是“教育万能”，都是愚蠢的。具体来讲，教育的作用表现在两个方面：第一，教育使学生意识到自身的潜能。对于一个人来说，需要教育来唤醒他所能交流到的一切。第二，教育为学生提供选择的机会。对于一个人来说，个人的自由选择最集中地体现了他的主体性。但是，雅斯贝斯也认为，

---

① 雅斯贝尔斯：《什么是教育》，邹进译，44页，北京，生活·读书·新知三联书店，1991。

② 同上书，45页。

③ 雅斯贝尔斯：《现时代的人》，周晓亮、宋祖良译，56页，北京，社会科学文献出版社，1993。

教育并不能改变人生具体的本质，只能根据人的天分和可能性来促使人的发展。然而，人正是依靠这种无限的发展可能性，才能不断地超越自我。教育应该帮助一个人自由地成为他自己，而不是沦为被控制和被摆弄的客体。

（2）教育的内容

雅斯贝斯认为，教育的内容对于使人超越自我来说是十分重要的。“全部教育的关键在于选择完美的教育内容。”① 因为教育就是人的灵魂的教育，而不是知识的堆积。因此，教育通过现存世界的全部文化，将把人导向灵魂觉醒之本源和根基，而不是导向那些知识。

正是从关注人生哲理出发，雅斯贝斯在教育内容上突出精神科学的重要性。他认为，精神科学对人的陶冶具有重要的内在作用，不仅使学生参与人类的历史，而且使学生了解人生选择的多样性。与此同时，雅斯贝斯也认为，尽管自然科学的陶冶价值不是那么重要，但获得自然科学的方法有陶冶价值。

雅斯贝斯把教育分成政治思想教育、艺术教育、道德教育和宗教教育等。他认为，在政治思想教育上，从中学起就要用一种“学生共同责任制度”来锻炼学生，使学生将来成为能负起自己应负责任的成熟公民。在艺术教育上，通过艺术活动和艺术作品欣赏，来培养学生对道德观念的接受。在道德教育上，个人只有实践社会团体的美德才能成为一个人。在宗教教育上，使学生从小接受宗教教育。

此外，雅斯贝斯也重视古典人文科学的陶冶价值。他认为，对于我们时代来说，古典文化是必不可少的。一个人只有熟悉和掌握古典文化，才能拥有一个精神世界。雅斯贝斯强调古典人文科学的价值主要是为人提供了一个精神空间，以使人达到自我超越的状态。但应该看到，这不同于把古典人文科学作为终极目标而追求的永恒主义教育。

（3）教育的类型

雅斯贝斯认为，教育可以归纳为经院式教育、师徒式教育、苏格拉底式教育三种类型。

一是经院式教育。在这种教育类型中，教育表现为仅仅限于固定知识的传授，教材内容已成固定体系，作为知识代理人的教师上课是照本宣讲。

二是师徒式教育。在这种教育类型中，教育表现为学生对教师的尊敬爱戴和绝对服从，而具有强烈的个人色彩，教师的权威具有神奇的力量。

三是苏格拉底式教育。在这种教育类型中，教育表现为教师和学生处于平等地位，教师唤起学生对求知的责任感，使学生从内部产生一种自动的力量，激发学生个人的潜能。

对于以上三种教育类型，雅斯贝斯最推崇苏格拉底式教育。他认为，对于社会改善和进步来说，其先决条件促使每个人都接受教育，以便能自我教育。教育的过程也就是使学

---

① 雅斯贝尔斯：《什么是教育》，143 页。

生在实践中自我练习、自我学习和自我成长。在雅斯贝斯看来，苏格拉底式教育的重要作用在于：通过师生平等交流和学生个人思考，学生可以获得发展的最大可能性。与此相联系的是，雅斯贝斯提倡“对话”，即“存在之交往”。因为这是探索真理与自我知识的途径。在对话的过程中，教师期望每一个学生进行自己的探讨，并扩大他们自我选择的自由。在他看来，这才是真正的和理想的教育形式。

（4）论大学教育

雅斯贝斯认为，大学是一种特殊的学校。在大学里，成为“全人”（the whole man）的学生不仅要学习知识，而且要获得一种科学思维方式。因此，学生要具有自我负责的观念，并具有批判的精神和拥有学习的自由。他说：“大学教育的特色在于教育的科学性，它强调培养学生基本的科学态度。”①

在雅斯贝斯看来，大学必须进行改革，以便培养学生的创造精神。具体来讲，大学有以下四项任务：一是研究与教学；二是教育与培养；三是生命的精神交往；四是学术。这四项任务构成一个整体，从而体现了大学的理想。因此，“大学是研究和传授科学的殿堂，是教育新人成长的世界，是个体之间富有生命的交往，是学术勃发的世界。”② 在大学里，教学总是带有个人色彩的，而不能简化成某种固定的形式。除了上课以外，还可以采用演讲、读书、实验、练习、研讨、对话等形式。

三、内勒

1. 生平和教育活动

乔治·F. 内勒（George F. Kneller）是美国教育哲学家。1936年他获得英国伦敦大学文学硕士学位，1940年获得美国耶鲁大学比较教育和哲学博士学位。他曾担任过美国公立学校教师和私立学校校长、耶鲁大学教育学助理教授、美国教育总署拉丁美洲问题高级专家、加利福尼亚大学洛杉矶分校教育学教授。

内勒的主要教育著作有《教育的基础》（1963）、《教育哲学导论》（1964）、《存在主义与教育》（1964）、《教育人类学》（1965）、《教育的逻辑与语言》（1966）、《教育与经济思想》（1968）、《教育与科学头脑》（1971）等。

2. 教育思想

（1）教育的目的

内勒认为，教育的目的应该是引导学生从面临死亡过程中悟出人生的价值。死亡并不只是一件消极的事情，死亡也是一件积极的事，“是我们每个人在我们生活中每一时间走

① 雅斯贝尔斯：《什么是教育》，112页。

② 同上书，150页。

向前去的目的地”。在内勒看来，能够意识到死亡也是人与其他动物的根本区别之一，“只有人知道他必须死，理会到他的有限性和死亡之不可避免，他充满着恐惧”①。但是，“充满着恐惧”并非惧怕死，而是对生的珍惜。因此，教师的任务应当使学生领会到死亡之不可避免，甚至值得死亡，让学生懂得生命是迟早会结束的，从而珍惜人生的意义；让学生明白自己是为什么生活的，是作为一个自由人自为地存在着，还是仅仅满足自在地存在着。

（2）知识教学的任务

内勒认为，知识的教学应该有助于人格的发展。知识的教学应该与学生的情感相联系，“如果‘纯粹客观的’知识不接触到知识者的感情，对于他决不能是具有决定意义的”。因为人既是理智动物，也是感情动物。“要真正认识某一件事，他必须能够把知识和他自己联系起来，知识必须与个人的真正目的结合起来，而人的真正目的是使它真正可靠地与生活发生关系。”② 此外，知识只是培养自我的手段，学校必须完全修改它对知识的看法，不再以教材为固有的目的。“课程的全部重点应当从事物世界转移到人格世界”，学生所学到的知识“在理智上或感情上都要结合整个自我”③，“应当成为个人实现的工具”④。为此，内勒强调，应该十分重视人文学科的教学。“因为历史、哲学、文学与艺术比其他科目更深刻地、直接地表现人的本性与他和世界的冲突。”⑤

为了防止学生人格的畸形发展，内勒要求学校的专业不要分得太细，否则会“阻碍着学生整个内心生活的成长”⑥。在他看来，一个科学家为了专攻某一方面而不得不放下其余方面，其结果呢，他引用法国哲学家尼采的话做了形容：“一个科学的专家什么都不像，只像一个工厂的工人，用他的一生在转动一个螺丝钉或者掌握某一种工具或机器。”为避免这种状况的发生，内勒说：“学自然科学的学生必须继续地学习人文学科，以防止他的心灵和同情变得狭窄。”⑦

（3）道德教育的目的

内勒认为，道德教育的目的应该帮助学生学会自由选择。个人所接受的价值应该是他自由选择的，而非他人（教师）强加的。在他看来，“不是自由选择的价值是没有价值的”⑧。因此，教师的责任就不应该是强迫学生接受被认为是“永恒的道德原则”，而只是他们自己所信奉的一些原则以及把信奉这些原则的理由告诉学生，让学生自己决定是否接受。此外，教师还应该告诉学生，无论他们选择做什么，他们都必须承担自己行动的结

---

① 内勒：《存在主义与教育》，载白恩斯、白劳纳：《当代资产阶级教育哲学》，106页。
② 同上书，111页。
③ 同上书，112页。
④ 同上书，114页。
⑤ 同上书，116页。
⑥ 同上书，117页。
⑦⑧ 同上书，112页。

果。内勒说：教师应该“敦促学生对其行为后果负责，并加以妥善处理。行动就会产生后果，他必须接受自己选择的后果”①。还有，教师应该使学生明白，把失败的原因“归咎于外在因素，如环境、家庭、性情或旁人的影响，是没有理由的”②。

（4）教师的任务

内勒认为，教师的主要任务既不是以灌输知识为主，也不是以帮助学生解决情境的问题为主，而是帮助学生走向自我实现。他说：“教师的任务是在学生走向自我实现的过程中帮助每一个学生。”③ 教师在激发学生潜在的创造性时，还要鼓励学生“献身于他的工作”。对于“不守规则”的青年，教师可以采取各种手段责罚，但“不应当设法使他丢脸或者使同班同学讥笑他”，“不要看不起他或者使他失去自尊心”④。

内勒还认为，帮助学生“走向自我实现”的教学方法是启发式教学法。因此，他十分推崇苏格拉底的“产婆术”。内勒说：“苏格拉底的方法是理想的教育方式，因为学生用这种方法学到的是他自己肯定为真实的东西。”在他看来，使用这种方法可以使师生关系成为一种密切的个人关系，使教师能够“对学生发出关于学生的信仰的问题，向他提出旁的信仰，推动学生自己思考问题”⑤，从而使学生对问题的本质有透彻的理解。

内勒还特别要求教师应按照自己的原则来思想、行动和教学，应充分地估计到教学工作的艰巨性。他说：“自由的路途上是很难撒满着玫瑰花的。”“可能是一个危险而令人灰心丧气的途程。”但是，教师“要有胆量冒理智的危险”⑥。

第四节　存在主义教育思想的影响与评析

存在主义教育思想作为一个教育思想流派产生于20世纪50年代的美国。此后，它在西方国家中一度广为流行，具有相当大的吸引力。应该看到，存在主义教育思想是资本主义社会危机的产物，迎合了一些人的需要。这些人是“在现代生活中除了毫无意义、荒谬可笑、残忍、恐怖外，别的什么也看不见的人，感受工业技术社会所创立的制度压迫的人，感到默默无闻和失去自由的人”⑦。当人们的精神受到种种压迫而无法掌握自己的命运时，存在主义教育思想强调个人意识、个人选择、个人责任感和承诺感的观点就自然而然地产生了吸引力。

---

① 内勒：《教育的基础》，257页，1971年英文版。
② 内勒：《存在主义与教育》，载白恩斯、白劳纳：《当代资产阶级教育哲学》，112页。
③ 同上书，113页。
④ 同上书，114页。
⑤ 同上书，117页。
⑥ 同上书，118页。
⑦ 同上书，229～230页。

毋庸置疑，存在主义教育思想作为一种教育理论，提出了不同于传统教育和实用主义教育的观点，其中一些观点不乏积极的因素。

例如，针对传统教育过分强调知识传授和忽略人的个性发展以及实用主义教育的工具论，提出教育应该为每一个具体的人服务，强调教育应该促进人们顺利地投入有重要意义的生存中去，要求教育能够为每一个人的“自由的、合乎道理的选择提供机会”①。应该看到，这实际上是对资本主义教育的一种否定。尽管这种否定的目的并不是要建立一种新的教育制度来取代资本主义教育制度，而只是希望对资本主义教育制度进行一定程度的改革，最终能克服资本主义社会的“精神危机”。但是，强调个性发展以及强调教育为每一个人的发展提供机会，无疑是有一定积极意义的。

又如，存在主义教育思想强调在师生之间建立一种“信任”关系，以有利于学生的品格教育。虽然在金钱至上的西方社会中要建立一种真正的“信任”的人际关系并非易事，但是，这种建立“信任”的师生关系的观点是应该肯定的。因为在师生之间缺乏信任，实际上也就缺乏对学生进行品格教育的基础。

再如，存在主义教育思想在教育和教学问题上提出了一些有价值的见解。从教育应该为每一个具体的人服务的思想出发，存在主义教育家要求“教育制度必须容许在方法和组织上有更多的差别，使它能够适合无限的各式各样的人性”。虽然这种因材施教的观点并不新鲜，但是，存在主义教育思想坚决把能否因材施教作为评估学校教育工作好坏的唯一标准。它甚至主张，“如果学校不能够做到这一点，学校应当被撤销”②。从教学效果出发，存在主义教育家要求教师必须十分熟悉教材，把教材内容变成自己的思想感情，从而使教学更加富于感染力。这种观点应该说是正确的。

但是，以存在主义为哲学基础的存在主义教育思想也存在着一些消极的因素：第一，存在主义教育思想中充满着悲观主义情调，认为人生中到处都是孤独、烦恼和绝望，只有面临死亡时才能领悟人生的价值。第二，存在主义教育思想过分强调个人的意识、自我责任和自我选择，要求社会和教育为个人服务，而忽略了个人应该承担的社会责任。第三，存在主义教育思想过分强调人文学科的教学及其作用，而忽略了自然学科对于学生和社会的重要作用。第四，存在主义教育思想在强调因材施教和个别教学的同时，否定了班级授课制（团体教学），片面地认为班级授课制培养的是“成批的头脑”，不仅缺乏个性，而且不可能发展真诚的、自我决定的、友爱的关系。第五，存在主义教育思想过分强调学生自由选择行为，自己承担行为后果，实质上对学生的道德教育采取了放任态度。它在教育实践中具有很大的局限性，甚至会导致“道德上的无政府状态”③。正因为如此，20 世纪 70

---

① 内勒：《存在主义与教育》，载白恩斯、白劳纳：《当代资产阶级教育哲学》，228 页。

② 同上书，110 页。

③ 同上书，112 页。

年代后，存在主义教育思想逐渐走向衰落。

拓展阅读书目

1. 徐崇温．存在主义哲学．北京：中国社会科学出版社，1988.

2. 布贝尔．品格教育//王承绪，赵祥麟，编译．西方现代教育论著选．北京：人民教育出版社，2001：325-338.

3. 雅斯贝尔斯．什么是教育．邹进，译．北京：生活·读书·新知三联书店，1991.

4. 内勒．存在主义与教育//白恩斯，白劳纳．当代资产阶级教育哲学．瞿菊农，译．北京：人民教育出版社，1964：96-118.

新行为主义教育思想

新行为主义教育思想产生于20世纪30年代后的美国，60年代盛行于美国以及世界上其他国家。美国心理学家和教育家斯金纳、心理学家加涅是它的主要代表人物。它试图运用新行为主义心理学解决教育和教学问题，提出操作性的学习理论，重视强化在学习中的作用，推行程序教学和教学机器。尽管新行为主义教育思想存在一些缺陷，但对当今的教育理论和实践尤其是教育技术的发展仍有一定的影响。

第一节　新行为主义教育思想产生的背景

新行为主义教育思想是以新行为主义心理学为理论基础的。新行为主义是相对旧行为主义而言的，两者代表了行为主义两个不同的发展阶段。从1913年到1930年，是以美国心理学家华生为代表的旧行为主义阶段；1930年以后，旧行为主义逐渐被新行为主义取代。

旧行为主义的特点之一是，否定对有机体内部条件的研究。首先，在心理学的研究对象问题上，它否定了传统心理学研究对象——意识，认为意识是无法通过实验得到验证的。其次，在心理学的研究方法问题上，它反对传统心理学的内省法，认为作为行为的心理学只能采用观察法、条件反射法、实验法、语言报告法等。

旧行为主义的特点之二是，否认行为的遗传。华生认为，人和动物的全部行为都可以分析为刺激和反应，刺激是行为的最根本的原因，而刺激是不可能来自遗传的，因此，行为也不可能来自遗传。从行为是刺激的反应这一观点出发，华生认为，较复杂的行为是由于学习而形成的，学习的决定因素是外部刺激，并声称人的任何行为可以通过学习和训练加以控制，可以在严格控制的教育环境中加以形成和改造。华生曾这样说："给我一打健全的婴儿和我可以培育他们的特殊世界，我就可以保证随机选出任何一个，不问他的才能、倾向、本领和他的父母的职业及种族如何，我都可以把他训练成为我所选定的任何类型的特殊人物，如医生、律师、艺术家、大商人，甚至乞丐、小偷。"①

旧行为主义的上述特点，是其致命的弱点之所在。尽管旧行为主义有其积极的一面，但是它本身的弱点使其陷入困境，受到了许多心理学家的批评。在这样的情况下，一批行为主义心理学家试图对旧行为主义进行改造，以便使旧行为主义摆脱其在理论上面临的困境，于是产生了新行为主义。

新行为主义者、美国心理学家托尔曼（E. C. Tolman）和赫尔（C. L. Hull）等人在20世纪20年代末30年代初提出了"中介变量的概念"，这一概念是对华生的过于简单的"刺激-反应"（"S-R"）公式的补充。托尔曼认为，简单的"S-R"公式只是一种肌肉收缩的生理学，并非真正的心理学。心理学应该解释介于刺激和反应之间的有机体（"中介变量"）发生了什么，从而回答"为什么有这种反应"的问题。在他看来，"中介变量"是无法观察到的，但它是引起反应的关键，是行为的决定者。②

20世纪30年代后，操作主义在美国盛行一时，客观上推动了新行为主义的发展。新行为主义者接受了操作主义思想，成为操作主义者。操作主义的核心原则是："科学是社会成员意见一致的知识。只有以那些公开的和可以重复的操作为根据的构思才为科学的体系所容纳。"③ 这表明，操作主义对不能得到验证和重复再现的知识的科学性是持否定态度的。对于新行为主义教育思想来说，操作主义实际上是它的哲学基础。

新行为主义者、美国心理学家斯金纳继承并发展了华生的理论，在大量而长期的动物实验基础上提出了操作主义学习理论，为新行为主义教育思想的产生铺平了道路。他曾这样指出："在这段时期内，一种有效的行为实验却形成了。它所发现的许多东西和这个根

---

① 高觉敷主编：《西方近代心理学史》，265页，北京，人民教育出版社，1982。
② 同上书，281页。
③ 史蒂文斯：《心理学概念的操作定义》，载蓝德编：《西方心理学家文选》，274页。

本问题都有关系。因此，现在对激进的行为主义重新加以陈述似乎是时候了。”① 1954 年斯金纳发表的《学习的科学和教学的艺术》一文，被认为是新行为主义教育思想的宣言书。1957 年苏联人造地球卫星上天后，美国的教育急需寻找出路和对策，于是，结构主义教育思想力图从课程和教材的改革着手，而新行为主义教育思想则力图从教学方法和技术上有所突破。因此，整个 20 世纪 60 年代是新行为主义教育思想的鼎盛时期。

第二节　新行为主义教育思想的主要特点

新行为主义教育思想具有以下三个主要特点。

第一，新行为主义教育思想试图运用新行为主义心理学解决教育和教学问题。它对教学目的、课程、教学方法以及教师和学生的看法，都打上了新行为主义心理学的烙印。由此出发，它否定认知科学在提高教学效果和教学质量方面的作用。按照斯金纳的意见，认知科学主张“行为起自有机体内部。我们先思考，然后再行动；我们先有观念，然后再把它们翻译成言词；我们先体验各种感情，然后再把它们表达出来；我们在行动以前先做出要行动的打算、决定和选择”。而“行为主义者则着眼于人类和个体的环境及环境中以前发生的事件”②。这表明，在认知科学那里，行动的方向是从有机体到环境；而在行为主义者这里，行动的方向则是相反的。在斯金纳看来，如果采用建立在言语行为分析基础上的教学机器和程序教学，“只要用一半时间和一半精力就可以传授美国课堂里所教的一切知识”③。

第二，新行为主义教育思想的核心是学习理论以及教学方法和技术。新行为主义教育家并没有依据某种哲学理论来阐述诸如教育本质和教育目的等教育问题，而是着力于研究教学过程中具有操作性的学习理论以及教学方法和技术。斯金纳的“操作性条件反应”和“积极强化”理论，以及他设计的教学机器和他所倡导的程序教学充分地反映了这一特点。在他看来，“作为一种科学哲学的行为主义扩展到政治与经济行为、人的集体行为、人的听说行为、教学行为等领域的研究——这不是在传统意义上的‘心理学化’”④。另一位新行为主义教育思想的代表人物加涅的学习过程、学习结果分类和学习条件等理论也反映了这一特点。

第三，新行为主义教育思想凸显出操作性。由于新行为主义者强调任何有意义的概念

---

① 斯金纳：《年适五十的行为主义》，载蓝德编：《西方心理学家文选》，254 页。

② 斯金纳：《认知科学与行为主义》，载瞿葆奎主编：《教育学文集·教学（上）》，496 页，北京，人民教育出版社，1988。

③ 同上书，511 页。

④ 斯金纳：《年适五十的行为主义》，载蓝德编：《西方心理学家文选》，273 页。

都应该能够通过操作得到验证，因此，他们在教育上的注意力必然会放在那些具有操作性的问题上。新行为主义者特别强调的教学机器就明显地表现了这一特点，因为教学机器就是一种用以完成包括刺激、反应和强化的整个教育程序的装置。美国教育家布拉梅尔德认为，新行为主义教育思想"要求教育重新考察它的整个传统结构"，是一次"革命"，是美国"教育上最迫切的需要"。①

第三节 新行为主义教育思想的主要代表人物

一、斯金纳

1. 生平和教育活动

伯尔赫斯·弗里德里克·斯金纳（Burrhus Frederic Skinner，1904—1990）是美国心理学家、教育家，1904年3月20日，他出生于美国宾夕法尼亚州的萨斯奎汉纳镇。斯金纳从小就有一种创造发明意识，常从他父亲订阅的《费城杂志》中得到启发而搞出一些小发明创造。

中学期间，斯金纳因阅读哲学著作而对心理学产生了兴趣。中学毕业后，他进入汉密尔顿学院主修英国文学，而对心理学的兴趣促使他走上了学习研究心理学的道路。于是，他进入哈佛大学攻读心理学研究生，并于1930年获得心理学硕士学位。此后，他仅用一年时间又获得心理学博士学位。然后，斯金纳留校工作了5年。这期间，他受到了苏联著名生理学家巴甫洛夫（И. П. Павлов）的影响，认识到"对环境加以控制，就可以观察到行为的规律性"。

1937年，斯金纳转到明尼苏达大学任教。1945—1947年，他任印第安纳大学心理学系主任。1947年，斯金纳重返哈佛大学，担任心理学系终身教授，直到1974年退休。他在那里建立了著名的鸽子实验室，带领一批研究生从事研究，取得了很大的成就。

斯金纳的主要著作有《有机体的行为》（1938）、《科学与人类行为》（1953）、《学习的科学和教学的艺术》（1954）、《教学技术》（1958）、《超越自由与尊严》（1971）等。他因在心理学领域中的杰出贡献，而被美国政府和心理学会授予奖章。

1990年8月18日，斯金纳去世。

2. 教育思想

（1）强化理论

斯金纳在鸽子实验中发现：只要在适当时刻去喂饥饿的鸽子，鸽子就可以在一次演示

---

① 布拉梅尔德：《急需一个改造的教育哲学》，载王承绪、赵祥麟编译：《西方现代教育论著选》，77页，北京，人民教育出版社，2001。

的时间内形成三四个很分明的反应，如兜圈子、在地板上走“8”字、伸头颈或顿足等反应。[①] 由此，他认为，学习行为的产生是由可起到强化作用的刺激引起的，而且所有动物（包括人类）都是如此，“不管种系发生的差异如何，所有这些有机体，都显示出相似的学习过程特性，相似得令人惊奇”[②]。因此，斯金纳十分重视强化在学习中的作用。

斯金纳提出的强化理论主要包括以下两个方面。

第一，强化列联。所谓“强化列联”，就是由反应和强化刺激组成的序列，由刺激情境—反应—强化三个环节构成。斯金纳认为，在一个强化列联中，如果在一个操作—反应过程之后出现一个强化刺激，操作再发生的强度就会增强。他说：“如果一个操作发生后，接着给予一个强化刺激，那么其强度就会增加。”[③] 通过实验研究，斯金纳还认为，反应与强化之间相隔的时间越短，效果越佳。但是，在实际教学中，反应与强化之间相隔的时间却比较长，因此，强化的效果就被削弱了。此外，在班级教学中，可以安排的强化列联的总数量比实际需要的要少得多。例如，在小学头四年的数学教学中，可安排强化列联的总数量只有几千个，而“在这个水平上有效的数学行为所要求的列联约为2.5万个”[④]。所以，在斯金纳看来，依靠学校班级教学想很好地安排强化列联是困难的。这也是他设计教学机器的原因之一。

第二，强化物。斯金纳认为，在最有效安排强化以保持行为的强度之前，应当了解“有什么强化物”[⑤]。所谓“强化物”，是指能够增加反应可能性的刺激。如果从强化物本身的性质看，强化物分成自然的强化物和人为的近似强化物。如果从强化的方法来看，强化又可分为积极强化（正强化）和消极强化（负强化）。

自然的强化物是一种利用自然进行刺激的强化物。但斯金纳认为，“不是所有的自然强化物都是有用的”，而且“很多自然强化物延迟太久，没有什么效果”[⑥]。相对自然的强化物而言，人为的近似强化物是一种社会的强化物。斯金纳认为，社会的强化物是不能忽视的，因为在教学实践中不可能都是自然的强化物。一般地说，经过教师选择的强化物已经不再是纯自然的强化物，而是一种人为的近似强化物。

斯金纳还认为，积极强化是通过刺激来增加行为可能性的强化。例如，当学生因学习努力而取得进步时，教师用分数、等第、奖品等作为积极的强化物，以便使学生更加努力学习。但积极强化也存在着问题，因为“不能大家都获得奖品，如果有些学生要得到高等

---

① 斯金纳：《学习的科学和教学的艺术》，载王承绪、赵祥麟编译：《西方现代教育论著选》，373～374页。

② 高觉敷主编：《西方近代心理学史》，307页。

③ 普莱西、斯金纳：《程序教学和教学机器》，刘范等译，71页，北京，人民教育出版社，1964。

④ 同上书，72页。

⑤ 同上书，74页。

⑥ 斯金纳：《学生的动机》，载王承绪、赵祥麟编译：《西方现代教育论著选》，391～392页。

第，其他人必须得低等第”[①]。在斯金纳看来，消极强化是一种由于刺激中止而引起行为可能性增加的强化，是一种“学生从中逃避讨厌的刺激”的强化。例如，教师对学生的不理睬、对学生表示不满、对学生说“错”或“坏”等，也可以起到促使学生学习的作用。

斯金纳强调指出，消极强化与惩罚是不同的。惩罚是压制行为，而消极强化是“发动行为”[②]。惩罚可能会使学生偶尔自己发现怎样注意、怎样勤学、怎样学习和怎样记忆，但是学生并未受到教育。

（2）程序教学

斯金纳认为，学生的学习行为应该得到及时的和足够数量的强化，否则，学生的学习效果就会受到很大的影响。然而班级授课制教学却无法做到这一点。在他看来，要使教育更有效率，除了课程修订和简化之外，“课本与课堂技术也必须有所改进”[③]。1953 年，斯金纳以家长身份听了一堂小学算术课之后，便开始着手研究教学机器和程序教学。他对学校各科教学可能有用的各种强化列联进行分析，设计了可以帮助教师为每个学生安排这种强化列联的教学机器，并于 1954 年在匹兹堡大学举行的一次心理学会议上做了演示。于是，教学机器和程序教学便在美国迅速流传开来。

斯金纳强调指出，程序教学的基本过程是学习程序的呈现过程，表现为刺激—解答（反应）—确认（强化）—进展。通过教学机器，不仅可以使这个过程依次进行，而且可以使一个程序编制者和无数的学生接触。为了指导整个程序教学过程，斯金纳提出了程序教学的五条基本原则。

一是积极反应原则。传统的课堂教学强调的是知识传授，学生在教学中始终处于被动地位，很少有机会做出积极的反应。而程序教学则要求学生并且使学生有机会做出积极的反应，因为程序教学呈现给学生的知识一般是以问题形式出现的，学生必须通过选择、解题、填充等做出积极的反应。

二是小步子原则。斯金纳将教学内容分成若干具有内在联系的步骤，由易到难循序呈现，学生每做对一步，才能进入下一步。与传统的课堂教学相比，小步子教学能安排更多的强化列联，既可以巩固学生的学习，又可以使学生主动地、积极地学习。

三是及时强化原则。斯金纳认为，一个操作-反应过程发生后，如果得到及时的强化，操作的力量便会增加。如果强化不及时，刺激的效果就会丧失大部分。因此，程序教学十分注意及时强化。教学机器在学生做出每一个反应后都会立即给予肯定或否定，使他们得到及时的强化。

---

① 斯金纳：《学生的动机》，载王承绪、赵祥麟编译：《西方现代教育论著选》，388 页。

② 同上书，387 页。

③ 普莱西、斯金纳：《程序教学和教学机器》，82 页。

四是自定步调原则。程序教学要求每个学生按自己的能力、速度和需要进行学习，在内容和进度上不求统一。这是传统的课堂教学无法做到的。

五是最低错误率原则。程序教学要求在教学过程中尽量避免学生出现错误的反应，因为错误过多会影响学生的情绪和学习的进度。因此，程序教学要求教材的编写由浅入深，使学生每次都可能做出正确的反应，尽可能地降低错误率，增强学生的学习积极性，提高学习的效率。

当然，教学机器是不可能替代教师的。斯金纳说：教学机器“是教师用来节省时间与劳动的绝妙装备。教师在让机器负担某种机械的性能时，他会像一个不可缺少的人那样发挥其适当的作用。他可以比以前教更多的学生”①。不过，教师的作用有所改变，他不再像传统的课堂教学那样进行教学了。

二、加涅

1. 生平和教育活动

罗伯特·米尔斯·加涅（Robert Mills Gagne，1916—2002）是美国教育心理学家。1916 年 8 月 21 日，他出生于美国马萨诸塞州的北安多弗。从中学时代起，加涅就立志要学习心理学，将来做一名心理学家。

1933 年，加涅进入耶鲁大学主修心理学。1937 年他又进入布朗大学攻读研究生。1939 年和 1940 年，加涅先后获得了布朗大学的理科硕士学位和心理学博士学位。

1940 年，加涅在康涅狄格女子大学任教，开始对人类学习进行研究，但因资金不足和到部队受训而中断。1958 年，他应聘到普林斯顿大学担任心理学教授，重新开始研究学习问题。1962—1965 年，加涅在美国科研工作协会担任研究主任，还担任了加利福尼亚大学伯克利分校教育心理学教授。从 1969 年起，加涅担任了佛罗里达州立大学教育系教授。

加涅的主要著作有《学习的条件》（1962）、《教学设计的原理》（1969）等。加涅在美国心理学界享有盛誉。1974 年获“桑戴克教育心理学奖”；1982 年又获美国心理学会颁发的“应用心理学奖”。

加涅退休后住在美国田纳西州希格纳尔山，于 2002 年 4 月 28 日去世。

2. 教育思想

（1）学习的概念、要素和条件

加涅认为，学习对于人类来说是极为重要的。人类的发展是成长（生长）与学习这一对因素以及它们之间的相互作用的结果。但它们之间又存在着重要的差别：“影响成长

① 普莱西、斯金纳：《程序教学和教学机器》，103 页。

（生长）的因素在很大的程度上是受发生学决定的，而影响学习的因素则主要是受个人生活环境的事件决定的。”①

加涅认为，人类的学习活动由四个要素构成：学习者、刺激情境、记忆内容、动作。在他看来，学习活动“首先要有一个学习者，他是一个人”②。学习者能不断接受刺激并将其组织成各种神经活动的图式，并表现出各种行为。刺激情境是指刺激学习者感觉的事物的统称。记忆内容是指可以从学习者的记忆中重新恢复的内容，这种内容是以前学习活动的结果。动作则是指学习者对刺激和记忆内容的反应。加涅说：“当情境以及记忆内容影响学习者，以致他的动作从他进入这种情境之前到他进入这种情境之后发生变化时，便产生了学习活动。这种动作的变化就导致学习的发生。”③

加涅还认为，人类的学习活动受内部的和外部的两大类条件制约。内部条件是指以前习得的知识技能、动机和学习能力等。外部条件是指输入刺激的结构和形式，不同的学习才能和学习内容需要不同的外部条件。

（2）学习过程

加涅认为，学习是个体的一整套内部加工过程。在这个过程中，个体把环境中的刺激转化为能进入长时间记忆状态的信息。这些信息（学习的结果）能给个体提供完成各种操作的能量。

在加涅看来，任何一个学习过程都是由一个个具体的学习阶段构成的。学习过程一般依次分为八个阶段：动机阶段、领会阶段、获得阶段、保持阶段、回忆阶段、概括阶段、操作阶段、反馈阶段。加涅强调指出，学生的整个学习过程一直受到外部条件的强烈影响。对于教师来说，了解和研究学习过程的目的就是为学习过程提供支持，使外部条件在学习过程中始终能与学习者的内部活动进行必要的、恰当的和正确的联系，从而给学习者以积极的影响，获得满意的学习结果。

（3）学习结果

加涅认为，人类的学习有五类结果，表现为五种不同的能力，即言语信息、智力技能、认知策略、运动技能、态度。

一是言语信息。加涅认为，这是一种学习者表述观念的能力。之所以称为“言语信息”，是因为“信息是言语的，或者说得比较明确些，信息是可以表达的”④。

二是智力技能。加涅认为，这是学习者使利用符号成为可能的能力。例如，读、写、算是低年级儿童所学习的利用符号的基本种类，随着学习的进展，他们就会以比较复杂的

---

① 加涅：《学习的条件》，傅统先、陆有铨译，1页，北京，人民教育出版社，1985。
② 同上书，4页。
③ 同上书，5页。
④ 同上书，43页。

方式来利用符号。

三是认知策略。加涅认为，这是学习者用来调节他自己内部注意、学习、记忆与思维过程的能力。认知策略可以应用于任何科目的学习。

四是运动技能。加涅认为，这是学习者学习由肌肉运动所形成的综合活动的能力。运动技能不是指个别的动作，而是强调动作的完整性和统一性。

五是态度。加涅认为，这是影响个人选择行动的内部状态。在他看来，人的行动是受态度影响的，但态度又是人的动作的结果。

(4) 学习层次

加涅认为，人类的学习是有层次性的，总是由简单的低级学习向复杂的高级学习发展，构成了一个依次递进的层次与水平。1968年，他把人类的学习分为八个层次。

一是信号学习。这是最低级层次的学习。“无论在普通家畜方面或在人类方面，对于信号学习普遍都是熟悉的。”①

二是刺激-反应学习。加涅认为，这一层次的学习相似于桑戴克的“尝试错误学习”和斯金纳的“操作性学习”。它只涉及一个刺激与一个反应之间的单个联结，而且刺激与反应是统一地联结在一起的。

三是连锁学习。这是一种成系列的单个“S－R”的结合的学习。有些连锁学习是由肌肉反应组成的，而有些连锁学习完全是言语的。

四是言语联结学习。这是指语言学习中言语的连锁化，包括字、词、形、声、义的联想和言语顺序的学习。

五是辨别学习。这是指学习者对某一特别集合中的不同的成分做出不同的反应的学习。

六是概念学习。这是指对事物的共同特征进行反应的学习。其中有些概念可以通过学习者与环境的直接接触来获得，但有些概念则要运用语言对事物进行分类、归纳和概括才能获得。

七是规则学习。这是对概念间关系的认识或理解。例如，从对“圆的东西”和“滚动”两个概念间关系的认识中得出“圆的东西会滚动”的规则。

八是解决问题学习。这是规则学习的一个自然的扩大，是一种“高级规则”的学习。

在对学习层次进行更深入的研究之后，加涅于1971年又把学习的八个层次压缩为六个层次，即连锁学习、辨别学习、具体概念学习、意义概念学习、规则学习、高级规则学习。

1977年后，他又把学习层次提炼为五个层次，即联结与连锁学习、辨别学习、概念

---

① 加涅：《学习的条件》，84页。

学习、规则学习和高级规则学习。

第四节 新行为主义教育思想的影响与评析

20 世纪 60 年代，新行为主义教育思想在美国以及其他国家都产生了很大的影响。有的国家对程序教学进行了实践研究，程序教学也开始与现代化技术结合起来构成了现代化教学手段。后来，计算机辅助教学的兴起显然受到了程序教学运动的强烈影响，就其实质来说是程序教学的延续。因此，西方有的学者甚至把新行为主义教育思想及其程序教学看成是运用现代化教学手段的开始。

此外，新行为主义教育思想在推动学习理论科学化方面起到了一定的作用。从某种意义上来讲，它继承并发展了实验教育思想关于使教育理论和实践精确化、客观化、科学化的观点。毋庸置疑，新行为主义教育思想在促使教学手段现代化的同时，也有助于学习理论的发展。

尽管西方的学者对“教学机器之父”斯金纳的著作和观点有所争论，但是对他的评价还是很高的。美国《今日的心理学》杂志指出，斯金纳是“一位了不起的人物”，“如果历史作出它的判断的话，那么他可能以对本世纪心理学的重要贡献而出名”。美国心理学史家舒尔茨称斯金纳是“美国第一流的行为主义者”，“在今天心理学中已经成为最重要和最有影响的人物”①。斯金纳在广泛的实验研究基础上提出的“操作性条件反应”和“积极强化”理论，既具有一定的合理性，又具有可操作性，推动了教学技术和方法的改进。他倡导的“程序教学”法，促进了教学机器的广泛使用，并为计算机辅助教学的发展开辟了道路。

就加涅而言，他并不是一个十分坚定的、彻底的行为主义者。西方有人称加涅的心理学是行为主义-折中主义的心理学，认为他在学习理论上接受了新行为主义的主要观点，但同时又吸收了其他学习理论的观点。然而，加涅的理论还是属于新行为主义范畴的，因为在加涅那里，“学习的本质，只不过是使行为改变的能力的发展”②。也就是说，学习理论实际上是人的行为改变理论。鉴于加涅的杰出的学术研究成果，美国心理学会 1982 年在给他颁发“应用心理学杰出科学奖”时指出：“加涅在人类学习领域做出了出色的、有重大影响的工作。……他写的《学习的条件》一书，清楚地、才华横溢地阐明了人类的各种学习与教学法之间的联系，激起了人们把心理学运用于教育的兴趣。”③

应该指出，新行为主义教育思想存在着一定的缺陷。由于它坚持认为心理学研究只能

---

① 舒尔茨：《现代心理学史》，杨立能等译，267 页，北京，人民教育出版社，1981。

② 比格：《学习的基本理论与教学实践》，张敷荣译，206 页，北京，文化教育出版社，1983。

③ 钟启泉等主编：《美国教学论流派》，145 页，西安，陕西人民教育出版社，1993。

以人的外显行为为研究对象，而忽视意识的意义，因此，在学习理论研究上仅仅局限在外部行为的控制上，而忽略了对学习的内部过程以及内部条件的研究。斯金纳强调人类与动物的学习过程是极为相似的，实际上抹杀了人类学习的基本规律以及人类学习与动物学习的本质差别。后来，人本主义教育家正是抓住这一点对新行为主义教育思想进行批判，认为它把人降为“一只较大的白鼠或一架较慢的计算机”①。应该看到，这一批评是击中要害的。此外，尽管程序教学和教学机器对促进学习具有一定的作用，但是在应用于教学实践时比较机械和刻板，因而限制了学生的思维活动。

新行为主义教育思想的鼎盛时期虽然已经过去，但是，它的一些观点和方法无疑对当今的教育理论与实践和教育技术的发展仍有着影响。

拓展阅读书目

1. 斯金纳．认知科学与行为主义//瞿葆奎．教育学文集・教学：上．北京：人民教育出版社，1988：495-514.

2. 普莱西，斯金纳．程序教学和教学机器．刘范，等译．北京：人民教育出版社，1964.

2. 加涅．学习的条件．傅统先，陆有铨，译．北京：人民教育出版社，1985.

① 舒尔茨：《现代心理学史》，404 页。

第四十章

结构主义教育思想

结构主义教育思想是20世纪50—60年代形成的一种西方教育思潮。瑞士心理学家皮亚杰、美国心理学家和教育家布鲁纳是它的主要代表人物。皮亚杰的学说为它奠定了基础；布鲁纳发起的一个结构主义课程改革运动是它形成的标志。结构主义教育思想强调儿童认知结构的研究以及认知能力的发展，注重对知识结构的理解，提倡发现学习和早期教育。结构主义教育思想曾对美国以及其他许多国家的课程改革产生过重大影响。现在它的兴盛时期虽已过去，但在教育上的影响仍较大。

第一节　结构主义教育思想产生的背景

“结构主义”又称“构造主义”，原是一种哲学思潮。20世纪30年代，瑞士心理学家皮亚杰将其引入心理学研究领域，创立了“发生认识论”。结构主义成为发生认识论的一个重要组成部分。发生认识论主要研究认识发展的“过程”和“结构”，目的是弄清人类认识的历史，寻找认识的社会根源，也称“过程-结构哲学”。它的起源可以追溯到康德主义哲学。康德理论中的“范畴”与皮亚杰理论中的“图式”有着某种哲学的牵连，对此，皮亚杰曾这样说：“我把康德范畴全部问题重新审查了一番，从而形成了一门新的学科，即发生认识论。”① 皮亚杰早年是研究生物学的，促使他后来转向心理学研究的主要原因是出于对哲学认识论的浓厚兴趣。所以，结构主义与认识论关系密切。它是一门方法学，或者说是一种观察世界的思维方式。

结构主义哲学认为，世界是由各种“关系”而不是由各种“事物”所组成的。事物脱离了关系就变得没有意义，一种事物，除非它被纳入到某种关系中去，否则就不能被认识。所谓“结构”，就是“一种关系的组合”，它反映了事物之间的本质联系。掌握事物的结构，就是以一种找出事物之间有意义的联系的方式去理解。“简单地说，学习结构就是学习事物是怎样相互关联的。”②

结构主义心理学属于认知派心理学。所谓“认知活动”，是指思维活动或智力活动。在这方面，结构主义心理学区别于行为主义心理学。行为主义的“刺激-反应”说，研究怎样通过“操作性条件作用”和“积极的强化”来控制人的外部行为，认为意识内部的活动研究既无可能也无必要。为克服理论上的局限性，新行为主义做了某种修正，产生了以斯金纳为代表的以使用教学机器为标志的程序教学。

认知派心理学注重人的意识活动的研究。其理论概括起来就是：人对刺激的反应不是直接对应的，而需要经历一系列内部心理转换活动。人的内部存在着一个完整的信息加工系统。使用科学手段主要不是观察、改变和塑造人的外部行为，而在于分析认知程序和结构，用适当的方法来组织和维持学习者的内部活动。

在《结构主义》一书中，皮亚杰指出了“结构”的三个要素：“整体性、转换性和自动调整性。”③ 所以，“结构就是由具有整体性的若干转换规律组成的一个有自身调整性质的图式体系”④。这是皮亚杰对“结构”所做的权威性界说。

皮亚杰对教育科学的改革与革新寄予了希望。他认为，仅从方法和应用方面是不能理解新教育的，必须从检查教育原理在心理学上的价值着手去考察。例如，研究“儿童期的意义”“儿童思维的结构”“发展的规律”以及“幼儿社会生活的机制”等。他强调指出：“了解儿童思维的结构以及儿童与成人心智之间的关系，这对于新学校来讲具有根本的重要性。”而且“从结构的观点来考虑儿童的心理，这是新教育的一个令人注目的创见”⑤。

---

① 高觉敷主编：《西方近代心理学史》，431页。

② 布鲁纳：《教育过程》，载布鲁纳：《布鲁纳教育论著选》，邵瑞珍、张渭城等译，24页，北京，人民教育出版社，1989。

③ 皮亚杰：《结构主义》，倪连生、王琳译，2页，北京，商务印书馆，1986。

④ 同上书，“译者前言”，2页。

⑤ 皮亚杰：《新方法，它的心理学基础》，载皮亚杰：《皮亚杰教育论著选》，卢濬选译，54～55页，北京，人民教育出版社，1990。

第二次世界大战后，皮亚杰的学说传入美国，受到美国心理学界的高度评价，被认为是“关于认知生长和发展的最全面的看法”。美国心理学家布鲁纳在创立哈佛大学认知研究中心后，又将皮亚杰和他自己的认知结构发展理论直接应用于美国中小学的课程改革，对创立结构主义教育做出了杰出的贡献。他指出，教学应当重视掌握知识的基本结构，在此基础上才能形成普遍的迁移。与皮亚杰相比，布鲁纳更重视教育心理学的理论研究和应用研究。

鉴于“科学的革命性进展”和“国家安全的紧迫局势”，美国全国科学院 1959 年在马萨诸塞州科德角伍兹霍尔召开了一次中小学数理学科的教育改革会议。布鲁纳以全国科学院教育委员会主席的身份主持了会议。《教育过程》是他在这次会议上所做的主席报告，后编辑出版，成为结构主义教育思想的代表作。

第二节　结构主义教育思想的主要特点

结构主义教育思想具有以下五个主要特点。

第一，结构主义教育思想十分强调认知能力的发展。它所依据的是关于儿童认知结构的发生和发展的理论，强调教育是一个构造的过程。所谓“构造”，就是儿童发展各个时期业已形成的活动图式。所以，结构主义教育思想注重对教育过程的动态研究，力图从儿童的心理能力引出关于不同年龄儿童学习和理解的一般性法则。教育正是受这种一般性法则所制约的。

第二，结构主义教育思想重视知识结构的学习。它认为知识是人们赋予经验中的规律性以意义和结构而构造起来的模式，主张以“结构”的框架去处理大量的信息。根据结构主义理论，任何学科都存在着基本的知识结构。它通常是由一定的概念体系所组成，揭示了这门学科的主要内容，并制约着对这门学科的探索。知识结构的学习能使学习者对所学学科产生深刻的理解，依靠自己的力量前进，推断所需的个别事物，并积极尝试将知识运用到当前的学习情境以外，造成学习能力方面的普遍迁移，而不仅仅是知识量的扩大。

第三，结构主义教育思想提倡“从发现中学习”。它认为学习不是环境刺激的被动反应，而是儿童自身将其纳入自己的构造之中。学习过程类似于人类探求知识的过程。真正理解一种知识，意味着主体重新创造这种知识。它指出儿童在智力上跟处在科学研究前沿的科学家并无本质的不同，只有程度的差异。在结构主义教育家看来，发现学习如同结构学习一样，其实质就是模拟正式的科学研究方法。这种学习鼓励学生对疑难问题进行大胆猜测，对学科结构产生直觉的理解，从而培养独立解决问题的能力。

第四，结构主义教育思想强调儿童早期教育的必要性与可能性。它认为，儿童在发展的各个阶段都有他自己观察世界和解释世界的独特方式，因此，给任何特定年龄的儿童教某门学科的任务，就是按照这个儿童观察事物的方式去表现那门学科的结构。只要方法得当，任何科学都能有效地教给任何发展阶段的任何儿童。

第五，结构主义教育思想并没有忽视教师在教育过程中应起的作用。它强调指出，教师在教育过程中扮演的角色不是传授“功课”，而是组织“情境”，以引起儿童的兴趣和动机，进而主动寻求对问题的解答。在这方面，一切教学装置均不能替代教师的作用。

第三节　结构主义教育思想的主要代表人物

一、皮亚杰

1. 生平和教育活动

让·保罗·皮亚杰（Jean Piaget，1896—1980）是瑞士儿童心理学家、日内瓦学派创始人，1896 年 8 月 9 日，他出生于瑞士的纳沙特尔。青年时代他在纳沙特尔大学主修生物学，1918 年获自然科学博士学位，后转向儿童心理学研究。

1921 年，皮亚杰任日内瓦大学心理学教授兼卢梭学院（后改名为日内瓦大学教育学院）实验心理学研究室主任。1941 年出任院长。皮亚杰曾任瑞士心理学会主席和第 14 届国际心理学会主席。他还长期担任联合国教科文组织国际教育局局长（1929—1967）。1955 年，他在日内瓦创建“发生认识论国际研究中心”并任主任。1971 年退休。

皮亚杰的主要著作有：《儿童的语言与思维》（1923）、《儿童的判断和推理》（1924）、《儿童智慧的起源》（1936）、《儿童心理学》（1966）、《结构主义》（1968）、《发生认识论》（1970）、《发生认识论原理》（1970）、《教育科学与儿童心理学》（1935）、《理解即发明——教育的未来》（1948）等。

1980 年 9 月 16 日，皮亚杰在瑞士日内瓦去世。

2. 教育思想

（1）儿童认知发展动力说

皮亚杰将儿童认知（智力）结构的发生和发展作为教育原理的心理论证。在他看来，儿童认知发展表现为一种内部结构的变化。儿童通过这一内部结构与外部环境相互作用来认识客观世界。

皮亚杰指出，关于智力发展和认知结构的心理学虽已取得很大的进展，但就其在教育上的应用来看，经典派理论仍有相当的影响。大体上有这样三种倾向：第一种倾向指经验主义的联想论，把一切知识归因于外在的起源。认为知识是从成人操纵下的经验、语言或视听的表达中获得的。第二种倾向的特点是返回到先天及内部成熟论。认为教育主要是训练先天的“理性”。第三种倾向即皮亚杰自己的观点，主张一种结构主义的理论。也就是说，儿童心理既不起源于先天的成熟，也不起源于后天的经验，而是起源于主体的动作或活动。这种活动的本质是主体对客体的适应。主体通过活动对客体适应，这便是儿童心理发生和发展的真正原因。

在皮亚杰的认知发展理论中，“图式”是一个中心概念。所谓“图式”，是指活动（动作）的结构或组织。它使主体能对来自客体的信息进行加工整理、归类和改造。儿童最早具有某些“遗传性图式”，如“吸吮图式”“抓握图式”等。后来，这些低级的活动图式在适应环境的过程中不断变化和丰富起来。在这一过程中，同化是主体将客体纳入主体已有的图式之中，引起图式的量变。当主体的图式不能同化客体时，就调节原有的图式，创立新的图式，使之适应客体，这一过程就叫顺应。它引起图式的质变，因而具有创新意义。当同化和顺应的交替发生处于一种均势时，主体和客体的相互作用便达到某种相对稳定的状态，即平衡状态。同化和顺应每获得一次平衡，图式便随之更新。

根据这种理论假设，皮亚杰对智力本质做了相应的解说：智力可以看作是“一种最高形式的适应，乃是在把外物不断同化于活动本身和把这种同化图式顺应于事物本身之间的一种平衡状态”①。

皮亚杰指出，影响认知结构发展有以下四个因素：一是成熟。它包括机体的成熟，尤指神经系统的成熟。它是认知结构发展的必要条件，但不是充分条件。二是物理经验和逻辑数学经验。物理经验是指作用于物体，并通过对物体的抽象所获得的知识，这是“经验”一词的通常的意义。逻辑数学经验则不同，在这种经验中，知识不是来源于物体本身，而是来自改变物体的动作本身，因而具有深刻得多的含义。三是广义的社会经验，尤指语言传递和教育传递。但这同样是一些必要条件，只能促进或延缓儿童心理发展。四是平衡因素。平衡，首先是指上述三因素之间必须保持的平衡。然而，平衡的最根本含义是指一个自我调节和主动建构的过程。不断成熟的主体内部组织和外部环境相互作用，通过动态平衡推动认知结构不断发展。皮亚杰认为，这是认知结构发展的最主要的因素。

（2）儿童认知发展阶段说

皮亚杰认为，儿童的认知发展可以分为感知运动、前运算、具体运算和形式运算四个阶段。

一是前语言的感知运动阶段（2 岁前）。这个阶段的儿童心理发展处于感觉运动水平上，依靠感觉和动作的逐渐协调，形成一些低级的行为。这种纯实践的智力虽不能进行再现，也不能从事思维，然而它已构成了感知运动的图式，作为以后运算和概念结构的建构基础。在这一阶段的后期，大约 1 岁半或 2 岁时，出现了表象思维的萌芽。

二是前运算阶段（2～7 岁）。这个阶段的儿童开始用符号或语言描述事物，心理范围

---

① 皮亚杰：《新方法，它的心理学基础》，载皮亚杰：《皮亚杰教育论著选》，53 页。

有所扩大。符号的机能使得感知运动有可能借助于思维而扩展自己。但是，尽管儿童可以进行以语言或符号代替具体事物的表象性思维，如从事各种象征性活动和游戏等，但他们使用的语言或符号还不能代表抽象的概念，思维仍受直觉表象的束缚，如还不能掌握“可逆性”等概念。

三是具体运算阶段（7～12 岁）。这个阶段的儿童的思维性质与学前儿童的经验性思维的区别在于，它是“内化的”和“可逆的”。也就是说，儿童具有了能应用于具体问题的逻辑运算能力。例如，能初步掌握系统的方法，处理分类和序列等问题。但还不能解决假设的、纯语言的或抽象的问题。也就是说，儿童思维尚未达到一般命题逻辑的水平。

四是形式运算阶段（12～15 岁）。这个阶段的儿童的思维发展很迅速，发生了一次根本性的变革。其主要特征是儿童从具体事物中逐渐解放出来。儿童的思维接近成人的思维水平，即可在头脑中将形式和内容分开，凭借假设和推论进行逻辑推演的思维。形式运算使儿童不受时间和空间的限制，去认识和把握事物的发展规律，去探讨研究命题的各种关系。

总之，皮亚杰关于儿童认知发展阶段的主要观点可以概括为：一是儿童思维的发展具有阶段性，每个阶段都有独特的结构，标志着一定的年龄特征。二是各个阶段的出现，从低级到高级有一种序列或顺序。前一阶段为后一阶段做准备，后一阶段是前一阶段的延续，不能逾越和互换。三是文化的因素可能加快、推迟或影响认知发展速度，但不能改变发展的顺序。

在皮亚杰看来，教育如果符合儿童心理发展的阶段特点，又注意到这种发展的渐进性和连续性，采取积极的方式促进阶段间的自然过渡，那么，这样培养出来的人就是创造家和革新家，而不是只会踩着别人的脚印走路的人。

（3）儿童认知发展说的教育意义

皮亚杰指出，教育科学的基础是被正确描述的儿童心理学和儿童社会心理学。他认为，儿童智力发展有它自己的节奏，这就如同生理节奏一样重要。所以，人为的超越阶段的学习完全是徒劳的。儿童不具备必需的认知能力的学习，只不过是口头的学习，不可能有真正的理解。对于教师来说，“问题只在于发现符合每个阶段的知识并用有关阶段的心理结构所能同化的方式教给学生”①。在皮亚杰看来，教育从属于受教育者的发展水平，儿童的水平决定着教育的步调。

毋庸讳言，皮亚杰认为，教育的主要目的是智育，首先是培养逻辑推理能力和抽象思维能力。这是由认知活动的性质所决定的。在他看来，学校教育是一项系统的实验，所

① 皮亚杰：《新方法，它的心理学基础》，载皮亚杰：《皮亚杰教育论著选》，61 页。

以，有关学习理论的建议只能是实验性质的。

一是活动性原则。皮亚杰说："儿童的心理特点具有说明一种真正活动的功能上的重要性。"① 在他看来，活动（动作）是主客体相互作用的桥梁。儿童是在"做"和"动作"中产生理解。智力发展的机制可以归结为"协调了的动作的渐进平衡"。

鉴于"活动"一词容易产生歧义和误解，皮亚杰指出，进行活动学习要避免两种错误认识：首先是夸大具体活动的作用。活动并不一定都有处理具体事情的具体动作的含义，虽然这在儿童心理发展的初级阶段是正确的，但在以后的高级阶段就不再是这样。抽象的思考也同样是活动。"一个运算就是一个活动"，恰恰是这样的活动对智力的建构起着决定性作用。其次是活动也不应理解为一种视听表象的过程。这种认识完全抹去了基本的逻辑数学运算的应用，从而把问题简单化了。发生认识论的观点认为，从感知活动到命题活动，反映了主体的认识不单纯取决于关于外物的经验，同时也极大地受制于主体关于自身动作协调的经验。认知水平的发展是这两类经验相互作用的结果。

二是自发性原则。皮亚杰认为，认知的自发性是同认知的活动性相互关联的。它意味着学习不是环境刺激的被动反应，而是儿童自身将其纳入已有的认知结构之中的行为。儿童的主体活动及其运算方式位于学习的中心。

儿童自发性学习产生创造意识。皮亚杰指出，"理解即发明"，或者是"通过发明进行重建"。这就是说，学习材料由儿童自我发现才会产生深刻的理解。皮亚杰认为，过早地教给儿童一些他们自己日后能够发现的东西，会使他不能有所创造。

应该指出的是，皮亚杰强调自发的学习并不意味着否定接受学习的价值。他在晚年曾这样说："记忆、被动地服从、模仿成人。一般来说，接受对于儿童而言如同自发的活动那样自然。"②

三是冲突性原则。皮亚杰认为，冲突性原则又叫"适度新颖原则"，即智力活动必须有情感力量的介入，在认知组织里植入内在动机。根据皮亚杰的理论，认知构建取决于同化和顺应之间自我调节的平衡活动。所以，教师的职责并不是传授"功课"，而是组织"情境"，以引起儿童的好奇心而寻求解答，依靠恰当的安排以激励儿童的行为。

皮亚杰强调，按照认知能力设计课程无疑是一个对教育有益的观点。他特别重视青少年的假设-演绎推理能力，即创造力的培养。他还建议教师用跨学科的观点处理他所教的学科，赋予该学科的结构以普遍意义，同时又把它们纳入其他学科的体系之中。

---

① 皮亚杰：《新方法，它的心理学基础》，载皮亚杰：《皮亚杰教育论著选》，36页。

② 卢永奎、赵娟：《皮亚杰理论在教育实践中的应用》，载《外国教育研究》，1992（3）。

二、布鲁纳

1. 生平和教育活动

杰罗姆·西摩·布鲁纳（Jerome Seymour Bruner，1915—2016）是美国认知派心理学家。1915 年 10 月 1 日，他出生于美国纽约。1941 年，他获哈佛大学心理学博士学位。布鲁纳早期从事有关动物知觉和行为的研究。第二次世界大战期间，研究方向一度转向社会心理学。战后，他重返哈佛大学执教，致力于人的认知发展的研究。1952 年任哈佛大学教授。1960 年，布鲁纳参与创建哈佛大学认知研究中心并担任主任。布鲁纳还担任过美国心理学会主席、美国教育研究院研究员、美国总统顾问委员会以及白宫教育研究与发展特别小组成员等职务。

布鲁纳的教育代表作是《教育过程》(1960)。用布鲁纳的话说，它是一本“按照结构主义表达知识观，按照直觉主义来表达研究认识过程”① 的书。他的另外两本教育论文集《教学论探讨》(1966) 和《教育的适合性》(1971)，对《教育过程》中的某些思想做了补充性阐述。这三部著作代表了布鲁纳的主要教育观点，其中以《教育过程》最为重要，影响也最大。

2. 教育思想

(1) 认知发展

布鲁纳把认知发展作为有关教学论问题讨论的基础。他指出：“一个教学理论实际上就是关于怎样利用各种手段帮助人成长和发展的理论。”② 布鲁纳将其称为“成长科学”，即认知科学或智力发展科学。

布鲁纳原则上同意皮亚杰关于儿童的认知结构是连续性的阶段性发展的结论，但在时间上往前推移了一些，他解释说这是因为儿童大脑发育比通常人们所认为的要快。布鲁纳认为，儿童的认知发展可以分为三个时期。

一是表演式再现表象期。儿童主要借助于动作去学习。其认知特点是“以某种学会作出反应和形成习惯的动作为基础的”。于是，“一个客观事物就是人对之有所动作的东西”。对于儿童来说，“各种重要的事情或客观事物的定义是按照在他们面前展示的动作来解说的”③。因此，训练必须与肌肉活动发生联系。

二是肖像式再现表象期。儿童开始具有一种表象系统。这一年龄阶段儿童的视觉记忆十分具体和特异。人们在一个 1 周岁的婴儿面前放一件玩具，除非玩具原是握在他手里的，否则把它拿走是不会使他哭叫的。但对于一个 3 岁儿童来说，只要他已经看到玩具，

---

① 布鲁纳：《教育过程》，载布鲁纳：《布鲁纳教育论著选》，4 页。

② 布鲁纳：《教学论探讨》，载布鲁纳：《布鲁纳教育论著选》，94 页。

③ 同上书，103～105 页。

把它拿走就足以惹怒他，这时客观事物具有了一种独立于动作之外的性质。“映象发展成了一种有独立状态的东西，它们成了动作的高度概括者。”① 但一般来说，儿童尚无力透过事物表面变化来认识数量守恒现象。

三是象征式再现表象期。这一时期的特点是具有符号的性质。儿童能够借助语言来理解事物。“语言提供了一种可以不用形象作为唯一判断根据的手段。”首先是自然形式的语言，然后是以数、词和逻辑形式出现的人为语言。它们能够超越动作或映象可达到的范围，而在最大程度上反映出现实的东西。

布鲁纳明确指出，教育过程的核心在于为受教育者提供帮助和对话的机会，以便受教育者把具体经验转为更加有力的标志系统和更有秩序的体系。基于这个理由，一种关于发展的理论，必须既能同一种知识论，也能同一种教学论联系起来。在布鲁纳看来，脱离教育学理论的发展心理学同忽视生长性质的教育学理论一样，都是空洞而无意义的东西。

值得注意的是，布鲁纳还提出了衡量认知发展水平的一些基本标准。例如，成长有赖于把各种过程内在化为某种与环境相适应的“存储系统”；智力成长涉及的这样一种能力在不断增长，即用词语或信号手段对自己或他人说出他做了什么或将要做什么；智力发展有赖于在指导者和学习者之间发生的某种有系统的和偶发的相互作用，智力发展的标志是能同时处理若干不同的事物，在同一时间里能注意照顾若干相互关联的事物，能按照多种要求适当地分配时间和注意力等。

（2）知识结构

布鲁纳认为，智力活动本身是一个连续不断的构造过程。知识就是“我们构造起来的一种模式，它使得经验里的规律性具有了意义和结构”②。知识的意义在于一个人的认知结构能与客观事物相符，并能很好地说明客观事物。

按照布鲁纳的意见，知识结构的特点可以用三种方式来概括：一是“再现形式”，指知识结构的再现形式可以在动作、图像和符号这三者中选择；二是“经济原则”，指把一门学科中的多样化知识加以合理简约；三是“有效力量”，指产生新的命题和增强知识的可操作性等各种力量。布鲁纳指出，这三种方式内部都影响着任何学习者对知识结构的掌握能力。

布鲁纳将结构原则列为教学论的主要原则，并将它和动机原则、程序原则和强化原则并提。他把结构原则解说为“最便于学习者掌握的知识的组织方式”，并且将其与课程问题联系起来。这就是说，一门学科要为学习者提供尽量简要、有迁移力以及适于每个年龄阶段的学习者的基本结构，以促进认知能力的发展。

布鲁纳还指出，所谓“学科基本结构”，是指某门学科的基本观念和原理。例如，化学中的“键”，物理学中的“力”和“守恒定理”，生物学中的“向性”等概念，数学中的

---

① 布鲁纳：《教学论探讨》，载布鲁纳：《布鲁纳教育论著选》，105页。

② 布鲁纳：《论认知》，120页，1962年英文版。

交换律、分配律和结合律等。在他看来，掌握学科基本结构应成为学习者在运用知识方面的最低要求。它“不但包括掌握一般原理，而且还包括培养对待学习和调查研究、对待推测和预感、对待独立解决难题的可能性的态度”①。

布鲁纳认为，一门学科只教专门的课题或技能，而没有使学生把它们在知识领域更广博的基本结构中的脉络弄清楚，这是极不明智的。首先，这样的教学不能使学生从已学得的知识推广到他后来将碰到的问题。其次，不能使学生掌握一般原理，不利于激发学生的智慧。最后，学生所获得的知识将是一种多半会被遗忘的知识。

（3）发现学习

儿童智慧的发展固然有年龄的特点，但并不像时钟装置那样有固定的节奏。讲授科学概念不必奴性地跟随儿童认识发展的自然进程。研究表明，可以向成长中的儿童提出富于挑战性的难题，“加速认知和领会”。在布鲁纳看来，以往学校往往以过分困难为由，推迟许多重要学科的教学，从而浪费了儿童宝贵的岁月。

为激发儿童的智力发展，布鲁纳建议，在提出一个学科的基本结构时“尽可能保留一些令人兴奋的部分，引导学生自己去发现它”②。因为成功学习的一个重要因素是“对于发现的兴奋感”和与之相随的“对本身能力的自信感”。布鲁纳强调说：“如果我们要展望对学校来说什么是特别重要的问题，我们就得问怎样训练几代儿童去发现问题，去寻找问题。”③ 应当让儿童有机会去领会专心致志地研究问题是什么感觉，以便把这种感觉带到他独立进行的工作中去。

在布鲁纳看来，学习一门学科不是涉及一个人要“知道”的事情，而是涉及“知道怎样处理”的事情。例如，当一个人学习物理，他是在学习处理已知的事物，这是“着重于从所见的事物表面去探讨规律性的潜在结构的一种学习途径”。一般地讲，发现教学所包含的，“与其说是引导学生去发现‘那里发生’的事情的过程，不如说是他们发现他们自己头脑里的想法的过程。你必须使学生相信他的头脑里事实上存在着潜在的模型，它是很有用的”④。总之，发现学习就是引导学习者去主动地“理解”一门学科的基础，而不是被动地占有这门学科的琐细材料。

布鲁纳还认为，发现学习取决于对知识结构的理解。它是一种由一般到个别的学习策略。发现学习的一个重要前提是，儿童必须在“创造性思维”方面受到适当的训练。创造性思维很受忽视而又重要的形式是直觉思维。布鲁纳指出，过去的教学只注重发展学生的分析思维能力，未将直觉思维能力的训练列入教学要求，教育文献中也无这方面的研究，

---

① 布鲁纳：《教育过程》，载布鲁纳：《布鲁纳教育论著选》，33 页。

② 同上书，33 页。

③ 布鲁纳：《教育的适合性》，载布鲁纳：《布鲁纳教育论著选》，371 页。

④ 同上书，342 页。

这是一个很大的失策。

布鲁纳指出，直觉思维的暂定界说是“直接的了解和认知”。所谓“直觉”，是指“没有明显地依靠个人精巧的分析器官而掌握问题或情境的意义、重要性或结构的行为”①。鉴于直觉思维是正式的学科和日常生活中创造性思维的一个重要特征，从提高学生认知能力考虑，教学应当把训练“机灵的猜测”“丰富的假说”“大胆迅速地作出试验性结论”作为一项重要的目标。“一开始就应该给年幼的学习者有解决问题的机会，让他们去推测，去争辩，因为这些事情都是这个学科要做的核心的事情。”②

然而，布鲁纳自己也认为，一个学生不可能只凭发现法学习，正像一个发明家不是一直都有发明创造一样。发现学习并不排斥讲授法、问答法、讨论法以及各种形式的练习。

第四节　结构主义教育思想的影响与评析

在第二次世界大战后的几十年中，关于结构主义教育思想的探索不断引起人们的关注和兴趣。皮亚杰的认知结构理论为结构主义教育思想奠定了基础。在其影响之下，布鲁纳提出了以知识结构论和学科结构论为核心的结构主义学习理论，并把它推广到中小学教育实践中去。

结构主义教育思想在理论上的贡献不仅是多方面的，而且具有创新意义。

第一，结构主义教育思想的提出适应了现代信息化社会的需要。随着知识更新速度的加快，一个对现有科学知识体系进行修正和改组的问题提了出来。结构主义者施瓦布（J. J. Schwab）认为，旧知识易于表现为分类目录的形式，如化学元素分类表、生物学的种属纲分类目录等；而现代科学探索则倾向于寻求模型，如变革的模型、关系的模型等。学科的这种从分类目录向模型的转变意味着教学的任务不再是描述现象和观点本身，而是要满足模型的条件。③ 美国心理学会在颁给布鲁纳“杰出科学贡献奖”时，赞扬他“对人及其环境的信息处理的策略和方法是有丰富的见解和独创性的贡献，加深了我们对人是怎样拥有和转换他所运用的信息的理解”④。

第二，结构主义教育思想强调了儿童期的特征在教育上的意义，开创了对儿童认知结构发展问题的研究。这对于教师理解儿童智力发展的特点，确定在儿童智力发展不同阶段

---

① 布鲁纳：《教育过程》，载布鲁纳：《布鲁纳教育论著选》，61页。

② 布鲁纳：《教学论探讨》，载布鲁纳：《布鲁纳教育论著选》，246页。

③ 施瓦布：《学科结构的概念》，载瞿葆奎主编：《教育学文集·课程与教材（上）》，213～214页，北京，人民教育出版社，1988。

④ 李明德、金锵主编：《教育名著评介》（外国卷），497页，福州，福建教育出版社，1992。

的活动特点，并据此设计一般教学程序颇具启发性。

第三，结构主义教育思想为现代条件下教育与心理的结合提供了有益的启示。事实就像皮亚杰所认为的，不存在所谓的“应用心理学”，因为一切良好的心理学都是可以应用的，其中就包括了教育科学。在伍兹霍尔会议召开之际，布鲁纳曾对半个世纪以来美国心理学界不注意研究中小学智育问题特别是课程问题的倾向提出了批评，指出学习心理学沉醉于某些时效短的情境研究，不去关心建立一个相对稳定的规范的学习理论框架；教育心理学只关心学生情感的发展和社会适应，不去关心课堂活动的智育结构的研究。布鲁纳等人所做的工作使心理学与教学实践恢复了紧密的联系。

然而，结构主义教育思想也面临着许多挑战。其中，最富挑战性的问题是：关于认知阶段能否通过适当的环境而加速发展的问题。在这个问题上，皮亚杰认为，儿童认知发展对内部成熟的依赖程度大大高于外部影响，教育一定要考虑儿童所处的发展阶段。布鲁纳则认为，心理发展在很大程度上依靠从外部取得的发展，这就使得尝试设计加速智力成就的教学手段成为很有必要的事情。但是，皮亚杰在他晚年却又不得不认真考虑早先被他忽视的个别差异的存在，承认“每个人都有他自己的节奏。很难弄清这种节奏是什么东西”①。而布鲁纳在《教育过程再探》一文中则坦率地承认，所谓任何儿童都可以接受被认定为需要的课程的命题是过于天真的想法。应该指出，关于认知发展的阶段性理论，现在仍然是一个有待进一步研究和发展的理论。

结构主义教育思想的进一步实践似乎也证实了上述判断。1959 年伍兹霍尔会议拉开了战后美国大规模课程改革的序幕。20 世纪 60 年代兴起的这场课程改革运动以结构主义教育思想为理论指南。美国成立了许多课程改革机构，编写出版了大量的新版教科书，并着手进行师资培训工作。除联邦教育署外，美国国家科学基金会、兰德公司、美国科学发展协会等都直接或间接地参与了这项工作，期待在中小学基础科学教育现代化方面开创新的局面。与此同时，世界上也出现了一种课程改革运动的共同趋势。

但是实践证明，这场课程改革运动并未取得人们所预期的结果。社会公众提出了如下的批评：新编教材过于理论化、抽象化，脱离学生的实际；课程编制者未能在什么是学科的基本结构上达成共识；新编教材对青年关心的问题以及反映学科与社会联系方面的内容没有给予重视等。正如布鲁纳本人后来所承认的：“会议后最初 5 年的课程设计，除了戴上一两个桂冠夸示一番外，竟没有一个设计是值得采用的。”这说明“我们在开始阶段过于理想主义了”②。

20 世纪 70 年代以后，欧美心理学界出现了一种研究趋向，主张通过系统的实验，研究个体之间特别是儿童之间的相互作用，以及各种社会因素对儿童的智力的发生和发展的

① 《皮亚杰谈创造力及教育改革》，载皮亚杰：《皮亚杰教育论著选》，252 页。

② 布鲁纳：《教育过程再探》，载布鲁纳：《布鲁纳教育论著选》，附录，430 页。

影响。从 20 世纪 80 年代中期起，人们开始用“发生社会心理学”来称呼这一趋向。这似乎是弥补认知发展心理学在理论上的偏失。

拓展阅读书目

1. 皮亚杰. 皮亚杰教育论著选. 卢濬选，译. 北京：人民教育出版社，1990.

2. 布鲁纳. 布鲁纳教育论著选. 邵瑞珍，张渭城，等译. 北京：人民教育出版社，1989.

第四十一章

“个性全面和谐发展”教育思想

“个性全面和谐发展”教育思想是20世纪中期在苏联出现的一种新的教育思潮。苏联教育家苏霍姆林斯基是它的主要代表人物。它强调培养“个性全面和谐发展”的人，主张德育、智育、体育、美育、劳动教育各方面的协调发展。这种教育思想不仅促进了苏联教育理论和实践的发展，而且把全面发展教育理论推进到一个新的高度，对世界上其他国家的教育也产生了较大的影响。

第一节 “个性全面和谐发展”教育思想产生的背景

在西方教育史上，全面发展教育思想源远流长，并且经过一个由空想到科学的发展过程。早在古希腊时期，一些思想家就提出了“身心既善且美”的和谐发展教育理想。其后经过人文主义者和17—18世纪的启蒙思想家，特别是19世纪的空想社会主义者的提倡，人的“自由发展”“和谐发展”和“全面发展”的问题便日益引起人们的重视。但是，所有这些思想家和教育家对人的“全面发展”问题的考察，都未能摆脱人性论的思想范畴，不能揭示个性的真正解放和全面发展的、现实的、客观的可能性，因而带有空想性质。只是在马克思主义产生以后，才完成了对人的“全面发展”问题的科学考察，奠定了全面发展教育的科学基础。而人的全面发展教育的真正实施，则是俄国十月革命胜利以后的事情。

1917年十月革命胜利后，世界上第一个社会主义国家建立，彻底消灭了剥削制度，从而使全面发展教育的实施不仅成为必要，而且有了可能。当时，列宁给社会主义教育提出的目标就是“教育、训练和培养出全面发展的和受到全面训练的人，即会做一切工作的人”①。但是，长期以来，这个任务在苏联并没有得到很好的解决，在教育实际工作中，有时偏“左”，有时偏右，一直摇摆不定。例如，20世纪20年代，整个教育工作偏重于劳动和思想政治教育，忽视了智育、体育和美育，因而严重地影响了教学质量，降低了学生的知识水平。从30年代起苏联则集中注意提高学校的教学质量，片面强调普通教育的升学目的，忽视甚至取消了学生的劳动和综合技术教育，使普通教育学校的学生毕业后就业与升学的矛盾日益加剧，结果导致了1958年的教育改革。这次改革其目的是要纠正过去偏重知识教育而忽视生产劳动教育的偏向，以适应学生就业的需要。然而，它又在很大程度上忽视了苏联以往教育改革的有益经验，贬低了普通教育和理论学习的地位，给高等教育的发展带来很大的困难。

另外，从20世纪50年代开始，苏联社会主义建设的规模越来越大，生产的机械化、自动化和化学化的加速发展，计算机的广泛运用，电气化的大力发展和科学技术的其他成就，从根本上改变了劳动的性质，工人和集体农庄农民的劳动就其本质来说越来越接近于工程师、技师、农艺师和其他专家的水平。整个苏联的经济和技术发展的远景，更加迫切地需要全面发展的教育。

为了适应苏联社会经济发展的需要，从理论上和实践上解决人的全面发展教育问题，苏联教育家苏霍姆林斯基和他的同事们进行了长期的实验研究，至少对两代人如何成长、发展以及参加生产和社会生活的过程进行观察，从而揭示了有关个性全面发展思想的一个个问题的新的方面、细节和特点。②

在探讨“个性全面和谐发展”教育的过程中，苏霍姆林斯基特别重视教育历史遗产的发掘和研究。他写道：“如果对过去已经做过和已经达到的东西不进行深刻的分析，对前人的理论遗产不进行经常的思索，那么，一般地说，科学研究工作便是不可思议的。而在研究个性全面发展教育问题上，忽视历史的观点则会导致研究工作的一知半解，使这一工作进展缓慢”③，就不可能创造性地对待马克思列宁主义关于全面发展的学说。为此，苏霍姆林斯基不仅详细地考察了全面发展教育的历史过程，研究了各个时期著名教育家的有

---

① 列宁：《共产主义运动中的“左派”幼稚病》，载列宁：《列宁选集》，第4卷，159页，北京，人民出版社，2012。

② 苏霍姆林斯基：《关于全面发展教育的问题》，王家驹等译，1页，长沙，湖南教育出版社，1984。

③ 同上书，4页。

关著作，而且还着重地研究了克鲁普斯卡娅、卢那察尔斯基、加里宁（M. И. Калинин）、马卡连柯以及其他苏联教育家和心理学家著作中关于培养全面发展的个性的论述。他说，如果没有这些教育家在教育科学上做出的贡献，“要想建立我们的教育理论的大厦，使教育理论为实践指明道路，那是不可能的”①。

此外，苏霍姆林斯基还特别强调马克思列宁主义关于人的全面发展学说对研究“个性全面和谐发展”教育问题的决定性意义。他说：“在研究培养全面发展个性的问题上，深入地理解马克思列宁主义奠基人的著作，就会把注意力集中于主要的、主导的、起决定作用的问题上。”②

由于苏霍姆林斯基坚持以马克思列宁主义为指导，注意吸收人类教育的历史遗产，并密切联系苏联教育的实际，进行长期的实验研究，因而逐步形成和发展了一个完整的“个性全面和谐发展”的教育理论体系。

第二节 “个性全面和谐发展”教育思想的主要特点

“个性全面和谐发展”教育思想具有以下四个主要特点。

第一，“个性全面和谐发展”教育思想是在长期的教育实践基础上形成和发展起来的。苏霍姆林斯基一生主要从事学校教育工作，从事教育实践活动和教育理论探索。帕夫雷什中学是他任教的最后一所学校，也是他工作时间最长的一所学校。他边实验、边探求、边总结、边创新，从而形成了一个完整的“个性全面和谐发展”的教育理论体系。“个性全面和谐发展”的教育思想直接来自于苏霍姆林斯基的教育实践以及苏联学校教育实际，反过来又对苏联的教育实际和理论产生了重要的影响。

第二，“个性全面和谐发展”教育思想强调把学生培养成个性全面和谐发展的人。按照苏霍姆林斯基的意见，学生的体格、思想品德、知识本领、智慧能力、审美情操、劳动本领等方面都应该得到健康的发展，在个性、天资、兴趣、爱好以及特长等方面都应该得到充分的发挥，成为一个真正完善的人。在教育实践中，尽管苏霍姆林斯基提出了不少创新，但是，他的任何一项创新都是紧紧围绕一个主题，即为了培养“个性全面和谐发展”的人而提出的。应该看到，把学生培养成“个性全面和谐发展”的人，既是“个性全面和谐发展”教育思想的出发点，又是它的归宿点。尤其值得注意的是，它以“全面发展”为主体，把“个性发展”“和谐发展”与“全面发展”融合在一起，成为一个统一的整体。

第三，“个性全面和谐发展”教育思想主张德育、智育、体育、美育、劳动教育各方

① 苏霍姆林斯基：《关于全面发展教育的问题》，6页。

② 同上书，5页。

面的协调发展。苏霍姆林斯基提出，上述各方面教育不仅是同时并进、互相联系、互相渗透、互相促进的，而且呈现为一个统一的完整过程。但是，在实现个性全面和谐发展教育中，德育、智育和劳动教育起着决定性作用，是中心的环节。如果这三个方面教育的问题能得到很好的解决，并辅以健康教育和审美教育，那么，“个性全面和谐发展”教育的培养目标就能达到。

第四，“个性全面和谐发展”教育思想提倡“自我教育”。按照苏霍姆林斯基的意见，自我教育是学生能否真正接受教育，以及实现培养“个性全面和谐发展”的人的关键性因素。作为教育者来说，首先要教育学生自我尊重、自我克制、自我完善。他反复强调说：“自我教育是学校教育中极重要的一个因素。”① “没有自我教育就没有真正的教育。”② 在他看来，自我教育更能促进学生的成长和发展。如果学生缺乏或根本没有自我教育的愿望和要求，那么，培养“个性全面和谐发展”的人的教育理想是很难真正实现的。

第三节 “个性全面和谐发展”教育思想的主要代表人物

苏霍姆林斯基

1. 生平和教育活动

瓦西里·亚历山德罗维奇·苏霍姆林斯基（Василий Александрович Сухомлинский，1918—1970）是苏联的教育理论家和教育实践家。1918 年 11 月 28 日，他出生于乌克兰基洛沃格勒的一个贫苦农民家庭。1933 年，他从农村七年制学校毕业后，进入师范学校师资训练班学习，结业后回到母校做小学教师。这期间，他一边从事教学工作，一边以函授方式在波尔塔瓦师范学院语言文学系接受高等师范教育。1933 年，苏霍姆林斯基取得了中学教师合格证书，调任奥努夫列耶夫卡完全中学教师。

苏联卫国战争爆发后不久，苏霍姆林斯基应征入伍，在前线作战负伤后重返教育战线工作。最初他在乌发任中学校长，1944 年调任奥努夫列耶夫卡教育局局长，1947 年被任命为帕夫雷什中学校长。从此他与这所学校结下了不解之缘，一直工作到逝世为止。

苏霍姆林斯基到帕夫雷什中学工作后，立即投入紧张的教育实践和教育理论研究工作，并且很快就取得了重大成就，引起了苏联教育界的注意。1950 年，苏霍姆林斯基被乌克兰共和国教育科学研究院和基辅师范学院选拔为在职研究生。由于他勤奋学习，在短时期内即完成了学业，通过了学位论文答辩，获得了副博士学位。

1957 年，苏霍姆林斯基被选为俄罗斯教育科学院通讯院士，不久又获得了“功勋教

① 苏霍姆林斯基：《帕夫雷什中学》，赵玮、王义高等译，13 页，北京，教育科学出版社，1983。
② 同上书，23 页。

师”称号。1968年，苏霍姆林斯基被选为全苏教师代表大会代表，同时被授予“社会主义劳动英雄”称号。

苏霍姆林斯基把全部心血倾注在教育事业上。他每天早上5—8时从事写作，白天亲自上课、听课和当班主任，晚上整理笔记，思考一天工作中所遇到的各种问题。他整整花了10年时间，跟踪观察和研究了学生从童年到青年的各种表现，对3 700多名学生做了观察记录，积累教学资料2 000多本。此外，他还阅读了国内外的各种教育著作，对理论学习有着浓厚的兴趣。所有这些既是他教育实践成功的秘诀，也是他的“个性全面和谐发展”教育思想的丰富源泉。在短暂的一生中，他先后撰写了40多本专著、600多篇论文和2 000多篇儿童读物，为后世留下了丰富的教育遗产。其中主要的教育著作有《和青年校长的谈话》(1965—1966)、《帕夫雷什中学》(1969)、《把整个心灵献给孩子》(1969)、《给教师的一百条建议》等。

1970年9月2日，苏霍姆林斯基因病去世。

2. “个性全面和谐发展”教育的基本理论

从马克思列宁主义关于人的全面发展的基本原理出发，苏霍姆林斯基明确提出，社会主义教育的任务就是培养“个性全面和谐发展的人”。所谓“个性全面和谐发展”，即“意味着劳动与人在各类活动中的丰富精神的统一，意味着人在品行上以及同他人的相互关系上的道德纯洁，意味着体魄的完美、审美需求和趣味的丰富及社会和个人兴趣的多样”①。他强调说：“在这个和谐中，没有可能，也没有必要规定什么是主要的，什么是次要的。我们只能说，全面发展的某些方面对于人的整个精神世界的影响可能比其他的方面大一些。”② 同时，“个性全面和谐发展”也不是意味着一个人可以不停地从一种职业转到另一种职业，而是指每一个人在精通自己所从事的专业的同时，还有兴趣和能力进入任何其他的知识领域。他说：“全面发展的思想跟样样都做而又不求甚解是毫不相容的。”③

苏霍姆林斯基认为，要培养“个性全面和谐发展的人”，就必须对学生进行智育、体育、德育、劳动教育和审美教育，并且要使这几个方面的教育深入地相互渗透和相互交织，成为一个统一的完整过程。否则，哪怕只是忽略了其中的一个环节，都会破坏这个有机的统一。在这个统一的教育过程中，起决定作用、主导成分的是道德，应该使道德教育始终贯穿在学校的全部教育和教学工作中。苏霍姆林斯基形象地说：“道德是照亮全面发展的一切方面的光源。”学生的主要任务是学习，学校应以进行智育教育为主要任务，但是，智育本身就包含着兼施德育的职能。同样，体育、美育和劳动教育都应该贯穿德育的

---

① 苏霍姆林斯基：《帕夫雷什中学》，8页。

② 苏霍姆林斯基：《关于全面发展教育的问题》，32页。

③ 同上书，9页。

精神。然而，强调德育的主导作用，并不是说学校应该拿出主要时间专门进行德育教育，而放松其他各项教育的任务。

在实施“个性全面和谐发展”教育时，苏霍姆林斯基认为，必须使人的多种多样的才能、天赋、意向、兴趣和爱好等个性特点得到充分发挥。他强调说：我们的教育目标“就是让走向生活的每一个青年男女的才能都得到最充分的发挥”①。在苏霍姆林斯基看来，“个性全面和谐发展”是对每一个受教育者的共同要求，而各种才能、兴趣、爱好的充分发挥则因人而异。因此，他要求教师必须以关切而又深思熟虑的谨慎态度对待每个孩子的优缺点，竭力设法把教学和教育工作安排得使每一个学生都能显示出他的天赋，找到他喜爱的活动，并在这方面成为能手。

为了使每一个学生得到“个性全面和谐发展”，苏霍姆林斯基认为，必须创立丰富多彩的集体生活。他说：学生的“个性是否丰富，即在智力、思想、道德、审美、创造性、情感、公民意识等方面是否丰满，是由个人跟周围世界的交往与联系是否丰满决定的”②。如果没有集体的完善组织，没有集体生活在思想、精神、智慧、情感、审美和创造等方面的内容，“个性全面和谐发展”是不可能的。

苏霍姆林斯基还认为，实现“个性全面和谐发展”教育的关键在于学生自身的精神状态，即取决于学生自我教育的愿望和要求。但学生的自我教育的愿望和要求又不是与生俱来的，而是需要通过教育者的教育和培养，需要通过教育者耐心细致的工作，才能逐步产生、发展并臻于完善。这就要求“教育者的人格、他的思想信念、他的精神生活的丰富性，他的道德面貌的完美性”③。同时，还要求建立具有丰富的经验、先进的教育观点和思想统一的教师集体。

3. 德育

在“个性全面和谐发展”中，苏霍姆林斯基赋予道德以特别重要的意义。他认为，社会要求学校培养出来的人，不管他从事什么职业，都必须首先是有道德的人。

苏霍姆林斯基强调指出，在具体实施德育时应注意以下几个方面。

一是培养良好的道德习惯。按照苏霍姆林斯基的意见，道德具有继承性，并且存在着全人类的基本道德准则。在人的个性形成中，童年是一个关键时期。因此，必须从很小的时候起就对儿童进行道德教育，使他们逐步理解社会道德的基本准则，养成良好的道德习惯。例如，尊重人、关心人、热爱劳动成果和言行一致等。如果在童年时期没有形成良好的道德习惯，那么，所造成的损失是永远无法弥补的。

二是培养丰富的道德情感。苏霍姆林斯基认为，道德情感乃是“道德信念、原则性

---

① 苏霍姆林斯基：《帕夫雷什中学》，20页。
② 苏霍姆林斯基：《关于全面发展教育的问题》，110页。
③ 苏霍姆林斯基：《帕夫雷什中学》，157页。

和精神力量的核心和血肉，没有情感，道德就会变成枯燥无味的空话，只能培养伪君子”①。在他看来，学校的任务就是要从小培养儿童健康的、丰富的道德情感。例如，爱父母、爱人民、爱祖国、羞耻心和荣誉感等，激励他们去追求更好的和更高尚的东西，抵制任何罪恶的诱惑，避免不道德和违法犯罪行为。

三是树立坚定的道德信念。苏霍姆林斯基认为，道德信念是道德发展的最高目标，或者说是“对坚持真理、证明自己观点的正确性，并为此随时准备作出任何牺牲的一种热忱企望”②。道德信念一旦形成，就成为个人心目中完全正确的真理，成为人的一种能动力量；反之，一个人如果缺乏坚定正确的道德信念，便没有正确的方向。但是，道德信念并不是自然而然形成的，需要经过一个复杂的、长期的教育过程，需要从小就逐步引导儿童树立坚定正确的道德信念。

在对儿童进行道德教育时，苏霍姆林斯基认为，必须遵循以下几条基本原则。

一是集体的道德品质是个人道德品质的源泉。苏霍姆林斯基认为，外部环境是学生精神生活的决定因素。学生的生活环境就是学校集体，学校集体对学生的意识倾向、信念、理想、兴趣和能力等个性特点的形成具有巨大的作用。“集体活动中先进的社会思想展现得越清楚，作为社会小细胞的集体的作用越大，那么它的教育力量也就越大。”③ 所以，教育者的任务就是注意抓好集体教育，重视和发挥学校集体在学生个性形成中的特殊作用。

二是要使优良品质在儿童身上占支配地位。苏霍姆林斯基认为，在任何一个儿童道德品质的形成过程中，都存在着积极因素和消极因素的矛盾。在教育儿童，特别是在教育错误和缺点较多的学生时，必须坚持从正面教育着手，充分调动学生的积极因素。这样才能唤起儿童对美好事物的向往，帮助他们树立信心和养成自我控制的能力，为进一步接受教育和不断克服其消极的因素创造条件。

三是道德品质要通过学生的积极努力来形成。苏霍姆林斯基认为，要在儿童身上去掉某种不良的行为，养成某种好的品德，仅靠阻止、警告是远远不够的，还必须在教育者和集体的影响下，引导儿童自己走上正确的道路，相信自己有克服困难的力量。他断言：儿童的道德品质，只有通过自己的努力才能形成和巩固。他们做的好事越多，做坏事的机会就越少。

四是宽恕优于惩罚，惩罚必先教育。按照苏霍姆林斯基的意见，惩罚是一种特别刺人和危险的方法，在使用惩罚时很多教师容易犯错误。所以，他主张只要儿童不是故意作恶，一般都不应给予惩罚。苏霍姆林斯基认为，在这种情况下，恰恰是宽恕才能触及儿童

① 苏霍姆林斯基：《帕夫雷什中学》，200页。
② 同上书，199页。
③ 苏霍姆林斯基：《要相信孩子》，王家驹译，16页，北京，教育科学出版社，1981。

自尊心最敏感的部分，使儿童产生一种要求改进错误的意愿和积极性。他说："不要急于处分学生，要好好想一想，是什么促使他犯这样或那样的错误的；要设身处地为孩子们想一想，那么就可相信他们会通过自身的努力来改进错误的。"①

4. 智育

在苏霍姆林斯基的"个性全面和谐发展"教育思想体系中，智育的理论是最为丰富而且最具特色的。

按照苏霍姆林斯基的意见，"智育包括：获得知识和形成科学世界观，发展认识能力和创造能力，培养脑力劳动文明，养成一个人在整个一生中对丰富自己的智慧和把知识运用于实际的需要"②。智育对于人之所以必要，不仅是为了劳动，而且是为了精神生活的充实。

苏霍姆林斯基认为，智育的任务首先是使学生在所有学科方面掌握深刻而牢固的知识。在他看来，"深刻的、牢固的、透彻理解的知识，对于明天的物质生产劳动者，对于未来的父亲和母亲是绝对不可少的，如同未来的学者、设计师或诗人不可缺少那样"③。

但是，苏霍姆林斯基又认为，决不能把智育的任务简单地归结为传授知识。在教学过程中还有一个重要的目标，即发展学生的智力，也就是说，还应该培养学生的创造性，才能提高他们智力活动的兴趣，提高他们作为人的尊严感，使他们在整个一生中都感到丰富自己智慧的需要，体验到享受人类文化宝藏和精神财富的欢乐和满足。他说："学校的培养目标是不要让任何一个在智慧方面没有受过训练的人进入生活。愚蠢的人对社会来说是危险的，不管他们名义上受过哪一级的教育。"④

为了使学生顺利地获得牢固的知识和发展思维能力，苏霍姆林斯基在总结前人经验的基础上，结合自己丰富的教育实践经验，提出了以下建议。

一是要激发学生的学习兴趣和求知欲。苏霍姆林斯基认为，掌握知识和实际技能是在教师指导下进行的复杂的认识活动，而提高学生的学习兴趣，引起他们的求知欲则是推动学生进行这一活动的主要动力。所以，每一个教师在教学过程中都要设法尽量唤起学生对自己所教学科的兴趣，使他们热爱这门学科，从而带有一种高涨的情绪进行学习和思考。苏霍姆林斯基指出，在苏维埃学校里，强烈的学习愿望是一种道德的和政治的情感。为了激发和培养这种情感，他要求教师首先要以满腔热忱对待教学工作，真心诚意地关心学生的学习；其次要努力上好每一堂课；最后，对自己所教的学科要有丰富的知识。

二是要建立广阔的"智力背景"。所谓"智力背景"，即指学生的智力发展不能局限于

① 苏霍姆林斯基：《要相信孩子》，42页。

② 苏霍姆林斯基：《关于全面发展教育的问题》，34页。

③ 同上书，23页。

④ 同上书，35页。

抓好课堂学习，而要扩大他们的智力活动范围，扩大知识面，使学生的学习有一个巩固的“大后方”。苏霍姆林斯基认为，建立“智力背景”最主要的是要给学生的时间留有余地，使他们有充分的课外阅读时间。但对学生的课外阅读必须进行具体的指导，不能放任自流，否则就会失去真正的教育意义。同时，要把学生的课外阅读与课堂上要教的教材结合起来，使两者互相促进。此外，还必须广泛地开展各种课外活动，丰富学生课外生活的内容，如设立各种自然实验室、思考之角、图书馆以及各种手工劳动、种植和饲养小组等，并且经常组织学生参观旅行，观察各种自然现象和认识社会生活。

三是要选择和运用适当的教学方法。苏霍姆林斯基认为，智育的成效取决于各种教学方法的创造性运用。因此，教师在备课时必须根据教学目的、教材性质以及学生的年龄特点来选择合适的教学方法。例如，小学阶段教学的主要任务是要让学生学会阅读、书写、思考、观察和表达自己的思想，与此相适应的主要教学方法就是指导学生做某一件事，如写字、阅读、解习题等。

四是要认真地、正确地评价学生的学习成绩。苏霍姆林斯基认为，正确地评价学生的学习成绩可以激发学生的求知欲，鼓励他们积极向上；反之，则会严重挫伤学生的自尊心和学习积极性，甚至造成师生之间的对立情绪。在他看来，评分是一件最精细、最有灵性、最锐利而又不十分安全的工具，应该谨慎使用。他强调指出：“教师在教育上的英明就是要让孩子任何时候都不失掉信心，都不使他感到什么都不好。”①

5. 体育

苏霍姆林斯基曾长期对学习差和跟不上班级学习节奏的学生的身体和智力发展进行仔细的考察，结果发现其中85%的人主要是由于健康状况不佳所造成的。由此，他确认体育是一个人全面发展的重要因素，指出“良好的健康和充沛旺盛的精力，这是朝气蓬勃感知世界、焕发乐观精神、产生战胜一切艰难险阻的意志的一个极重要的源泉”②。

按照苏霍姆林斯基的意见，学校体育的主要任务是促进儿童肌体的正常发育和增强体质。在具体实施体育的过程中，应着重抓好以下几个方面：

一是创造良好的生活环境和卫生条件。苏霍姆林斯基认为，学校的环境布置、教学设备和通风采光等都要从教育的效果和对学生的健康出发进行考虑。要安排更多的户外活动以保证学生有充足的氧气和阳光；要搞好学校伙食并帮助学生家庭建立合理的生活和学习制度；要建立和加强医务监督，保护学生视力和预防疾病。

二是建立合理的作息制度。苏霍姆林斯基认为，作息制度的核心问题是“劳动和休息、活动和睡眠的恰当交替”③。这个问题解决不好，会对学生的健康和精神状态产生不

---

① 苏霍姆林斯基：《把整个心灵献给孩子》，唐其慈等译，91页，天津，天津人民出版社，1981。

② 苏霍姆林斯基：《帕夫雷什中学》，169页。

③ 同上书，174页。

良影响。因此，需要学校、教师和家长密切配合，对学生的学习、劳动、户外活动以及休息睡眠等方面进行合理安排并提出严格的要求。

三是开展体育操练和各项体育活动。苏霍姆林斯基认为，体操和运动对于儿童的身体发育和精神发展起着很大的作用。经常从事体育运动，不仅可以使青少年体态优美，动作和谐，而且可以培养他们的性格，锻炼他们的意志。但体育运动应该是群众性的，不要把儿童划分成有运动才能和无运动才能而将某些人排除于体育运动之外。

6. 劳动教育

苏霍姆林斯基认为，劳动教育也是“个性全面和谐发展”教育的一个重要组成部分，并且把它和德、智、体、美方面的教育密切联系起来考察，充分肯定劳动教育对学生全面和谐发展的促进作用。他强调指出，只有通过“长期的、有明确目的性的、有教育作用的劳动”，才能把学生培养成为“一名准备完成任何需要做的工作的自觉的劳动者”①。

按照苏霍姆林斯基的意见，在具体实施劳动教育时，应注意以下几条原则：

一是劳动教育要与全面发展相结合。苏霍姆林斯基认为，一个人的全面和谐发展，只有当他不仅在智育、德育、美育和体育素养上，而且在劳动素养上达到较高阶段时，才能实现。同时，也只有当劳动能使个人和集体的智力生活得到丰富，道德更加完美或得到提高的时候，劳动才能成为真正的教育力量。

二是劳动的高度道德意义及其明确的公益目的性。苏霍姆林斯基认为，共产主义劳动的基础不在于技术，而在于人——在于他的思想和志向，在于他以无私的自愿劳动所要达到的目的。所以，学校的劳动教育必须力求让那种要为社会带来利益的愿望激励学生去劳动。

三是劳动类型要多样化。苏霍姆林斯基认为，儿童的天性喜欢各种类型的劳动相互交换、轮流和交错进行。因此，在劳动教育中应经常变换劳动形式，使学生从多样化的劳动中得到满足，而且获得各种不同的技能和技巧。

四是劳动的经常性和连续性。苏霍姆林斯基认为，只有那些需要经常对它进行思考和操心的长时期工作的劳动，如培养优良品种和栽培果树等，才能充分发挥学生的创造性，锻炼他们的意志。因此，要坚持经常性、连续性的劳动。

五是儿童劳动要带有成年人生产劳动的性质。苏霍姆林斯基认为，儿童的劳动无论在社会意义方面，还是在劳动过程的技术和工艺方面，都应尽可能地具有成年人生产劳动的性质，能够创造价值。因为儿童的劳动越接近成年人的劳动，其教育作用就越大。

---

① 苏霍姆林斯基：《共产主义劳动态度的培养》，329 页，1959 年俄文版。

六是劳动的量力性。所谓“儿童劳动的量力性”，不仅指体力负担要适合儿童的力量，而且指把体力劳动和脑力劳动恰当地交替进行以及劳动类型的多样化。苏霍姆林斯基认为，在儿童的任何劳动中产生正常的疲劳是允许的，但绝不能导致儿童体力和神经系统的过度疲劳。

七是劳动的创造性和手脑并用。苏霍姆林斯基认为，劳动过程本身的“创造因素”乃是激励儿童去完成劳动任务的“主要的、有时甚至是唯一的动力”，而体力劳动与脑力劳动相结合则是培养儿童热爱劳动有决定意义的手段。

7. 美育

苏霍姆林斯基强调指出，美育在“个性全面和谐发展”教育中起着很大的作用，但美育本身又依赖于各种因素和条件的配合，如果“个性全面和谐发展”教育的其他部分或因素有严重缺陷，美育的影响就会削弱。

按照苏霍姆林斯基的意见，美育的主要任务是通过各种特有的手段和途径，对学生进行美的陶冶，“教会孩子能从周围世界（大自然、艺术、人际关系）的美中看到精神的高尚、善良、真挚，并以此为基础确定自身的美”，而这种美乃是“道德纯洁、精神丰富和体魄健全的有力源泉”①。

美育不仅要培养学生认识美的能力，而且还要培养他们创造美的能力。通过美育，要使学生学会用语言进行创作，用艺术形象体现自己的思想、感情和感受。苏霍姆林斯基说：“这种能力越发展，人的审美素养和一般文化素养就越高，情感就越细腻，感受就越深切，对新的艺术品的审美感受就越鲜明。”②

苏霍姆林斯基认为，美育的基础和关键是感知美和领会美。要对学生进行美育培养，首先必须教会他们去观察、倾听和体验各种美的事物，使他们能够亲自接触周围世界存在的一切美好事物，并能将思想、情感倾注在所见所闻的美的事物中，对它们做出智力和情感的评价。

在美育中，文学艺术（童话、故事、音乐、绘画等）占有特殊的地位。在苏霍姆林斯基看来，指导儿童阅读那些反映自然美和人的美的文艺作品，可以开阔学生的视野，激励学生奋发向上。对绘画作品的感知，可以唤起儿童用色彩、线条和色调配合表达自己的思想感情和对周围世界的态度。音乐是情感、感受和心绪细致变化的语言，可以增强儿童对旋律的敏感性和感受性。

苏霍姆林斯基还认为，美育的成效如何取决于向学生揭示美的本质的深度如何，因此，他要求教师必须以鲜明的充满情感的语言把他们所感知的周围世界的美揭示出来，去感染学生和引起学生的注意。

---

① 苏霍姆林斯基：《帕夫雷什中学》，424页。

② 同上书，439页。

第四节 “个性全面和谐发展”教育思想的影响与评析

“个性全面和谐发展”是人类教育的崇高理想，也是苏联教育家苏霍姆林斯基毕生追求的教育目标。在长期的教育实践中，在整个苏联普通教育理论的发展和提高的基础上，苏霍姆林斯基形成了颇具特色的“个性全面和谐发展”教育思想，并在苏联普通教育理论中占有重要的地位。

在研究“个性全面和谐发展”教育问题的过程中，苏霍姆林斯基非常注意吸收有关全面发展教育的历史经验，并密切联系苏联生活的社会实际，把理论研究工作和实际工作结合起来，因而“避免了形式主义的理解与个性全面发展的本质有关的最重要的道理”①。应该看到，苏霍姆林斯基的“个性全面和谐发展”教育思想不仅标志着苏联教育理论的发展进入一个新的阶段，而且把全面发展教育的理论推进到一个新的高度。

苏霍姆林斯基把“个性全面和谐发展”理解为德、智、体、美、劳等方面的协调发展，并且使这几个方面的教育相互联系成一个统一的完整的过程。这就大大丰富和扩大了全面发展的内容，加深了对全面发展教育的认识。不仅如此，苏霍姆林斯基还提出了一系列实施“个性全面和谐发展”教育的行之有效的原则和方法。他强调指出，为了实施“个性全面和谐发展”的教育，既需要正确良好的智育措施，也需要正确良好的德育措施，还需要正确良好的体育、美育和劳动教育的措施；既需要创造一切必要的外在客观条件，也需要提高受教育者的自我教育素养，还需要教育者的人格和道德面貌的完美。要培养“个性全面和谐发展”的人，“在很大程度上取决于教育者是否深刻理解人的和谐发展的各种因素和各个方面的相互依存性和相互制约性”②。苏霍姆林斯基的意见无疑是十分正确的。

由于苏霍姆林斯基的“个性全面和谐发展”教育思想适应了20世纪五六十年代苏联社会生活的实际需要，促进了苏联教育科学和教育实践的发展，因而赢得了苏联人民的普遍欢迎和教育界的高度评价。苏联教育界人士把他的著作看成是近几十年来的“先进教育经验的完整的总结”，是“活的教育学”和“学校生活的百科全书”。当时苏联的教育部部长普罗柯菲耶夫甚至称他是“教育思想的泰斗”。

苏霍姆林斯基的“个性全面和谐发展”教育思想不仅影响了苏联一代人的教育，而且在世界教育理论界也产生了很大的影响。在中国，苏霍姆林斯基的教育著作尤其受到了教育理论工作者和实际工作者的喜爱与欢迎。早在20世纪60年代，苏霍姆林斯基领导的帕夫雷什中学已在国际上享有盛誉，许多国家的教育专家和学者前往参观。1978年波兰出

① 苏霍姆林斯基：《关于全面发展教育的问题》，3页。

② 同上书，165页。

版的《1900—1975年世界上的实验学校》一书，把帕夫雷什中学列为20世纪世界上著名的实验学校之一。苏霍姆林斯基的教育著作被译成30多种文字，在世界上广泛流传；苏霍姆林斯基本人成为苏联继克鲁普斯卡娅和马卡连柯之后的又一位著名的教育家。

拓展阅读书目

1. 苏霍姆林斯基. 关于全面发展教育的问题. 王家驹，等译. 长沙：湖南教育出版社，1984.

2. 苏霍姆林斯基. 帕夫雷什中学. 赵玮，王义高，等译. 北京：教育科学出版社，1983.

3. 苏霍姆林斯基. 把整个心灵献给孩子. 唐其慈，等译. 天津：天津人民出版社，1981.

4. 苏霍姆林斯基. 给教师的一百条建议. 周蕖，等译. 天津：天津人民出版社，1981.

第四十二章

“一般发展”教育思想

“一般发展”教育思想是在20世纪60年代形成和发展起来的。它的主要代表人物是苏联教育家赞科夫。他所领导的“教学与发展问题实验室”进行了长期的实验研究，其核心是改革教学内容和教学方法，提高教学效果，最有效地促进学生的“一般发展”（智力因素和非智力因素的同时发展）。尽管“一般发展”教育思想存在一些不足之处，但是它在苏联的教育实践和教学论的发展中曾起到了积极的推动作用，对其他一些国家的教学论发展也有一定的影响。

第一节 “一般发展”教育思想产生的背景

从20世纪50年代开始，苏联人民在工业、农业、科学和文化教育方面取得了“新的历史意义的胜利”。科学技术的迅速发展，向广大劳动人民提出了越来越高的要求，要求他们必须具备最新的基础科学知识和解决不断复杂化的科技革命课题的能力。

与此同时，西方各国的科学技术也在迅速发展，美苏争霸愈演愈烈。1957年苏联人造卫星试验成功，对美国产生了深远的影响。美国联邦原子能委员会惊呼“我们正处于一场脑力的战役”，美国不能坐视“苏联以其庞大技术训练计划，于未来年代，在技术发展上胜过我们”，现在就应“采取行动，以期获得受过训练的人力资源，保证在这些领域里继续掌握世界的领导权”。美国一些头面人物也纷纷致函联邦政府，指责美国受杜威实用主义教育思想影响，严重降低了普通教育质量。美国国会于1958年通过了《国防教育法》，强调“为了国家安全，需要最大限度地发展男女青年的智慧和技术”；“为了应付当前的教育危机，必须选拔和教育我国许多富有才能的儿童”。1959年，美国政府派遣教育考察团赴苏考察，该考察团回国后即以鲜明的对比方法，指出苏联教育质量已超过美国，力促进行教育改革。同年9月，美国白宫教育委员会专门召开了为期10天的“伍兹霍尔会议”，讨论教学改革方案。

面对科技革命的迅速发展和美苏争霸的紧张形势，以凯洛夫为代表的传统教育理论和以叶希波夫为代表的传统教学论思想在苏联也受到了一定的冲击。尽管这些理论在建立社会主义教育学和教学论体系方面起过积极的作用，大大提高了苏联普通教育学校的知识质量，但是，它却过分强调理论知识的学习而忽视了学生智能的培养，不能促使学生迅速发展。因此，苏维埃教育仍面临着一系列需要回答的问题。

为了改变教育落后于社会发展的实际状况，1958年苏联政府颁布了《关于加强学校同生活的联系和进一步发展苏联国民教育制度的法律》，对各级各类学校进行了一次大规模的改革。但是，由于这次改革的重点是纠正忽视劳动教育的倾向，加强学校与生活的联系，因此，培养能力和发展智力的问题仍未得到重视。在这样的情况下，苏联教育界不少人士开始思考这样的问题：“在传统教学法的情况下所达到的学生的发展是否已经到了极限？如果还没有达到极限，那么能够为学生的发展带来更大效果的教学论体系应当是怎样的一种体系？”① 于是，一场以促进学生“一般发展”为目的的新的教学改革运动在苏联悄然兴起。

20世纪50年代初期，苏联教育科学院对教育科学的发展状况进行了总结，并在教育理论与教育史研究所成立了一个实验教学论实验室，由苏联教育家赞科夫担任领导。1957年，该实验室改名为“教育与发展问题实验室”（后来由于研究课题确定为“关于教学与发展的关系”，又改称“教学与发展问题实验室”），在莫斯科第172学校一年级挑选1个实验班和2个普通班进行对照性研究。通过一段时间的实验证明，现代社会的儿童进入小学一年级时，他们的知识储备远远超出人们估计的正常范围，适当提高教学难度和加速教学进度，可以获得优于普通班的一般发展水平。

1962年10月，赞科夫在《国民教育》杂志上发表《论教学的教学论原理》一文，提出了实验教学论体系的初步设想，并对现行教学论进行了严厉的批评。翌年，他又出版了

① 赞科夫：《教学与发展》，杜殿坤等译，20页，北京，文化教育出版社，1980。

《论小学教学》一书，系统地论述了实验教学论体系。当时虽然遭到了不少人的批评和责难，但教学与发展问题的实验研究却越来越引起人们的兴趣，实验班的数目也逐渐增多，到1964—1965学年度，实验班已发展到296个。1964年10月，赞科夫在《初等学校》杂志上发表《小学教学新体系》一文，严厉批驳了传统教学论者对实验教学论体系的种种偏见，提出了根本改革现行小学教学工作的建议。从1965—1966学年度起，赞科夫开始进行第三轮实验，实验班的总数已达到1 281个，分布在苏联8个加盟共和国。到1972年，实验班的实际教学工作已全部完成。1975年，赞科夫出版了《教学与发展》一书，在总结实验全过程的基础上，系统地阐明了“一般发展”教育思想的基本原理，从而确立了“一般发展”教育思想的地位，并得到了认同。

第二节 “一般发展”教育思想的主要特点

“一般发展”教育思想具有以下三个主要特点。

第一，“一般发展”教育思想着重学生的“一般发展”。长期以来，苏联的教学论者都把传授系统知识和形成熟练技巧作为教学的主要任务，而把发展学生的智力看成是掌握知识的必然结果，根本不谈学生的“一般发展”。与此相反，赞科夫认为，小学教学的“根本目的是要最大限度地促进学生的一般发展”，只有“在提高学生的一般发展上取得重大的成效”，才能“给学生真正地掌握知识开辟一条广阔的道路”。在赞科夫看来，“改造小学教学的重要的教育途径之一，就是要大大提高教学和教育过程对学生一般发展的效果”，也就是说，在教学过程中要着重使学生的整个身心（包括智力、情感、意志和体力等方面）都得到发展，才能加快掌握知识和形成技巧的进程，提高教学质量。

第二，“一般发展”教育思想重视理论知识的学习。按照传统教学论的观点，掌握理论知识要以高度概括、抽象思维能力为基础，由于小学阶段学生的主要特点是具体思维，因此，不能把理论知识列入小学教学大纲。赞科夫不同意这种看法。他认为，“现在的儿童在进入一年级的时候，他们所有的知识储备，已大大超过40年以前的同龄儿童”，“抽象和概括方面的进步，首先是小学生思维的特点”①，因此，应该而且必须提高理论知识学习的比重，逐步加大教学的深度和难度。所谓“理论知识”，按照赞科夫的意见，是指“某一知识领域中的指导思想体系”，是“对自然界和社会的发展规律性的科学知识”，是“作为实践、经验的概括，制定出解释现象、事实的一般原则的学说”。这种知识比经验性知识和技能技巧更能促进学生的“一般发展”。但他同时又指出，“确立理性知识的主导作

① 赞科夫：《教学与发展》，59页。

用，并不贬低知识和技能以及学龄初期儿童获得知识和技巧的意义”①。

第三，“一般发展”教育思想强调激发学生学习的“内部诱因”。和传统教学论不同，赞科夫不赞成用强制性的“外部刺激”的办法去引起学生学习的动机，激发他们的求知欲望。他认为，这种方法只能在短时间内有效，无法维持学生学习的积极性。他尤其反对用评分的办法去激励学生。在他看来，教师评分往往受情绪影响，缺乏客观标准，因而容易挫伤学生学习的积极性，甚至伤害他们的自尊心。同时，追求分数对于学生的道德和知识掌握的深度也会产生不良影响。他强调指出，调动学生学习积极性最好的办法是激发学生学习的“内部诱因”，即在课堂教学或课外活动中鼓励学生提问。提问是学生“对事物进行思考的标志，只有当学生自己发觉在对教材的理解上还有这样或那样衔接不上的地方时，他们求知的渴望才会产生和增长起来”②。只有这样，学生才会有饱满的情绪和坚强的意志，不断克服学习中的困难，乐意去完成复杂的学习任务，并体验到紧张的脑力劳动后的满足。

第三节 “一般发展”教育思想的主要代表人物

赞科夫

1. 生平和教育活动

列奥尼德·符拉季米罗维奇·赞科夫（Леонид Владимирович Занков，1901—1977）是苏联教育家。1917年秋他中学毕业后，即担任乡村小学教师。后来考取了莫斯科大学心理学系，毕业后留在该校心理研究所的研究班，根据苏联心理学家维果茨基（Lev Vygotsky）的建议，从事心理学和有缺陷儿童教育的研究。卫国战争期间，赞科夫转入神经外科医院，从事苏军颅脑重伤战士语言机能的治疗和恢复工作。但是，他始终没有中断有关记忆、教学论问题的研究。

20世纪50年代初，赞科夫转到普通教育研究所，负责领导“教育与发展问题实验室”。1952年，他开始从事“教学中的词与直观性的相互作用”的实验研究，并主编出版了《教学中的词与直观相互作用的研究经验》(1954)、《教学中教师语言与直观手段相结合》和《教学中的直观性和调动学生的积极性》等著作，由此声名大振。1956年苏联心理学家协会成立时，他是该协会的主要成员。

1957年，赞科夫将“教育与发展问题实验室”改名为“教学与发展问题实验室”，着手对小学儿童的教学与发展问题进行实验研究。1962年10月，赞科夫在总结第一阶段

① 赞科夫：《教学与发展》，52页。

② 赞科夫：《和教师的谈话》，杜殿坤译，51页，北京，教育科学出版社，1980。

(1957—1961) 实验成果的基础上，发表了《论教学的教学论原理》一文，在全面论述实验教学论体系的基本原理的同时，对苏联的传统教学论提出了严厉的批评，因而遭到了多方面的责难。然而，赞科夫并未因此放弃实验研究。1966 年底，苏联教育科学院主席团对赞科夫的实验研究进行了一次系统的调查，肯定赞科夫的实验方向和理论基础都是正确的。翌年秋天，经苏联教育部批准，实验班所有三年级的学生都跳过普通学校的四年级直接升入五年级学习。1969 年，苏联教育部接受赞科夫关于将小学阶段的学习年限由 4 年缩短为 3 年的建议，并调整了教学内容，编辑出版了三年制的教学大纲和教科书。这样，赞科夫教学实验的成果不仅得到了政府的认可，而且开始广泛地应用于教育实践。

1977 年冬，赞科夫因病去世。苏联教育部和苏联教育科学院在《教师报》发表悼念文章，指出："赞科夫以自己在教育科学和学校实践的众多创造性贡献而闻名于世。"

2. "一般发展"的含义

赞科夫对儿童发展的理解与传统的教育家、心理学家不同。以前的发展理论一般只涉及那些与知识有关的心理因素，如观察、记忆、想象和思维等能力的发展及其机能的成熟过程。赞科夫则把儿童身体的发展和心理的发展都包括在内。在心理发展方面，既包括智力因素的发展，又包含非智力因素的发展。他不仅把人的身心发展看成是一个不可分割的整体，而且把影响人的发展的主客观条件、内外因素也看成是一个彼此相互协调的、统一的整体，因此，赞科夫的发展观又可称为"整体发展观"或"一般发展观"。

在谈到"一般发展"的确切含义时，赞科夫反复强调指出：第一，"一般发展"不同于"全面发展"。赞科夫认为，全面发展"首先是而且主要是指该问题的社会方面或者广泛的社会或教育学方面"①；"一般发展"是指"儿童个性的发展"，是指"人的发展问题的心理学和教育学方面"。尽管两者都有别于"单方面发展"或"片面发展"，但前者探讨的是人的完整发展的数量问题，后者则是寻求人的心理发展的水平问题。第二，"一般发展"不同于"特殊发展"。赞科夫认为，"一般发展"指的是个性的所有方面（包括道德感、观察力、思维、记忆、言语和意志力）的发展，"特殊发展"指的是某一个领域或某一组学科领域（如某种艺术领域、科学领域或科学个别分支领域）的发展。一般发展是特殊发展的前提或条件，是学生掌握任何一门学科的基础，是他们未来在任何一个领域里从事创造性劳动的源泉，因此，它更富有教育意义。但是，特殊发展在适当的指引下也可促进一般发展。第三，"一般发展"不同于"智力发展"。赞科夫认为，"智力发展"是那些直接参与认识过程的心理因素，即观察力、思维能力和实际操作能力的发展，"一般发展"

① 赞科夫：《论小学教学》，俞翔辉等译，20 页，北京，教育科学出版社，1982。

则不仅包括智力因素在内，而且还包括“情感、意志品质、性格和集体主义思想”等各种非智力因素的发展。总之，赞科夫的“一般发展”是一个比“全面发展”的范畴要窄一些，而比“智力发展”的范畴要宽一些的概念。它的根本含义是心理因素的多方面发展，是智力因素和非智力因素的同时发展。赞科夫所竭力追求的是，通过建立在学生的“最近发展区”上的发展性教学，展开学生心理素质的各个方面，开拓儿童生活的各个领域，卓有成效地激发学生的智力情绪，满足儿童的精神需要，锻炼他们的意志品质，陶冶他们的思想情操，使年青一代成长为精神充实、善于应变的新人。

赞科夫认为，学生的“一般发展”非常重要，它可以为他们真正地掌握知识和技能开辟一条广阔的道路，提供有利的条件。同时，它对学生将来的生活也有着非常重大的意义。正因为这样，赞科夫反复强调“必须积极地、坚持不懈地在全体学生包括最差的学生的发展上下功夫”①。

3. 教学与发展的关系

关于教学与发展的关系问题，当时在苏联教育界广泛流传着三种观点：第一，把教学与发展看作两个互不依赖的过程，教学是纯粹从外部利用发展过程中所出现的可能性。第二，把教学与发展混为一谈，把两种过程等同起来。第三，“教学不仅可以跟在发展的后面走，不仅可以和发展齐头并进，而且可以走在发展的前面，推动发展前进，并在它里面引起新的构成物”②。

苏联心理学家维果茨基在批判继承近代关于教学与发展问题研究成果的基础上，把儿童心理发展的理论和他的关于教学与发展关系的思想有机地结合在一起，从而创造性地提出了“最近发展区”的理论。他把儿童的心理发展区分为“现有发展水平”和“最近发展水平”。前者由已经完成的发展程序的结果而形成，表现为儿童能够独立解决智力任务；后者指那些还未成熟但正在走向成熟的生理机能和心理素质，表现为儿童还不能独立地解决智力任务，但在成人的帮助下，在集体活动中，通过模仿能够解决相应的智力任务。维果茨基认为，最近发展水平比现有发展水平对儿童智力发展和学习成绩的变化具有更为直接的意义。

赞科夫基本上同意维果茨基的上述观点。但他又认为，所谓“最近发展区”，并不是教学时对儿童发展施加影响的唯一渠道，教学对学生的发展施加影响的途径各种各样，其主要任务就是要揭示教学与发展的关系的多种形态，并且研究这些形态的相互作用。在他看来，儿童的一般心理发展，是儿童与周围世界相互作用的一种前进运动。在这个运动过程中，既要承认外部环境影响的作用，又要查明“发展过程进行的内部决定性”，“在这

① 赞科夫：《和教师的谈话》，147 页。

② 赞科夫：《教学与发展》，12～13 页。

里，单纯以外部环境影响来解释学生心理发展的独特属性，是完全不够的”①。因此，赞科夫实际上指出了维果茨基忽略了内部决定性，忽略了这种决定性中的一个关键因素——非智力因素的作用。

赞科夫通过“教学与发展的关系”的实验，还揭示了教学结构和学生心理发展进程之间的客观的必然联系。他明确指出：教学结构是学生“一般发展”的一定过程发生的原因，或者说，教学内容结构的复杂化程度决定着儿童智力活动方法的复杂化程度和发展水平，因而有什么样的教学论体系，就会有什么样的教学结构，就会产生什么样的发展水平。

“小学教学新体系”要求在教学中必须不断地向学生提供有一定难度、有相当的理论深度、能够开启心智、展开精神力量的教学内容；必须适当地加快教学进度，提高单位时间内掌握知识技能的效益；必须最大限度地激发儿童的学习兴趣，唤起学生学习的积极性，点燃创造性的火花，让他们自己独立地去克服困难，去理解学习过程，从而生动活泼地得到发展。

4. “一般发展”教学的基本原则

赞科夫在长期从事“教学与发展”问题实验研究的过程中，逐渐形成了“一般发展”教学的五条基本原则。

（1）以高难度进行教学的原则

在赞科夫的实验教学论体系中，这是一条起决定性作用的原则。它决定着教学内容的结构，甚至制约其他原则效能的发挥。

按照赞科夫的意见，“难度”这个概念的含义，一是指克服障碍，二是指学生的努力。以高难度进行教学这一原则的特征，不在于提高某种抽象的“平均难度标准”，也不是用大量的复杂作业“去折磨学生”，而是首先在于“展开儿童的精神力量”，从设置困难障碍中激发学生的智力，使学生在掌握教材内容时产生一些特殊的心理活动，并通过自己的努力去排除障碍，解决疑难。按照这一原则进行教学的一般过程应该是：设置障碍—唤起学生的智力情绪—通过自我努力—排除障碍，掌握新教材。赞科夫认为，在这样的教学过程中，学生始终处于积极主动的地位，兴趣盎然，注意力集中，思维活跃。

但是，把教学建立在高难度上并不是越难越好，而要掌握难度的分寸。赞科夫说：“如果不掌握难度的分寸，那么儿童就不能理解所提供的教材，就会不由自主地走上机械记忆的道路，那样一来，高难度反而从一种正面的因素变成反面的因素。”②

（2）以高速度进行教学的原则

赞科夫认为，这条原则与以高难度进行教学的原则有着密切的联系，是它的补充。如果没有高速度，把教学进度放得很慢，多次地、单调地复习旧教材，结果势必妨碍以高难

① 赞科夫：《教学与发展》，29页。

② 同上书，45页。

度进行教学，甚至使它成为不可能的事，因而不能有效地调动学生学习的主动性和积极性。学生一旦失去了学习的主动性和积极性，也就很难理解学习过程，也就不可能得到充分的发展。

以高速度进行教学的原则，就是针对传统教学中进度慢、重复多的弊端提出来的。其目的是为了解决教学内容、教学时间和教学质量三者之间的矛盾。赞科夫认为，在知识面很广的情况下，要达到知识的巩固性，必须改变“复习、复习、再复习”的传统做法，加快教学进度，提高单位时间内的教学效率，使学生能在比较短的时间内，用较快的速度学到最广泛的知识。

然而，以高速度进行教学并不是越快越好。赞科夫指出：“过分快速地传授知识和技巧，必然导致这样的结果，就是不能把注意力集中在学生的发展上，而是集中在寻找那些能够给教学过程中塞进最大限度的知识和技巧的教育手段上。”① 在他看来，掌握知识和技巧的最合理的速度是“根据它能在何种程度上促进学生在一般发展上的进步而决定的”。

（3）理论知识在小学教学中起主导作用的原则

赞科夫坚持认为，小学一年级的学生就能掌握许多抽象概念，理解事物之间的某些内在联系，因此，他主张改变传统教学中以传授经验知识和训练技能、技巧为主的不合理现象，将教学内容的重心转到学科的知识结构上，提高理论知识的比重，这样更有利于对儿童理论思维和抽象思维的及早开发与训练。

赞科夫强调指出，主张以理论知识为主，绝不是贬低知识和技巧的地位，否认学龄初期儿童获得知识和技巧的重要意义，而是把掌握理论知识看成是形成技能、技巧的主要条件。他认为，理论知识一方面可以帮助学生深入地、多方面地认识现实，了解事物之间的内在联系，在此基础上培养一定的逻辑性；另一方面，又可以促进学生的思维活动，进而提高他们掌握知识的质量，使学生在充分理解的基础上掌握技能和形成技巧。

（4）使学生理解学习过程的原则

赞科夫认为，教学不仅要使学生理解教材内容，而且要理解学习过程本身。具体地说，就是要使学生掌握获得知识的方法和途径，掌握学习的特点和规律。例如，在学习乘法表时，如果按传统教学方法来教，那就是采用多种方式促使学生牢固地记住乘法表；而按照使学生理解学习过程的原则来教，便是使学生弄懂教材编排的依据，了解背熟教材中某些成分的必要性，知道掌握教材时发生错误的原因，等等。

使学生理解学习过程的原则与让学生理解教学过程也不一样。教师的“教”对学生来说，始终是外加的、灌输的和塑造的。如果教师的教学思想不正确，教学方法不恰当，则非但无益于学，而且有害于学。教师只有引导学生自己去学，启发他们知道应该怎样学

---

① 赞科夫：《论小学教学》，25 页。

习，才有利于培养学生的独立性、主动性和积极性，从而使他们掌握学习的诀窍，发现学习过程的奥秘。

(5) 使班上所有学生（包括最差的学生）都得到“一般发展”的原则

赞科夫认为，这条原则的实质不是要降低教学的要求，限制优等生的发展，而是要使全班所有的学生都能在各自的智力范围内得到最理想、最充分的发展。它要求教师进行目标明确和系统的工作，力图将相同或不同的教学内容建立在每个学生不同的最近发展水平上。

按照赞科夫的意见，“后进生”的问题带有普遍意义，通常每个学校、每个班级中总有几个学习差的学生。他的实验班因为学生来源未经筛选，完全和普通班一样，学生入学后不久，教师就发现了几个赶不上教学进度、完不成学习任务的学生。根据传统的教学方法，对于这些学生必不可少的手段就是补课和布置大量训练性的练习。赞科夫不同意这种做法。他认为，学业落后的学生，不是较少地而是明显比其他学生更多地需要在他们的发展上下功夫；用大量作业加重差生的负担，不但不能促进他们的发展，反而会使他们更加落后。

根据赞科夫的观察和分析，“后进生”一般有以下几个特点：一是在情感、意志和情绪方面，多数“后进生”有一种“自我中心主义”的表现，不服从别人的要求，不顾别人的利益，与集体合不来；二是没有学习的欲望，有的人还对学习、对学校和对教师反感；三是缺乏观察力，有时是“视而不见”“听而不闻”。根据这些特点，赞科夫强调对待“后进生”必须花大力气，在他们的发展上不断地下功夫。“下了这样的功夫，就能使‘后进生’在发展上得到很大进展，从而也就能够使他们在掌握知识和技巧方面取得良好的成绩。”①

赞科夫强调指出，上述这些基本原则是相互联系、不可分割的，但它们的作用和职能又是互不相同的。其中“每一条原则都是根据它在教学论体系中的作用，根据它的职能，以及根据它与其他原则的联系特点而具体表现出来的”②。

第四节 “一般发展”教育思想的影响与评析

“一般发展”教育思想是赞科夫在批判继承自夸美纽斯以来教学论思想的合理因素以及吸收当代教学论研究最新成果的基础上，经过长期的实验研究，逐步形成和发展起来的。它的基本出发点是力图克服苏联传统教学理论的种种弊端，最有效地促进学生的“一

---

① 赞科夫：《和教师的谈话》，197 页。

② 赞科夫：《教学与发展》，50 页。

般发展”。因此，它既与传统教学论有一定的联系，又有其自身的特点。正如赞科夫自己所说：“从对学生的一般发展取得最大限度效果的角度出发来改革小学教学，当然并不意味着否定以前积累的全部教学方法和方式……在新的教学体系中，提出了许多最新实行的、非同平常的教学论规则、教学方法和方式。”①

在“一般发展”教育思想的形成和发展过程中，虽然遭受到许多困难和阻力，但最终还是得到了社会的承认，对苏联的教育实践和教学理论的发展起了积极的推动作用。1971年1月，苏联教育部部长普罗柯菲耶夫在《苏维埃教育学》杂志上发表的《论苏维埃学校的新成就》一文中指出：“要是苏维埃科学在教学和教育理论领域，不进行先行一步的大规模研究，那就谈不上教育进展方面的任何成就。……最近一段时期，对我们的工作实践起重要作用的研究工作，某些方面已有了明显的加强。我首先要谈谈苏联教育科学院正式院士赞科夫在论证现代教学论的教学原则方面的一系列工作，这些原则在某种意义上为教学，特别是为小学阶段的教学奠定了现代化基础。”②

“一般发展”教育思想的根本目的是，要揭示教学与发展之间的关系，改革教学内容和教学方法，最大限度地促进学生的“一般发展”。因此，与传统教学论观点不同，“一般发展”教育论者认为，教学的任务既要“在掌握知识技能方面达到高质量，又要在学生的一般发展上取得重大的进展”，并且特别强调“着眼于学生的一般发展的效果，在发展的基础上掌握知识和技能”。这是在教学指导思想上的一次重大改革。

“一般发展”教育思想的基本原则是最具特色的，也是争议最多的。这些原则作为一个完整的原则体系，也和传统派的教学原则不同。传统的教学原则的基本精神是“按照共产主义的教育目的和学生掌握知识、技能和技巧的规律来确定教学进程的指导原理”③。“一般发展”教育的基本原则，既是使学生达到最大限度的“一般发展”教育过程的指导原理，同时，对学生牢固地掌握知识、技能和技巧也有指导意义。这些基本原则本身包含着许多合理因素，其基本精神在苏联20世纪70年代出版的《教育学》中也或多或少地得到了反映。

但是，“一般发展”教育思想也不是完美无缺的。尽管赞科夫一再强调“一般发展”包含“发展”这个词的“无所不包”的含义，然而实际上他偏重于儿童的智力发展，只是“按观察力、思维能力和实际操作能力”三条线来研究学生的发展，忽视了儿童的道德和体力方面的发展。他的许多概念也缺乏严密的科学性，如“高难度”“高速度”等原则的提法就很不确切，在教学工作实践中，令人难以掌握。正如一些批评者所指出的那样，

① 赞科夫：《论小学教学》，27页。

② 赞科夫：《教学与发展》，370页。

③ 达尼洛夫、叶希波夫等编：《教学论》，北京师范大学外语系1955级学生译，188页，北京，人民教育出版社，1981。

“如果没有详细定出衡量各种难度的标准，就普遍提倡以高难度进行教学，这种思想是绝不会给实践带来多大好处的”①。

由于赞科夫的“一般发展”教育思想触犯了长期以来在苏联占统治地位的传统教学论，以及其本身存在的种种缺陷，1964 年在苏联教育界引起了一场历时两年的辩论。在这场辩论中，赞科夫的“一般发展”教育思想虽然受到了种种批评和责难，但实际上却扩大和加深了“一般发展”教育思想的影响。1969 年，苏联教育部接受赞科夫的建议，并在参照其他有关实验研究成果的基础上，对普通学校的教育制度和教学内容进行了全面改革，将小学的学习年限由原来的 4 年缩短为 3 年。

“一般发展”教育思想不仅推动了苏联学校的教学改革，而且对世界各国的教学论发展也有一定影响。

拓展阅读书目

1. 赞科夫. 教学与发展. 杜殿坤，等译. 北京：文化教育出版社，1980.
2. 赞科夫. 和教师的谈话. 杜殿坤，译. 北京：教育科学出版社，1980.
3. 赞科夫. 论小学教学. 俞翔辉，等译. 北京：教育科学出版社，1982.

① 《外国教育资料》，1980（4）。

第四十三章

“教学教育过程最优化”教育思想

“教学教育过程最优化”教育思想于20世纪60年代末产生于苏联。苏联教育家、教学论专家巴班斯基是它的主要代表人物。在总结苏联60年代教育改革经验的基础上，“教学教育过程最优化”教育思想强调以科学的方法论指导教育研究，提倡学生个性的全面发展，主张教学教育应该能够达到在一定条件下可能取得的最优效果和最高水平。“教学教育过程最优化”教育思想在20世纪70—80年代对苏联学校教育产生了很大的影响。

第一节 “教学教育过程最优化”教育思想产生的背景

1956年，《苏维埃教育学》杂志发表社论《全面而深刻地研究儿童》，标志着战后苏联教育理论发展出现重大转折，也预示着以凯洛夫为代表的传统教育学理论需要革新。

就苏联全国范围来说，普通教育改革的首要任务是恢复和发展综合技术教育。苏联教育中重学习轻劳动、重知识轻生活、重升学轻就业的情况一直没有得到根本改变，学校职能单一化也不适应社会和教育的发展，为此，苏联于1958年颁布了《关于加强学校同生活的联系和进一步发展苏联国民教育制度的法律》，降低普通教育中理论知识学习的地位，但遭到了失败。为适应世界性的教学内容现代化浪潮，苏联又于 1966 年通过了《关于进一步改进普通中学工作的措施》，把改革教学内容作为核心目标。实际上，从 1964 年起苏联就组织大批科学家、教学法专家和学校教师，制定新教学大纲和编写新教科书，力求反映现代科学、技术与文化发展的新成就。在以后的 10 年间，苏联共编写了 103 种新教科书，其中有 87 种被审定为标准教科书。从 1974—1975 学年起，苏联所有中小学都按新的教学计划、教学大纲和教科书进行教学，实现了普通学校教学内容的更新和现代化。

然而，长期以来一直困扰着普通学校的学生学业负担过重的问题变得十分严重，思想教育和劳动教育也有待加强。20 世纪 70 年代后期，为减轻学生学业负担和加强德育、智育、体育、劳动教育之间的联系，苏联一方面组织修订了教学大纲和教科书，删减了过于复杂和难以被学生接受的内容；另一方面，强调以综合性方法对待教学工作。1977 年年底颁布的《关于进一步改进普通学校学生的教学、教育和劳动训练的决议》也强调了教学与教育的统一，以及智育、体育、劳动教育和德育的紧密联系。“综合施教”这一观点对巴班斯基产生了影响，他曾断言：“综合施教”就是教学教育过程的最优化方式。

针对普通学校注重向学生传授系统的科学基础知识的传统做法以及学生学业负担重的问题，从 20 世纪 50 年代起，苏联教育科学研究和教育实验就开始突破传统框架，进一步研究儿童个性的培养和儿童的学习过程等问题。围绕如何提高普通学校的教学质量问题，许多教育理论工作者进行了教育改革实验，并取得了丰硕的成果。赞科夫领导的低年级学生教学与发展问题的实验研究，证明学生掌握知识不等于获得相应的发展，认为教学最重要的任务是使学生获得最理想的一般发展。艾利康宁进行了学龄初期儿童理论思维发展的研究，发现这一时期儿童的发展水平及其可能性远远超出教学计划和大纲规定，也说明了“发展”的重要性。苏霍姆林斯基通过长期的教育实践，总结了儿童“个性全面和谐发展”的理论。

与此同时，苏联顿河地区罗斯托夫州的学校于 20 世纪 60 年代在大面积消除留级现象上取得了良好效果，全州留级生比例下降到 3.8%。教师们从中总结了“发挥课堂教学巨大可能性”的经验，提出了以了解全班以及每一个学生的特点为前提，将现代教学教育的形式和方法有机结合，制定出最优的教学方案，尽可能最好地解决教学教育任务。巴班斯基带领一批人对顿河地区罗斯托夫州学校的经验进行全面的研究和总结，并在罗斯托夫第 1 学校和第 92 学校继续进行了为期 4 年（1972—1976）的教学实验。其目的不仅仅是消除留级现象，而是试图在教学教育上取得更好的效果，即“不仅在克服留级现象方面，而且在预防学生成绩不良，并使优等生的学习更进一步等方面都得到积极的进展”①。巴班斯

① 毕淑芝等：《当代苏联教育家的新思想》，33 页，上海，上海教育出版社，1990。

基的罗斯托夫州学校实验，首先制订出“教学教育过程最优化”的实施计划，然后在实施过程中组织教师进行有关教学法和系统培训，最后通过多种资料数据和方法进行验证。实验结果表明，“教学教育过程最优化”计划不仅可以减轻学生学业负担过重，而且在改善教学过程、节约教学时间以及发展学生的学习可能性等方面成效显著。因此，这个实验成为 20 世纪 60 年代苏联教育实验改革的又一成功范例。显然，“教学教育过程最优化”教育思想是在苏联 60 年代教育改革中研究与总结罗斯托夫州学校的经验并通过教育实验的检验而形成和发展起来的。

第二节 “教学教育过程最优化”教育思想的主要特点

“教学教育过程最优化”教育思想具有以下四个主要特点。

第一，“教学教育过程最优化”教育思想强调以科学的方法论指导教育研究。巴班斯基以辩证法等思想为核心，结合系统论、控制论等原理，对教学教育的许多重大问题进行全面和系统的研究，形成了“教学教育过程最优化”教育思想。他说：“要使教学最优化，就必须以辩证的系统观点来对待教学过程，所谓辩证的系统观点，就是必须把教学过程的所有成分，师生活动的内外条件都看成是相互联系的东西，必须仔细考虑各种可能的解决办法，并自觉地从中选择出在当前条件下，教学任务、内容、形式和方法的最好方案。”① “教学教育过程最优化”教育思想把苏联已有的教育理论，尤其是关于教学的理论，放在一个整体的和动态的教育框架中重新审视，具有很大的独创性。

第二，“教学教育过程最优化”教育思想坚持个性全面发展是教学教育工作的根本方向。巴班斯基一再强调个性全面发展，既是苏联教育思想的核心，也是苏联教育的传统。他强调说：“教学、教育过程的任务和内容，为……社会对全面和谐发展的人的需求所制约。”② 同时，教学教育工作也以其职能的发挥来保证人的全面和谐发展的实现。基于这一认识，巴班斯基十分重视加强教学教育过程的研究并制定实施方案，以便彻底改变培养目标与教学教育过程之间的脱节、矛盾甚至相悖的现象，以提高学校教育工作的质量。

第三，“教学教育过程最优化”教育思想在继承苏联已有教育科学的理论基础上有所创新。苏联建国以后，经过长期的教育实践、教育理论和教育实验研究，形成了各种教育和教学理论派别。然而，较普遍存在的倾向是，大部分研究者往往从某一角度来研究教学教育问题，而且只涉及其中的个别方面，造成他们的观点和主张不同程度地带有片面性，

---

① 巴班斯基：《论教学过程最优化》，张定璋等译，13～14 页，北京，教育科学出版社，1982。

② 巴班斯基：《教学教育过程最优化》，赵维贤译，1 页，北京，人民教育出版社，1985。

没有全面完整地反映教学教育过程的规律，因而又在教育实践中产生了一些弊端。巴班斯基在“教学教育过程最优化”教育思想的构建过程中，注意研究苏联早期教育家（如克鲁普斯卡娅、马卡连柯等）、同时代教育家（如苏霍姆林斯基、赞科夫等）以及国外教育家（如夸美纽斯、第斯多惠等）的思想，试图寻找到自己思想发展的逻辑线索和理论依据。而且，在此基础上提出了一系列新的概念，如“学生学习的实际可能性”“教学教育过程最优化”“教导过程”等。与其他教育家相比较，巴班斯基理论的最大创新就在于以“最优化”思想统筹考虑教学教育过程及其实施的各个方面。

第四，“教学教育过程最优化”教育思想注重教学理论的实践价值。巴班斯基以解决学生学业成绩不良为教学理论契机，通过经验总结和实验验证，形成和发展了颇为创新的教学理论，用以指导和解决教学的实际问题。例如，最优化的标准、教学方法的选择、教学程序的安排等。因此，从经验到理论，再从理论到实验，并指导实践，体现了“教学教育最优化”教育思想的特点。

第三节 “教学教育过程最优化”教育思想的主要代表人物

巴班斯基

1. 生平与教育活动

尤里·康斯坦丁诺夫·巴班斯基（Юрий Константинович Бабанский，1927—1987）是苏联教育家、教学论专家。1927 年 1 月 7 日，他出生于顿河地区罗斯托夫州的一个农民家庭。卫国战争时期，巴班斯基曾因劳动出色而获得“劳动忘我精神”奖章。1945 年，他进入罗斯托夫师范学院数学物理系学习。1949 年毕业并留校工作，长达 20 年。1955 年，巴班斯基成为教育科学副博士。1958—1969 年担任罗斯托夫师范学院副院长。1971 年被选为苏联科学院通讯院士；1974 年又被选为正式院士。1977 年，巴班斯基成为教育科学博士。从 1981 年起，他担任苏联教育科学院副院长。

巴班斯基以自己忘我的劳动和卓有成效的工作，获得“劳动红旗勋章”“乌申斯基奖章”“克鲁普斯卡娅奖章”等。在长期的教育生涯中，巴班斯基不仅培养了许多教育科学工作者，而且从事教育实验和理论研究工作，以总结“教学教育过程最优化”理论而著称。他的主要教育著作有《教学过程最优化——一般教学论观点》（1977）、《教学教育过程最优化——方法基础》（1982）等。

1987 年 8 月 9 日，巴班斯基在莫斯科去世。

2. “教学教育过程最优化”的一般原理

巴班斯基认为，“教学教育过程最优化”的核心内涵是从现有的学校条件以及师生的实际可能性出发，依据一定标准来衡量教学教育所能获得的最佳效果。但他又指出，最优化并不等于最好，只要能够达到一定条件下可能取得的最高水平，即使是及格，也是最优化的。因此，“最优化”不是一个绝对固定不变的状态，而是一个随着条件变化而变化的动态过程。

在衡量“最优化”的程度方面，巴班斯基提出了两条标准：一是教学教育效果，即“每个学生于该时期内在学习成绩、教育和发展程度上达到实际可能达到的水平”；二是时间消耗，即“学生和教师遵守为他们规定的课堂教学和家庭作业的时间定额”，“教学、教育过程的参加者花费最少精力的标准”①。这两条标准成为贯穿教学教育过程始终的参照指标。

至于教学和教育过程，巴班斯基认为，它们共同实现三种基本职能：教养、教育和发展，但又有所侧重。教学过程主要影响学生智力，教育过程主要影响学生的动机和行为。教学的任务主要是形成科学的表象、概念、规律、理论和学习的技能、技巧，并有助于形成辩证唯物主义世界观；教育的任务主要是形成信念、规范、理想和符合社会要求的道德、政治素质以及良好的行为方式，并有助于激发学习积极性和提高文化素养。此外，它们在各有侧重的同时，又共同促进学生的一般发展。

在教学和教育过程的组成上，巴班斯基强调指出，前者是教授和学习的相互联系，后者是教育影响过程、个人接受这些影响过程和同时产生自我教育过程的相互联系。② 具体来说，教学过程的组成部分有教学目的、激发动机、教学内容、操作活动（教学形式和方法）、控制调节和评价结果等。教育过程的组成部分有教育目的与任务、教育影响与受教育者自身的活动、教育与自我教育的形式和方法、鼓励与激发动机的形式和方法、教育过程中检查和自我检查的形式和方法、分析和自我分析等。

巴班斯基认为，在把最优化标准运用于教学和教育过程时，依据这些标准评价教学和教育效果的方式可以有所不同。在日常实际工作条件下，分数可以作为确定效果的指标；在科学研究条件下，需要综合计算掌握基本概念和原理等的系数来确定相应的最优系数，以便衡量学生在规定时间内能否达到教养、教育和发展的要求。

为了实现“教学教育过程最优化”，巴班斯基十分重视教学教育过程中的两个要素，即教师和学生。他认为，对教师进行系统的研究和培训是实现“教学教育过程最优化”的前提之一。学校领导人应该对教师进行评价，同时帮助教师进行自我分析，以便使他们更好地探索教学教育过程最优化的方法。巴班斯基又认为，对学生进行研究也是实现“教学教育过程最优化”的前提之一。因为不研究学生的年龄特点、实际的学习可能性、活动条件以及学习态度等，就谈不上教学教育过程最优化。

---

① 巴班斯基：《教学教育过程最优化》，23～24 页。

② 巴班斯基主编：《教育学》，李子卓等译，359 页，北京，人民教育出版社，1986。

3. 教学规律与教学最优化原则

根据系统—结构观点，巴班斯基按照逻辑顺序完整地分析研究了教学过程多种多样的联系，如教学过程与外部社会系统和条件之间的联系、教学过程与学习过程的联系、教学过程本身各个成分（任务、内容、方法、形式）之间的联系等，并在此基础上揭示了教学规律。

巴班斯基认为，从教育过程多种多样的联系中可以得出九条规律：一是教学过程制约于社会主义社会对全面和谐发展的人的需要。二是教学过程与完整的教导过程所包含的教养、教育和发展过程相联系。三是教学过程依存于学生实际的学习可能性。四是教学过程依存于得以进行的外部条件。五是在完整的教学过程中教学过程与学习过程的相互联系。六是教学内容取决于教学任务。七是激发、组织和检查学习活动的方法与手段取决于教学的目的、任务和内容。八是教学的组织形式取决于教学的任务、内容和方法。九是教学过程的所有成分在相应条件下的相互联系，保证取得巩固的、理解的、有实效的教学结果。

尤其应该指出的是，巴班斯基注意把教学过程本质的描述性研究（规律）和对指导教学工作的规范性研究（原则）结合起来。他明确地说："一个教学原则是从有效组织教学过程的规律性中引申出来的对教学过程的一个根本要求。"① 因此，巴班斯基认为，可以由上述九条教学规律引申出相应的九条教学原则：一是教学旨在相互联系地解决教养、教育和发展的目的性原则。二是教学与生活、与共产主义建设实践联系的原则以及科学性原则。三是教学的可接受性原则。四是为教学创设必要条件的原则。五是教师指导下的学生自觉性和积极性原则。六是教学的科学性、可接受性、系统性和循序渐进原则。七是直观性原则以及根据教学的任务和内容结合适用各种教学方法和手段的原则。八是根据教学的任务、内容和方法结合运用各种教学形式的原则。九是教养、教育和发展结果的巩固性、理解性和实效性原则。

巴班斯基指出，到一定时期，由于对教学规律的研究有了进展，社会对学校会提出新的要求以及教学的发展功能增进，也会要求对教学原则进行修改和增删。按照他的意见，教学原则体系应该有所发展，而不是固定不变的。

4. 教学内容最优化

对于当时苏联的教学大纲和教材难度过大而导致学生学业负担过重的现象，巴班斯基不仅提出了批评，而且指出其原因是多方面的。他不赞成一味地删减教材内容。在巴班斯基看来，关键是在科学技术迅速发展、科学知识不断分化和综合，以及学科内容必然随之变化和增加的情况下，如何修订教学大纲并据此重新组合和进一步完善教学内容。

因此，在教学内容最优化方面，他提出了六条重要标准：一是教学内容的完整性，应

---

① 巴班斯基主编：《教育学》，188 页。

该能反映出自然、社会、技术、文化和人等各种科学的最基本方面，有助于学生的全面和谐的发展。二是教学内容各个部分的科学价值和实践价值标准，要保证能突出重点和本质要素，并反映教学内容的充足性。三是教学内容必须符合各年龄段学生的特征和考虑他们的接受可能性和可接受程度，防止列入他们难以接受的内容。四是课程的安排必须符合规定给某一教学内容的教学时数，根据教学质量标准测定教学所耗费的时间，并找到最优的时间分配。五是学校教学内容的安排必须与国际经验一致，参照国际先进水平进行比较和修订，以便保证教学内容达到国际水平。六是教学内容必须符合学校现有的教学物质基础和教学法基础，并考虑其发展的实际前景。

至于教师上课时如何选择教学内容，巴班斯基也构想了最优化程序：一是仔细分析教科书的内容，判断它能否全部完成该节课所面临的教养、教育和学生发展的任务。巴班斯基要求教师应该充分考虑教学内容的现实化，补充和选择学生所熟悉的材料和事实，以增强教学效果。二是从所选定的全部教学内容中，区分出最重要的、最基本的和最本质的东西，以便在讲解、练习和提问中把注意力集中在这些方面。三是为了实现课堂教学内容最优化，最重要的是在规划课堂内容时必须考虑学科之间的联系和协调，消除内容重复和概念解释不一致等现象。四是课程的内容应该与规定的教学时间相适应，根据教学内容的难易和轻重安排好学生的学习时间。五是在所有学生不低于教学大纲规定的学习水平条件下，区别对待优等生和差生。

5. 教学方法最优化

巴班斯基认为，“所谓教学方法，就是指在教学过程中解决教养、教育和发展的任务，教师和学生进行有序的相互联系活动的方式”①。在他看来，教学方法是教学过程整个系统中的一个组成部分。它与教学的目的和内容存在着不可分割的联系，并取决于教学的目的和内容。同时，教学方法是非常复杂而多方面的教育现象，它具有本质上的各种不同的教育特征，这主要取决于学生的学习认识活动和教师相应的活动的逻辑程序和心理方面。

从整体性的观点出发，巴班斯基认为，教学方法可以分为三大类：一是组织和进行学习认识活动的方法；二是激发和形成学习动机的方法；三是教学中的检查和自我检查的方法。每一类又形成一个庞大的方法群。巴班斯基指出，这绝不是各种分类法的机械拼凑，而是反映了教学方法本身的多面性和多质性，因此，“建立教学方法最优化体系的任务是完全能够实现的”②。

巴班斯基认为，每一类教学方法中虽已容纳了许多方法，但还要不断充实，因此三类方法的组成数量是可变的。每一类方法在完成其主要职能的同时，还可兼顾其他两类方法相近的职能；而且每一种具体方法都有其适用的时机和范围，若将它们进行多样化的组

① 毕淑芝等：《当代苏联教育家的新思想》，141 页。

② 巴班斯基主编：《中学教学方法的选择》，张定璋、高文译，12 页，北京，教育科学出版社，1985。

合，就可能取得一系列优化教学效果。

为使教学方法真正达到“最优化”，确定选择方法的标准是必要的。巴班斯基在归类和概括的基础上提出了六条标准：一是教学方法应该符合教学的规律性及由此引申出的教学原则。二是教学方法应该符合教学的目的和任务。三是教学方法应该适合该课题内容。四是教学方法应该符合学生实际的学习可能性。五是教学方法应该适合教学的现有条件和所规定的时间。六是教学方法应该符合教师本身的可能性。

巴班斯基还特别强调教学方法最优化标准运用的综合性要求，“在没有遵守哪怕是其中一个标准的情况下，选择程序就会是不完整的，以致影响到整套方法达不到预期效果”①。

第四节 “教学教育过程最优化”教育思想的影响与评析

“教学教育过程最优化”教育思想产生以后，对苏联的学校教育实践产生了很大影响。它逐步为教育行政部门和学校领导以及教师所理解、接受和运用，并在许多地区的教育工作中取得良好的教育效果，产生了规模效应。1978 年，全苏教师代表大会明确提出：“广泛地研究、总结和推广教学教育过程最优化的先进经验。”1981 年，在全苏“改进课堂中教学教育过程的途径”大会上，各地代表介绍交流了利用“教学教育过程最优化”教育思想提高教学效果的经验。应该看到，这一理论的应用遍及苏联各地区的不同类型的学校，从教学过程最优化延伸到教育过程最优化，并且扩展到学校管理和国民教育系统管理。“教学教育过程最优化”教育思想也得到了不少苏联教育家的肯定。有的教育家认为，由于它既能直接影响实验学校的教学教育活动，又能影响一般学校的教学教育活动，所以它很自然地成为一种最有效的理论。② 有的教育家指出，教师掌握了最优组织课业的方式方法体系之后，就会在课外和校外工作中独立运用所获得的各种技能、方法；学校和教育行政机关领导人掌握了最优化方法体系之后，会把所获得的技能应用于自己的管理工作。③

从教育理论角度来看，“教学教育过程最优化”教育思想从新的视角揭示了教学教育工作的规律，使人们加深对教学教育工作规律的认识，以利于学生的全面发展。此外，它使教学教育理论的基本范畴和概念得到充实，并创造了具有新意的教学教育范畴和概念，如“教导过程”“学习的实际可能性”“教学过程的结构”“教学教育条件”等。巴班斯基十分重视这些范畴和概念的相互联系以及逻辑上的相互制约，体现了辩证思维的特色。

---

① 巴班斯基主编：《中学教学方法的选择》，35 页。
② 毕淑芝等：《当代苏联教育家的新思想》，257 页。
③ 同上书，260 页。

“教学教育过程最优化”教育思想以马克思主义哲学和当代科学的方法论为指导，以教育实验作为基础，改造和吸收了教学教育理论的精华和苏联20世纪60—70年代教育革新的成果，构成了独树一帜的教育学派，成为苏联教育科学和教育实践发展进程中一个阶段性标志。巴班斯基充分考虑到教学教育活动的复杂联系和动态发展，多侧面地和综合性地研究教学教育过程，从而把教育研究推进到一个新的阶段。

然而，“教学教育过程最优化”教育思想也存在着一些缺陷和不足。首先，质的分析过多而量化不够。虽然巴班斯基一再重申教育研究数量化，但是在自己的论著中仅有几个地方以量化指标来阐述问题。其次，着重论述教师教的最优化，而对学生学的最优化论述尚欠缺。虽然巴班斯基一再辩证地谈到教与学的统一以及最优化有赖于教与学的协调一致，然而，对学生的自我组织、自我检查等问题的论述在他的论著中似乎成为一种虚饰。再次，对规律、原则和方法的论述存在着互相重叠的现象，某些优选步骤和程序也比较烦琐。可以说，巴班斯基提出的“教学教育过程最优化”教育思想虽已形成一个体系，但尚未完善。

拓展阅读书目

1. 巴班斯基. 教学教育过程最优化. 赵维贤，译. 北京：人民教育出版社，1985.

2. 巴班斯基，波塔什尼克. 教学教育过程最优化问答. 马克难，译. 北京：教育科学出版社，1986.

第四十四章

分析教育哲学

分析教育哲学是20世纪中期在西方国家经历了兴盛与衰落过程的一种学术性教育哲学思潮。英国教育家哈迪、奥康纳和彼得斯以及美国教育家谢弗勒和索尔蒂斯是它的主要代表人物。分析教育哲学不代表某种“主义”，而是一种“元教育哲学”，主张将分析哲学的方法应用于教育领域，“清思”教育的概念、命题及问题。分析教育哲学曾在西方教育哲学界产生了很大影响，而被誉为“教育哲学中的‘革命’”①。

第一节　分析教育哲学产生的背景

分析教育哲学直接将分析哲学的方法应用于教育理论领域。它的产生同分析哲学的兴起一样，有其特定的社会土壤，同时又有传统的教育哲学内在的诱发因素。

① 迪尔登：《教育的理论和实际》，25页，1984年英文版。

分析哲学的兴起是近现代自然科学日益发展引起思维方式变革的产物。科学实验方法在自然科学领域的胜利，推动了其他学科领域思维方式的变化。在近代，西方哲学已由古代主要关心本体论问题转向关心认识论问题，探究心灵获得外部世界知识的能力。而且，不管是唯理论者还是经验论者，都倾向于突出主体和客体之间的对立，把心灵看作一种面对外部世界的容器。在理解认识的本质时，唯理论者求助于理性上证明了的观念和论据；经验论者以感觉经验材料作为基础。总之，近代认识论受到了主体-客体二元论思维模式的支配。当代分析哲学则力图抛弃为了理解认识的本质而把主客体对立起来的倾向，一开始就预先假定我们已经以各种方式获得了知识。在分析哲学家看来，问题不在于了解是否能获得知识，而是要了解获得知识的条件和过程，关注探究的逻辑或方法论，澄清表述知识和信念的语言含义。

分析哲学有两个重要分支：一是逻辑实证主义，代表人物有维特根斯坦、罗素等；二是日常语言学派，代表人物有赖尔和穆尔等。这两派都对分析教育哲学产生了影响。20世纪20年代兴起的逻辑实证主义认为，只有科学的方法能成为真正的哲学方法。一个论述只有在逻辑上或在经验的感觉材料上能够证实，才是真的。而传统哲学的本体论、价值论所陈述的知识都不足为真，都是缺乏依据的。所以，哲学并不创造新知识，只是解释已有的知识；哲学的任务是逻辑分析，分析各个词的意义及其相互之间的逻辑关系。所有具有意义的论述部分为分析命题或综合命题，而综合命题又都可简化为用逻辑—符号—语言来表达并使之精确，同时可以用逻辑—符号—语言来验证。由此，传统哲学的本体论价值被逐出了哲学领域。20世纪30年代后期兴起并于50—60年代盛行的日常语言学派，不满于逻辑实证主义在概念和方法上的死板狭窄，认为不能用符号、逻辑、人工语言来代替完善的日常语言，不需要数理逻辑作为语言分析的主要工具，而应该注意日常语言中词、短语、句法及其意义的研究。当然，这两个分支的共同特点，就是强调用分析的方法使语言更清晰和使概念更明确，消除因语义理解的分歧而产生的无谓争执，从而达到意义和思想的澄清。

分析教育哲学直接借助于分析哲学的方法，把自己的任务规定为“概念分析和澄清”，认为教育理论与实践中相互争执的许多问题，往往是起因于概念不精确、概念的内涵与外延没有最低限度的一致性，以至于这些争执对解决问题帮助甚微。分析教育哲学就是要分析主要的教育概念和命题，为人们思考教育问题提供清晰、准确的思维工具，避免无谓的争执，从而促进教育理论科学化，提高教育活动的效率。

分析哲学固然是分析教育哲学的直接理论武器，然而，分析哲学之所以能渗透到教育领域，引起教育哲学领域的革命，却具有传统的教育哲学本身的内发诱因。传统的教育哲学依附于传统哲学，以大量的无法用科学实验方法来证实的术语、概念和命题构建理论体系。因而，传统的教育哲学带有的特征——系统性、演绎性、规范性、情感性，都明显有悖于分析教育哲学主张的“清思”宗旨。美国教育哲学家布鲁巴克曾明确指出：传统的教育哲学试图前后一贯，完整系统地阐述教育的总目的、内容和策略，往往以哲学范畴为主而牺牲真正的教育问题，将教育目标、课程与方法等教育问题附属于形而上学、认识论、价值论等哲学范畴。① 因此，传统的教育哲学总试图为教育工作规定行为纲领，发出工作指令，而这些纲领或指令又是以哲学范畴为出发点演绎的，而且不少基本的教育命题都带有强烈的情感特征和主观色彩，不少价值判断都具有先验性假设的特点。例如，关于人性的假设、善恶的假设等。在分析教育哲学家看来，这些都是无法用确定的经验或科学实验来证实的，因而必然会导致教育概念模糊不清，教育理论问题争论不休。

分析教育哲学家借助分析的方法对传统的教育哲学的上述缺陷提出了挑战，这是20世纪50—60年代分析教育哲学思想能盛行于英美教育哲学界的根本原因。此外，在美国，许多教育家侧重于研究教学过程和课堂实践等实际问题，却不愿探究传统的教育问题所内含的哲学意义，认为传统的教育哲学往往脱离教育实践，各派争论不休而使教育实际工作者莫衷一是，这也是促使分析哲学的方法进入教育领域的直接因素。

第二节　分析教育哲学的主要特点

分析教育哲学具有以下四个主要特点。

第一，分析教育哲学是用分析哲学的方法研究教育理论，力图澄清教育的基本概念和命题，避免因概念含混不清引起的争执，是教育哲学研究方法上的革命。但由于它注重分析的形式而忽视分析的具体内容，因而必然会陷入这样的矛盾之中：一方面，想摆脱传统的教育哲学从哲学范畴出发演绎教育理论体系和脱离教育实际的依附性。另一方面，又难免因本身的内在缺陷而落入空泛、烦琐的形式主义之中。

第二，分析教育哲学在西方经历了兴起、高潮与衰落的过程。它最初由纯分析哲学家来开启。哈迪是早在20世纪40年代系统地阐明用分析哲学的方法讨论教育问题的先驱。到50年代末，先后由奥康纳、谢弗勒等人向传统的教育哲学发起了几次强有力的批判。在批判的基础上，以谢弗勒为首的美国派对教育理论中的概念、术语和命题进行了纯形式的分析，主要是对单个概念进行逐一分析，与传统的教育哲学的综合性、规范性是根本对立的。直到60—70年代兴起的伦敦派才改变了这种状况，并把分析教育哲学的学术研究推向了高潮。其代表人物彼得斯和赫斯特，注意到了教育理论与一般自然科学理论之间质的区别，并认为教育理论应对范围较广的命题进行分析澄清，而不应对单个概念逐一分

① 张家祥主编：《教育哲学研究》，2～3页，上海，复旦大学出版社，1990。

析。这就在某种程度上承认了分析方法与综合方法是相容的。分析教育哲学的后期代表人物索尔蒂斯，则在对分析教育哲学及分析方法进行深刻反思的基础上，公开承认传统的教育哲学和分析教育哲学各有长处而不能相互替代，综合的方法与分析的方法具有同等价值；主张把教育哲学看作一种反思的、理性的、批判的活动，把价值、伦理等问题重新列入教育的研究领域。这种对传统教育哲学的复归，不仅意味着纯学术性的分析教育哲学的衰落，而且也表明，分析教育哲学对许多教育命题和概念的分析，开辟了新的教育哲学研究领域。

第三，分析教育哲学把某些教育概念，如"教育""教学""学习""课程""知识"等看作是"元教育概念"，认为它们具有较大的普遍性，特别重视分析澄清这些概念的含义，探求教育过程本身必须满足的一些标准的条件。至于其他在更具体的层次上的争论问题，则往往被认为带有特定的社会、政治、经济和文化的特点，具有更大的特殊性。这种区分确实有它的合理性。但是，分析教育哲学家想把复杂的教育问题还原为"元教育概念"的澄清问题，而"元教育概念"又被还原为语言分析问题，这显然是把复杂的教育问题研究简单化了。这种只求形式不讲内容的做法，必然会导致分析教育哲学自身的衰落。

第四，分析教育哲学曾一度成为英美教育哲学的主流，以至于有一段时期不懂分析教育哲学的人根本没有资格登上教育哲学的讲坛。分析教育哲学的发展历史，给教育哲学研究留下了深深的时代印记。它的贡献在于，提醒人们注意语言意义的澄清以及教育命题和概念的合理表达，注重研究语言与思维、逻辑、教育理论的关系，把"教育""教学""学习""课程""知识"列为教育哲学的主要研究范畴，以保证教育理论的科学性和有效性。这对于提高教育哲学研究的学术意义是重大的。所以，虽然分析教育哲学已经声势日下，但它对传统的教育哲学的冲击是巨大的，所开拓的研究领域也是崭新的和富有吸引力的。

第三节　分析教育哲学的主要代表人物

一、哈迪

1. 生平和教育活动

查尔斯·D. 哈迪（Charles D. Hardie）是英国教育家、分析教育哲学的先驱。早在20世纪40年代初，他是唯一的用分析哲学的方法去澄清教育理论的学者。他于1942年出版的《教育理论中的真理与谬误》第一次系统而又明确地运用分析哲学的方法讨论教育问题，在当时被认为是分析教育哲学的典型代表作。

一直到1953年12月美国促进科学进步协会的一次学术会议上，由于谢弗勒提交了一篇题为"建立一种分析的教育哲学"的文章，哈迪的思想才重新受到教育哲学界的注意。1956年秋天，《哈佛教育评论》专辑讨论“教育哲学的内容和目的”，普遍主张将分析哲学的方法应用于教育问题。这预示着分析教育哲学的学术研究进入了一个新的阶段。

2. 教育思想

（1）在教育研究领域引入分析的思维模式

哈迪把分析的思维模式引入教育研究领域，试图以这种方法消除传统的教育哲学的分歧与争执。在他看来，人们一向认为教育理论领域存在着不同意见的分歧是无可非议的，然而，分析哲学的方法则倾向于把不同意见间的不一致，看成可能是由于事实材料的不一致、词的用法的不一致，或是感情爱好的不一致而引起的。因此，哈迪明确地说：“我认为，在教育理论领域内普遍采用同样的态度，现在是时候了。也就是说，如果两个教育理论家意见不一致，我认为应弄清争执是事实上的，还是语词上的，或者是由于某种情绪冲突。如果要做到这一点，就必须尽可能用最清楚的方式阐述每种教育理论。这样，就不允许用模棱两可的话来文饰那些隐藏的东西。”①

（2）对传统教育哲学家的评论

哈迪以这种思想为指导，对传统的教育哲学中最具代表性的三位教育思想家——卢梭、赫尔巴特和杜威的理论进行了评论。对这三位思想家影响最大的几个教育命题——“教育遵循自然”“通过教学发展性格”“通过实际生活情境进行教育”做了分析批评。当然，哈迪只是把分析的方法以及澄清语言的意义提到了一定的高度，而没有与传统的教育哲学断然决裂，也不排斥传统的教育哲学的理论体系。但是，在传统的教育哲学占统治地位的当时，这仍然被当作“异端”而予以排斥。同时，也有人批评说：“由于它对教育理论（教育哲学）的分析过专过窄，因而未被人们很好地理解。”② 还有人认为，哈迪的著作是因为“革命的不彻底性”而没有在当时引起普遍的关注。尽管哈迪的思想一度受到冷落，但应当承认，他在分析哲学方法的运用上、在概念与理论的澄清上，都可以说是成功的，而且显现出了分析教育哲学最能触动教育理论研究的锋芒。至于它被激进的分析哲学认为的“革命的不彻底性”，在分析教育哲学后来的历史发展过程中，恰恰被证明是“先见之明”③。

二、奥康纳

1. 生平和教育活动

丹尼尔·约翰·奥康纳（Daniel John O'Connor，1914—2012）是英国分析教育哲学

① 哈迪：《教育理论中的真理与谬误》，“前言”，1962年英文版。
② 陈友松主编：《当代西方教育哲学》，209页。
③ 哈迪：《教育理论中的真理与谬误》，“前言”。

家。1914年4月2日，他出生于美国的西雅图。1957年出版的代表作《教育哲学引论》是分析教育哲学的名著。该书一反传统的教育哲学的理论体系，不讨论教育目的、教育过程、教育价值、课程论，而是站在激进的逻辑实证主义立场上，用分析哲学的方法讨论哲学与教育的关系。

2012年8月12日，奥康纳去世。

2. 教育思想

（1）教育哲学与教育思想相比

以逻辑实证主义为出发点，奥康纳认为，只有通过经验的或实验的方法得出的真理才有依据，而那些靠纯粹的思辨或推理得出的结论是不可靠的。同时，他又认为教育哲学是纯学术性的研究，"'教育哲学'意味着那些和教育理论直接有关的哲学问题"[①]。它为教育理论的确立提供了哲学基础，而这种哲学基础就是用理性的方法对概念和理论进行细致的逐一的分析与批评。因此，他说："否认教育有一个理论基础，那将是荒谬的。"[②] 应该确立能被可靠地证明的假设，使我们能在教育中预言应用这些假设的结果和解释我们企图控制的过程。在奥康纳看来，教育哲学不同于教育思想。人们在阐述教育思想时可以从各个不同角度去把握教育这一复杂实体；教育哲学则是从理论角度去把握，它是一门理论学科，而不是一门实践学科。可见，奥康纳只不过是采用分析的方法解释教育理论，把不能或至少很难分析的形而上学、价值论排除在外，以此保证教育哲学的学术性与纯洁性。

（2）自然科学理论与社会科学理论相比

奥康纳的逻辑实证主义立场虽然带有明显的自然科学思维模式，但是他自己也承认，"在关于人的科学中，即使最好的理论样板和支持它们的事实联系，也不及自然科学中的理论那么紧密"[③]。在奥康纳看来，所谓理论"是可以由观察来验证的一套有相互逻辑联系的假设，并且具有更深层的性质，既能驳斥又可解释"。在这种源于自然科学思想模式的思想指导下，奥康纳认为，自然科学理论和社会科学理论有三个方面的区别：一是自然规律可以用标准的科学方法去发现和阐明，社会规律却因为人们对人类行为粗浅的熟知，而妨碍用科学家们所需要的客观眼光去探索社会规律，以至于社会科学往往只告诉人们已经知道的东西。二是自然规律一般可看作世界经久不变的特征，社会规律就不这样。三是社会科学的实验范围非常有限，因此，自然科学和社会科学在各自的发展水平上出现了最重要的差别，社会科学落后于自然科学的发展，处于较低级的发展阶段。显然，"教育上的理论，一般来说，和我们在充分发展的自然科学中所发现的模式，并

---

① 奥康纳：《教育哲学引论》，14页，1957年英文版。

② 奥康纳：《教育哲学引论》，载王承绪、赵祥麟译：《西方现代教育论著选》，488页。

③ 同上书，493页。

不一致”①。

（3）教育理论与社会科学理论相比

按照奥康纳的意见，教育理论与社会科学理论相比，还要低一个层次。他认为，传统的教育理论一般有三种属于不同的逻辑系统的陈述，并以此作为教育实践的基础。其一，是形而上学部分。这部分对教育目的和方法影响甚大，但是，“不能用既定的和大家公认的方法所能收集、核实和评价过的证据来证明它们或否定它们”②。其二，是价值判断部分。传统教育理论中有许多指令性的价值判断是没有明确表达的、未经诊断的，容易引起理解的混乱。其三，是经验性的组成部分。其中有很大一部分只是对成功的实践的解释，然而从逻辑上来说，实践的成功不等于理论的正确。传统的教育理论往往是把这三种性质不同的陈述交融在一起，既不属于经验判断，也不属于分析判断，无法证实它们从一种陈述推演到另一种陈述的逻辑关系的合理性。因此，奥康纳说：“‘理论’一词在教育方面的使用一般是一个尊称。”③

奥康纳的强硬的逻辑实证主义立场遭到了传统的教育哲学家的批评，甚至也遭到了其他一些分析教育哲学家的批评。这些批评大致有以下几点：其一，认为他忽视了自然科学与社会科学之间的质的区别，即使对两者做了区分，也是在自然科学思维模式的参照系下进行的，其结果必然导致把伦理学、价值论逐出教育领域。其二，认为他过分强调教育哲学的学术性、纯洁性，忽视教育哲学为解决教育实际问题服务的功能。其三，认为他关于教育理论三种陈述之间缺乏合法的逻辑联系的观点是不妥当的。应该看到，这些批评与争论，在某种程度上促进了分析教育哲学高潮的到来。

三、谢弗勒

1. 生平和教育活动

伊斯雷尔·谢弗勒（Israel Scheffler，1923—2014）是美国分析教育哲学家，当代分析教育哲学的主要代表。他于1923年11月25日出生。1945年谢弗勒毕业于美国布鲁克林学院，1952年获宾夕法尼亚大学哲学博士学位，自1952年起任教于哈佛大学，历任讲师、助教授、教授。他培养了许多学生，彼得斯和索尔蒂斯等有影响的分析教育哲学家都是他的弟子。

在分析教育哲学的发展中，谢弗勒起着承前启后的作用。他第一个使哈迪的先驱工作引起世人注目。他的著述颇丰，主要教育著作有《哲学和教育》（1958）、《教育的语言》

① 奥康纳：《教育哲学引论》，载王承绪、赵祥麟编译：《西方现代教育论著选》，488页。
② 同上书，490页。
③ 同上书，493页。

(1960)、《理性和教学》(1973) 等。

2014 年 1 月 16 日，谢弗勒去世。

2. 教育思想

(1) 呼吁把分析哲学应用到教育问题上

早在 1953 年，谢弗勒就呼吁“把分析哲学应用到教育问题上”，指出可以在两个方向上应用分析哲学：第一，利用分析哲学已经取得的结果；第二，在研究教育问题时直接应用所承认的方法。[①] 他于 1958 年出版了《哲学和教育》论文集，介绍了分析教育哲学研究法的各种规则、问题以及可采取的态度等，成为分析教育哲学家的学习典范。同时，他在《理性和教学》一书中对奥康纳的《教育哲学引论》进行了评论，强调教育的功能不是高高在上与相邻的教育领域发生关系，而应当作为一种精确的工具，用它来维持和修理棘手的理智机器，处理教育讨论中的警句、比喻、推理形式及理论上的冲突。他认为，奥康纳没有把他自己的分析立场彻底贯彻在他的教育哲学中，仍然把教育哲学看成是“那些同教育理论直接有关的哲学问题”，而没有看作批判与澄清的活动，实际上“活动”与“问题”恰恰是分析哲学与传统哲学的区别。在谢弗勒看来，分析教育哲学的主要关注点应是分析与澄清，应是哲学分析的方法。

(2) 强调对教育理论概念的形式化分析

谢弗勒对分析教育哲学的最重要贡献是他设计的一套精确的、用于分析的工具，即所谓“形式化的”“纯的”分析，也就是把句子的形式作为分析意义的出发点，而不是根据意义去分析意义。他认为，意义不能作为分析的工具，否则在逻辑上就是同义反复。如何根据形式的不同去确定意义呢？这与形式逻辑排除内容，纯粹就句子的逻辑关系进行研究一样，把两个要比较的句子或词置于相同的形式中来比较异同。如果句子和命题的形式中两个概念能平行互换到底，没有一个反例证，那么，两个概念确实相同，反之，就是不同。例如，“我告诉了你一句谎话”和“我教了你一句谎话”，其中的“告诉”与“教”不能相互替代，说明两个概念的意义不同。谢弗勒设计的这套分析的工具，曾影响到美国一大批分析教育哲学家投身于分析教育语言之中。在 20 世纪 60 年代，几乎所有的教育理论刊物都登过此类文章。

谢弗勒对教育理论中的许多概念进行了分析，其中对“教学”这一概念进行了更为深入的分析。和其他的分析教育哲学家一样，谢弗勒认为，“教学”与“学习”在逻辑上都是独立的概念，可以有没有学习的教学和没有教学的学习；“教学”是任务词，“学习”是成功词。因此，在分析“教学”概念时，不必纠缠于学习过程与条件的陈述，而应依据教学本身的权利来进行“纯粹的研究”。这种“纯粹的研究”，首先是教学要素的分析。一般

---

① 谢弗勒：《分析的教育哲学导论》，载白恩斯、白劳纳编：《当代资产阶级教育哲学》，166 页。

认为，教学要素包括教师、学生、教材、教学意图。但谢弗勒认为，教学意图是“教学”概念至关重要的要素。他把“教学”限定为一种“目的定向活动”，认为教学总是指向一定的目的，诸如学生的学习、教材的掌握等。同时，还认为不能忽视教学方法、教学意图、学什么和怎样学都必须与学生的能力相符合。因此，谢弗勒强调说：“就其标准的意思来说，教学至少在某一点上，就是使施教者服从于学生的理解和独立判断，服从于学生理性的需要，服从于学生适当的理解水平。”①

为了深入阐明教学的特征，谢弗勒详细考察了三种“教学图式”。他就“教学”在句子中的三种主要用法，得出以下三组图式：

A. X 教 Y 什么

B. X 教 Y 做

C. X 教 Y 如何做

其中，A 种教学图式除了有事实陈述句（如 X 教 Y 某史实）以外，还有规则陈述句（如 X 教 Y 人应该诚实）。任何规则陈述句都有两种解释：一是行为性解释；二是非行为性解释。前者意味着学会了的规则内化到一个人的行动中去了；后者则不要求一个人的行动体现出学会了的规则。在谢弗勒看来，教会一个规则实际上包含两种意义，既可以指获得行为习惯，也可以仅仅指明白法则的含义。然而，人们对这两种陈述句的理解往往会出现混乱。

B 种教学图式“X 教 Y 做”，一般表达的是命令。如果 A 种教学图式的规则陈述句是做行为性解释，则与 B 种教学图式很相似，都是指向 Y 的行为。

C 种教学图式“X 教 Y 如何做”，表达的则是技巧、技能的获得。C 种教学图式和 A 种教学图式的区别十分明显，但 C 种教学图式和 B 种教学图式容易引起混淆。日常生活中我们常常使用 C 种教学图式的省略式。例如，“X 教 Y 唱歌”往往实际上要表达的意思是“X 教 Y 如何唱歌”。这里特别要注意 B 种教学图式和 C 种教学图式的区别，B 种教学图式同规则的获得有关，而 C 种教学图式则与技巧以及技巧的获得有关。

谢弗勒认为，对以上三种教学图式的领会，可以有利于澄清“教学”中的一些重要概念，甚至可以帮助澄清对课程的一些讨论。例如，“科学教育”这一术语，是教学生“科学是什么?”还是教学生“如何科学地思考?”或是教学生“科学地思考问题的态度?”这种问题，借助于“教学”的三种图式可以得到明确的澄清。②

很明显，谢弗勒是站在日常语言学派的立场上，对教育理论中的自然语言进行意义的分析，他设计的分析工具也摆脱了人工化的逻辑语言分析的局限。虽然他提倡的“形式化

① 谢弗勒：《知识的条件》，106～107 页，1965 年英文版。
② 谢弗勒：《教育的语言》，7 页，1962 年英文版。

的”“纯的”分析，主观上是想使教育工作者有更清晰的思维，达到“清思”的目的，但是，实际上却表现出越来越浓的学究气，使得分析教育哲学研究日益脱离实践而陷入毫无意义的文字游戏中。

四、彼得斯

1. 生平和教育活动

理查德·斯坦利·彼得斯（Richard Stanley Peters，1919—2011）是英国分析教育哲学家、分析教育哲学伦敦派的代表。1919 年 10 月 31 日，他出生于印度的慕苏瑞。1949 年他获得伦敦大学哲学博士学位，留在伦敦大学任教，1971—1974 年任伦敦大学教育学院院长。他曾师从谢弗勒，但不久就以自己独特的见解崭露头角，形成与谢弗勒为首的美国派相对应的伦敦派（因英国的分析教育哲学家多执教于伦敦大学教育学院而命名）。由于彼得斯任伦敦大学教育学院教育哲学讲座主讲近 20 年（1963—1982）之久，又担任英国教育哲学协会的主席，当推伦敦派的首席代表。

彼得斯的主要教育著作有：《教育的概念》（1967）、《教育与师范教育》（1977）、《约翰·杜威的再思考》（1977）、《教育哲学》（1973）、《伦理学与教育》（1966）等。

2011 年 12 月 30 日，彼得斯去世。

2. 教育思想

（1）教育哲学的任务

彼得斯的独特见解突出地表现在他对教育哲学任务的阐述上。彼得斯不满意谢弗勒主张的“分析哲学的主要任务是对基本概念的论证方式的澄清”，批评这是为分析而分析，为澄清而澄清，而忽视了分析与澄清也是为了追求某种有价值的东西。在他看来，“教育研究”是一种使人们对值得去追求的东西看得清楚，并集中注意于此的一种方式。因此，教育哲学家应该关注价值判断的问题。例如，在教育上有价值的活动是什么？为什么某些科目和方法应该包括在课程中？彼得斯指出，一些分析哲学家主张以不带任何偏见的方式对概念进行澄清，使得许多分析哲学家不敢或不愿提出高水准的建设性意见，而以一种旁观者的态度进行分析。这种旁观者态度的实质，就是使自己的研究停留在他所认为的第二层上，即停留在对关于世界的表述所用的语言与思维形式的分析研究上，而没有进入第一层次的水平，即对世界本身的直接研究。这种第二层次的研究，使得分析教育哲学的领域变得十分狭隘和零碎。因此，彼得斯说：“虽然教育哲学的头脑因为注入了哲学的血液而重新充满了生命力，但是其动脉也因之而变僵化了。”①

① 赫斯特：《教育理论和它的基础学科》，33 页，1983 年英文版。

坚持教育活动必须追求价值，注重教育分析的伦理学内容，是彼得斯的一贯立场。因此，他主张分析的方法要与综合的方法相结合，分析时必须参考概念出现的背景、参考同概念相关的问题，而不能像美国派那样，对单个教育概念的分析只浮于表面，没有对人、对人在自然界中的地位以及人的社会地位做一般的解释。显然，彼得斯试图形成对社会和文化价值观念的理性的批评和论证。

上述观点表明，彼得斯带有传统的教育哲学的痕迹，这种倾向在他分析的方法应用到对教育基本概念的分析时也得表现得很明显。彼得斯对教育理论的元概念——“教育”的分析，可以说是影响最大、争论最多的。他认为，20 世纪的分析哲学革命的一个基本立场就是认为词的精确定义是不可能的。因此，要想概括“教育”的定义，起码是对这场革命不敏感。他主张，“教育”这一类词不是专门指具体的活动过程，相反，它揭示出各种活动或过程必须遵循的标准。彼得斯通过两种途径考察这些标准：一是对“受过教育的人”这一概念进行分析，考察哪些能力、技巧和态度是属于“受过教育的人”所具备的，再依此确定“教育”的标准。二是直接考察教育过程本身，了解真正的“教育”具有什么特征，据此分析“教育”的概念。

(2) 教育和教育过程

彼得斯认为，“受过教育的人”既不仅仅是指那些掌握了专门技术的人，也不仅仅是指在某个学术领域造诣很深的专家。具有某种专门技术的人，要称得上“受过教育的人”，就必须同时掌握大量的知识或概念图式，并使之形成他的认知结构；在某个领域具有高深造诣的专家，如果他是“受过教育的人”，所掌握的知识便不是“无活力的”，而是能形成推理能力，能重组自己的经验，能改变思维方式，能增强行动能力，使知识产生活力；而且，“受过教育的人”的行为不具有工具性，他是为求知而求知，为真理而求真理，为工作而工作的。

彼得斯对“受过教育的人”的描述，带有浓重的古典人文主义教育理论的痕迹，同时又反映着现代社会对知识、技能和技巧的需求。其中贯穿着他把教育活动的价值追求置于重要地位的立场。这种立场也更明确地反映在他对“教育”的基本限定中。他认为，暗含在“教育”内核中的准则是：“(1)‘教育’暗含把价值的东西传递给那些将受这些价值所约束的人。(2)‘教育’必须包括实证的知识、理解以及某种认知角度。(3)‘教育’至少要排除某些传递的程序步骤，其依据是这些步骤不能激起学习者的意愿和主动性。”①

彼得斯认为，教育过程本身包含了一些标准，这些标准是教育过程中的任何一项活动都必须服从的，缺掉任何一个标准，都不能称之为“真正的教育”。彼得斯关于“真正的教育”内容的标准，概括起来有以下三条：一是教育是有目的的，而不是任意的活动。它

① 彼得斯：《伦理学与教育》，20 页，1966 年英文版。

有意识地把受教育者引入有价值的活动中，使受教育者朝着更好的目标或所希望的方向产生变化，这种变化区别于自然成熟或自发生长的过程。二是教育必须包括知识和理解，以及某些具有活力的认知能力。学习者拥有知识和理解力，能从“认知的角度”来看待活动。三是采取的教育方式要求在道德上可以接受。教育者与受教育者是自觉自愿地参加教育活动，教育活动能适合受教育者的理解能力和智力水平。①

显然，彼得斯对教育的内在标准的分析，明确地表明了他对教育中值得追求的东西的价值取向。正如麦克莱伦教授所评论的：“这是个标示着一种引导青年进入社会的独特方式的概念，是个以某些逻辑和伦理准则所限定的概念。”②

彼得斯的观点也遭到了各种批评。有人指出“教育”同“有价值”在逻辑上并不具有必然联系；也有人批评他的观点是理性主义在教育中的表现，强调人的认知教育，忽视情绪、情感、性格、动力等因素以及人的全面发展；还有人批评他的“教育”概念过于狭窄，只限于学校教育。这些批评与争论表明，经过彼得斯等人的努力，分析教育哲学的发展，已摆脱了把伦理学价值论全盘加以排斥的强硬态度，纠正了为分析而分析的形式主义偏向，并且初步地使分析的方法与综合的方法携起手来，促进了分析教育哲学向传统的教育哲学的复归。

五、索尔蒂斯

1. 生平和教育活动

乔纳斯·F·索尔蒂斯（Jones F. Soltis，1931—　）是美国分析教育哲学家，当代影响力较大的分析教育哲学家、后分析教育哲学的代表。他曾是谢弗勒的博士研究生。1964年在哈佛大学获得博士学位后，他在美国哥伦比亚大学师范学院任教。1966年在《哥伦比亚大学师范学院学报》上发表论文，首次阐述教育哲学的“三维度学说”。1987年曾来中国讲学。

索尔蒂斯的主要教育著作有《教育概念分析引论》（1968）、《教育哲学》（1981）、《师范教育改革》（1987）等。

2. 教育思想

（1）对旧的分析教育哲学的批评和反省

索尔蒂斯和彼得斯一样，都是从20世纪60年代开始在教育理论界取得声誉的。他们都对旧的分析教育哲学面临的困境进行了批评和反省，促进了分析教育哲学向传统的教育哲学的复归。其重要的原因，是旧的分析教育哲学存在着严重的内在缺陷。彼得斯批评旧

① 彼得斯：《伦理学与教育》，20页；《教育的概念》，240～242页，1973年英文版。

② 麦克莱伦：《教育哲学》，宋少云、陈平译，40页，北京，生活·读书·新知三联书店，1988。

的分析教育哲学为分析而分析，忽视伦理、价值的追求。索尔蒂斯则不仅批评旧的分析教育哲学忽视价值和社会问题，而且批评旧的分析范式，认为旧的分析教育哲学家只是静态地对所分析的教育概念的意义加以归类，没有阐明各种概念不同含义的区分基础、内在关系及其相互转化的条件，致使对澄清概念和对教育实践的意义都不大。在这种批评与反省的基础上，索尔蒂斯公开承认，传统的教育哲学和分析的教育哲学各有自己的研究对象，具有同等的价值，而且两者可以携起手来，相互取长补短。这就大大加强了分析教育哲学向传统的教育哲学的复归趋势。

（2）立体地构建教育哲学的研究框架

索尔蒂斯的后分析教育哲学的最基本特征，是传统意识和现代方法的结合。他把伦理学、价值论又请回了教育哲学领域，并且在他的“三维理论”中系统阐述了传统的教育哲学与分析教育哲学的关系。

在“三维度学说”中，索尔蒂斯立体地构建了教育哲学的研究框架，提出教育哲学研究“相互补充而不是相互对立”的三条途径。

第一维度是“综合-概要性研究”。它相当于三维立体中的“宽”。它注重宇宙的本原、人的本质、身心关系、人际关系、人与自然的关系等一般哲学问题在教育领域的反映，以及对解决教育问题的启示。这些是传统的教育哲学的研究视野，也是人类史上永恒的研究对象。在严格的分析教育哲学家看来，分析只是活动，而不是问题，不能建构体系。但索尔蒂斯却认为，传统的哲学世界观的理论范式能够和分析方法一起共同构建一种新的教育理论体系。他指出，彼得斯虽然也主张伦理与价值是教育研究的领域，但是分析方法仍占据统治地位。这就动摇了在分析教育哲学思想中起着基石作用的分析方法的独一无二地位，恢复了传统的教育哲学研究方法的合法地位。

第二维度是“规定-纲领性研究”。它相当于三维立体中的“高”。它是指教育哲学的价值维度。教育哲学家通过价值判断和价值评估对教育发表指令性意见。索尔蒂斯认为，在教育理论和实践中，时时刻刻都在做出价值判断。例如，教育应该是什么？应该做什么？应该怎样教和怎样学？怎样对待儿童？等等。因此，无论是制定教育纲领和做出教育决策，还是在具体的教育过程中，都不可能也没有必要保持纯粹的“价值中立”。如果教育哲学不研究价值维度，为学术而学术，为分析而分析，完全脱离实际，那将是一个无法容忍的研究领域。

第三维度是“分析-解释性研究”。它相当于三维立体中的“深”。它强调教育哲学的科学性，主张教育哲学的主要任务是分析对教育者产生了重大影响的口号、隐喻以及关键性的概念，澄清似是而非的术语，暴露其深层的矛盾。索尔蒂斯认为，成熟的当代教育哲学主要是一个反思的、理性的、批判的活动，而不是一件事，一个被接受的学说，或者一个不能置疑的对世界和教育的正统观点。这种反思的、理性的、批判的活动，就是分析教育哲学所谓的利用分析的技术“清思”。他说：“分析的技术可用来使纲领性哲学系统的概括和综合的概念变得清晰，使之更精确、易懂。”① 应该指出，“分析—解释性研究”维度最突出地表明了索尔蒂斯作为一位分析教育哲学家，而不是传统的教育哲学家的特色。

索尔蒂斯立体地构建的教育哲学理论框架，把传统的综合研究与“分析—解释性研究”置于同等重要的地位，认为这两种研究各有自己擅长的研究领域，绝不可能相互替代。他说：“如果我们能够把分析的运用比作显微镜的运用，那么，我们也可以把传统的哲学世界观的构造比作天文学家在绘制宇宙图时使用望远镜。”② 可见，把传统的研究视野与现代的分析方法结合起来，是索尔蒂斯的后分析教育哲学的最重要特色。这一基本立场极大地加强了分析教育哲学向传统的教育哲学的复归，但并不是复归到那种“封闭的、静止的、权威的体系，而是一种既包括形而上学和伦理学原则，又以开放的心态和理性的分析为特征的、不断对教育问题进行探索的活动”③。当然，索尔蒂斯并没有彻底解决如何把传统的教育哲学与现代的分析方法在更高层次的水平上融为一体的问题。应该指出，它的真正启迪在于引导人们对这一问题的进一步深入研究。

第四节 分析教育哲学的影响与评析

分析教育哲学的最大功绩，是引起教育理论研究者重视语言和逻辑在表述教育概念或命题中的作用，关心思想与意义的澄清，以消除由于概念的含糊不清而引起的永无休止的争论，避免教育理论中的常识性陈述与情绪性指令，力图使教育理论更加科学化。虽然分析教育哲学家并没有能够通过概念的分析与澄清达到消除争执的初衷，正如索尔蒂斯所尖锐指出的：“慎重地、反复持久地应用分析的技术对‘学习’这个概念进行澄清，产生的结果同那些相信分析模式的力量能够使‘模糊的分类’清楚、准确、明了的人的期望截然相反。”但是，这种对教育概念或命题进行精深研究并要求逻辑严密、词义表达准确的严谨态度，则是值得肯定的。

分析教育哲学家的最大抱负，是期望改变传统的教育哲学对哲学的依附性，不再是从本体论、价值论、伦理学等基本哲学命题出发去演绎教育理论，不再用玄虚的思辨和哲学的术语充塞教育理论，而转向分析“教育”“教学”“学习”“知识”“课程”等概念或命题，试图使教育理论与教育实践相联系。然而，应该指出，分析教育哲学家实际上走进了一条死胡同，他们决然排斥形而上学、价值论，主张“价值中立”，摈弃价值判断、规范

---

① 索尔蒂斯：《教育概念分析引论》，67 页，1968 年英文版。

② 同上书，68 页。

③ 赵祥麟主编：《外国教育家评传》，第 3 卷，733 页，上海，上海教育出版社，2003。

性指令，仅仅从逻辑上分析表达思想的语言、句子是否清晰和明确，结果在烦琐的辨析中陷入咬文嚼字的困境，它既放弃了教育理论研究为教育实践服务的根本任务，同时又窒息了教育理论本身。分析教育哲学内部的反省以及外部的批评也表明分析教育哲学所处的这一困境。

分析教育哲学面临困境的最根本原因，源于导致当代分析哲学衰落的致命原因，即在本质上仍然是西方传统上悠久的二歧对立的思维模式所产生的冲突。虽然分析哲学力图抛弃近代以来为了理解认识的本质而把主客体对立起来的倾向，以科学的思维模式改造哲学，寻求获得知识的条件和过程，但是，它又在分析的方法与综合的方法、形而上学与逻辑、描述与规范之间划分截然不同的界线，极力确立分析技术在哲学研究中的唯我独尊地位。这显然是与现代社会所需要的、多元的综合发展趋势相违背的，其结果必然会使分析哲学陷入困境。应该看到，这也是分析教育哲学的危机所在。

分析技术是分析教育哲学的精髓。它通过缜密的定义和逻辑上的严格限制，处理一些因对词的意义理解以及用法不同而引起的教育基本问题的论争，把误解限制在尽可能小的范围内。这对于减少教育理论中的常识性陈述和情绪性指令，提高教育理论的学术性和科学性，确实有独到的贡献。但是，分析教育哲学的兴衰过程表明，分析技术的局限性很大。奥康纳要求把一切有意义的陈述还原为某种基本的人工语言形式来分析，被认为过分褊狭强硬。谢夫勒撇开意义而追求纯粹的形式分析，又使得意义与语言的分析神秘化。彼得斯想重新摆正价值论、伦理学的位置，但仍然信奉分析的方法为唯一的法宝，不可能完全摆脱为分析而分析的形式主义弊病。直到索尔蒂斯，才对分析方法的缺陷有了比较清醒的反省。此外，分析教育哲学想给教育概念或命题的分析确定充分的衡量标准，也是以失败而告终。早期逻辑实证主义者把逻辑证实作为绝对的统一的衡量标准，但是它否定了自然科学与人文科学的区别，全盘摈弃价值论、伦理学，实际上等于否定了教育哲学本身。日常语言学派主张用日常语言作为分析是否充分的衡量标准，但是日常语言随着时空和文化背景的变化而不断变化，本身就是个模糊的、非确定性的东西，因此，分析技术作为分析教育哲学的基石，只是对于引导人们从精深方面思考教育问题具有某种程度的启发性，如果把它奉为至宝，则必然会扼杀教育理论研究发展的生机。

分析教育哲学作为一种有影响的西方教育思潮，作为教育哲学领域中的一场运动，在一段时间内曾成为西方教育哲学的主流。但是，由于它自身的缺陷和局限性，其结果必然是无法摆脱困境而走上衰落的道路。

拓展阅读书目

1. 奥康纳. 批评的西方哲学史. 洪汉鼎，等译. 北京：东方出版社，2005.

2. 奥康纳. 教育哲学引论//王承绪，赵祥麟. 西方现代教育论著选. 北京：人民教育出版社，2001：468-494.

3. 谢弗勒. 人类的潜能——一项教育哲学的研究. 石中英，涂元玲，译. 上海：华东师范大学出版社，2006.

4. 赫斯特，彼得斯. 教育的逻辑. 刘琪杰，译. 台北：五南图书出版有限公司，1994.

第四十五章

终身教育思想

终身教育思想产生于20世纪50年代中期的法国，60年代后在世界上得到传播。法国成人教育理论家和活动家朗格朗是它的主要代表人物。它强调把教育贯穿于人的一生，注重教育的整体性和民主性，主张采取灵活多样的教育组织形式、教学内容和教学手段。终身教育已成为当代一种国际性的重要教育思潮。在许多国家中，终身教育被作为今后乃至21世纪教育发展战略的指导思想。

第一节　终身教育思想产生的背景

“终身教育”一词最早由英国成人教育家耶克斯利（A. B. Yeaxlee）在1929年出版的《终身教育》（*Lifelong Educalion*）一书中提出的。1956年，“终身教育”这个词出现在法国议会的立法文件中。20世纪60年代后，在联合国教科文组织的直接推动下，终身教育由个别国家的活动逐步发展成为一种方兴未艾的国际教育运动。由于终身教育以其特有的广阔视角反映现代社会中现代人的需要，有人认为终身教育思想可能导致“真正的教育复兴”，最终“必将改变世界的教育面貌”。

用历史的眼光去审视，终身教育思想起源于成人教育的发展。它是在对成人教育的不断反思中完善起来的。在西方，成人教育的思想可以追溯到文艺复兴时期。英国早期空想社会主义者莫尔的《乌托邦》一书中就有这方面的描述。18 世纪法国“百科全书派”的活动在某种意义上也涉及成人的教育活动。19 世纪英国空想社会主义者欧文在苏格兰新拉纳克也从事成人教育的实验，以证实他的新社会观意义上的教育范畴。

一般认为，成人教育真正开始被社会和公众接受是在工业革命时期。早期的成人教育就其意义和范畴来说都比较狭隘，仅为成人职业培训的一个代名词。随着时代的变迁，成人教育从早期注重功利并直接受经济利益驱动，逐渐发展到和各种社会化运动合流，成人教育由此进入了一个新的发展时期。1919 年，英国建设部下属成人教育委员会公布的一份报告首次将“成人教育”确认为“国家永恒的需要，造就公民的不可分割的方面”。为成人提供受教育的机会“不仅应该是普遍的，而且是终身的”①。这份报告最早将终身教育的问题提了出来，并尝试将它与成人教育联系在一起。

在 20 世纪前半期，西方学者中关于终身教育问题研究较有深度的当首推杜威。他在《民主主义与教育》一书中颇有远见地提出“非正规教育”这一新概念，认为教育就是要在正规教育与非正规教育之间建立一种平衡和协调的关系。杜威虽然没有明确地使用“终身教育”一词，但却肯定教育是一种终身经验，不是一旦离开学校就能带回家的某种东西。值得注意的是，杜威虽然正确地指出“学校教育”与“教育”并非同一个概念，但正是他倾向于将非正规教育即非学校机构的教育影响归入无计划的、偶发的、无远见的和非有意的一类活动，实际上低估了和终身教育有着密切关系的非正规教育的作用。

第二次世界大战后的几十年中，世界形势发生了深刻的变化。随着经济的迅速发展，人类知识总量呈幂级数递增。现代社会高技术化、高学历化、信息化、国际化对人的素质提出了越来越高的要求；现代产业结构的剧变和劳动力市场的开放造成了最大的职业流动。以前那种想一劳永逸按照一定规格培养人，或者认为在青少年时代学到的东西终身有用的观念显然已不适用。知识更新对教育的意义从未像今天这样显得紧迫和重要。对于每一个生活在现代社会的人来说，学会怎样学习就意味着学会生存。

与此同时，人们也越来越清楚地看到单一的制度化教育对社会发展的负面影响，许多国家曾为此付出过代价。20 世纪 50—60 年代，在世界范围内，正规学校教育体制一度呈线性扩大的趋势。一些国家制订了雄心勃勃的发展计划，优先向教育注入大量资金、人力和物力。但由于传统教育体制固有的惰性和内部效益低下，导致投入与产出不成比例，造

① 达肯沃尔德、梅里安：《成人教育——实践的基础》，刘宪之等译，23 页，北京，教育科学出版社，1986。

成教育资源大量浪费，严重阻碍了所在国社会和经济的发展。1968年，联合国教科文组织国际教育规划研究所所长库姆斯（P. H. Coombs）在他撰写的《世界教育危机：系统分析》中将这场危机的原因归结为教育体制适应周围环境变化的速度过于缓慢，由此而产生的教育体制与周围环境之间的各种形式的不平衡。①

随着现代世界相互依存格局的形成，教育领域里的国际合作也就变得更加必要，结果是需要解决的问题也将越来越相似。为了解决共同面临的问题，在联合国教科文组织的协调下，许多国家在致力于对现行教育体制、结构、内容和方法进行深入改革的同时，纷纷将目光投向制度化学校系统外的教育领域，提出了"终身学习"策略，强调今后教育应当能够在每一个人需要的任何时刻，以最好的方式提供必要的知识和技能。这种观念上的转变为终身教育思想的形成做了准备。

联合国教科文组织于1965年在法国巴黎召开了国际成人教育促进委员会第三次会议。主持会议的法国教育家朗格朗在大会报告中以"终身教育"为题对会议的成果做了总结。这次会议被认为是"终身教育"走向世界的开始。1967年，欧洲议会文化合作委员会将"终身教育"确定为它在教育方面全部工作的指导思想。1970年朗格朗出版的《终身教育引论》（*An Introduction to Lifelong Education*）一书成为终身教育思想发展的里程碑。1972年，在东京召开的第三次国际成人教育会议则进一步强调，要在"终身教育"的背景中考虑成人教育问题，使成人教育摆脱了以往作为补充基础教育不足的狭隘观念。该会议的第一号建议指出："在终身教育的背景中，把成人教育作为教育的一个特定的、不可缺少的组成部分，并采取立法措施和其他措施，促使成人教育具有广泛的基础；学校教育的方向是让青年为进行自我引导的终身教育而有所准备。"②

1972年，由国际教育发展委员会主席、法国前教育部长富尔（E. Faure）主持撰写的调查报告《学会生存——教育世界的今天和昨天》出版。这份报告在国际上引起强烈的反响。该报告明确建议将"终身教育"作为发达国家和发展中国家在今后若干年内制定教育政策的指导原则。

1996年，由前欧盟委员会德洛尔（J. Delors）任主席的国际21世纪教育委员会向联合国教科文组织提交了一份题为"教育——财富蕴藏其中"的报告，对终身教育的内涵做了进一步的揭示，指出终身教育是一种与生命有共同外延并已扩展到社会各个方面的连续性教育，它是进入21世纪的关键所在。

2003年，世界终身学习委员会副主席朗沃斯（N. Longworth）出版了《终身学习在行动——21世纪的教育变革》一书，进一步阐释终身教育的目的就是要实现"学习化社会"，即一个人人都能终身学习的理想社会。

---

① 库姆斯：《世界教育危机——八十年代的观点》，赵宝恒等译，3页，北京，人民教育出版社，1990。

② 米亚拉雷、维亚尔主编：《世界教育史（1945年至今）》，张人杰译，372页，上海，上海译文出版社，1991。

第二节　终身教育思想的主要特点

终身教育思想具有以下五个主要特点。

第一，终身教育思想强调把教育贯穿于人的一生。终身教育思想倡导者注重人的一生中不间断地学习以及将各种教育机会和学习条件联系起来发挥综合效益，使一生的学习活动与社会活动不致脱节，因此，“终身教育”实际上意味着“终身学习”。按照联合国教科文组织的说法，这种学习“指的是旨在重新组织现存教育制度并发展教育系统以外的整个教育潜力的一体化计划，在这个计划中，男人和女人通过他们思想和行动的经常的相互作用，使自己成为自己教育的代理人；教育和学习……应当扩展到一生，包括所有技能和知识，利用所有可能的方法，给一切人提供机会以充分发展他们的人格”①。

第二，终身教育思想提倡教育一体化，注重教育的整体性。终身教育思想倡导者认为，终身教育应是正规教育和非正规教育的总和，即人在其一生中所受到的各种教育和培养的总和。在他们看来，所有的教育部分都将结合在一个统一和相互衔接的制度中，包括现代社会中所有可资利用的教育资源。一切正规教育、非正规教育以及非正式教育机构和学习活动将形成“终身教育”这样一个整体。终身教育思想倡导者将其称为“一种生态学的探讨方式”②，这就是说，终身教育包括了教育的一切方面。它是人一生中所遇到的教育机会与社会所提供的教育机会的统一。它将各种教育机构和学习组织加以整合，使之相互协调和相互作用。

第三，终身教育思想强烈要求冲破传统学校那种僵化呆板的体制以及许多不合理的限制和规定，采取有利于学习的灵活多样的组织形式、教学内容和教学手段，使人置身于广泛的学习领域之中，并且拥有广阔的选择余地。最重要的是，要确保有越来越多的人参与各种教育过程和学习过程，并以其所学去回报社会。

第四，终身教育思想注重教育的民主化。终身教育思想倡导者认为，教育民主化意味着教育机会均等。但是，它并非指每个人都接受同样的教育，而是指每个人都能受到最好的教育。在他们看来，终身教育制度的建立将有助于教育民主化理想的实现，最终消除社会不平等现象，实现整个社会的民主化。当然，社会也必须为每一个人受教育的权利提供终身保障。总之，“没有终身教育，也许就不可能有任何真正的民主化”③。

第五，终身教育思想体现了国际性，是当代一种国际性的教育思潮。它由联合国教科

---

① 达肯沃尔德、梅里安：《成人教育——实践的基础》，18页。

② 富尔等：《学会生存——教育世界的今天和昨天》，华东师范大学比较教育研究所译，232页，上海，上海译文出版社，1979。

③ 赫梅尔：《今日的教育为了明日的世界》，王静、赵德生译，39页，北京，中国对外翻译出版公司，1983。

文组织直接倡导和推动，并得到了各国政府的积极响应和合作。“终身教育”作为一个世界各国政府教育工作所认同的基本原则，不仅对教育理论与实践产生了广泛而深刻的影响，而且为世界各国教育提出了整体改革的方向。因此，“终身教育”思想被认为是国际合作的产物。

第三节　终身教育思想的主要代表人物

一、朗格朗

1. 生平和教育活动

保罗·朗格朗（Paul Lengrand，1910—2003）是法国成人教育理论家和活动家。1910 年 12 月 21 日，他出生于法国的康普兰。他毕业于巴黎大学，长期从事教育实际工作，曾在中小学和大学任教多年，具有丰富的教育实践经验。第二次世界大战期间，他参加法国国内抵抗运动，投身成人教育，创建并领导法国“民众与文化协会”。

第二次世界大战后，朗格朗在联合国教科文组织秘书处任职。20 世纪 60 年代中期任该组织终身教育科科长。1965 年，在巴黎举行的国际成人教育促进委员会第三次会议上，他的题为“关于终身教育”的论文被指定为会议文件，并首次阐述了“终身教育”的基本原则。1970 年，他撰写的《终身教育引论》一书作为国际教育年的专著出版。该书被公认为终身教育思想方面的代表作，在国际上产生了广泛的影响。

2003 年，朗格朗去世。

2. 终身教育的原因

朗格朗在《终身教育引论》一书中列举了现代人所面临的新的挑战，指出这种挑战来自人类生存环境的改变，它在很大程度上改变了决定个人和社会命运的条件，也为教育趋向“终身化”提供了变革的舞台。

现代社会何以需要终身教育，朗格朗认为，主要原因表现在以下九个方面。

一是世界变化速度加快，破坏了人们对现实生活的认识的平衡。因此，教育不得不寻求新的道路，以获得一种必要的灵活性和适应性。

二是人口增长对教育形成了巨大的压力。教育不仅在数量上要有所发展，在教育职能以至教育性质上也需要有所改变。例如，怎样控制人口增长，以利于自然资源的保存和合理开发等，其本身就有赖于教育的革新。

三是科学知识和技术的进步迫使人们更新自己的知识技能，从而要求发展成人教育。

四是政治基础和经济结构方面的变更对公民的训练，特别是对领导人的自身学习提出了更高要求。

五是大众传媒促成了全球性文明，增进了国家间的了解和合作，同时也要求人们不断地接受训练，形成批判力和选择力，正确地吸收利用传媒提供的信息，并使其发挥建设性作用。

六是闲暇时间增多，人们有数不胜数的场合和机会来获得文化教养，丰富个人生活。教育者对此负有重要的引导责任。

七是生活模式和社会人际关系出现危机。例如，教育必须应付来自“代沟”的挑战等。许多问题无法十分准确地预见。

八是文明形态的不断变更，人们无节制地追求物质生活和感官享受，破坏了生活的平衡。这也给教育提出了新的任务。

九是思想意识形态的危机，信仰与价值的多元化，令人无所适从。因此，教育必须以智力，也以情感和想象各方面调动人的各种能力。

朗格朗指出，所有这些挑战无不涉及教育，并向人们提出了新的教育问题和教育需要。这些教育问题和教育需要呈现出前所未有的广泛性、复杂性和不可预见性，它必然会动摇传统的教育观念、体制和方法论基础，迫使教育寻求新的出路，使现代人在上述各种挑战面前从智力、体力、情感等方面做好准备。在朗格朗看来，能够帮助人们应付这些挑战的一种新的教育模式和教育观念就是“终身教育”。

3. 终身教育的概念

朗格朗说：“教育，不能停止在儿童期和青年期，只要人还活着，就应该是继续的。教育必须以这样的做法来适应个人和社会的连续性的要求。”① 在他看来，终身教育是完全意义上的教育，它包括教育的各个方面和各项内容，从一个人出生那一刻起一直到生命终结时为止的不间断的发展，包括教育各个发展阶段之间的有机联系。② 总之，终身教育应该能够帮助一个人掌握在其一生中不断学习和得到训练的结构和方法，并通过各种自我教育的形式向每一个人提供在最高和最真实程度上完成自我发展的目标和工具。

1972年秋，在联合国教科文组织总部召开的“关于终身教育专题讨论会”上，朗格朗提出了《终身教育特性一览表》，对比了现行教育与终身教育的十个主要差异。③

第一，现行教育将教育限制在人生的某一时期（青少年时期）；而终身教育则是通过人的全部生涯进行的。

第二，现行教育注重单一的抽象知识的学习；而终身教育则授予理智、情感、审美、职业、政治、身体等多种教育，并从整体上寻求具体的联系。

第三，现行教育将职业教育同普通教育、正规教育同非正规教育、学校教育同校外教

---

① 朗格朗：《终身教育引论》，周南照、陈树清译，16页，北京，中国对外翻译出版公司，1985。

② 持田荣一等编：《终身教育大全》，龚同等译，446页，北京，中国妇女出版社，1987。

③ 同上书，20～21页。

育、文化活动同教育活动分离隔绝开来；而终身教育则注重人格的全面和谐的发展，谋求各种教育之间的联系和一体化。

第四，现行教育立足于传递已知信息和知识；而终身教育则立足于辩证法观点的形成，认为人是在终其一生的不断探索中展开教育活动的。

第五，现行教育通过教育内部的限制以及外部施加的强制，使学习者接受既有的文化价值观；而终身教育则尊重每个人的个性和独立选择，强调通过自主自发的学习发展自我。

第六，现行教育将教育视为向学习者传授文化知识的手段；而终身教育则认为教育是学习者个人持续不断的发展过程，将教育视为成长的手段。

第七，现行教育将教育变成筛选人的工具；而终身教育则认为，在人的未成熟期只进行一次性选择是无益的和有害的，人的一生的各个阶段都应获得充分地发挥其内在潜质的机会。

第八，现行教育将教育限定在学校；而终身教育则要把教育扩大到家庭、友邻关系、职业岗位、政党、工会、社团组织等与人们实际生活有关的各种环境中去。

第九，现行教育为各种教育媒体和训练都设置了一定的阶梯；而终身教育则强调学习者在自主选择教育机会时，主要应考虑教育媒体和训练是否适合个人和社会的需要，将它作为唯一的出发点。

第十，现行教育认为教育只能由社会中一部分人（教师）来进行；而终身教育则认为教育应根据时间和情况不同由社会整体提供机会。

4. 终身教育的内容和方法

朗格朗认为，终身教育的基本任务将是使人们为“变化”做好准备。无论如何，教育不再是传授知识的问题，而是用适当的手段训练和引导每一个人，使他永远也不会中止学习研究。

按照朗格朗的意见，终身教育的最终目标是努力建设更美好的生活，即使人过一种更和谐、更充实和符合生命真谛的生活。这种生活必须是指个人与现代社会的现实性要求所规定的生活。终身教育的具体目标是，教人们掌握一种在自己的整个求知道路上得心应手的方法，即使学习者“学会学习”，以便为他在未来学习型社会中生存和发展做好准备。

终身教育的上述目标必须要求现行各级各类教育部门做出职能性和结构性的变革与调整。终身教育在教育学上将是一种大胆的革新尝试。它将会使教育最终摆脱因制度化、标准化带来的形式主义的影响，使教育的各个方面越来越同人的本质相联系，从而使教育趋向人格化。

朗格朗指出，如果人们接受上述观点，认识到教育是一个帮助人去生活的问题，就会自然而然地得出如下新方法的规则。

第一，强调学生，而不是课程。

第二，把教育看成是一个过程，而不是知识的传授。

第三，把在个人之间人为地分成等级的数量上的评价，换成对儿童作为个人所做的质量上的评价。

第四，把竞争减少到最低限度，使每一个人都能发挥其才能，运用其切身经验，通过好奇心和疑问共同探讨知识。

第五，把儿童当成带有他们那个年龄阶段的特殊问题的孩子看待，而不把他们当成小大人来对待。

第六，尽可能少做鉴定，因为鉴定会使一个实体停止前进，并使其误入歧途。

第七，尽可能广泛地使教育与生活联系起来，这就意味着要为工作阶段的生活和为闲暇时间做好准备。

第八，强调早期教育对儿童一生的影响，并用适当的方法实施这种教育。

5. 终身教育的战略和建议

朗格朗认为，要提出一种模式的"终身教育"是不可能的。每个国家都有自己的体制和结构、自己的传统、自己的禁忌以及自己的便利条件；而且，在一些国家，限于资源的相对缺乏，人们不得不有所选择，因此，任何时候总是有一个问题在重要性上超过所有其他问题而必须予以优先考虑。但这不应该影响这些国家根据"终身教育"原则所阐明的主要方针来寻求实际的解决办法。这些原则如下：

第一，要保证教育的连续性以防知识过时。

第二，使教育计划和方法适应每个社会的具体要求和创新目标。

第三，在各个教育阶段都要努力培养新人，使之能适应充满进步、变化和改革的生活。

第四，大规模地调动与利用各种训练手段和信息，这种训练和信息超出了对教育的传统定义以及组织形式上的限制。

第五，在各种形式的行动（技术的、政治的、工业的、商业的行动等）和教育的目标之间建立密切的联系。

朗格朗指出，在这些原则的基础上，可以建立多种多样的"终身教育"模式。这些模式考虑到各种不同的方面，但都服从同一个条件，这就是使教育成为生活的工具，成为使人成功地履行生活职责的工具。

朗格朗在实施终身教育的战略方面还提出了一些一般性建议。这些建议立足于对目前出现的两种主要教育趋势的分析。

一是教育面向成人的趋势。朗格朗首先指出，成人和青年除了在生理和心理成熟程度方面的差别以外，在地位和环境上也有很大差异。例如，对成人来说，除特定条件外，没有什么外部权威强迫他学习，他不必被动地受教育。在这种情况下，首先，成人教育作为一种非强制性教育，在创造和革新方面独具优势。其次，成人教育长期以来被排除在正规教育之外，被看成是一种非政府性教育事业的活动，而革新和研究的精神也正是在独立和分权的情形下才得以充分发挥的。所以，成人教育为最终决定一种不拘泥于传统形式的教育结构与方法提供了独特的实验室。作为"整个终身教育体制中的火车头"，成人教育对终身教育的贡献是别的教育所无法替代的。未来教育就其整体和自我更新的能力来看，将取决于成人教育的发展。

朗格朗建议，在成人教育的发展上，国家政府必须改变漠不关心的态度，加强对它的支持和干预。这包括在财政上增加对成人教育的投入，完善成人教育的立法和行政措施，吸收人们参加管理，调整劳动者工作时间，发展各类职工在职培训，以及提供成人教育发展所必需的机构、设备和服务。

二是教育面向儿童的趋势。朗格朗指出，不管为促进成人教育而开展的任何运动有多大的广度和深度，都只有采取了同样坚决的行动来改进为儿童和青少年设计的普通教育阶段的结构、课程和方法，才能取得成功。因为成人教育的主要力量是成人自己，他们一方面有自己的倾向、能力、愿望和动机，另一方面又有其他的障碍和各种困难、弱点。同时，由于成人受到生活的影响，所以，他们实际上保留了过去儿童时期的种种特点。这样的结果是，如果成人在早年所受的是使他们厌恶学习、不求上进的教育，或者这种教育没有充分培养他们形成继续教育过程中所需要的坚韧性，那么，从成人教育这个角度来看，他实质上就是一个已告失败的人。

鉴于普通教育的现状与终身教育的原则相距甚远，朗格朗建议从以下方面着手改进：普通教育教学的人格化，通过这种教学使每个学生按照他的志趣、倾向和能力得到发展；教会学生学习，发展他们的思考能力、组织工作能力、分析和综合能力，同时鼓励他们养成对话和参加集体工作的习惯；加强教育与日常经验的联系，教育的任务是培养未来的成人承担生活的责任和义务，接受变革以及各种形式的智力和文化的冒险活动，适应社会习俗、道德观念和理论学说的迅速变化。

第四节　终身教育思想的影响与评析

自朗格朗 1965 年将"终身教育"作为国际教育会议的议题提出以来，终身教育作为一种最有生命力的教育思想已日益深入人心，并在教育领域引起了一场广泛而深刻的革命。终身教育已成为促进人类发展和社会进步，全面提高现代社会中人的素质，进而形成一个学习型社会的境界的象征。西方有的教育学者指出："可以与哥白尼学说带来的革命相媲美的终身教育概念的发展，是教育史上最惊人的事件之一。”①

20 世纪 70 年代以来，许多国家已通过立法或提出报告，将“终身教育”列入本国今后乃至下一个世纪教育改革和发展战略的重点。法国于 1971 年通过《终身教育中继续职业教育组织法》，其中第一条规定：“继续职业教育是国家的义务”，“继续职业教育是终身教育的一部分”。日本经济企划厅教育文化专门委员会于 1972 年发表《信息化社会中的终身教育》报告书，着眼于“为国民的终身教育而创造环境”。1981 年，日本中央教育审议会提出的报告又进一步明确今后日本的文教将以“终身教育”为方针。日本临时教育审议会于 1984—1987 年的 4 次咨询报告都正式提出：为主动适应社会的变化，建立有活力的社会，必须建立以向“终身学习”体系过渡为主轴的新教育体系。1988 年，日本文部省发表的《文教白皮书》则更加明确指出：日本面向 21 世纪教育改革的基本目标就是实现“终身学习”的社会。美国全国高质量教育委员会 1984 年在《国家在危机中：教育改革势在必行》的报告中指出：为了寻找教育问题的答案，必须致力于“终身教育”；教育改革的中心任务是开创一个“学习型社会”的目标。1991 年，布什总统发布的《美国 2000 年计划》又进一步强调“学习是终身的事业”，要求全体美国人一辈子当学生，并号召开展一场把美国改造成“学生之国”的运动。

国际教育界许多有识之士指出，尽管有关“终身教育”的基本思想现已明确，但复杂的是如何应用和按照这一原则对教育改革进行总体规划。

“终身教育”所面临的难题之一是，在正规教育部门中，人们总是按照习惯的思维定式，将学习活动与学校的无所不在和无所不能联系起来。终身教育向这种陈旧观念和学校力图保持的教育垄断权提出了挑战。按照“终身教育”的原则，学校改革在内容上和方法上都将朝着“为了进一步学习而学习”的方向发展，重要的不是知识本身，而是获得知识的过程。这是因为按照“终身教育”的设想，从学校毕业将不再被看作是教育的终结，而被看成是新教育的开始。可以预见，各国在朝着“终身教育”的方向努力探索符合今日国情的教育改革道路上，还将有不少困难有待克服。

“终身教育”制度的核心是成人教育。它集中体现了终身教育的特点，即教育在任何一点上都不中断，而是具有连续性和统一性，在强调学校应当向成人开放的同时，如何为成人提供广泛的教育机会和继续教育方面的多种选择，如何帮助成人适应新的环境，如何加强成人在社会生活方面的主动参与意识，已成为成人教育领域中最引起人们关注的一些问题。许多国家，包括一些发展中国家，已创造了一些卓有成效的教育形式，使成人教育成为整个终身教育体系中最富有改革活力的领域。1970 年，英国开放大学就提供了这样一个成人教育的国际性范例。这类大学作为一种提供“第二次机会”的教育制度刚一出

① 赫梅尔：《今日的教育为了明日的世界》，22 页。

现，就被世界上许多国家特别是发展中国家借鉴和采纳。

联合国教科文组织于1989年在北京召开了“面向21世纪教育国际研讨会”。大会报告的总标题是“学会关心：21世纪教育”。“学会关心”口号的提出是对“学会生存”“学会学习”这两个口号的补充与发展。“终身教育”的观念中又被注入了“关心社会和国家的经济和生态利益”“关心全球的生活条件”“关心他人”“关心家庭”“关心其他物种”“关心真理知识和学习”“关心自己健康”等新的内容。这对终身教育重新构建学习环境，促进学习型社会早日实现，必将产生重要的影响。

拓展阅读书目

1. 朗格朗. 终身教育引论. 周南照，陈树清，译. 北京：中国对外翻译出版公司，1985.

2. 富尔等. 学会生存——教育世界的今天和昨天. 华东师范大学比较教育研究所，译. 上海：上海译文出版社，1979.

3. 德洛尔等. 教育——财富蕴藏其中. 联合国教科文组织总部中文科，译. 北京：教育科学出版社，1996.

4. 朗沃斯. 终身学习在行动——21世纪的教育改革. 沈若慧，等译. 北京：中国人民大学出版社，2006.

第四十六章

“掌握学习”教育思想

第一节　“掌握学习”教育思想产生的背景
第二节　“掌握学习”教育思想的主要特点
第三节　“掌握学习”教育思想的主要代表人物
　　　　布卢姆
第四节　“掌握学习”教育思想的影响与评析

“掌握学习”教育思想是20世纪60年代末在美国产生的一种教育思潮。美国心理学家和教育家布卢姆是它的主要代表人物。在吸收与借鉴其他许多教育理论和学习理论的基础上，它提倡“掌握学习”理论，强调教学应该面向全体学生并坚信绝大多数学生能够达到掌握水平，主张使用新的教育评价模式。“掌握学习”教育思想具有国际性影响，应用于学校教育实践也有成效，但有的问题仍有待于研究解决。

第一节　“掌握学习”教育思想产生的背景

从20世纪50年代中期到60年代末，美国掀起了一场轰轰烈烈的教育改革。教育改革的重点如下：一是课程改革，突出地强调了“新三艺”（数学、科学、外语）的改革；二是强调教师的培养、培训和考核，希望培养一批能胜任美国年青一代教育重任的高质量教师；三是强调“天才教育”。由于当时编写的新教材内容过深过难，脱离了美国学校的实际，有相当一部分教师不能胜任新教材的教学，有相当多的学生因基础不好而跟不上学习进度，学习成绩非但没有提高反而严重下降，致使课程改革不仅未能取得预期效果，而且受到了种种指责。有人甚至尖锐地批评说：这次课程改革是以牺牲大多数学生的利益为代价的。

在教育改革的过程中，心理学家尤其是教育心理学家积极地进行学习行为和教学方法的研究，希望找到促进学习的出路。然而，他们提出的思想能够在教学实践中广泛应用的却不多，正如批评者所认为的那样："人们提供给我们的是巧妙完成的、精细的和第一流的实验，但这些实验中至少有一半与长期存在的人类问题没有关系……"①

影响美国教育质量提高的问题症结究竟何在？美国教育界不得不认真反思这一问题。一些曾被许多人信奉的观念受到了怀疑和否定，一些新的观点开始为人们所接受。

过去，许多教育家都认为，学生之间的学习能力存在着相当大的差别，只有10%～15%的学生能真正成功。这种观点一度十分流行，并成为"天才教育"的理论支撑点。然而，人们逐渐承认：学生之间只有学习进度上的差异，"在能够达到的水平上或基本学习能力上并没有差异"②。有关的教学研究甚至表明："有多至90%的学生能够达到在同样的条件下目前只有10%的学生才能达到的水准。"③

教师历来被人们认为是提高教育和教学质量的关键。一谈到教育质量，人们总会联想到教师的学历、学术能力和资格等。1957年苏联人造地球卫星上天之后，美国人曾将美国教育落后的一部分原因归咎于教师，认为美国中小学教师"业务粗疏，根底浅薄，无法奠定年青一代的科学基础"④。于是，采取了一系列措施试图提高教师质量。例如，将师范学院并入大学，改由大学文理学院或教育学院培养中小学教师；同时降低师范生的教育课程比例，以此来提高师范生的学术能力；此外，还对新教师的学历资格做了规定。然而，这些措施并没有使美国中小学教育质量得到明显的改观。对此情况，一些研究人员通过研究发现：学生学习好坏的关键在于教学而不在于教师，是"教师们所做的事，而不是教师本身，决定了学生们学到了什么知识以及学生对学习和自身产生了何种感觉"⑤。因此，强调教学比教师重要，这是一种观念的变革。

美国心理学家和教育家布卢姆在对美国许多学校调查后发现，美国学校中存在着一个普遍性的问题，阻碍着学生大面积地提高学习成绩。这个问题就是，学校教师对其学生的期望基本上是固定不变的。他还发现，教师的这种期望往往也得到了学校行政方面的承认和支持。这种呈常态分布的成绩（教学结果）甚至成为教学评估的依据之一。布卢姆对这种状况做了严厉的批评："把教师和学生的学业目标固定下来的这种期望，是目前教育制度中最浪费和最有害的一面。它减弱教师和学生双方的志趣；它减弱学生学习

① 舒尔茨：《现代心理学史》，杨立能等译，404页，北京，人民教育出版社，1981。

②③ 布卢姆：《所有儿童都要学习》，王大龙译，6页，合肥，安徽教育出版社，1991。

④ 滕大春：《今日美国教育》，132页，北京，人民教育出版社，1980。

⑤ 布卢姆：《所有儿童都要学习》，9页。

的动机；……减少继续学习的机会，并使青年与学校和社会异化的这种教育制度的代价，实在是太大了，以致没有哪个社会能再容忍它。”① 在布卢姆看来，在高度发达的国家中，劳动大军所需的技能复杂性已经表明，只有少数人完成中等和高等教育是无法满足社会需要的，必须提高年龄组中成功地完成中等和高等教育学生的比例。因此，学校教育的重要问题“不再是要发现极少数能够成功的学生”，而是“怎样使年龄组的绝大部分人能够有效地学习被认为是他们在一个复杂的社会里为自己的发展必须具备哪些技能和教材”②。

布卢姆倡导的“掌握学习”教育思想正是在上述背景下产生的。其发展可以分成两个阶段：第一阶段从1968年至1971年，以布卢姆本人研究为主，亦称“布卢姆阶段”，是“掌握学习”教育思想的形成时期；第二阶段从1971年起，以布卢姆的学生和同事研究为主，亦称“布卢姆后阶段”，是“掌握学习”教育思想的实践时期。

第二节 “掌握学习”教育思想的主要特点

“掌握学习”教育思想具有以下四个主要特点。

第一，从方法论上来看，“掌握学习”教育思想在其形成的过程中吸收与借鉴了其他许多教育理论和学习理论。例如，卡罗尔（L. A. Carroll）的学校学习模式理论，布鲁纳的教学理论，莫里森（H. C. Morrison）的单元教学法，斯金纳的程序教学，以及苏帕斯（P. Suppers）、古德莱德（J. I. Goodlad）、安德森（P. H. Anderson）、格莱泽（R. Glaser）等人的理论。其中，以哈佛大学教育心理学教授卡罗尔的学校学习模式理论的影响最大。卡罗尔学习模式的核心观点是强调“能力倾向是学习者达到掌握学习任务所需要的时间量”。也就是说，学生的能力差异主要体现在掌握某一学习任务所需的时间差异上。换言之，“只要给予足够的时间，可以相信全部学生能达到掌握学习任务”③。这对“掌握学习”教育思想倡导者布卢姆有很大的启示。

第二，“掌握学习”教育思想强调教学应该面向全体学生，并坚信只要时间充足和方法得当，绝大多数学生能够达到掌握的水平。布卢姆在《掌握学习》一文中清楚地表明了这一思想：“如果给予充足的时间（以及适当形式的帮助），95%的学生（5%的尖子学生加90%的中间学生）能够学习任何一门学科达到高度的掌握水平。我们确信，在适当的条

① 布卢姆：《掌握学习》，载瞿葆奎主编：《教育学文集·教学（上）》，677页，北京，人民教育出版社，1988。

② 同上书，678页。

③ 同上书，682页。

件下，一个班里95%的学生都能达到作为掌握一门学科的指标值的A等。”①

第三，“掌握学习”教育思想强调以班级授课的形式达到个别教学的效果。个别教学的优点是可以因材施教，可以根据学生的情况来决定教学目标、教学内容和教学方法。但是，在现代社会中，由于教育的普及和受教育者人数众多，实行个别教学显然是行不通的。布卢姆倡导的“掌握学习”教育思想正是试图解决这一矛盾。“掌握学习”实践研究表明，普通教学、掌握学习和个别教学三种不同教学模式的教学效果有差异，表现在学习成绩、学习态度和自我观念等方面。例如，在学习成绩方面，个别教学模式中90%的学生可达到的水平，普通教学模式中只有20%的学生可以达到，而“掌握学习”模式中却有约70%的学生可以达到。

第四，“掌握学习”教育思想是以教育目标分类学为基础的。从某种意义上来讲，如果没有教育目标分类学的建立，也就不会有“掌握学习”教育思想的形成。由于“掌握学习”教育思想强调通过掌握教学使学生达到掌握水平，因此，掌握的标准就成了“掌握学习”的关键所在。一个教师如果不了解掌握的标准或教学的目标，他就无法对学生进行教学。虽然人们也承认教育的目标应该是综合性的，但往往注重的是知识的目标。因而在布卢姆看来，应该制定一套能明确表达人们所期望的学习结果的分类目标来指导和评价教学。布卢姆甚至强调：“没有某种整套的分类目标作指导，一个人要从事长时间的教育事业实在是不可能的。”②

第三节 “掌握学习”教育思想的主要代表人物

一、布卢姆

1. 生平和教育活动

本杰明·布卢姆（Benjamin Bloom，1913—1999）是美国心理学家、教育家。1913年2月21日，他生于美国宾夕法尼亚州的兰斯福德。1935年2月和6月，他先后获得宾夕法尼亚州立大学文学学士学位和理学硕士学位。1940年，布卢姆在芝加哥大学考试委员会工作，1942年获得该校博士学位，之后在芝加哥大学任教，从讲师逐级升为教授。1965—1966年，布卢姆担任过美国教育研究协会主席。1967年，担任测试问题邀请会主席。他还参与创建国际教育成就评价协会和国际课程协会。1968年，布卢姆以其卓越的学术成就获得约翰·杜威学会颁发的“杜威奖金”。1972年，美国心理学会授予其“桑戴克纪念奖”。

① 布卢姆：《掌握学习》，载瞿葆奎主编：《教育学文集·教学（上）》，683页。

② 布卢姆：《所有儿童都要学习》，220页。

布卢姆从事教育研究和教学40余年，硕果累累。他对教育目标分类进行了深入的研究，并于1956年主编出版了《教育目标分类学：第一分册，认识领域》。1964年，他又参与编写了《教育目标分类学：第二分册，情感领域》。这两本书在美国发行量超过100万册，还被译成多种文字在世界出版，影响很大，并奠定了布卢姆及其“掌握学习”教育思想在美国教育学术界的地位。1968年，布卢姆发表了《掌握学习》一文，正式提出“掌握学习”的思想。1971年，他又出版了第一部教育评价专著《学生学习的形成性评价和总结性评价手册》，在教育评价领域提出了“诊断性评价”“形成性评价”“总结性评价”等新概念。1976年，他的著作《人类特性和学校学习》问世，被认为是美国20世纪70年代最有影响的教育著作之一。1985年，布卢姆出版了《发展青少年的才能》一书，对培养英才的问题提出了独到的见解。

1999年9月13日，布卢姆去世。

2. “掌握学习”理论

(1) “掌握学习”的概念

布卢姆认为，只要教学时间充足，教学策略得当，绝大部分学生都能掌握主要的学习内容。在他看来，学生学习中的许多个别差异不是先天决定的，而是人为的和偶然的。因此，布卢姆说：“世界上任何人都能学习，如果在早先与现在都提供适当的学习条件的话，几乎所有的人都能学好。”① 显然，面向全体学生，对绝大多数学生抱有信心，是“掌握学习”理论的立足点。学生在任何一位教师的帮助下几乎都能做到学业优秀。在教师的帮助下，“愚笨”“迟钝”“缺乏学习动力”的学生也可以像“聪颖”“敏捷”“学习动力强”的学生一样学习。②

布卢姆还认为，“掌握学习”效果如何，取决于三个变量：一是先决认知行为，指学习者已掌握的基础知识和各种能力。它是学习新课题和新知识的前提。二是先决情感特点，指学习者参与学习过程的动机作用的程度。它是受各种态度，如对所学特定课程的情感态度以及对学校、对学校中的学习、对学习者自身的态度的影响。此外，它还受以往成功经验与失败教训的制约。三是教学质量。它是在学校和教师直接控制下发生变化的，对学生的学习和学习过程会有重要的影响。布卢姆认为，这三个变量是互相依赖和互相作用的。它们对学习程度的影响作用分别达50%、25%和25%。③

(2) “掌握学习”的实施

布卢姆认为，“掌握学习”的实施分三个阶段：给掌握下定义；制订实现掌握的教学计划；为实现掌握而教。

---

① 布卢姆：《掌握学习》，载瞿葆奎主编：《教育学文集·教学（上）》，647页。

② 胡森等：《简明国际教育百科全书·教学（下）》，212页，北京，教育科学出版社，1990。

③ 钟启泉编译：《现代教学论发展》，301～302页，北京，教育科学出版社，1988。

一是给掌握下定义。所谓“给掌握下定义”，是指详细说明要达到的“掌握水平”。布卢姆认为，运用“掌握学习”理论时，首要任务是给“掌握”下精确的定义。这一定义包括：详细说明长期和短期的结果，规定抽象的结果（如教学目标等），并使这些抽象的结果得到具体体现（如测验以及测验成绩的及格标准等）。[①]“给掌握下定义”的主要作用是将学习条件和学习的前景告知学生、教师、行政人员和家长。

“给掌握下定义”可以分成以下四个步骤。

第一个步骤，确定课程目标。选择课程目标时，要注意选择关键的具有潜在力的目标，即有助于学生过渡到或适于将来学习的目标。

第二个步骤，编制总结性测验试卷。总结性测验既能评估学生学完全部课程后的程度，又能评估学生学习的总评质量。总结性测验应该具有一定的效度和信度。效度包括内容、构造和准则三个方面。信度是指测验分数的连贯性（稳定性）。

第三个步骤，制定单元目标。将课程分成若干既相互联系又相对独立的单元，并为每个单元规定一定的目标。前后单元的目标要有联系，学生达到前一单元目标后应该觉得后一单元目标难度适中。

第四个步骤，编制形成性测验试卷。形成性测验是在教学和学习的过程中使用的一种系统性评价。其作用是向教师和学生提供有关信息反馈，以便改进教学工作。每一单元结束时，都要安排一次形成性测验。

二是制订实现掌握的教学计划。制订实现掌握的教学计划的目的是使教师在课堂教学过程中始终处于主动地位，避免出现被动地、凑合地解决问题的情况。

布卢姆强调指出，教学计划的制订应该面向全体学生，这有助于全体学生实现单元目标。制订实现掌握的教学计划，首先要集中注意高质量教学的两个关键：其一，与每个目标有关的材料在课堂上讲授的方式应适合于绝大多数学生；其二，其中配备有相应材料的各项活动应能调动绝大多数学生参与学习过程。此外，制订教学计划时还应该准备好替代教学材料，设计好替代教学活动。

三是为实现掌握而教。为了实现“掌握学习”，在课堂教学中，教师的作用是规定教学内容，引导学生学习规定的内容；提供教学材料，根据每个学生的进度使用这些材料；注视学生的学习进度，找出困难的原因，并给予表扬鼓励；安排复习和练习，使学生长期牢固地掌握所学知识。

具体来说，“掌握学习”的教学应该分为以下两个步骤：

第一个步骤是介绍概况。教师要向学生介绍课程内容、学习方法、测验方式和评分制度等。教师还要告诉学生，如果他们需要，还可以得到额外的时间和帮助，以便保证他们

---

① 胡森等：《简明国际教育百科全书·教学（下）》，216 页。

“掌握”。

第二个步骤是课堂教学。课堂教学按单元进行，每一单元结束时进行一次形成性测验。已经达到“掌握”标准的学生可以根据自己的兴趣和爱好任意从事丰富知识的活动，也可承担“学得慢”的同学的辅导工作；未达到“掌握”标准的学生则进入纠正性补习阶段。如果大部分学生未达到“掌握”标准，补习可以通过大班教学来进行；如果小部分学生未达到“掌握”标准，补习则可以在课外进行。

教学进度由教师根据实际情况灵活决定。教师可以调整教学进度，有的单元教学时间可以多一些，有的则可以少一些。

3. 教育评价理论

布卢姆认为，在学校教育中，评价占有十分重要的地位。但是，他尖锐地指出，传统评价的目的实际上是给学生分等分类，而对改进教学工作和实现教育目标所起的作用却很小。此外，传统的评价往往也会对学生的人格和性格发展产生不利的影响。因此，布卢姆坚决主张，应该用适应并发展每个学生的能力、以改进教学工作为中心的教育评价来取代以分等分类为主的传统的评价。

根据“掌握学习”的教学模式和步骤，布卢姆把教育评价分为诊断性评价、形成性评价和总结性评价三类。

一是诊断性评价。布卢姆认为，为了了解学生学习某门课程或某个单元的准备情况和程度，使教学有个良好的开端，在教学前必须对学生进行诊断性评价。其目的不是将学生分等分类并贴上标签，而是使教学更适合学生的需要以及更好地促进学生的学习。布卢姆说：“诊断性评价是好的教学工作的一个基本组成部分。进行诊断性评价，是为了使教学适合学习者的需要和背景。”①

按照布卢姆的意见，进行诊断性评价的主要手段有：以前的成绩报告单、必要的学习技能调查表、情感先决条件调查表以及标准化诊断性测验等。布卢姆指出，“掌握学习”的教学能否成功，在很大程度上取决于诊断性评价的精度和深度。当然除了在教学开始时需要采用诊断性评价外，在教学过程中，教师也可以采用诊断性评价。

二是形成性评价。布卢姆认为，为了在教学过程中能得到反馈信息，并根据这些信息来改进教学和矫正不足之处，需要对学生进行形成性评价。形成性评价与其他评价的区别在于反馈与矫正过程。他强调说：“既然形成性评价是在形成阶段中进行的，那就要尽一切努力用它来改进这一过程。”② 一般是通过各种形式的测验，了解学生已掌握了什么和还有什么没有掌握等信息，然后根据这些反馈信息，采取教师的个别辅导、学生间的相互帮助以及学生自己再学习等形式帮助学生去掌握还未掌握的东西。

---

① 布卢姆等：《教育评价》，邱渊等译，174 页，上海，华东师范大学出版社，1987。

② 同上书，229 页。

按照布卢姆的意见，进行形成性评价时需注意以下一些方面：通过测验进行学习单元目标分析；为学生的学习定步骤，使学生自己会掌握时间；通过测验使学生的学习成果得到强化；提供各种补救的措施等。

三是总结性评价。布卢姆认为，为了对学生达到教学最终目标的程度进行评价并给学生评出等级，在一门课程的大阶段结束或全部结束之后，需要对学生进行总结性评价。总结性评价实质上“是对在整个教程或其某个重要部分上所取得的较大成果进行更为全面的评定”①。其功能主要是：给学生评分；预测学生在以后的学习中能否成功；确定随后的教学起点；对学生提供“掌握学习”方面的反馈信息；证明学生已具有的某些技能、知识和能力。在布卢姆看来，总结性评价特别需要强调两个绝对必要的特点，即效度和信度，以便对全面的评定提供切实的和正确的依据。

诊断性评价、形成性评价以及总结性评价是对教育过程的不同阶段进行的评价，在评价目的、评价职能、评价时间、评价范围、评价步骤和评价方法等方面是各不相同的。但是，布卢姆强调指出，这三类评价的划分只是相对的，它们之间仍存在着某种联系。例如，诊断性评价可以借助总结性评价的有关结果；总结性评价也需要参照形成性评价的有关结果等。正是由于这三类评价的不同功能及其联系，促使“掌握学习”的教学过程得以顺利进行。

第四节　“掌握学习”教育思想的影响与评析

自20世纪60年代末起，“掌握学习”教育思想在美国教育界产生了很大的影响。据统计，1974年美国至少有10万学生通过“掌握学习”方法学习。到1982年，全美约有3 000所学校和近百万名以上的学生接受“掌握学习”②。此外，“掌握学习”教育思想在世界上很多国家也产生了广泛影响。在日本，有的学者认为，布卢姆的“掌握学习”理论是“对学生学业的常态曲线的‘神话’发起的挑战”，是“对儿童潜在智力寄予的深刻信赖”③。1986年，布卢姆来华讲学，把“掌握学习”教育思想传到了中国。

“掌握学习”教育思想之所以能产生国际性影响，主要是由于“掌握学习”的教学方法在大面积提高学生学习成绩方面确有成效。1979年，通过实验研究发现，进入“掌握学习”班的一般学生的成绩，优于对照班中前80%～85%学生的成绩。④ 此外，通过实验研究还发现，虽然“掌握学习”对不同类型的学生有不同的成效，但能力强的学生和能力

① 布卢姆等：《教育评价》，100页。

② 胡森等：《简明国际教育百科全书·教学（下）》，221页。

③ 钟启泉编译：《现代教学论发展》，303页。

④ 胡森等：《简明国际教育百科全书·教学（下）》，222页。

弱的学生都能从“掌握学习”中获得好处。

“掌握学习”教育思想强调面向全体学生，相信绝大多数学生能够取得优秀的学业成绩。因此，它要求教师要有充分的信心，把教学的立足点放在绝大多数学生上；要求教师在制定教学目标、设计教学活动、准备教学材料以及进行课堂教学时，始终以绝大多数学生为对象，从而为学生的“掌握学习”奠定基础。

“掌握学习”的教学是按单元顺序进行的，一般是在绝大多数学生掌握了前一单元的内容之后才进入下一单元的教学。这种旨在让绝大多数学生达到掌握的教学策略，对于教学活动和学生的学习具有重大的意义。因此，布卢姆强调说：“在一门学科上取得好成绩，会为他进一步探索这门学科开辟道路。”学生“对一门学科的兴趣，既是掌握该学科的原因，又是掌握的结果。掌握的更加重要的结果之一是想进一步学习的动机”①。

按照“掌握学习”的教学程序，每一单元结束后都要进行一次形成性测验。对于已掌握的学生来说，它是一次学习的强化；对于还未掌握的学生来说，它能揭示他们学习上的问题所在，以便有针对性地进行补习，然后达到掌握水平。因此，“掌握学习”教育思想无疑是具有一定的现实意义的。

还应该指出，“掌握学习”教育思想具有可操作性。它不是一种纯粹的教育哲学和心理学思想的阐述，而是一种面向教育的实践并力图解决实际问题的教学策略，因此，它在学校教育实践中能受到普遍的欢迎。

当然“掌握学习”教育思想并非尽善尽美，还存在着一些不足之处。美国约翰·霍普金斯大学中小学研究中心的斯莱文（B. Slavin）教授认为，在解决学习速度的差异问题上，“掌握学习”理论能提供的方法不多；同时，他还批评“掌握学习”把知识分割成一小块一小块的做法是不必要的。② 也有的学者提出，“掌握学习”还应该对以下两个问题进行深入研究：一是研究“掌握学习”方法在什么条件下会有成效？二是研究“掌握学习”方法可能使学生的学习达到的极限。布卢姆曾在1968年和1976年从理论上估计约有95%的学生能够学习任何一门学科达到高度的掌握水平，但这一估计仅仅是在少数几项实验研究中得到证实的，不仅研究期较短，而且实验条件控制严格，因而被称为“微观层次上的研究”③。“掌握学习”方法在正常学校教学环境中的成功率到底有多大？布卢姆的理论极限能否突破或者得到论证？人们认为，如果这两个问题能解决的话，“掌握学习”教育思想的前景将是“辉煌无比”的。

---

① 布卢姆：《掌握学习》，载瞿葆奎主编：《教育学文集·教学（上）》，701页。

② 《教育领导》，1988（2）。

③ 胡森等：《简明国际教育百科全书·教学（下）》，226页。

拓展阅读书目

1. 布卢姆. 所有儿童都要学习. 王大龙，译. 合肥：安徽教育出版社，1991.

2. 布卢姆等. 掌握学习论文集. 王刚，等译. 福州：福建教育出版社，1986.

3. 安德森，索斯尼克. 布卢姆教育目标分类学 40 年的回顾. 谭晓玉，袁文辉，等译. 上海：华东师范大学出版社，1998.

第四十七章

"有意义言语学习"教育思想

"有意义言语学习"教育思想是20世纪60年代在美国产生的一种教育思潮。美国认知心理学家奥苏伯尔是它的主要代表人物。针对已流行的学习理论的缺陷，"有意义言语学习"教育思想提出学习分类、同化、"先行组织者"，以及内驱力等理论，表现了创新的特点。"有意义言语学习"教育思想在世界各国教育界引起了广泛的关注，有些理论还被应用于教学实践。

第一节 "有意义言语学习"教育思想产生的背景

"有意义言语学习"教育思想亦称"有意义学习"理论，属认知心理学流派。认知心理学是西方心理学流派之一，产生于20世纪50年代，迅速发展于60年代。认知心理学的产生和兴起有着多方面的原因。从心理学内部来看，认知心理学的产生和发展的直接原因是人们"对新行为主义心理学放弃研究人的内部心理过程的不满和反抗"①。此外，近

① 朱智贤主编：《心理学大辞典》，539页，北京，北京师范大学出版社，1989。

代德国心理学家冯特的意识心理学、格式塔心理学以及新行为主义的某些做法也为认知心理学的产生奠定了基础。从心理学外部环境来看，计算机科学、信息论的迅速发展以及语言学研究的成果为认知心理学的发展准备了条件。1967 年，美国心理学家奈瑟（U. Neisser）出版了《认知心理学》一书，标志着认知心理学派开始正式立足于心理学界。认知心理学并无严格的、公认的界定。就广义而言，凡注重研究人的认识过程的学派都可称为认知心理学派。狭义的认知心理学，一般指信息加工心理学。

随着认知心理学的产生，在学习理论研究领域中出现了一些持认知观的心理学家，如瑞士的皮亚杰、美国的布鲁纳和奥苏伯尔。他们的理论中具有一些共同的特点：首先，他们都认为学习的基础是有机体内部的、有组织的结构的形成与改组，而不是刺激与反应联结的形成或行为习惯的加强或改变。其次，他们都相信影响学习的主要变量是刺激情境的整体性、突然的理解或知觉，有意义的发现与接受、认知结构的特点、注意或心向，而不是刺激与反应的接近、强化和强化程式。这些心理学家的观点也存在着一些差异。在布鲁纳看来，传统的教学模式是一种学生处于被动地位的教学模式，不利于学生学习能力的培养；只有通过发现学习，才能使学生积极主动地学习，使学生在掌握知识的同时增强学习能力。奥苏伯尔则认为，把发现学习看成是有意义的，而把接受学习看成机械的，是人们的一种误解，是一种“广为流传而又无根据的看法”①；发现学习并非自始至终是有意义的，发现学习有时也可能是机械的，而接受学习也可能是一种有意义的学习方法。因此，从认知心理学出发，奥苏伯尔提出了“有意义言语学习”教育思想。

第二节 “有意义言语学习”教育思想的主要特点

“有意义言语学习”教育思想具有以下三个主要特点。

第一，“有意义言语学习”教育思想强调接受学习也是一种“有意义学习”。奥苏伯尔认为，学习首先可以分成“接受学习”和“发现学习”两类。对于学习者而言，接受学习不包括任何发现，只要求学习者把教学内容内化或结合进自己的认知结构中去，以便将来能够再现或应用；发现学习则强调学生自己去发现知识，并将其内化。其中接受学习是学习的主要方式。与此同时，奥苏伯尔又把学习分成“机械的”和“有意义的”两类，并指出学习是机械的还是有意义的并非取决于学习的方法，即并不取决于接受学习和发现学习本身。在奥苏伯尔看来，无论是接受学习还是发现学习都可能是机械的，也都可能是有意义的，关键在于学习发生的条件。他说：“只要学习任务能够用一种非任意的和非逐字逐

① 奥苏伯尔：《促进课堂的意义言语学习》，载瞿葆奎主编：《教育学文集·教学（上）》，609 页。

句的形式同学习者已有的知识结构发生联系，那么接受学习和发现学习这两种学习形式都可以是有意义学习。”① 因此，奥苏伯尔强调指出，接受学习也是一种“有意义学习”，发现学习并非是“有意义学习”的绝对保证。

第二，“有意义言语学习”教育思想重视“同化”在学习过程中的作用。虽然同化理论并非奥苏伯尔首创，但他却赋予了同化理论以新的意义。按照奥苏伯尔的观点，有意义学习的心理机制是同化。在同化的过程中，学习者的认知结构中原有的起固定作用的观念的概括水平、稳定性以及新旧观念的可辨别性、学习者的有意义学习心向等因素起着重要的作用。应该指出，同化理论是“有意义言语学习”教育思想的支柱。

第三，“有意义言语学习”教育思想主张使用“先行组织者”作为新旧知识联系的桥梁。“先行组织者”又称“组织者”。奥苏伯尔认为，学习的认知结构中适当的、可以起固定作用的观念是影响“有意义学习”的主要认知结构变量。如果认知结构中原有观念具有同化新观念的能力，新知识（观念）则可被同化并纳入原有的认知结构中；如果原认知结构中无适当的可以起固定作用的观念，则必须使用一种“引导性材料”作为中介，使新旧知识产生联系和相互作用。奥苏伯尔将这种引导性材料称为“先行组织者”。他强调说：“先行组织者的主要功能，是在学习者能够成功地学习手头的任务之前，在他已知的知识与需要了解的知识之间架设一座桥梁。”②

第三节 “有意义言语学习”教育思想的主要代表人物

奥苏伯尔

1. 生平和教育活动

戴维·保罗·奥苏伯尔（David Paul Ausubel，1918—2008）是美国认知教育心理学家。1918 年 10 月 25 日，他出生于纽约的布鲁克林。1939 年，他获得宾夕法尼亚大学学士学位。1940 年，他获得哥伦比亚大学心理学硕士学位。1943 年他获得布兰迪斯大学医学博士学位。1950 年，他获得哥伦比亚大学发展心理学博士学位。1950—1974 年，奥苏伯尔在伊利诺伊大学教育研究所任教授。1975 年他转任纽约市立大学研究生院与大学中心教授，到 1978 年退休为荣誉教授。

后来，奥苏伯尔自办诊所，担任精神病医生。奥苏伯尔曾获得美国心理学会颁发的“桑戴克纪念奖”。

奥苏伯尔的主要著作有《儿童发展理论与问题》（1958）、《有意义言语学习心理学》

① 奥苏伯尔：《促进课堂的意义言语学习》，载瞿葆奎主编：《教育学文集·教学（上）》，609 页。

② 同上书，617 页。

(1963)、《教育心理学：一种认知观》(1968)、《学校学习：教育心理学导论》(1969) 等。

2008年7月9日，奥苏伯尔在纽约去世。

2. 学习论

所谓“有意义言语学习”，是指获得由言语材料表达的信息、概念或命题的意义的过程。[①] 由于人类的“有意义学习”一般是借助言语进行的，因此，“有意义言语学习”又被视为“有意义学习”。奥苏伯尔把学习分成“接受学习”和“发现学习”，以及“有意义学习”和“机械学习”，并提出有意义学习的同化理论的同时，还研究了学习的三种基本类型、认知结构中诸变量的作用，以及认知风格等问题。

(1) 学习的三种基本类型

根据学习任务的复杂程度，奥苏伯尔把学习的类型分为三种：一是代表学习，指对单个或一组符号的意义的学习，即要了解符号代表什么。它的主要内容是词汇学习，其心理机制是符号（词或词组）与它们所代表的具体事物或观念在学习者认知结构中建立相应的等值关系。例如，当“狗”这个符号与实际的狗所引起的心理内容相同时，“狗”这个符号也就获得了意义。在奥苏伯尔看来，代表学习是最低级的有意义学习，具有某些机械学习的特征。二是概念学习，具有代表学习的部分特征，但比代表学习复杂。其实质是个体通过积极的思维活动把握同类事物或现象的共同关键特征（或本质特征）。由于命题知识主要由概念构成，因此，概念学习成为人类学习的核心任务。三是命题学习，指对由几个概念（或命题）所构成的复合意义的学习。它是以代表学习和概念学习为前提的，这是由于在进入命题学习之前，必须先要弄清有关的词和术语代表什么，以及有关概念的意义。

(2) 认知结构中诸变量的作用

奥苏伯尔认为，认知结构是指学习者已有的全部知识或观念及其组织。在课堂情境中，认知结构本身，即认知结构的实质性内容和主要组织特性是影响有意义学习的首要因素。在他看来，学习者的认知结构一般是受教材内容和结构制约的。每门学科教材中所使用的概念和原理的包摄性、概括性以及说服力是影响认知结构的一方面原因；教材的安排次序、教材的内在逻辑和组织以及教材练习活动的安排是影响认知结构的另一方面原因。前者是教材的实质性特点，后者是教材的渐进性特点。这两个特点虽是影响认知的两个变量，但操作起来困难不会太大。与此同时，奥苏伯尔还认为，直接影响学习者个体认知结构的主要有三个变量：一是起固定作用观念的可利用性。这也是影响有意义学习的一个极为重要的变量。所谓“起固定作用的观念”，是指认知结构中能与要学习的新观念建立某种联系的适当观念、概念或命题。其作用是“为了向接收和长期保持教材提供必要的固定

---

① 顾明远主编：《教育大辞典》，第5卷（教育心理学），239页，上海，上海教育出版社，1990。

点”。在奥苏伯尔看来，教学中之所以出现机械的或不适当的学习，其主要原因是在学生还没有获得有关的、适当的、起固定作用的观念时，就要求他们学习不熟悉的知识。二是新旧观念的可区别性。其作用是“使新观念能够作为其独立可识别的实体接受并保存下来”①。三是起固定作用观念的稳定性和清晰性。其作用是不仅影响新教材提供固定点的强度，而且影响新旧观念的可分辨程度。

（3）认知风格

奥苏伯尔认为，“认知风格”是指“在认知组织和认知功能中始终如一的、持久的个别差异。”认知风格中最重要的有两种，即概括和分列。他说：“依我看来，对教材学习具有意义的认知风格中的最重要的维度是个人倾向于成为概括者还是分列者，或是处在一个连续体的这两个极端之间的某个地方。”② 在奥苏伯尔看来，这两种认知风格各有特点。概括者相对注重观念的整体方面，分列者则相对注重观念的个别方面。但认知风格的不同，对信息加工和储存具有不同的影响，概括者似乎会对呈现的信息做出迁移，而分列者则似乎只选择呈现信息的基本词句来证实自己的结论。

3. 教学论

（1）教学目标、原则和方法

第一是教学目标。作为一位认知教育心理学家，奥苏伯尔在研究教学目标时，不像教育学家那样从德育、智育和体育几个方面全面系统地进行探讨，而是从认知心理学角度进行研究。他认为，教育和教学的核心问题是影响学习者的认知结构，以便能够促进有意义言语的学习。奥苏伯尔说：“当我们努力影响认知结构，以便提高有意义的学习与保持时，我们便深入到教育过程的核心。”③ 显然，教学目标就是影响和改善学习者的认知结构。由于有一些变量在认知结构中影响着有意义的学习与保持，因此，影响和改善认知结构的核心实际上是识别和操纵这些变量。正如奥苏伯尔所强调的：“从研究的目的和从实际的教育学目的来说，重要的在于识别和操纵已有认知结构的那些特征和变量，它们直接影响着对教材知识作用意义的接受学习。”④

第二是教学原则。奥苏伯尔认为，进行“有意义言语学习”的教学应当遵循两条基本原则：一是不断分化（亦称“逐步分化”或“渐进分化”）的原则。根据这一原则，人的认知发展过程是从一般到个别，即从概括和包摄性程度较高的概念到较低的概念循序渐进地发展的。在奥苏伯尔看来，由于不断分化是获得认知意义和知识深化的自然秩序，教材内容的呈现应当符合这一原则，从一般的、概括性高的内容逐步过渡到特殊的个别的细

---

① 奥苏伯尔：《促进课堂的意义言语学习》，载瞿葆奎主编：《教育学文集·教学（上）》，615页。

② 同上书，612页。

③ 《外国教育资料》，1991（1）。

④ 奥苏伯尔：《促进课堂的意义言语学习》，载瞿葆奎主编：《教育学文集·教学（上）》，615页。

节；教学也应当遵循这一原则，从概括性、包摄性程度最高的概念或命题开始教学。二是综合贯通原则。根据这一原则，在认知结构中已有的观念的重新组织与彼此关联的过程中，可以比较某一知识与其前后左右知识间的异同，建立和加强知识间的横向联系，促使它们相互融合和重新组织。当然，不断分化原则和综合贯通原则各有侧重，前者“主要强调把较大范围的概念分解为它们的组成部分”，而后者“主要强调概念之间的关系，还有它们同先行组织者的关系”①。应该注意的是，这两条基本原则通常是交叉使用的。

第三是教学方法。奥苏伯尔提倡“讲授教学”。只要教学符合有意义言语学习的条件，那么作为接受学习形式的讲授教学也是有意义的。这种讲授教学不仅不会导致机械的和被动的学习，相反，它是学校课堂教学的基本形式。在奥苏伯尔看来，讲授教学中一个关键问题是如何运用“先行组织者”，也就是说，“先行组织者”运用得成功与否关系到教学的成败。因此，西方有人把奥苏伯尔提倡的讲授教学理解成“先行组织者”教学模式。奥苏伯尔认为，这种教学模式可分成三个阶段：一是“先行组织者”的呈现，包括阐明课的目的、呈现“组织者”、鉴别限定性特征、举例、提供前后关系、重复、唤起学习者的知识和经验的意识。二是学习任务和材料的呈现，包括明确组织、安排学习的逻辑顺序、明确材料、维持注意、呈现材料等。三是认知结构的加强，包括运用综合贯通原则、促进主动积极的接受学习、引起学科内容的评析态度和阐述等。

(2) 教学与学生学习动机的关系

奥苏伯尔认为，与教学密切相关的学生学习动机有三种。

一是认知内驱力。这是个体以获得知识、解决问题、满足求知欲为目的的内驱力。儿童最初的认知内驱力源于儿童对周围世界的好奇和探究。儿童在探究过程中增长了知识，解决了问题，满足了自己的好奇心和求知欲，便会产生进一步探究或学习的愿望。在奥苏伯尔看来，认知内驱力是一种内在的动机，对学习所起的推动力是持久的。

二是自我提高内驱力。这是个体通过自己的学习能力和学习成绩以期赢得相应地位的内驱力。儿童的自我意识是随着年龄的增长而增强的，他们期望在家庭和群体中获得应有的地位和受到应有的尊重，而这种地位和尊重的获得通常取决于他们的学习能力和成绩。由于这种自我提高内驱力本质上是受学习者外部世界控制的，即受他人的评价控制的，因此，它是一种外在的动机。根据实验研究，自我提高内驱力在儿童 4～5 岁时开始萌芽，入学后日益发展并逐渐成为学习动机的主要组成部分。

三是附属内驱力。这是个体期望通过顺从听话以获得他人赞扬为目的的内驱力。儿童也有自尊，并希望得到他人的认可，但由于缺乏自主能力，因此，他们把提高自己地位的希望寄托于长者，希望得到父母、教师等的认可和赞扬，从而获得派生的地位。尽管附属

① 埃金等：《课堂教学策略》，王维城等译，289 页，北京，教育科学出版社，1990。

内驱力与自我提高内驱力有所区别，但也属于外在的动机。

奥苏伯尔强调指出，学生学习动机与教学之间存在密切的关系。认知内驱力与教学是相辅相成的，对儿童的学习所起的推动力是持久的。教学组织得越好，学生越是能理解教材，越会增强求知欲。反之，教学组织得不好，学生不理解所教的内容，他们的学习积极性就会受到挫伤。自我提高内驱力和附属内驱力也都具有促进学习者学习和提高教学效果的作用。反之，教学效果好，学生获得了好成绩，能使学生受到赞扬与认可，从而又强化了自我提高内驱力和附属内驱力。在奥苏伯尔看来，学习动机因素与认知结构变量不同，尽管它们不能直接参与新旧观念的相互作用，但它们是通过加强努力和集中注意来影响新的学习的。[①] 因此，学习动机对教学和个体学习的影响不是无限的，而是有条件的和有限的。

(3) 学生认知发展阶段和特点

瑞士心理学家皮亚杰将 2 岁以后的儿童认知发展分为前运算阶段、具体运算阶段和形式运算阶段。奥苏伯尔基本上接受了皮亚杰的理论，也将儿童的认知发展分为三个阶段：前运算阶段、具体运算阶段和抽象逻辑阶段，但他按照“有意义学习”理论对每个发展阶段做了新的阐释。

一是前运算阶段，是儿童的学前阶段。这一阶段儿童认知的特点是，他们需要通过亲身体验过的具体经验来把握同类事物的共性。这种从具体感性经验中进行的抽象称为初级抽象或一级抽象，由此获得的概念称为初级概念或一级概念。因此，这一阶段教学应用大量正反例子帮助儿童理解和形成初级概念。

二是具体运算阶段，大概是小学阶段。这一阶段儿童的认知特点是，他们不需要借助亲身感知的具体经验就可以了解概念间的关系和理解新的概念。这种抽象称为二级抽象，所获得的概念称为二级概念。奥苏伯尔认为，这一阶段的儿童虽然能获得二级概念，但他们的思维功能尚未成熟，在获得二级概念时还必须借助实例的支持，否则他们的学习就会发生严重困难。因此，这一阶段教学仍应用事例来帮助学生掌握二级概念。

三是抽象逻辑阶段，这一阶段从 11～12 岁至成年期。这一阶段学生的认知特点是可以完全不依赖具体实例进行二级抽象。奥苏伯尔认为，这一阶段教学中出现的例子已不是掌握概念的必备条件，而只是为了使教学更加生动。

(4) 练习的概念和作用

练习也是奥苏伯尔教学论中的一个重要问题。他研究了练习的概念、练习的作用，以及影响练习效果的变量，提出了一些独特的见解。

奥苏伯尔认为，练习是“对同一学习任务的重复感知或重复操作”[②]。其不仅在教学

---

① 钟启泉、黄志诚主编：《美国教学论流派》，129 页，西安，陕西人民教育出版社，1993。

② 同上书，137 页。

时间中占有很大比例，而且对教学具有重要的作用。

在论述练习的作用时，奥苏伯尔强调指出，练习不仅为教学中的其他因素的影响提供机会，而且也能引起认知结构的变化。更应该指出的是，奥苏伯尔提出了“敏化效应”和“免疫效应”两个概念。前者指在及时复习条件下，练习可以帮助学习者发现材料中尚未发现的意义；后者指在延后复习（非无限延后）条件下，复习可以帮助学习者发觉记忆中已淡忘的部分，并找出遗忘的原因，从而进行有针对性的复习。

奥苏伯尔还指出，影响练习效果的变量有三类：一是自变量，指可利用的时间分配和练习的类型；二是限定性变量，指教材和学习者；三是因变量，指练习的效果，包括原先的学习效果、持久的保持和迁移等。

第四节　“有意义言语学习”教育思想的影响与评析

“有意义言语学习”教育思想自产生以来，受到人们广泛的注意和评价。一些理论还被人们运用于教学实践，产生了相当好的效果。毫无疑问，“有意义言语学习”教育思想提出了一些创新的观点。

首先，“有意义言语学习”教育思想中的学习分类理论是一种全新的、拓宽人们视野的观点。20 世纪 60 年代，正是结构主义教育思想产生很大影响的时期，“发现学习”理论十分流行。一时间，传统的“接受学习”（“讲授教学”）被批评得一无是处，呈现在人们面前的“讲授教学”被贬得似乎只剩下“机械的”“填鸭式的”等弊病了。针对这种对“讲授教学”的误解，奥苏伯尔明确地提出“发现学习”并非一定是有意义的，“接受学习”也并非一定是机械的见解，使人们耳目一新，对“接受学习”的意义和作用有了新的认识，“接受教学”的价值也得到了重新的肯定。

其次，“有意义言语学习”教育思想中的同化理论是对皮亚杰认知心理学思想的发展。皮亚杰把同化看成主体使客体纳入已有认知结构的过程，强调“同化”在人的认识发展中的作用，但他未能解释在认知过程中主体究竟是如何将客体纳入原有的认知结构的。奥苏伯尔阐述的同化理论则弥补了这个缺陷，并令人信服地解释了同化的方式。它不仅具有理论的意义，而且具有较强的操作性，对教学材料的选择、安排以及教学步骤的设计都有一定的指导意义。

再次，“有意义言语学习”教育思想中的“先行组织者”理论也是对教学论的重大贡献。这一理论提出之后，曾在美国教育界引起较大反响，不少人还专门做了实验研究。虽然运用原有知识学习新知识的思想早已有之，如赫尔巴特在他的统觉理论中就提到过类似的观点，但是，“先行组织者”理论成功地解决了如何使新旧知识联系的问题，并为新旧知识的顺利联系架设了一座桥梁，从而在教学法研究领域中独树一帜。对“先行组织者”

的理论和实际意义，不少人给予了肯定。1972 年，美国密歇根州立大学的巴恩斯（H. L. Barnes）在其博士论文中对“先行组织者”在实际教学中的作用做了统计分析。根据其研究，在 98%的情况中，“先行组织者”使学生平均成绩提高了 10%～18%。① 美国威斯康星大学学者劳顿（J. P. Lawton）在对 6～10 岁儿童的研究中发现：“在学习教材时先行组织者具有加速和促进作用，在这些教材中先行组织者明显地加速了‘从前运算水平向具体运算阶段的过渡’。”② 当然，对“先行组织者”理论也有批评的意见，主要表现在：一是认为“先行组织者”定义不清；二是认为“先行组织者”花费时间太多，不是教学的有效辅助手段。对于这两种批评，奥苏伯尔在 1977 年发表的《促进课堂有意义言语学习》一文中给予了解释和反驳。

最后，“有意义言语学习”教育思想中的内驱力理论是对动机理论的一种补充。内驱力在“有意义言语学习”理论中占有重要的地位，因为学生的“有意义言语学习”心向是有意义学习得以发生的基本前提之一。学习心向与学习动机（内驱力）是密不可分的。奥苏伯尔提出的内驱力理论使人们对动机理论有了更深层次的理解，对在教学实践中如何调动不同年龄阶段学生的学习积极性是有一定启示的。

由于人们对“有意义言语学习”教育思想颇有兴趣，因此，奥苏伯尔的著作曾被译成多种文字在世界不少国家出版发行。但应该看到，“有意义言语学习”教育思想中的许多论点还有待于通过实验教学研究去验证。

拓展阅读书目

1. 奥苏伯尔. 教育心理学. 佘星南，宋钧，译. 北京：人民教育出版社，1994.

2. 奥苏伯尔. 促进课堂的意义言语学习//瞿葆奎. 教育学文集·教学：上. 北京：人民教育出版社，1988：608-635.

① 奥苏伯尔：《促进课堂的意义言语学习》，载瞿葆奎主编：《教育学文集·教学（上）》，619 页。

② 同上书，620 页。

第四十八章

人本主义教育思想

人本主义教育思想是20世纪60—70年代后盛行于美国的一种教育思潮。美国心理学家马斯洛、罗杰斯、弗罗姆和奥尔波特是它的主要代表人物。人本主义教育思想继承了西方的人文主义教育传统，深受20世纪复兴的各种人本主义思潮影响，直接以人本主义心理学为理论基础，主张教育应培养整体的、自我实现和具有创造性的人，探讨人本化的课程与方法，提倡学校创造自由的气氛。人本主义教育思想对当代美国的教育实践以及世界教育产生了很大的影响。

第一节　人本主义教育思想产生的背景

第二次世界大战后，虽然资本主义社会经济发展迅速，但社会弊病不少。一方面，物质生活日见丰裕；另一方面，知识成为工具，人异化为物的现象日益严重。高度发展的科学技术不仅操纵和控制了社会物质生产的一切过程，而且加强了对人的心理和意识的灌输。人们普遍面临外部价值标准瓦解的困扰和价值观念丧失的精神危机，因而转向内心世界寻求价值目标。这些是各种人本主义思潮复兴的最直接的社会原因。人本主义教育思想也就是依据西方人文主义教育的传统，借教育的力量来孕育人性，建立足以应付现代西方社会挑战所需要的价值观、人生观，希冀教育能对功利化和机械化社会造成的人生价值的失落起到补偏救弊的作用。

当代人本主义教育思想既与西方历史悠久的人文主义教育传统有着密切的渊源联系，又是为了适应新的社会历史条件下的教育改革而产生的。西方源于古希腊的人文主义教育精神，崇尚心智潜力的自由运用和个性和谐发展的教育理想，在文艺复兴以后，借理性对抗神性，秉持理性确立人在万物中的至尊地位的理念，提倡理性思维，发展了造福于人类的科学技术。然而，在这一过程中，人的个性和谐发展的教育理想却受到越来越严峻的挑战。在现代社会中，人仅凭理性无法确立人的至尊地位，理性的误用反而可能使人沦为机器和知识的奴隶。因此，当代复兴的各种人本主义思想大多是以反理性和提倡主情主义的面目出现的。在教育领域中，主情与主知的论战此起彼伏。

20世纪前半期，关于重视儿童的经验与需求的教育思想在美国教育界占据统治地位，进步教育运动在30年代发展到高潮，但结果是学生学业水平下降，因而受到人们越来越多的批评。50年代中期，苏联人造地球卫星上天对美国社会和教育界的震动很大，美国强调知识教育和提高教学质量的呼声高涨，于是要素主义教育思想风行一时。60年代，布鲁纳以结构主义理论为基础进行了课程改革，其主观上想解决好如何使教材的心理程序与逻辑程序统一的问题，但客观上把“学科的缩影”灌输给学生，致使学生学业负担过重，阻碍了学生情感与个性的发展。因此，人本主义教育思想的兴起，直接起因于对主知主义教育的批判。正如当代瑞典教育家胡森所指出的：“或许过去10年来人本主义所反对的极端理智主义的钟摆，现在正回到更适当的位置上，人们正在认识到情感与认知之间的一种更重要的平衡。”① 可以说，人本主义教育思想正是试图通过挖掘人类理智与情感诸方面的整体潜力来确立人的价值的。

人本主义教育思想在形成的过程中吸收了存在主义哲学的一些观点。它把存在主义者追求“人的存在”的观念作为核心内容，并以动态的观点发展了“存在”概念，把“人的存在”看成人的潜能得到实现的一种能动的过程。此外，它还接受了存在主义的另一观点：人的高级本性和低级本性都规定着人的本质特征，两者不可偏废，必须整合起来；同时把重点放在如何整合的问题上。在情感发展问题上，它也吸收了存在主义哲学家布贝尔提出的著名的“我与你”（I－You）关系理论，强调师生之间的对话关系。在方法论上，

---

① 胡森主编：《世界教育百科全书》，2349页，1985年英文版。

它经由存在主义接受了现象学的方法，认为理解人的最好方法，是不抱任何先入之见，把一切先入之见搁到一边，进入他的世界观，以他的观点看他的周围世界。

人本主义教育思想还把人本主义心理学作为它的直接理论基础。首先，它吸收了格式塔心理学的整体论方法，并强调不仅要从知觉高度去把握整体性，而且要“从意识经验自身这一整体去开辟新的研究领域”①，致力于在教育中恢复整体的人的观念。其次，面临着精神分析与行为主义这两大心理学派别的剧烈交锋，它主张从人的内部寻找心理发展的动力，认为人的各种本能需要的满足能有利于生长；反对行为主义把人的全部活动看成是由外部因素决定的，认为人的活动主要根源于内部动机；强调一种“内在的学习”，注意帮助学习者满足对外界的内在渴求、好奇心和冲动，认为行为主义提倡的“外在的学习”是非人格的和学生被动接受的，不利于学生个性的成长和实现。

第二节 人本主义教育思想的主要特点

人本主义教育思想具有以下五个主要特点：

第一，人本主义教育思想面对现代社会的挑战，明确提出教育必须促使“完美人性的形成”和“人的潜能的充分发展”，即人的“自我实现”。“自我实现”的人格特征，首先是整体性，个体不仅在身体、精神、理智、情感、情绪、感觉各方面达到内部有机的整体化，而且在协调内部世界与外部世界的关系时也达到了和谐一致。其次是创造性，个体具有“创造性地做任何事情的态度与倾向”，表现出享受变革乐趣的性格，以及灵活恰当地应付突变情境的能力。

第二，人本主义教育思想是对西方的人文主义教育传统的发展。它不再是拘泥于秉承理性而确立人的价值的人文主义传统，而是力图纠正20世纪以来教育领域中主知与主情问题上的偏颇，着眼于研究人的理智与情感、高级需求与低级需求、本能冲动与价值理想之间的整合和协调问题，通过内在地发掘人的潜能，来确立人的价值与尊严。

第三，人本主义教育思想强调构建相应的课程，要求课程内容的安排由学科中心转向个体。它批评早期巴比特和泰勒等人提出的“硬课程”模式，指责这种模式只注意解释、预测和控制外部的行为，而忽略了学生行为的主体意义。它提倡“软课程”模式，主张在课程内容的选择上应适合学习者的需要，包括情感发展、认知满足、个人价值等内部需要，以及在多元社会生活中必备的学术、技能、人际交往、经济生活等各方面的外部需要，体现出思维、情感和行动之间的相互渗透作用。正如美国教育学者麦克尼尔所指出的：“人本主义者认为，课程的功能是要为每一个学习者提供有助于个人自由发展的、有

① 马斯洛等：《人的潜能和价值》，林方等编译，“序言”，11页，北京，华夏出版社，1987。

内在奖励的经验。……自我实现的人这一理想，是人本主义课程的核心。”①

第四，人本主义教育思想强调提供有利于人性内部潜能实现的自由气氛，让受教育者在自我促动中成其为自己。罗杰斯说：“只有当我创造出这样的自由气氛时，教育才能成为真正名符其实的教育。”② 首先，要求教师是学生成长的促动者，而不是知识的占有者、传授者。教师应通过鼓励、关怀和提供选择机会，来表现对学生的理解和接受；通过满足学生的各种需求，来创造能促进学生潜能实现的自由气氛。其次，学校的师生关系、同学关系应以真诚可信赖的存在方式进行，达到人与人之间亲密坦率的交流。最后，在教学过程中倡导“以学生为中心”的教学，不窒息学生的积极性，鼓励他们探索未知领域，培养独立性。

第五，人本主义教育思想既是一种在表现为多学派联盟的人本主义心理学基础上构建的教育思潮，又是一种广泛的人本主义教育改革。在教育实践中，它表现为“情意教育”“整合教育”“自我科学”“心理教育”“价值教育”等。20 世纪 70 年代美国课程改革的口号就是“人本主义”。1982 年，美国教育家阿德勒等人共同提出“派迪亚计划”，对美国当时 12 年制中小学教育提出了改革主张③，企图实施更适合人性需要的教育，对美国以及其他国家的教育理论与实践都产生了一定影响。

第三节　人本主义教育思想的主要代表人物

一、马斯洛

1. 生平和教育活动

亚伯拉罕·哈罗德·马斯洛（Abraham Harold Maslow，1908—1970）是美国心理学家、教育家。1908 年 4 月 1 日，他出生于美国纽约市布鲁克林区。马斯洛作为当地唯一的犹太儿童，在孤独与苦闷中与书籍做伴。他一度热衷于行为主义，但其第一个孩子的诞生使他认识到每个人在诞生前就有许多的不同，父母想随意造就自己的孩子是十分愚蠢的。第二次世界大战期间，珍珠港事件后，他与由儿童和老年人组成的游行队伍相遇，触动他下决心奉献毕生去发现“和平餐桌上的心理学”，去论述人类最崇高的理想，去发现和挖掘人的最大潜力。为了吸收各种文化养料，马斯洛在为逃避纳粹迫害而集中于纽约的欧洲思想家中寻找朋友，如阿德勒、弗罗姆等。

1951—1969 年，马斯洛在布兰戴斯大学任教。他从直接经验中独创出研究人的潜力

① 麦克尼尔：《课程导论》，施良方等译，4 页，沈阳，辽宁教育出版社，1990。
② 马斯洛等：《人的潜能和价值》，142 页。
③ 陈照雄：《当代美国人文主义教育思想》，“序”，台北，五南图书出版公司，1986。

的全新方法。根据大量的记录和研究，他描述健康心理的种种特征和人性能达到的顶峰——“自我实现”，提供了研究人格的新尺度。

1962年，马斯洛与罗杰斯等人创建美国人本主义心理学会，成为人本主义运动的领导人之一。他的主要著作有《人性能达到的境界》《动机与人格》《存在心理学探索》《科学心理学》等。

1970年6月8日，马斯洛因心脏病猝发与世长辞。

2. 教育思想

（1）培养“自我实现”的人

马斯洛认为，人本主义教育的目的，是人的“自我实现”，即完美人性的形成和达到人所能及的境界。[①] 他相信人的内部本性是好的，至少是中性的。“在人的内部存在着一种向一定方向成长的趋势或需要，这个方向一般地可以概括为自我实现，或心理的健康成长。”[②] 这种“自我实现”的趋向，就是指个体在发展过程中潜能的不断实现，同时也指个人寻找自我同一性，寻找最适合自己本性的独特性，并以此作为奉献毕生的圣坛。

以研究自我实现者的大量实例为依据，马斯洛提出比较系统的价值理论体系——“需要层次论”。其中贯彻着把人的复杂动机结合在一起的整体性原则，力图消除人的高级需要与低级需要之间非此即彼的两分法。他认为，人性内部无论是高级的还是低级的需要，无论是情感的还是认知的需要，无论是生理的还是心理的需要，除了在强弱程度上有差别外，都应归为是人性内部固有的本能需要，都应该获得尽可能的满足。尤其是那些易受压抑的高级需要，要特别给予爱护。在他看来，人的本能冲动是健康、欢乐和创造的源泉。这种对人性内在价值的信赖，要求教育要把重点放在引导人的潜能的实现上，促使每个人的学习更接近于他的潜能。教育者要把对儿童的爱、赞许和关怀，看成与满足儿童的饥、渴、冷等生理需要一样重要，把儿童学习中即刻的愉悦体验看成是促使他成长的最好东西。

（2）创造性教育

马斯洛认为，“自我实现的创造性首先强调的是人格，而不是其成就”[③]。因此，创造性教育的重心应放在“人性转变，性格转变，整个人的充分发展”[④] 上，培养“创造性地做任何事情”的能力以及创造性的人格和态度。

按照马斯洛的意见，“创造性”并非只为少数特殊天才所固有，而是每个人生来就有

① 马斯洛：《人性能达到的境界》，155页，1971年英文版。

② 马斯洛：《存在心理学探索》，李文湉译，139页，昆明，云南人民出版社，1987。

③ 同上书，131页。

④ 马斯洛：《人性能达到的境界》，155页。

的特质，是所有人或大多数人的固有潜能。因此，他说："那种创造性的根源……是深蕴在人性内部的。"① 在马斯洛看来，创造力可以分为原初的、次级的和整合的三种类型。儿童原初的创造力根源于深层的自我，包含着人的一切欢乐、热爱和潜能，是创造性思维和灵感的源泉，但是在权威文化中很容易被泯灭。可见，创造力的源泉虽来自内部，但外部的促成因素也极为重要。次级的创造力是产生创造性产品必不可少的中介。在创造灵感的发挥和发展时期，需要顽强、勤奋、耐心地付出艰巨劳动。然而，马斯洛最推崇的是那种能把原初的创造力与次级的创造力很好地融合，并能运用自如的"整合的创造力"，认为"自我实现"的能力"在一定程度上依靠人的内部整合能力"②，即把分离的、对立的东西纳入一个统一体中的能力。

马斯洛强调指出，"这种创造性与心理健康是相关协变的"③，能促进整体的一般改善。创造性教育的最终目的是培养一种新人，其显著特点是不怕变革，喜爱新事物，并能享受新事物和变革的乐趣。因此，他说："必须注意那种即席创造、灵活适当有效地应付任何突然呈现在此时此地的情境的能力。"④

（3）科学教育的人文价值

马斯洛从人性内部的求知需要与科学内在的人文意义两个方面，阐述了科学教育的人文价值。

马斯洛认为，心理健康者的理性与本能的冲动是协调的，心与脑、理性与本能、认知与意动之间并不相互排斥。他说："了解和理解的欲望本身就是意动的，并且如同基本需要一样，也属于人格需要。"⑤ 而且，求知的需要属于人的高级需要，这种需要的追求与满足不仅具有一定的社会价值，而且会引起更好的主观效果，给人带来幸福感、宁静感和丰富感，因而具有更多的成长价值。

同时，马斯洛认为，科学本身也具有内在的人文价值。他说："科学是一种人类的创造物，而不是一种自发的、非人性的或本身具有其内在固有规则的'事物'。它根植于人的动机中，目的是人的目的，而且通过人类被创造、被更新和被保留。"⑥ 因此，在马斯洛看来，不可能存在纯客观事实的知识。如果抹杀情感、态度等主观因素，把活生生的知识变成僵化的、只供生吞活剥的东西，就必然会导致知识学习过程中整体的人的内部分裂。

（4）美育的美感高峰体验价值

马斯洛认为，人的审美需要是促使人性健康的重要因素，而美感高峰体验则是对美高

---

① 马斯洛：《人性能达到的境界》，82 页。
② 马斯洛：《存在心理学探索》，127 页。
③ 同上书，122 页。
④ 马斯洛：《人性能达到的境界》，100 页。
⑤ 马斯洛：《动机与人格》，许金声等译，58 页，北京，华夏出版社，1987。
⑥ 同上书，1 页。

度敏感的体验，对培养“自我实现”的人具有极重要的价值。因此，他说：“我觉得，人们在高峰体验时，有他们最高程度的同一性，最接近他们真正的自我，最有特异性。”[①]在马斯洛看来，无论是在科学探究中，还是在运动场上，或其他活动中，这种神秘的高峰体验都给人带来欣喜若狂、完美无缺或新奇振奋的美感体验。在这种瞬息而至的体验中，个体能够处于自己能力的顶峰，成为主动的创造中心。所以，学校课程要重视美感高峰体验的价值，并通过这种体验对儿童进行美育。

按照马斯洛的意见，儿童带有更多的来自感官的体验，如色彩、韵律、声响等，或带有更多的惊异、敬畏、专注等特征[②]；而且，在学校的各门学科中都能找到激发学生美感高峰体验的事物，如数学也能像音乐一样美妙等。因此，马斯洛强调应该把观感教育内在地渗透到学校的各门学科中去。他说：“最好的教导方法，不论是历史，还是数学或哲学课，都在于让学生意识到其中的美。”[③]

二、罗杰斯

1. 生平和教育活动

卡尔·兰塞姆·罗杰斯（Carl Ransom Rogers，1902—1987）是美国心理学家。1902年1月8日，他出生于美国伊利诺伊州的奥克帕克（芝加哥城郊）。从小他接受严格的基督教教育。20岁时，他作为国际基督教教徒学生会代表曾旅居北京6个月，摆脱了一直控制他的宗教情感，开始相信自己的经验，并以此作为研究人格的基石。

与马斯洛研究“自我实现”的人相反，罗杰斯主要是在心理紊乱的个体身上展开研究。20世纪30年代初，他在纽约防止虐待儿童协会的儿童社会问题研究部工作，获得了许多经验，极大地影响到他后来对人格理论和精神治疗的研究。1940年，罗杰斯应聘担任俄亥俄州大学临床心理系教师。

1945年，他任芝加哥大学教授，创建了芝加哥大学咨询中心，把信任病人、与病人建立亲密关系的经验应用到学校教育中，创造了“非指导性教学法”。1955年在芝加哥召开的心理学学会年会上，罗杰斯曾与美国行为主义心理学家斯金纳展开了关于人类行为控制问题的著名辩论。

20世纪60年代末，他在加利福尼亚的拉乔罗成立了个人研究中心。罗杰斯亲自参与或过问了委内瑞拉、罗马、巴黎、日本、长岛、纽约等地的有关实验研究，其理论和方法在世界上产生了深远影响。

---

① 马斯洛：《存在心理学探索》，94页。
② 马斯洛：《人本主义心理学对教育的含义》，载《哈佛教育评论》，1968（4）。
③ 马斯洛：《人性能达到的境界》，178页。

罗杰斯的主要著作有《问题儿童的临床治疗》(1939)、《咨询和心理治疗》(1942)、《患者中心治疗》(1949)、《为了学习的自由》、《论人的形成》(1961)、《一种存在的方式》(1980) 等。

1987 年 2 月 4 日，罗杰斯在加利福尼亚州的拉贺亚去世。

2. 教育思想

(1) 整体的人的学习

罗杰斯认为，教育目标应是促进“整体的人的学习”，培养独特而完整的人格特征，使之能充分发挥作用。他为“整体的人的学习”下的定义是：“它包含在认知上、在情感和需要上的一种统一性质的学习，带有关于这种统一的学习各个不同方面的一种明确的意识。”① 在罗杰斯看来，这种学习既具有丰富的认知因素——智力在高速活动，能力处于顶峰状态，也具有情感因素——好奇、兴奋、发现的激动、自信和入迷等。总之，所学习的对象与个体产生了有意义的、适合于个人特征和经验的联系。因此，“整体的人的学习”也就是“有意义学习”。在“有意义学习”中，艰难的学习能给学习者带来即时的愉悦，也能促成学习者的变化。学习者能以开放的、非防御的态度顺利学习，在变化过程中不断保持和完善自我。

罗杰斯承认，要达到这种“整体的人的学习”的完美形式是很难的。在现实中，学校中的学习往往导致学生认知与情感分裂。在他看来，每个个体都会产生积极关注的需要，包括需要别人的积极关注和需要自己对自己的积极关注。来自于家长与教师等的外部积极关注，罗杰斯称之为“价值条件”。儿童对自身的评价受到“价值条件”的约束，即与别人的积极关注相联系。当儿童迫于“价值条件”去迎合别人的评价时，人的经验和自我就开始疏离，有可能导致自我产生不协调状态和人格的分裂。② 因此，在学校中出现情感与认知相分裂的学习，归根结底是由于儿童在学校中获得的不适当的“价值条件”所造成的。为了培养自我与经验一致协调的、心理健康的人，促成“整体的人的学习”，就必须提供与儿童的自我相协调的“价值条件”，使儿童在积极关注的需要的满足中得到健康的发展。

(2) 开放经验中的人际交往

罗杰斯十分强调把心理咨询中积累的人际关系经验应用于教育。他说：“如果我信任病人，那么我为什么不能信任学生呢？……我发现，我开创的不是一种新的方法论，而是关于生活和人与人之间关系的一套独特的哲学观。”③

罗杰斯认为，建立亲密的人际关系的必要前提是经验开放，即不需要防御机制，所有

---

① 陈仲庚、张雨新：《人格心理学》，278 页，沈阳，辽宁人民出版社，1986。
② 同上书，276～278 页。
③ 马斯洛等：《人的潜能和价值》，122 页。

的经验都准确地成为有意识的经验。① 他论述了所谓“患者中心治疗”，即要求治疗者撇开一切先入之见，倾听患者，主动努力地了解患者的情况，消除患者的防御心理。同时，他提出应该把这一方法应用于学校教育，主张学校建立一种帮助关系，教师与管理者应以毫无威胁的、真诚可信赖的存在方式为学生所接受。首先教师要让自己的经验对学生积极敞开，并且按照学生的本来面目，无条件地接受、理解和尊重学生。罗杰斯还列出了关于成功地帮助关系过程的公式：真诚＋同情＋无条件的主动关系 ＝成功。②

罗杰斯指出，成功的帮助关系的衡量标准，就是要使当事者的一方或双方更喜欢地、更投入地、更有效地利用内在的资源，促使人的潜能得到实现，成为充分发挥作用的人。而要达到这一目的的最可靠媒介，就是教育者的真诚、同情和主动关心。教育者应该让自己充分进入学生的情感中去，与学生进行彼此毫无分歧和亲密无间的交流。

(3)“以学生为中心”的教学

罗杰斯认为，“以学生为中心”的教学，也可表述为“以人为中心的教学”“非指导性教学”“自由学习”“自我指导的学习”等。它们都贯穿着一个基本原则：学生必须通过自由选择成长起来，别人的选择和过分控制只会削弱他的能力。在他看来，这种积极主动的学习经验，并非完全由于某个教师的个性使然，而是由于贯彻了某些原则，才能使得学习过程富有生机。③

为了使“以学生为中心”的教学获得成功，罗杰斯强调指出，教师应该注意以下四点：

其一，教师必须是“促进者”，而不是权威者。这并非说教师应催促学生，而是要求教师完全尊重和接受学生，坦率待人，理解地倾听，设法使自己与学生班级化为一体，努力创造一种自由、畅通、开诚布公、无拘无束的氛围。这需要教师具备良好的教学机制。

其二，学生不是记诵或重复某位教师和权威人士的思想，然后在考试中还给教师。学生出于自己的思想、热情和感觉，努力研究自己，重建自己的人格。

其三，教学并非是纯粹的情感过程，而是包含了大量的对人格发展具有重大意义的理智内容。每个学生在课上课后都在创造性地阅读和思考，吸收有益的东西。

其四，为学生提供日益增多的自我指导机会，甚至要期望学生去犯错误，而不能过分关心规则和一致性。学生在形成过程中要获得新体验，要探索未知领域，就难免会犯错误。如果剥夺了学生犯错误的权利，就等于限制了他们自由选择的意愿。因此，应该把学生的成长作为评价的标准。

总之，“以学生为中心”的教学，就是要不操纵、不窒息学生，打破学生的依赖性，

---

① 陈仲庚、张雨新：《人格心理学》，283页。

② 亨德森：《美国教育导论：人际关系探讨》，368页，1978年英文版。

③ 马斯洛等：《人的潜能和价值》，349～350页。

培养他们的独立性与创造性。

三、弗罗姆

1. 生平和教育活动

埃瑞克·弗罗姆（Erich Fromm，1900—1980，又译弗洛姆）是美国心理学家。1900年3月23日出生于德国法兰克福的一个犹太商人家庭。1922年他获海德堡大学哲学博士学位。1934年因逃避纳粹迫害迁居美国。1934—1941年，他在哥伦比亚大学执教。后又在本宁顿学院（1941—1950）、墨西哥国立自治大学（1951—1967）、密歇根州立大学（1957—1961）、纽约大学（1962年以后）等任教授。

弗罗姆早年追随奥地利心理学家、精神分析学派创始人弗洛伊德，对马克思的学说也曾推崇备至，并试图把马克思和弗洛伊德两种学说结合起来，是新精神分析理论的重要代表人物。

弗罗姆毕生致力于与“社会批判”紧密联系的“人本主义伦理学”研究，研究人的解放、人的自由、人的全面发展，以促成“健全的社会”。其学术活动涉及和影响到哲学、伦理学、社会学、心理学、教育和宗教等各个领域。他的主要著作有《逃避自由》（1941）、《为自己的人》（1947）、《健全的社会》（1955）、《爱的艺术》（1956）和《人心》（1964）等。

1980年3月18日，弗罗姆去世。

2. 教育思想

（1）人性理论

严格地说，弗罗姆的主要贡献在心理学、社会学和伦理学领域。然而，他对任何问题的论述，都是以其人本主义的人性论为基点，而对人性的认识又是一切教育问题的出发点。因此，理解他的人性理论，便是理解他的教育思想的基点。

弗罗姆不是以历史上传统的善恶模式来研究人性的，而是综合与扬弃了存在主义和精神分析理论，强调“人的生存状况中的需求”是构成人性的更重要部分。① 他相信，人类“只有依靠更丰富的理性和对真理的永恒追求，才能真正修正片面的理性主义”②。在弗罗姆看来，只有继续不断地发展理性，才能弥补以往狭隘的理性主义造成的人与自然分离、人与同伴分离和人与自己分离的过失，追求另一种更高层次的和谐，直至成为自然和自己的主人。

同时，弗罗姆对“人的生存状况中的需求”的理解，不是停留在存在主义对人的空虚和孤独等生存状况的悲观描述上，而是基于对“人的呼唤”，“鼓励人们去培养真正属于人

---

① 弗洛姆：《弗洛姆著作精选》，“编者序”，4页，上海，上海人民出版社，1989。

② 弗罗姆：《为自己的人》，“自序”，22页，北京，生活·读书·新知三联书店，1988。

的欲望，这些欲望是人类发展、活跃和富于生机的表现”①。他独具创见性地区分了“生产性性格”定向和“非生产性性格”定向，认为个人使自己与世界相关联的定向性质构成了其性格的核心。他推崇生产性性格定向的人才，认为这种人能在理性的引导下了解自己的力量，发挥内在于自己的潜能中的能力。

正是在这一意义上，弗罗姆强调指出：“人道主义伦理学的最高价值不是舍己，不是自私，而是自爱，不是否定个体，而是肯定真正的人自身。”② 在他看来，这种“自爱”，实质上是对人的内在生命意义的肯定，是人的力量的展现，是人对自身的存在负责任。这种“自爱”，是“人的生存状况中的需求”中的极重要成分。

总之，弗罗姆关于人性理论中的理性和自爱，是从心理学的角度，通过他推崇的成熟的生产性性格而携起手来的，构成了“人的生存状况中的需求”的两大基本点。这是他的人道主义伦理学的核心。

（2）“社会品格”理论

有的西方学者认为，“作为社会批判理论家的弗罗姆”，乃是“作为心理分析家的弗罗姆的基础”③。这是有一定道理的。弗罗姆将“生产性性格”和“非生产性性格”作为个体内在化了的不同性格的区分，实质上反映着他对现代社会文化背景中滋生的“消费人品格”的强烈不满。他提倡“自爱”，也是针对现代人的“自私”、把金钱与成功作为最高关切点而忽视人自身这一现状提出的。

弗罗姆根据他构建人道主义伦理学的需要来吸收马克思和弗洛伊德的理论，认为这两种理论都是从现实的生活和需求出发，但在涉及制约人的意识的那些因素本质时，却发生了根本对立。弗罗姆则把“社会品格”作为从经济基础过渡到意识观念的中介，认为“社会品格形成的基本因素是生产方式和导致社会分化的方式所构成的社会实践”④。然而，迄今为止，人类社会的需求与“人的生存状况中的需求”是冲突的。弗罗姆揭露了现代西方社会的种种弊端，认为其祸根在于以发展经济为主要目标，而不是以人的发展为主要目标。他赞誉马克思主义的目的在于发挥人的各种潜能，使人从物质欲望的索链上解放出来，使人成为清醒、活泼和灵敏的人。

弗罗姆提倡从社会的与精神的整体观察人，认为人格是有组织而完整的整体。如果把人的情感生活与智力分割开来，其结果是双方都会受到损害，所以，“必须靠着实现人的整个人格，靠积极地表现人的情感与心智潜能，才能实现自我”⑤。据此，弗罗姆尖锐地批评在现代社会中人们受到的教育愈多，就愈缺乏理性，充其量只不过是提高了智力，提

---

① 弗洛姆：《人的呼唤——弗洛姆人道主义文集》，王泽应等译，71页，北京，生活·读书·新知三联书店，1991。
② 弗罗姆：《为自己的人》，28页。
③ 同上书，“中译本序”，5页。
④ 弗洛姆：《人的呼唤——弗洛姆人道主义文集》，16页。
⑤ 弗罗姆：《逃避自由》，134页，哈尔滨，北方文艺出版社，1987。

高了在社会经济角逐中的能力，但是“透过事物的表面去了解个人和社会生活中的本质力量的能力，却越来越枯竭”①。

四、奥尔波特

1. 生平和教育活动

戈登·威拉德·奥尔波特（Gordon Willard Allport，1897—1967）是美国心理学家。1897年11月11日，他出生于美国印第安纳州的蒙特祖玛。1922年获哈佛大学哲学博士学位，后赴柏林大学、汉堡大学、剑桥大学学习。1924年，他返回哈佛大学任社会学讲师、心理学教授，曾开设了美国最早的有关人格的课程——“人格：它的心理和社会的领域”。

奥尔波特与弗洛伊德的一次有趣会晤，对他的人格理论的形成和发展具有决定性影响。当时，弗洛伊德认定奥尔波特就是自己所提到的有洁癖的男孩，这使奥尔波特感到：弗洛伊德试图达到更深层的思想流分析的做法，是真理走过了头而成了谬误。这次会晤促使他转向主要研究健康人的人格。

奥尔波特的主要著作有《人格的模式和成长》（1961）、《个性心理学》（1930）、《人格：心理学的解释》（1937）等。

1967年10月9日，奥尔波特去世。

2. 教育思想

（1）成熟和健康的人格

奥尔波特对当代人本主义教育思想的主要贡献，是对成熟和健康人格的研究。他通过研究得出的健康人格的特点，与马斯洛所研究的健康人格的特点是十分相似的。在研究评论了历史上50种有关人格的定义后，奥尔波特认为，人格是“真实的人”。在他看来，人格是人的内部世界、内部结构，人格理论必须解释内部机制。由此出发，他提出了著名的人格定义：“人格是个体内部心理物理系统的动力组织，它决定一个人行为和思想的独特性。”② 这一定义的实质是对人的个性和独特性的尊重，把人格看成是形成过程中的，而不是一套固定的模式。其中包含以下几点含义：

“动力组织”表明人格是不断变化和形成的东西。这种内部的有组织的连续性变化的动因，被描述为“自我”。奥尔波特认为，自我统一的追求赋予人格统一性，并提出只有保持动机与自我统一体的一致，才能保证人格的一致性和整体性。

“心理物理系统”表明尊重人的整体性。奥尔波特认为，人格是一种身体和心理有机

---

① 弗洛姆：《人的呼唤——弗洛姆人道主义文集》，88页。

② 陈仲庚、张雨新：《人格心理学》，62页。

融合的动力组织，是有机地发挥作用的。奥尔波特认为，人格决定着人的行为，并在行动中表现出来。

（2）特质与人格类型

基于对“整体性”和“独特性”的尊重，奥尔波特强调，完整的人格理论必须有“活的综合能力”的相对独立的测量单位，可称为“特质”。在他看来，“特质”并非具有某种定位的结构，而是为了对行为特点做解释而存在，是为了帮助心理学家和教育者寻找每个人都内在具有的“一般的行为倾向”。人格实质上是一种网状的、相互牵连的、重叠的“特质”结构，是“特质”的统一、一致和整合。在特质理论的指导下，奥尔波特把极度复杂的人格单元分析成实证性的、可测量的项目，区分出了六种类型的人：理论型的人、经济型的人、艺术型的人、社会型的人、政治型的人和宗教型的人。每一种类型的人都具有基本的可变价值方向，它们以不同的程度构建于生活的一致性中。这种测量的项目在评估一个人的人格倾向上，比较切合实际生活情况，对学校教育中的个别化与个性化课程设置、职业定向指导、学生选择以及教育者如何帮助受教育者寻找自我独特性，都具有一定的指导价值。

第四节　人本主义教育思想的影响与评析

人本主义教育思想是围绕培养“自我实现”的人这一教育目标而展开的。它作为对主知主义教育的批判，提出了一些符合教育发展规律的观点，在教育实践中推动了人本化教育改革运动。在教育观念上，它尊重学生的价值、自由、道德、理性、情感，把学生当作整体的人、形成过程中的人。美国 1973 年提出的中等教育改革方案，就把内容目的和过程目的作为教育目的的两大方面：内容目的要求学生获得实际技巧、计算能力、批判及思考能力、经济及职业能力、公民责任心等；过程目的则要求学生了解自己、鉴赏他人及人类文明的成就、培养适应变迁的能力、澄清价值等。① 在高等教育方面，它推动了“通才教育”的发展，要求学生博览人类文明的成就以涵养人性。在师范教育方面，它鼓励培养富有人性的、开放的、诚挚的、真实和接受性强的教师。在课程内容的选择上，它要求适合学习者，需要注意知识的一体化联系，安排弹性课程。在教学方法上，它注重情意的发展、创造力的启发、经验的学习以及感受性的训练。正是在人本主义教育思想的影响下，20 世纪 70 年代在美国中小学中出现了许多自由学校，包括双亲与教师合作学校、选择学校等。在教学模式上，出现了开放教室、开放走廊、个别化教学等。

毋庸置疑，人本主义教育思想继承了西方人文主义教育传统，不仅把理性的确立当作

---

① 陈照雄：《当代美国人文主义教育思想》，293～294 页。

提高人的尊严的依托，把吸收人类文明的优秀成就当作涵养人性的唯一途径，而且力图使认知与情感、高级需求与低级需求整体地发挥作用，充分发挥和实现人的各种潜能。这一点，与马克思提倡的“每个人的全面而自由的发展”① 的思想是一致的。马克思主义虽然强调人的社会性，但并不否定全面发展，包括自然所赋予人的各种潜能素质的充分展开。但是，“人只有凭借现实的、感性的对象才能表现自己的生命”②。也就是说，人们要确立自己本质的独特性，必须依赖自己的本质力量对外界对象的把握，依赖于个人参与各领域各个层次的社会交往程度，受制于个人所处的社会现实条件。人本主义教育思想却把立足点放在人性的内部力量上，过分夸大了人的自然素质的作用。这是人本化理论受到现象学方法等的影响而带有的先天缺陷。这一缺陷导致人本主义教育思想简单地把个体的潜能实现与个体的社会价值画上等号，无视社会对个体发展的现实性和可能性的必然制约关系；同时，这一缺陷也是人本主义教育思想在实践中易于偏向情感一端，难以做到认知与情感有机统一的原因之一。其结果往往使认知发展落后，又反过来妨碍整个潜能的发挥。

如何促成整体的和健康的人格，是人本主义教育思想给现代教育提出的一个严峻的问题。它反对采用支离破碎的分析法和机械主义的还原论去研究人，而提倡以整体的方法去研究人，注重人的潜能和价值的实现，这不仅是非常具有吸引力的，而且对当代美国教育以及对世界教育都产生了积极的影响。

然而，在研究方法上，人本主义教育思想所研究的样本是有限的，因而很难得出具有普遍意义的结论。而且，对现代社会和现代教育的种种弊端，人本主义教育思想也只是提出了批评，并从心理学的角度提出了一些补救性意见，但不可能从社会学的角度解决任何根本问题。

拓展阅读书目

1. 马斯洛等. 人的潜能和价值. 林方，等编译. 北京：华夏出版社，1987.

2. 马斯洛. 动机与人格. 许金声，等译. 北京：华夏出版社，1987.

3. 罗杰斯. 罗杰斯著作精粹. 刘毅，等译. 北京：中国人民大学出版社，2006.

4. 弗洛姆. 人的呼唤——弗洛姆人道主义文集. 王泽应，等译. 北京：生活·读书·新知三联书店，1991.

---

① 马克思：《资本论》，载马克思、恩格斯：《马克思恩格斯全集》，第 23 卷，649 页，北京，人民出版社，1972。

② 马克思：《1844 年经济哲学手稿》，载马克思、恩格斯：《马克思恩格斯全集》，第 42 卷，168 页，北京，人民出版社，1979。

后　记

自1996年首次出版以来，《西方教育思想史》一书出版至今已有20多年时间。在此期间，本书不仅荣获了教育部颁发的全国第二届教育科学优秀成果二等奖（1999），而且又于2006年由教育科学出版社再版。

无论是1996年版，还是2006年版，《西方教育思想史》一书出版后都获得了很多读者，尤其是高等院校教育专业师生的广泛欢迎，甚至成为教育理论方面的一部必读著作。这无疑是值得著者欣慰和高兴的。

这次中国人民大学出版社联系我，希望把《西方教育思想史》一书列入该社“新编21世纪教育学系列教材”出版。应该说，这在一定程度上说明了本书在我国教育学术界所得到的认可。从另一种意义来说，这也为本书提供了一次修订提高的机会。

本着修订提高的目标，遵循总体框架和编章体系基本不动的原则，作为主编的我，对《西方教育思想史》一书从整体和细节上又一次进行了认真的审读和适度的修订，旨在进一步提升本书的质量。

在内容和文字表述上，本书在资料上进行了适度的补充，如教育家的生卒年月、著作出版年份等；在文字表述上也进行了一定的润色和修改，其中第四十八章的标题“人本化教育思想”现改成“人本主义教育思想”，并在各章中添加了一些小标题以更好地凸显西方教育家的思想。

在评价分析上，本书进行了一些相关的修改，以使对西方教育家思想的评价分析更为精当和更为清晰。在每一章的最后，本书还列出了“拓展阅读书目”，为期望进一步了解和思考西方教育家思想的读者提供参考。

在引文注释上，也尽可能改成最新的著作版本。例如，《马克思恩格斯选集》的引文采用了最新的2012年版本；《教育问题史》《学校的改革》《国外教育社会学基本文选》也分别采用了最新的版本。